THE BARBOUR COLLECTION OF CONNECTICUT TOWN VITAL RECORDS

THE BARBOUR COLLECTION OF CONNECTICUT TOWN VITAL RECORDS

GUILFORD 1639–1850

Compiled by
Wilma J. Standifer Moore

General Editor
Lorraine Cook White

Copyright © 1999
Genealogical Publishing Co., Inc.
Baltimore, Maryland
All Rights Reserved
Library of Congress Catalogue Card Number 94-76197
International Standard Book Number 0-8063-1593-8
Made in the United States of America

INTRODUCTION

As early as 1640 the Connecticut Court of Election ordered all magistrates to keep a record of the marriages they performed. In 1644 the registration of births and marriages became the official responsibility of town clerks and registrars, with deaths added to their duties in 1650. From 1660 until the close of the Revolutionary War these vital records of birth, marriage, and death were generally well kept, but then for a period of about two generations until the mid-nineteenth century, the faithful recording of vital records declined in some towns.

General Lucius Barnes Barbour was the Connecticut Examiner of Public Records from 1911 to 1934 and in that capacity directed a project in which the vital records kept by the towns up to about 1850 were copied and abstracted. Barbour previously had directed the publication of the Bolton and Vernon vital records for the Connecticut Historical Society. For this new project he hired several individuals who were experienced in copying old records and familiar with the old script.

Barbour presented the completed transcriptions of town vital records to the Connecticut State Library where the information was typed onto printed forms. The form sheets were then cut, producing twelve small slips from each sheet. The slips for most towns were then alphabetized and the information was then typed a second time on large sheets of rag paper, which were subsequently bound into separate volumes for each town. The slips for all towns were then interfiled, forming a statewide alphabetized slip index for most surviving town vital records.

The dates of coverage vary from town to town, and of course the records of some towns are more complete than others. There are many cases in which an entry may appear two or three times, apparently because that entry was entered by one or more persons. Altogether the entire Barbour Collection--one of the great genealogical manuscript collections and one of the last to be published--covers 137 towns and comprises 14,333 typed pages.

ABBREVIATIONS

ae. — age
b. — born, both
bd. — buried
B. G. — Burying Ground
d. — died, day, or daughter
decd. — deceased
f. — father
h. — hour
J. P. — Justice of Peace
m. — married or month
res. — resident
s. — son
st. — stillborn
w. — wife
wid. — widow
wk. — week
y. — year

THE BARBOUR COLLECTION OF CONNECTICUT TOWN VITAL RECORDS

GUILFORD VITAL RECORDS
1639 - 1850

	Vol.	Page
ABBOT, Eliza, of Guilford, m. Gabriell **HARRIS**, of Pequot, Mar. 3, 1653	A	122
ABENARTHAR, Sam[ue]ll, of Wallingford, m. Priscilla **BRADLEY**, of Guilford, Dec. 29, [1766], [by James Sproutt}	2	229
ACARLY, ACERLY, AUSLY, [see also **AVERLY**], Beniamin, d. Jan. [ ], [1732]	2	4
Samuel, s. Benjamin & Hannah, b. Oct. 20, 1731	2	25
Samuel, s. Samuel, b. June 20, 1754 (Arnold Copy has "Averly")	2	106
ADAMS, Charles C., of Norwich, m. Irene E. **WILLIAMS**, of Detroit, Mich., July 1, 1845, by Rev. Lorenzo T. Bennett	2	336
Sarah, Mrs., m. Rev. Abner **FOWLER**, b. of Guilford, Apr. 12, 1764, by Rev. Thomas Ruggles	2	165
ADKINS, Abijah, s. Thomas, Jr. & Mercy, b. Jan. 6, 1761	2	112
Hannah, of Middletown, m. Samuel **GRISWOLD**, of Guilford, Feb. 8, 1734/5, by William Russell	2	57
John, s. Thomas, Jr, & Mercy, b. Jan. 4, 1759	2	112
Mercy, m. Eben[eze]r **FOWLER**, Jr., b. of Guilford, Feb. 18, 1795, by Rev. Tho[ma]s W. Bray	2	238
Nathaniel, s. Thomas & Jemima, b. Oct. 7, 1739	2	39
Susannah, m. Daniel **DARWIN**, Jr., b. of Guilford, Feb. 8, 1747/8, by Rev. Thomas Ruggles	2	63
Thomas, Jr., m. Mercy **COOK**, b. of Guilford, Mar. 23, 1758, by Rev. John Richard	2	69
AINSWORTH, N. D. W., of New Haven, m. Betsey Ann **FIELD**, of Guilford, Jan. 6, 1848, by Rev. Cha[rle]s R. Adams	2	337
ALAN, [see under **ALLEN**]		
ALDRICH, [see also **ALDRIDGE**], Nathan, of Westmoreland, N.Y., m. Lois **STEAVENS**, of Guilford, Sept. 9, 1838, by Rev. H.F. Pease	2	336
ALDRIDGE, [see also **ALDRICH**], Lois, m. Calvin H. **BEERS**, July 4, 1847, by Rev. David Baldwin	2	377
ALLEN, ALAN, ALLIN, Alfred, of Wallingford, m. Almira **HILL**, of Guilford, Nov. 15, 1830, by Rev. Aaron Dutton	2	182
Alpha, d. Philip & Ann, b. July 31, 1765	2	124
Curtiss, s. Philip & Ann, b. Sept. 4, 1769	2	124
Ebenezer, s. Gideon & Rachel, b. Sept. 20, 1720	2	20
Ebenezer, s. Nehemiah & Hannah, b. Mar. 30, 1731	2	23
Hannah, d. Gideon & Rachel, b. Sept. 20, 1727	2	20
Mary, d. Gideon & Rachel, b. Nov. 26, 1723	2	20
Mehetabel, d. Gideon & Rachel, b. June 5, 1727	2	20

BARBOUR COLLECTION

	Vol.	Page
ALLEN, ALAN, ALLIN, (cont.)		
Mercy, d. Nehemiah & Hannah, b. Dec. 30, 1734	2	29
Mercy, d. Nehemiah, d. Nov. 1, 1736	2	150
Nehemiah, s. Nehemiah & Hannah, b. Apr. 5, 1729	2	21
Timothy, s. John, d. Feb. 7, 1750/1	2	139
Whiting, s. Philip & Ann, b. Sept. 6, 1767	2	124
ALLIN, [see under **ALLEN**]		
ALLIS, Abel, s. John & Mary, b. Feb. 20, 1742/3	2	74
Chloe, d. Nath[anie]ll & Hannah, b. Feb. 9, 1773	2	196
Eber, s. John & Mary, b. Aug. 27, 1745	2	78
Hannah, d. Nath[anie]ll & Hannah, b. Feb. 4, 1770	2	196
John, m. Mary **MUNGER**, b. of Guilford, Feb. 3, 1741/2, by Rev. Jonathan Todd	2	58
John, s. John & Mary, b. Dec. 15, 1753	2	95
Nathaniel, m. Hanna[h] **SCRANTON**, b. of Guilford, Nov. 26, 1739, by Rev. Jonathan Todd	2	58
Nathaniel, s. Nath[anie]l & Hannah, b. Feb. 27, 1741/2	2	74
Nath[anie]ll, Jr., m. Hannah **NORTON**, b. of Guilford, Oct. 2, 1766, by Rev. Jonathan Todd	2	182
Pierce, s. Nath[anie]ll & Hannah, b. Nov. 3, 1783	2	196
Rachel, d. Nath[anie]ll, Jr. & Hannah, b. July 5, 1767	2	196
Rebeckah, d. Nath[anie]ll & Hannah, b. June 15, 1780	2	196
Russell, s. John & Mary, b. Apr. 28, 1756	2	97
Samuel, s. Thomas & Mehittabell, b. Aug. [ ]	2	12
Sarah, d. Thomas & Mehittabell, b. Nov. 19, 171[7]	2	10
Sarah, d. Nath[anie]ll & Hannah, b. Mar. 24, 1778	2	196
Timothy, s. John & Mary, b. Jan. 12, 1749/50	2	84
Timothy, s. John & Mary, b. Dec. 25, 1751	2	86
ALVORD, Damaris, d. Seth & Elizabeth, b. Aug. 15, 1745	2	80
Olen(?), s. Seth & Elizabeth, b. July 21, 1747 (Perhaps "Oren" or "Obed")	2	80
Seth, s. Seth & Elizabeth, b. May 6, 1743	2	80
ANDREWS, Elizabeth, of Wallingford, m. Peter **TALMAN**, of Guilford, Feb. 26, 1762, by Rev. Samuel Hall	2	165
ARDEN, ARDIN, Betsey, d. John & Elizabeth, b. Oct. 28, 1793	2	196
Elizabeth, w. of John, d. Dec. 3, 1795, in her 33rd y.	2	245
Sally, d. John & Elizabeth, b. Dec. 3, 1795	2	196
ARNOLD, Experience, of Haddam, m. Stephen **HART**, of Guilford, July [ ], 1753, by Hezekiah Barnard, J.P.	2	68
ATKINS, Rhoda, of Farmington, m. Josiah **FOWLER** of Guilford, May 5, 1778	2	174
ATWATER, [see also **BYWATER**], Eldad, of Mt. Pleasant, Pa., m. Amanda **REEVES**, of Guilford, Nov. 22, 1826, by Rev. Aaron Dutton	2	182
John E., of New Haven, m. Mary J. **HILL**, of Guilford, Sept. 13, 1835, by Rev. A.B. Goldsmith	2	336
ATWELL, Mary, of Saybrook, m. John **PARSON** of Guilford, Feb. 20, 1772, by Rev. Mr. Todd	2	180

	Vol.	Page
ATWELL, [cont.]		
Naomi, of Killingworth, m. Noah **CRUTTENDEN**, of Guilford, Dec. 27, 1760, by Jon[a]th[an] Todd	2	168
AUGUR, AUGER, Phineahas, M., of Middlefield, m. Lucy C. **PARMELE**, of Guilford, [May] 7, [1846], by Rev. David Root	2	337
William H. of New Haven, m. Mary F. **CHITTENDEN**, of Guilford, Feb. 23, 1837, by Rev. Aaron Dutton	2	336
AUSTIN, Elias, of Wallingford, m. Mrs. Lucretia S. **BALDWIN**, of Guilford, Jan. 15, 1824, by Rev. Zolva Whitmore	2	182
AVERED, AVERERD, Abner, s. Josiah & Elizabeth, b. Apr. 9, 1721	2	35
Elizabeth, m. Isaac **HODGKIS**, July 8, 1724, by Rev. Thomas Ruggles	2	50
Sarah, d. Josiah & Elizabeth, b. July 10, [171-]	2	12
Timothy, s. Josiah & Elizabeth, b. May 9, 1727	2	18
AVERELL, AVERALL, James, of Branford, m. Amanda **BASSETT**, of Guilford, Feb. 24, 1834, by Rev. Aaron Dutton	2	336
Mary Ann, m. Jared **SHEPHERD**, b. of Branford, Sept. 4, 1837, by Rev. David Baldwin	2	283
Samuel, of Branford, m. Myrta A. **FOWLER**, of Guilford, "last evening," [May 24, 1845], by Rev. L.T. Bennett	2	336
AVERLY, [see also **ACARLY**], Benjamin, of Greenwich, m. Hannah **DOUDE**, of Guilford, Aug. 21, 17[31], by Rev. John Hart [1730?]	2	51
Samuel, s. Samuel, b. June 20, 1754	2	106
BABCOCK, William, m. Betsey **PARMELE**, b. of Saybrook, Aug. [ ], 1820, by Aaron Dutton	2	227
BAILEY, BAYLEY, BAYLY, BALEY, [see also **BAYLER**],		
Dorothy, d. Nath[anie]l & Ellenor, b. Mar. 5, [17[17]	2	10
Hannah, d. Nathaniel & Elennor, b. May 4, 17[22]	2	14
Hannah, d. Nath[anie]l & Ellenor, b. Aug. 18, 1724	2	15
Mary, d. of Wid. Mary Parke, d. Dec. 21, 1692	A	71
Mary, m. Joseph **LEE**, Jr., b. of Guilford, Mar. 23, 1735/6, by Rev. Jonathan Todd	2	57
Mary, d. Nathaniel & Elenor, [ ]	2	6
Mehittabell, d. John & Mary, b. Aug. 23, 1685	A	88
Mehittabell, d. Nath[anie]l & Ellinor, b. Feb. 10, 1719/20	2	11
Nathaniel, of Guilford, m. Eleanor **LUDDINGTON**, of East Haven, May 13, 1714, by Rev. Mr. Hemminway, of East Haven	2	43
Rachel, m. John **CONNOR**, Sept. 1, 1828, by Rev. D. Baldwin	2	326
BALDWIN, BALDIN, Abigail, d. Samuell & Abigail, b. Dec. 14, 1678	A	85
Abigail, d. Timothy & Barthena, b. Mar. 5, 1724/5	2	16
Abigail, m. Benjamin **ROSSETTER**, b. of Guilford, Mar. 21, 1750/1, by Rev. John Richards	2	62

	Vol.	Page
BALDWIN, BALDIN, [cont.]		
Abigail, d. Stephen & Freelove, b. Apr. 9, 1762	2	108
Abraham, s. Timothy & Barshua, b. Sept. 17, 1732	2	25
Abraham, s. Michael & Lucy, b. Nov. 22, 1754	2	95
Abraham Chittenden, s. Benj[ami]n & Betsey, b. Apr. 26, 1804	2	276
Anna Hart, d. Timo[thy] & Olive, b. Feb. 8, 1784	2	191
Anna Hart, m. Abel **CHITTENDEN**, b. of Guilford, June 19, 1804, by Rev. Thomas W. Bray	2	268
Barshua, d. Timothy & Barshua, b. Feb. [1716]	2	9
Bathsheba, m. Joseph **CHIDSEY**, b. of Guilford, Oct. 22, 1735, by Rev. Sam[ue]ll Russell	2	56
Benj[ami]n, s. Timothy & Olive, b. Oct. 15, 1777	2	191
Benjamin, m. Betsey **CHITTENDEN**, b. of Guilford, Nov. 14, 1798, by Rev. Tho[ma]s W. Bray	2	226
Benjamin Henry, s. Benj[ami]n & Betsey, b. Dec. 5, 1813	2	276
Beri T., of Branford, m. Caroline **PARMELE[E]**, of Guilford, Oct. 3, 1831, by Rev. Aaron Dutton	2	324
Betsey, m. Jonathan **COE**, May 10, 1821, by Rev. John Elliott	2	269
Betsey Ann, d. Levi & Anna, b. Feb. 11, 1811	2	276
Betsey Diana, d. Benj[ami]n & Betsey, b. June 2, 1806	2	276
Binin(?), d. Nath[anie]l & Eliz[abe]th, b. Sept. 25, 1730	2	22
Catharine, of Guilford, m. John C. **PALMER**, of Middletown, June 26, 1831, by Rev. Zolva Whitmore	2	342
Catharine Mary, d. Benj[ami]n & Betsey, b. Jan. 1, 1809	2	276
Charles W. of Mereden, m. Sarah **STEEVENS**, of Guilford, Nov. 21, 1821, by Rev. Josiah Bowen	2	280
Daniel, s. Stephen & Freelove, b. Aug. 26, 1753	2	93
Debera, d. Samuell & Abiga[i]ll, b. Apr. 8, 1681	A	88
Dabera, d. Samuell & Abegell, d. Dec. 5, 1681	A	69
Deborah, d. Timothy & Bathsheba, b. Apr. 15, 1730	2	22
Deborah, m. Samuel **RUSSELL**, b. of Guilford, Mar. 28, 1753, by Rev. Thomas Ruggles	2	66
Doritie, d. Samuel & Abigaill, b. Dec. 27, 1683	A	88
Dudley, s. Michael & Lucy, b. Apr. 17, 1753	2	93
Elias, of Wallingford, m. Ledina **HART**, of Guilford, Oct. 7, 1821, by Zolva Whitmore	2	280
Elisha, s. Timothy & Barshua, b. Apr. 6, 1729, d. May 9, 1729	2	21
Elisha, s. Stephen & Freelove, b. Jan. 20, 1760	2	104
Elizabeth, of Milford, m. Stephen **PERMELY**, of G[u]ilford, June 20, 1693, by Capt. Thomas Clark	A	100
Elizabeth, of Durham, m. John **LEETE**, Jr., of Guilford, May 13, 17[23], by Rev. Nathaniel Cha[u]ncey	2	48
Elizabeth, of Branford, m. Robert **GRIFFING**, of Guilford, Oct. 16, 1786, by Rev. Warham Williams	2	176
Elizabeth D., of Guilford, m. Talcott **BATES**, of Durham, Jan. 10, 1827, by Rev. Zolva Whitmore	2	313
Freelove, d. Stephen & Freelove, b. June 24, 1755	2	98

	Vol.	Page
BALDWIN, BALDIN, [cont.]		
George, s. Levi & Anna, b. Sept. 19, 1813	2	276
George Lucius, s. Benj[ami]n & Betsey, b. Nov. 3, 1801	2	232
Hanna[h], d. John & Hanna[h], b. Oct. 6, 1756(?)	A	60
Joan[n]ah, d. Samuell & Abig[a]el, b. May 18, 1686	A	89
John, m. Hanna[h] **BURCHET**, b. of Guilford, Apr. 12, [16]53	A	122
John, s. John & Hanna[h], b. Dec. 5, 1654	A	60
John Chidsey, s. Levi & Anna, b. July 26, 1799, in Clinton, N.Y.	2	276
Lucretia S., Mrs., of Guilford, m. Elias **AUSTIN**, of Wallingford, Jan. 15, 1824, by Rev. Zolva Whitmore	2	182
Lucy, d. Michael & Lucy, b. May 22, 1758	2	99
Lucy, w. of Michael, d. June 12, 1758	2	142
Lucy, d. Michael, d. May 2, 1760	2	143
Lucy, d. Timo[thy] & Olive, b. July 9, 1786	2	206
Lydia Cornelia, d. Benj[ami]n & Betsey, b. Apr. 3, 1811	2	276
Mary, d. Timothy & Bashua, b. May 2, 1739; d. May 4, [1739]	2	38
Mary, m. Russell **DUDLEY**, b. of Guilford, Jan. 18, 1813, by Rev. Aaron Dutton	2	258
Mary B., of Litchfield, m. Samuel **ELLIOTT**, of Guilford, Aug. 10, 1817, by Rev. Truman Marsh	2	247
Michael, s. Timothy & Bathsheba, b. Apr. 2, 17[19]	2	12
Michael, m. Lucy **DUDLEY**, b. of Guilford, Dec. 7, 1749, by Rev. John Richardson	2	61
Molly, d. Timothy & Olive, b. May 22, 1775	2	191
Nathaniell, s. Samuell & Abigell, b. Nov. 29, 1693	A	99
Nathaniel, m. Elizabeth **PARMERLE**, b. of Guilford, Apr. 8, 1718, by Rev. Thomas Ruggles	2	44
Nathaniel, s. Nathaniel & Elizabeth, b. Apr. 14, 1720	2	11
Olive, w. of Timothy, d. Mar. 7, 1805	2	211
Ruth, d. Michael & Lucy, b. Mar. 4, 1750/1	2	85
Ruth, d. Michael, d. Mar. 16, 1755	2	141
Ruth, d. Michael & Lucy, b. Sept. 13, 1756	2	97
Salle, d. Timothy & Olive, b. Nov. 26, 1779	2	191
Samuell, d. Jan. 12, 1695/6	A	98
Samuell, s. Samuell & Abigell, b. Jan. 13, 1688/9	A	91
Samuel,* s. Nath[anie]l & Bashua, b. Mar. 13, 172[5] *(Perhaps the son of Timothy & Elizabeth)	2	16
Samuel P., of New Haven, m. Amanda **BARTLET[T]** of Guilford, May 28, 1848, by Rev. E. Edwin Hall	2	377
Sarah, d. John & Hanna[h], b. Nov. 25, 1658	A	62
Sarah, d. Nath[anie]l & Elizabeth, b. Jan. 4, 1727/8	2	20
Sarah, d. Timothy & Bathsheba, b. Feb. 24, 1734/5	2	29
Sarah, m. Nathan **ROSSETTER**, b. of Guilford, June 4, 1755, by Rev. John Richards	2	67
Seth, s. Timothy, Jr., & Sarah, b. Sept. 1, 1752	2	90
Seth, s. Timo[thy] & Olive, b. Dec. 27, 1792; d. Jan. 17, 1793	2	208

	Vol.	Page
BALDWIN, BALDIN, [cont.]		
Stephen, s. Timothy & Barshua, b. Aug. 10, 1726	2	17
Stephen, m. Freelove **COLLINS**, b. of Guilford, Nov. 7, 1752, by Rev. John Richards	2	63
Susan, of Madison, m. Joseph **NORTON**, of Guilford, Oct. 22, 1837, by Rev. Charles Chittenden	2	311
Timothy, of Milford, m. Mary **MAPHAM**, wid., of Guilford, Mar. 5, 1649, by Samuell Disborow	A	123
Timothy, s. Samuell & Abigaill, b. Apr. 14, 1691	A	82
Timothy, s. Timothy, d. Mar. 2, [1719]	2	1
Timothy, s. Timothy & Bathshua, b. Oct. 24, 1721	2	36
Timothy, Jr., m. Sarah **MORSE**, b. of Guilford, Sept. 20, 1749, by Rev. Thomas Ruggles	2	61
Timothy, s. Timothy, 2d, & Sarah, b. Sept. 5, 1750	2	85
Timothy, m. Olive **NORTON**, b. of Guilford, Nov. 18, 1772, by Rev. Tho[ma]s Wells Bray	2	171
Timothy, s. Timo[thy] & Olive, b. Sept. 4, 1773	2	126
Timothy, s. Timothy & Olive, d. Nov. 12, 1774	2	151
Timothy Ward, s. Benj[ami]n & Betsey, b. Oct. 20, 1799	2	232
William Ward, s. David & Ruth, b. May 7, 1818	2	277
BALL, Charles, s. John & Lucretia, b. Nov. 27, 1777	2	191
Charles H. of Middletown, m. Harriet E. **CHITTENDEN**, of Guilford, Sept. 16, 1841, by Rev. Aaron Dutton	2	339
Eliza, A., m. Andrew **STEVENS**, b. of Guilford, May 19, 1839, by Rev. A.B. Goldsmith	2	341
Hannah, m. Alexander **STEEVENS**, Mar. 31, 1830, by Rev. David Baldwin	2	322
John, s. John & Lucretia, b. Mar. 15, 1775	2	191
Lavinna, d. John & Lucretia, b. Jan. 13, 1780	2	191
Lucretia, d. Jno. & Lucretia, b. Aug. 22, 1782	2	206
Molly, d. Jno. & Lucretia, b. Feb. 17, 1785	2	206
BARBER, Elezabeth, of Kilinsworth, m. John **TURNER**, of G[u]ilford, June sometime, 1694, by Lt. Henry Crane	A	100
BARKER, Parna, d. Will[ia]m & Lydia, b. Jan. 27, 1789	2	206
Sam[ue]ll, Jr., of Branford, m. Lucy **LEETE**, of Guilford, Nov. 27, [1760], by [James Sproutt]	2	219
Samuel, of Branford, m. Mary Ann **KERCUM**, of Guilford, Dec. 25, 1823, by Rev. Aaron Dutton	2	312
William, m. Lydia **PARMELE[E]**, b. of Guilford, Oct. 29, 1786, by Rev. Amos Fowler	2	171
William, s. Richard & Mary, b. Feb. 9, 1796	2	277
BARNES, Ann, d. Lemuel & Elizabeth, b. Aug. 14, 1741	2	89
Anne, m. Jesse **BISHOP**, b. of Guilford, Dec. 23, 1779, by Rev. Tho[ma]s W. Bray	2	171
Elizabeth, of East Haven, m. Henry **HOTCHKISS**, of Guilford, Oct. 13, 1793, by Rev. Nicholas Street	2	223
Freelove, d. Lemuel & Elizabeth, b. Nov. 3, 1743	2	89
Julia A., m. W[illia]m B. **GRANT**, b. of New Haven, June 30,		

	Vol.	Page
BARNES, [cont.]		
1849, by Rev. H. N. Weed	2	329
Lemuel, m. Elizabeth **ROWLSON**, b. of Guilford, Dec. 19, 1739, by Rev. Samuel Russell	2	64
Maria, of Guilford, m. John **WINGOOD**, of Charleston, S.C., Nov. 29, 1837, by Rev. Charles Chittenden	2	352
Mary, of North Haven, m. William **HALL**, Jr., of Guilford, July 11, 1737/8, by Rev. Samuel Russell	2	54
Mary Ann, of Guilford, m. Justin **PALMER**, of Branford, May 29, 1842, by Rev. Lorenzo T. Bennett	2	343
Timothy, s. Lemuel & Elizabeth, b. May 26, 1746	2	89
BARRMAN*, William, planter 1669-70 (**BOWMAN**?)	A	121
BARROW, Grace, m. Samuel **FOWLER**, Sept. 24, 171[3], by Warham Mather, J. P., at New Haven	2	44
BARTHOLOMEW, Darius, of Wallingford, m. Polly **HOLCOMB**, of Guilford, Nov. 27, 1823, by Rev. Aaron Dutton	2	281
George M., of Hartford, m. Fanny G. **FOWLER**, of Guilford, June 22, 1847, by Rev. L. T. Bennett	2	377
Mary, of Farmington, m. Jabez **BENTON**, of Guilford, Sept. 30, 1765, by Rev. Samuel Newell	2	166
BARTLES, [see also **BARTLETT**], John of Guilford, m. Lodowick **COAN**, of Wallingford, Jan. 24, 1843, by Rev. Zolva Whitmore	2	376
BARTLET, BARTLETT, BARTLIT, [see also **BARTLES**], Abigail, d. Eben[eze]r & Abigail, b. Sept. 5, 1739	2	40
Abigail, w. of Eben[eze]r, of East Guilford, d. Sept. 26, 174[0]	2	148
Abigail, d. Eben[eze]r, d. Jan. 18, 1742/3	2	148
Abigail, of Durham, m. Oliver **COLLINS**, of Guilford, Sept. 28, 1753, by Rev. John Richards	2	66
Abigail, d. Reuben & Irene, b. July 7, 1757	2	100
Abraham, s. Geo[rge] & Mary, b. Jan. 19, 1667	A	65
Abraham, of G[u]ilford, m. Mary **WARNER**, of Middletown, June 11, 1693, by Mr. Leete	A	96
Abraham, d. Feb. 20, 1730/1	2	4
Abraham, s. Joseph & Mindwell, b. June 12, 1734	2	31
Abraham, m. Submit **EVARTS**, b. of Guilford, June 28, 1758, by Rev. James Sprout	2	71
Abraham, m. Submit **EVARTS**, b. of Guilford, June 28, 1758, by [James Sproutt]	2	219
Amanda, d. Benj[ami]n & Ruth, b. Oct. 7, 1777	2	191
Amanda, d. Benj[ami]n d. Nov. 26, 1780	2	151
Amanda, d. Benj[ami]n & Ruth, b. Dec. 26, 1782	2	191
Amanda, of Guilford, m. Samuel P. **BALDWIN**, of New Haven, May 28, 1848, by Rev. E. Edwin Hall	2	377
Amos, s. Joseph, Jr., & Sarah, b. June 23, 1764	2	114
Amos, m. Anna **DUDLEY**, b. of Guilford, May 11, 1800, by Rev. John Elliott	2	181
Ann, d. Daniel, Jr. & Ann, b. Aug. 9, 1723	2	21

BARTLET, BARTLETT, BARTLIT, [cont.]

	Vol.	Page
Ann, Mrs., m. Nathaniel RUGGLES, b. of Guilford, Dec. 8, 1736, by Rev. Thomas Ruggles	2	64
Ann, w. of Daniel, Jr., d. Oct. 11, 1745	2	137
Ann, d. Daniel, Jr. & Avis, b. Jan. 12, 1762	2	122
Anna, d. Josiah & Anna, b. May 30, 1736	2	31
Anna, d. Eben[eze]r, 4th, & Anna, b. Sept. 3, 1755	2	101
Anna, d. Timothy, Jr., & Lucy, b. Jan. 24, 1762	2	114
Anna, m. Stephen ROBINSON, [Apr.] 29, [1849], by Rev. David Root	2	355
Anne, d. John & Sarah, b. Apr. [21, 1719]	2	12
Arba, s. Nathan Noah & Elizabeth, b. Jan. 23, 1774	2	126
Avis, d. Dan[ie]ll, Jr., d. Feb. 11, 1736/7	2	147
Avis, d. Daniel, Jr., d. Feb. 11, 1736/7	2	149
Benjamin, s. Ebenezer & Deborah, b. Feb. 7, 1740	2	42
Benjamin, s. Eben[eze]r, 4th, & Anna, b. Aug. 20, 1753	2	94
Benjamin, s. Eben[eze]r, 4th, & Anna, b. Aug. 20, 1753	2	101
Benjamin, of Guilford, m. Ruth POST, of Norwich, Aug. 18, 1768, by Rev. Thomas Ruggles	2	169
Benjamin, s. Benjamin & Ruth, b. Feb. 22, 1770	2	123
Benj[ami]n, d. Feb. 4, 1783, in his 42nd y.	2	151
Betsey, of Guilford, m. Joseph THOMAS, of Durham, Oct. 11, 1821, by Rev. Aaron Dutton	2	282
Caroline R., of Guilford, m. Samuel W. KING, of Albany, Sept. 2, 1847, by Rev. Lorezo T. Bennett	2	291
Caroline Ruth, d. John H. & Caroline R., b. May 18, 1821	2	277
Charles Minor, s. George & Ruth, b. Oct. 6, 1829	2	296
Charles Minor, s. George & Ruth, d. Dec. 20, 1834, in the 6th y. of his age	2	211
Concurrence, d. Ebenezer & Deborah, b. Nov. 14, 1729	2	21
Concurrance, m. Thomas HART, b. of Guilford, Nov. 28, 1750, by Rev. Thomas Ruggles	2	61
Cynthia Ann, m. Rev. Zolva WHITMORE, Sept. 8, 1835, by James Noyes, Jr.	2	289
Daniel, s. George & Mary, b. Nov. 14, 1665	A	64
Daniell, m. Sarah MEGGS, b. of G[u]ilford, Jan. 11, 1686, by Mr. Andrew Leete	A	80
Daniell, s. Daniell & Sarah, b. Mar. 31, 1688	A	70
Daniell, of G[u]ilford, m. Concur[r]ans EVANS, of Kenilsworth, Feb. 11, 1690/1, by Mr. Witherell	A	80
Daniel, Jr., m. Hannah WILLARD, b. of Guilford, Dec. 6, 1715, by Rev. John Hart	2	44
Daniel, Jr., m. Anne COLLINS, b. of Guilford, Mar. 31, 1720, by Rev. Thomas Ruggles	2	44
[Daniel], s. Daniel, Jr. & Anne, b. Jan. 4, 1720/1	2	11
Daniel, m. Lydia SAGE, b. of Guilford, July 19, 1747, by Rev. Edward Eells	2	65
Daniel, d. Nov. 14, 1747, ae 82	2	137

	Vol.	Page
BARTLET, BARTLETT, BARTLIT, [cont.]		
Daniel, Jr., m. Avis **COLLINS**, b. of Guilford, Oct. 8, 1760, by Rev. Jno. Richards	2	169
Daniel, s. Daniel, Jr., & Avis, b. Dec. 3, 1764	2	122
David, s. Stephen & Nancy, b. Nov. 24, 1815	2	296
Deborah, m. John **SPINING**, b. of G[u]ilford, Mar. 16, 1687, by Mr. Andrew Leete	A	79
Deborah, m. [John] **HOPSON**, Jr., b. of Guilford, Feb. 15, 1724/5, by Rev. Thomas Ruggles	2	47
Deborah, m. [John] **HOPSON**, b. of Guilford, Feb. 15, 1725/6, by Rev. Thomas Ruggles	2	52
Deborah, d. Benj[amin] & Ruth, b. July 12, 1772	2	126
Deborah, d. Mar. 14, 1795, in the 23rd y. of her age	2	211
Ebenezer, 2d, m. Submit **HAND**, b. of Guilford, Feb. 1, 1726/7, by Rev. John Hart	2	70
Ebenezer, m. Submit **HAND**, b. of Guilford, Feb. 23, 1726/7, by Rev. John Hart	2	47
Ebenezer, s. Ebenezer & Submit, of East Guilford, b. Nov. 21, 1728	2	20
Ebenezer, s. Dan[ie]l, m. Deborah **CRUTTENDEN**, b. of Guilford, Jan. 1, 172[9], by James Hooker, J.P.	2	50
Ebenezer, s. Eben[eze]r & Deborah, b. Oct. 12, 1735; d. Oct. 16, 1735, ae 4 d.	2	30
Ebenezer, of East Guilford, m. Abigail **WILLCOCK**, of Middletown, Nov. 17, 1736, by Rev. Moses Bartlet[t], in Middletown	2	70
Ebenezer, s. Ebenezer & Deborah, b. Dec. 10, 1736	2	32
Eben[eze]r, s. Eben[eze]r & Deborah, d. Dec. 22, 1740	2	148
Ebenezer, of East Guilford, m. Mary **BLACKLEY**, Sept. 1, 1743, by Rev. Jonathan Todd	2	58
Ebenezer, 4th, m. Anna **FIELD**, b. of Guilford, June 26, 1751, by Rev. Jonathan Todd	2	66
Eben[eze]r, Dea., d. May 27, 1775, in his 74th y.	2	151
Eben[eze]r, s. Benj[ami]n & Ruth, b. May 18, 1780	2	191
Elias, s. Eben[eze]r, 4th, & Anna, b. Sept. 9, 1757	2	101
Elisha, s. Reuben & Irene, b. Feb. 23, 1773	2	191
Elisha, m. Ruth **CHITTENDEN**, b. of Guilford, Sept. 5, 1805, by Rev. Israel Brainard	2	226
Elizabeth, d. George & Mary, b. Mar. 16, [16]52	A	122
Elizabetty m. Abraham **FOWLER**, b. of Guilford, Aug. 29, 1677, by William Leete	A	77
Elizabeth, d. Ebenezer & Deborah, b. Jan. 11, 1732/3	2	26
Elizabeth, m. Abrahm **FOWLER**, Jr., b. of Guilford, Oct. 31, 1750, by Rev. Thomas Ruggles	2	61
Elizabeth, d. Benj[ami]n & Ruth, b. Apr. 12, 1775	2	191
Elizabeth, d. Elisha & Ruth, b. June 3, 1814	2	277
Eunice, d. John & Lois, b. Jan. 16, 1777	2	191
George, m. Mary **CRITTENDEN**, b. of Guilford, Sept. 14,		

	Vol.	Page

BARTLET, BARTLETT, BARTLIT, (cont.)

	Vol.	Page
1650, by Samuell Disborow	A	123
Georg[e], Dea., bd. Aug. 3, 1669	A	67
George, freeman 1669-70	A	121
George, m. Abigail **JOHNSON**, b. of Guilford, Apr. 24, 1728, by Rev. Thomas Ruggles	2	48
George, s. George & Abigail, b. Aug. 8, 1730	2	22
George, Jr., of Guilford, m. Ruth **ROCKWELL**, of Middletown, May 26, 17[63], by Rev. Enoch Huntington	2	167
George, m. Ruth **BARTLET[T]**, b. of Guilford, Oct. 24, 1821, by Rev. Aaron Dutton	2	280
George Henry, s. Geo[rge] & Ruth, b. Aug. 11, 1824	2	296
Hannah, d. George & Mary, b. Nov. 5, 1658	A	61
Hannah, w. of Daniel, Jr., d. June 30, 1719	2	1
Hannah, d. Joseph & Sarah, b. Sept. 4, 1778	2	191
Harriet, twin with Harry, d. Elisha & Ruth, b. Mar. 22, 1807	2	277
Harry, twin with Harriet, s. Elisha & Ruth, b. Mar. 22, 1807	2	277
Henry, s. George & Abigail, b. Jan. 8, 1740/1	2	41
Henry Chapman, s. Timothy & Clarissa, b. Apr. 4, 1790	2	208
[Hooker], s. John & Sarah, b. Jan. 2, 1724/5	2	15
Hooker, m. Ruth **PARMELE[E]**, b. of Guilford, Feb. 1, 1748/9 by Rev. Thomas Ruggles	2	62
Hooker, s. Hooker & Ruth, b. Jan. 15, 1755	2	95
Hooker, Ens. d., Jan. 29, 1767	2	155
Hooker, m. Ruth **HART**, b. of Guilford, Jan. 7, 1784, by Rev. Amos Fowler	2	171
Hooker, s. Hooker & Ruth, b. Sept. 24, 1785	2	206
Horace, s. Timo[thy] & Clarissa, b. Dec. 30, 1791	2	208
Horace, m. Frances C. **REDFIELD**, b. of Guilford, May 25, 1828, by Rev. A.B. Goldsmith	2	313
Horace Edward, s. Geo[rge] & Ruth, b. July 2, 1827	2	296
Ichabod, s. Ebenezer & Submit, of East Guilford, b. Jan. 13, 1730/1	2	23
Ichabod, s. Ichabod & Thankfull, b. May 27, 1753	2	95
Irene, d. Reuben & Irene, b. Jan. 11, 1760	2	118
Jared, s. Daniel & Susanna, b. Mar. 1, 1714/5; d. Apr. 30, [ ]	2	9
John, s. George & Mary, b. Nov. 9, 1656	A	60
John, bd. Aug. 16, 1669	A	67
John, m. Sarah **HOOKER**, b. of Guilford, May 8, 1718, by Rev. Thomas Ruggles	2	44
John, s. Daniel, Jr. & Ann, b. Mar. 1, 1734/5	2	33
John, Capt., d. Apr. 15, 1747	2	137
John, s. Hooker & Ruth, b. Jan. 28, 1753	2	93
John, s. Hooker, d. Dec. 20, 1755	2	142
John, s. Hooker & Ruth, b. Jan. 18, 1757	2	97
John, m. Lois **CHIDSEY**, b. of Guilford, July 2, 1760, by Rev. John Richards	2	72
John, m. Clarrissa **COAN**, b. of Guilford, Aug. 10, 1823, by		

	Vol.	Page
BARTLET, BARTLETT, BARTLIT, (cont.)		
Rev. David Baldwin	2	281
John Chittenden, s. Elisha & Ruth, b. Jan. 22, 1809	2	277
John H., m. Caroline R. **ELLIOTT**, b. of Guilford, Sept. 18, 1817, by Rev. David Baldwin	2	280
John Hart, s. Hooker & Ruth, b. Sept. 4, 1796	2	232
Joseph, m. Mindwell **CRUTTENDEN**, b. of Guilford, June 4, 1726, by Rev. Thomas Ruggles	2	47
Joseph, s. Joseph & Mindwell, b. Apr. 8, 1727	2	18
Joseph, Jr., m. Sarah **CRUTTENDEN**, b. of Griswold, Dec. 30, 175[6], by Rev. Thomas Ruggles	2	69
Joseph, s. Joseph, Jr., & Sarah, b. Nov. 8, 175[7]	2	99
Joseph, Capt., d. Aug. 29, 1769, in the 70th y. of his age	2	146
Joseph, Jr., m. Merriam **GRAVE**, b. of Guilford, May 23, 1787, by Rev. Jonath[an] Todd	2	171
Joseph, s. Noah & Sally, b. July 24, 1797	2	232
Joseph, m. Mary Ann **CRUTTENDEN**, b. of Guilford, Mar. [ ], 1827, by Rev. Aaron Dutton	2	313
Lois, d. Dan[ie]l & Ann, b. July 25, 1730	2	22
Lois, d. John & Lois, b. Mar. 13, 1774	2	191
Lois, d. Stephen & Nancy, b. Jan. 30, 1802	2	296
Lois, m. Ezekiel **BUTLER**, Feb. 5, 1829, by Rev. Zolva Whitmore	2	324
Lois, wid., m. John **COLLENS**, b. of Guilford, Sept. 27, 1829, by Rev. Aaron Dutton	2	303
Lucretia Coan, d. John & Clarrissa, b. May 5, 1824	2	296
Lucy, m. Jehiel **MEIGS**, b. of Guilford, Sept. 27, 1736, by Rev. Thomas Ruggles	2	53
Lucy, d. Timothy, Jr. & Lucy, b. July 25, 1756	2	103
Lucy, d. John & Lois, b. Apr. 22, 1763	2	110
Lucy, m. Noah **FOWLER**, Jr., b. of Guilford, Dec. 10, 1777, by Rev. Amos Fowler	2	175
Lucy, m. Abel **NORTON**, b. of Guilford, Jan. 13, 1788, by Rev. Thomas W. Bray	2	181
Lucy, d. Stephen & Nancy, b. Mar. 30, 1808	2	296
Lucy, of Guilford, m. Jonathan J. **TODD**, of Madison, June 4, 1831, by Rev. Zolva Whitmore	2	283
Lucy, d. Timothy [ ]	2	22
Lydia, d. George & Abigail, b. Nov. 28, 1742	2	75
Marrilla L., m. Dr. Joel **CANFIELD**, b. of Guilford, Jan. 10, 1827, by Rev. Zolva Whitmore	2	303
Mary, d. George & Mary, b. Feb. 1, 1654	A	60
Mary, bd., Sept. 11, 1669	A	67
Mary, m. Nathaniell **STONE**, July 10, 1673, by William Leete	A	77
Mary, of Kenilsworth, m. John **DOUDE**, of G[u]ilford, Jan. about middle, 1687, by Mr. Andrew Leete, Justice	A	79
Mary, d. Abraham & Mary, b. May 18, 1694	A	97
Mary, d. Will[ia]m, d. Apr. 2, 1734	2	149

	Vol.	Page
BARTLET, BARTLETT, BARTLIT, (cont.)		
Mary, d. Ebenezer & Submit, b. July 2, 1734	2	28
Mary, m. Jonathan **LEE**, b. of Guilford, June 27, 1751, by Rev. Jonathan Todd	2	66
Mary, d. Timo[thy] Jr., & Lucy, b. Mar. 21, 1758	2	103
Mehettabill, d. John & Sarah, b. Feb. 4, [1723]	2	13
Melzar F., s. Stephen & Nancy, b. June 23, 1804	2	296
Melzer F., m. Marietta **FOWLER**, b. of Guilford, Apr. 8, 1832, by F.B. Gillet	2	325
Mindwell, d. Joseph & Mindwell, b. May 17, 1730	2	23
Mindwell, m. Samuel **CHITTENDEN**, Jr., b. of Guilford, Feb. 14, 1756, by Rev. Thomas Ruggles	2	68
Mindwell, wid., d. Sept. 24, 1769, in the 63rd y. of her age	2	146
Molle, d. Reuben & Irena, b. Feb. 2, 1769	2	122
Nancy, d. Stephen & Nancy, b. Mar. 9, 1806	2	296
Nancy, of Guilford, m. William F. **BUTLER**, of Hudson, May 13, 1832, by Rev. Zolva Whitmore	2	338
Nathaniel, s. Daniel, Jr., & Ann, b. Apr. 22, 1727	2	21
Nath[anie]ll, s. Hooker & Ruth, b. Mar. 8, 1759	2	105
Nathaniel, s. John & Lois, b. May 15, 1765	2	116
Nathaniel, s. John, d. Aug. 17, 1769	2	146
Nathaniel, m. Bertha **COOKE**, b. of Guilford, Nov. 26, 1827, by Rev. Zolva Whitmore	2	313
Noah, s. Ebenezer & Deborah, b. Oct. 17, 1744	2	76
Noah, s. Joseph, Jr., & Sarah, b. Aug. 27, 176[6]	2	121
Noah, m. Sally **JUDSON**, b. of Guilford, June 23, 1796, by Rev. Amos Fowler	2	181
Olive, d. Timo[thy] & Olive, b. Mar. 15, 1782	2	191
Polly, d. Noah & Sally, b. Nov. 20, 1801	2	232
R[e]uben, s. Ebenezer & Abigail, b. Mar. 28, 1738	2	34
Reuben, m. Irene **MEIGS**, b. of Guilford, Sept. 22, 1756, by Rev. Jon[a]th[an] Meigs	2	70
Reuben, s. Reuben & Irene, b. Sept. 5, 1762	2	118
[Reu]ben, s. Reuben & Irene, b. July 8, 1765	2	118
Richard, s. George & Ruth, b. Aug. 7, 1822	2	296
Ruth, d. Timothy & Susanna, b. Apr. 24, 1735	2	29
Ruth, d. Timothy, d. Nov. 21, 1736	2	150
Ruth, d. Joseph & Mindwell, b. Oct. 11, 1738	2	39
Ruth, d. Hooker & Ruth, b. Jan. 1, 1750/1	2	85
Ruth, d. Timothy, Jr., & Lucy, b. Mar. 25, 1760	2	114
Ruth, d. George, Jr., & Ruth, b. July 30, 1764	2	116
Ruth, m. Miles **GRISWOLD**, b. of Guilford, Jan. 4, 1769, by Rev. Amos Fowler	2	169
Ruth, m. Nath[anie]ll **BISHOP**, b. of Guilford, Sept. 29, 1773, by Rev. Rich[ar]d Ely	2	171
Ruth, m. Will[ia]m **PARMELE**, Jr., b. of Guilford, Apr. 21, 1784, by Rev. Amos Fowler	2	183
Ruth, d. Amos & Anna, b. Apr. 15, 1802	2	276

GUILFORD VITAL RECORDS

	Vol.	Page
BARTLET, BARTLETT, BARTLIT, [cont.]		
Ruth, m. George **BARTLET**, b. of Guilford, Oct. 24, 1821, by Rev. Aaron Dutton	2	280
Sally, d. Noah & Sally, b. Nov. 20, 1799	2	232
Sally, d. Stephen & Nancy, b. Aug. 21, 1812	2	296
Samuel, s. George & Abigail, b. Apr. 18, 1734	2	28
Samuel, s. Joseph & Mindwell, b. Feb. 10, 1744	2	73
Samuel, s. John & Lois, b. Apr. 2, 1761	2	108
Samuel Nelson, s. George & Ruth, b. July 11, 1832	2	296
Samuel Nelson, s. George & Ruth, d. Dec. 7, 1834, ae 2 y.	2	211
Sarah, w. of Daniell, d. Apr. 8, 1688	A	81
Sarah, d. Daniel & Susanna, b. July 22, [1717]	2	9
Sarah, d. Timothy & Susanna, b. July 27, 1738	2	34
Sarah, d. Joseph, Jr., & Sarah, b. Oct. 21, 1762	2	110
Sarah, m. Gilbert **DUDLEY**, b. of Guilford, Nov. 21, 1765, by [ ]	2	173
Sarah, d. Hooker & Ruth, b. July 6, 1766	2	118
Sarah, d. John & Lois, b. Oct. 4, 1769	2	122
Sarah, m. John **WICK**, b. of Guilford, Dec. 17, 1789, by Rev. Tho[ma]s W. Bray	2	185
Sarah, m. John **ELLIOTT**, Jr., b. of Guilford, May 9, 1790, by Rev. Amos Fowler	2	174
Sarah, m. Bildad **FOWLER**, b. of Guilford, Nov. 7, 1790, by Rev. Amos Fowler	2	238
Sarah, m. Samuel L. **SEWARD**, b. of Guilford, Dec. 11, 1822, by Rev. Aaron Dutton	2	285
Sarah, of Guilford, m. Samuel R. **HOTCHKISS**, of East Haven, Sept. 11, 1833, by Rev. Zolva Whitmore	2	346
Sarah Jennette, d. George & Ruth, b. Sept. 26, 1834	2	296
Sibbel, d. Lieut. John, d. Dec. 21, 1725	2	149
Simri, s. Stephen & Jemima, b. May 9, 1740	2	77
Stephen, s. Jno. & Lois, b. Oct. 4, 1771	2	126
Stephen R., s. Stephen & Nancy, b. Apr. 30, 1810	2	296
Submit, w. of Eben[eze]r, of East Guilford, d. July 25, 1734	2	149
Susannah, wid., d. Feb. 2, 1758	2	142
Timothy, s. Timothy & Susannah, b. July 28, 1730	2	22
Timothy, Jr., m. Lucy **EVARTS**, b. of Guilford, Mar. 12, 1754, by Rev. James Sprout	2	71
Timothy, Jr., m. Lucy **EVARTS**, b. of Guilford, Mar. 11, 1755, by [James Sproutt]	2	216
Timothy, s. Timothy, Jr., & Lucy, b. Apr. 30, 1765	2	114
Timothy, Jr., of Guilford, m. Clarissa **CHAPMAN**, of Saybrook, Apr. 23, 1789, by Rev. Mr. Hotchkiss	2	226
William, s. Ebenezer & Anna, b. Mar. 7, 1737/8	2	34
William, s. Hooker & Ruth, b. Dec. 31, 1763	2	118
William Meigs, s. Elisha & Ruth, b. May 13, 1810	2	277
William Tyler, s. John & Clarrissa, b. Aug. 22, 1827	2	296
-----, of Guilford, m. [ ] **GAINS**, of Middletown, July		

	Vol.	Page

BARTLET, BARTLETT, BARTLIT, [cont.]
    15, 1735, by Rev. Moses Bartlet[t] — 2 — 56
    -----, s. John H. & Caroline R., b. July 26, 1818; d. Aug. 2,
        1818 — 2 — 277
BASSETT, Amanda, of Guilford, m. James **AVERELL**, of
    Branford, Feb. 24, 1834, by Rev. Aaron Dutton — 2 — 336
    Betsey, m. John **SPENCER**, b. of Guilford, July 3, 1811, by
        Rev. David Baldwin — 2 — 274
    Betsey S., d. W[illia]m & Temperance, b. Mar. 13, 1791 — 2 — 277
    Charles, s. Gideon & Polly, b. Sept. 6, 1814 — 2 — 297
    Molly, m. Abraham **DUDLEY**, Jr., b. of Guilford, Dec. 8,
        1802, by Rev. John Elliott — 2 — 258
    Nathan F., m. Adah **FIELD**, b. of Guilford, Nov. 24, 1825, by
        Rev. Samuel N. Shephard — 2 — 312
BATES, BATE, Katharine, of Saybrook, m. Jared **WILLARD**, of
    Guilford, Dec. 12, 173[4], by Rev. William Worthington — 2 — 55
    Talcott, of Durham, m. Elizabeth D. **BALDWIN**, of Guilford,
        Jan. 10, 1827, by Rev. Zolva Whitmore — 2 — 313
BAYLER, BALER, [see also **BAILEY**], John, m. Mary **GUTTRIG**,
    b. of Guilford, Aug. 16, 1676, by Andrew Leete — A — 77
    Mary, d. John & Mary, b. May 28, 1677 — A — 83
    Nathaniel, s. John & Mary, b. Feb. 17, 1681 — A — 87
BAYLEY, BAYLY, [see under **BAILEY**]
BAYNARD, Sophia, m. Sam[ue]l **HARRIS**, [Aug.] 27, [1843], by
    Rev. L.T. Bennett — 2 — 360
BECKWITH, John, s. Mat[t]hew & Elizabeth, b. Jan. 4, 1668 — A — 74
    Mat[t]hew, s. Mat[t]hew & Elizabeth, b. Apr. 13, 1667 — A — 65
[BEEBE], BEBEE, Tempa, of Saybrook, m. Isaac **HALL**, Jr., of
    Guilford, Dec. 25, 1796, by Rev. Simon Backus — 2 — 254
BEERS, Calvin H., of Guilford, m. Sally B. **SKINNER**, of Haddam,
    Nov. 15, 1842, by Rev. Zolva Whitmore — 2 — 376
    Calvin H., m. Lois **ALDRIDGE**, July 4, 1847, by Rev. David
        Baldwin — 2 — 377
    Lucian, m. Maria M. **NORTON**, b. of Guilford, Nov. 18, 1842,
        by Rev. Zolva Whitmore — 2 — 376
BELL, Lutheny, m. Sam[ue]ll **SCRANTON**, Jr., b. of Guilford
    Nov. 4, 1792, by Rev. Amos Fowler — 2 — 224
BELLAMY, BELEMEE, BELLAMIRE, Bethiah, d. Matthew &
    Bethiah, b. Aug. 3, 1673 — A — 75
    Bethiah, d. Matthew & Bethiah, d. Dec. 23, 1673 — A — 68
    Elizabeth, d. Ma[t]thew & Bethiah, b. Nov. 12, 1674 — A — 76
    Elizabeth, d. Matthew & Bethiah, d. Jan. 24, 1674 — A — 68
BENEDICT, Hervey, of New Haven, m. Henrietta **HOTCHKISS**, of
    Guilford, Oct. 16, 1831, by Rev. David Baldwin — 2 — 325
BENNAM, Abigail, of Wallingford, m. Samuel **DARWIN**, of
    Guilford, Dec. "last week", 1713, by Rev. Thomas
        Ruggles — 2 — 50
BENSON, Anne, Mrs., of Bridgehampton, m. Jonathan

	Vol.	Page
BENSON, (cont.)		
ROSSETTER, of Guilford, Oct. 31, 1720, by Rev.		
Eben[e]z[e]r White	2	45
BENTON, BENTEN, BENTURN, Abigail, w. of John, d.		
Oct. 8, 1733	2	147
Abigail, w. of John, d. Oct. 8, 1733	2	149
Abigail, d. John & Abigail, b. Mar. 12, 1734/5	2	33
Abigail, m. Ebenezer **CRUTTENDEN**, b. of Guilford, Mar. 10,		
1740/1, by Rev. Thomas Ruggles	2	57
Abigail, w. of Ens. Eben[eze]r, d. Apr. 13, 1753	2	142
Abigail, d. Silas & Abigail, b. Apr. 21, 1769; d. May 19, 1769	2	126
Abigail Linsley, d. Dan[ie]l & Fanny, b. Aug. 1, 1804	2	232
Abner, s. Jabez & Mary, b. Oct. 18, 1776	2	191
Abraham, s. Jabez & Mary, b. Feb. 2[8], 176[7]	2	117
Abra[ha]m, of Guilford, m. Sarah **KIRBY**, of Middletown,		
July 24, 1791, by Rev. Gershom Bulkley	2	226
Abram, of Fairfield, Ill., m. Sarah D. **CHITTENDEN**, of		
Guilford, Aug. 31, 1837, by Rev. Zolva Whitmore	2	338
Achsah, d. Amos & Sarah, b. Mar. 15, 1795	2	208
A[m]brose, s. Jabez & Mary, b. Dec. 9, 1769	2	123
Ambrose, m. Mary **EVARTS**, b. of Guilford, Oct. 31, 1790, by		
Rev. Amos Fowler	2	226
Ambrose, s. Ambrose & Mary, b. Apr. 21, 1791	2	208
Ambrose, m. Patience **VAILL**, b. of Guilford, Apr. 14, 1834,		
by Rev. A.B. Goldsmith	2	338
Amos, s. Jabez & Mary, b. Apr. 23, 1768	2	119
Amos, of Guilford, m. Sarah **BUSHNELL**, of Saybrook, July		
1, 1792, by Rev. Richard Ely	2	226
Amos, s. Amos & Sarah, b. Aug. 15, 1797	2	208
Amos, s. Ambrose & Sarah, b. Feb. 16, 1806	2	208
Ame, d. Timo[thy] & Rachel, b. June 17, 1784	2	206
Andrew, m. Elizabeth **RELPH**, Feb. 4, 1664, by William Leete	A	65
Andrew, s. Jabez & Hannah, b. Mar. 21, 1731/2	2	25
Andrew, s. Jabez & Mary, b. Nov. 15, 1771	2	126
Anise, d. Stephen & Hannah, b. May 21, 1764	2	113
Ann, d. Jabez & Hannah, b. Aug. 20, 1734	2	28
Ann, d. Dan[ie]l & Eliza[be]th, b. Aug. 29, 1743	2	89
Ann, m. Phillip **MAN**, b. of Guilford, Apr. 11, 1764, by		
Rev. James Sproutt	2	170
Ann, m. Phillip **MAN**, b. of Guilford, Apr. 11 [1764], by		
[James Sproutt]	2	229
Anna, d. Abner & Ruth, b. Apr. 4, 1802	2	232
Anna, m. George Augustus **FOWLER**, b. of Guilford, Sept. 30,		
1824, by Rev. Aaron Dutton	2	300
Anne, bd., Aug. 22, 1671	A	68
Bela, s. Ebenezer, Jr. & Esther, b. Oct. 19, 1734	2	74
Belah, s. James, Jr. & Marg[a]ret, b. June 21, 1747	2	90
Bela, d. Nov. 13, 1753, ae 19 y.	2	141

	Vol.	Page
BENTON, BENTEN, BENTURN, (cont.)		
Bela, s. Timo[thy] & Rachel, b. Apr. 27, 1779	2	206
Beriah, s. Caleb & Sarah, b. Feb. 1, [1745/6]; d. Feb. 2, 1745/6	2	137
Bethel, s. James, Jr. & Marg[a]ret, b. Nov. 21, 1751	2	81
Betsey, d. Caleb & Sarah, b. Jan. 20, 1777	2	206
Betsey Ann, m. Eli **PARMELE**, b. of Guilford, May 12, 1830, by Rev. Aaron Dutton	2	295
Beze, s. James, Jr. & Marg[a]ret, b. Jan. 18, 1753	2	91
Caleb, m. Sarah **STONE**, b. of Guilford, Sept. 25, 1740, by Andrew Ward, J. P.	2	58
Caleb, s. Caleb & Sarah, b. Apr. [17, 1742]	2	73
Caleb, m. Thankfull **CHITTENDEN**, b. of Guilford, Oct. 13, 1751, by Rev. James Sprout	2	70
Caleb, m. Thankfull **CHITTENDEN**, b. of Guilford, Oct. 13, 1752, by [James Sproutt]	2	215
Caleb, m. Lucy **HALL**, b. of Guilford, Dec. 1, [1760], by [James Sproutt]	2	219
Caleb, Jr., m. Sarah **BISHOP**, b. of Guilford, Jan. 29, 1767	2	169
Caleb, Jr., m. Sarah **BYSHOP**, b. of Guilford, Jan. 29, 1767, by [James Sproutt]	2	229
Caleb, d. Nov. 26, 1782, in the 77th y. of his age	2	211
Catharine, of Durham, m. Henry **FOOTE**, of Madison, July 7, 1839, by Rev. H. F. Pease	2	331
Chandler, s. Edward & Leah, b. Jan. 31, 1764	2	113
Charlotte, of Guilford, m. John **RUSSELL**, of Branford, Nov. 23, 1825, by Rev. Zolva Whitmore	2	292
Christian, m. William **NUBB***, b. of Guilford, May 30, 1806, by Rev. Tho[ma]s W. Bray (***NUBLE?**)	2	181
Clarinda, d. Edward & Leah, b. May 23, 1760	2	107
Clarissa, d. Caleb & Sarah, b. June 9, 1782	2	206
Clarissa, d. Caleb & Sarah, d. Oct. 3, 1798, in the 17th y. of her age	2	211
Clarrissa, m. Nelson **HOTCHKISS**, of New Haven, Mar. 27, 1836, by Rev. A. Dutton	2	346
Cornelia Burgis, d. Sam[ue]ll & Sarah, b. Nov. 6, 1807	2	208
Curtis, s. Noah & Phebe, b. May 19, 1795	2	208
Dan L., 2nd, m. Marietta M. **NORTON**, b. of Guilford, Nov. 20, 1833, by Rev. Aaron Dutton	2	325
Dan L., Jr., of Guilford, m. Elizabeth A. **BLAKESLEE**, of Northford, May 30, 1841, by Rev. Leverett Griggs, of North Haven	2	339
Dan L[i]nsley, s. Silas & Abigail, b. Apr. 27, 1780	2	191
Daniel, m. Rachell **GUTTRIDGE**, Dec. 23, 1658	A	61
Daniell, bd, June 10, 1672	A	68
Daniel, m. Elizabeth **NORTON**, b. of Guilford, Aug. 8, 1728, by Capt. Andrew Ward, J. P.	2	49
Dan[ie]l, s. Dan[ie]l & Elizabeth, b. Dec. 12, 17[30]	2	42

	Vol.	Page
BENTON, BENTEN, BENTURN, (cont.)		
Daniel, s. Dan[ie]ll, d. May 15, 1746	2	140
Daniel, s. Daniel & Eliza[bet]h, b. June 18, 1748	2	90
Daniel, Dea., d. Aug. 25, 1756	2	142
Daniel, s. Silas & Abigail, b. Sept. 3, 1772	2	126
Daniel, m. Fanny **ELLIOTT**, b. of Guilford, Apr. 3, 1800, by Rev. John Elliott	2	226
Daniel Smithson, s. Dan[ie]l & Fanny, b. Jan. 22, 1801	2	232
David, s. James, Jr. & Margaret, b. June 8, 1744	2	90
David, m. Mary **HATCH**, b. of Guilford, Nov. 22, [1763], by [James Sproutt]	2	228
Ebenezer, Jr., m. Esther **CRUTTENDEN**, b. of Guilford, Nov. [3, 1725], by Rev. John Hart	2	3
Ebenezer, Jr., m. Esther **CRUTTENDEN**, b. of Guilford, Nov. 3, 17[25], by Rev. John Hart	2	48
Ebenezer, s. Ebenezer, Jr. & Esther, b. Apr. 29, 1728	2	27
Eben[eze]r, Ens., d. Jan. 22, 1758, in the 96th y. of his age	2	142
Eber, s. Dan[ie]ll & Elizabeth, b. Feb. 12, 17[34]	2	42
Edward, freeman & planter, 1669-70	A	121
Edward, d. Oct. 28, 1680	A	68
Edward, s. James & Experience, b. Apr. 12, 1741	2	41
Edward, m. Leath **LEETE**, b. of Guilford, May 28, 175[8], by Rev. Thomas Ruggles	2	69
Edwin Henry, s. Henry & Eunice, b. Jan. 1, 1834	2	296
Eliakim, s. Joseph & Esther, b. Mar. 31, 1732	2	24
Elias, s. James & Experience, b. July 6, 1735	2	30
Elias, m. Hannah **EVARTS**, b. of Guilford, July 12, 1758, by Rev. Thomas Ruggles	2	69
Eliza, d. Edw[ar]d & Anne, bd Apr. 3, [16]54	A	122
Elizabeth, d. Edward & Anne, b. June 3, 1647	A	124
Elizabeth, d. Andrew & Elizabeth, b. June 4, 1677	A	83
Elizabeth, d. Dan[ie]ll & Eliza[bet]h, b. Dec. 20, 1745	2	90
Elizabeth, w. of Daniel, d. Sept. 21, 1753	2	141
Elizabeth, m. Rufus **GRAVE**, b. of Guilford, Nov. 7, 1773, by Rev. Daniel Brown	2	176
Elizabeth, m. Rufus **GRAVE**, b. of Guilford, Nov. 7, 1773, by [James Sproutt]	2	252
Elizabeth, wid., m. Lot **BENTON**, b. of Guilford, Jan. 2, 1805, by Rev. Israel Brainard	2	227
Elizabeth, d. Dan[ie]l & Fanny, b. Nov. 5, 1812	2	277
Elizabeth, wid. of Lot, d. Oct. 19, 1838, ae 90 y	2	211
Ellen M., m. Charles M. **STONE**, Jan. 5, 1840, by Rev. David Baldwin	2	341
Ephraim Hemsted, d*. Dan[ie]ll & Fanny, b. Dec. 15, 1816 (*Son?)	2	277
Esther, d. Joseph & Esther, b. Dec. 1, 1730	2	22
Esther, wid., d. Sept. 29, 1752	2	141
Esther, m. Phinehas **FOWLER**, b. of Guilford, May 3, 1753,		

BARBOUR COLLECTION

	Vol.	Page
BENTON, BENTEN, BENTURN, (cont.)		
by Rev. Jno. Richards	2	66
Experience, m. John **TURNER**, Jr., b. of Guilford, Jan. [ ], [1732], by Rev. Thomas Ruggles	2	51
Fanny Ledyard, d. Dan[ie]l & Fanny, b. Feb. 10, 1810	2	276
Hanna[h], d. Edward & Anna, b. Sept. 28, 1640	A	123
Hannah, d. Jabez & Hannah, b. Oct. 29, 1729	2	21
Hannah, m. Samuel **DOD[D]**, b. of Guilford, Aug. 31, 1737, by Rev. Thomas Ruggles	2	54
Hannah, m. James **SCOTT**, b. of Guilford, May 7, 1752, by Rev. Thomas Ruggles	2	64
Hannah, d. Elias & Hannah, b. Dec. 9, 1759; d. Dec. 23, 1759	2	105
Hannah, w. of Elias, d. Dec. 9, 1759	2	143
Hannah, d. Stephen & Hannah, b. Dec. 19, 1761	2	111
Hannah, wid., d. Mar. 17, 1773	2	151
Harriet, d. Abra[ha]m & Sarah, b. July 18, 1797	2	208
Harriet, m. Samuel **DAVIS**, b. of Guilford, Mar. 26, 1838, by Rev. Aaron Dutton	2	333
Henry, s. Joy & Cleodelinda, b. May 16, 1810	2	296
Henry, m. Eunice **LEE**, b. of Guilford, Apr. 8, 1832, by Rev. Aaron Dutton	2	325
Hubbard, s. Ambrose & Mary, b. June 9, 1796	2	208
Hubbard Fowler, s. Timo[thy] & Rachel, b. Nov. 29, 1776	2	206
Iri, s. Jabez & Mary, b. Aug. 15, 1782 (Ira)	2	191
Ira, s. Abra[ha]m & Sarah, b. Apr. 27, 1794	2	208
Isaac, s. Silas & Abigail, b. Dec. 22, 1777	2	191
Jabise, s. Andrew & Elizabeth, b. Apr. 28, 1680	A	86
Jabez, m. Hannah **STONE**, b. of Guilford, Nov. 24, 17[26]	2	50
Jabez, s. Jabez & Hannah, b. July 12, 1743	2	75
Jabez, of Guilford, m. Mary **BARTHOLOMEW**, of Farmington, Sept. 30, 1765, by Rev. Samuel Newell	2	166
James, s. Andrew & Elizabeth, b. Dec. 1, 1665	A	65
[Jam]es, Jr., of Guilford, m. Experience **STOCKER**, of Lyme, Mar. 11, 1718/19, by Rev. Moses Noyes	2	44
James, Sr., d. Nov. 7, 1733, in the 68th y. of his age	2	149
James, Jr., m. Margaret **NAUGHTYE**, b. of Guilford, Sept. 10, 1739, by Rev. Thomas Ruggles	2	53
James, m. Elizabeth **COLLENS**, b. of Guilford, June 25, [1786], by [James Sproutt]	2	253
James H., of Madison, m. Emeline **PARKER**, of Guilford, Jan. [ ], 1828, by Rev. Aaron Dutton	2	313
James Harvey, s. Noah & Phebe, b. Aug. 10, 1791	2	208
Jane A., of Durham, m. George **HULL**, of Wallingford, May 30, 1847, by Rev. Cha[rle]s R. Adams	2	361
Jared, s. Dan[ie]l & Elizabeth, b. June 19, 17[37]	2	42
Jared, s. Jared & Elizabeth, b. May 5, 1787	2	208
Jared Tainter, s. Dan[ie]l & Fanny, b. Feb. 4, 1806	2	232
Jedadiah, of Guilford, m. Jerusha **LONG**, of Coventry, Oct. 19,		

	Vol.	Page
BENTON, BENTEN, BENTURN, (cont.)		
1738, by John Bristoll, J. P.	2	54
Jesse, s. Edward & Leah, b. Dec. 1, 1759	2	104
Jesse, s. Edward & Leah, b. Feb. 12, 1769	2	122
Joel, s. Caleb, Jr. & Sarah, b. May 13, 1772	2	126
Joel, s. Ambrose & Mary, b. Mar. 11, 1799	2	208
Joel, m. Celia **WELD**, July 28, 1844, by Rev. David Baldwin	2	376
Johanna, d. Daniell & Rachell, b. Oct. 8, 1660	A	63
Johannah, m. John **TURNER**, b. of G[u]ilford, Dec. 16, 1686, by Mr. Andrew Leete	A	79
John, s. Edward & Anna, b. June 10, 1643	A	123
John, s. Andrew & Elizabeth, b. Apr. 17, 1672	A	74
John, m. Abigail **LEES**, b. of Guilford, Dec. 19, 17[30], by Rev. Thomas Ruggles	2	51
John, s. John & Abigail, b. Sept. 15, 1732	2	26
[John], of Guilford, m. Abigail **EG[G]LESTON**, of Middletown, Jan. 10, 1733/4, by Rev. Will[ia]m Russell	2	56
John, s. Noah & Ruth, b. Mar. 2, 1775	2	191
John, s. Noah, d. Dec. 26, 1775 ae about 10 m.	2	151
John, s. Noah & Ruth, b. July 29, 1777	2	191
John, s. Silas & Abigail, b. Nov. 6, 1782	2	206
John Elliott, s. Dan[ie]ll & Fanny, b. Oct. 24, 1820	2	277
Joseph, s. Andrew & Elizabeth, b. Feb. 4, 1668	A	66
Joseph, s. Andrew, bd. Jan. 4, 1669	A	67
Joseph, m. Esther **BISHOP**, b. of Guilford, Nov. 27, 1729, by Rev. Thomas Ruggles	2	49
Joseph, d. Sept. 18, 1752	2	141
Joseph, s. Silas & Abigail, b. Dec. 19, 1774	2	191
Joseph Augustus, s. Dan[ie]ll & Fanny, b. May 7, 1818	2	277
Josiah, s. Ebenezer, Jr. & Esther, b. July 1, 1736	2	74
Joy, s. Jabez & Mary, b. Mar. 2, 1779	2	191
Julia, d. Ambrose & Mary, b. May 11, 1794	2	208
Julia, m. Aaron D. **COOKE**, b. of Guilford, Sept. 6, 1827, by Rev. Zolva Whitmore	2	303
Juliana, d. Caleb & Sarah, b. Dec. 20, 1779	2	206
Katherine, w. of Lot, d. July 2, 1799, in the 58th y. of her age	2	211
Lewis, s. Amos & Sarah, b. Aug. 1, 1793	2	208
Lewis, s. Ambrose & Mary, b. Feb. 19, 1809	2	276
Linus, s. Caleb & Thankful, b. Aug. 28, 1752; d. Sept. 16, 1752	2	101
Linus, s. Caleb, Jr. & Sarah, b. Mar. 20, 176[8]	2	121
Linus, s. Caleb, Jr., d. Sept. 11, 1778	2	211
Lois, d. Noah & Ruth, b. Apr. 16, 1770	2	125
Lois, m. Roswell **DUDLEY**, b. of Guilford, Sept. 23, 1789, by Rev. Amos Fowler	2	173
Lot, s. Ebenezer, Jr. & Esther, b. Jan. 17, 1738/9	2	74
Lot, of Guilford, m. Katharine **LYMAN**, of Middletown, Oct. 11, 1764, by Rev. Edward Eells	2	167

	Vol.	Page
BENTON, BENTEN, BENTURN, (cont.)		
Lot, s. Timo[thy] & Rachel, b. Dec. 27, 1773	2	206
Lot, of Guilford, m. wid. Anne **TALCOTT**, of Durham, Jan. 13, 1800, by Rev. Tho[ma]s W. Bray	2	227
Lot, m. wid. Elizabeth **BENTON**, b. of Guilford, Jan. 2, 1805, by Rev. Israel Brainard	2	227
Lucy, d. James, Jr. & Experience, b. Oct. 14, 172[4]	2	16
Lucy, m. Isaac **CRUTTENDEN**, b. of Guilford, Jan. 25, 1742/3, by Rev. Thomas Ruggles	2	58
Lydia W., m. Henry **RAWKIN**, Oct. 31, 1843, by Rev. D. Baldwin	2	354
Maria D., m. John **HILL**, b. of Guilford, Feb. 19, 1831, by Rev. Aaron Dutton	2	319
Marilla S., of Guilford, m. Nathaniel **SMITH**, of Roxbury, Feb. 26, 1840, by Rev. Zolva Whitmore	2	341
Mary, d. Edward & Anna, b. Feb. 2, 1641/2	A	123
Mary, d. James, Jr. & Experience, b. Sept. 25, 17[22]	2	14
Mary, d. John & Abigail, b. Nov. 13, 1749; d. June 23, 1750	2	85
Mary, m. Thalmeno **BISHOP**, b. of Guilford, May 15, 1777, by Rev. Jonathan Todd	2	171
Mary, d. Abra[ha]m & Sarah, b. Dec. 19, 1791	2	208
Mary E., m. Charles W. **LANDON**, b. of Guilford, "last evening" [Nov. 5, 1844], by Rev. Lorenzo T. Bennett	2	345
Mercy, wid., m. Joshua **LEETE**, Mar. 6, 1722/3, by Rev. Thomas Ruggles	2	46
Mercy, d. Jabez & Hannah, b. Jan. 9, 1727/8	2	19
Mercy, d. Feb. 5, 1778, in the 51st y. of her age	2	161
Miles, s. John & Abigail, b. June 23, 1747	2	80
Miles, s. John, d. Aug. 27, 1747	2	137
Molle, d. Timo[thy] & Rachel, b. Oct. 25, 1781	2	206
Momimia(?), m. Timothy **DUDLEY**, b. of Guilford, [1832?], by Rev. Zolva Whitmore	2	332
Nathan, s. Dan[ie]l & Elizabeth, b. July 5, 1741	2	41
Nathan, m. Rachel **CHITTENDEN**, b. of Guilford, May 8, 1794, by Rev. Amos Fowler	2	226
Nathaniel, s. Eben[eze]r & Esther, b. Aug. 12, 1726	2	19
Noah, s. Jabez & Hannah, b. Aug. 12, 1736	2	37
Noah, of Guilford, m. Ruth **DICKINSON**, of Haddam, July 21, 1762, by Hezekiah Brainard, J. P.	2	164
Noah, s. Noah & Ruth, b. Oct. 16, 1763	2	111
Noah, Jr., m. Phebe **DAVIS**, b. of Guilford, Oct. 31, 1790, by Rev. Amos Fowler	2	226
Noah, d. Oct. 27, 1847, ae 84 y.	2	211
Pamela, d. Noah & Phebe, b. Feb. 20, 1793	2	208
Pamelia, of Guilford, m. William **WILLIAMS**, of Killingworth, June 17, 1821, By Rev. John Ely	2	264
Parnah, d. Caleb & Sarah, b. Jan. 4, 1785	2	206
Phebe, d. Stephen & Hannah, b. Sept. 13, 1766	2	117

	Vol.	Page
BENTON, BENTEN, BENTURN, (cont.)		
Phineas, s. Caleb & Sarah, b. Aug. 30, 1744; d. Sept. 9, 1744	2	78
Rachel, d. Ebenezer, Jr. & Esther, b. Jan. 26, 1742/3	2	74
Rachel, d. Timo[thy] & Rachel, b. May 18, 1768	2	206
Rachel, w. of Timo[thy] d. July 3, 1784, in the 38th y. of her age	2	151
Rachel, m. Capt. Nathan **CHIDSEY**, b. of Guilford, Dec. 27, 1786, by Rev. Tho[ma]s W. Bray	2	225
Rachel, m. Alexander **LEETE**, Dec. 23, 1835, by Rev. David Baldwin	2	344
Raphel, m. Lois **RUSSELL**, b. of Guilford, May 31, 1820, by Rev. Charles Atwater	2	227
Rebeccah, d. Daniell & Rachell, b. Sept. 14, 1671	A	74
Rene, d. Edward & Leah, b. Oct. 1, 1766	2	117
Rosella, d. James, Jr. & Marg[a]ret, b. Apr. 8, 1748	2	91
Russell, s. Ambrose & Sarah, b. May 12, 1801	2	208
Russell, m. Laura B. **KIRCUM**, Oct. 16, 1822, by Rev. Aaron Dutton	2	281
Russell, m. Polly **DUDLEY**, b. of Guilford, June 25, 1835, by Rev. Aaron Dutton	2	338
Ruth, d. Ebenezer, Jr. & Esther, b. Feb. 2, 1741/2	2	74
Ruth, d. Noah & Ruth, b. June 10, 1767	2	120
Ruth, m. Nathan **REDFIELD**, b. of Guilford, Oct. 29, 1789, by Rev. Amos Fowler	2	186
Sally, m. David S. **FOWLER**, b. of Guilford, Nov. 14, 1798, by Rev. Mr. Hart	2	238
Sally Robinson, d. Isaac & Sally, b. Oct. 11, 1811	2	296
Sam[ue]ll, s. Dan[ie]l & Elizabeth, b. Dec. 19, 17[32]	2	42
Samuel, s. John & Abigail, b. Jan. 5, 1737/8	2	34
Sarah, d. Edward & Anne, b. Nov. 4, 1650	A	124
Sarah, m. Thomas **WRIGHT**, Dec. 9, 1673, by [William Leete]	A	77
Sarah, d. Dan[ie]l & Elizabeth, b. Apr. 28, 1729	2	21
Sarah, w. of Caleb, d. Feb. 17, 1745/6	2	137
Sarah, d. Jan. 17, 1767	2	145
Sarah, d. Caleb, Jr. & Sarah, b. Sept. 17, 1774	2	191
Sarah R., m. Richard W. **STARR**, b. of Guilford, Apr. 27, 1834, by Rev. Aaron Dutton	2	340
Selah, s. Jedadiah & Jerusha, b. Jan. 23, 1739/40	2	40
Selden, m. Jane **ROBINSON**, b. of Guilford, Aug. 31, 1836, by Rev. Aaron Dutton	2	338
Seth, s. Jabez & Hannah, b. [Aug. 7, 1739]	2	41
Seth, m. Thankfull **JOHNSON**, b. of Guilford, Sept. 13, 177[ ], by Rev. A. Fowler	2	171
Silas, s. Dan[ie]l & Elizabeth, b. July 25, [1739]	2	42
Silas, of Guilford, m. Abigail **LINSLEY**, of Branford, June 6, 1768, by Rev. Warham Williams	2	171
Silas, s. Silas & Abigail, b. Mar. 19, 1770	2	126
Stephen, s. Ebenezer, Jr. & Esther, b. Feb. 14, 1730/1	2	27

	Vol.	Page
BENTON, BENTEN, BENTURN, (cont.)		
Stephen, of Guilford, m. Hannah **CAMP**, of Durham, Feb. 17, 1761, by Rev. John Richards	2	72
Submit, d. James, Jr. & Experience, b. Apr. 20, 1729	2	21
Submit, m. David **NORTON**, b. of Guilford, Mar. 12, 1752, by Rev. James Sprout	2	65
Submit, m. David **NORTON**, b. of Guilford, Mar. 12, 1752, by [James Sproutt]	2	215
Tabitha, d. Edward & Anna, b. [ ], 1645	A	123
Thankfull, d. James, Jr. & Experience, b. Sept. 30, 1732	2	26
Thankfull, m. Nath[anie]l **SPINNING**, Jr., b. of Guilford, Mar. 1, 1753, by Rev. Thomas Ruggles	2	66
Thankful, d. Caleb & Thankful, b. Feb. 12, 1755; d. Dec. 29, 1755	2	101
Thankful, w. of Caleb, d. Jan. 12, 1757	2	142
Timothy, s. Ebenezer, Jr. & Esther, b. Dec. 15, 1732	2	27
Timothy, m. Rachel **FOWLER**, b. of Guilford, Feb. 1, 1764, by Rev. John Richards	2	165
Timo[thy], s. Timo[thy] & Rachel, b. July 18, 1771	2	206
Timothy, m. Desire **FOWLER**, b. of Guilford, Jan. 12, 1785, by Rev. Tho[ma]s Wells Bray	2	171
Timothy, of Guilford, m. Irena **ISBEL**, of Killingworth, Nov. 27, 1822, by Rev. David Baldwin	2	281
Urban Wilford, s. Dan[ie]l & Fanny, b. July 2, 1802	2	232
Walter D., m. Harriet L. **SEWARD**, b. of Guilford, Apr. 24, 1844, by Rev. Aaron Dutton	2	376
William Alfred, s. Caleb & Sarah, b. Aug. 30, 1788	2	206
Young Elliott, s. Dan[ie]l & Fanny, b. June 8, 1807	2	232
Zacheas, s. Edward & Anne, b. Aug. 27, [ ]52 (Probably 1652)	A	122
-----, s. James, Jr. & Experience, b. Jan. 9, 1719/20	2	11
-----, s. John, d. Apr. 4, 1732	2	4
BENTUM, [see under **BENTON**]		
BETTS, Daniell, s. Thomas & Mary, b. Oct. 4, 1657	A	61
Hanna[h], d. Thomas & Mary, b. Nov. 22, [16]52	A	122
John, s. Thomas & Mary, b. June 30, 1650	A	124
Stephen, s. Thomas & Mary, b. 3rd mo. 10th d., 1654	A	60
Thomas, freeman 1669-70	A	121
BEVINS, BEVAN, BEVENS, BEUINS, Henry, s. Tho[ma]s & Lucy, b. June 2, 1763	2	191
Lois, d. Tho[ma]s & Lucy, b. Nov. 13, 1770	2	191
Lyman, s. Tho[ma]s & Lucy, b. Jan. 8, 1766	2	191
Sarah, d. Thomas & Watchful, b. Jan. 10, 1750/1	2	85
Tho[ma]s, s. Tho[ma]s & Lucy, b. Aug. 28, 1768	2	191
Timothy, s. Thomas & Watchfull, b. [Jan. [ ], 1749]	2	83
Timothy, s. Tho[ma]s & Lucy, b. Oct. 25, 1760	2	191
Timothy, s. Thomas & Lucy, b. Nov. 25, 1760	2	107
BIBBINS, Sarah, m. Abner **HILL**, b. of Guilford, Dec. 27, 1775,		

	Vol.	Page
BIBBINS, (cont.)		
by Rev. Jonath[an] Todd	2	177
BIDWELL, Mary, of Hartford, m. Arah **NORTON**, of Guilford,		
Nov. 14, 1791	2	181
BISHOP, BISHOPP, BISHUP, BUSHOP, BYSHOP, Abia, s.		
Ebenezer & Mehetable, b. Mar. 26, 1730	2	30
Abia, of Guilford, m. Ruth **SNOW**, of East Haddam, Jan. 2,		
1753, by Rev. Joseph Fowler	2	66
Abia, of Guilford m. Abigail **STRONG**, of East Hampton, Oct.		
24, 1755, by Rev. Mr. Brown	2	164
Abegall, d. John & Suzanna, b. Jan. 25, 1680	A	86
Abigail, m. Giddeon **CHITTENDEN**, b. of Guilford, Mar. 21,		
17[21], by Rev. Thomas Ruggles	2	45
Abigail, d. John & Abigail, b. Oct. 8, 1731	2	24
Abigail, d. Nathaniel & Abigail, b. Nov. 19, 1731	2	24
Abigail, d. Abraham & Elizabeth, b. Sept. 15, 1735	2	76
Abigail, twin with Johnson, d. Enos & Abigail, b. July		
[29, 1749]	2	83
Abigail, m. John **SCOVEL**, b. of Guilford, May 22, 1750, by		
Rev. Thomas Ruggles	2	65
Abigail, m. John **SCOVEL**, b. of Guilford, May 23, 1750, by		
Rev. Thomas Ruggles	2	61
Abigail, w. of John, d. Feb. 22, 1750/1	2	138
Abigail, d. Abia & Abigail, b. June 13, 1761	2	109
Abigail, m. Eben[eze]r **BRAGG**, b. of Guilford, Oct. 1, 1773,		
by Rev. Richard Ely	2	171
Abigail, w. of Caleb, d. Feb. 8, 1780, in the 61st y. of her age	2	151
Abraham, s. Abraham & Elizabeth, b. Aug. 22, 1730	2	76
Amie, d. Stephen & Esther, b. Nov. 25, 1738	2	39
Amos, s. Daniel, Jr. & Abigail, b. June 2, 1733	2	27
Amos, s. Sam[ue]ll, Jr. & Mehetabel, b. May 4, 1735	2	30
Amos, s. David & Deborah, b. Apr. 21, 1783	2	232
Amos, m. Hannah **CHITTENDEN**, Feb. 18, 1829, by Rev.		
Zolva Whitmore	2	324
Andrea, d. David, Jr. & Andrea, b. Feb. 28, 1756	2	97
Andrea, d. David, Jr., d. Mar. 28, 1757	2	143
Ann, d. John & Elizabeth, b. Feb. 15, 1694/5	A	97
Ann, d. Daniel, d. Sept. 23, 1751	2	139
An[n]a, d. Daniel, Jr. & Abigail, b. Oct. 17, 1742	2	78
Anne, m. David **FIELD**, b. of Guilford, Jan. 3, 17[20], by Rev.		
Thomas Ruggles	2	45
Anne, d. Jesse & Anne, b. Apr. 23, 1784	2	191
Asenath, m. Nathaniel **MEIGS**, b. of Guilford, Jan. 2, 1752, by		
Rev. Jonathan Todd	2	63
Augustus, m. Polly **LOPER**, Nov. 8, 1820, by David Baldwin,		
at North Guilford	2	280
Beriah, s. Nathaniel & Abigail, b. Apr. 9, 17[24]	2	16
Bariah, m. Lucy **MORSE**, b. of Guilford, July 23, 1750, by		

	Vol.	Page
BISHOP, BISHOPP, BISHUP, BUSHOP, BYSHOP, (cont.)		
[James Sproutt]	2	215
Bariah, m. Lucy **MORSE**, b. of Guilford, July 24, 1750, by Rev. James Sprout	2	62
Beriah, m. Sarah **PARMELE[E]**, b. of Guilford, June 21, 1756, by Rev. James Sprout	2	68
Beriah, m. Sarah **PARMELE[E]**, b. of Guilford, June 27, [1756], by [James Sproutt]	2	216
Beriah, d. Nov. 25, 1756, in the 33rd y. of his age	2	142
Beriah, s. Nath[anie]ll & Ruth, b. Mar. 6, 1776	2	191
Bethya, d. John, Sr. & Anna, m. James **STEELE**, Oct. 18, 1651	A	122
B[e]ula[h], d. Ebenezer & Mehitabel, b. Dec. 10, 1742	2	81
Bildad, m. Nancy **CHITTENDEN**, b. of Guilford, Dec. 10, 1828, by Rev. Aaron Dutton	2	324
Caleb, s. Stephen & Tabitha, b. Jan. 24, 1659	A	62
Caleb, m. Lidiah **EVERTS**, b. of G[u]ilford, Aug. 18, 1692, by Andrew Leete	A	71
Caleb, d. May 19, 173[2] ae about 72 y.	2	4
Caleb, d. Feb. 16, 1785, (in the 70th y. of his age)	2	151
C[h]loe, s. (sic) David & Deborah, b. July 15, 1730	2	26
Clarissa, d. David & Deborah, b. July 23, 1787	2	232
Daniell, s. Steven & Tabitha, b. Dec. 8, 1663	A	64
Daniel, s. Daniel, m. Abigail **DUDLEY**, b. of Guilford, June 1, 1727, by Rev. Thomas Ruggles	2	49
Daniel, s. Daniel, Jr. & Abigail, b. July 8, 1746	2	80
Daniel, d. Apr. 17, 1751	2	139
Daniel, Lieut., m. Tabitha **BISHOP**, b. of Guilford, July 3, 1776, by Rev. Mr. Todd	2	171
Daniel, d. Aug. 8, 1783	2	151
David, m. Deborah **STANLEY**, wid., May 17, 172[4], by Rev. Thomas Ruggles	2	48
David, s. David & Deborah, b. Sept. 20, 1728	2	26
David, Jr., m. Andrea **FOWLER**, b. of Guilford, Apr. 17, 1755, by Rev. Thomas Ruggles	2	67
David, s. David, Jr. & Andrea, b. July 29, 175[7]	2	105
David, d. Aug. 20, 1773, ae 76 y.	2	151
David, Jr., m. Deborah **FOWLER**, b. of Guilford, Sept. 9, 1776, by Amos Fowler	2	226
David, s. David, Jr. & Deborah, b. May 9, 1778; d. May 17, 1778	2	232
David, s. David & Deborah, b. June 4, 1781; d. Aug. 20, 1782	2	232
David, d. June 25, 1792, in the 64th y. of his age	2	211
Deborah, d. David & Deborah, b. Jan. 17, 1724/5	2	15
Deborah, m. Jehiel **EVARTS**, b. of Guilford, Jan. 10, 1742/3, by Rev. Thomas Ruggles	2	59
Deborah, d. David & Deborah, b. Apr. 29, 1779	2	232
Deborah, m. Joel **COLLENS**, Jr., b. of Guilford, Mar. 10,		

GUILFORD VITAL RECORDS 25

	Vol.	Page
BISHOP, BISHOPP, BISHUP, BUSHOP, BYSHOP, (cont.)		
1802, by Rev. Israel Brainard	2	225
Ebenezer, s. Stephen & Tabitha, b. Aug. 5, 1675	A	78
Ebenezer, s. Nath[anie]l, m. Mehitabel **CHITTENDEN**, b. of Guilford, Oct. 5, 1727, by Rev. Sam[ue]ll Russell	2	56
Ebenezer, s. Ebenezer & Mehitabel, b. Mar. 1, 1737	2	81
Ebenezer, Jr., m. Sarah **STEVENS**, b. of Guilford, Nov. 2, 1737, by Rev. Jonathan Todd	2	53
Ebenezer, s. Ebenezer & Sarah, b. Apr. 10, 1745	2	79
Eber, s. Ebenezer & Mehitabel, b. Sept. 1, 1740	2	81
Elisha, s. Ebenezer & Anne, b. Aug. 6, 172[3]	2	13
Eliza, d. Ezra & Abigail, b. Sept. 9, 1810	2	276
Elizabeth, d. John & Elizabeth, b. Oct. 14, 1690	A	81
Elizabeth, d. John & Elizabeth, b. Oct. 14, 1690	A	93
Elizabeth, m. Samuel **SCRANTON**, b. of Guilford, June 30, 17[12], by Rev. Thomas Ruggles	2	45
Elizabeth, d. John & Abigail, b. Dec. 20, 1725	2	24
Elizabeth, d. Nathaniel & Abigail, b. Dec. 20, 1727	2	19
Elizabeth, d. Abraham & Elizabeth, b. Oct. 19, 1728	2	76
Elizabeth, d. Nath[anie]l & Abigail, b. July 30, 1738	2	37
Elizabeth, m. Samuel **ROBINSON**, Jr., b. of Guilford, Dec. 25, 1760, by Rev. James Sprout	2	72
Elizabeth, twin with Lucy, d. Nath[anie]ll & Ruth, b. Sept. 4, 1774	2	191
Elvira C., m. Christopher C. **ROSSETTER**, May 23, 1849, by Rev. D. Baldwin	2	355
Enos, s. John & Mary, b. May 26, 1717	2	21
Enos, m. Abigail **BURGIS**, b. of Guilford, Dec. 15, 1742, by Rev. Thomas Ruggles	2	58
Esther, d. John & Mary, b. Feb. 24, 1718/19	2	21
Esther, m. Joseph **BENTON**, b. of Guilford, Nov. 27, 1729, by Rev. Thomas Ruggles	2	49
Esther, m. Timothy **HAND**, b. of Guilford, May 18, 1761, by Rev. Jonathan Todd	2	164
Esther, d. James & Hannah, b. May 7, 1767	2	125
[E]unice, d. Stephen & Esther, b. Nov. 11, 1736	2	32
Experience, d. Ebenezer & Anne, b. Feb. 4, [1718]; d. Feb. 25, [1718]	2	10
Experience, d. Sam[ue]ll & Hannah, b. Apr. 25, 1729	2	22
Ezra, s. Ebenezer & Mehitabel, b. Nov. 17, 1735	2	81
Ezra, s. Abia & Abigail, b. Feb. 25, 1761	2	108
Ezra, m. Abigail **NORTON**, b. of Guilford, Apr. 28, 1809, by Rev. Charles Atwater	2	227
Ezra Stone, s. Neriah & Rachel, b. June 13, 1786	2	206
Hannah, d. Steven & Tabitha, b. Mar. 27, 1671	A	74
Hannah, d. Daniell & Hannah, b. May 14, 1689	A	81
Hannah, w. of Daniell, d. Dec. 16, 1692	A	71
Hannah, d. Sam[ue]ll & Hannah, b. July 22, 1724	2	15

BISHOP, BISHOPP, BISHUP, BUSHOP, BYSHOP, (cont.)

	Vol.	Page
Hannah, d. Josiah & Hannah, b. Nov. 8, 1732	2	26
Hannah, d. Timo[thy] & Hannah, b. Nov. 26, 1734	2	92
Hannah, d. Stephen & Esther, b. Nov. 27, 17[43]	2	42
Hannah, wid., m. Samuel **FITCH**, b. of Guilford, July 22, 1752, by Rev. Jonathan Todd	2	63
Hannah, m. James **BISHOP**, b. of Guilford, Nov. 2, 1764	2	170
Hannah, w. of Sam[ue]ll, d. Feb. 25, 1781, in the 45th y. of her age	2	151
Hannah, d. Jesse & Anne, b. Aug. 19, 1786	2	206
Harriet, d. Seth & Hannah, b. Mar. 27, 1790	2	206
Huldah, d. David & Deborah, b. Aug. 5, 1726	2	18
Huldah, d. David, d. Sept. 15, 1735	2	149
Huldah, d. David, Jr. & Andrea, b. Mar. 4, 1756	2	105
Huldah, m. Eber **LEE**, b. of Guilford, Nov. 30, 1789, by Rev. Amos Fowler	2	179
Jacob Munson, s. Jared & Mary, b. Sept. 2, 1789	2	208
James, s. Stephen & Tabetha, b. Aug. 18, 1678	A	85
James, m. Thankfull **POND**, b. of Guilford, Sept. 7, 1727, by Rev. John Hart	2	3
[Ja]mes, m. Thankfull **POND**, b. of Guilford, Sept. 7, 1727, by Rev. John Hart	2	47
James, s. James & Thankfull, b. July 22, 1732	2	29
James, s. Ebenezer & Mehitabel, b. Jan. 3, 1744/5	2	81
James, m. Selena **DOUD**, b. of Guilford, Nov. 14, 1762, by [ ]	2	170
James, m. Hannah **BISHOP**, b. of Guilford, Nov. 2, 1764	2	170
James, s. James & Hannah, b. Oct. 2, 1765	2	125
Jane, d. Jon[a]th[an] & Hannah, b. Dec. 20, 1740	2	74
Janett, m. George **HULL**, Aug. 28, 1846, by Rev. David Root	2	361
Jared, s. Ebenezer & Mehitable, b. Aug. 17, 1753	2	111
Jared, s. David, Jr. & Andrea, b. Oct. 22, 1764	2	113
Jared, of Guilford, m. Mary **MUNSON**, of Wallingford, Dec. 6, 1786, by Rev. Amos Fowler	2	226
Jared, s. Jared & Mary, b. Sept. 14, 1787	2	208
Jesse, s. Sam[ue]ll & Hannah, b. Oct. 20, 1739	2	40
Jesse, m. Anne **BARNES**, b. of Guilford, Dec. 23, 1779, by Rev. Tho[ma]s W. Bray	2	171
Jesse Barnes, s. Jesse & Anne, b. Aug. 19, 178[ ]	2	191
Joel, s. David & Deborah, b. June 14, 1785	2	232
Joel, m. Mary F. **GALE**, Sept. 13, 1829, by Rev. David Baldwin	2	324
John, m. Susan **GOLDAM**, b. of Guilford, Dec. 13, 1650, by William Leete	A	123
John, Sr., planter 1669-70	A	121
John, of G[u]ilford, m. Elizabeth **HI[T]CHCOCK**, of South End, July 3, 1689, by Andrew Le[e]t[e]	A	72
John, of G[u]ilford, m. Elizabeth **HITCHCOCK**, of New		

GUILFORD VITAL RECORDS 27

	Vol.	Page
BISHOP, BISHOPP, BISHUP, BUSHOP, BYSHOP, (cont.)		
Haven, July 3, 1689, by Mr. Andrew Leete	A	80
John, s. John & Elizabeth, b. Aug. 12, 1692	A	191
John, Jr., m. Abigail **SPINNING**, b. of Guilford, July 1, 1719, by Rev. Thomas Ruggles	2	46
John, s. John & Abigail, b. Apr. 10, 1729	2	24
John, m. Hannah **HODFKIN**, b. of Guilford, Nov. 1, 1753, by Rev. Thomas Ruggles	2	68
John, s. Johnson & Lucy, b. May 9, 1778	2	191
John, s. Johnson & Lucy, d. Dec. 30, 1778, in his 9th month	2	157
John, m. Julia **HAWLEY**, b. of Guilford, Nov. 30, 1820, by Rev. John Ely	2	280
John Page, s. Samuel & Hannah, b. June 20, 1771	2	126
John S., d. Sept. 13, 1837	2	211
Johnson, tain with Abigail, s. Enos & Abigail, b. July [29, 1749]	2	83
Johnson, m. Lucy **LEETE**, b. of Guilford, Jan. 1, 1777, by Rev. Amos Fowler	2	171
Jona, s. Timothy & Hannah, b. Mar. 26, 1731	2	92
Jonathan, s. Jonathan & Hannah, b. Nov. 23, 1732	2	74
Jonathan, s. David, Jr. & Andrea, b. Oct. 19, 1760	2	109
Jonath[a]n, of Guilford, m. Huldah **CHAPMAN**, of Saybrook, Feb. 21, 1787, by Rev. Mr. Hotchkiss	2	226
Jonath[a]n, s. Jonath[a]n & Huldah, b. Dec. 19, 1787; d. Dec. 22, 1787	2	208
Jonath[a]n, s. Jon[atha]n & Huldah, b. Mar. 30, 1797	2	232
Jonathan, m. Polly Maria **BISHOP**, b. of Guilford, Jan. [ ], 1821, by Aaron Dutton	2	280
Joseph, s. Stephen & Hannah, b. Sept. 25, 1680	A	86
[Joshua], m. Silence **CRAMPTON**, b. of Guilford, May 23, 1734, by Rev. Thomas Ruggles	2	52
Joshua, s. Joshua & Silene, b. June 28, 174[0]	2	42
Josiah, s. Stephen & Tabitha, b. Mar. 20, 1674	A	76
Josiah, m. Hannah **CHITTENDEN**, b. of Guilford, Dec. 31, 17[24], by Rev. Thomas Ruggles	2	48
Josiah, s. Josiah & Hannah, b. May 9, 1730	2	23
Josiah, d. Apr. 12, 1745, in the 42nd y. of his age	2	137
Josiah, m. Ruth **EVARTS**, b. of Guilford, Aug. 18, 175[6], by Rev. Jonathan Todd	2	71
Justin, m. Mary **DAVIS**, b. of Guilford, May 13, 1829, by Rev. Aaron Dutton	2	324
Katharine, m. David **FIELD**, b. of Guilford, May 17, 1731, by Rev. Thomas Ruggles	2	56
Leah, d. Ebenezer & Sarah, of East Guilford, b. Nov. 24, 1739	2	40
Leah, d. Ebenezer & Sarah, b. Nov. 24, 1739	2	77
Leah, m. Samuel **EVARTS**, Jr., b. of Guilford, Mar. 30, 1758, by Rev. Amos Fowler	2	71
Lemuel, s. Josiah & Hannah, b. Sept. 19, 1734	2	29

	Vol.	Page
BISHOP, BISHOPP, BISHUP, BUSHOP, BYSHOP, (cont.)		
Lemuel, s. Josiah & Ruth, b. May 7, 1759	2	104
Levy*, d. Nathaniel & Abigail, b. Mar. 22, 1742/3		
(*correction (Leverett, s.) handwritten in margin of original manuscript.)	2	74
Linus, s. Caleb & Abigail, b. May 10, 1749	2	84
Linus, of Guilford, m. Sarah **CHAPMAN**, of Saybrook, June 29, 1785, by Benj[amin] Williams	2	171
Lois, d. James & Thankfull, b. June 7, 1729	2	21
Lucy, d. Jonathan & Hannah, b. June 22, 1735	2	74
Lucy, d. Timo[thy] & Hannah, b. Mar. 24, 1736/7	2	92
Lucy, twin with Elizabeth, d. Nath[anie]ll & Ruth, b. Sept. 4, 1774	2	191
Lucy, m. Abel **KIMBERLY**, Mar. 26, 1829, by Rev. Daniel Baldwin	2	290
Lucy Ann, m. Frederick **FIELD**, b. of Madison, Feb. 10, 1834, by Rev. Aaron Dutton	2	330
Luther, s. Ebenezer, Jr. & Sarah, b. July 23, 1738; d. Sept. 8, 1738	2	37
Luther, s. Ebenezer, d. Sept. 7, 1738	2	148
Luthor, s. Ebenezer, Jr. & Sarah, b. Oct. 17, 1741	2	41
Luther, s. Ebenezer & Sarah, b. Oct. 17, 1741	2	77
Luther, s. Ebenezer & Mehetable, b. Aug. 20, 1755	2	111
Lidiah, d. Calib & Lidiah, b. July 23, 1694	A	97
Lydia L., m. Henry **HULL**, b. of Guilford, Mar. 22, 1838, by Rev. Aaron Dutton	2	347
Mabel, d. Daniel & Abigail, b. Jan. 6, 1728/9	2	22
Mabel, d. Ebenezer & Mehitabel, b. Dec. 17, 1733	2	30
Mabel, d. Josiah & Ruth, b. July 12, 1757	2	103
Margary, d. David, Jr. & Andrea, b. Nov. 13, 1762	2	109
Margary, d. David, Jr., d. Sept. 24, 1764	2	144
Martin C., m. Angeline A. **CHITTENDEN**, May 7, 1848, by Rev. D. Baldwin	2	375
Mary, d. John & Susan, b. Dec. 28, [16]52	A	122
Mary, m. John **HODGKER**, Apr. 4, 1670, by Mr. William Leete	A	67
Mary, m. Caleb **JONES**, b. of Guilford, July 5, 17[21], by Rev. Thomas Ruggles	2	45
Mary, d. John & Mary, b. May 7, 1722	2	21
Mary, d. Sam[ue]ll & Hannah, b. Apr. 8, 1726	2	17
Mary, d. Timo[thy] & Hannah, b. Dec. 26, 1732	2	92
Mary, m. Abraham **DOUDE**, Jr., b. of Guilford, May 7, 1746, by Rev. Jonathan Todd	2	60
Mary, d. Samuel, 3rd, & Hannah, b. Aug. 17, 1760	2	107
Mary, wid., d. Dec. 1, 1760	2	143
Mary, d. Thalmeno & Mary, b. Jan. 18, 1780	2	191
Mary, m. Samuel **HUBBARD**, Nov. 4, 1838, by Rev. David Baldwin	2	347

	Vol.	Page
BISHOP, BISHOPP, BISHUP, BUSHOP, BYSHOP, (cont.)		
Mary M., of Guilford, m. John H. B. **CHIDSEY**, of East Haven, June 16, 1825, by Rev. Aaron Dutton	2	302
Mehitabell, d. Steven & Tabitha, b. Sept. 12, 1668	A	66
Mehitable, m. Joseph **STONE**, Jr., b. of Guilford, Oct. 9, 1758, by Rev. Thomas Ruggles	2	69
Mercy, d. Sam[ue]ll & Abigail, b. Aug. 11, [1723]	2	12
Miles, s. Dan[ie]l, Jr., & Abigail, b. June 25, 1739	2	39
Nathan, s. Ebenezer & Mehitabel, b. May 6, 1747	2	81
Nathaniell, m. Mary **HUSE**, b. of G[u]ilford, Feb. 9, 1692/3, by Andrew Leet	A	72
Nathaniel, s. Nathaniell & Mary, b. Nov. 17, 1693	A	97
Nathaniel, m. Abigail **STONE**, b. of Guilford, Dec. 12, 1720, by Rev. Thomas Ruggles	2	45
Nath[anie]l, Jr., m. Margret **BLIN[N]**, b. of Guilford, Dec. 19, 1727, by Rev. Mrs. John Hart	2	66
Nath[anie]ll, s. Nath[anie]ll, Jr. & Marg[a]ret, b. Nov. 3, 1731	2	92
Nath[anie]l, s. Samuel, Jr. & Mehitabel, b. Sept. 11, 1738	2	38
Nathaniel, s. B[e]riah & Lucy, b. June 2, 1751	2	86
Nathaniel, d. Sept. 24, 1769	2	146
Nath[anie]ll, 4th, m. Ruth **BARTLET[T]**, b. of Guilford, Sept. 29,1773, by Rev. Rich[ar]d Ely	2	171
Neriah, s. Ebenezer & Mehitabel, b. Aug. 28, 1751	2	87
Neriah, m. Rachel **STONE**, b. of Guilford, May 10, 1781, by Rev. Amos Fowler	2	171
Neriah, s. Neriah & Rachel, b. May 16, 1783	2	206
Olive, d. Ebenezer & Mehetabel, b. June 6, 1749	2	87
Parnel, d. David & Deborah, b. Sept. 27, 1789	2	232
Peggy, d. Nath[anie]ll, Jr. & Marg[a]ret, b. Jan. 1, 1735/6	2	92
Philo, s. Jared & Mary, b. Oct. 30, 1791	2	208
Polly Maria, m. Jonathan **BISHOP**, b. of Guilford, Jan. [ ], 1821, by Aaron Dutton	2	280
Prudence, d. John & Abigail, b. July 28, 17[22]	2	14
Prudence, d. John, d. Aug. 2, 1740	2	138
Prudence, d. Caleb & Abigail, b. Nov. 3, 1745	2	79
Prudence, d. John & Hannah, b. Aug. 4, 1754	2	96
Rachel, m. Highland **HALL**, b. of Guilford, Mar. [17, 1725], by Rev. Thomas Ruggles	2	3
Rachel, d. John & Abigail, b. Feb. 23, 1727	2	24
Rachel, m. Highland **HALL**, b. of Guilford, Mar. 17, 1729, by Rev. Thomas Ruggles	2	48
Rachel, d. Josiah & Hannah, b. Dec. 2, 1736	2	33
Rachel, d. John, d. Dec. 1, 1750	2	138
Rachel, m. Elias **MEIGS**, b. of Guilford, Jan. 13, 1759, by [ ]	2	180
Rachel, m. Zebulon **HAIL**, b. of Guilford, Sept. 15, 1768	2	223
Rachel, d. Neriah & Rachel, b. Feb. 13, 1782	2	206
Rebeckah, twin with Sarah, d. Sam[ue]l & Hannah, of North		

	Vol.	Page
BISHOP, BISHOPP, BISHUP, BUSHOP, BYSHOP, (cont.)		
Guilford, b. Jan. 7, 1731/2; d. Feb. 17, 1731/2	2	24
Reuben, s. Nath[anie]ll, Jr. & Marg[a]ret, b. Apr. 19, 1729	2	92
Rhodah, d. Nath[anie]ll & Abigail, b. Oct. 31, 1721	2	36
Rhoda, m. Joseph **CHETTENDEN**, Jr., b. of Guilford, Oct. 28, [1761], by [James Sproutt]	2	228
Russell, s. Caleb & Abigail, b. Dec. 12, 1752	2	93
Ruth, d. Joshua & Silene, b. Apr. 25, 1738	2	42
Ruth, d. Abia & Abigail, b. May 17, 1759	2	108
Ruth, m. Jonathan **TODD**, Jr., b. of Guilford, May 17, 1784, by Rev. Jonath[a]n Todd	2	185
Samuell, s. John & Susan[n]ah, b. Oct. 28, 1670	A	73
Samuell, s. Nathaniell & Mary, b. July 20, 1695	A	97
Samuel, s. Ebenezer & Anne, b. Oct. 4, 1719	2	11
Sam[ue]l, s. Nath[an], m. Hannah [**HALL**], of Guilford, [Oct. 3, 1721], by Rev. Thomas Ruggles	2	3
Samuel, s. Nath[anie]l, m. Hannah **HALL**, b. of Guilford, Oct. 3, 17[21], by Rev. Thomas Ruggles	2	48
Samuel, Jr., of Guilford, m. Mehitable **SPENCER**, of Hartford, Aug. [10, 1726], by Joseph Talcot[t], in Hartford	2	3
Samuel, Jr., of Guilford, m. Mehitabel **SPENCER**, of Hartford, Aug. 10, 1726, by Joseph Talcot[t], Gov.	2	47
Samuel, Sr., d. Feb. 17, 1753	2	140
Samuel, 3rd, of Guilford, m. Hannah **PAGE**, of Branford, Mar. 9, 1757, by Rev. Wearham Williams	2	69
Samuel, Jr., m. Sarah **HATCH**, b. of Guilford, Dec. 16, [1757], by [James Sproutt]	2	219
Samuel, s. Sam[ue]ll, Jr. & Hannah, b. Dec. 2, 1765	2	116
Samuel, of North Guilford, d. Feb. 24, 1771	2	151
Sam[ue]ll, s. Thalmeno & Mary, b. Oct. 9, 1784	2	206
Sam[ue]ll, d. July 4, 1792, in the 70th y. of his age	2	211
Samuel, of New Haven, m. Sarah V. **PARMELE**, of Guilford, Jan. 13, 1834, by Rev. D. Baldwin	2	325
Sarah, d. John & Susanna, b. Jan. 22, 1673	A	83
Sarah, d. Sam[ue]ll & Hannah, b. Nov. 11, 1722	2	15
Sarah, of New Haven, m. Wait **HODGKIN**, of Guilford, Mar. 2, 173[1], by Rev. Joseph Noyes	2	55
Sarah, twin with Rebeckah, d. Sam[ue]l & Hannah, of North Guilford, b. Jan. 7, 1731/2	2	24
Sarah, m. James **LANDON**, b. of Guilford, June 14, 17[32], by Rev. Thomas Ruggles	2	55
Sarah, d. David & Deborah, b. Aug. 18, 1736	2	33
Sarah, d. Timothy & Hannah, b. Apr. 22, 1741	2	92
[Sarah], d. Ebenezer & Sarah, b. Mar. 9, 1747/8	2	84
Sarah, m. William **CHITTENDEN**, b. of Guilford, Apr. 29, 1754, by Rev. Jonathan Todd	2	68
Sarah, m. Samuel **PARMELE**, b. of Guilford, June 2, 1757, by Rev. Jonathan Todd	2	69

GUILFORD VITAL RECORDS 31

	Vol.	Page
BISHOP, BISHOPP, BISHUP, BUSHOP, BYSHOP, (cont.)		
Sarah, m. Eber **WATEROUS**, b. of Guilford, Oct. 19, [1758], by [James Sproutt]	2	219
Sarah, m. Miles **HALL**, b. of Guilford, Feb. 3, 1762, by Rev. Thomas Ruggles	2	165
Sarah, m. Caleb **BENTON**, Jr., b. of Guilford, Jan. 29, 1767	2	169
Sarah, m. Caleb **BENTUM**, Jr., b. of Guilford, Jan. 29, 1767, by [James Sproutt]	2	229
Sarah, d. Ezra & Abigail, b. Sept. 18, 1812	2	276
Sarah, m. Rufus N. **LEETE**, b. of Guilford, Oct. 23, 1833, by Rev. A. B. Goldsmith	2	315
Sarah M., m. Reuben L. **FOWLER**, Mar. 31, 1844, by Rev. E. Edwin Hall	2	368
Seba, s. Enos & Abigail, b. Sept. 11, 1743	2	75
Seth, s. Samuel, Jr. & Mehetabel, b. Aug. 16, 1730	2	23
Seth, s. Thomas & Ann, b. Jan. 23, 1768	2	122
Seth, m. Hannah **PARMELE[E]**, b. of Guilford, May 14, 1789, by Rev. Amos Fowler	2	226
Seth, s. Seth & Hannah, b. Sept. 4, 1792; d. Sept. 27,1792	2	208
Silence, w. of James, d. Jan. 21, 1763	2	147
Silvanus, s. Jon[a]th[a]n & Hannah, b. Apr. 23, 1738	2	74
Sophia, m. Samuel **FOWLER**, Jr., b. of Guilford, May 18, 1817, by Rev. Aaron Dutton	2	239
Stephen, m. Tabitha **WILKINSON**, May 4, [16]54	A	122
Stephen, planter 1669-70	A	121
Stephen, m. Esther **MEIGS**, b. of Guilford, Nov. 28, 17[33], by Rev. Jonathan Todd	2	55
Stephen, s. Stephen & Esther, b. Aug. 15, 1734	2	29
Stephen, s. James & Hannah, b. Feb. 24, 1771	2	125
Steven, s. Steven & Tabitha, b. Dec. 20, 1655	A	60
Submit, d. Sam[ue]ll & Hannah, of North Guilford, b. Nov. 29, 1734	2	30
Submit, d. Josiah & Hannah, b. Feb. 24, 1738/9	2	38
Susanna, m. Samuel **CHITTENDEN**, b. of Guilford, Nov. 7, 17[26], by Rev. Thomas Ruggles	2	50
Susanna, d. Joshua & Silence, b. Dec. 11, 1735	2	31
Sibbel, d. Jonathan & Hannah, b. Nov. 5, 1730	2	74
Tabitha, d. Stephen & Tabitha, b. Sept. 14, 1657	A	61
Tabitha, wid., d. Dec. 21, 1692	A	71
Tabitha, d. James & Thankfull, b. July 23, 1734	2	29
Tabitha, m. Lieut. Daniel **BISHOP**, b. of Guilford, July 3, 1776, by Rev. Mr. Todd	2	171
Temperance, m. Nathaniel **LEE**, b. of Guilford, Apr. 3, 172[8], by Rev. Thomas Ruggles	2	50
Temperance, d. Ebenezer & Mehitable, b. Mar. 1, 1731/2	2	30
Thalmeno, m. Mary **BENTON**, b. of Guilford, May 15, 1777, by Rev. Jonathan Todd	2	171
Thankfull, d. Sam[ue]ll & Hannah, b. Mar. 24, 1736/7	2	33

	Vol.	Page
BISHOP, BISHOPP, BISHUP, BUSHOP, BYSHOP, (cont.)		
Thomas, s. Enos & Abigail, b. Jan. 8, 1746/7	2	80
Thomas, of Guilford, m. Ann **FRANCIS**, of Killingworth, Sept. 21, 1768, by Rev. Rich[ar]d Ely	2	169
Timothy, m. Hannah **BLIN[N]**, b. of Guilford, Apr. 26, 1723, by Rev. John Hart	2	50
Timothy, s. Timothy & Hannah, b. July 26, 1729	2	21
Timothy, s. Stephen, d. Dec. [ ], 1736	2	151
Timothy, Stephen & Esther, b. Feb. 11, 17[41]	2	42
William F., m. Sarah A. **CHITTENDEN**, b. of Madison, [Nov.] 15, 1848, by Rev. Lorenzo T. Bennett	2	377
William H., m. Chloe A. **LEE**, b. of Guilford, Nov. 3, 1825, by Rev. Samuel N. Shepherd	2	312
Zebulon, d. Timo[thy] & Hannah, b. May 22, 1739	2	92
-----hn, Jr., m. Abigail **SPINING**, b. of Guilford, July 1, 1719, by Rev. Thomas Ruggles	2	2
-----, Sr., d. Nov. 25, 1731	2	4
-----, d. Dan[ie]ll, Jr. & Abigail, b. Oct. 27, 1750	2	85
-----, s. Ebenezer & [Anne], [ ]	2	5
BLACKLEY, [see under **BLATCHLEY**]		
BLAKE, Richard, m. Ruth M. **HULL**, b. of Guilford, May 6, 1849, by Rev. E. Edwin Hall	2	377
Roswell, m. Clarrissa **LEETE**, b. of Guilford, June 9, 1834, by Rev. A. B. Goldsmith	2	338
BLAKESLEE, BLACKESLEE, [see also **BLATCHLEY**], Abraham, m. Laura P. **PARMELE**, Apr. 14, 1833, by Rev. David Baldwin	2	325
Elizabeth A., of Northford, m. Dan L. **BENTON**, Jr., of Guilford, May 30, 1841, by Rev. Leverett Griggs, of North Haven	2	339
BLATCHLEY, BLACKCHLEY, BLACKEY, BLACKLEY, BLACKLY, BLATCHLY, BLATOGLEY, [see also **BLAKESLEE**],		
Aaron, s. Moses & Huldah, b. Apr. 6, 1750	2	85
Aaron, m. Prudence **GRAVES**, b. of Guilford, Oct. 19, 1769, by Rev. Jonath[an] Todd	2	171
Abigell, d. Moses & Susan[n]ah, b. Dec. 10, 1686	A	89
[Abigail], w. David, d. June 18, 1730	2	4
Abigail, d. Moses & Huldah, b. Dec. 17, 1744	2	77
Abigail, d. Apr. 15, 1755	2	141
Abraham, s. Moses & Susan[n]ah, b. Sept. 24, 1684	A	92
Abraham, s. David & Temperance, b. Dec. 19, 1738	2	38
Abraham, s. David, d. Oct. 19, 1751	2	138
Abraham, s. Moses & Huldah, b. Jan. 25, 1760	2	104
Abra[ha]m, s. Aaron & Prudence, b. Oct. 13, 1787	2	206
Amanda, d. Aaron & Prudence, b. Feb. 18, 1785	2	206
Anna, d. Moses & Huldah, b. Jan. 19, 1756	2	97
Anna, d. Joshua & Abigail, b. May 23, 1757	2	98
B. Joel, s. Joshuah & Abigail, b. July 12, 1770	2	126

	Vol.	Page
BLATCHLEY, BLACKCHLEY, BLACKEY, BLACKLEY,		
BLACKLY, BLATCHLY, BLATOGLEY, (cont.)		
Benjamin, s. Joseph & Esther, b. May 30, 1739	2	76
Benj[amin], Lieut., d. Dec. 17, 1741	2	147
Betsey, d. Joel & Ruth, b. Feb. 16, 1802	2	232
Betsey Ann, d. Curtis & Mindwell, b. June 23, 1811	2	277
Chloe, d. Aaron & Prudence, b. Sept. 2, 1773	2	191
Clarrissa, d. Curtis & Mindwell, b. Oct. 2, 1809	2	277
Curtis, s. Aaron & Prudence, b. Feb. 11, 1780	2	206
Curtis, m. Mindwell **CHITTENDEN**, b. of Guilford, Nov. 5, 1804, by Rev. Israel Brainard	2	227
Daniel, s. A[a]ron & Mary, b. Jan. 9, 1675	A	83
David, s. Moses & Susannah, b. June 23, 1689	A	91
David, of Guilford, m. Abigail **HAND**, of East Hampton, May 14, 1717, by Nathaniel Hunting of East Hampton	2	44
David, s. David & Abigail, b. Aug. 7, 172[3]	2	16
[David], of Guilford, m. Temperance **SPENCER**, of Saybrook, Oct. 5, 1731, by Rev. William Worthington	2	4
David, of Guilford, m. Temperance **SPENCER**, of Saybrook, Oct. 5, [1731], by Rev. William Worthington	2	51
David, d. Oct. 22, 1751	2	139
Denecy, d. Joel & Ruth, b. Oct. 16, 1797	2	232
Denny, m. Frederick **FIELD**, b. of Guilford, Oct. 23, 1823, by Rev. David Baldwin	2	300
Elizabeth Chittenden, d. Curtis & Mindwell, b. Oct. 25, 1805	2	276
Elizabeth Chittenden, d. Curtis & Mindwell, d July 30, 1806	2	211
Esther, m. Nathan **WILLARD**, b. of Guilford, Feb. 19, 1739/40, by Benjamin Hand, J. P.	2	53
Esther, d. Joseph & Esther, b. Oct. 31, 1742	2	76
Eunice, d. Moses & Huldah, b. Feb. 8, 1757	2	104
Hannah, d. Aaron & Mary, b. Mar. 5, 1673/4	A	76
Huldah, twin with Mabel, d. Moses & Huldah, b. Sept. 17, 1752	2	91
Hulda, w. of Lieut. Moses, d. Aug. 19, 1765	2	145
Huldah, m. Ephraim **STANNARD**, b. of Guilford, Sept. 6, 1774, by Rev. Amos Fowler	2	184
Joel, m. Ruth **LOPER**, b. of Guilford, Mar. 9, 1794, by Rev. Thomas W. Bray	2	226
John, s. Samuell & Hanna[h], b. Oct. 22, 1651	A	122
John, s. Samuell & Hannah, bd. Sept. 2, [16]53	A	122
John W[illia]m, s. Curtis & Mindwell, b. July 26, 1807	2	276
Jonathan, s. Jon[a]th[an] & Dorothy, b. Feb. 18, 1735/6; d. Mar. 28, 1736	2	32
Joshuah, s. Moses & Susan[n]ah, b. Apr. 14, 1692	A	93
Joshua, m. Mary **FIELD**, b. of Guilford, Nov. 22, 17[21], by Rev. John Hart	2	45
Joshua, s. Joshua & Mary, b. Feb. 15, 1723/4	2	16
Joshuah, d. Mar. 31, 1742, ae about 50 y.	2	147

BLATCHLEY, BLACKCHLEY, BLACKEY, BLACKLEY, BLACKLY, BLATCHLY, BLATOGLEY, (cont.)

	Vol.	Page
Joshua, m. Abigail **DUDLEY**, b. of Guilford, Oct. 11, 1752, by Rev. Thomas Ruggles	2	63
Juliette, d. Curtis & Mindwell, b. Oct. 22, 1814	2	277
Mabel, twin with Huldah, d. Moses & Huldah, b. Sept. 17, 1752	2	91
Maria, d. Curtis & Mindwell, b. Aug. 17, 1813	2	277
Maria, d. Curtis & Mindwell, d. Sept. 15, 1813	2	211
Martin, s. Aaron & Prudence, b. Sept. 10, 1770	2	191
Martin, of Guilford, m. Barbara **REDFIELD**, of Killingworth, June 25, 1795, by Rev. Henry Ely	2	226
Mary, m. Ebenezer **BARTLET[T]**, of East Guilford, Sept. 1, 1743, by Rev. Jonathan Todd	2	58
Mary, d. Moses & Huldah, b. Mar. 7, 1747/8	2	82
Mary, d. Joshua & Abigail, b. Nov. 29, 1775	2	191
Mehittabell, d. Moses & Susannah, b. Mar. 13, 1681	A	86
Mehetabel, d. Mar. 5, 1750/1	2	138
Mercy, d. David & Temperance, b. Nov. 26, 1736	2	32
Mosses, s. Mosese & Susanna, b. Jan. 10, 1677	A	84
Moses, d. Oct. 15, 1693	A	71
[Moses], s. Joshua & Mary, b. Aug. 28, [17]22	2	14
Moses, m. Huldah **MUNGER**, b. of Guilford, Jan. 16, 1743/4, by Rev. Jonathan Todd	2	58
Moses, s. Moses & Huldah, b. May 28, 1746	2	79
Moses, Lieut., m. Ruth **MURREY**, b. of Guilford, Jan. 8, 1766, by Rev. Jonathan Todd	2	167
Nabbe, d. Joshua & Abigail, b. Sept. 1, 1763	2	111
Nabbe, d. Lieut. Joshua, d. June 23, 1764	2	144
Nabbe, d. Lieut. Joshua & Abigail, b. May 12, 1768	2	120
Nabby, m. Daniel **CHITTENDEN**, b. of Guilford, Feb. 14, [1788], by [James Sproutt]	2	287
Oliver, s. Joseph & Esther, b. June 24, 1747	2	82
Orrin D., m. Delia J. **JACOBS**, Oct. 29, 1826, by Rev. David Baldwin	2	312
Orrin Davis, s. Martin & Barbara, b. Sept. 14, 1796	2	232
Parndevel(?), d. Aaron & Prudence, b. June 8, 1775	2	191
Parnel, d. Aaron & Prudence, d. Jan. 30, 1777	2	151
Parnel, d. Aaron & Prudence, b. Apr. 6, 1783	2	206
Phebe, m. Thomas **HALL**, Jr., b. of Guilford, Apr. 10, 1751, by Rev. James Sprout	2	62
Phebe, m. Thomas **HALL**, b. of Guilford, Apr. 10, 1751, by [James Sproutt]	2	215
Rhoby, d. David & Abigail, b. Oct. 10, 1720	2	13
Selena, d. Joshua & Abigail, b. Nov. 11, 1772 (Salina)	2	126
Salena, d. Joel & Ruth, b. Dec. 24, 1799	2	232
Salina, m. Russell **EVARTS**, b. of Guilford, Dec. 17, 1821, by Rev. John Ely	2	247

GUILFORD VITAL RECORDS 35

	Vol.	Page
BLATCHLEY, BLACKCHLEY, BLACKEY, BLACKLEY, BLACKLY, BLATCHLY, BLATOGLEY, (cont.)		
Samuel, planter 1669-70	A	121
Samuel Loper, s. Joel & Ruth, b. Feb. 13, 1804	2	232
Sarah, d. David & Temperance, b. Aug. 31, 1746	2	79
Submit, d. Jonathan & Dorothy, b. Feb. 18, 1736/7	2	32
Submit, d. Moses & Huldah, b. Aug. 17, 1765	2	115
Submit, d. Lieut. Moses, d. Sept. 27, 1765	2	145
Susanna, m. Ebenezer **FRENCH**, Oct. 8, 1684, by Capt. Thomas Tappin	A	79
Susanna, d. David & Temperance, b. July 29, 1741	2	41
Temperance, d. David & Temperance, b. July 30, 1733	2	27
Temperance, w. of David, d. Oct. 31, 1746	2	137
Thomas, s. Aaron, d. Dec. 20, 1692	A	71
William, s. Joshua & Abigail, b. Nov. 19, 176[5]	2	116
William, s. Joshuah, d. Nov. 24, 1777, in the 13th y. of his age	2	151
Will[ia]m, s. Aaron & Prudence, b. Feb. 2, 1779	2	206
William, s. Joel & Ruth, b. Apr. 21, 1795	2	232
William, m. Mary Ann **LEETE**, May 9, 1841, by Rev. James Rawson	2	339
-----, d. David & Abigail, b. Oct. 15, 1718	2	14
BLINN, BLIN, Hannah, m. Timothy **BISHOP**, b. of Guilford, Apr. 26, 1723, by Rev. John Hart	2	50
Jerusha, m. [Jere]miah **EVARTS**, b. of Guilford, June 8, 1726, by Rev. John Hart	2	47
Marg[a]ret, m. Nath[anie]l **BISHOP**, Jr., b. of Guilford, Dec. 19, 1727, by Rev. Mrs. John Hart	2	66
BLY, Mary, of Middletown, m. Charles **FAULKNER**, of Guilford, Mar. 4, 1767, by Rev. James Sproutt	2	170
Mary, m. Charles **FAULKNER**, b. of Guilford, Mar. 4, 1767, by [James Sproutt]	2	229
BOARDMAN, Jonathan, of Haddam, m. Zeruiah **ELDERKIN**, of Guilford, Oct. 5, 1748, by Rev. Thomas Ruggles	2	60
BOON, Almira, of Westbrook, m. George E. **EVARTS**, of Guilford, [Aug.] 30, [1846], by Rev. Cha[rle]s R. Adams	2	358
BOW, Sarah, w. of Nicholas, d. Jan. 29, 1716	2	1
Seth, of Middletown, m. Ann **BREWSTER**, of Guilford, Nov. 24, [1763], by [James Sproutt]	2	228
BOWEN, BOWIN, Abigail, d. Daniel & Jerusha, b. Dec. 27, 1728	2	23
Abigail, d. Daniel, d. July 25, 1736/7	2	148
Daniel, m. Jerusha **HALL**, b. of Guilford, Dec. 8, 1726, by Rev. Thomas Ruggles	2	47
Daniel, of Guilford, m. Sarah **PALMER**, of Branford, Feb. [5], 17[36], by Rev. Jonathan Merrick, in Branford	2	54
Jerusha, d. Daniel & Jerusha, b. Oct. 10, 1727	2	18
Jerusha, m. Abraham **HALL**, b. of Guilford, Oct. 31, 1751, by Rev. Thomas Ruggles	2	62
Josiah, s. Josiah & Marcy, b. [May 20, 1725]	2	16

	Vol.	Page
BOWEN, BOWIN, (cont.)		
Josiah, Jr., d. Nov. 23, 1772, in the 48th y. of his age	2	151
Mary, m. Treat **DEMING**, b. of Guilford, Oct. 22, 1751, by Rev. Thomas Ruggles	2	63
Mercy, w. of Josiah, d. Oct. 14, 1763	2	144
Sarah, d. Daniel & Jerusha, b. Nov. 1, 1730	2	23
Sarah, w. of Daniel, d. Dec. 16, 1742	2	148
Susanna, d. Dan[ie]l & Jerushuah, b. Sept. [ ], 175[ ]	2	77
William, m. Loisa **COLLENS**, Dec. 23, 1827, by Rev. David Baldwin	2	313
BOWERS, John, s. John & Bridget, b. Dec. 3, 1667	A	65
[BOWMAN], [see under **BARRMAN**]		
BOYD, Cleara, d. Ephraim & Phillis, b. Aug. 2, 1819	2	277
Ephraim, of Keene, N.H., m. Phillis **MAXWELL**, of Killingworth, Nov. 26, 1818, by Rev. Hart Tallcott	2	227
BRADLEY, BRAADLE, BRADLE, BRADLY, BRADLYE, BRANDLAH, BRAUDLEY, BRAUDLY, Aaron, s. John & Mercy, b. Sept. 5, 1742	2	102
Aaron, m. Sarah **CHITTENDEN**, b. of Guilford, Aug. 19, [1767], by [James Sproutt]	2	246
Abigell, [twin with Mary], d. Nathan & Hester, b. Mar. 13, 1672	A	74
Abigail, m. Caleb **FIELD**, b. of Guilford, Apr. 2, 1733, by James Meigs, J.P.	2	52
Abigail, m. Benjamin **EVARTS**, b. of Guilford, Nov. 7, 1769, by Rev. Amos Fowler	2	170
Abigail, d. Gilead & Abigail, b. Nov. 7, 1791	2	208
Abraham, s. S[te]phen & Hannah, b. May 13, 1674	A	76
Abraham, Lieut., d. Apr. 20, 1721	2	2
Abraham, m. Reliance **STONE**, b. of Guilford, Aug. [ ], 1728, by James Hooker, J.P.	2	67
Abraham, s. Abraham & Reliance, b. Dec. 11, 1731	2	96
Amanda, d. Gilead & Abigail, b. Apr. 20, 1802	2	232
Ann, m. Jonathan **MUR[R]Y**, July 17, 1688, by Mr. Andrew Leete	A	79
Anna, d. Nathan & Hester, b. Nov. 16, 1669	A	73
Anson, s. Timothy & Esther, b. June 27, 1768	2	126
Arba, of Guilford, m. Esther **CHAMBERLAIN**, of Middletown, Apr. 27, 1800, by Rev. David Huntington	2	181
Barnet, s. Joseph & Priscilla, b. Feb. 5, 175[7]	2	97
Barnet, s. Joseph, d. May 24, 1761, in the 5th y. of his age	2	144
Beala, d. Abra[ham] & Reliance, b. Apr. 7, 1742	2	96
Benjamin, s. Stephen & Jemima, b. May 2, 1733	2	77
Benjamin, s. Joseph & Priscilla, b. Oct. 7, 174[6]	2	83
Benj[ami]n, s. Gilead & Abigail, b. Aug. 14, 1786	2	206
Benjamin, 2d, of Guilford, m. Candice **LEWIS**, of Haddam, Nov. 28, 1808, by Rev. Eben Washburn	2	227
Benoni, s. Timothy & Esther, b. Oct. 22, 1770	2	126

BRADLEY, BRAADLE, BRADLE, BRADLY, BRADLYE, BRANDLAH, BRAUDLEY, BRAUDLY, (cont.)

	Vol.	Page
Candice, w. of Benjamin, 2d, d. Feb. 16, 1816	2	211
Candice Lewis, d. Benj[ami]n & Candice, b. Feb. 5, 1816	2	277
Catharine, d. Midian & Sarah, b. June 7, 1796	2	232
Chloe, w. of Nathan N., d. July 21, 1796, in the 24th y. of her age	2	211
Chloe, m. Abraham **MYERS**, b. of Guilford, Sept. 26, 1821, by Rev. John Elliott	2	306
Clotildah, d. Stephen & Jemima, b. Oct. 13, 1726	2	77
Clotilda, d. Timothy & Esther, b. Oct. 12, 1772	2	126
Cyrus, s. Noah & Elizabeth, b. July 31, 1769	2	126
Daniell, s. Steven & Hanna[h], b. Oct. 21, 1670	A	73
Daniell, s. Nathan & Hester, b. June 10, 1680	A	90
Daniell, s. Nathan & Hester, d. Apr. 2, 1688, ae 7 y. 9 m. 23 d.	A	70
Daniel, m. Abigail **HAND**, b. of Guilford, Nov. 20, 1734, by Rev. Jonathan Todd	2	56
Ebenezier, s. Nathan Noah & Mary, b. Sept. 19, 1720; d. [Sept.] 29, [1720]	2	11
Eber, s. Stephen & Jemima, b. May 10, 1743	2	77
Eliza Maria, d. Nathan N. & Mary, b Sept. 27, 1798	2	232
Eliza Maria, m. Julius **SHELLEY**, b. of Guilford, Sept. 10, 1820, by Rev. John Elliott	2	274
Elizabeth, d. Steven & Hannah, b. Dec. the last, 1671	A	74
Elizabeth, d. Nathan Noah & Chloe, b. Jan. 6, 1795; d. June 7, 1795	2	208
Esther, d. Nathan Noah & Mary, b. Oct. 11, [1717]	2	12
Esther, d. Nathan Noah & Mary, d. Nov. 7, 1718	2	1
Esther, d. Stephen & Jemima, b. Nov. 2, 1724	2	77
Esther, m. Noah **SCRANTON**, b. of Guilford, July 28, 1743, by Rev. Jonathan Todd	2	58
Esther L., of Killingworth, m. Chauncey E. **DOUD**, of Madison, Dec. 9, 1832, by Rev. Aaron Dutton	2	332
Freelove, d. Stephen & Jemima, b. Mar. 30, 1722	2	77
Freelove, m. Thomas **WILCOCK**, b. of Guilford, May 16, 1744, by Rev. Jon[a]th[an] Todd	2	59
George C., m. Sally **FRISBIE**, b. of Guilford, July 22, 1824, by Rev. Aaron Dutton	2	312
Giland*, of Guilford, m. Abigail **HARDING**, of Chatham, Oct. 9, 1785, by Rev. Mr. Strong (*Gilead?)	2	171
Gilead, s. Noah & Elizabeth, b. July 26, 1757	2	98
Hannah, d. Steven & Hannah, b. in the first of Sept. 1664	A	64
Hannah, d. Abra[ham] & Reliance, b. Oct. 27, 1734	2	96
Harriet, d. Gilead & Abigail, b. Mar. 30, 1793	2	208
Harriet had s. James Hervey, b. Nov. 8, 1821	2	277
Harriet, d. Gilead & Abigail, d. Dec. 6, 1821	2	211
Henrietta Loisa, d. Benj[ami]n & Candia, b. Apr. 16, 1814	2	277

**BRADLEY, BRAADLE, BRADLE, BRADLY, BRADLYE,
BRANDLAH, BRAUDLEY, BRAUDLY,** [cont.]

	Vol.	Page
Hester, d. Nathan & Hester, b. Nov. 2, 1674; d. Feb. 20, 1675	A	76
Hester, d. Nathan & Hester, b. Apr. 14, 1677	A	83
Hester, d. Nathan & Hester, b. Apr. 17, 1677	A	80
James, s. Joseph & Priscella, b. May 2, 1759	2	105
James, m. Leah **STONE**, b. of Guilford, Nov. 4, [1787], by [James Sproutt]	2	287
James Hervey, s. Harriet, b. Nov. 8, 1821	2	277
Jane, of Guilford, m. [John] **FOSDICK**, of New London, Mar. 2[6], 17[19], by Thomas Ruggles	2	44
[John], m. Mercy **FRENCH**, b. of Guilford, Aug. 16, 1726, by Rev. John Hart	2	47
John, s. John & Mercy, b. Nov. 16, 1732	2	102
John, Jr., m. Mary **DOUD**, b. of Guilford, Mar. 20, 1758, by Rev. Jon[a]th[an] Todd	2	70
Joseph, s. Stephen & Sarah, b. Aug. 4, 1694	A	96
Joseph, s. Stephen & Jemima, b. June 24, 1720	2	77
Joseph, of Guilford, m. Prescilla **BEDFIELD**, of Killingworth, Oct. 15, 1740, by Rev. William Seaward	2	59
Joseph, s. Joseph & Priscella, b. Jan. 3, 1742	2	76
Joseph, Jr., m. Sarah **HILL**, b. of Guilford, June 10, 1764	2	168
Joseph, Jr., m. Sarah **HILL**, b. of Guilford, June 10, [1764], by [James Sproutt]	2	229
Joseph, of New Haven, m. Mary **BROWN**, of Guilford, Dec. 13, 1772, by [James Sproutt]	2	252
Julian, d. Gilead & Abigail, b. Sept. 4, 1795	2	232
Juliette, m. John Dunn **STRONG**, b. of Guilford, Nov. 22, 1830, by Rev. Aaron Dutton	2	322
Launcelot Clark, s. Midian & Sarah, b. Jan. 10, 1794	2	232
Leming, s. Abra[ham] & Reliance, b. June 1, 1737	2	96
Lois, d. Stephen & Jemima, b. Mar. 3, 1731	2	77
Lucy, d. John & Mercy, b. July 23, 1734	2	102
Luce, d. Abra[ham] & Reliance, b. Dec. 10, 1739	2	96
Mary, [twin with Abigell], d. Nathan & Hester, b. Mar. 13, 1672	A	74
Mary, w. of Nathan Noah, d. Mar. 20, 1754, in her 66th y.	2	141
Mary, d. Noah & Eliza[be]th, b. Apr. 21, 1754	2	94
Medear(?)*, s. Noah & Elizabeth, b. Oct. 23, 1763 (*Midian?)	2	110
Mercy, d. Joseph & Priscella, b. July 5, 1763	2	113
Midian, of Guilford, m. Sarah **PARMELE[E]**, of Chester, Mar. 25(?), 1793, by Rev. Mr. Mills ((Entry reads "17 of March 25")	2	181
Midian, see also Medear		
Minor, s. Stephen, Jr., & Ruth, b. Aug. 14, 175[8]	2	101
Nathan, of G[u]ilford, m. wid. Hannah **TUTTLE**, of New Haven, Aug. 21, 1694, by Capt. Mansfield	A	100

	Vol.	Page
BRADLEY, BRAADLE, BRADLE, BRADLY, BRADLYE,		
BRANDLAH, BRAUDLEY, BRAUDLY, [cont.]		
Nathan, s. Nathan Noah, d. June 6, 172[ ] [June 5, 1723]	2	2
Nathan, s. Noah & Elizabeth, b. June 8, 1760	2	105
Nathan, s. Noah, d. June 28, 1763	2	144
Nathannoah, s. Nathan & Hester, b. Sept. 18, 1685	A	90
Nathan Noah, d. Nov. 18, 1764, in the 79th y. of his age	2	144
Nathan Noah, s. Noah & Elizabeth, b. June 9, 1766	2	115
Nathan Noah, of Guilford, m. Mary Hall **HANUM**, of New Haven, Mar. 22, 1791, by Rev. Bela Hubbard	2	181
Nathan Noah, m. Chloe **WILLCOX**, b. of Guilford, Jan. 22, 1792, by Rev. John Elliott	2	226
Noah, s. Nathan Noah & Mary, b. Dec. 27, [1722]	2	13
Noah, m. Elizabeth **CLARK**, b. of Guilford, Nov. 5, 1752, by Rev. Jonathan Todd	2	66
Noah, s. Midian & Sarah, b. July 28, 1800	2	232
Obedience, m. Stephen **SPENCER**, b. of Guilford, Nov. 5, 17[24], by Andrew Ward, J.P.	2	50
Olive, d. Gilead & Abigail, b. Aug. 24, 1788	2	206
Patiens, d. Nathan & Hester, b. Apr. 6, 1688	A	91
Peleg, s. Abra[ham] & Reliance, b. Dec. 8, 1744	2	96
Phebe, of Guilford, m. Jedediah **FIELD**, of Sunbury, Ga., Oct. [ ], 1820, by Aaron Dutton	2	239
Phinehas, s. Joseph & Priscilla, b. Feb. 12, 1745/6	2	83
Phineas, m. Sarah **GRISWOLD,** b. of Guilford, Nov. 4, [1767], by [James Sproutt]	2	246
Phinehas, m. Roxanna **DUDLEY**, b. of Guilford, Apr. 14, 1823, by Rev. John Elliott	2	281
Priscilla, d. Joseph & Priscilla, b. Nov. 7, 1743	2	76
Priscilla, of Guilford, m. Sam[ue]ll **ABENARTHAR**, of Wallingford, Dec. 29, [1766], by [James Sproutt]	2	229
Ransom, s. Nathan N. & Chloe, b. Sept. 21, 1792	2	208
Rebecca Vail, m. Philos Carlton **PARMELE[E]**, Dec. 21, 1842, by Rev. David Bradley	2	343
Russell, of New Haven, m. Catharine **STEEVENS**, of Huntington, Sept. [ ], 1825, by Rev. Aaron Dutton	2	312
Samuel, s. Joseph & Priscilla, b. Apr. 29, 1751	2	85
Samuel, s. Joseph, Jr. & Sarah, b. Jan. 25, 1769	2	121
Samuel Cornwell, s. Stephen, Jr. & Ruth, b. Mar. 16, 1756	2	101
Sarah, d. Steven & Hannah, b. Feb. 14, 1665	A	64
Saria, d. Steven & Hannah, bd. Oct. 7, 1667	A	65
Sarah, d. Stephen & Hanna[h], b. Oct. 17, 1676	A	83
Sarah, d. John & Mercy, b. Dec. 6, 1727	2	102
Sarah, d. Abra[ham] & Reliance, b. Feb. 17, 1728/9	2	96
Sarah, of Guilford, m. Archibald **JOHNSON**, of Wallingford, Feb. 19, [1756], by [James Sproutt]	2	216
Sarah, d. John, Jr., & Mary, b. Nov. 7, 1758	2	101
Sarah, m. Thomas **FITCH**, b. of Guilford, Mar. 6, 175[9], by		

	Vol.	Page

BRADLEY, BRAADLE, BRADLE, BRADLY, BRADLYE, BRANDLAH, BRAUDLEY, BRAUDLY, [cont.]

	Vol.	Page
Rev. Jonathan Todd	2	71
Sarah, d. Joseph, Jr. & Sarah, b. Jan. 22, 1765	2	119
Sarah, d. Timothy & Esther, b. May 12, 1766	2	126
Stephen, Jr., m. Sarah **WARD**, b. of G[u]ilford, Nov. 15, 1693, by Mr. Leete	A	95
Stephen, s. Stephen & Jemima, b. Jan. 12, 1729	2	77
Stephen, Jr., m. Ruth **MEIGS**, b. of Guilford, Jan. 18, 1755, by Rev. Jonathan Todd	2	70
Steven, s. Steven & Hannah, b. Oct. 1, 1668	A	66
Stillman, of Vermont, m. Elizabeth **COOK**, of Guilford, Jan. 13, 1788, by [James Sproutt]	2	287
Thomas, s. Abra[ham] & Reliance, b. Oct. 14, 1750	2	96
Timothy, s. Stephen & Jemima, b. July 25, 1735	2	77
Timothy, of Guilford, m. Esther **SHIPMAN**, of Saybrook, Mar. 6, 1765, by Rev. W[illia]m Hart	2	171
Vesta, d. James & Leah, b. Aug. 16, 1800	2	232
Vesta, m. Henry **DUDLEY**, b. of Guilford, May 14, 1823, by Rev. Aaron Dutton	2	259
William, s. Joseph, Jr. & Sarah, b. Oct. 27, 1766	2	119
W[illia]m, of New York, m. Azubah **GALE**, of Guilford, Nov. 16, 1828, by Rev. Aaron Dutton	2	313
William Francis, s. Benjamin, 2d, & Caroline, b. Oct. 4, 1810	2	276
William West, s. Gilead & Abigail, b. June 1, 1798	2	232
W[illia]m West, s. Gilead & Abigail, d. Sept. [16], 1801	2	211
Zebul, s. Noah & Elizabeth, b. Jan. 14, 1780	2	191
Zenas, s. Stephen & Jemima, b. Feb. 12, 1738/9	2	77
Zenus, s. Zimri & Ruth, b. Oct. 14, 1769	2	122
-----, 2d w. of Nathan, d. Nov. 30, 1695 (Hannah?)	A	96
-----, wid., d. July 25, 1730	2	4
BRAGG, BRAG, Benjamin, s. Eben[eze]r & Abigail, b. Aug. 14, 1773	2	126
Eben[eze]r, m. Abigail **BISHOP**, b. of Guilford, Oct. 1, 1773, by Rev. Richard Ely	2	171
Elihu, s. Ebenezer & Elizabeth, b. Mar. 2, 1756	2	107
Lucy, d. Eben[eze]r & Abigail, b. Aug. 22, 1775	2	191
BRAINARD, BRAINERD, Esther, of East Haddam, m. Gurdon **JOHNSON**, of Guilford, May 8, 1781, by Rev. Elijah Parson	2	178
Israel, Rev., of Guilford, m. Polly **HUNTINGTON**, of Woodbridge, Dec. 30, 1800, by Rev. James Dana	2	226
BRAY, Alfred Robinson, s. Thomas R. & Phebe, b. Aug. 27, 1805	2	232
Amaziah, s. Tho[ma]s Wells & Sarah, b. Feb. 27, 1781	2	206
Betsey, d. Tho[ma]s W. & Sarah, b. Feb. 23, 1784	2	206
Clarinda, d. Tho[ma]s Wall* & Sarah, b. Aug. 12, 1773 (*Wells?)	2	126
Clarinda, d. Tho[ma]s W., d. Mar. 6, 1777	2	151

	Vol.	Page

BRAY, (cont.)

	Vol.	Page
Oliver, s. Tho[ma]s Wells & Sarah, b. Apr. 2, 1776	2	206
Robinson, s. Rev. Tho[ma]s W. & Sarah, b. Oct. 17, 1770	2	126
Robinson, s. Tho[ma]s W., d. Mar. 4, 1777	2	151
Roswell, s. Tho[ma]s Wells & Sarah, b. Apr. 16, 1790	2	277
Roswell, m. Laura **STONE**, b. of Guilford, Oct. 2, 1816, by Rev. Charles Atwater	2	277
Sarah, d. Tho[ma]s Wells & Sarah, b. Oct. 16, 1768	2	121
Sarah R., of Guilford, m. Elihu L. **IVES**, of New Haven, May 19, 1847, by Rev. E. Edwin Hall	2	309
Sarah Robinson, d. Roswell & Laura, b. Mar. 16, 1820	2	277
Thomas R., of Guilford, m. Phebe **CURTIS**, of Durham, Oct. 10, 1804, by Rev. D. Smith	2	227
Tho[ma]s Robinson, s. Tho[ma]s Wells & Sarah, b. Oct. 7, 1778	2	206
Thomas Wells, Rev., m. Mrs. Sarah **ROBINSON**, b. of Guilford, Nov. 25, 1767, by Rev. [James] Sproutt	2	169
Thomas Welles, Rev., m. Sarah **ROBINSON**, b. of North Guilford, Nov. 25, 1767, by [James Sproutt]	2	246
BREED, Susanna, of Norwich, m. Daniel **BREWER**, of Guilford, May 27, 1772, by Rev. Ephr[iam] Judson	2	171
BREWER, Anna, d. Daniel & Susanna, b. Nov. 10, 1775	2	191
Daniel, of Guilford, m. Susanna **BREED**, of Norwich, May 27, 1772, by Rev. Ephr[iam] Judson	2	171
Daniel, s. Daniel & Susanna, b. Jan. 29, 1774	2	191
BREWSTER, Ann, of Guilford, m. Seth **BOW**, of Middletown, Nov. 24, [1763], [by James Sproutt]	2	228
Anna, d. John & Mehitabel, b. Aug. 19, 1744	2	115
John, s. John & Mehetabel, b. Oct. 23, 1757	2	115
John, m. Mahetable **LEETE**, b. of Guilford, Apr. 5, 1774, [by James Sproutt]	2	213
BRISTER, Samuel, m. Cybile **EVARTS**, b. of Guilford, Nov. 15, 1744, by [James Sproutt] (**BRISTOL?**)	2	213
Cybel, m. Moses **HATCH**, Mar. 19, 1755, [by James Sproutt] (Sybil)	2	216
BRISTOL, BRISTOLL, Amey, d. Samuel & Esther, b. Aug. [ ], 1723	2	23
Amey, d. Sam[ue]l & Sybel, b. Oct. 7, 1745 (See also **BRISTER**)	2	92
Amey, m. Timothy **SHELLEY**, b. of Guilford, Oct. 27, [1761], [by James Sproutt]	2	228
Ame, m. Timothy **SHELLEY**, b. of Guilford, Oct. 28, 1761, by Rev. James Sprout	2	184
Ame, m. Dan **COLLENS**, b. of Guilford, May 25, 1766, by Rev. Amos Fowler	2	172
Amos*, s. Nathan & Ruth, b. Jan. 20, 1759 (*Perhaps "Amar"?)	2	103
Bazaleel, m. Sarah **STONE**, b. of Guilford, Feb. 13, 1723, by		

	Vol.	Page
BRISTOL, BRISTOLL, (cont.)		
Rev. Thomas Ruggles	2	46
Betsey Clarrissa, d. Sam[ue]l & Sophronia, b. Dec. 8, 1819	2	277
Daniel, s. Samuel & Esther, b. July 22, 1727	2	23
Desire, d. Bezeleel & Desire, b. Feb. 6, [1719]	2	12
Desire, d. Richard & Tryphena, b. Feb. 8, 1742/3	2	74
Desire, m. Ebenezer **FOWLER**, Jr., b. of Guilford, Oct. 19, 1743, by Rev. Thomas Ruggles	2	59
Desire, d. Richard & Tryal, b. May 9, 1745	2	101
[Desire], d. Richard & Tryal, b. May 11, 1745	2	82
Esther, d. Samuel & Esther, b. July 13, 1714	2	23
Eunice, m. David **ROSSETTER**, b. of Guilford, Dec. 23, 1762, by Rev. John Richards	2	165
Huldah, d. Sam[ue]ll & Huldah, b. Apr. [ ], 1777	2	191
Jemima, d. Samuel & Esther, b. Aug. 17, 1717	2	23
Leverett, s. Sam[ue]l & Sophronia, b. Sept. 12, 1816	2	277
Leverett, m. Sarah N. **FIELD**, b. of Guilford, Jan. 28, 1838, by Rev. Aaron Dutton	2	339
Lot, s. Samuel & Esther, b. Mar. 2, 1720/1	2	23
Molle, d. Nathan & Ruth, b. Jan. 25, 1769	2	120
Nathan, s. Bazaleel & Sarah, b. Sept. 11, 1726	2	18
Nathan, m. Ruth **HOW**, b. of Guilford, Jan. 11, 1749/50, by Rev. Thomas Ruggles	2	61
Nathan, s. Nathan & Ruth, b. Apr. 5, 1751	2	86
Richard, m. Tryal **NORTON**, b. of Guilford, May 11, 1738, by Rev. Thomas Ruggles	2	54
Richard, s. Nathan & Ruth, b. June 17, 1756	2	97
Ruth, d. Nathan & Ruth, b. Nov. 16, 1753	2	94
Samuel, s. Samuel & Esther, b. Mar. 22, 1715/16	2	23
Samuel, d. Oct. 7, 1727	2	4
Samuel, m. Sybbel **EVARTS**, b. of Guilford, Nov. 14, 1744, by Rev. James Sprout (see also Samuel **BRISTER**)	2	65
Samuel, s. Sam[ue]ll & Sybel, b. Aug. 22, 1749	2	92
Samuel, d. Aug. 25, 1752	2	140
Sam[ue]ll, m. Huldah **EVARTS**, b. of Guilford, Dec. 29, 1776, by Rev. Amos Fowler	2	171
Samuel, Jr., m. Sophronia **DOUD**, b. of Guilford, Dec. 8, 1814, by Rev. John Elliott	2	227
Samuel, d. Oct. 18, 1818	2	211
Sarah, d. Ebenezer & Sarah, b. May 26, 1725	2	15
Sarah, d. Nathan & Ruth, b. Aug. 27, 1761	2	110
Sarah, m. Timothy **HALL**, b. of Guilford, Oct. 25, 1744, by Rev. Thomas Ruggles	2	59
Sophronia, m.Thomas **GRISWOLD**, b. of Guilford, Aug. 19, 1821, by Rev. Aaron Dutton	2	278
-----, w. Bezaleel, d. Aug. 4, 1723 (Sarah?)	2	2
-----, s. Sam]ue]l & Esther, d. June 17, 1729	2	4
-----, s. Sam[ue]l & Esther, d. June 20, 1729	2	4

	Vol.	Page
BRISTOL, BRISTOLL, (cont.)		
-----, d. Sam[ue]l & Esther, d. June 30, 1729	2	4
BRISTOW, Ellenor, w. of Richard, bd. Apr. 14, 1658	A	61
Richard, freeman 1669-70	A	121
Samuell, d. Nov. 30, 1692	2	70
BROCKET, Sarah, of North Haven, m. Jared **NORTON**, of Guilford, Oct. 4, 1786, by Rev. Benj[amin] Trumbull	2	181
BROCKWAY, Elizabeth, of Branford, m. George **HUBBARD**, of Guilford, Sept. 24, 17[34], by Rev. Jonathan Merrick	2	55
BROOKER, Jabe*, s. Abraham & Mary, b. Dec. 22, 1730 (*Perhaps "Jobe")	2	24
BROOKS, Eliza F., of Guilford, m. James H. **PRINCE**, of Boston, Mass., Oct. 22, 1846, by Rev. E. Edwin Hall	2	382
Laura A., m. Frederic A. **FOWLER**, b. of Guilford, Nov. 29, 1847, by Rev. Charles R. Adams	2	368
Roxana M., of Guilford, m. George H. **CHAPMAN**, of Saybrook, Nov. 25, 1840, by Rev. Aaron Dutton	2	327
----ham, s. John, b. [ ], 1705	2	11
BROWN, Caroline, m. Charles **TAYLOR**, b. of New Haven, Apr. 29, 1829, by Rev. Aaron Dutton	2	283
Clarrissa, m. Frederick **REDFIELD**, b. of Guilford, Mar. 8, 1780, by Rev. Amos Fowler	2	186
Edward C., of New York, m. Clarrissa A. **STEVENS**, of Saybrook, Mar. 7, 1838, by Rev. Charles Chittenden	2	339
James W., supposed of New Haven, m. Dinah ----- (colored), Nov. 8, 1830, by Rev. Aaron Dutton	2	324
Mary, of Middletown, m. James **EVARTS**, of Guilford, [Apr. 21, 1713], by John Hamlin, at Middletown	2	43
Mary, d. Sam[ue]ll & Hannah, b. July 6, 1748	2	82
Mary, of Guilford, m. Joseph **BRADLEY**, of New Haven, Dec. 13, 1772, by [James Sproutt]	2	252
Parnel, d. Samuel & Hannah, b. Jan. 24, 1753	2	88
Ruth, of Colchester, m. Mark **PARMELE**, of Guilford, Sept. 25, 1745, by Rev. Ephraim Little, in Colchester	2	59
Sarah, m. Nathaniel **GRIFFING**, b. of Guilford, Nov. 3, 1787, [by James Sproutt]	2	287
BUCK, Anne, of Weathersfield, m. Samuel **FOWLER**, of Guilford, May [13], 17[13], by Rev. Stephen Mix, of Weathersfield	2	45
Elizabeth, of Weathersfield, m. Joseph **FOWLER**, of Guilford, Sept. 15, 1719, by Rev. Stephen Mix, in Weathersfield	2	46
BUEL, BUELL, BEWELL, Clarrissa, d. Zeph[ania]h & Clarrissa, b. Oct. 25, 1805	2	277
Emily, d. Zeph[ania]h & Clarrissa, b. Apr. 7, 1812	2	277
Emma J., m. Samuel W. **LEETE**, b. of Guilford, Dec. 25, 1831, by Rev. A.B. Goldsmith	2	315
Hulda[h], of Guilford, m. Westill **SCOFIELD**, of Middletown, July 29, 1755, by [James Sproutt]	2	216
John, s. Zeph[aniah] & Clarrissa, b. Aug. 17, 1815	2	277

	Vol.	Page
BUEL, BUELL, BEWELL, (cont.)		
John C., m. Calista C. **HULL**, b. of Guilford, Nov. 14, 1840, by Rev. Aaron Dutton	2	339
Rebecca, of Killingworth, m. Nath[anie]ll **STEEVENS**, Jr., of Guilford, Aug. 15, 1787, by Rev. A. Mansfield	2	224
Sally, d. Zeph[ania]h & Clarrissa, b. June 18, 1808	2	277
Zephaniah, of Killingworth, m. Clarrissa **SHELLEY**, of Guilford, Oct. 17, 1804, by Rev. Israel Brainard	2	281
BULL, Ezekell, of G[u]ilford, m Elezabeth **SAGE**, of Middletown, Jan. 11, 1694	A	100
Hezeciah, s. Ezekiel & Elizabeth, b. May 19, 1696	A	97
Mary, d. Ezekiel & Elizabeth, b. Oct. 24, 1694	A	191
Sarah, Mrs., of Hartford, m. Rev. John **HART**, of East Guilford, Aug. 12, 1717, by Maj. Joseph Talcot[t], of Hartford	2	44
BULLARD, Joel, of New Haven, m. Caroline **HALL**, of Guilford, May 2, 1831, by Rev. Aaron Dutton	2	325
BULLER, Lydia, of Branford, m. Osborn **STONE**, of Guilford, Feb. 14, 1774, by Rev. Sam[ue]ll Eells	2	184
BURCHET, [see under **BURGIS**]		
BURGIS, BURGES, BURGESS, BURCHET, Abigail, m. Enos **BISHOP**, b. of Guilford, Dec. 15, 1742, by Rev. Thomas Ruggles	2	58
Ahab, s. Thomas & Mercy, b. Oct. [ ], [1722] (Eliab?)	2	13
Cornelia, m. Willard **KEYES**, Mar. 12, 1834, at Bear Creek, Ill.	2	338
Cornelia, see Cornelia **KEYES**	2	211
Eliab, s. Tho[ma]s, d. Oct. 19, 1736	2	150
Eliab, s. Tho[ma]s & Olive, b. May 3, 1779	2	191
Eliab, see also Ahab		
Eliab Thomas, s. Tho[ma]s & Sarah, b. Apr. 10, 1809	2	296
Elizabeth, d. Thomas, Jr. & Olive, b. Nov. 2, 1787	2	206
Elizabeth, d. John & Thankfull, b. Aug. 25, 1821	2	296
Fanny Stone, d. John & Thankfull, b. Dec. 4, 1823	2	296
George Thomas, s. Thomas & Sarah, b. Feb. 6, 1803	2	208
Hanna[h], m. John **BALDWIN**, b. of Guilford, Apr. 12, [16]53 (Written "Hanna Burchet")	A	122
Hannah, d. Thomas & Hannah, b. Dec. 5, 1739	2	39
Hannah, m. William **STARR**, b. of Guilford, Apr. [ ], 1767, by Rev. Thomas Ruggles	2	168
Hannah, d. Tho[ma]s & Olive, b. May 9, 1780	2	191
Hannah, w. of Tho[ma]s, d. July 26, 1795, in the 83rd y. of her age	2	211
Harriet, d. Tho[ma]s & Olive, b. Sept. 2, 1790	2	206
Harriet, d. Tho[ma]s & Olive, d. Oct. 12, 1791	2	211
Harriet, d. Thomas & Sarah, b. Jan. 11, 1800	2	208
Jenette Amelia, d. John & Thankfull, b. Aug. 21, 1830	2	297
Jennette Amelia, d. John & Thankfull, d. Aug. 20, 1832	2	211

GUILFORD VITAL RECORDS 45

	Vol.	Page
BURGIS, BURGES, BURGESS, BURCHET, (cont.)		
John, m. Sarah **DOD[D]**, b. of Guilford, Jan. 14, 1741/2, by Rev. Thomas Ruggles	2	57
John, s. Samuel & Sarah, b. Sept. 29, 1798	2	208
John, Dea., d. Mar. 26, 1799, in the 85th y. of his age	2	211
John, m. Thankfull **STONE**, b. of Guilford, Nov. 5, 1820, by Aaron Dutton	2	280
John Randolph, s. John & Thankfull, b. Feb. 4, 1833	2	297
Lucy, d. Thomas & Hannah, b. Oct. 13, 1742	2	74
Lydia Augusta, d. John & Thankfull, b. Feb. 13, 1828	2	297
Lydia Augusta, d. John & Thankfull, d. Dec. 28, 1833	2	211
Lydia Maria, d. Tho[ma]s & Sarah, b. July 3, 1807; d. June 16, 1808	2	276
Mary, d. Thomas & Hannah, b. Dec. 7, 1744	2	76
Mary, m. John **GRISWOLD**, b. of Guilford, Apr. 13, 1765, by Rev. Thomas Ruggles	2	167
Mary, d. Sam[ue]ll & Sarah, b. Feb. 15, 1813	2	208
Mary Ann Thomas, d. Tho[ma]s & Sarah, b. Jan. 11, 1817	2	277
Mary Ann T., of Guilford, m. John B. **KIRBY**, of New Haven, Feb. 3, 1841, by Rev. Lorenzo T. Bennett	2	291
Mary Marina, d. Nathan B. & Marina, b. Oct. 10, 1807	2	276
Mercy, d. Thomas & Mercy, b. Sept. 26, 1719	2	11
Mercy, m. Abraham **CHITTENDEN**, b. of Guilford, Mar. 15, 1748/9, by Rev. Thomas Ruggles	2	60
Nathan B., Rev., m. Marina **HAND**, b. of Guilford, Sept. 16, 1806, by Rev. Roger Searle	2	227
Olive, d. Tho[ma]s, Jr. & Olive, b. Sept. 14, 1776	2	191
Olive, of Guilford, m. Ozias **WHEEDON**, of Branford, Aug. 13, 1800, by Rev. Israel Brainard	2	264
Phillis, d. Thomas & Marcy, b. Mar. [1, 1716]	2	9
Ruth, d. Tho[ma]s, 3rd, & Sarah, b. Nov. 17, 1794	2	208
Samuel, s. Thomas & Hannah, b. Dec. 26, 1746	2	79
Samu[e]l, s. Thomas & Olive, b. Jan. 17, 1774	2	126
Samuel, m. Sarah **CHALKER**, b. of Guilford, Nov. 15, 1797, by Rev. Amos Fowler	2	226
Sarah, w. of Jno., d. Jan. 15, 1787, in the [75th] y. of her age	2	151
Sarah, d. Tho[ma]s & Sarah, b. Dec. 2, 1796	2	208
Sarah, w. of Samuel, d. May 4, 1822, in her 48th y.	2	211
Sarah Ann, d. John & Thankfull, b. Mar. 27, 1826	2	296
Tho[ma]s, Sr., d. Oct. 23, 1736	2	150
[Thomas], m. Hannah **DOD[D]**, b. of Guilford, May 18, 1737, by Rev. Thomas Ruggles	2	56
Thomas, s. Thomas & Hannah, b. Feb. 24, 1737/8	2	33
Thomas, Jr., m. Olive **DUDLEY**, b. of Guilford, Aug. 9, 1769, by Rev. Thomas W. Bray	2	169
Thomas, s. Tho[ma]s, Jr. & Olive, b. Oct. 6, 1770	2	124
Tho[ma]s, 3rd, of Guilford, m. Sarah **DESHON**, of New London, Feb. 14, 1793, by Rev. John Elliott	2	226

	Vol.	Page
BURGIS, BURGES, BURGESS, BURCHET, (cont.)		
Thomas, d. Mar. 28, 1796, in the 87th y. of his age	2	211
Thomas, d. June 14, 1799, in the 62nd y. of his age	2	211
BURNET, Loes, of Southhampton, L. I., m. Robert **COLLINS**, of G[u]ilford, Dec. 24, 1689, by Mr. Andrew Leete	A	100
Margaret, d. of Dan, of Southhampton, m. Lemuel **LEES**, of Guilford, Feb. 21, 1715/16, by Abraham Fowler	2	43
BURR, Jabez, of Wallingford, m. Myrta M. **FOWLER**, of North Guilford, June 11, 1848, by John L. Ambler	2	377
Stephen, of Haddam, m. Fanny A. **LANE**, of Durham, Sept. 7, 1847, by Rev. Geo[rge] J. Wood, of North Branford	2	377
BURRIT, Henry, of Milford, Pa., m. Eliza **FAIRCHILD**, of Guilford, Sept. [ ], 1822, by Rev. Aaron Dutton	2	281
BURTON, John H., of New Haven, m. Marietta **DUDLEY**, of North Guilford, Dec. 24, 1844, by Rev. Zolva Whitmore	2	376
BUSHNELL, BUSHNILL, BUSHELL, Abiga[i]ll, m. John **SEAWARD**, June 25, 1679, by Capt. Robbard Chapman	A	78
Catherine C., of Saybrook, m. Daniel W. **TYLER**, of Killingworth, Oct. 13, 1836, by Rev. Aaron Dutton	2	283
Elizabeth Maria, d. Nathan & Anna, b. Apr. 28, 1809	2	276
Francis, planter 1669-70	A	121
John, m. Sarah **SCRANTON**, about middle [of] May, 1665, by Mr. William Leete	A	64
Judath, m. Joseph **SEWARD**, Feb. 7, 1681, by Robert Chapman	A	79
Leeta Ann, d. Nathan & Anna, b. Sept. 21, 1806	2	276
Lidiah, m. Calib **SEWARD**, July 14, 1686, by Mr. Andrew Leet	A	79
Nathan, m. Anne **CHAPMAN**, b. of Saybrook, Sept. 26, 1805, by Rev. Fred[eric]k W. Hotchkiss	2	227
Sarah, m. Thomas **STEVENS**, b. of G[u]ilford, Nov. 9, 1688, by Mr. Andrew Leete	A	80
Sarah, of Saybrook, m. Amos **BENTON**, of Guilford, July 1, 1792, by Rev. Richard Ely	2	226
William Chapman, s. Nathan & Anna, b. Mar. 17, 1811	2	276
BUSHRICK, Elizabeth, Mrs., of Saybrook, m. Ens. David **SEAWARD**, of Guilford, May 2, 1744, by Rev. Will[ia]m Hart	2	59
BUTLER, Emeline, m. James **SPENCER**, b. of Guilford, Mar. 29, 1830, by Rev. A. B. Goldsmith	2	322
Emily A., of Madison, m. Harry **CRUTTENDEN**, of Guilford, July 23, 1835, by Rev. Aaron Dutton	2	327
Ezekiel, m. Lois **BARTLET[T]**, Feb. 5, 1829, by Rev. Zolva Whitmore	2	324
Sarah, m. Nath[anie]ll **HILL**, b. of Guilford, Apr. 5, 1781, by Rev. Amos Fowler	2	223
William F., of Hudson, m. Nancy **BARTLET[T]**, of Guilford, May 13, 1832, by Rev. Zolva Whitmore	2	338

	Vol.	Page
BYINGTON, BYINTEEN, BYINTON, Ann, d. Robert & Sarah,		
b. Apr. 19, 1750	2	88
Arad, s. Rob[er]t & Sarah, b. Mar. 31, 1747	2	81
Jehiel, s. Robert & Sarah, b. Feb. 14, 1742/3	2	81
Lois, of Branford, m. Sam[ue]ll **ROSSETTER**, of Guilford,		
Apr.14, 1779, by Rev. Sam[ue]ll Eells	2	186
Mary, d. Robert & Sarah, b. Mar. 14, 1744/5	2	81
BYWATER, [see also **ATWATER**], William, d. Oct. [13], 1736	2	150
CADWELL, [see also **CALDWELL**], Abigail, w. of Elias, d. Mar.		
28, 1784	2	152
Abigail, d. Elias & Clarine, b. Sept. 9, 1788	2	205
[Elias], m. Hannah **DAVICE**, b. of Guilford, Apr. 1, 1735, by		
Andrew Ward, J. P.	2	56
Elias, s. Elias & Hannah, b. May 23, 1736	2	32
Elias, m. Abigail **STONE**, b. of Guilford, Nov. 27, 1764, by		
Rev. Daniel Brewer	2	225
Elias, m. Mrs. Abigail **STONE**, b. of Guilford, Sept. 29,		
[1768], by [James Sproutt]	2	246
Elias, m. Clarine **WILLOSEY**, b. of Guilford, Mar. 5, 1785, by		
Rev. Amos Fowler	2	225
Jeremiah, m. James **LEETE**, b. of Guilford, Jan. 31, 1774, by		
[James Sproutt]	2	252
Orange, s. Elias & Clarine, b. Jan. 20, 1787	2	205
Timothy, s. Elias & Hannah, b. Nov. 25, 1738	2	41
Timothy, m. Martha **SCOVILL**, b. of Guilford, June 24,		
[1760], [by James Sproutt]	2	219
Timo[thy], s. Elias & Clarine, b. Nov. 24, 1785	2	205
-----, s. Elias & Hannah, b. Dec. 11, 1741	2	41
CADY, John, of Cheshire, m. Phebe **HILL**, of Guilford, Aug. 3,		
1830, by Rev. A. B. Goldsmith	2	326
CALDWELL, [see also **CADWELL**], Anna, m. Nathaniel **HILL**, b.		
of Guilford, Nov. 30, 1748, by Rev. Thomas Ruggles	2	60
Anna, d. Thomas & Anna, b. Nov. 15, 1757	2	98
Anna, d. Thomas, d. Feb. 19, 1759, in the 2nd y. of her age	2	143
Anna, w. of Charles, d. May 19, 1760	2	143
Anna, d. Thomas & Anna, b. Aug. 2, 1762	2	109
Anne, d. Charles & Anna, b. Feb. 28, 1728/9	2	21
Cate, d. Samuel & Rachel, b. Aug. 28, 1766	2	115
Catey, m. George **CLEVELAND**, b. of Guilford, Dec. 3, 1791,		
by Rev. Amos Fowler	2	225
Charles, m. Anne **RUGGLES**, b. of Guilford, Nov. 3, 17[24],		
by Rev. Thomas Ruggles	2	48
Charles, d. Feb. 12, 1765	2	144
Charles, s. Samuel & Rachel, b. Jan. 27, 1769	2	120
Charles, m. Nabby **GRAVE**, b. of Guilford, Sept. 14, 1788,		
by Rev. Beriah Ho[t]chkin	2	225
Charles, m. Nabby **GRAVES**, b. of Guilford, Sept. 14, [1788],		
[by James Sproutt]	2	229

48   BARBOUR COLLECTION

	Vol.	Page
CALDWELL, (cont.)		
Henry, s. Nathaniel & Clarinda, b. Dec. 11, 1762	2	109
John, s. Thomas & Anna, b. Oct. 22, 1773	2	127
Mary, d. Thomas & Anna, b. July 1, 1766	2	115
Mary, m. Jedediah **LATHROP**, b. of Guilford, Nov. 21, 1793, by Rev. Amos Fowler	2	179
Nathanial, s. Charles & Anna, b. Nov. 18, 1736	2	32
Nath[anie]ll, m. Clarinda **WARD**, b. of Guilford, Dec. 10, 1760, by Rev. Thomas Ruggles	2	164
Ruth, d. Thomas & Anna, b. Apr. 14, 1769	2	121
Samuel, s. Charles & Anna, b. May 4, 1742	2	73
Samuel, m. Rachel **RANNEY**, b. of Guilford, Dec. 22, 1764, by Rev.Thomas Ruggles	2	166
Sam[ue]l, s. Sam[ue]ll & Rachel, b. May 10, 1774	2	127
Sarah, d. Thomas & Anna, b. Jan. 3, 1765	2	111
Thomas, s. Charles & Anna, b. May 29, 1734	2	28
Thomas, m. Anna **FOWLER**, b. of Guilford, Apr. 23, 1755, by Rev. Thomas Ruggles	2	67
William, s. Charles & Anne, b. Oct. 13, 1725	2	15
William, s. Charles & Anne, d. May, 29, [1727, ae 2]	2	3
William, s. Thomas & Anna, b. Jan. 15, 1760	2	104
CAMP, Eunice, of Durham, m. Samuel S. **RUSSELL**, of Guilford, Nov. 26, 1789, by Rev. Eleazer Goodrich	2	186
Gurnsey, of Durham, m. Cynthia **SHELLEY**, of Guilford, Oct. 20, 1822, by Rev. Aaron Dutton	2	269
Hannah, of Durham, m. Stephen **BENTON**, of Guilford, Feb. 17, 1761, by Rev. John Richards	2	72
Lucinda, of Durham, m. Reuben **STONE**, of Guilford, Feb. 16, 1814, by Rev. David Smith	2	274
Nathan S., of Durham, m. Sarah M. **SELBY**, of North Guilford, Oct. 12, 1835, by Rev. Aaron Dutton	2	327
CANE, Philena had d. Violetta **MARSHALL**, b. Dec. 21, 1761	2	115
CANFIELD, Joel, Dr., m. Marrilla L. **BARTLET[T]**, b. of Guilford, Jan. 10, 1827, by Rev. Zolva Whitmore	2	303
CARRUTHERS, John, of Guilford, m. Mrs. Mary **COLLINS**, of Middletown, May [10, 1737]	2	56
CARTA*, Mary, m. Thomas **WELCH**, b. of Guilford, Mar. 13, 1746, [by James Sproutt] (***McCARTY**?	2	213
CARTER, David D., m. Mary J. **CHITTENDEN**, b. of Guilford, Oct. 18, 1848, by Rev. E. Edwin Hall	2	362
CEZANNE, CAZANNE, Henry Deshon, s. James & Lydia, b. Apr. 12, 1796	2	233
James, of Island of Gradeloupe(?), m. Lydia **DESHON**, of New London, Sept. 10, 1789, by Rev. Henry Channing	2	225
James, s. James & Lydia, b. May 15, 1794	2	233
Lydia, d. James & Lydia, b. May 21, 1791, at New London	2	205
CHALKER, [see also **CHANKER**], Anna, d. Isaac & Sarah,	2	192

	Vol.	Page
CHALKER, (cont.)		
Charles, s. Isaac & Sarah, b. Jan. 17, 1772	2	127
Charles, m. Sarah **JOHNSON**, b. of Guilford, Sept. 2, 1804, by Rev. Nathan B. Burgis	2	268
Elizabeth, d. Isaac & Sarah, b. May 16, 1777	2	192
Elizabeth, m. Agar **WILDMAN**, b. of Guilford, Mar. 17, 1803, by Rev. Israel Brainard	2	264
Esther A. S., [of] W. I., m. Charles J. **MAGILL**, of Buffalo, N. Y., Sept. 30, 1845, by Rev.L. T. Bennett	2	307
Hannah, d. Charles & Sarah, b. Mar. 6, 1814	2	267
Isaac, m. Sarah **STARR**, b. of Guilford, Dec. 12, 1770, by A. Fowler	2	172
Isaac Nathaniel, s. Cha[rle]s & Sarah, b. Feb. 26, 1809	2	266
Lois, m. Daniel **WALSTON**, b. of Guilford, May 4, 1831, by Rev. A. B. Goldsmith	2	289
Mary, d. Charles & Sarah, b. June 15, 1806	2	266
Randolph W., d. June 21, 1821, in Bermuda, ae 41	2	270
Randolph Washington, s. Isaac & Sarah, b. Mar. 1, 1780	2	192
Sarah, d. Isaac & Sarah, b. Jan. 6, 1775	2	192
Sarah, m. Samuel **BURGIS**, b. of Guilford, Nov. 15, 1797, by Rev. Amos Fowler	2	226
Sarah, wid. of Isaac, d. July 12, 1821, ae 78	2	270
William, s. Isaac & Sarah, b. Dec. 10, 1781	2	192
W[illia]m, s. Isaac & Sarah, d. Aug. 21, 1783	2	152
Will[ia]m, s. Isaac & Sarah, b. Mar. 3, 1786	2	205
CHAMBERLAIN, Esther, of Middletown, m. Arba **BRADLEY**, of Guilford, Apr. 27, 1800, by Rev. David Huntington	2	181
John, marriner, of Guilford, m. Thankfull **MALLORY**, of New Haven, res. of Guilford, July 7, 17[27], by Andrew Ward, J. P.	2	50
Maria J., m. Jonathan **STOWELL**, Nov. 8, 1826, by Rev. David Baldwin	2	285
Thankfull, d. John & [Thankfull, b. Apr. 11, 1721]	2	7
Thankful[l], d. John & Thankfull, b. Apr. 11, 1721	2	35
CHAMPION, Abigail, of Lime, m. [Samuel] **DARWIN**, of Guilford, Aug. 10, 1720, by Rev. Thomas Ruggles	2	44
Mary, of Lyme, m. Joseph **NORTON**, of Guilford, Apr. 11, 17[28], by Rev. Thomas Ruggles	2	51
Rachell, of Lyme, m. Benjamin **LEETE**, of Guilford, Oct. 26, 1714, by William Eally, J. P., of Lyme	2	43
CHAMPLAIN, Stephen, m. Nancy E. **STONE**, May 21, 1826, by Rev. David Baldwin	2	302
CHANKER, [see also **CHALKER**], Allexander, freeman 1669-70	A	121
CHAPIN, Seth S., m. Julia Ann S. **COAN**, Nov. 25, 1841, by Rev. David Baldwin	2	362
CHAPMAN, Anne, m. Nathan **BUSH[N]ELL**, of Saybrook, Sept. 26, 1805, by Rev. Fred[eric]k W. Hotchkiss	2	227
Clarissa, of Saybrook, m. Timothy **BARTLET[T]**, Jr., of		

	Vol.	Page
CHAPMAN, (cont.)		
Guilford, Apr. 23, 1789, by Rev. Mr. Hotchkiss	2	226
George H., of Saybrook, m. Roxana M. **BROOKS**, of Guilford, Nov. 25, 1840, by Rev. Aaron Dutton	2	327
Huldah, of Saybrook, m. Jonat[a]n **BISHOP**, of Guilford, Feb. 21, 1787, by Rev. Mr. Hotchkiss	2	226
Sarah, of Saybrook, m. Linus **BISHOP**, of Guilford, June 29, 1785, by Benj[amin] Williams	2	171
Wealthy Ann, m. Erastus C. **KIMBERLEY**, Jan. 3, 1826, by Rev. David Baldwin	2	290
CHATFIELD, George, m. Isabell **NETTLETO[N]**, 1st mo. 29th d., 1659	A	61
George planter 1669-70	A	121
John, s. George & Isabell, b. Apr. 8, 1661	A	63
Sarah, w. of George, bd, Sept. 30, 1657	A	61
Thomas, planter 1669-70	A	121
CHIDSEY, CHITSEY, Abraham, s. Capt. Nathan & Rachel, b. Oct. 13, 1791	2	205
Asenath, d. Jos[eph] & Bathsheba, b. July 15, 1746	2	81
Asenath, m. Selah **DUDLEY**, Jr., b. of Guilford, Feb. 16, 1774, by Rev.Tho[ma]s W. Bray	2	173
Augustus, s. Joseph, Jr., & Zeruiah, b. June 27, 1764	2	120
John H.B., of East Haven, m. Mary M. **BISHOP**, of Guilford, June 16, 1825, by Rev. Aaron Dutton	2	302
Joseph, m. Bathsheba **BALDWIN**, b. of Guilford, Oct. 22, 1735, by Rev. Sam[ue]ll Russell	2	56
Joseph, s. Joseph & Bathsheba, b. June 11, 1738	2	34
Joseph, s. Capt. Nathan & Rachel, b. July 25, 1787	2	205
Joseph, d. May 19, 1790, in the 80th y. of his age	2	152
Lois, d. Joseph & Bathsheba, b. July 3, 1741	2	41
Lois, m. John **BARTLET[T]**, b. of Guilford, July 2, 1760, by Rev. John Richards	2	72
Lois, d. Joseph, Jr. & Zeruiah, b. Sept. 7, 1761	2	120
Mary, d. Joseph & Bathsheba, b. Oct. 14, 1751	2	93
Mary, m. Luther **DUDLEY**, b. of Guilford, Jan. 27, 1779, by Rev. Tho[ma]s Bray	2	173
Nathan, s. Joseph & Bathsheba, b. Mar. 4, 1755	2	95
Nathan, Capt., m. Rachel **BENTON**, b. of Guilford, Dec. 27, 1786, by Rev. Tho[ma]s W. Bray	2	225
Nathan, m. Mary **KIMBERLEY**, Apr. 8, 1821, by Charles Atwater	2	269
Rachel, w. of Nathan, d. Nov. 25, 1820	2	270
Samuel, s. Joseph & Barshua, b. Dec. 4, 1743	2	77
Samuel, s. Joseph, Jr. & Zeruiah, b. Aug. 14, 1766	2	120
Sarah, m. Ebenezer **LEES**, b. of Guilford, May 16, 17[21], by Rev. Thomas Ruggles	2	45
Sarah, d. Joseph & Bathsheba, b. Aug. 24, 1748	2	93
CHITSEY, [see under **CHIDSEY**]		

GUILFORD VITAL RECORDS 51

	Vol.	Page
CHITTENDEN, CENTENDEN, CHETTENDEN, CHUTTENDEN,		
Abell, s. John & Hannah, b. May 14, 1681	A	86
Abel, m. Deborah **SCRANTON**, b. of Guilford, July 5, 17[21]	2	45
Abell, s. Abell & Deborah, b. Aug. 6, 1735	2	30
Abell, s. Simeon & Submit, b. Nov. 2, 1750	2	86
Abel, s. Simeon, d. Sept. 1, 1770, ae 20	2	152
Abel, s. Simeon & Sarah, b. Aug. 31, 1779	2	192
Abel, m. Anna Hart **BALDWIN**, b. of Guilford, June 19, 1804, by Rev. Thomas W. Bray	2	268
Abigaill, d. Thomas & Joannah, b. Dec. 15, 1670	A	74
Abigail, d. Gideon & Abigail, b. Mar. 17, 1726	2	19
Abigail, d. Josiah, d. Aug. 21, 1732	2	149
Abigail, d. Ebenezer & Mary, b. Sept. 4, 1734	2	29
Abigail, d. Daniel & Abigail, b. Sept. 9, 1734	2	29
Abigail, m. Samuel **STONE**, Jr., b. of Guilford, Nov. 14, 1751, by Rev.Thomas Ruggles	2	62
Abigail, m. Nathaniel **DUDLEY**, 3rd, b. of Guilford, Feb. 12, 1761, by Rev. Jonathan Todd	2	164
Abigail, m. Sam[ue]ll **LOPER**, b. of Guilford, Nov. 17, 1765, by Rev. John Richards	2	179
Abraham, Jr., planter 1669-70	A	121
Abraham, Sr., freeman 1669-70	A	121
Abraham, m. Mercy **BURGIS**, b. of Guilford, Mar. 15, 1748/9, by Rev. Thomas Ruggles	2	60
Abraham, s. Abraham & Mercy, b. Aug. 10, 1751	2	86
Abraham, Jr., m. Diana **WARD**, b. of Guilford, Nov. 17, 1774, by Rev. Amos Fowler	2	172
Abra[ha]m, s. Abra[ha]m & Diana, b. Nov. 17, 1781	2	192
Ambrose, s. Joseph & Patience, b. Feb. 29, 1744	2	78
Ambrose, m. Zillah **HALL**, b. of Guilford, Apr. 25, 1764, by Rev. James Sproutt	2	166
Ambrose, m. Zilla **HALL**, b. of Guilford, Apr. 25, [1764], by [James Sproutt]	2	229
Ambrose, s. Ambrose & Zellah, b. Aug. 19, 1769	2	113
Ambrose, Jr., m. Sylvia **WATEROUS**, b. of Guilford, Mar. 15, 1786, by Rev. Beriah Hotchkin	2	225
Ambrose, Jr., m. Sylva **WATERHOUSE**, b. of Guilford, Mar. 15, [1786], [by James Sproutt]	2	253
Ambrose, s. Ambrose, d. Feb. 8, 1797	2	152
Ambrose, d. Nov. 8, 1838, ae 93 y. 10 m.	2	270
Amelia, d. Nathan & Sibble, b. Feb. 22, 1787	2	205
Amelia, d. Justus J. & Lucretia, b. July 4, 1805	2	266
Amelia, m. William **STARR**, Jr., b. of Guilford, Jan. 31, 1827, by Aaron Dutton	2	283
Amelia, m. William **STARR**, Jr., b. of Guilford, Jan. 31, 1827, by Rev. Aaron Dutton	2	285
Amey, w. of Joseph, d. Jan. 26, 1822, ae 38 y.	2	270
Angeline A., m. Martin C. **BISHOP**, May 7, 1848, by		

	Vol.	Page

CHITTENDEN, CENTENDEN, CHETTENDEN, CHUTTENDEN,
(cont.)

	Vol.	Page
Rev. D. Baldwin	2	375
Ann, d. Abell & Deborah, b. Dec. 20, 1726	2	19
Ann, d. Abell & Deborah, b. [Dec. 20, 1726]	2	30
Anna Hart, d. Abel & Anna H., b. Apr. 14, 1812	2	267
Augustus, s. Ambrose & Zillah, b. Dec. 30, 1770	2	192
Augustus Ambrose, s. Ambrose, d. Jan. 14, 1794	2	152
Benjamin, s. Joseph & Mehitabel, b. May 23, 1720	2	36
Benjamin, s. Sam[ue]ll & Phillis, b. Nov. 23, 1749	2	84
Benjamin, m. Mabel **DUDLEY**, b. of Guilford, Jan. 16, 1777, by Rev. Amos Fowler	2	172
Benj[ami]n, m. Lucy **FOWLER**, b. of Guilford, Feb. 10, 1796, by Rev. Amos Fowler	2	225
Bethuell, s. Ebenezer & Mary, b. Dec. 10, 1736	2	32
Bethuel, s. Eben[eze]r, d. July 15, 1736/7	2	148
Betsey, d. Abr[aha]m & Diana, b. July 23, 1777	2	192
Betsey, d. Charles & Rhoda, b. Oct. 28, 1794	2	233
Betsey, m. Benjamin **BALDWIN**, b. of Guilford, Nov. 14, 1798, by Rev. Tho[ma]s W. Bray	2	226
Betsey E., m. Sidney A. **DOUD**, July 5, 1843, by Samuel N. Shephard	2	365
Billy, s. Nathan & Ruth, b. July 8, 176[0]	2	121
Billy, s. Nathan & Ruth, b. July 8, 1760	2	266
Billy, s. Nathan, d. Jan. 18, 1784	2	270
Billey, s. Nathan & Sibble, b. Apr. 27, 1791	2	205
Calvin, s. William & Rachel, b. June 10, 1741	2	41
Calvin, s. William, d. Sept. 19, 1742	2	148
Calvin, s. W[illia]m & Sarah, b. Mar. 18, 1755	2	96
Calvin, m. Abigail **LEETE**, b. of Guilford, Mar. 18, 179[ ], by Rev. Amos Fowler	2	225
Charles, s. Ambrose & Zillah, b. Nov. 1, 1767	2	192
Charles, of Guilford, m. Rhoda **TORY**, of Long Island, Oct. 2, 1788, by Rev. Mr. Green	2	225
Charles, m. Elsey **MEIGS**, b. of Guilford, Mar. 16, 1833, by Rev. A. B. Goldsmith	2	326
Charles, d. Apr. 21, 1842, ae 75	2	270
Chloe, d. Daniel & Patience, b. Aug. 18, 1728	2	23
Clarrissa, d. Justin & Lucretia, b. June 5, 1808	2	266
Cornelius, of Guilford, m. Margaret **RUTTE**, of Killingworth, Jan. 30, 17[34], by Rev. Edmund Ward	2	55
Cornelius, d. Feb. 13, 1774, in the 91st y. of his age	2	152
Daniel, of Guilford, m. Abigail **DOWN**, of New Haven, June 28, 1726, by Rev. Jonath[an] Aarnold, at New Haven	2	47
Daniel, s. Dan[ie]l & Abigail, b. Apr. 29, 1737	2	33
Daniel, Jr., of Guilford, m. Rebeckah **HALL**, of Wallingford, Feb. 13, 1765, by James Dana, in Wallingford	2	166
Daniel, s. Daniel, Jr. & Rebecca, b. Aug. 29, 1776	2	192

CHITTENDEN, CENTENDEN, CHETTENDEN, CHUTTENDEN,
(cont.)

	Vol.	Page
Daniel, m. Nabby **BLATCHLEY**, b. of Guilford, Feb. 14, [1788], [by James Sproutt]	2	287
David, d. [sic] Simeon & Sarah, b. Sept. 23, 1777	2	192
Deborah, d. William & Joane, b. Nov. 15, 1649	A	124
Deborah, d. Will[ia]m & Joane, bd. Sept. 16, [16]53	A	122
Debora[h], d. Nathaniell & Sarah, b. Oct. 15, 1682	A	87
Deborah, m. John **SPINNING**, b. of Guilford, Aug. 2, 17[21], by Thomas Ruggles	2	45
Diana, w. of Abra[ha]m, Jr., d. Apr. 24, 1784, in the 32nd y. of her age	2	152
Diana, d. Abra[ha]m, Jr. & Lydia, b. Apr. 13. 1786	2	205
Ebenezer, m. Mary **JOHNSON**, b. of Guilford, Mar. 21, 1724	2	48
Ebenezer, s. Eben[eze]r & Mary, b. Sept. 11, 1726	2	19
Ebenezer, m. Hannah **MEIGS**, b. of East Guilford, Oct. 25, 1749, [by James Sproutt]	2	215
Eliab, s. Abraham & Mercy, b. Mar. 26, 1754	2	94
Elishaba, d. Eben[eze]r & Mary, b. Jan. 16, 1727/8	2	19
Eliza A., m. Theophilus **ROSSETTER**, b. of Guilford, Dec. 20, 1821, by Rev. Zolva Wetmore	2	292
Elizabeth, d. John & Han[n]ah, b. Jan. 26, 1669	A	73
Elizabeth, d. Abell & Deborah, b. July 26, 1725	2	19
Elizabeth, d. William, Jr. & Elizabeth, b. Mar. 8, 1754	2	94
Elizabeth, m. Daniel **NORTON**, b. of Guilford, Mar. 19, [1761], [by James Sproutt]	2	228
Elizabeth, m. Reuben **STONE**, b. of Guilford, May 1, 1766, by Rev. James Sproutt	2	168
Elizabeth, m. Reuben **STONE**, b. of Guilford, May 1, 1766, [by James Sproutt]	2	229
Elizabeth, d. Noah & Elizabeth, b. Apr. 22, 1773	2	127
Elizabeth, d. Sept. 28, 1802, in the 30th y. of her age	2	152
Elizabeth, m. William **STAUNTON**, Sept. 3, 1829, by Rev. David Baldwin	2	322
Emeline, of Guilford, m. Horace **ROSSETTER**, of Richmond, Mass., Oct. [ ], 1826, by Rev. Zolva Whitmore	2	293
[E]unice, d. John, Jr. & Lucy, b. July 10, 1741	2	74
Gideon, s. John & Hannah, b. Sept. 23, 1678	A	85
Giddeon, m. Abigail **BISHOP**, b. of Guilford, Mar. 21, 17[21], by Rev. Thomas Ruggles	2	45
Giles, s. Gideon & Abigail, b. Dec. 8, 1731	2	25
Hanna[h], [twin with Joseph], d. Will[ia]m & Joane, b. Apr. 14, 1652	A	122
Hanna[h], d. Sept. 13, 1674	A	68
Hannah, d. Nathaniell & Sarah, b. Mar. 15, 1679/80	A	86
Hannah, m. Josiah **BISHOP**, b. of Guilford, Dec. 31, 17[24], by Rev. Thomas Ruggles	2	48
Hannah, d. Jan. 14, 1752	2	139

	Vol.	Page
CHITTENDEN, CENTENDEN, CHETTENDEN, CHUTTENDEN, (cont.)		
Hannah, m. Amos **BISHOP**, Feb. 18, 1829, by Rev. Zolva Whitmore	2	324
Harmony, d. Charles & Rhoda, b. Nov. 25, 1802	2	233
Harriet, m. Isaac **FOWLER**, b. of Guilford, Dec. 25, 1833, by Rev. Zolva Whitmore	2	330
Harriet E., of Guilford, m. Charles H. **BALL**, of Middletown, Sept. 16, 1841, by Rev. Aaron Dutton	2	339
Henry Abel, s. Abel & Anna, b. Apr. 29, 1816	2	267
Henry Baldwin, s. Abel & Anna H., b. Nov. 9, 1805	2	266
Henry Baldwin, s. Abel, d. June 27, 1806	2	270
Henry W., m. Mary **GRIFFING**, b. of Guilford, Mar. 10, 1824, by Rev. Aaron Dutton	2	302
Henry Ward, twin with Lydia, s. Abra[ha]m, Jr. & Lydia, b. Dec. 7, 1794	2	233
Huldah, d. Nathan & Ruth, b. Feb. 24, 1773	2	266
Huldah, d. Nathan, d. Jan. 6, 1776	2	270
Huldah, d. Jos[eph], Jr. & Carine, b. Oct. 10, 1777	2	205
Isaac, s. Sam[ue]ll & Mindwell, d. May 2, 1719	2	1
Jairus, m. Rebeccah **HALL**, b. of Guilford, Nov. 8, 1770, by Rev. Amos Fowler	2	169
Jaimes*, s. Daniel & Abigail, b. Oct. 17, 1745 (*Jairus?)	2	78
Jane, d. Joseph & Mercy, b. Feb. 23, 1721	2	11
Jared, s. William, Jr. & Rachel, b. Aug. 20, 1734	2	28
Jared, m. Deborah **STONE**, b. of Guilford, Aug. 17, 1757, by Rev. Tho[ma]s Ruggles	2	71
Joane, wid., m. Abraham **CRITTENDEN**, Sr., May 31, 1665	A	63
Joanna, d. Thomas & Joane, b. Dec. 13, 1668	A	66
Joanna, d. Josiah & Hannah, b. Jan. [2, 1716]	2	9
Joannah, m. Zephaniah **HATCH**, b. of Guilford, Oct. 31, 1745, by Rev. Thomas Ruggles	2	64
Joel, s. Nathan, d. Mar. 20, 1761	2	270
Joel, s. Nathan & Ruth, b. Feb. 7, 1766; d. Mar. 20, 1766	2	127
Joel, s. Nathan & Ruth, b. Feb. 7, 1766	2	266
Joel, s. Benj[ami]n & Mabel, b. Nov. 13, 1785	2	205
John, s. John & Hannah, b. Oct. 19, 1666	A	64
John, m. Bathsheba **CRUTTENDEN**, b. of Guilford, Mar. 1, 17[30], by Rev. Thomas Ruggles	2	51
John, s. John & Bathsheba, b. Oct. 1, 1734	2	28
John, d. Mar. 1, 1761; was drowned	2	144
John, s. Noah & Elizabeth, b. Nov. 22, 1765	2	115
John, s. Noah, d. Sept. 13, 1769	2	146
John Augustus, s. John B. & Elizabeth, b. Oct. 23, 1814	2	267
John B., m. Elizabeth **ROBINSON**, b. of Guilford, Jan. 12, 1814, by Rev. Aaron Dutton	2	268
John Baldwin, s. Abra[ha]m, Jr. & Lydia, b. Jan. 16, 1790	2	205
Jonathan, s. Joseph & Mehitabell, b. Apr. 16, 1724	2	19

	Vol.	Page
CHITTENDEN, CENTENDEN, CHETTENDEN, CHUTTENDEN,		
(cont.)		
Jonathan, s. Charles & Rhoda, b. Apr. 6, 1791	2	233
Joseph, [twin with Hannah], s. Will[ia]m & Joane, b. Apr. 14, 1652	A	122
Joseph, s. Will[ia]m & Joane, bd. June 22, [ ]52 (Probably 1652)	A	122
Joseph, s. John & Hannah, b. Mar. 26, 1672	A	74
Joseph, s. Nathaniell & Sarah, b. Sept. 6, 1677	A	84
Joseph, m. Mehetabel **PRICE**, b. of Guilford, Mar. 28, 1708, by Abraham Fowler, J. P.	2	46
Joseph, s. Joseph & Mehitabel, b. Jan. 3, 1708/9	2	36
Joseph, Jr., m. Patience **STONE**, b. of Guilford, Nov. 14, 1726, by Andrew Ward, J. P.	2	47
Joseph, Sr., [s. John], d. Sept. 11, [1727 ae 50]	2	3
Joseph, s. Joseph & Patience, b. Nov. 4, 1727	2	20
Joseph, Jr., m. Rhoda **BISHOP**, b. of Guilford, Oct. 28, [1761], [by James Sproutt]	2	228
Joseph, m. Ann **HALL**, b. of Guilford, Apr. [ ], 1770, by Rev. Tho[ma]s Ruggles	2	172
Joseph, m. wid. Carine **STONE**, b. of Guilford, Dec. 15, 1772, by [James Sproutt]	2	252
Josiah, Jr., d. Aug. 11, 1729	2	149
Josiah, s. Simeon & Submit, b. Nov. 13, 1739	2	39
Josiah, d. Aug. 28, 1759, in the 82nd y. of his age	2	143
Josiah, d. Dec. 10, 1759, in the 20th y. of his age	2	143
Josiah, s. Simeon, Jr. & Sarah, b. Oct. 14, 1774	2	127
Josiah, s. Simeon & Sarah, d. Sept. 23, 1781	2	152
Justus Johnson, s. Nathan, Jr. & Sibble, b. June 12, 1782	2	205
Justice Johnson, m. Lucretia **CRUTTENDEN**, b. of Guilford, June 6, 1804, by Rev. Israel Brainard	2	268
Katharine, d. Gideon & Abigail, b. May 9, 1747	2	81
Leveret, s. Jairus & Rebeckah, b. Jan. 18, 1771	2	127
Lois, d. John, Jr. & Lucy, b. Sept. 17, 1737	2	34
Lois, d. Daniel, Jr. & Rebeckah, b. Nov. 27, 1765	2	116
Lucretia, d. William, Jr. & Rachel, b. Oct. 30, 1736	2	32
Lucretia, m. Jared **JESSUP**, Mar. 14, 1802, by Rev. Thomas W. Bray	2	178
Lucy, d. Joseph & Patience, b. Oct. 18, 1736	2	32
Lucy, m. Melzer **FOWLER**, b. of Guilford, Mar. 10, 1768, by Rev. Amos Fowler	2	169
Lucy, d. Gilbert & Susannah, b. Apr. 20, 1769	2	125
Lucy, d. Joseph, Jr. & Carine, b. Feb. 9, 1774	2	205
Lucy, d. Simeon & Sarah, b. Mar. 19, 1783	2	192
Lucy, m. Silas **NORTON**, b. of Guilford, Feb. 18, 1792, by Rev. Amos Fowler	2	181
Lucy Ann, m. Samuel W. **DUDLEY**, b. of Guilford, Jan. 2, 1833, by Rev. Zolva Whitmore	2	332

CHITTENDEN, CENTENDEN, CHETTENDEN, CHUTTENDEN, (cont.)

	Vol.	Page
Luranda, w. of Sam[ue]ll, d. July 31, 1805	2	152
Luther, s. William & Rachel, b. Jan. 28, 1738/9	2	37
Lediah, d. John & Hannah, b. Mar. 30, 1684	A	88
Lydia, twin with Henry Ward, d. Abra[ha]m, Jr. & Lydia, b. Dec. 7, 1794	2	233
Mabel, d. Simeon & Submit, b. Nov. 5, 1737	2	33
Mabel, w. of Benj[amin], d. Feb. 11, 1795, in the 44th y. of her age	2	152
Martha Innis, d. Charles & Rhoda, b. Sept. 4, 1795	2	233
Mary, m. John **LEETE**, Oct. 4, 1670, by Mr. Leete	A	67
Mary, d. Nathaniell & Sarah, b. Feb. 6, 1674	A	83
Mary, d. Joseph & Mehitabel, b. Mar. 26, 1710	2	36
Mary, d. Josiah & Hannah, b. Sept. 14, 1721	2	36
Mary, d. Dan[ie]l & Abigail, b. June 26, 1730	2	22
Mary, d. Simeon & Submit, b. Oct. 12, 1747	2	86
Mary, m. Jared **DUDLEY**, b. of Guilford, Dec. 25, 1754, by Rev. John Richards	2	68
Mary, d. Abraham & Mercy, b. Apr. 17, 1756	2	96
Mary, m. Augustus **COLLENS**, b. of Guilford, June 9, 1768, by Rev. Tho[ma]s W. Bray	2	172
Mary, d. Jos[eph], Jr. & Carine, b. Apr. 1, 1785	2	233
Mary, m. William M. **DUDLEY**, Nov. 1, 1835, by Rev. David Baldwin	2	333
Mary F., of Guilford, m. William H. **AUGER**, of New Haven, Feb. 23, 1837, by Rev. Aaron Dutton	2	336
Mary J., m. David D. **CARTER**, b. of Guilford, Oct. 18, 1848, by Rev. E. Edwin Hall	2	362
Mehitabel, d. Joseph & Mehitabel, b. Sept. 30, 1712	2	36
Mehittabell, d. Josiah & Hannah, b. July 28, 171[9]	2	11
Mehitabel, d. Josiah, d. Nov. 26, 1721	2	2
Mehitabel, m. Ebenezer **BISHOP**, s. Nath[anie]l, b. of Guilford, Oct. 5, 1727, by Rev. Sam[ue]ll Russell	2	56
Mehetebel, d. Josiah, d. Nov. [ ], 1728(?) in the 3rd y. of her age	2	149
Millesent, d. Gideon & Abigail, b. Apr. 5, 1725	2	15
Mellesant, m. John **HOPSON**, Jr., b. of Guilford, Apr. 26, 1749, by Rev. Thomas Ruggles	2	61
Merab, m. Austin **FOWLER**, b. of Guilford, Feb. 4, 1830, by Rev. Zolva Whitmore	2	316
Merab, m. Austin **FOWLER**, b. of Guilford, Feb. [ ], 1830, by Rev. Zolva Whitmore	2	330
Mercy, m. Nath[anie]ll **PARMELE[E]**, b. of Guilford, June 11, 1775, by Rev. Amos Fowler	2	183
Miles, s. Gideon & Abigail, b. June 15, 1734	2	31
Mindwell, d. Noah & Elizabeth, b. May 6, 1779	2	192
Mindwell, m. Curtis **BLATCHLEY**, b. of Guilford, Nov. 5,		

GUILFORD VITAL RECORDS 57

	Vol.	Page
CHITTENDEN, CENTENDEN, CHETTENDEN, CHUTTENDEN, (cont.)		
1804, by Rev. Israel Brainard	2	227
Miranda, d. William & Ruth, b. Feb. 28, 1746/7	2	80
Miranda, m. Ambrose **LEETE**, b. of Guilford, Nov. 10, 1773, by Rev. Daniel Brewer	2	179
Miranda, m. Ambrose **LEETE**, b. of Guilford, Nov. 10, 1773, by [James Sproutt]	2	252
Molly, d. W[illia]m & Rachel, b. Aug. 8, 1759	2	87
Molly, d. Jared & Deborah, b. Mar. 28, 1760	2	107
Molly, d. Jairus & Rebeckah, b. Feb. 15, 1770	2	124
Nancy, d. Nathan & Sibble, b. Sept. 26, 1784	2	205
Nancy, d. Nathan & Sibble, d. Oct. 18, 1788	2	152
Nancy, d. Nathan & Sibble, b. Feb. 27, 1789	2	205
Nancy, m. Bildad **BISHOP**, b. of Guilford, Dec. 10, 1828, by Rev. Aaron Dutton	2	324
Nathan, s. Joseph & Patience, b. July 20, 1730	2	27
Nathan, m. Ruth **NORTON**, b. of Guilford, Sept. 22, [1756], by [James Sproutt]	2	216
Nathan, m. Ruth **NORTON**, b. of Guilford, Sept. 23, 1756, by Rev. James Sprout	2	172
Nathan, m. Ruth **NORTON**, b. of Guilford, Sept. 25, 1756	2	268
Nathan, s. Nathan & Ruth, b. Oct. 19, 1757	2	266
Nathan, s. Nathan & Ruth, b. Oct. 19, 1760	2	121
Nathaniell, s. Nathaniell & Sarah, b. Aug. 10, 1669	A	73
Nathaniel, s. Sam[ue]l & Susanna, b. Aug. 1, 1730	2	22
Nathaniel, twin with Susanna, s. Samuel & Susanna, b. June 2, 1732	2	26
Noah, s. Sam[ue]ll & Susanna, b. July 31, 1734	2	29
Noah, d. Sept. 28, 1802, in the 69th y. of his age	2	152
Olive N. of Guilford, m. Alvan **TALCOTT**, M. D., of Vernon, Mar. 7, 1831, by Rev. Aaron Dutton	2	283
Olive Norton, d. Abel & Anna H., b. Apr. 21, 1807	2	266
Parnel F., m. Erastus F. **DUDLEY**, Jan. 5, 1842, by Rev. Zolva Whitmore	2	364
Patience, m. John **HOBARD**, b. of Guilford, June 13, 1721, by Rev. Thomas Ruggles	2	46
Patience, d. Joseph, Jr. & Sarah, b. Dec. 10, 1753	2	205
Patience, of Guilford, m. Benj[ami]n **FRISBY**, of Branford, Jan. 19, 1774, by [James Sproutt]	2	252
Phillis, w. of Samuel, d. Oct. 12, 1760	2	144
Polly, of Guilford, m. Edward **JONES**, of Saybrook, Nov. 25, 1821, by Rev. John Ely	2	178
Prudence, d. Gideon & Abigail, b. Oct. 14, 1729	2	21
Prudence, m. Nathan **JOHNSON**, b. of Guilford, Mar. 18, 1756, by Rev. Thomas Ruggles	2	72
Rachel, d. William, Jr. & Rachel, b. July 2, 1732	2	25
Rachel, m. Beriah **GREEN**, b. of Guilford, Nov. 27, 1751, by		

	Vol.	Page

CHITTENDEN, CENTENDEN, CHETTENDEN, CHUTTENDEN,
(cont.)

	Vol.	Page
Rev. Thomas Ruggles	2	63
Rachel, w. of William, d. Oct. 15, 1752, in the 48th y.of her age	2	139
Rachel, d. Joseph, Jr. & Sarah, b. Mar. 10, 1757	2	205
Rachel, m. Nathan **BENTON**, b. of Guilford, May 8, 1794, by Rev. Amos Fowler	2	226
Rebeckah, d. William & Rachel, b. Aug. 13, 1743; d. Aug. 31, 1743	2	75
Rebeckah, d. Will[ia]m & Rachel, b. Oct. 2, 1744	2	76
Rebeckah, d. William & Rachel, b. Oct. 2, 1744	2	117
Rebeckah, d. Will[ia]m & Rachel, b. Oct. 2, 1744	2	80
Rebeckah, d. Daniel, Jr. & Rebeckah, b. Nov. 13, 1770	2	124
Rebeccah, m. Timothy **RUSSELL**, b. of Guilford, Sept. 21, 1791, by Rev.Tho[ma]s Wells Bray	2	186
Rhoda, d. Charles & Rhoda, b. Jan. 30, 1798	2	233
Ruth, d. Gideon & Abigail, b. May 15, 1737	2	38
Ruth, d. Nathan & Ruth, b. Apr. 9, 176[7]	2	121
Ruth, d. Nathan & Ruth, b. Apr. 9, 1767	2	266
Ruth, d. Nathan, d. Nov. 26, 1775	2	270
Ruth, d. Noah & Elizabeth, b. Apr. 21, 1776	2	192
Ruth, m. Elisha **BARTLET[T]**, b. of Guilford, Sept. 5, 1805, by Rev. Israel Brainard	2	226
Sally, d. Simeon & Sarah, b. Jan. 9, 1776	2	192
Sally, d. Abel & Anna H., b. Dec. 21, 1809	2	266
Sammuel, s. Thomas & Joannah, b. Sept. 20, 1664	A	65
Samuell, d. Jan. 15, 1694	A	71
Samuell, s. Sam[ue]ll & Mindwell, d. Apr. 29, 1719	2	1
Samuel, s. Sam[ue]l & Susannah, b. Nov. 2, 1722	2	19
Samuel, m. Susanna **BISHOP**, b. of Guilford, Nov. 7, 17[26], by Rev. Thomas Ruggles	2	50
Samuel, m. Phillis **JOHNSON**, b. of Guilford, Sept. 8, 1748, by Rev. Thomas Ruggles	2	60
Samuel, Jr., m. Mindwell **BARTLET[T]**, b. of Guilford, Feb. 14, 1756, by Rev. Thomas Ruggles	2	68
Samuel, m. Huldah **FOWLER**, b. of Guilford, Jan. 13, 1762, by Rev. Thomas Ruggles	2	164
Sam[ue]ll, s. Benj[ami]n & Mabel, b. Nov. 12, 1777	2	192
Sam[ue]ll, d. July 10, 1783, in the 79th y. of his age	2	152
Samuel, m. Luranda **COLLENS**, b. of Guilford, Mar. 31, 1803, by Rev. Israel Brainard	2	268
Samuel Robinson, s. John B. & Elizabeth, b. Oct. 2, 1817	2	267
Sarah, d. Nathaniell & Sarah, b. Mar. 2, 1671/2	A	74
Sarah, d. Joseph & Mehitabel, b. Dec. 16, 1716	2	36
Sarah, d. Sam[ue]l & Susanna, b. July 9, 1734	2	39
Sarah, d. Jos[eph], Jr. & Sarah, b. May 12, 1750	2	89
Sarah, d. Joseph, Jr. & Sarah, b. May 24, 1750	2	205

GUILFORD VITAL RECORDS

	Vol.	Page
CHITTENDEN, CENTENDEN, CHETTENDEN, CHUTTENDEN, (cont.)		
Sarah, m. Miles **GRISWOLD**, b. of Guilford, June 14, 1758, by Rev. Thomas Ruggles	2	69
Sarah, d. Abraham & Mercy, b. May 13, 1760	2	105
Sarah, m. Aaron **BRADLEY**, b. of Guilford, Aug. 19, [1767], by [James Sproutt]	2	246
Sarah, d. Aug. 30, 1769, in the 10th y. or her age	2	145
Sarah, d. Noah & Elizabeth, b. Mar. 8, 1770	2	123
Sarah, d. Abraham & Diana, b. Oct. 13, 1775	2	192
Sarah, m. Jared **REDFIELD**, b. of Guilford, Jan. 26, 1792, by Rev. Amos Fowler	2	186
Sarah, d. Dec. 4, 1792, in the 23rd y. of her age	2	152
Sarah A., of Guilford, m. Stephen **SPENCER**, of New York, Jan. 11, 1843, by Rev. Zolva Whitmore	2	374
Sarah A., m. William F. **BISHOP**, b. of Madison, [Nov.] 15, 1848, by Rev. Lorenzo T. Bennett	2	377
Sarah Brown, d. Henry W. & Mary G., b. June 18, 1835	2	334
Sarah D., of Guilford, m. Abram **BENTON**, of Fairfield, Ill., Aug. 31, 1837, by Rev. Zolva Whitmore	2	338
[Simeon], m. Submit **SCRANTON**, b. of Guilford, Jan. 26, 1736/7, by Rev. Jonathan Todd	2	56
Simeon, s. Simeon & Submit, b. Apr. 13, 1742	2	73
Simeon, s. Simeon & Submit, b. Apr. 13, 1742	2	86
Simeon, Jr., m. Sarah **DUDLEY**, b. of Guilford, Dec. 15, 1773, by Rev. Tho[ma]s W. Bray	2	172
Simeon Baldwin, s. Abel & Anna, b. Mar. 29, 1814	2	267
Stephen, s. Gideon & Abigail, b. May 9, 1739	2	38
Submit, d. Simeon & Submit, b. Dec. 9, 1744	2	86
Submit, m. William **ROSSETTER**, b. of Guilford, Feb. 18, 1768, by Rev. Tho[ma]s Wells Bray	2	168
Susanna, twin with Nathaniel, d. Samuel & Susanna, b. June 2, 1732	2	26
Susanna, w. of Samuel, d. Nov. 8, 1747	2	138
Susanna, m. John **CRAMPTON**, b. of Guilford, Mar. 25, 1761, by Rev. Thomas Ruggles	2	164
Susannah, d. Gilbert & Susannah, b. Aug. 28, 1771	2	125
Thankfull, d. Dan[ie]ll & Abigail, b. June [1, 1740]	2	42
Thankfull, m. Caleb **BENTON**, b. of Guilford, Oct. 13, 1751, by Rev. James Sprout	2	70
Thankfull, m. Caleb **BENTON**, b. of Guilford, Oct. 13, 1752, by [James Sproutt]	2	215
Thankful, m. Abraham **KIMBERLEY**, Jr., b. of Guilford, July 1, 1764, by Rev. John Richards	2	166
Thankfull, m. Timothy **GRIFFING**, b. of Guilford, Jan. 21, 1776, by [ ]	2	176
Thomas, s. Thomas & Joannah, b. Jan. 12, 1673	A	75
Thomas, s. Ebenezer & Mary, b. Jan. 6, 1729/30	2	22

	Vol.	Page
CHITTENDEN, CENTENDEN, CHETTENDEN, CHUTTENDEN, (cont.)		
Timothy, s. Ebenezer & Mary, b. Nov. 15, 1732	2	25
Wealthy Waterous, d. Ambrose, Jr. & Sylvia, b. Jan. 3, 1787	2	205
William, s. Thomas & Joannah, b. Oct. 5, 1666	A	65
Will[ia]m, freeman 1669-70	A	121
William, Jr., of Guilford, m. Rachel **WHITE**, of Middletown, Apr. 16, 1729, by Rev. Joseph Smith, in Middletown	2	49
William, s. Will[ia]m & Rachel, b. Apr. 18, 1730	2	22
William, Sr., d. Aug. 11, 1738	2	48
William, Jr., m. Elizabeth **FOSDICK**, b. of Guilford, Oct. 3, 1751, by Rev. Thomas Ruggles	2	66
William, s. William, Jr. & Elizabeth, b. July 20, 1752	2	93
William, m. Sarah **BISHOP**, b. of Guilford, Apr. 29, 1754, by Rev. Jonathan Todd	2	68
William, s. Jared & Deborah, b. May 28, 1758	2	103
William, m. Betsey **DUDLEY**, b. of Guilford, Jan. 1, 1821, by Aaron Dutton	2	268
William Steevens, s. Calvin & Abigail, b. Dec. 31, 1739	2	233
-----, d. Ebenezer & Mary, b. Feb. 7, 1724/5; d. [Feb.] 14, [1724/5]	2	15
-----, s. John, Jr. & Lucy, b. July 1, 1743	2	84
-----, s. John, Jr. & Lucy, b. June 21, 1746	2	84
-----, s. John, Jr. & Lucy, b. Dec. 19, 1748	2	84
CHUB, Sarah, wid., m. John **HODGKIN**, Nov. 13, 1745, by Rev. Benjamin Bowers, in Middletown	2	59
CLANSEY, William J., m. Catharine M. **GRISWOLD**, b. of Guilford, Sept.18, 1842, by Rev. Lorenzo T. Bennett	2	362
CLARK, CLARKE, Aaron, of Haddam, m. Alpha **LEACH**, of Guilford, Oct. 25, 1821, by Rev. John Ely	2	269
Betsey E., of Guilford, m. W[illia]m L. **WILCOX**, of Killingworth, [Oct.] 26, [1846], by Rev. Cha[rle]s R. Adams	2	384
Daniell, s. Thomas & Anne, b. Jan. 19, 1657	A	61
Elizabeth, m. Noah **BRADLEY**, b. of Guilford, Nov. 5, 1752, by Rev. Jonathan Todd	2	66
Fanny, of Branford, m. Levi **FOWLER**, of Guilford, Oct. 2, 1794, by Rev. Matthew Noyes	2	238
Joseph P., of New Haven, m. Laura **COOK**, of Guilford, Sept. 4, 1842, by Rev. Lorenzo T. Bennett	2	362
Mary A., of New Haven, m. George W. **DURGIN**, of Guilford, Sept. 21, 1843, by Alvah T. Goldsmith, J. P.	2	364
Sarah, d. Thomas & Anne, b. Feb. 1, [16]53	A	122
Sylvanus, of Haddam, m. Deborah **ELLIOTT**, of Guilford, May 18, 1824, by Rev. Aaron Dutton	2	302
Thomas, of Milford, m. Anne **JORDAN**, of Guilford, wid. of John, May [ ], 1652	A	122
Thomas, bd. Oct. 10, 1668	A	66

GUILFORD VITAL RECORDS

	Vol.	Page
CLARK, CLARKE, (cont.)		
Thomas W., m. Elizabeth **GALE**, b. of Guilford, Apr. 8, 1828, by Rev. A. B. Goldsmith	2	303
Timothy, of Montgomery, Mass., m. Eveline **DOUD**, of Guilford, Oct. 6, 1822, by Rev. Aaron Dutton	2	302
CLAY, Elizabeth, d. Joseph & Mary, b. Aug. 3, 1677	A	84
Hannah, d. Joseph & Mary, b. Aug. 3, 1677	A	84
Joseph, m. Mary **LORD**, Apr. 18, 1670, by Mr. William Leete	A	67
Joseph, d. Nov. 30, 1695	A	96
Mary, d. Joseph & Mary, b. Jan. 10, 1670	A	73
Mary, w. of Joseph, d. Dec. 7, 1692	A	70
Sarah, d. Joseph & Mary, b. Mar. 5, 1674	A	76
CLEVELAND, Catharine Abiah, d. George & Catey, b. Sept. 14, 1792	2	233
George, m. Catey **CALDWELL**, b. of Guilford, Dec. 3, 1791, by Rev. Amos Fowler	2	225
George, s. George & Catey, b. Sept. 5, 1797	2	233
Mariette, d. George & Catey, b. Jan. 15, 1796	2	233
Mehetable, of Long Island, m. Ezra **GRISWOLD**, of Guilford, Dec. 25, 1777, by Rev. Amos Fowler	2	176
Sam[ue]ll Caldwell, s. George & Catey, b. Feb. 20, 1794, at Norwich; d. Sept. 8, 1795	2	233
COAN, [see also **CONE**], Abraham, s. John & Mehitable, b. Nov. 9, 1774	2	266
Abraham, of Guilford, m. Martha **LINSLEY**, of Branford, Jan. 17, 1799, by Rev. Linde Huntington	2	225
Abraham, s. Abr[aha]m & Martha, b. Mar. 31, 1809	2	266
Abraham, m. Sarah **RUSSELL**, Oct. 2, 1832, by Rev. D. Baldwin	2	326
Abraham, Jr., m. Grace **ELLIOTT**, b. of Guilford, Oct. 16, 1834, by Rev. Lorenzo J. Bennett	2	327
Catharine, d. Josiah & Carine, b. Nov. 26, 1796	2	233
Catharine, of Guilford, m. William **PENDLETON**, of Cornwall, Mar. 23, 1823, by Rev. David Baldwin	2	294
Clarrissa, d. Abra[ha]m & Martha, b. Feb. 7, 1802	2	266
Clarrissa, m. John **BARTLET[T]**, b. of Guilford, Aug. 10, 1823, by Rev. David Baldwin	2	281
Daniel, s. Josiah & Catharine, b. Nov. 2, 1801; d. July 3, 1802	2	233
Elisha, s. Peter & Hannah, b. Nov. 29, 1739	2	90
Elisha, s. Josiah & Carine, b. Aug. 19, 1794	2	233
Elizabeth, d. Jacob & Lurande, b. Feb. 20, 1755	2	96
Fowler, twin with Parnel, s. Simeon & Parnel, b. Mar. 20, 1813	2	267
George, of Killingworth, m. Mabel **MUNGER**, of Guilford, Aug. 16, 1821, by Rev. John Elliott	2	269
Herriette, d. Abra[ha]m & Martha, b. Oct. 20, 1800	2	266
Henrietta, of Guilford, m. William **TYLER**, of Branford, July 10, 1822, by Rev. David Baldwin	2	282

	Vol.	Page
COAN, (cont.)		
Jacob, m. Lurande **COLLINS**, b.of Guilford, May 3, 1755, by Rev. Jonathan Merrick	2	67
Jennette Adelia, m. Albert **STRONG**, Sept. 1, 1833, by Rev. David Baldwin	2	323
Joan, Jr., m. Elizabeth **HART**, Sept. 22, 1829, by Rev. Zolva Whitmore	2	326
John, s. John & Mahitabel, b. Jan. 27, 1763	2	334
Josiah, s. John & Mahitable, b. Nov. 20, 1760	2	266
Josiah, m. Carine **GRAVE**, b. of Guilford, May 17, 1786, by Rev. Tho[ma]s W. Bray	2	225
Josiah, s. Josiah & Carrine, b. Aug. 8, 1788	2	205
Julia Ann S., m. Seth S. **CHAPIN**, Nov. 25, 1841, by Rev. David Baldwin	2	362
Lodowick, of Wallingford, m. John **BARTLES**, of Guilford, Jan. 24, 1843, by Rev. Zolva Whitmore	2	376
Lucretia, d. Abra[ha]m & Martha, b. June 4, 1805	2	266
Lucretia, of Guilford, m. Richard W. **JULIAN**, of Bainbridge, N. Y., Jan. 28, 1823, by Rev. David Baldwin	2	178
Martha, d. Peter & Hannah, b. Nov. 28, 1737	2	90
Mary, d. Peter & Hannah, b. July 13, 1750	2	90
Mulford, s. George & Jane, b. Sept. 26, 1739	2	86
Mulford, of Guilford, m. Elizabeth **HOUD***, of Branford, Sept. 21, 1764, by Rev. Philemon Robbins (***HAND**?)	2	166
Olive, m. William **FOWLER**, b. of Guilford, Jan. 24, 1774, by Rev. Tho[ma]s Wells Bray	2	175
Parnel, twin with Fowler, d. Simeon & Parnel, b. Mar. 20, 1813	2	267
Peter, s. Josiah & Carine, b. Sept. 11, 1799	2	233
Rebecca, m. Sam[ue]ll Tyler **LOPER**, b. of Guilford, Mar. 12, 1788, by Rev. Tho[ma]s W. Bray	2	179
Ruth, d. George & Jane, b. Oct. 21, 1736	2	86
Sarah, d. Abra[ha]m & Martha, b. May 1, 1815	2	267
Sarah, m. Roger **GRISWOLD**, b. of Guilford, Nov. 12, 1837, by Rev. L. H. Corson	2	328
William, s. Peter & Hannah, b. Feb. 24, 1746/7; d. June 28, 1748	2	90
W[illia]m, s. Josiah & Carine, b. Dec. 21, 1790	2	205
COCKARD, Minard, of New York, m. Submit **DOUD**, of Guilford, Feb. 8, 1764, by Rev. Samuel Andrews	2	165
COE, Abigail, d. Jedediah & Eliza[bet]h, b. May 26, 1757	2	100
Benjamin, m. Caroline **HOIT**, b. of Guilford, Jan. 11, 1821, by Rev. John Elliott	2	269
Benjamin Griswold, s. Thomas & Submit, b. Oct. 1, 1794	2	266
Darius, s. Thomas & Submit, b. Nov. 11, 1789	2	266
Elizabeth, d. Jedediah & Eliza[beth], b. Oct. 24, 1755	2	100
Elizabeth, d. Thomas & Submit, b. Jan. 30, 1784	2	266
Heman, s. Thomas & Submit, b. June 24, 1785	2	266

	Vol.	Page
COE, (cont.)		
Jedidiah, m. Elizabeth **WILLCOCKS**, b. of Guilford, Jan. 15, 1753, by Rev. Jon[a]th[an] Todd	2	69
Jedediah, s. Jedediah & Elizabeth, b. Sept. 3, 1761	2	108
Jonathan, s. Thomas & Submit, b. Jan. 20, 1800	2	266
Jonathan, m. Betsey **BALDWIN**, May 10, 1821, by Rev. John Elliott	2	269
Justin, m. Rebecca **NORTON**, Mar. 28, 1822, by Rev. John Ely	2	269
Martha, m. John **WILCOCK**, b. of Guilford, Jan. 17, 1739/40, by Benjamin Hand, J. P.	2	57
Mary, m. [Ja]mes **CRAMPTON**, b. of Guilford, July 18, 1736, by Rev. Jonathan Todd	2	56
Polly Malinda, d. Thomas & Submit, b. Oct. 23, 1802	2	266
Rachel, d. Jedediah & Eliza[bet]h, b. June 13, 1765	2	114
Thomas, s. Jedediah & Elizabeth, b. Feb. 7, 1759	2	105
Thomas, m. Submit **GRISWOLD**, b. of Guilford, Jan. 1, 1783, by Rev. Jonathan Todd	2	268
Thomas Justin, s. Thomas & Submit, b. June 7, 1797	2	266
William, s. Thomas & Submit, b. Dec. 6, 1786	2	266
COLLINS, COLLENS, COLINS, Aaron Cooke, s. William & Ruth, b. May 4, 1762	2	109
Abigail, d. John, Jr. & Rachel, b. Sept. [ ], [1722]	2	13
Alexander, s. Augustus & Mary, b. Sept. 4, 1774	2	127
Amos, s. Dan[ie]l & Lois, b. Feb. 23, 1725/6	2	18
Ame, d. Dan & Ame, b. Feb. 2, 1770	2	127
Ann, d. John & Ann, b. May 9, 1692	A	97
Ann, m. Timothy **FOWLER**, b. of Guilford, Jan. 17, 1753, by Rev. John Richards	2	63
Ann, w. of Oliver, d. Aug. 26, 1753, in the 42nd y. of her age	2	141
Anna, d. Nov. 12, 1803, in the 69th y. of her age	2	152
Anne, m. Daniel **BARTLET**, Jr., b. of Guilford, Mar. 31, 1720, by Rev. Thomas Ruggles	2	44
Anne, d. Sam[ue]ll & Margaret, b. Oct. 30, 1734	2	39
Asa, s. John, Jr. & Rachel, b. Apr. 8, 1725	2	25
Asenath, d. John, Jr. & Rachel, b. Mar. 10, 1736/7	2	33
Augustus, s. Daniel & Lois, b. Aug. 7, 1743	2	75
Augustus, m. Mary **CHITTENDEN**, b. of Guilford, June 9, 1768, by Rev. Tho[ma]s W. Bray	2	172
Augustus, s. Augustus & Mary, b. May 1, 1784	2	192
Augustus Baldwin, s. Augustus & Mary, b. May 24, 1789	2	205
Avis, d. Daniel & Lois, b. July 21, 1734	2	34
Avis, m. Daniel **BARTLET[T]**, Jr., b. of Guilford, Oct. 8, 1760, by Rev. Jno. Richards	2	169
Bethiah, w. of Joel, d. May 25, 1802	2	152
Charles, s. Sam[ue]ll & Marg[a]ret, b. July 31, 1744	2	76
Cintha, d. Jno.Thomas & Submit, b. Feb. 11, 1771	2	127
Dan, s. Oliver & Elizabeth, b. Aug. 3, 1744	2	127
Dan, m. Ame **BRISTOL**, b. of Guilford, May 25, 1766, by		

	Vol.	Page
COLLINS, COLLENS, COLINS, (cont.)		
Rev. Amos Fowler	2	172
[Dan]iel, m. Lois **CORNWELL**, b. of Guilford, Mar. 15, 1724/5, by Rev. Thomas Ruggles	2	47
Daniel, s. Daniel & Lois, b. Jan. 31, 1737/8	2	34
Daniel, Capt., d. Oct. 8, 1751	2	139
Daniel, m. Eunice **ROSSETTER**, b. of Guilford, Feb. 11, 1789	2	225
Daniel, d. Mar. 6, 1822, ae 81 y.	2	270
Daniel, d. June 2, 1845	2	270
[Darius], s. Oliver & Elizabeth, b. Dec. 27, 1740	2	41
Darius, m. Hannah **SPENCER**, b. of Guilford, Aug. 4, [1762], by [James Sproutt]	2	228
David Bishop, s. Joel, Jr. & Deborah, b. Mar. 14, 1805	2	266
David Chittenden, s. Capt. Augustus & Mary, b. Oct. 31, 1776	2	192
Demetrius, s. Daniel & Lois, b. Dec. 6, 1741; d. Jan. 15, 1741/2	2	41
[E]lecta Mareta, d. Jason & Lydia, b. Sept. 13, 1794	2	233
Electa, see also Leeta		
Eli, s. Joel & Bethiah, b. July 18, 1781	2	192
Elizabeth, w. of Oliver, d. May 19, 1751, in the 38th y. of her age	2	139
Elizabeth, d. Dan & Ame, b. Nov. 12, 1773	2	127
Elizabeth, d. Dan & Ame, d. Jan. 31, 1775, ae 15 m.	2	152
Elizabeth, d. Joel & Bethiah, b. Dec. 18, 1776	2	192
Elizabeth, m. James **BENTON**, b. of Guilford, June 25, [1786], [by James Sproutt]	2	253
Emily, d. Friend & Philena, b. Mar. 3, 1801	2	267
Emily, m. George **GRIFFING**, b. of Guilford, Oct. 21, 1837, by Rev. L. H. Corson	2	328
Eunice, d. Dan & Ame, b. Aug. 11, 1768	2	127
Freelove, d. Daniel & Lois, b. Nov. 30, 1732	2	26
Freelove, m. Stephen **BALDWIN**, b. of Guilford, Nov. 7, 1752, by Rev. John Richards	2	63
Freelove, d. Augustus & Mary, b. Mar. 3, 1779	2	192
Friend, m. Philany **NORTON**, b. of Guilford, Feb. 20, 1785, by Rev. Amos Fowler	2	225
Friend Decatur, s. W[illia]m H. & Polly, b. Jan. 19, 1814	2	267
George, s. Dan & Ame, b. Nov. 14, 1771	2	127
George Laman, s. Friend & Phileny, b. Oct. 23, 1792; d. Sept. 10, 1793	2	233
Gideon, s. Sam[ue]ll & Margaret, b. Jan. 4, 1739/40	2	39
Hannah, d. Daniel & Lois, b. Feb. 28, 1739/40	2	41
Hannah, d. John Tho[ma]s & Submit, b. Mar. 24, 1773	2	127
Harriet, d. Friend & Phileny, b. Sept. 2, 1790	2	233
Hepzibah, m. Isaac **STOW**, b. of Guilford, Mar. 28, 1744, by Rev. Sam[ue]l Russel	2	65
Huldah, m. Joseph **PARMELE[E]**, Jr., b. of Guilford, July 4, 1776, by Rev. Amos Fowler	2	183

	Vol.	Page
COLLINS, COLLENS, COLINS, (cont.)		
Jane, w. of [ ], d. Nov. 2, 1724	2	2
Jane Adelade, d. W[illia]m H. & Polly, b. Oct. 28, 1812	2	267
Jared Benton, s. W[illia]m H. & Polly, b. Oct. 31, 1815	2	267
Jason, s. Joel & Bethiah, b. Dec. 12, 1771	2	127
Jason, of Guilford, m. Lydia **WARD**, of Killingworth, Oct. 27, 1793, by Rev. D. Butler	2	225
Jason, s. Joel, Jr. & Deborah, b. May 20, 1803	2	233
Jeffrey, s. Joel & Bethiah, b. June 14, 1768; d. Apr. 22, 1769	2	127
Joel, of Guilford, m. Bethiah **HALL**, of Wallingford, July 29, 1767, by Rev. James Dana	2	172
Joel, s. Joel & Bethiah, b. Dec. 6, 1778	2	192
Joel, Jr., m. Deborah **BISHOP**, b. of Guilford, Mar. 10, 1802, by Rev. Israel Brainard	2	225
Joel Hall, s. Joel, Jr. & Deborah, b. Mar. 20, 1809	2	266
John, of Branford, m. Mary **KINGSWORTH**, wid., of Guilford, June 2, 1669, by Mr. William Leete	A	67
John, m. Ann **LEETE**, b. of G[u]ilford, July 23, 1691, by Mr. Andrew Leete	A	95
John, s. John & Anna, b. Feb. 23, 1695/6	A	95
John, of Guilford, m. Rachel **MIX**, of New Haven, Apr. 26, 1716, by Rev. Abraham Bradley, of New Haven	2	44
John, s. John & Rachel, b. Sept. 11, 171[8]	2	12
John, d. Jan. 24, 1750/1, in the 87th y. of his age	2	138
John, s. Friend & Phileny, b. Oct. 1, 1785	2	233
John, of Guilford, m. Lois **COLLENS**, of Richmond, Mass., Feb. 5, 1811, by Rev. David Baldwin	2	268
John, m. wid. Lois **BARTLET[T]**, b. of Guilford, Sept. 27, 1829, by Rev. Aaron Dutton	2	303
John Thomas, s. Sam[ue]l & Marg[a]ret, b. July 12, 1751	2	86
John Thomas, m. Submit **FIELD**, b. of Guilford, Nov. 23, 1769, by Rev. Rich[ar]d Ely	2	172
John Thomas, d. Jan. 4, 1773, in his 22nd y. Died at sea	2	152
Jonathan, s. Friend & Philena, b. Dec. 19, 1799	2	267
Laura, d. Dan[ie]l & Eunice, b. May 22, 1806	2	267
Leah, d. John, Jr. & Rachel, b. Oct. 22, 1730	2	25
Leah, m. Sylas **PARMELE[E]**. b. of Guilford, Mar. 25, 1754, [by James Sproutt]	2	216
Leah, m. Silas **PARMELE[E]**, b. of Guilford, Mar. 26, 1754, by Rev. James Sprout	2	67
Leeta, d. Joel & Bethiah, b. Apr. 3, 1770 (Lecta?)	2	127
Leeta, see also Electa		
Leeta, m. Augustus **STONE**, b. of Guilford, May 27, 1804, by Rev. Israel Brainard (Lecte?)	2	224
Lois, d. Daniel & Lois, b. Mar. 9, 1735/6	2	34
Lois, m. Nath[anie]ll **STONE**, b. of Guilford, Dec. 3, 1761, by Rev. John Richards	2	164
Lois, of Richmond, Mass., m. John **COLLENS**, of Guilford,		

BARBOUR COLLECTION

	Vol.	Page
COLLINS, COLLENS, COLINS, (cont.)		
Feb. 5, 1811, by Rev. David Baldwin	2	268
Loisa, m. William **BOWEN**, Dec. 23, 1827, by Rev. David Baldwin	2	313
Loisa Maria, d. W[illia]m H. & Polly, b. Feb. 24, 1810	2	267
Lorain, d. Dan[ie]l & Lois, b. Jan. 1, 1730/1	2	23
Lorain, d. William & Ruth, b. Aug. 3, 1759	2	104
Lucretia, m. Joel **FOWLER**, b. of Guilford, Sept. 29, 1789, by Rev. Amos Fowler	2	175
Lucy Loretta, d. Dan[ie]l & Eunice, b. Jan. 5, 1799	2	267
Lurande, m. Jacob **COAN**, b. of Guilford, May 3, 1755, by Rev. Jonathan Merrick	2	67
Luranda, m. Samuel **CHITTENDEN**, b. of Guilford, Mar. 31, 1803, by Rev. Israel Brainard	2	268
Luranda, d. Joel, Jr. & Deb[ora]h, b. Jan. 15, 1807	2	266
Lurinda, d. Joel & Bethiah, b. Dec. 22, 1774	2	127
Luther, s. Oliver & Elizabeth, b. Nov. 8, 1736	2	32
Luther, s. Oliver, d. Mar. 2, 1750/1, ae 15 y. Was drowned	2	139
Lydia, w. of Pitman, d. May 13, 1772, in the 44th y. of her age	2	152
Major William, s. W[illia]m H. & Polly, b. Jan. 28, 1808	2	267
Manassah, s. John, Jr. & Rachel, b. May 21, 1735	2	33
Margaret, d. Sam[ue]ll & Margaret, b. Mar. 14, 1731/2	2	39
Margaret, m. Samuel **JOHNSON**, b. of Guilford, June 20, 1756, by Eben[eze]r Punderson	2	72
Margaret, wid. of Sam[ue]ll, d. Aug. 12, 1796, in her 91st y.	2	152
Mary, d. Robert & Lois, b. July 8, 1693	A	94
Mary, d. John & Ann, b. Apr. 11, 1694	A	97
Mary, d. John, d. Feb. [2, 1729, ae 34]	2	3
Mary, Mrs. of Middletown, m. [John **CARRUTHERS**], of Guilford, May [10, 1737] (Mary was d. of John & Mary (**DIXWELL**) **COLLINS** and grandau. of John **DIXWELL** the Regicide. Data supplied by F.F. Starr)	2	56
Mary Ann, d. Friend & Phileny, b. Mar. 21, 1787	2	233
Maryanne, d. Augustus & Mary, b. Jan. 8, 1792	2	205
Nathan, s. John, Jr. & Rachel, b. Jan. 4, 1733/4	2	29
Olive, d. Dan & Ame, b. Nov. 7, 1766	2	127
Oliver, m. Elizabeth **HALL**, b. of Guilford, Nov. 26, 1730, by Rev. Thomas Ruggles	2	49
Oliver, of Guilford, m. Ann **SMITHSON**, of Durham, June 11, 1752, by Rev. John Richards	2	66
Oliver, of Guilford, m. Abigail **BARTLET[T]**, of Durham, Sept. 28, 1753, by Rev. John Richards	2	66
Ora, d. Augustus & Mary, b. Sept. 13, 1781	2	192
Pitman, s. John, Jr. & Rachel, b. Oct. 28, 1726	2	25
Pitman, m. Mary **HANDY**, b. of Guilford, Sept. 2, 1772, by Rev. Dan[ie]ll Brewer	2	172
Pitman, m. Mary **HANDY**, b. of Guilford, Sept. 2, 1772, by		

GUILFORD VITAL RECORDS 67

	Vol.	Page
COLLINS, COLLENS, COLINS, (cont.)		
[James Sproutt]	2	252
Ralph, s. Dan & Ame, b. [June 2, 1775]	2	172
Ralph, s. Dan & Ame, b. June 2, 1775	2	192
Rhuhamah, d. John, Jr. & Rachel, b. Sept. 9, 1728	2	25
Robert, of G[u]ilford, m. Loes **BURNET**, of Southampton, L. I., Dec. 24, 1689, by Mr. Andrew Leete	A	100
Robert, s. Robert & Lois, b. Oct. 12, 1690	A	94
Ruth, d. Daniel & Lois, b. July 4, 1745	2	78
Ruth, d. Dan[ie]l & Eunice, b. June 18, 1793	2	267
Ruth, m. Will[ia]m **SPENCER**, b. of Guilford, Apr. 17, 1800, by Rev. John Elliott	2	224
Samuel, m. Margeret **LEETE**, b. of Guilford, Oct. 20, 1731, by Rev. Thomas Ruggles	2	49
Samuel, s. Sam[ue]ll & Margaret, b. June 6, 1737	2	39
Samuel, Jr., d. Aug. 17, 1756, in the 20th y. of his age	2	142
Sam[ue]ll, d. Dec. 6, 1781, in the 81st y. of his age	2	152
Simeon, s. Augustus & Mary, b. Nov. 18, 1786	2	205
Sion, s. Oliver & Elizabeth, b. Nov. 1, 1738	2	37
Sophia Toresa, d. Friend & Phileny, b. Sept. 23, 1794; d. Sept. 2, 1795	2	233
Sophia Teresa, d. Friend & Philena, b. June 16, 1797	2	267
Thomas, s. Sam[ue]l & Marg[a]ret, b. Jan. 18, 1741/2	2	73
Thomas, s. Sam[ue]ll, d. Mar. 23, 1747/8	2	138
Trephena, d. Oliver & Elizabeth, b. Feb. 3, 1731/2	2	24
Triphena, m. Charles **STONE**, b. of Guilford, Apr. 14, 1752, by Rev. James Sprout	2	67
Tryphenia, m. Charles **STONE**, b. of Guilford, Apr. 14, 1752, by [James Sproutt]	2	215
Tyrannus, s. John & Rachel, b. July 4, 1741	2	75
Uriah, s. John & Rachel, b. July 8, 1732	2	25
William, of Guilford, m. Ruth **COOKE**, of Northford, May 25, 1758, by [ ] Hall, J. P.	2	71
William, s. William & Ruth, b. Oct. 9, 1760	2	109
William, s. Daniel & Eunice, b. Nov. 9, 1789	2	205
William Henry, s. Friend & Phileny, b. Nov. 3, 1788	2	233
William R., m. Alathea **ROSSETTER**, b. of Guilford, Apr. 4, 1829, by Rev. Zolva Whitmore	2	303
Zemyah, d. Augustus & Mary, b. Mar. 24, 1772	2	127
-----, d. Oliver & Elizabeth, b. Oct. 1, 1735; d. Nov. 4, 1735	2	30
-----, [child of Oliver & Elizabeth], st. b. May 12, 1751	2	139
COLTON, Anna, d. Daniel & Anna, b. Feb. 5, 1738/9	2	40
Anne, d. Daniel & Anne, b. Sept. 16, 1728	2	20
Daniel, of Killingworth, m. Anne **MUNGER**, of Guilford, Oct. 18, 17[27], by Rev. John Hart	2	50
Hephzibah, d. John, Jr. & Rachel, b. Sept. 21, 1723	2	25
Hepzibeth, d. Daniel & Anna, b. Aug. 9, 1736	2	32
John, m. Johanna **ROSSET[E]R**, Nov. 7, 1660 (John		

	Vol.	Page
COLTON, (cont.)		
COTTON?)	A	62
[Meppitah], d. Dan[ie]ll, d. Nov. 4, 1736	2	150
Rebeckah, d. Daniel & Anna, b. May 23, 1743	2	76
Zenus, s. Daniel & Anna, b. June 23, 1731	2	24
CONE, [see also **COAN**], Hannah, m. James A. **LEETE**, b. of		
Guilford, Mar. 11, 1824, by Rev. David Baldwin	2	257
CONKLIN, CONKLING, Elizabeth, of Long Island, m. John		
SCOVEL, Jr., of Guilford, Feb. 11, 1778, by Rev. Amos		
Fowler	2	184
Joseph, of Guilford, m. Abigail **STANNARD**, of Killingworth,		
Nov. 24, 1825, by Rev. Samuel N. Shepherd	2	302
CONNOR, John, m. Rachel **BAILEY**, Sept. 1, 1828, by Rev.		
D. Baldwin	2	326
COOK, COOKE, Aaron D., m. Julia **BENTON**, b. of Guilford, Sept.		
6, 1827, by Rev. Zolva Whitmore	2	303
Aaron Jones, s. John & Lucy, b. May 18, 1824	2	334
Alles, d. Thomas & Sarah, b. June 3, 1681	A	87
Almira, d. John & Lucy, b. Aug. 12, 1806	2	334
Amanda, d. John & Lucy, b. June 15, 1809	2	334
Amanda, m. Benjamin **LEETE**, b. of Guilford, July 30, 1827,		
by Rev. Alva B. Goldsmith	2	315
Annah, d. Thomas & Sarah, b. Nov. 27, 1689	A	82
Bertha, m. Nathaniel **BARTLET[T]**, b. of Guilford, Nov		
26, 1827, by Rev. Zolva Whitmore	2	313
Betsey, d. John & Lucy, b. Apr. 3, 1814	2	334
Cyrus, s. John & Lucy, b. June 30, 1812	2	334
Cyrus, of Griswold, m. Meriam **HOTCHKISS**, of Branford,		
Mar. 31, 1834, by Rev. A. B. Goldsmith	2	326
Deliverance, d. Thomas & Sarah, b. Jan. 12, 1695/6	A	97
Eliasaph, s. Thomas & Sarah, b. June 2, 1678	A	84
Elisaph, s. Thomas & Sarah, d. Jan. 5, 1678	A	68
Elizabeth, d. Thomas & Sarah, b. Feb. 22, 1683	A	88
Elizabeth, of Guilford, m. Stillman **BRADLEY**, of Vermont,		
Jan. 13, 1788, [by James Sproutt]	2	287
Emily, d. John & Lucy, b. July 10, 1818	2	334
Emily, m. Frederick **FRISBIE**, Mar. 23, 1837, by Rev. David		
Baldwin	2	331
Hanna[h], w. of Thomas, Jr., d. July 7, 1676	A	68
Hannah, of Branford, m. Rufus **NORTON**, of Guilford, Mar.		
17, 1779, by Rev. Philemon Robbins	2	181
John, m. Lucy **CRUTTENDEN**, Sept. [ ], 1803	2	327
John, s. John & Lucy, b. Dec. 17, 1807	2	334
Laura, d. John & Lucy, b. Mar. 15, 1816	2	334
Laura, of Guilford, m. Joseph P. **CLARKE**, of New Haven,		
Sept. 4, 1842, by Rev. Lorenzo T. Bennett	2	362
Maritta, d. John & Lucy, b. Jan. 4, 1805	2	334
Martha, m. George **DUDLEY**, b. of Guilford, Jan. 18, 1759, by		

	Vol.	Page
COOK, COOKE, (cont.)		
Rev. John Richards	2	72
Mary, of Branford, m. Thomas **WALLSTONE**, of Guilford, May 15, 1767, by Rev. Philemon Robbins	2	168
Mehittabell, d. Thomas & Sarah, b. Mar. 7, 1692/3	A	94
Mehetabel, m. John **GOULD**, b. of Guilford, June 27, 1719, by Rev. Thomas Ruggles	2	44
Mercy, m. Thomas **ADKINS**, Jr., b. of Guilford, Mar. 23, 1758, by Rev. John Richard	2	69
Mindwell, of Wallingford, m. Caleb **EVARTS**, of Guilford, Nov. 19, 17[29], by John Hall	2	51
Olive, d. John & Lucy, b. Aug. 24, 1828	2	334
Orret, of Guilford, m. Charles **WALKER**, of East Haven, Dec. 12, 1842, by Alvah B. Goldsmith, J. P.	2	353
Orrit Maritta, d. John & Lucy, b. May 14, 1826	2	334
Philander, m. Sally Maria **FOWLER**, Oct. 20, 1842, by Rev. David Baldwin	2	362
Ruth, of Northford, m. William **COLLINS**, of Guilford, May 25, 1758, by [ ] Hall, J. P.	2	71
Samuell, s. Thomas & Sarah, b. Nov. 23, 1687	A	82
Sarah, d. Thomas & Sarah, b. Aug. 2, 1685	A	88
Sarah, d. Thomas & Sarah, d. Mar. 17, 1691/2, ae about 7 y.	A	81
Stephen J., m. Lucinda **DUDLEY**, Jan. 1, 1829, by Rev. Zolva Whitmore	2	303
Susan, d. John & Lucy, b. Dec. 30, 1819	2	334
Susan, of Guilford, m. Samuel **WILFORD**, of Branford, Oct. 27, 1839, by Rev. A. B. Goldsmith	2	352
Thomas, m. Hanna[h] **LINDEN**, Mar. 30, 1667/8, by Mr. Leet[e]	A	66
Thomas, freeman 1669-70	A	121
Thomas, Jr., m. Sarah **MASON**, Apr. 15, 1677, by William Leete	A	77
Thomas, s. Thomas & Sarah, b. Dec. 24, 1679	A	85
Thomas, s. Thomas & Sarah, d. Aug. 15, 1685	A	69
Thomas, Sr., d. Dec. 1, 1692	A	70
Wealthy, m. John **STARR**, Jr., b. of Guilford, Dec. [ ], 1821, by Rev. Aaron Dutton	2	284
CORNWELL, Desire, of Middletown, m. Janna **DOUDE**, of Guilford, May 7, 17[35], by Rev. William Russell	2	55
Lois, m. [Dan]iel **COLLINS**, b. of Guilford, Mar. 15, 1724/5, by Rev. Thomas Ruggles	2	47
William Gilbert, s. William & Jane, b. July 29, 1788	2	205
CORWIN, James, s. James & Prudence, b. July 18, 1780	2	192
Lydia, d. James & Prudence, b. Jan. 21, 1785	2	192
COTTON, [see also **COLTON**], John, m. Johanna **ROSSET[E]R**, Nov. 7, 1660, (Perhaps "**COLTON**")	A	62
Sarah, bd. Sept. 9, 1669	A	67
William, s. Dan[ie]ll & Lois, b. Mar. 10, 1727/8	2	21

	Vol.	Page
CRAMPTON, CRAMTON, Abigail, d. James & Mary, b. June 4, 1737	2	102
Adnah, s. James & Mary, b. Mar. 22, 1741	2	102
Ambrose, s. [Hall* & Elizabeth], b. Oct. 30, 1768 (*Hull?)	2	127
Ann, d. James & Mary, b. Mar. 23, 1739	2	102
Ann, d. Nath[anie]ll & Sarah, b. Apr. 21, 1745	2	77
Anna, m. Ebenezer **HAND**, b. of Guilford, June 10, 1746, by Rev. Jonathan Todd	2	59
Anne, d. Thomas & [Susanna, b. Apr. 18, 1704]	2	7
Anne, m. Andrew **PARMELE[E]**, b. of Guilford, Nov. 7, 1726, by Rev. John Hart	2	47
Benjamin, s. John & Hannah, b. Sept. 4, 172[1]	2	14
Benjamin, m. Prescella **STEVENS**, b. of Guilford, Apr. 28, 1742, by Rev. Jonathan Todd	2	58
Benjamin, s. Benjamin & Priscilla, b. Nov. 4, 1742; d. Oct. 5, 1743	2	75
Benjamin, s. Benjamin & Priscilla, b. Oct. 23, 1744	2	77
Benjamin, s. Benjamin, d. Sept. 14, 1753	2	141
Benjamin, s. Benjamin & Priscilla, b. Nov. 24, 1753	2	95
Betsey, d. [Hall* & Elizabeth], b. Feb. 4, 1766 (*Hull?)	2	127
Bruce, s. James & Mary, b. Oct. 10, 1750	2	102
Calvin, s. Benj[ami]n & Priscilla, b. Sept. 30, 1760	2	122
Calvin, m. Ruth **HOCHKIN**, b. of Guilford, Feb. 22, 1808, by Rev. Aaron Dutton	2	268
Chidwick, s. Demetrius & Mary, b. Oct. 22, 1749	2	84
Clary, d. Josiah & Lydia, b. June 26, 1781	2	266
Contentment, m. Nathaniel **HILL**, 2d, b. of Guilford, Dec. 19, 1802, by Nathan B. Burgis	2	254
David, s. Nath[anie]ll & Sarah, b. Nov. 5, 1752	2	88
Demetrius, s. John & Hannah, b. Jan. 9, [1719]	2	12
Demetrius, of Guilford, m. Mary **LATERMER**, of Weathersfield, July 30, 1740, by Rev. Jonathan Todd	2	57
Demetrius, s. Demetrius & Mary, b. Feb. 25, 1744/5	2	80
Demetrius, d. Dec. 24, 1754	2	141
Demetrius, m. Abigail **PARMELE[E]**, b. of Guilford, Apr. 9, 1764, by Rev. Rich[ar]d Ely	2	166
Denes, m. Mary **PARMELIN**, Sept. 16, 1660 (Dennis?)	A	62
Edmund, s. Benj[ami]n & Priscilla, b. Oct. 31, 1765	2	122
Eliab, s. Josiah & Lydia, b. Sept. 13, 1777	2	266
Eliel, s. Demetrius & Mary, b. May 4, 1741	2	41
Eliel, d. Dec. 26, 1774, in his 34th y.	2	152
Elizabeth, d. John & Elizabeth, b. Nov. 28, 1737	2	33
Eunice, d. Hall* Abigail, b. Sept. 19, 175[7] (*Hull?)	2	99
Eunice, d. [Hall* & Elizabeth], b. Sept. 30, 1763 (*Hull?)	2	127
Eunice, d. Josiah & Lydia, b. June 25, 1785	2	266
Freelove, d. Josiah & Susanna, b. Jan. 11, 1742/3	2	74
Gene(?), d. Thomas, [ ]	2	7
Hannah, d. Demetrius & Mary, b. May 27, 1747	2	84

	Vol.	Page
CRAMPTON, CRAMTON, (cont.)		
Hannah, d. Jan. 18, 1757, in the 80th y. of her age	2	142
Hannah, d. Nath[anie]ll & Sarah, b. Sept. 23, 1765	2	117
Hannah, m. Jared {spelled Joarib} [ ], b. of Guilford, Nov. 4, 1767	2	175
Henry Bartlet[t], s. Josiah & Lydia, b. Oct. 10, 1788	2	266
Hull, s. John, Jr. & Elizabeth, b. Mar. 22, 1734/5	2	31
Hull, m. Abigail **MEIGS**, b. of Guilford, Apr. 13, 1757, by Rev. Jon[a]th[an] Todd	2	69
Ichabod, s. Nathaniel & Sarah, b. Nov. 1, 1754	2	95
James, s. Thomas, d. May 6, 1722	2	2
[Ja]mes, m. Mary **COE**, b. of Guilford, July 18, 1736, by Rev. Jonathan Todd	2	56
James, s. James & Mary, b. Feb. 8, 1754	2	102
James, s. [Hall* & Elizabeth], b. Mar. 19, 1774 *(Hull?)	2	127
James, s. Thomas, [ ]	2	7
Jesse, s. Jon[a]th[an] & Mindwell, b. Sept. 21, 1740	2	42
Jesse, s. [Hall* & Elizabeth], b. Apr. 8, 1771 (*Hull?)	2	127
John, s. Dennise & Sarah, b. June 16, 1675	A	78
John, Jr., m. Elizabeth **CRUTTENDEN**, b. of Guilford, Jan.* [20], 17[32], by Rev. Thomas Ruggles (*Perhaps July?)	2	51
John, s. John, Jr. & Elizabeth, b. June 1, 1733	2	31
John, Sr., d. July 13, 1746	2	137
John, m. Susanna **CHITTENDEN**, b. of Guilford, Mar. 25, 1761, by Rev. Thomas Ruggles	2	164
Jonathan, s. Jonathan & Mindwell, b. Dec. 12, 1734	2	39
Josiah, m. wid. Susanna **MUNGER**, b. of Guilford, Feb. 14, 1732, by Rev. Jonathan Todd	2	55
Josiah, s. Josiah & Susanna, b. Jan. 30, 1738/9; d. Feb. 6, [1738/9]	2	37
Josiah, s. Demetrius & Mary, b. Nov. 14, 1751	2	86
Josiah, d. Feb. 12, 1776, in the 70th y. of his age	2	152
Leah, d. Nath[anie]l & Sarah, b. Dec. 11, 1758	2	99
Lucy, d. Hall* & Elizabeth, b. Oct. 11, 1760 (*Hull?)	2	127
Luther, s. Benjamin & Priscilla, b. June 19, 1757	2	122
Lydia, d. Nathaniel & Sarah, b. Nov. 18, 1749	2	84
Mary, [w. of Nathaniell], bd. Mar. latter end, [16]67	A	65
Mercy, d. Josiah & Susannah, b. Mar. 11, 1744/5	2	79
Mercy, d. Josiah & Susanna, b. Mar. 11, 1744/5	2	80
Miles, s. James & Mary, b. Oct. 20, 1746	2	102
Mindwell, d. Jona[tha]n & Mindwell, b. Jan. 22, 1737/8	2	39
Molle, d. James & Mary, b. Dec. 24, 1748	2	102
Nabby, m. Stephen **GRISWOLD**, b. of Guilford, Mar. 27, 1805, by I. Brainard	2	278
Nancy, d. Josiah & Lydia, b. Jan. 27, 1787	2	266
Naomy, d. Nathaniel & Sarah, b. July 7, 1747	2	81
Nathan, s. Demetrius & Mary, b. May 19, 17[54]	2	95
Nathaniell, s. Denis & Mary, b. Mar. latter end, 1666/7	A	65

72 BARBOUR COLLECTION

	Vol.	Page
CRAMPTON, CRAMTON, (cont.)		
[Nathaniell], s. John & Hannah, b. Feb. [12, 1715] (Written "**CRUMSTON**")	2	6
Nathaniel, m. Sarah **FIELD**, b. of Guilford, Sept. 10, 1740, by Benjamin Hand, J. P.	2	57
Nathaniel, s. Nathaniel & Sarah, b. Mar. 19, 1742/3	2	74
Nathaniel, Jr., d. Oct. 15, 1760	2	144
Nath[anie]ll, s. Nath[anie]l & Sarah, b. Mar. 16, 1763	2	117
Neri, s. James & Mary, b. June 14, 1743	2	102
Neri, s. Sarah **CRAMPTON**, b. Aug. 15, 1765	2	117
Ozias, s. Demetrius & Mary, b. Jan. 4, 1742/3	2	80
Ozias, s. Demetr[i]us & Abigail, b. Oct. 11, 1760	2	114
Parnel, d. Josiah & Lydia, b. Mar. 18, 1793	2	266
[Priscilla], d. Benj[amin] & Priscilla, b. Apr. 17, 1748	2	84
Rachel, m. Orrin **FOSTER**, b. of Guilford, June 10, 1798, by Rev. John Elliott	2	239
Ruth, d. John, Jr. & Elizabeth, b. June 26, 1740	2	40
Ruth, twin with [ ], d. John, Jr. & Susannah, b. Apr. 6, 1763	2	110
Ruth, m. Caleb **DUDLEY**, 3rd, b. of Guilford, Oct. 27, 1791, by Rev. Amos Fowler	2	173
Sarah, d. Denis & Sarah, b. Dec. 17, 1669 (Arnold Copy has "Sarah Scranton")	A	73
Sarah, d. Josiah & Susanna, b. Nov. 28, 1736	2	34
Sarah, d. Nath[anie]l & Sarah, b. July 5, 1741	2	41
Sarah had s. Neri, b. Aug. 15, 1765	2	117
Silence, d. Thomas & Susanna, b. Jan. 31, 1712/13	2	35
Silence, m. [Joshua] **BISHOP**, b. of Guilford, May 23, 1734, by Rev. Thomas Ruggles	2	52
Submit, d. Josiah & Susannah, b. Oct. 26, 1740	2	42
Susanna, d. Thomas & Susanna, b. July 3, 1709	2	35
Susannah, w. of Tho[ma]s, d. Apr. 3, 1733	2	149
Susanna, d. Josiah & Susanna, b. Dec. 4, 1734	2	29
Sibble, d. James & Mary, b. Nov. 23, 1752	2	102
Thomas, s. Denis & Sarah, b. Nov. 25, 1672 (Arnold Copy has "Thomas **SCRANTON**")	A	75
Thomas, s. Thomas & Susanna, b. Aug. 10, 1715	2	35
Tho[ma]s, d. July 10, 1740/1	2	147
Thomas, s. James & Mary, b. Nov. 17, 1758	2	102
William, s. Josiah & Lydia, b. Mar. 16, 1779	2	266
-----, twin with Ruth, d. John, Jr. & Susannah, st. b. Apr. 6, 1763	2	110
CRANE, CRAIN, Abigail, m. Timothy **TODD**, b. of Guilford, May 16, 1751, by Rev. Jon[a]th[an] Todd	2	62
Concurrans, d. Henry & Concurrence, b. Dec. 27, 1667	A	65
Jesse, m. Laura **HOLCOMB**, Sept. 29, 1839 by Rev. David Baldwin	2	327
CRAWFORD, Charles H., of New York, m. Jane E. **FIELD**, of		

GUILFORD VITAL RECORDS 73

	Vol.	Page
CRAWFORD, (cont.)		
Guilford, Sept. 23, 1840, by Rev. Aaron Dutton	2	327
CRITTENDEN, [see under **CRUTTENDEN**]		
CROWFOOT, Margaret, of Middletown, m. Mark **HODGKIS**, of		
Guilford, Dec. 25, 1739, by Rev. Edward Eells	2	53
CRUMSTON [see under **CRAMPTON**]		

CRUTTENDEN, CRITENDEN, CRITTENDEN, CRITEND, CRUTENDEN, [see also **CHITTENDEN**], Abigell, d. Thomas &

	Vol.	Page
Abigell, b. Dec. 23, 1691	A	96
Abigail, twin with Lydia, d. Thomas, Jr. & Lydia, b. Aug. 20, 1727	2	101
Abigail, m. Joseph **PARMELE[E]**, b. of Guilford, Apr. 12, 1753, by [James Sproutt]	2	216
Abigail, m. Abraham **STONE**, Jr., b. of Guilford, Nov. 2, 1768, by Rev. Tho[ma]s Ruggles	2	184
Abraham, s. Abraham & Susan, b. Mar. 8, 1661/2	A	63
Abraham, Sr., m. wid. Joane **CHITTENDEN**, May 31, 1665	A	63
Abraham, Sr., planter 1669-70 (Entry crossed out)	A	121
Abraham, m. Susannah **KERBY**, b. of Guilford, May 6, 1686, by Mr. Andrew Leete	A	80
Abraham, s. Abraham & Susan[n]ah, b. Apr. 1, 1688	A	92
Abraham, Sr., d. Sept. 25, 1694	A	71
Abraham, d. May 14, 1725	2	2
Abraham, s. Gideon & Abigail, b. Feb. 16, 1727	2	13
Abraham, s. Abraham & Sarah, b. Oct. 11, 1748	2	82
Abraham, s. David & Elizabeth, b. Oct. 11, 175[6]	2	97
Abraham, m. Hannah **DUDLEY**, b. of Guilford, Jan. 15, 1783, by Rev. Amos Fowler	2	172
Abra[ha]m, s. Abra[ha]m & Hannah, b. Mar. 9, 1784	2	192
Abraham, Jr., of Guilford, m. Lydia **ROSE**, of Branford, May 25, 1785, by Rev. Sam[ue]ll Eells	2	172
Abraham, of Guilford, m. Nabby **GRISWOLD**, of Killingworth, May 24, 1812, by Rev. John Elliott	2	268
Adeline, d. Eber & Olive, b. Jan. 2, 1817	2	267
Amos, s. Abraham & Sarah, b. Dec. 2, 1745	2	81
Amos, s. Isaac & Lucy, b. Sept. 26, 1753	2	94
Anna, d. Noah & Naomi, b. Apr. 13, 1782	2	233
Anna, d. Gilbert & Hannah, b. Apr. 30, 1801	2	233
Anna, of Guilford, m. Alfred **FRISBIE**, of Branford, Feb. 8, 1832, by Rev. Aaron Dutton	2	330
Anne, m. Ebenezer **PARMERLE**, b. of Guilford, July 24, 1718, by Rev. Thomas Ruggles	2	44
Bathsheba, m. John **CHITTENDEN**, b. of Guilford, Mar. 1, 17[30], by Rev. Thomas Ruggles	2	51
Bathsheba, d. Isaac & Lucy, b. June 28, 1756	2	97
Benjamin, s. Isaac & Lucy, b. Sept. 19, 1748	2	82
Beriah, s. Josiah & Esther, b. Sept. 17, 1741	2	73
Beriah, m. Lydia **GRIFFING**, b. of Guilford, Jan. 12, 1769, by		

	Vol.	Page

CRUTTENDEN, CRITENDEN, CRITTENDEN, CRITEND, CRUTENDEN, (cont.)

	Vol.	Page
Rev. Amos Fowler	2	172
Clarissa, d. Timo[thy] & Parnel, b. June 13, 1780	2	192
Cleara Frances, d. Eber & Olive, b. Aug. 29, 1824	2	267
David, s. John & Barshua, b. Dec. 3, 1716	2	10
David, s. John & Ann, [ ], [Dec. 3, 1716]	2	44
David, m. Elizabeth **STONE**, b. of Guilford, Oct. 20, 1742, by Rev. Tho[ma]s Ruggles	2	58
David, s. David & Elizabeth, b. May 15, 1746	2	81
David, d. Sept. 30, 1770, in the 54th y. of his age	2	152
David, m. Hannah **FOSTER**, b. of Guilford, Feb. 5, 1781, by Rev. Jonath[an] Todd	2	172
David, s. David & Hannah, b. May 1, 1785	2	205
Deborah, d. Abraham & Mary, bd. Apr. 21, 1658	A	61
Deborah, d. Isacke & Lidiah, b. Oct. 23, 1673	A	75
Deborah, d. Abell & Deborah, b. June 24, 172[3]	2	13
Deborah, m. Ebenezer **BARTLET[T]**, s. of Dan[ie]l, b. of Guilford, Jan. 1, 172[9], by James Hooker, J. P.	2	50
Deborah, d. Joseph & Mary, b. Mar. 22, 1744/5	2	77
Deborah, m. Abraham **DUDLEY**, b. of Guilford, Jan. 20, 1773, by Rev. Amos Fowler	2	173
Desire, d. Sam[ue]ll & Mindwell, b. June [6, 1717]; d. [June] 28, [1717]	2	12
Ebenezer, m. Abigail **BENTON**, b. of Guilford, Mar. 10, 1740/1, by Rev. Thomas Ruggles	2	57
Eber, s. Abra[ha]m & Hannah, b. Mar. 5, 1786	2	205
Eber, m. Olive **DUDLEY**, b. of Guilford, Jan. 2, 1811, by Rev. Aaron Dutton	2	268
Eber Dudley, s. Eber & Olive, b. June 7, 1814	2	267
Eber Dudley, s. Eber & Olive, d. Aug. 15, 1821	2	270
Eber Dudley, s. Eber & Olive, b. Apr. 6, 1823	2	267
Edmund, s. Noah & Naomi, b. Jan. 2, 1768	2	121
Elizabeth, d. Isacke & Lidiah, b. Sept. 22, 1670	A	73
Elizabeth, m. Daniell **HUB[B]ARD**, b. of G[u]ilford, Dec. 5, 1691, by Mr. Leet	A	72
Elizabeth, m. Ebenezer **HALL**, b. of Guilford, June 17, 1730, by Rev. Thomas Ruggles	2	52
Elizabeth, m. John **CRAMPTON**, Jr., b. of Guilford, Jan.* [20], 17[32], by Rev. Thomas Ruggles (*Perhaps "July"?)	2	51
Eliza[bet]h, d. Tho[ma]s, Jr. & Lydia, b. Nov. 25, 1734	2	101
Elizabeth, d. David & Elizabeth, b. Feb. 8, 1744	2	77
Elizabeth, m. Gideon **HOPPIN**, b. of Guilford, July 21, [1767], by [James Sproutt]	2	246
Elizabeth, wid., d. Sept. 3, 1797, in the 81st y. of her age	2	152
Esther, m. Ebenezer **BENTON**, Jr., b. of Guilford, Nov. [3, 1725], by Rev. John Hart	2	3

GUILFORD VITAL RECORDS 75

	Vol.	Page
CRUTTENDEN, CRITENDEN, CRITTENDEN, CRITEND, CRUTENDEN, (cont.)		
Esther, m. Ebenezer **BENTON**, Jr., b. of Guilford, Nov. 3, 17[25], by Rev. John Hart	2	48
Esther, d. Josiah & Esther, b. Sept. 10, 1740	2	73
Esther, d. Josiah & Esther, d. Nov. 4, 1740	2	147
Esther, d. Josiah & Esther, b. Mar. 25, 1747	2	81
[E]unice, d. John, Jr., d. Sept. 28, 1742	2	148
Eunice, d. Noah & Naomi, b. Nov. 17, 1777	2	192
Eunice, d. Noah, d. May 31, 1795	2	152
Experience, d. Isaac & Lucy, b. May 2, 1746	2	79
Frances, of Guilford, m. John **ROSSETTER**, of North Guilford, June 11, [1845], by Rev. David Root	2	355
Frederick, m. Mary **GRISWOLD**, b. of Guilford, Jan. 4, 1827, by Rev. Aaron Dutton	2	303
George, of Chatham, m. Beulah M. **KIMBERLEY**, of Guilford, Feb. 23, 1848, by Rev. E. Edwin Hall	2	362
Gilbert, m. Susannah **DOUD**, b. of Guilford, July 7, 1768, by Rev. Mr. Todd, at East Guilford	2	170
Gilbert, s. Noah & Naomi, b. Jan. 6, 1780	2	192
Gilbert, m. Hannah **FOWLER**, b. of Guilford, Aug. 23, 1800, by Rev. Mr. Brainard	2	225
Hanna[h], d. Isaac & Lidiah, b. Mar. 27, 1678	A	84
Hannah, m. John **FARNHAM**, b. of Guilford, Dec. 29, 17[25], by Rev. Thomas Ruggles	2	48
Hannah, d. Joseph, Jr. & Lucy, b. Aug. 22, 1740	2	40
Hannah, d. Abraham & Sarah, b. Jan. 2, 174[2]	2	73
Hannah, m. Thomas **GRISWOLD**, Jr., b. of Guilford, Dec. 17, 1761, by Rev. Thomas Ruggles	2	164
Hannah, w. of Abra[ha]m, d. Aug. 7, 1810, in her 57th y.	2	152
Hannah Maria, d. Eben & Olive, b. May 21, 1812	2	267
Harry, of Guilford, m. Emily A. **BUTLER**, of Madison, July 23, 1835, by Rev. Aaron Dutton	2	327
Harvey, s. Abra[ha]m & Hannah, b. Nov. 17, 1788	2	233
Hubbard, s. Noah & Naomi, b. Apr. 2, 1770	2	127
Hubbard, m. Rhoda **FOSTER**, b. of Guilford, Oct. 29, 1792, by Rev. Simon Barker	2	225
Ichabod, s. Dan[ie]l & Patience, b. Apr. 11, 1721	2	19
Irene, d. Tho[ma]s, Jr. & Lydia, b. Jan. 31, 1731	2	101
Isaac, m. Lydia **THOMPSON**, Sept. 20, 1665	A	63
Isacke, s. Isacke & Lidiah, b. Aug. 9, 1666	A	64
Isaack, d. July 13, 1685	A	69
Isaac, s. John & Bathsheba, b. Apr. 3, 1720	2	11
Isaac, m. Lucy **BENTON**, b. of Guilford, Jan. 25, 1742/3, by Rev. Thomas Ruggles	2	58
Isaac, s. Isaac & Lucy, b. Mar. 11, 1743/4	2	76
Jabez, s. Isaac & Ledia, b. Feb. 25, 1680	A	68
Jane, w. of Abraham, bd. Aug. 16, 1668	A	66

	Vol.	Page
CRUTTENDEN, CRITENDEN, CRITTENDEN, CRITEND,		
CRUTENDEN, (cont.)		
Jane, m. John **PARMELE[E]**, Jr., b. of Guilford, Nov. 26, 1740, by Rev. Thomas Ruggles	2	58
Jedediah, s. Tho[ma]s, Jr., & Lydia, b. July 13, 1743	2	101
Joel, s. Nath[anie]ll & Mary, b. June 1, 1751	2	86
Joel, s. Timo[thy] & Parnel, b. Oct. 19, 1782	2	192
John, m. Hannah **FLETCHER**, Dec. 12, 1665	A	64
John, s. Abraham & Susannah, b. Aug. 15, 1671	A	74
[John], Jr., m. Lucy **LEE**, b. of Guilford, June 4, 1734, by Rev. Jonathan Todd	2	52
John, s. Noah & Naoma, b. Dec. 29, 1766; d. Jan. 18, following	2	118
John, s. Noah & Naomi, b. Sept. 3, 1775	2	192
John, d. June 18, 1784	2	152
Jonathan, s. Josiah & Esther, b. May 16, 1754	2	95
Joseph, s. Abraham & Seasana, b. Apr. 9, 1674	A	76
Joseph, of Guilford, m. Lucy **SPENCER**, of Middletown, Nov. [ ], 17[30], by Rev. William Russell, in Middletown	2	51
Joseph, s. Joseph, Jr. & Lucy, b. Nov. [19, 1742]	2	73
Joseph, Lieut., d. Feb. 6, 1753, in the 79th y. of his age	2	140
Joseph, m. Lucretia **EVARTS**, b. of Guilford, Dec. 13, 1769, by Rev. Amos Fowler	2	172
Jos[eph], Ens., d. Nov. 23, 1790, in the 83rd y. o f his age	2	152
Josiah, m. Esther **MURREY**, b. of Guilford, , Dec. 15, 1737, by Rev. Jonathan Todd	2	54
Josiah, s. Josiah & Esther, b. Sept. 14, 1738	2	38
Leah, d. John, Jr. & Lucy, b. Aug. 11, 1739	2	39
Leah, d. John, Jr., d. Sept. 13, 1742	2	148
Leverit, d. Beriah & Lydia, b. Feb. 20, 1772	2	127
Lois, d. John, Jr., d. Sept. 10, 1742	2	148
Lois, d. John & Lucy, b. Feb. 9, 1758	2	126
Lucia, d. Beriah & Lydiah, b. Oct. 28, 1769	2	127
Lucretia, m. Justice Johnson **CHITTENDEN**, b. of Guilford, June 6, 1804, by Rev. Israel Brainard	2	268
Lucy, d. Joseph, Jr. & Lucy, b. Mar. 12, 1732/3	2	26
Lucy, m. Nath[anie]ll **FOWLER**, b. of Guilford, Nov. 2, 1757, by Rev. Tho[ma]s Ruggles	2	71
Lucy, d. Noah & Naomi, b. Oct. 19, 1784	2	233
Lucy, m. John **COOKE**, Sept. [ ], 1803	2	327
Lucy, d. Gilbert & Hannah, b. Nov. 15, 1803	2	233
Lidyah, d. Isack & Lidiah, b. July 17, 1668	A	66
Lidiah, d. Isaac & Lidiah, d. Jan. 11, 1680	A	68
Lydia, d. Samuel & Mindwell, b. Mar. [14, 1719]	2	12
Lydia, twin with Abigail, d. Thomas, Jr. & Lydia, b. Aug. 20, 1727	2	101
Lydia, m. Pelatia[h] **LEETE**, Jr., b. of Guilford, Mar. 26, 17[40], by Rev. Thomas Ruggles	2	53

	Vol.	Page

CRUTTENDEN, CRITENDEN, CRITTENDEN, CRITEND, CRUTENDEN, (cont.)

	Vol.	Page
Lydiah(?), d. Zeb[ulon] & Dorothy, b. Oct. 24, 1758 (Written "Zydiah")	2	103
Mary, m. George **BARTLET[T]**, b. of Guilford, Sept. 14, 1650, by Samuell Disborow	A	123
Mary, m. Thomas **GOULD**, b. of Guilford, May 6, 17[15], by Rev. Thomas Ruggles	2	45
Mary, m. Joseph **HALL**, b. of Guilford, Jan. 23, 1742, by Rev. Thomas Ruggles	2	58
Mary, m. Stephen **HALL**, b. of Guilford, Dec. 6, 1787, by Rev. Amos Fowler	2	223
Mary Ann, m. Joseph **BARTLET[T]**, b. of Guilford, Mar. [ ], 1827, by Rev. Aaron Dutton	2	313
Mehittabell, d. Isaac & Lidiah, b. Apr. 11, 1682	A	87
Mercy, d. Lieut. Joseph, d. Jan. 27, 1736/7	2	151
Mercy, d. Joseph, Jr. & Lucy, b. Oct. 16, 1737	2	33
Mercy, w. of Lieut. Joseph, d. Jan. 3, 1749/50	2	140
Mille, d. Noah & Naoma, b. Aug. 25, 1765	2	118
Mille, see also Mine		
Mindwell, m. Joseph **BARTLET[T]**, b. of Guilford, June 4, 1726, by Rev. Thomas Ruggles	2	47
Mine*, m. Tho[ma]s, **GRISWOLD**, Jr., b. of Guilford, Jan. 18, 1789, by Rev. Amos Fowler (*Mille)	2	176
Molly, m. Joel **LEETE**, b. of Guilford, May 27, 1790, by Rev. Amos Fowler	2	179
Naomi, d. Isaack & Lidiah, b. June 23, 1685	A	92
Naomy, d. Isa[a]ck & Lidiah, b. June 23, 1685; d. Sept. 1, 1692	A	94
Naomi, w. of Noah, d. Jan. 2, 1796, in his 53rd y.	2	152
Nathan, s. David & Elizabeth, b. Jan. 22, 1750/1	2	85
Nathaniel, s. Sam[ue]l & Mindwell, b. Aug. 6, 1720	2	14
Nathaniel, m. Mary **PARMELE[E]**, b. of Guilford, Jan.* 21, 1744, by Rev. James Sprout (*June?)	2	59
Nathaniel, m. Mary **PARMELE[E]**, b. of Guilford, June 20, 1744, by [James Sproutt]	2	213
Nathaniel, s. Abraham & Sarah, b. Aug. 10, 1752	2	88
Noah, s. John, Jr. & Lucy, b. Aug. 10, 1735	2	30
Noah, s. John, Jr., d. Oct. 10, 17[36] (?)	2	150
Noah, of Guilford, m. Naomi **ATWELL**, of Killingworth, Dec. 27, 1760, by Jon[a]th[an] Todd	2	168
Olive, w. of Eber C., d. Aug. 26, 1826, ae 35 y.	2	270
Polly, d. Sam[ue]ll & Sarah, b. July 23, 1789	2	205
Rachel, d. Noah & Naomi, b. Sept. 15, 1771	2	127
Rachel, d. Noah, d. Jan. 25, 1793, in her 22nd y.	2	152
Rhode, d. Dan[ie]l & Patience, b. Apr. 30, 1724	2	19
Richard, m. Hannah A. **WALKLEY**, Apr. 7, 1841, by Rev. Aaron Dutton	2	362

**CRUTTENDEN, CRITENDEN, CRITTENDEN, CRITEND,
CRUTENDEN,** (cont.)

	Vol.	Page
Ruth, d. Abraham & Sarah, b. Dec. 7, 17[43]	2	75
Ruth, d. David & Elizabeth, b. [Dec. 7, 1743]	2	83
Ruth, d. Joseph, Jr. & Lucy, b. May 1, 1749	2	83
Ruth, d. Joseph & Lucretia, b. May 31, 1771	2	192
Sally, m. Reuben **PARMELE[E]**, Jr., b. of Guilford, June 22, 1790, by Rev. Amos Fowler	2	183
Salmon, s. Josiah & Esther, b. Aug. [13, 1743]	2	83
Salmon, s. Josiah & Esther, b. Oct. 13, 1743	2	77
Salmon, s. Josiah, d. May 13, 1746	2	137
Samuell, s. Isa[a]ck & Lidiah, b. Nov. 1, 1675	A	78
Samuel, Lieut., d. Dec. 12, 1745	2	137
Samuel, s. Nath[anie]ll & Mary, b. Jan. 2, 1747/8	2	82
Samuel, s. Joseph & Lucy, b. Nov. 22, 1755	2	96
Sam[ue]ll, m. Sarah **JOCELIN**, b. of Guilford, June 24, 1778, by Rev. Amos Fowler	2	172
Sam[ue]ll, s. Sam[ue]ll & Sarah, b. Dec. 18, 1778	2	192
Samuel Dudley, s. Eber & Olive, b. Jan. 25, 1819	2	267
Samuel Dudley, s. Eber & Olive, d. Feb. 25, 1819	2	270
Samuel Dudley, s. Eber & Olive, b. Dec. 5, 1825	2	267
Searah, d. Abraham, Jr. & Susanna, b. Aug. 21, [16]65	A	64
Sarah, d. Thomas & Abigell, b. Feb. 6, 1693/4	A	96
Sarah, d. Joseph, Jr. & Lucy, b. Feb. 2, 1734/5	2	30
Sarah, d. Zeb[ulon] & Dorothy, b. Oct. 7, 1756	2	103
Sarah, d. Tho[ma]s, Jr. & Lydia, b. Dec. 27, 1756	2	101
Sarah, m. Joseph **BARTLET[T]**, Jr., b. of Griswold, Dec. 30, 175[6], by Rev. Thomas Ruggles	2	69
Sarah, m. Ethan **WATEROUS**, b. of Guilford, Mar. 1, 1757, by [James Sproutt]	2	219
Sarah, d. Sam[ue]ll & Sarah, b. Nov. 3, 1786	2	205
Sarah, d. Abra[ha]m & Hannah, b. Jan. 19, 1791	2	233
Sarah, w. of Sam[ue]ll, d. Mar. 29, 1796, in her 39th y.	2	152
Seth, s. Joseph & Marcy, b. Oct. 14, 17[18]	2	12
Seth, s. Joseph, Jr. & Lucy, b. Mar. 5, 1750/1	2	85
Seth, m. Anna **ROSSETTER**, b. of Guilford, Jan. 23, 1782, by Rev. Amos Fowler	2	172
Seth, m. Mrs. [ ] **PARMELE[E]**, b. of Guilford, Dec. 3, 1820, by Aaron Dutton	2	268
Susannah, wid., m. Amaziah **EVARTS**, June 6, 1776, by Rev. Jonathan Todd	2	174
Thomas, s. Abraham, Jr. & Susannah, b. Jan. 31, 1667	A	66
Thomas, of G[u]ilford, m. Abigail **HULL**, of Kenilworth, Sept. 11, 1690, by Mr. Andrew Leete	A	80
Thomas, Jr., of Guilford, m. Lydia **DARROW**, of New London, Oct. 4, 1726, by Rev. Eliphalet Adams, in New London	2	70
Thomas, Lieut., d. Sept. 14, 1754, in the 87th y. of his age	2	141
Timothy, s. Nath[anie]ll & Mary, b. Jan. 27, 1747/8	2	82

	Vol.	Page
CRUTTENDEN, CRITENDEN, CRITTENDEN, CRITEND, CRUTENDEN, (cont.)		
Timothy, s. Nath[anie]l & Mary, b. Oct. 11, 1754	2	95
Timothy, m. Parnel **REDFIELD**, b. of Guilford, July 29, 1778, by Rev. Amos Fowler	2	172
Uriah, s. Thomas, Jr. & Lydia, b. Aug. 22, 1732	2	101
Uriah, m. Elizabeth **HUBBARD**, b. of Guilford, May 9, 1758, by Rev. Jonathan Merrick	2	71
Uriah, s. Uriah & Eliza[bet]h, b. Nov. 7, 1758	2	103
Warren, s. Beriah & Lydia, b. June 25, 1775	2	192
Wealthy, d. Noah & Naomi, b. Sept. 3, 1773	2	127
Wealthy, d. Noah, d. Apr. 23, 1794	2	152
Zebulon, s. Tho[ma]s, Jr. & Lydia, b. Aug. 20, 1754	2	101
Zebulon, m. Dorothy **PARMELE[E]**, b. of Guilford, June 17, 1756, by Rev. Mr. Bird, in New Haven	2	71
Zydiah*, d. Zeb[ulon] & Dorothy, b. Oct. 24, 1758 (*Lydiah?)	2	103
CURTIS, Olive, of Durham, m. Waterous **FAIRCHILD**, of Guilford, June 19, 1796, by Rev. Eleazer Goodrich	2	238
Phebe, of Durham, m. Thomas R. **BRAY**, of Guilford, Oct. 10, 1804, by Rev. D. Smith	2	227
DANIELS, Lucy, d. Joshua & Hannah, b. Aug. 19, 1725	2	20
Mary A., m. John S. **HAYDEN**, b. of Middletown, Apr. 30, 1848, by Rev. Cha[rle]s R. Adams	2	386
Sarah A., m. James H. **TAYLOR**, b. of Middletown, Nov. 19, 1848, by Rev. E. Edwin Hall	2	370
DARROW, Lydia, of New London, m. Thomas **CRUTTENDEN**, Jr., of Guilford, Oct. 4, 1726, by Rev. Eliphalet Adams, in New London	2	70
DARWIN, Abigail, d. Daniel & Abigail, b. Aug. 29, 1730	2	22
Abigail, d. Daniel & Abigail, b. Aug. 29, 1730	2	24
Daniell, s. Ephr[a]im & Elizabeth, b. Sept. 15, 1680	A	86
Daniel, s. Daniel & Abigail, b. Jan. 31, 1725/6	2	17
Daniel, Jr., m. Susannah **ADKINS**, b. of Guilford, Feb. 8, 1747/8, by Rev. Thomas Ruggles	2	63
Deliverance, wid., d. Feb. 11, 1781, in the 86th y. of her age	2	154
Dinah, d. Sam[ue]ll & Abigail, b. Oct. 1, 1720	2	19
Ebenezer, s. Daniel & Abigail, b. Aug. 24, 1740	2	40
Ebenezer, of Guilford, m. Dinah **THORP**, of North Haven, July 13, 1761, by Rev. Benjamin Trumble	2	164
Elizabeth, d. Sam[ue]ll & Abigail, b. Nov. 5, 1718	2	19
Ephrem, m. Elizabeth **GOODRICH**, b. of Guilford, June 10, 1678, by Andrew Leete	A	77
Ephraim, s. Samuel & Abigail, b. May 6, 1729	2	22
Jonathan Champion, s. Ebenezer & Dinah, b. Apr. 4, 1763	2	110
Joseph, s. Joseph & Anne, b. Dec. 19, 1715	2	11
Mary, d. Daniel* & Abigail, b. Oct. 21, 1721 (*Samuel?)	2	14
Noah, s. Daniel & Abigail, b. Aug. 25, 1743	2	75

	Vol.	Page
DARWIN, (cont.)		
Noah, d. June 14, 1764	2	144
Samuel, of Guilford, m. Abigail **BENNAM**, of Wallingford, Dec. last week, 1713, by Rev. Thomas Ruggles	2	50
[Samuel], of Guilford, m. Abigail **CHAMPION**, of Lime, Aug. 10, 1720, by Rev. Thomas Ruggles	2	44
Samuel, s. Sam[ue]ll & Abigail, b. Mar. 20, 1722/3	2	19
Sarah, s. [sic] Sam[ue]ll & Abigail, b. July 15, 1715	2	19
Stephen, s. Daniel & Abigail, b. Apr. 16, 1733	2	27
Thankfull, d. Sam[ue]l & Abigail, b. Jan. 9, 1725/6	2	19
DAVIS, DAVICE, Anna Sophia, d. Joel, 2nd & Polly, b. Sept. 5, 1822	2	250
Anna Sophia, of Guilford, m. Gorman P. **TAYLOR**, of New York, [Nov.] 2, [1842], by Rev. Lorenzo T. Bennett	2	370
Betsey, m. John **HALL**, b. of Guilford, June 29, 1825, by Rev. Aaron Dutton	2	255
Christopher Bradley, s. James & Ruth, b. Apr. 30, 1791	2	236
Content, m. James S. **LOPER**, b. of Guilford, May 14, 1823, by Rev. Aaron Dutton	2	257
Daniel Loper, s. Joel, 2nd, & Polly, b. July 1, 1820	2	250
Daniel Loper, m. Lucy Ann **GRISWOLD**, Sept. 28, 1842, by Rev. David Baldwin	2	364
Emily G., of Guilford, m. Samuel C. **MADDEN**, of New York, July 2, 1845, by Rev. E. Edwin Hall	2	307
George, m. Hannah **HUBBARD**, Sept. 9, 1832, by Rev. David Baldwin	2	332
Hannah, d. John & Hannah, b. Dec. [ ], [1716]	2	9
Hannah, m. [Elias] **CADWELL**, b. of Guilford, Apr. 1, 1735, by Andrew Ward, J. P.	2	56
Hannah, d. John, Jr. & Amy, b. May 17, 1738	2	82
Hannah, m. David **HALL**, b. of Guilford, Dec. 13, 1764, by Rev. James Sproutt	2	177
Hannah, m. David **HULL***, b. of Guilford, Dec. 13, 1764, by [James Sproutt] (***HALL**?)	2	229
Harriet, m. Eleazer **WOODRUFF**, June 21, 1848, by Rev. D. Baldwin	2	380
Henry N., m. Clarrissa J. **GRISWOLD**, b. of Guilford, Mar. 10, 1847, by Rev. E. Edwin Hall	2	365
James, m. Ruth **GRISWOLD**, b. of Guilford, Dec. 11, 1789, by Rev. Amos Fowler	2	173
Joel, s. James & Ruth, b. May 13, 1793	2	236
John, Jr., m. Amy **STARR**, b. of Guilford, Oct. 9, 1734, by Rev. Thomas Ruggles	2	56
John, m. Elizabeth **HUBBARD**, b. of Guilford, Aug. 11, [1760], [by James Sproutt]	2	219
John, m. Mary **DEMING**, b. of Guilford, Feb. 17, 1784, by Rev. Amos Fowler	2	173
Mary, d. Jno. Jr. & Amy, b. Aug. 26, 1740	2	82

GUILFORD VITAL RECORDS 81

	Vol.	Page
DAVIS, DAVICE, (cont.)		
Mary, m. Ebenezer **HOPSON**, b. of Guilford, Mar. 8, 1764, by Rev. James Sproutt	2	177
Mary, m. Ebenezer **HOPSON**, b. of Guilford, Mar. 8, [1764], [by James Sproutt]	2	228
Mary, m. Joel **LEE**, b. of Guilford, Feb. 1, 1792, by Rev. Amos Fowler	2	179
Mary, d. James & Ruth, b. Feb. 23, 1798	2	236
Mary, m. Justin **BISHOP**, b. of Guilford, May 13, 1829, by Rev. Aaron Dutton	2	324
Phebe, m. Noah **BENTON**, Jr., b. of Guilford, Oct. 31, 1790, by Rev. Amos Fowler	2	226
Polly, d. John & Mary, b. Dec. 22, 1784	2	197
Prudence, d. John, Jr. & Amey, b. Aug. 3, 1736	2	31
Ruhamah E., of Guilford, m. Eliakim W. **HULL**, of Durham, Apr. 12, 1835, by Rev. Lorenzo J. Bennett	2	346
Ruth Maritta, d. James & Ruth, b. Jan. 11, 1796	2	236
Sally, d. John & Mary, b. Mar. 2, 1792	2	236
Sally, of Guilford, m. George **DOLPH**, of Saybrook, July 8, 1824, by Rev. David Baldwin	2	259
Samuel, m. Mary **HALL**, b. of Guilford, Feb. 6, 1833, by Rev. Aaron Dutton	2	332
Samuel, m. Harriet **BENTON**, b. of Guilford, Mar. 26, 1838, by Rev. Aaron Dutton	2	333
Sarah, d. John & Hannah, b. June 8, 1720	2	19
Sarah, d. James & Ruth, b. June 8, 1790	2	236
DEE, Simeon, of Saybrook, m. Chloe **FOSTER**, of Guilford, Oct. 4, 1821, by Rev. John Ely	2	259
DEMING, Bill, twin with [ ], s. Josiah T. & Lois, b. Feb. 14, 1784	2	236
Harry, s. Josiah T. & Lois, b. Oct. 18, 1789	2	236
Jim, s. Josiah T. & Lois, b. Sept. 23, 1787	2	236
Josiah, s. Josiah T. & Lois, b. Aug. 31, 1775	2	236
Josiah Treat, s. Treat & Mary, b. Oct. 17, 175[2]	2	87
Josiah Treat, m. Lois **SCRANTON**, b. of Guilford, Nov. 24, 1774, by Rev. Jonath[an] Todd	2	173
Mary, d. Treat & Mary, b. Dec. 9, 1753	2	97
Mary, m. John **DAVIS**, b. of Guilford, Feb. 17, 1784, by Rev. Amos Fowler	2	173
Mary, m. Joseph **PARMELE[E]**, b. of Guilford, Oct. 12, [1788], [by James Sproutt]	2	299
Parne, d. Josiah T. & Lois, b. Feb. 22, 1791	2	236
Polly, d. Josiah T. & Lois, b. Aug. 21, 1780	2	236
Sally, d. Josiah T. & Lois, b. Jan. 4, 1777	2	236
Treat, m. Mary **BOWIN**, b. of Guilford, Oct. 22, 1751, by Rev. Thomas Ruggles	2	63
-----, twin with Bill, d. Josiah T. & Lois, b. Feb. 14, 1784; d. Mar. 1, 1784	2	236

	Vol.	Page
DESHON, Lydia, of New London, m. James **CEZANNE**, of Island of Gradeloupe, Sept. 10, 1789, by Rev. Henry Channing	2	225
Sarah, of New London, m. Tho[ma]s **BURGIS**, 3rd, of Guilford, Feb. 14, 1793, by Rev. John Elliott	2	226
DeWOLF, [see also **DOLPH**], Erastus, s. Ezra & Jemima, b. Sept. 10, 1759	2	105
Prudence, d. Ezra & Jemima, b. Sept. 22, 1762	2	109
DIBBLE, DEBELL, DIBEL, Daniel, m. Mehitable **STONE**, b. of Guilford, Sept. 14, [1785], [by James Sproutt]	2	253
Elizabeth, of Saybrook, m. John **HILL**, of East Guilford, Oct. 8, 1716, by Rev. Mr. Hunt, of East Hampton	2	44
George A., m. Anna **EVART**, b. of Guilford, Apr. 18, 1842, by Rev. A. Dutton	2	364
Henry, s. Henry & Abigail, b. Nov. 18, 1750	2	91
Laura C., of Guilford, m. Erwin **WHITE**, of Durham, Sept. 18, 1837, by Rev. Zolva Whitmore	2	289
Marvin, m. Irene **DUDLEY**, b. of Guilford, June 18, 1835, by Rev. Zolva Whitmore	2	333
Mary, d. Henry & Abigail, b. Jan. 6, 1752	2	91
DICKINSON, DICKERSON, Agnis, m. Samuel **LEE**, Jr., b. of Guilford, Nov. 7, 1764, by Rev. Mr. May	2	170
Emily, m. William **GRAVES**, b. of Madison, Feb. 27, 1833, by Rev. Aaron Dutton	2	328
Mary, of Haddam, m. Samuel **FIELD**, 2nd, of Guilford, Apr. 11, 1754, by Hezekiah Bra[i]nard, J. P.	2	67
Ruth, of Haddam, m. Noah **BENTON**, of Guilford, July 21, 1762, by Hezekiah Brainard, J. P.	2	164
Thankful, of Haddam, m. Beriah **HOCHKIN**, of Guilford, Sept. 4, 1774, by Rev. Daniel Brewer	2	177
Thankfull, of Haddam, m. Beriah **HOTCHKIN**, of Guilford, [Jan. 31, 1774], by [James Sproutt]	2	252
Ursula, m. Harry A. **GRIFFING**, b. of Guilford, Oct. 7, 1821, by Rev. John Elliott	2	278
DISBOROW, Elizabeth, divorced w. of Thomas Rolfe, m. John **JOHNSON**, Oct. 1, 1651	A	124
Samuel, freeman 1669-70	A	121
Sarah, d. Samuel, b. Mar. [ ], 1649	A	123
DOANE, Jemima M., of Saybrook, m. David **SNOW**, of Killingworth, Sept. 21, 1830, by Rev. Aaron Dutton	2	322
Loomis, m. Catherine **WALKLEY**, July 22, 1829, by Rev. David Baldwin	2	259
DODD, DOD, [see also **DOWD**], Hannah, w. of Sam[ue]ll, d. Mar. 23, 1735/6, in the 59th y. of her age	2	150
Hannah, m. [Thomas] **BURGIS**, b. of Guilford, May 18, 1737, by Rev. Thomas Ruggles	2	56
Hannah, 2nd w. of Sam[ue]ll, d. Aug. 23, 1740	2	148
Mary, d. Sam[ue]ll & Mary, b. Jan. 16, 1741/2; d. Jan. 26,1741/	2	73

	Vol.	Page
DODD, DOD, (cont.)		
Samuel, m. Hannah **BENTON**, b. of Guilford, Aug. 31, 1737, by Rev. Thomas Ruggles	2	54
Samuel, m. wid. Mary **EVARTS**, b. of Guilford, Apr. 22, 1741, by Rev. Thomas Ruggles	2	57
Samuel, Jr., d. Aug. 25, 1751, in the 44th y. of his age	2	138
[Sarah], d. Samuell & Hannah, b. Apr. [24], [1714]	2	5
Sarah, m. John **BURGIS**, b. of Guilford, Jan. 14, 1741/2, by Rev. Thomas Ruggles	2	57
Stephen, m. Sarah **STEVENS**, Apr. 18, 1678, by Andrew Leete	A	77
DOLPH, [see also **DeWOLF**], Eliza A., of Guilford, m. William **MERVIN**, of New Haven, Dec. 5, 1847, by Rev. E. Edwin Hall	2	390
Eunice, m. Augustus N. **PAGE**, b. of Guilford, Mar. 22, 1843, by Rev. Lorenzo T. Bennett	2	343
George, of Saybrook, m. Sally **DAVIS**, of Guilford, July 8, 1824, by Rev. David Baldwin	2	259
Samuel, s. Geo[rge] L. & Sally, b. Dec. 12, 1825	2	250
Susan, m. Lyman **NORTON**, b. of Guilford, July 10, 1842, by Alvah B. Goldsmith, J. P.	2	311
William Henry, s. Geo[rge] L. & Sally, b. Feb. 5, 1829	2	250
DOOLITTLE, Mary, m. Abraham **EVARTS**, Jr., b. of Guilford, Mar. 2, 1809, by Rev. Aaron Dutton	2	247
DORCAS, James, s. Pomp & Belinda, b. July 4, 1802	2	250
DOUBLE*, Ebenezer, of Guilford, m. Elizabeth **GRAVE**, of Stratford(?), Oct. 26, 1714	2	44
DOWD, DOUD, DOUDE, [see also **DODD**], Aaron, twin with Moses, s. Noah & Lydia, b. Feb. 20, 1757	2	108
Abigail, d. Joseph, Jr. & Polly, b. Apr. 27, 1811	2	249
Abigail F., m. John R. **EVART**, b. of Guilford, Nov. 28, 1839, by Rev. A. Dutton	2	358
Abigail Johnson, d. Abraham & Mercy, b. July 26, 1759	2	112
Abigail Johnson, d. Abraham, d. Jan. 24, 1761	2	144
Abigail Johnson, d. Abraham & Mercy, b. Mar. 2, 1763	2	112
Abraham, s. Thomas & Ruth, b. Aug. 22, 1691	A	99
Abraham, s. Abra[ha]m & Sarah, b. Apr. 25, 1719	2	12
Abraham, Jr., m. Mary **BISHOP**, b. of Guilford, May 7, 1746, by Rev. Jonathan Todd	2	60
Abraham, of Guilford, m. Phebe **KELSEY**, wid., of Saybrook, Aug. 31, 1758, by Rev. Devotion	2	71
Abraham, d. Mar. 12, 1768, in his 77th y.	2	145
Adelia, d. Joseph, Jr. & Polly, b. Feb. 28, 1806	2	249
Almira, d. Joseph, Jr. & Polly, b. Nov. 21, 1793	2	249
Amos, s. Isaac & Abigail, b. Mar. 4, 172[4]	2	16
Aney, d. Janna & Desire, b. Apr. 28, 1740	2	40
Anne, d. Abraham, Jr. & Mary, b. Mar. 22, 1746/7	2	80
Asa, s. Asa & Experience, b. Mar. 3, 1747/8	2	82
Augustus, s. Ebenezer, Jr. & Tamson, b. Aug. 12, 1766	2	115

84 BARBOUR COLLECTION

	Vol.	Page
DOWD, DOUD, DOUDE, (cont.)		
Betsey, d. Joseph, Jr. & Polly, b. Apr. 16, 1801	2	249
Charles, s. Solomon & Abigail, b. Feb. 24, 1794	2	250
Chauncey E., of Madison, m. Esther L. **BRADLEY**, of Killingworth, Dec. 9, 1832, by Rev. Aaron Dutton	2	332
Chloe, d. Isaac & Abigail, b. Sept. 26, 1727	2	19
Chloe, d. Moses & Lydia, b. Oct. 16, 1769	2	197
Cornelius, s. John & Hannah, b. Apr. 4, 1680	A	86
Cornelius, s. Cornelius & Jane, b. Feb. 15, 1719/20	2	11
Cornelius, s. John, d. Aug. 14, [1727, ae 47]	2	3
Daniel, s. Noah & Lydia, b. Mar. 29, 1755	2	108
David, s. John & Mary, b. Mar. 15, 1694/5	A	96
David, s. Abraham & Mercy, b. Jan. 9, 1755	2	112
Desire, d. Janna* & Desire, b. Feb. 15, 1733/4 (*Arnold Copy has "James")	2	33
Desire, d. Janna & Desire, b. Feb. 15, 1735/6	2	31
Desire, m. Amos **HODGKIS**, b. of Guilford, Mar. 19, 1760, by Rev. Thomas Ruggles	2	72
Didimus, s. Joseph & Mary, b. Oct. 25, 1746	2	81
Ebenezer, s. Thomas & Ruth, b. Aug. 14, 1680	A	88
Ebenezer, s. Thomas & Ruth, d. Sept. 14, 1680	A	68
Ebenezer, s. Ebenezer & Mary, b. Oct. 5, 1744	2	81
Eber, s. Abraham, 3rd, & Mary, b. May 29, 1754	2	98
Edward L., s. Lyman & Fanny, b. Aug. 15, 1809	2	250
Elipheas, s. Mary, b. May 5, 1721	2	23
Elizabeth, bd. Aug. 9, 1669	A	67
Elizabeth, m. Edward **STOCKER**, b. of Guilford, Mar. 4, 17[24], by Andrew Ward, J. P.	2	48
Emeline, d. Lyman & Fanny, b. Sept. 23, 1806	2	250
Emeline, of Guilford, m.Edmund **FRISBIE**, of Montgomery, Mass., Sept. 11, 1822, by Rev. John Ely	2	239
Eunice, d. Joseph & Mary, b. May 20, 1778	2	197
Eveline, of Guilford, m.Timothy **CLARK**, of Montgomery, Mass., Oct. 6, 1822, by Rev. Aaron Dutton	2	302
Fanny, d. Lyman & Fanny, b. Feb. 24, 1808	2	250
Fidelia M., m. Hiram S. **WILCOX**, b. of Madison, Apr. 17, 1842, by Rev. A. Dutton	2	353
Garner, s. Miles & Temperance, b. Dec. 22, 1779	2	197
Hannah, w. of John, d. Apr. 19, 1687	A	69
Hannah, of Guilford, m. Benjamin **AVERLY**, of Greenwich, Aug. 21, 17[31], by Rev. John Hart	2	51
Hannah, d. Moses & Lydia, b. Nov. 16, 1775	2	197
Henry, bd. Aug. 31, 1668	A	66
Henry, planter 1669-70	A	121
Henry, twin with Lemuel, s. Abraham, 3rd, & Mary, b. Aug. 9, 1759	2	106
Hervey, s. Miles & Temperance, b. Oct. 7, 1784	2	197
Horace, s. Joseph, Jr. & Polly, b. Nov. 1, 1803	2	249

	Vol.	Page
DOWD, DOUD, DOUDE, (cont.)		
Isaac, of Griswold, m. Abigail **STEVENS**, of Killingworth, June 19, 172[5], by Rev. John Hart	2	48
Jacob, s. Henry & Elizabeth, b. Feb. 16, [16]52	A	122
Jacob, s. John & Mary, b. Jan. 3, 1691/2	A	93
James, s. Silence, b. May 12, 1762	2	122
Jane, m. [David] **THOMPSON**, b. of Guilford, May 26, 1732, by James Hooker, J. P.	2	52
Janna, of Guilford, m. Desire **CORNWELL**, of Middletown, May 7, 17[35], by Rev. William Russell	2	55
Janna, s. Janna & Desire, b. May 13, 1745	2	77
Jared Freeman, s. Joseph, Jr. & Polly, b. Feb. 27, 1799	2	249
Jehiel, s. Abraham & Mercy, b. Apr. 6, 1757	2	112
Jeremiah, s. Hennery, bd. Aug. 16, 1668	A	66
Jeremiah, s. Cornelius & Jane, b. Apr. 28, 172[2]	2	14
Joel, s. Moses & Lydia, b. July 25, 1768; d. Aug. 7, 1768	2	197
Joel, s. Moses & Lydia, b. Jan. 21, 1774; d. Dec. 25, 1774	2	197
John, s. Henry & Elizabeth, b. May 24, 1650	A	124
John, m. Hannah **SELLMAN**, June 14, 1679, by Capt. John Chester, of Wethersfield	A	77
John, of G[u]ilford, m. Mary **BARTLET[T]**, of Kenilsworth, Jan. about middle, 1687, by Mr. Andrew Leete	A	79
John, s. John & Mary, b. Feb. 3, 1690	A	82
John, s. Noah & Lydia, b. Feb. 17, 1754	2	108
Jonathan, s. Zachariah & Ruth, b. June 28, 1760; d. July 1, 1760	2	107
Joseph, s. Thomas & Ruth, b. Feb. 14, 1687	A	99
Joseph, m. Mary **GRIMES**, b. of Guilford, Jan. 1, 1738/9, by Rev. Thomas Ruggles	2	53
Joseph, s. Joseph & Mary, b. Dec. 17, 1744	2	81
Joseph, d. Jan. 11, 1747/8	2	137
Joseph, s. Joseph & Mary, b. Oct. 16, 1773	2	133
Joseph, Jr., m. Polly **WILLARD**, b. of Guilford, June 30, 1793	2	258
Lemuel, s. Thomas & Patience, b. Sept. 11, 1737	2	85
Lemuel, twin with Henry, s. Abraham, 3rd, & Mary, b. Aug. 9, 1759	2	106
Lois, d. Moses & Lydia, b. Mar. 17, 1778; d. Feb. 4, 1781	2	197
Lois, of Madison, m. Hervey C. **SHELLEY**, of Guilford, Oct. 23, 1834, by Rev. Lorenzo T. Bennett	2	340
Lucinda, d. Joseph, Jr. & Polly, b. Sept. 6, 1796	2	249
Lucretia, d. Miles & Temperance, b. May 19, 1778	2	197
Lydia, d. Ebenezer & Mary, b. Apr. 5, 1746	2	81
Lydia, d. Ebenezer, d. Dec. 25, 1753	2	141
Manfred, m. Lucy **KELSEY**, b. of Guilford, Feb. 18, 1821, by Rev. John Elliott	2	258
Martha, d. Abraham, 4th, & Ruth, b. Dec. 17, 1759	2	110
Martha had s. Robert **STEEVENS**, b. Oct. 12, 1780	2	204
Mary, m. Sammuel **HUGES**, Apr. 26, 1666	A	64

	Vol.	Page

DOWD, DOUD, DOUDE, (cont.)

	Vol.	Page
Mary, d. John & Mary, b. about middle of Oct. 1688	A	70
Mary, d. Mary, b. Dec. 8, 1712	2	23
Mary had d. Mary, b. Dec. 8, 1712	2	23
Mary had s. Elipheas, b. May 5, 1721	2	23
Mary, d. Joseph & Mary, b. Apr. 7, 1741	2	41
Mary, m. John **BRADLEY**, Jr., b. of Guilford, Mar. 20, 1758, by Rev. Jon[a]th[an] Todd	2	70
Mary, d. Abraham, 4th, & Ruth, b. Aug. 18, 1762	2	110
Mary, of Guilford, m. Timothy **STEEVENS**, of Killingworth, Feb. 26, 1784, by Rev. Tho[ma]s Wells Bray	2	224
Mary Ann, d. Joseph, Jr. & Polly, b. May 26, 1808	2	249
Mehitable, d. Mar. 15, 1744/5	2	137
Miles, s. Asa & Experience, b. July 17, 1755	2	98
Millesent, d. Janna & Desire, b. Aug. 11, 1747	2	81
Moses, s. Thomas & Patience, b. Nov. 20, 1746	2	85
Moses, twin with Aaron, s. Noah & Lydia, b. Feb. 20, 1757	2	108
Moses, m. Ann **NETTLETON**, July 23, 1795	2	173
Noah, s. Janna & Desire, b. Feb. 12, 1737/8	2	34
Noah, s. Janna, d. Sept. 18, 1742	2	148
[Noah], s. Noah & Lydia, b. May 5, 1750	2	84
Olive, d. Abraham, 3rd, & Mary, b. Jan. 3, 1757	2	98
Phineas, s. Charles & Dolly, b. Nov. 27, 1821	2	250
Polly, d. Miles & Temperance, b. Sept. 13, 1781	2	197
Prudence, d. Joseph & Mary, b. Oct. 1, 1739	2	40
Rachel, d. Janna & Desire, b. Dec. 15, 1749	2	84
Reuben, s. Abraham, Jr. & Mary, b. Feb. 25, 1748/9	2	83
Rhodah, d. Cornelius & Jane, b. June 27, 1712	2	10
Richard W., s. Lyman & Fanny, b. Jan. 13, 1815	2	250
Rufus, s. Moses & Lydia, b. Dec. 24, 1786	2	197
Russell, s. Joseph & Mary, b. Nov. 4, 1769	2	123
Ruth, d. Abraham, Jr. & Mary, b. July 27, 1751	2	86
Ruth, d. Zach[aria]h & Ruth, b. May 2, 1752	2	92
Ruth, m. David **WALSTON**, b.of Guilford, July 15, 1804, by Rev. Israel Brainard	2	264
Ruth, d. [ ]	2	62
Sam[ue]l, s. Abraham & Sarah, b. May 3, [1717]	2	9
Samuel, s. Abraham & Sarah, d. Jan. 17, 1718	2	1
Samuel, s. Thomas & Patience, b. June 30, 1735	2	31
Sam[ue]ll, s. Moses & Lydia, b. Feb. 13, 1772	2	197
Sarah, d. John & Hannah, b. Apr. 7, 1682	A	87
Sarah, d. Thomas & Patience, b. Apr. 15, 1743	2	85
Sarah, w. of Abraham, d. Feb. 3, 1758	2	142
Sarah, m. Eliphalet **ROBERTS**, of Norristown, Pa., May 20, 1827, by Rev. Aaron Dutton	2	293
Selena, m. James **BISHOP**, b. of Guilford, Nov. 14, 1762	2	170
Sibe, d. Moses & Lydia, b. Feb. 23, 1781	2	197
Sidney A., m. Betsey E. **CHITTENDEN**, July 5, 1843, by		

	Vol.	Page
DOWD, DOUD, DOUDE, (cont.)		
Samuel N. Shephard	2	365
Silence, d. Joseph & Mary, b. Mar. 12, 1742/3	2	75
Silence had s. James, b. May 12, 1762	2	122
Solomon, s. Zachariah & Ruth, b. June 28, 1760	2	107
Sophronia, m. Samuel **BRISTOL,** Jr., b. of Guilford, Dec. 8, 1814, by Rev. John Elliott	2	227
Submit, d. Janna & Desire, b. Nov. 8, 17[42]	2	39
Submit, of Guilford, m. Minard **COCKARD,** of New York, Feb. 8, 1764, by Rev. Samuel Andrews	2	165
Susan, d. Lyman & Fanny, b. July 11, 1812	2	250
Susanna, d. Zephaniah & Ruth, b. Aug. 17, 1749	2	84
Susannah, m. Gilbert **CRUTTENDEN,** b. of Guilford, July 7, 1768, by Rev. Mr. Todd, at East Guilford	2	170
[Thankfull], d. Corneby* & Jane, b. Apr. 18, [1714] (*Cornelius?)	2	5
Thomas, m. Ruth **JOHNSON,** b. of Guilford, Dec. 11, 1679, by Andrew Leete	A	77
Thomas, s. Thomas & Ruth, b. Mar. 10, 1683	A	88
Thomas, of Guilford, m. Patience **FOSTER,** of Southhampton, Oct. 1, 1734, by Rev. Jonathan Todd	2	56
Timothy, s. Ebenezer & Mary, b. Jan. 15, 1745	2	81
Will[ia]m, s. Moses & Lydia, b. Apr. 25, 1783; d. Oct. 14, 1786	2	197
Wyllys Wodworth, m. Rebeckah **GRAVE,** b. of Guilford, Oct. 18, 1820, by Rev. John Ely	2	258
Zachariah, s. Zachariah & Ruth, b. Mar. 19, 1756	2	97
DOWN, DOWNS, Abigail, of New Haven, m. Daniel **CHITTENDEN,** of Guilford, June 28, 1726, by Rev. Jonath[an] Aarnold, at New Haven	2	47
Albert J., m. Frances L. **GRUMBLY,** May 8, 1845, by Rev. David Baldwin	2	365
DRAKE, Frederick A., of Windsor, m. Mary H. **SEWARD,** of Guilford, Sept. 18, 1838, by Rev. Aaron Dutton	2	333
DUDLEY, DUDLY, DOUDLE, Aaron, s. Daniel & Joanna, b. Sept. 16, 1739	2	39
Abel, s. Caleb & Anna, b. Sept. 3, 1781	2	197
Abel, of Guilford, m. Betsey **JUDSON,** of Woodbury, May 27, 1810, by Rev. Noah Benedict	2	258
Abiga[i]ll, d. Jonathan & Abigail, b. Feb. [10, 1716]	2	6
Abigail, d. Ebenezer & [Elizabeth], b. Oct. [ ], [1719]	2	12
Abigail, m. Daniel **BISHOP,** s. Daniel, b. of Guilford, June 1, 1727, by Rev. Thomas Ruggles	2	49
Abigail, m. Phinehas **MEIGS,** b. of Guilford, Jan. 31, 1738/9, by Rev. Jonathan Todd	2	53
Abigail, m. Judah **EVARTS,** Jr., b. of Guilford, May 30, 1739, by Rev. Jonathan Todd	2	53
Abigail, wid. of Joseph, d. June 28, 1740	2	147

	Vol.	Page
DUDLEY, DUDLY, DOUDLE, (cont.)		
Abigail, m. Joshua **BLACKLEY**, b. of Guilford, Oct. 11, 1752, by Rev. Thomas Ruggles	2	63
Abigail, d. Simeon & Lucy, b. Dec. 15, 17[52]	2	86
Abigail, d. Nathaniel, 2nd, & Abigail, b. Sept. 16, 1765	2	115
Abigail, m. Jared **WILLARD**, Jr., b. of Guilford, Aug. 16, 1772, by [ ]	2	185
Abigail, d. Thomas & Abigail, b. Dec. 22, 1775* (*1735?)	2	30
Abigail, d. Jon[a]th[a]n & Elizabeth, b. Jan. 27, 1780	2	197
Abraham, s. Caleb & Hannah, b. Mar. 2, 1742/3	2	74
Abraham, m. Deborah **CRUTTENDEN**, b. of Guilford, Jan. 20, 1773, by Rev. Amos Fowler	2	173
Abra[ha]m, s. Abra[ha]m & Deborah, b. Feb. 2, 1779	2	133
Abraham, Jr., m. Molly **BASSETT**, b. of Guilford, Dec. 8, 1802, by Rev. John Elliott	2	258
Ambrose, s. Medad & Mary, b. Apr. 15, 1757	2	97
Ambrose, s. Gilbert & Sarah, b. May 19, 1769	2	133
Ambrose, m. Elizabeth **RUSSELL**, b. of Guilford, [Apr. 29, 1783], by Rev. Tho[ma]s W. Bray	2	173
Amos, s. Caleb & Hannah, b. Nov. 3, 1747	2	81
Amos, m. Mary **EVARTS**, b. of Guilford, Feb. 27, 1771, by Rev. Mr. Fowler	2	170
Amos, s. Amos & Mary, b. Dec. 31, 1771	2	126
Amos, Jr., m. Anna **SHELLEY**, b. of Guilford, Apr. 18, 1798, by Rev. John Elliot[t]	2	173
Amos, m. Deborah **LEE**, wid., b. of Guilford, July 15, 1799, by Rev. Amos Fowler	2	173
Amos, Jr., m. Anna **SCRANTON**, b. of Guilford, Dec. [ ], 1802, by Rev. Israel Brainard	2	259
Amos, Jr., m. Sarah **EVARTS**, b. of Guilford, Mar. 29, 1813, by Rev. Aaron Dutton	2	259
Amos, d. Sept. 8, 1823, ae 75 y.	2	158
Amos Eleaser, twin with Anna Elizabeth, s. Amos, Jr. & Sarah, b. May 11, 1821	2	236
Ann, d. Joseph & Anna, d. Apr. 27, 1687	A	69
Ann, d. David & Dinah, b. May 17, 1734	2	106
Ann, d. Oliver & Elizabeth, b. Feb. 12, 1739/40	2	40
Ann, m. Timothy **EVARTS**, b. of Guilford, Jan. 1, 1756, by Rev. James Sprout	2	67
Ann, m. Timothy **EVARTS**, b. of Guilford, Jan. 1, 1756, by [James Sproutt]	2	216
Ann, m. Timothy **FIELD**, b. of Guilford, Nov. 25, 1767, by Rev. Richard Ely	2	175
Ann, of Guilford, m. Giles **WELLS**, of Southhold, L. I., Feb. 17, 1779, by Rev. Tho[ma]s W. Bray	2	185
Ann, w. of Amos, Jr., d. Dec. 24, 1810, ae 48 y.	2	158
Anna, d. David, 2nd, & Mary, b. Apr. 13, 1752	2	98
Anna, d. Caleb, Jr. & Anna, b. May 11, 1773	2	133

GUILFORD VITAL RECORDS

	Vol.	Page
DUDLEY, DUDLY, DOUDLE, (cont.)		
Anner, w. of Sam[ue]l, Jr., d. Jan. 14, 1780, in her 31st y.	2	158
Anna, m. Amos **BARTLET[T]**, b. of Guilford, May 11, 1800, by Rev. John Elliott	2	181
Anna, w. of Amos, Jr., d. July 16, 1801	2	158
Anna Elizabeth, twin with Amos Eleazer, d. Amos, Jr. & Sarah, b. May 11, 1821	2	236
Anne, d. Josiah & Silence, b. June 5, 1747	2	82
Anne, m. James **WILLARD**, b. of Guilford, Apr. 27, 1785, by Rev. Jon[a]th[a]n Todd	2	185
Asel, s. William & Ruth, b. June 7, 1719	2	91
Asenath, d. Thomas & Abigail, b. Aug. 30, 1746	2	79
Asenath, m. Abraham **EVARTS**, b. of Guilford, Nov. 11, 1773, by Rev. Richard Ely	2	174
Asenath, w. of Selah, Jr., d. Aug. 13, 1782, ae 36	2	158
Asenath, d. Eleazer & Asenath, b. Nov. 16, 1802	2	249
Asher, s. Sam[ue]ll & Anna, b. Apr. 2, 1770	2	133
Augustus Bartlet[t], s. Jared & Anna, b. Feb. 3, 1792	2	197
Avis, d. Samuel, d. Sept. 13, 1756, ae 5 y.	2	142
Azeriah, s. Miles & Rachel, b. Feb. [ ], [1715]	2	9
Bela, s. Nathaniel, 3rd, & Abigail, b. Nov. 24, 1761	2	108
Bela, s. Noah & Submit, b. Dec. 25, 1767	2	119
Beniamin, [twin with Joseph], s. Joseph & Ann, b. June 17, 1671	A	74
Benjamin, d. Feb. [23, 1720]	2	1
Benjamin, d. Jan. [ ], [1732] (Probably Benjamin Averly)	2	4
Benjamin, s. Noah & Submit, b. Jan. 25, 1758	2	103
Betsey, d. Amos & Deborah, b. Dec. 9, 1800	2	249
Betsey, m. William **CHITTENDEN**, b. of Guilford, Jan. 1, 1821, by Aaron Dutton	2	268
Betsey C., d. Medad & Phebe, b. Dec. 5, 1802	2	250
Bette, d. Nath[anie]ll & Sibbel, b. Dec. 8, 1754	2	103
Biel*, s. John, d. Apr. 17, 1753 (*Bill?)	2	141
Bill, s. John & Triphena, b. Oct. 17, 1752	2	89
Bille, s. John & Triphena, b. Dec. 20, 1762	2	109
Caleb, m. Hannah **STONE**, b. of Guilford, May 31, 1739, by Rev. Thomas Ruggles	2	53
Caleb, s. Caleb & Hannah, b. Feb. 24, 1739/40; d. Mar. [ ], 1739/40	2	41
Caleb, s. Caleb & Hannah, b. July 24, 1741	2	41
Caleb, Jr., m. Hannah **EVARTS**, b. of Guilford, Nov. 28, 1764, by Rev. Thomas Ruggles	2	166
Caleb, s. Caleb, Jr. & Hannah, b. Aug. 28, 1765	2	113
Caleb, Jr., m. Anne **MUNGER**, b. of Guilford, Jan. 18, 1769, by Rev. Jon[a]th[an] Todd	2	169
Caleb, 3rd, m. Ruth **CRAMPTON**, b. of Guilford, Oct. 27, 1791, by Rev. Amos Fowler	2	173
Caleb, d. Oct. 10, 1793, (in the 91st y. of his age)	2	158

	Vol.	Page
DUDLEY, DUDLY, DOUDLE, (cont.)		
Caleb, d. Sept. 14, 1802, in the 62nd y. of his age	2	158
Caroline, d. Medad, Jr. & Phebe, b. Sept. 1, 1800; d. Sept. 1, 1800	2	236
Cate, d. David, 2nd, & Mary, b. July 17, 1754; d. Aug. 17, 1754	2	98
Charles, s. Joshua & Sarah, b. May 26, 17[17]	2	10
Charles, s. Medad & Mary, b. Dec. 6, 1766	2	117
Chloe, d. Jonath[a]n & Elizabeth, b. July 31, 1794	2	197
Clarrissa, d. Ambrose & Mabel, b. Oct. 21, 1794	2	236
Clarrissa, d. Abra[ha]m, Jr. & Molly, b. Dec. 23, 1804	2	249
Clarrissa, m. Joel **EVARTS**, b. of Guilford, Oct. 22, 1834, by Rev. Aaron Dutton	2	248
Daniel, s. Ebenezer & Elizabeth, b. Feb. 3, 1718/19	2	11
Daniel, of Guilford, m. Joanna **ROSE**, of Branford, June 20, 173[2], by John Russell, J. P.	2	55
Daniel, s. Daniel & Joanna, b. Apr. 26, 1733	2	29
Daniel, s. Daniel & Joannah, b. Apr. 26, 1733	2	39
Darling, s. Joseph & Diadema, b. Feb. 26, 1774	2	133
David, s. Caleb & Elizabeth, b. Nov. 27, 171[8]	2	12
David, m. Dinah **MUNGER**, b. of Guilford, Oct. 12, 1733, by Janna Meigs	2	72
David, s. David & Dinah, b. Oct. 1, 1736	2	106
David, m. Mary **TALMAN**, b. of Guilford, Feb. 17, 1741/2, by Rev. Thomas Ruggles	2	58
David, 3rd, m. Triphena **EVARTS**, b. of Guilford, Apr. 13, 1758, by Rev. Richard Ely	2	166
David, d. Feb. 19, 1780, in the 73rd y. of his age	2	158
David, s. Roswell & Lois, b. May 1, 1791	2	197
David Talman, s. David & Mary, b. Jan. 1, 1746/7	2	85
Deborah, d. William & Jane, b. Sept. 20, 1647	A	123
Deborah, m. Ebenezer **T[H]OMPSON**, b. of Guilford, June [ ], 1671, by Mr. Leete	A	77
Deborah, w. of Abra[ha]m, d. Mar. 31, 1808, ae 63 y.	2	158
Desire, d. Noah & Submit, b. Feb. 17, 1767	2	119
Dinah, w. of David, d. Aug. 21, 1777	2	158
Ebenezer, s. John & Martha, b. Feb. 27, 1681	A	87
Ebenezer, of Guilford, m. Elizabeth **GRAVE**, of Stratford(?), Oct. 26, 1714 (Arnold Copy has "Ebenezer **DOUBLE**")	2	44
Eben[eze]r, s. Jonath[a]n & Elizabeth, b. Aug. 25, 1782	2	197
Ebenezer F., m. Nancy A. **FOWLER**, b. of Guilford, Feb. 22, 1843, by Rev. Zolva Whitmore	2	364
Ebor(?), s. Thomas & Abigail, b. Sept. 30, 1741	2	41
Eber, m. Mehitable **FAIRCHILD**, b. of Guilford, Aug. 8, 1795, by Rev. Mr. Fowler	2	258
Eber, d. Nov. 3, 1815, in the 75th y. of his age	2	158
Elan, s. John & Sarah, b. May 1, 1808	2	249
Elizabeth, d. John & Martha, b. Oct. beginning, 1688	A	96

GUILFORD VITAL RECORDS

	Vol.	Page
DUDLEY, DUDLY, DOUDLE, (cont.)		
Elizabeth, d. Ebenezer & [Elizabeth], b. Aug. [ ], [1716?]	2	12
Elizabeth, d. Jon[atha]n & Abigail, b. Dec. 28, 1722	2	13
Elizabeth, m. Janna **MEIGS**, Jr., b. of East Guilford, May 1[3], 17[24], by Rev. John Hart	2	48
Elizabeth, d. Jon[a]th[an], d. June [18, 1727, ae 4 y.]	2	3
Elizabeth, d. Jon[a]th[an] & Abigail, b. Dec. 4, 1727	2	19
Elizabeth, wid. of Caleb, d. Apr. 14, 1738	2	147
Elizabeth, wid. of Caleb, d. Apr. 14, 1738	2	149
Elizabeth, d. Samuel & Jane, b. Mar. 14, 1738/9	2	73
Elizabeth, d. Josiah & Silence, b. July [ ], [1740]	2	83
Elizabeth, d. Oliver & Elizabeth, b. Feb. 25, 1741/2	2	73
Elizabeth, m. Reuben **MUNGER**, b. of Guilford, June 8, 1748, by Rev. Jonathan Todd	2	60
Elizabeth, m. Luman **WARD**, b. of Guilford, Nov. 21, 1759, by Rev. Thomas Ruggles	2	71
Elizabeth, m. Nath[anie]ll **RUGGLES**, Jr., b. of Guilford, Mar. 14, 1765, by Rev. Jno. Richards	2	167
Elizabeth, d. Nathan & Elizabeth, b. Sept. 25, 1767	2	120
Elizabeth, d. Jonath[a]n & Elizabeth, b. Nov. 13, 1784	2	197
Elizabeth, wid. of Oliver, d. Mar. 15, 1787, in her 80th y.	2	158
Elizabeth, d. W[illia]m & Deborah, b. Aug. 19, 1822	2	250
Elizur, s. Selah & Asenath, b. Jan. 27, 1780	2	197
Elizur, of Guilford, m. Asenath **SPENCER**, of Haddam, Sept. 29, 1801, by Rev. Mr. Day	2	258
Emelia, d. Medad, Jr. & Phebe, b. Feb. 5, 1799	2	236
Erastus F., m. Parnel F. **CHITTENDEN**, Jan. 5, 1842, by Rev. Zolva Whitmore	2	364
Eunis, d. Joseph & Abigail, [b. Oct. 28, 1715]	2	6
[E]unice, d. Jared & Mary, b. Sept. 3, 1764	2	133
Eunice, d. Nath[anie]ll & Mary, b. Feb. 26, 1784	2	197
Fanny E., of Guilford, m. Ira J. **FENN**, Laca, Ill., Feb. 18, 1840, by Rev. Zolva Whitmore	2	331
Fanny Eno, d. Abel & Betsey, b. Sept. 11, 1811	2	249
George, s. Joshua & Sarah, b. Sept. 15, 1721	2	36
George, m. Martha **COOK**, b. of Guilford, Jan. 18, 1759, by Rev. John Richards	2	72
George, s. Abra[ha]m, Jr. & Molly, b. Nov. 30, 1807	2	249
George, m. Lucy **EVARTS**, b. of Guilford, May 2, 1832, by Rev. Aaron Dutton	2	332
Gilbert, m. Sarah **BARTLET[T]**, b. of Guilford, Nov. 21, 1765	2	173
Gulana, d. Ambrose & Mabel, b. Oct. 29, 1798	2	236
Hannah, d. Thomas & Abigail, b. Apr. 23, 1754	2	94
Hannah, w. of Ens. Nathaniel, d. May 16, 1757, in her 60th y.	2	145
Hannah, d. Nathaniel, 2d, & Abigail, b. July 16, 1763	2	115
Hannah, w. of Caleb, Jr., d. Sept. 6, 1765	2	145
Hannah, d. Caleb, Jr. & Anna, b. Oct. 31, 1769	2	122
Hannah, m. Abraham **CRUTTENDEN**, b. of Guilford, Jan. 15,		

	Vol.	Page

DUDLEY, DUDLY, DOUDLE, (cont.)

1783, by Rev. Amos Fowler	2	172
Hannah, m. John **GRISWOLD**, b. of Guilford, Jan. 13, 1790, by Rev. Amos Fowler	2	176
Hannah, wid. of Caleb, d. July 8, 1796, in her 87th y.	2	158
Hannah A., m. Horace **DUDLEY**, b. of Guilford, Apr. 30, 1837, by Aaron Dutton	2	333
Hannah Amanda, d. Tim[oth]y & Hannah, b. Apr. 10, 1816	2	236
Harriet, d. W[illia]m & Deborah, b. Sept. 7, 1810	2	249
Harris, s. John & Sarah, b. Mar. 16, 1812	2	249
Harvey, s. Caleb, 3rd, & Ruth, b. Dec. 2, 1792	2	197
Henry, s. Amos & Anna, b. Mar. 9, 1799	2	236
Henry, m. Vesta **BRADLEY**, b. of Guilford, May 14, 1823, by Rev. Aaron Dutton	2	259
Hooker, s. John & Sarah, b. Oct. 1, 1806	2	249
Hooker, m. Mary **EVARTS**, b. of Guilford, Oct. 16, 1831, by Rev. Aaron Dutton	2	259
Horace, m. Hannah A. **DUDLEY**, b. of Guilford, Apr. 30, 1837, by Aaron Dutton	2	333
Hubbard, s. Jonathan & Abigail, b. Jan. 10, 1735/6	2	30
Huldah, d. Sam[ue]ll & Anna, b. June [ ], 1773; d. Jan. 14, 1775	2	133
Huldah, d. Caleb & Anna, b. Oct. 29, 1784	2	197
Irene, m. Marvin **DIBBLE**, b. of Guilford, June 18, 1835, by Rev. Zolva Whitmore	2	333
James, twin with Timothy, s. John & Triphena, b. Nov. 19, 1772	2	133
Jane, d. Samuel & Jane, b. Feb. 14, 1744/5	2	78
Jared, s. W[illia]m & Ruth, b. Nov. 17, 1727	2	91
Jared, m. Mary **CHITTENDEN**, b. of Guilford, Dec. 25, 1754, by Rev. John Richards	2	68
Jared, s. Jared & Mary, b. June 8, 1759	2	103
Jared, d. Mar. 10, 1843, in the 80th y. of his age	2	158
Janna*, w. of William, d. May 1, 1674 (Jenne?)	A	92
Jenne, w. of William, d. May 1, 1674 (Probably Jane?)	A	68
Joel, s. Thomas & Abigail, b. July [25, 1750]	2	83
Joel, d. Mar. 23, 1777, in the 28th y. of his age	2	158
Joel, s. Abra[ha]m & Deborah, b. July 13, 1788	2	197
Joheil, d. Jan. 14, 1740/1	2	147
[John], s. Miles & Sarah, b. [Oct. 16, 1721]	2	14
John, of East Guilford, m. Abigail **SLED**, of Middletown, Oct. 9, 1738, by Rev. William Russell	2	53
John, m. Triphena **STONE**, b. of Guilford, Dec. 19, 1749, by [James Sproutt]	2	215
John, m. Triphena **STONE**, b. of Guilford, Dec. 19, 1750, by Rev. James Sprout	2	62
John, s. John & Triphena, b. Mar. 24, 1758	2	104
John, s. Nath[anie]ll & Mary, b. Jan. 25, 1782	2	197

	Vol.	Page

DUDLEY, DUDLY, DOUDLE, (cont.)

	Vol.	Page
John, m. Sarah **LEE**. b. of Guilford, Jan. 24, 1805, by Rev. Mr. Brainard	2	258
John, s. John & Sarah, b. Dec. 20, 1809	2	249
John, d. Jan. 9, 1816, in the 34th y. of his age	2	158
John, m. Sarah **DUDLEY**, b. of Guilford, Dec. 9, 1840, by Rev. Aaron Dutton	2	333
Jonathan, s. Jonathan & Abigail, b. Apr. 11, 1721	2	36
Jonathan, Jr., m. Sarah **FRENCH**, b. of Guilford, June 23, 174[2], by Rev. Jonathan Todd	2	57
Jonathan, s. Jonathan, Jr. & Sarah, b. Mar. 28, 1749	2	83
Jonathan, m. Elizabeth **HILL**, b. of Guilford, Feb. 4, 1778, by Rev. Jonath[a]n Todd	2	173
Jonathan, s. Amos, Jr. & Anna, b. Nov. 8, 1800	2	236
Joseph, s. William & Jane, b. Apr. 24, 1643	A	123
Joseph, m. Ann **ROBYSON**, Oct. 6, 1670, by Mr. Leete	A	67
Joseph, [twin with Beniamin], s. Joseph & Ann, b. June 17, 1671	A	74
Joseph, d. Feb. 19, [22, 1726, ae 55 y.]	2	3
Joseph, m. Prudence **FIELD**, b. of Griswold, Feb. 18, 1761, by Rev. Jonath[an] Todd	2	173
Joseph, Jr., m. Diadema **NORTON**, b. of Guilford, Jan. 21, 1762, by [James Sproutt]	2	228
Joseph, m. Diadama **NORTON**, b. of Guilford, Jan. 22, 1762, by Rev. James Sproutt	2	173
Joshua, s. Joseph & Anna, b. Dec. 17, 1674	A	76
Joshuah, of G[u]ilford, m. Sarah **PERRY**, of Stratford, Oct. 20, 17[12], by Rev. Mr. Moss, of Darby	2	43
Joshua, s. Joshua & Sarah, b. Feb. [10, 1716]	2	6
Josiah, s. Josiah & Silence, b. Mar. 12, 1742/3	2	76
Justin, s. Tim[oth]y & Hannah, b. Apr. 2, 1810	2	236
Kilburn, s. Oliver & Elizabeth, b. Mar. 14, 1736/7	2	34
Lois, d. W[illia]m & Ruth, b. Feb. 14, 1722/3	2	91
Lois, d. Capt. W[illia]m, d. Oct. 7, 1743	2	140
Lois, d. David & Mary, b. Mar. 20, 1744/5	2	79
Lois, m. Aaron **STONE**, b. of Guilford, Sept. 22, 1760, by Rev. Richard Ely	2	164
Lois, d. John & Triphena, b. July 22, 1768	2	133
Lois, d. Nath[anie]ll & Mary, b. July 11, 1779	2	197
Loveman, s. Luther & Mary, b. July 7, 1781	2	197
Lucinda, m. Stephen J. **COOKE**, Jan. 1, 1829, by Rev. Zolva Whitmore	2	303
Lucius, s. Amos, Jr. & Sarah, b. July 21, 1818	2	236
Lucretia, d. Oliver & Elizabeth, b. July 15, 1744	2	77
Lucy, d. W[illia]m & Ruth, b. Mar. 29, 1721	2	91
Lucy, m. Michael **BALDWIN**, b. of Guilford, Dec. 7, 1749, by Rev. John Richardson	2	61
Lucy, d. Medad & Mary, b. Jan. 15, 1759	2	104

DUDLEY, DUDLY, DOUDLE, (cont.)

	Vol.	Page
Lucy, d. George & Martha, b. Oct. 17, 1759	2	105
Lucy, d. Abra[ha]m & Deborah, b. Aug. 3, 1775	2	133
Luther, s. Jared & Mary, b. Sept. 16, 1755	2	97
Luther, m. Mary **CHIDSEY**, b. of Guilford, Jan. 27, 1779, by Rev. Tho[ma]s W. Bray	2	173
Luther, s. Luther & Mary, b. Sept. 6, 1779	2	197
Mabel, twin with Sarah, d. W[illia]m & Ruth, b. July 14, 1730	2	91
Mabel, d. Jonathan, Jr. & Sarah, b. July 10, 17[46]	2	83
Mabel, d. Thomas & Abigail, b. Nov. 22, 1751	2	86
Mabel, d. Jared & Mary, b. Mar. 10, 1767	2	133
Mabel, m. Benjamin **CHITTENDEN**, b. of Guilford, Jan. 16, 1777, by Rev. Amos Fowler	2	172
Maria, m. Jonathan **PARMELE[E]**, Jr., b. of Guilford, Oct. 13, 1819, by Rev. Aaron Dutton	2	295
Maria, d. W[illia]m & Deborah, b. June 7, 1820	2	250
Maria, m. W[illia]m S. Hall, b. of Guilford, Mar. 30, 1842, by Rev. A. Dutton	2	360
Maritta, d. Will[ia]m & Deborah, b. Nov. 4, 1808	2	249
Marietta, of North Guilford, m. John H. **BURTON**, of New Haven, Dec. 24, 1844, by Rev. Zolva Whitmore	2	376
Martha, d. Jonathan & Abiga[i]ll, b. Jan. 20, 1717/8	2	10
Martha, m. Jonathan **HOIT**, b. of Guilford, Apr. 26, 1738, by Rev. Jonathan Todd	2	54
Martin, s. Amos, Jr. & Sarah, b. Dec. 30, 1813	2	236
Mary, d. John & Martha, b. May 14, 1678	A	85
Mary, d. Ebenezer & Abigail, b. Sept. 28, 17[14]	2	12
Mary, d. Jonathan & Abigail, b. May 7, 1732	2	25
Mary, d. Daniel & Joanna, b. Dec. 12, 1734	2	29
Mary, d. David & Mary, b. Jan. 14, 1742/3	2	75
Mary, d. Jonathan, Jr. & Sarah, b. May 6, 1743	2	74
Mary, m. Philemon **FRENCH**, b. of Guilford, Oct. 27, 1757, by Rev. Richard Ely	2	68
Mary, d. Amos & Mary, b. Oct. 16, 1778	2	133
Mary, w. of Amos, d. Aug. 23, 1797, in the 47th y. of her age	2	158
Mary Ann, d. Tim[oth]y & Hannah, b. Feb. 7, 1813	2	236
Mary R., d. Medad & Phebe, b. Jan. 5, 1808	2	250
Medad, s. W[illia]m & Ruth, b. Feb. 3, 1724/5	2	91
Medad, m. Mary **FOWLER**, b. of Guilford, June 10, 1756, by John Richards	2	68
Medad, s. Medad & Mary, b. Dec. 8, 1764	2	112
Mercy, d. Miles & Rachel, b. Apr. 3, 1719	2	37
Mercy, m. Roland **LEETE**, b. of Guilford, Dec. 29, 1738, by Rev. Thomas Ruggles	2	64
Miles, s. Joseph & Ann, b. Dec. 17, 1676	A	85
Miles, s. Stephen & Ann, b. Nov. 3, 1737	2	87
Miles, d. Aug. 10, 1753	2	141

	Vol.	Page
DUDLEY, DUDLY, DOUDLE, (cont.)		
Miles, s. Nath[anie]ll & Sibbel, b. Dec. 30, 1756	2	103
Miles, m. Sarah E. **HART**, b. of Guilford, Nov. 26, 1839, by Rev. H. F. Pease	2	333
Molly, d. Medad & Mary, b. Feb. 20, 1774	2	133
Nabby, d. Ambrose & Elizabeth, b. Oct. 21, 1788	2	236
Nancy, d. Jonathan & Abigail, b. Aug. 29, 17[19]	2	11
Nancy P., m. Medad **HOLCOMB**, Dec. 6, 1821, by Zolva Whitmore	2	255
Nancy Parna, d. Jared & Anna, b. Apr. 29, 1799	2	249
Naomy, d. John & Marthy, b. Oct. beginning, 1690	A	97
Naoma, m. Samuel **GRAVE**, b. of Guilford, June 6, 1750, by Rev. Jonathan Todd	2	65
Nathan, s. Joshua & Sarah, b. Nov. 10, 171[9]	2	11
Nathan, s. David & Dinah, b. July 8, 1744	2	106
Nathan, m. Elizabeth **HUBBARD**, b. of Guilford, Oct. 24, 1765, by Rev. Amos Fowler	2	168
Nathan C., m. Annis S. **ROSSITTER**, Dec. 9, 1844, by Rev. E. Edwin Hall	2	365
Nathaniell, s. John & Martha, b. Feb. 10, 1697	A	86
Nathaniel, m. Hannah **STARR**, b. of Guilford, Nov. 3, 173[5], by Rev. Jonathan Todd	2	56
Nathaniel, s. Nathaniel & Hannah, b. June 23, 1737	2	33
Nathaniel, s. Caleb & Hannah, b. Oct. 3, 1745	2	78
Nath[anie]ll, s. Stephen & Ann, b. Sept. 20, 1746	2	87
Nath[anie]l, 2d, m. Sibbel **MUNGER**, b. of Guilford, Jan. 7, 1748, by Rev. Jonathan Todd	2	71
Nathaniel, 3rd, m. Abigail **CHITTENDEN**, b. of Guilford, Feb. 12, 1761, by Rev. Jonathan Todd	2	164
Nathaniel, Ens., d. Jan. 18, 1766, in his 87th y.	2	145
Nath[anie]ll, 2d, m. Mary **HART**, b. of Guilford, Mar. 12, 1777, by Rev. Amos Fowler	2	173
Nath[anie]ll, s. Nath[anie]ll. 2d. & Mary, b. Nov. 15, 1777	2	133
Nath[anie]ll, Jr., s. Nath[anie]ll & Mary, d. Sept. 7, 1795, [in his 18th y.)	2	158
Nathaniel, d. Feb. 21, 1826, ae 80 y.	2	158
Noah, s. Caleb & Elizabeth, b. Aug. [15, 1715]	2	9
Noah, m. Submit **TALMAN**, b. of Guilford, May 28, 1752, by Rev. John Richards	2	66
Noah, s. Noah & Submit, b. Nov. 13, 1754	2	95
Olive, d. Oliver & Elizabeth, b. June 3, 174[6]	2	83
Olive, m. Thomas **BURGIS**, Jr., b. of Guilford, Aug. 9, 1769, by Rev. Thomas W. Bray	2	169
Olive, m. Eber **CRUTTENDEN**, b. of Guilford, Jan. 2, 1811, by Rev. Aaron Dutton	2	268
Oliver, of Guilford, m. Elizabeth **KILBURN**, of Glastonbury, Nov. 26, 1738, by Rev. Ashbel Woodbridge	2	54
Oliver, d. May 20, 1781, (in the 70th y. of his age)	2	158

	Vol.	Page
DUDLEY, DUDLY, DOUDLE, (cont.)		
Parne, d. Jared & Anna, b. Oct. 21, 1788	2	197
Parthena, d. David & Mary, b. Apr. 14, 1749 [1750]	2	85
Parthena, m. Isaac **STONE**, b. of Guilford, Nov. 4, 1767, by Rev. Richard Ely	2	169
Paul, of Guilford, m.Abigail **HOADLEY**, of Branford, Dec. 22, 1750, by Rev. Jonathan Merrick	2	65
Paul, s. Medad & Mary, b. Oct. 19, 1771	2	133
Paul, d. Nov. 27, 1778, in the 62nd y. of his age	2	158
Paul, s. Medad & Mary, [ ]	2	152
Phineas, s. Nath[anie]ll & Sibbel, b. Nov. 28, 1752	2	103
Phene, d. John & Triphena, b. June 23, 1760	2	106
Polly, d. John & Triphena, b. July 12, 1765	2	116
Polly, d. Will[ia]m & Deborah, b. Nov. 15, 1813	2	249
Polly, m. Russell **BENTON**, b. of Guilford, June 25, 1835, by Rev. Aaron Dutton	2	338
Prudence, d. Samuel & Jane, b. May 31, 1741	2	73
Prudence, w. of Jos[eph], d. June 26, 1761, (in the 20th y. of her age)	2	158
Rachel, d. Miles & Rachel, b. Nov. 27, 1717	2	37
Rachel, wid., d. Jan. 4, 1769, in the 90th y. of her age	2	145
Rachel, d. Selah & Asenath, b. Dec. 6, 1774	2	132
Rachel, d. Selah, d. July 13, 1799, ae 24 y.	2	153
Rachel, d. Tim[oth]y & Irene, b. Nov. 9, 1802	2	249
Rebeckah, d. Medad & Mary, b. Dec. 8, 1762	2	112
Rebecca, d. Jonath[a]n & Elizabeth, b. Nov. 11, 1786	2	197
Rosanna, d. Daniel & Joannah, b. Apr. 27, 1737	2	39
Roswell, m. Lois **BENTON**, b. of Guilford, Sept. 23, 1789, by Rev. Amos Fowler	2	173
Roxanna, d. Jonathan & Elizabeth, b. Jan. 22, 1792	2	197
Roxanna, m. Phinehas **BRADLEY**, b. of Guilford, Apr. 14, 1823, by Rev. John Elliott	2	281
Russell, s. Ambrose & Elizabeth, b. Jan. 29, 1784	2	236
Russell, s. Amos & Mary, b. Oct. 24, 1787	2	197
Russell, m. Mary **BALDWIN**, b. of Guilford, Jan. 18, 1813, by Rev. Aaron Dutton	2	258
Russell Baldwin, s. Russell & Mary, b. Jan. 29, 1814	2	249
Ruth, d. William & Jane, b. Apr. 20, 1645	A	123
Ruth, m. Samuel **EVARTS**, s. Daniel, b. of Guilford, Mar. 9, 17[32], by Rev. Thomas Ruggles	2	51
Ruth, d. W[illia]m & Ruth, b. June 9, 1733	2	91
Ruth, d. Thomas & Abigail, b. Apr. 15, 1739	2	38
Ruth, s*. David & Dinah, b. Mar. 26, 1740 (*Daughter?)	2	106
Ruth, w. of Capt. W[illia]m, d. Sept. 18, 1743	2	140
Ruth, d. Capt. W[illia]m, d. June 20, 1745	2	140
Ruth, d. John & Triphena, b. Dec. 7, 1755	2	96
Ruth, d. Jared & Mary, b. Jan. 23, 1762	2	109
Ruth, m. Nathan[ie]ll **STEEVENS**, Jr., b. of Guilford, Oct. 20,		

	Vol.	Page
DUDLEY, DUDLY, DOUDLE, (cont.)		
1763, by Rev. Mr. Ely	2	184
Ruth, m. Benjamin **EVARTS**, b. of Guilford, Oct. 23, 1765, by Rev. Thomas Ruggles	2	167
Ruth, d. Caleb, Jr. & Anna, b. July 19, 1777	2	133
Ruth, m. John **TYLER**, b. of Guilford, Mar. 6, 1783, by Rev. Tho[ma]s W. Bray	2	175
Ruth, m. Abel **ROSSETTER**, b. of Guilford, Dec. 3, 1797, by Rev. John Elliott	2	186
Ruth, d. John & Sarah, b. June 4, 1814	2	249
Ruth, m. John **NORTON**, b. of Guilford, Nov. 28, 1838, by Rev. Aaron Dutton	2	311
Samuel, m. Jane **TALMAN**, b. of Guilford, May 3, 1738, by Rev. Thomas Ruggles	2	57
Samuel, s. Samuel & Jane, b. Nov. 27, 174[ ]	2	81
Sam[ue]ll, Jr., m. Anner **EVARTS**, b. of Guilford, Dec. 19, 1769, by Rev. Amos Fowler	2	173
Samuel, s. Caleb, Jr. & Ruth, b. Dec. 11, 1795	2	236
Samuel W., m. Lucy Ann **CHITTENDEN**, b. of Guilford, Jan. 2, 1833, by Rev. Zolva Whitmore	2	332
Sarah, d. Joshua, d. Oct. 18, 1721	2	2
Sarah, d. Ebenezer & Elizabeth, b. Apr. 20, 1723	2	13
Sarah, d. Joshua & Sarah, b. Aug. 23, [1723]	2	12
Sarah, d. Joshua & Sarah, b. Sept. 12, 172[3]	2	13
Sarah, d. Joshua, d. Nov. [23, 1727, ae 2]	2	3
Sarah, twin with Mabel, d. W[illia]m & Ruth, b. July 14, 1730	2	91
Sarah, w. of Joshuah, d. July 18, 1743, in the 62nd y. of her age	2	148
Sarah, d. Capt. W[illia]m, d. Oct. 7, 1743	2	140
Sarah, d. Thomas & Abigail, b. Mar. 14, 1743/4	2	76
Sarah, d. Jon[a]th[an], Jr. & Sarah, b. Oct. 17, 1744	2	76
Sarah, d. Selah & Rachel, b. Dec. 3, 1746	2	80
Sarah, d. David, 3rd, & Triphena, b. Nov. 10, 1761	2	112
Sarah, d. Gilbert & Sarah, b. Dec. 1, 1766	2	133
Sarah, m. Simeon **CHITTENDEN**, Jr., b. of Guilford, Dec. 15, 1773, by Rev. Tho[ma]s W. Bray	2	172
Sarah, d. Tim[oth]y & Hannah, b. Apr. 17, 1819	2	236
Sarah, m. John **DUDLEY**, b. of Guilford, Dec. 9, 1840, by Rev. Aaron Dutton	2	333
Sarah Ann, d. Amos, Jr. & Sarah, b. May 7, 1816	2	236
Selah, s. Miles & Rachel, b. Apr. [ ], [1713]	2	9
Selah, m. Rachel **STONE**, b. of Guilford, June 21, 1744, by Rev. Thomas Ruggles	2	60
Selah, s. Selah & Rachel, b. May 10, 1745	2	80
Selah, Jr., m. Asenath **CHITSEY**, b. of Guilford, Feb. 16, 1774, by Rev. Tho[ma]s W. Bray	2	173
Selah, Dea., d. Oct. 14, 1797, (in the 84th y. of his age)	2	158
Seth, s. David, 3rd, & Triphena, b. Feb. 13, 1759	2	112

	Vol.	Page
DUDLEY, DUDLY, DOUDLE, (cont.)		
Silence, d. Josiah & Silence, b. July 14, 1745	2	82
[Simeon], s. Jon[a]th[an] & Abigail, b. Feb. 6, 1725/6	2	15
Simeon, s. Simeon & Luce, b. [Sept. 7, 1754]	2	87
Stephen, m. Ann **GRAVE**, b. of Guilford, Nov. 15, 1736, by Andrew Ward, J. P.	2	63
Stephen, s. Stephen & Ann, b. June 6, 1751	2	87
Submit, d. Capt. William, d. Apr. 16, 1733	2	140
Submit, d. Noah & Submit, b. Mar. 22, 1752	2	118
Submit, d. Noah, d. May 27, 1752	2	145
Submit, d. Medad & Mary, b. Nov. 26, 1768	2	122
Sibbel, d. Nath[anie]l & Sibbel, b. June 22, 1750 (Sybil)	2	103
Tabitha, wid., m. Eleazer(?) **SAXTON**, b. of Guilford, Feb. 21, 1722/3, by Andrew Ward, J. P.	2	46
Temperance, d. Jon[a]th[an] & Abigail, b. May 12, 1724	2	15
Temperance, d. Jon[a]th[an], d. July 19, [1727], ae 3 y.	2	3
Temperance, d. Jonathan & Abigail, b. Aug. 26, 1730	2	23
Temperance, m. David **GRAVE**, b. of Guilford, Oct. 5, 1749, by Rev. Jonathan Todd	2	61
Thankfull, s. John & Abigail, b. Dec. 9, 1739 (Daughter?)	2	39
[Thomas], m. Abigail **SEAWARD**, d. Dan[ie]l, b. of Guilford, June 11, 1733, by Thomas Ruggles	2	52
Thomas, s. Thomas & Abigail, b. Oct. 16, 1733	2	27
Thomas, s. Tho[ma]s, d. May 17, 1751	2	138
Thomas, s. Thomas & Abigail, b. Feb. 27, 1757	2	98
Thomas, d. May 23, 1776, (in the 76th y. of his age)	2	158
Tho[ma]s, m. Olive **EVARTS**, b. of Guilford, May 12, 1790, by Rev. Amos Fowler	2	173
Timothy, s. Miles & Rachell, d. Nov. 2, 1717	2	1
Timothy, s. John & Triphena, b. Nov. 23, 1750	2	86
Timothy, twin with James, s. John & Triphena, b. Nov. 19, 1772	2	133
Timothy, d. Amos & Mary, b. Dec. 16, 1775	2	133
Timo[thy], s. Selah & Asenath, b. Oct. 9, 1777	2	133
Timothy, s. Jonath[a]n & Elizabeth, b. Oct. 14, 1789	2	197
Timothy, m. Irene **ROSE**, b. of Guilford, Dec. 15, 1799, by Rev. Mr. Bray	2	258
Timothy, s. Amos, d. Aug. 27, 1819	2	158
Timothy, s. Will[ia]m, b. May 24, 1824	2	250
Timothy, m. Momimia(?) **BENTON**, b. of Guilford, [1832], by Rev. Zolva Whitmore	2	332
Tryphena, d. John & Tryphena, b. Feb. 26, 1754	2	94
Triphena, d. John, d. Aug. 10, 1754	2	141
William, s. William & Jane, b. [ ] 8, 1639	A	123
Will[ia]m, freeman 1669-70	A	121
William, Sr., d. Mar. 16, 1683/4	A	92
William, s. William & Ruth, b. Dec. [28, 1715]; d. Oct. 23, [1716]	2	9

	Vol.	Page
DUDLEY, DUDLY, DOUDLE, (cont.)		
William, s. Capt. William, d. Mar. 27, 1733	2	140
William, Capt., of Guilford, m. Mrs. Rebeckah **FISH**, of New Milford, Sept. 18, 1749, by Rev. Jared El[l]iot, at Killingworth	2	65
William, s. Medad & Mary, b. Feb. 19, 1761	2	106
William, Capt., d. Feb. 28, 1761, in his 77th y.	2	143
William, s. Amos & Mary, b. Sept. 17, 1780	2	197
William, m. Deborah **LEE**, b. of Guilford, Feb. 8, 1808, by Rev. Aaron Dutton	2	258
William Collens, s. Jared, Jr. & Anna, b. Dec. 21, 1785	2	197
William Cornwell, s. Jared & Anna, b. Sept. 14, 1803	2	249
William Lee, s. W[illia]m & Deb[ora]h, b. Oct. 26, 1816	2	249
William M., s. Medad & Phebe, b. Sept. 27, 1804	2	250
William M., m. Mary **CHITTENDEN**, Nov. 1, 1835, by Rev. David Baldwin	2	333
-----, d. [ ], b. [ ]	2	81
DURGIN, George W., of Guilford, m. Mary A. **CLARK**, of New Haven, Sept. 21, 1843, by Alvah T. Goldsmith, J. P.	2	364
Roxanna, d. William & Clarinda, b. Nov. 29, 1829	2	250
William, of Durham, N.H., m. Clarinda **HILL**, of Guilford, Apr. [ ], 1821, by Aaron Dutton	2	259
DUTTON, Aaron Rice, s. Aaron & Dorcas, b. July 28, 1816	2	249
Dorcas S., of Guilford, m. Edwin R. **GILBERT**, minister, of Wallingford, July 26, 1842, by Rev. A. Dutton	2	329
Dorcas Southmayd, d. Aaron & Dorcas, b. Jan. 15, 1810	2	249
Mary, d. Aaron & Dorcas, b. Nov. 10, 1807	2	249
Samuel William Southmayd, s. Aaron & Dorcas, b. Mar. 14, 1814	2	249
Thomas, s. Aaron & Dorcas, b. Mar. 2, 1812	2	249
EDWARDS, Alse, of East Hampton, m. Joshuah **PARMELE[E]**, of G[u]ilford, July 10, 1690, by Mr. Leete	A	95
Bettey, of East Hampton, m. Job **PARMELE[E]**, of Guilford, Mar. [11, 1699], by Rev. Thomas Ruggles	2	43
Lucy, d. Daniel & Jane, [ ]	2	6
Mary, d. Daniel, Jr. & Mary, b. May 7, 1734	2	28
Sarah, of East Hampton, m. Janna **HODGKIN**, of Guilford, Sept. 25, 1729, by Rev. Nath[anie]l Hunting, in East Hampton	2	49
EGLESTON, EGLESTONE, Abigail, of Middletown, m. [John] **BENTON**, of Guilford, Jan. 10, 1733/4, by Rev. Will[ia]m Russell	2	56
Mercy, m. Amos **EVARTS**, b. of Guilford, Mar. 5, 1746/7, by Rev. Thomas Ruggles	2	60
ELDERKIN, Zeruiah, of Guilford, m. Jonathan **BOARDMAN**, of Haddam, Oct. 5, 1748, by Rev. Thomas Ruggles	2	60
ELLIOTT, ELIOT, Abigail, wid., m. Sam[ue]ll **PARMELE[E]**, b. of Guilford, Jan. 16, 1780, by Rev. Amos Fowler	2	183

ELLIOTT, ELIOT, (cont.)

	Vol.	Page
Abigail, wid., d. Apr. 18, 1801, ae 69 y.	2	153
Abigail Ward, d. Andrew & Catharine, b. Dec. 24, 1803	2	260
Adeline, m. Jasial T. **GRISWOLD**, May 12, 1839, by Rev. Edward J. Darker	2	329
Amanda, d. Col. John & Experience, b. June 27, 1787	2	201
Amanda, of Guilford, m. Tillinghast **SIMMONS**, of Paris, N.Y., June 7, 1821, by Aaron Dutton	2	284
Andrew, m. Catharine **HILL**, b. of Guilford, Sept. 22, 1796, by Rev. Amos Fowler	2	247
Andrew Ward, s. Sam[ue]ll & Mary B., b. Jan. 28, 1826	2	261
Anna, d. Joseph & Sarah, b. Dec. 12, 1677	A	84
Caroline R., m. John H. **BARTLET[T]**, b. of Guilford, Sept. 18, 1817, by Rev. David Baldwin	2	280
Caroline Ruth, d. Reuben & Grace, b. Jan. 26, 1797	2	260
Catharine, d. Col. John & Experience, b. Aug. 19, 1777	2	201
Catharine, m. Amos **FOWLER**, b. of Guilford, Mar. 6, 1800, by Rev. John Elliott	2	238
Catharine, m. Roswell **WOODARD**, b. of Guilford, Sept. 7, 1824, by Rev. David Baldwin	2	288
Catharine Hill, d. Andrew & Catharine, b. May 11, 1799	2	201
Charles, s. W[illia]m & Ruth, b. July 29, 1787	2	201
Charles Wyllys, s. Andrew & Catharine, b. May 27, 1817	2	261
Clarrissa Betsey, d. Reuben & Grace, b. Feb. 17, 1795	2	260
Cornelia Maria, d. Reuben & Grace, b. May 6, 1806	2	260
Deborah, d. Col. John & Experience, b. Apr. 5, 1769	2	201
Deborah, d. Joseph & Nancy, b. Dec. 7, 1802	2	260
Deborah, of Guilford, m. Sylvanus **CLARK**, of Haddam, May 18, 1824, by Rev. Aaron Dutton	2	302
Edward, s. Col. John & Experience, b. May 28, 1771	2	201
Edward, m. Betsey **FAIRCHILD**, b. of Guilford, Nov. 20, 1803, by Rev. Israel Brainard	2	247
Elizabeth, of Guilford, m. Samuel **FOOTE**, of New York, Sept. 9, 1827, by Rev. Aaron Dutton	2	316
Elizabeth Betts, d. Andrew & Cath[arin]e, b. Nov. 16, 1807	2	260
Experience, d. Col. John & Experience, b. Dec. 31, 1778	2	201
Fanna, d. Col. John & Experience, b. June 3, 1783	2	201
Fanny, m. Daniel **BENTON**, b. of Guilford, Apr. 3, 1800, by Rev. John Elliott	2	226
Frederick Tyler, s. W[illia]m R. & Sally, b. Aug. 15, 1812	2	261
George Wyllys, s. Sam[ue]l & Mary B., b. Dec. 18, 1818	2	261
Grace, m. Abraham **COAN**, Jr., b. of Guilford, Oct. 16, 1834, by Rev. Lorenzo J. Bennett	2	327
Grace Fairchild, d. Reuben & Grace, b. Mar. 19, 1810	2	260
Gustavus Rose, s. W[illia]m R. & Sally, b. July 5, 1822	2	261
Hannah, m. Samuel **LANDON**, b. of Guilford, Feb. 12, 1785, by Rev. Beriah Hotchkiss	2	256
Hannah, m. Samuel **LANDON**, Feb. 12, 1786, [by James		

	Vol.	Page
ELLIOTT, ELIOT, (cont.)		
Sproutt]	2	253
Harriet, d. Joseph & Nancy, b. July 10, 1806	2	260
Harriet, m. Lewis **LEETE**, b. of Guilford, Oct. 12, 1823, by Stephen W. Stebbins	2	257
Harriet, m. Davis **LEE**, b. of Guilford, Jan. 1, 1838, by Rev. Aaron Dutton	2	345
Harriet Ward, d. Reuben & Grace, b. Apr. 22, 1803	2	260
Henry, of Guilford, m. Nancy **HITCHCOCK**, of Columbia, Nov. 23, 1823, by Rev. Matthew Noyes, of Northford	2	248
Henry Hill, s. Andrew & Cath[arin]e, b. Aug. 30, 1805	2	260
Hervey Spencer, s. Jos[eph] & Mindwell, b. Feb. 27, 1789	2	201
James Nelson, s. Reuben & Grace, b. May 11, 1801	2	260
Jane Augusta, d. Reuben & Grace, b. Feb. 1, 1812	2	260
John, of Guilford, m. Mrs. Experience **HEMPSTEAD**, of Southhold, Oct. 19, 1760, by Rev. Mr. Payn, of Southhold	2	165
John, s. John & Experience, b. Oct. 3, 1765	2	119
John, Jr., m. Sarah **BARTLET[T]**, b. of Guilford, May 9, 1790, by Rev. Amos Fowler	2	174
John, Col., had negro Flora, d. Hagar, b. July 10, 1790	2	201
John Harvey, s. W[illia]m R. & Sally, b. Mar. 16, 1816	2	261
John Scoville, s. Sam[ue]ll & Mary B., b. Dec. 25, 1820	2	261
Joseph, Rev., of the Church of Christ, d. May 24, 1694	A	71
Joseph, s. John & Experience, b. Apr. 13, 1767	2	119
Joseph, m. Mindwell **SPENCER**, b. of Guilford, June 22, 1788, by Rev. Beriah Hotchkin	2	174
Joseph, m. Mindwell **SPENCER**, b. of Guilford, June 22, [1788], [by James Sproutt]	2	287
Joseph, m. Nancy **FAIRCHILD**, b. of Guilford, Sept. 5, 1796, by Rev. Amos Fowler	2	247
Levi, s. Abiel & Mary, b. Nov. 1, 1739	2	94
Lewis R., m. Fanny **GRISWOLD**, b. of Guilford, Dec. 5, 1847, by Rev. L. T. Bennett	2	358
Lucius, of Durham, m. Mary Jane **FRISBIE**, of Branford, Dec. 22, 1839, by Rev. H. F. Pease	2	358
Marg[are]t, of Guilford, m. Theop[hilus] **MERRIMAN**, of Wallingford, Oct. 16, [1768], by [James Sproutt]	2	246
Mary, d. Abiel & Mary, b. Mar. 19, 1742	2	94
Mary, of Guilford, m. Israel **HALLOCK**, of New York, Sept. 30, [1787], by [James Sproutt]	2	287
Mehittabell, d. Joseph & Sarah, b. Oct. 4, 1676	A	84
Mindwell, w. of Joseph, d. June 12, 1794	2	153
Mortimon Smithson, s. Joseph & Mindwell, b. Mar. 30, 1793	2	201
Mortimer Smithson, s. Joseph, d. May 4, 1799	2	153
Nancy, d. Joseph & Nancy, b. June 8, 1797	2	260
Nancy, m. Henry **GRISWOLD**, b. of Guilford, Oct. 22, 1823, by Rev. Aaron Dutton	2	279

ELLIOTT, ELIOT, (cont.)

	Vol.	Page
Nath[anie]l, s. Abiel & Mary, b. Aug. 15, 1728	2	94
Rebeckah, d. Abiel & Mary, b. Sept. 8, 1733	2	94
Rebeccah, m. Nathaniel **GRAVE**, b. of Guilford, May 27, 1756, by Rev. Thomas Ruggles	2	68
Reuben, m. Grace **FAIRCHILD**, b. of Guilford, Aug. 17, 1794, by Rev. Amos Fowler	2	247
Richard Samuel, s. Reuben & Grace, b. June 22, 1799	2	260
Robert, s. Col. John & Experience, b. Feb. 28, 1781	2	201
Ruth, d. John, Jr. & Sarah, b. June 7, 1791	2	201
Ruth, of Guilford, m. William **LAW**, of Cheshire, Oct. [ ], 1824, by Rev. Aaron Dutton	2	314
Ruth, of Guilford, m. Samuel **WILCOX**, of Madison, Apr. 23, 1848, by Rev. L. T. Bennett	2	380
Samuel, of Guilford, m. Mary B. **BALDWIN**, of Litchfield, Aug. 10, 1817, by Rev. Truman Marsh	2	247
Sarah A., m. Henry R. **SPENCER**, b. of Guilford, Dec. 31, 1843, by Rev. Lorenzo T. Bennett	2	374
Sarah Hart, d. Andrew & Cath[arin]e, b. July 5, 1814	2	260
Timothy, s. Abiel & Mary, b. Oct. 23, 1736	2	94
Timothy, of Guilford, m. Rebecca **ROSE**, of Branford, May 26, 1772, by Rev. Sam[ue]ll Ellis	2	174
Timothy, s. Timothy & Rebecca, b. July 1, 1772	2	133
William, m. Ruth **ROSSETTER**, b. of Guilford, Nov. 26, 1780, by Rev. Amos Fowler	2	174
William H., m. Hannah H. **STONE**, Aug. 31, 1829, by Rev. David Baldwin	2	248
William Henry, s. Sam[ue]ll & Mary B., b. Sept. 3, 1823	2	261
Will[ia]m Horace, s. W[illia]m & Ruth, b. Sept. 13, 1781	2	133
Wyllys, s. Abiel & Mary, b. Feb. 9, 1730/1	2	94
Wyllis Henry, s. Andrew & Catharine, b. June 11, 1801	2	201
Wyllys Henry, s. Andrew, d. Mar. 9, 1802	2	153
Youngs, s. Col. John & Experience, b. June 9, 1773; d. Nov. 3, 1774, ae 17 m.	2	201
Youngs, s. Col. John & Experience, b. Dec. 31, 1775	2	201
ELTON, Hopestil[l], s. wid. Patience, b. Sept. 2, 1719	2	19
Patience, wid., had s. Hopestil[l], b. Sept. 2, 1719	2	19
ELY, Clarinda, d. Richard & Jerusha, b. Mar. 23, 1759	2	104
Hepzibah, d. Rich[ar]d & Jerusha, b. Feb. 26, 1769	2	133
Huldah, d. Rich[ar]d & Jerusha, b. July 21, 1772	2	133
Jerusha, d. Richard & Jerusha, b. Feb. 13, 1763	2	111
Phebe, d. Richard & Jerusha, b. Nov. 20, 1760	2	107
Richard, of Guilford, m. Jerusha **SHELDON**, of Northampton, Nov. 23, 1757, by Rev. John Hooker	2	71
Sheldon, s. Richard & Jerusha, b. June 8, 1762	2	109
William, s. Richard & Jerusha, b. Jan. 10, 1767	2	119
EVANS, Concurans, of Kenilsworth, m. Daniell **BARTLET[T]**, of G[u]ilford, Feb. 11, 1690/1, by Mr. Witherell	A	80

GUILFORD VITAL RECORDS 103

	Vol.	Page
EVANS, (cont.)		
Thomas, m. Olledine **HOLCOMB**, of Guilford, Aug. 16, 1826, by Rev. David Baldwin	2	248
EVARTS, EARTS, EVART, EVATS, EVERTS, [see also **EVEREST**], Aaron, s. Dan[ie]l & Mary, b. Jan. 20, 1711/2	2	10
Aaron, m. Sarah **ROSSETTER**, b. of Guilford, Sept. 5, 1744, by Rev. Thomas Ruggles	2	59
Aaron, s. Aaron & Sarah, b. May 24, 1758	2	99
Aaron, m. Joanna **FARNUM**, b. of Guilford, Nov. 11, 1760, by Rev. Jonathan Todd	2	72
Aaron, of Guilford, m. Sarah **STOCKING**, of Middletown, Oct. 15, 1765, by Rev. Edward Eells	2	167
Aaron, Jr., d. Oct. 27, 1776, in his 19th y. at Fort George	2	153
Aaron, s. Benj[ami]n & Abigail, b. Feb. 18, 1780	2	133
Aaron, d. Apr. 21, 1804, in his 87th y.	2	153
Abigail, d. Ebenezer, d. Mar. 4, [1719]	2	1
Abigail, d. Ebenezer & Sarah, b. July 19, 17[20]	2	11
Abigail, d. Ebenezer & Sarah, b. July [19, 1720]	2	12
Abigail, d. Judah, Jr. & Abigail, b. Mar. 30, 1744	2	76
Abigail, wid., m. Samuel **MEIGS**, b. of Guilford, Mar. 6, 1750/1, by Rev. Jonathan Todd	2	62
Abigail, w. of Benj[amin], d. Nov. 5, 1792, in her 50th y.	2	153
Abraham, s. Eleazer & Hannah, b. Mar. 30, 1745	2	78
Abraham, m. Asenath **DUDLEY**, b. of Guilford, Nov. 11, 1773, by Rev. Richard Ely	2	174
Abra[ha]m, s. Abra[ha]m & Asenath, b. Jan. 14, 1778	2	201
Abraham, Jr., m. Mary **DOOLITTLE**, b. of Guilford, Mar. 2, 1809, by Rev. Aaron Dutton	2	247
Abraham, d. Mar. 27, 1823, in his 78th y.	2	153
Achsah, d. Isaac, Jr. & Lucy, b. Mar. 2, 1769	2	133
Adah, twin with Asenath, d. Abraham & Asenath, b. Oct 8, 1782	2	201
Adah, d. Abra[ha]m, d. Sept. 30, 1784	2	153
Amaziah, s. Caleb & Elizabeth, b. June 30, 1747	2	86
Amaziah, m. Susannah **CRUTTENDEN**, wid., June 6, 1776, by Rev. Jonathan Todd	2	174
Amaziah, s. Amaziah & Susannah, b. June 22, 1779	2	133
Ambros[e], s. Judah, Jr. & Abigail, b. Mar. 13, 1739/40	2	40
Amos, m. Mercy **EGLESTONE**, b. of Guilford, Mar. 5, 1746/7, by Rev. Thomas Ruggles	2	60
Amos, s. Sam[ue]ll, 3rd, & Sarah, b. June 12, 1792	2	201
Ann, d. Josiah & Ann, b. Apr. 29, 1732	2	24
Ann, m. Reuben **STONE**, b. of Guilford, Jan. 19, 1747/8, by Rev. James Sprout	2	60
Ann, m. Reuben **STONE**, b. of Guilford, Jan. 19, 1747/8, by [James Sproutt]	2	215
Ann, d. Timothy & Ann, b. Feb. 19, 1758	2	98
Ann, w. of Timo[thy], d. Oct. 23, 1789, in her 58th y.	2	153

	Vol.	Page

EVARTS, EARTS, EVART, EVATS, EVERTS, (cont.)

	Vol.	Page
Annah, d. Jon[a]th[an], Jr. & Lucretia, b. Sept. 9, 1750	2	93
Anner, m. Reuben **EVARTS**, b. of Guilford, June 5, 1751, by Rev. Jonathan Todd (Written "Onner")	2	65
Anna, d. Eleazer & Hannah, b. Nov. 4, 1753	2	98
Anna, w. of Benj[amin], d. Jan. 11, 1796, in her 38th y.	2	153
Anner, m. Sam[ue]ll **DUDLEY**, Jr., b. of Guilford, Dec. 19, 1769, by Rev. Amos Fowler	2	173
Anna, m. Benj[ami]n **EVARTS**, b. of Guilford, Feb. 3, 1793, by Rev. Amos Fowler	2	174
Anna, m. George A. **DIBBLE**, b. of Guilford, Apr. 18, 1842, by Rev. A. Dutton	2	364
An[n]e, twin with Nancy, d. Benj[ami]n & Abigail, b. Apr. 19, 1777	2	133
An[n]e, d. Benj[amin], d. Nov. 8, 1782	2	153
Anne, m. Seth **STONE**, b. of Guilford, Apr. 8, 1787, by Rev. Beriah Hotchkin	2	224
Anne, m. Seth **STONE**, b. of Guilford, Apr. 8, [1787], [by James Sprout]	2	287
Asenath, twin with Adah, d. Abraham & Asenath, b. Oct. 8, 1782	2	201
Asenath, w. of Abra[ha]m, d. Nov. 15, 1820, ae 74	2	153
Augustus, s. Samuel, Jr. & Leah, b. May 6, 1765	2	114
Austin, m. Amanda **NORTON**, b. of Guilford, May 15, 1822, by Rev. Aaron Dutton	2	248
Beniamin, s. Daniel & Mary, b. June 14, [1704]	2	10
Benjamin, s. Aaron & Sarah, b. Apr. 26, 1745	2	78
Benjamin, m. Ruth **DUDLEY**, b. of Guilford, Oct. 23, 1765, by Rev. Thomas Ruggles	2	167
Benjamin, m. Abigail **BRADLEY**, b. of Guilford, Nov. 7, 1769, by Rev. Amos Fowler	2	170
Benj[ami]n, m. Anna **EVARTS**, b. of Guilford, Feb. 3, 1793, by Rev. Amos Fowler	2	174
Benj[ami]n, m. Dinah **EVARTS**, b. of Guilford, May 1, 1796, by Rev. Amos Fowler	2	247
Benjamin, of Guilford, m. Rachel **RAY**, of East Haddam, July 5, 1802, by Rev. Josiah B. Andrews	2	247
Benjamin, d. Dec. 17, 1819, in his 75th y.	2	153
Betsey, d. Martin & Betsey, b. June 26, 1793	2	201
Betsey, d. Abra[ha]m, Jr. & Mary, b. Mar. 18, 1812	2	260
Betsey Ann, d. Eben B. & Rebecca, b. June 1, 1837	2	261
Bryan, s. Josiah & Ann, b. Apr. 15, 1740	2	40
Caleb, of Guilford, m. Mindwell **COOK**, of Wallingford, Nov. 19, 17[29], by John Hall	2	51
Caleb, s. Caleb & Mindwell, b. Aug. 29, 1740	2	73
Caleb, d. Aug. 21, 1751	2	138
Caleb, s. Ebenezer & Ruth, b. Dec. 28, 1761	2	108
Caleb, s. Amaziah & Susannah, b. June 27, 1781	2	133

	Vol.	Page
EVARTS, EARTS, EVART, EVATS, EVERTS, (cont.)		
Calesta, d. Timo[thy] & Lydia, b. May 12, 1791	2	201
Clarrissa, d. Fred[eric]k & Clarrissa, b. Mar. 3, 1797	2	260
Clarissa, d. Fred[eric]k & Clarissa, d. Sept. 3, 1816, in the 20th y. of her age	2	153
Clarrissa M., m. James **STEVENS**, b. of Guilford, May 25, 1839, by Rev. A. B. Goldsmith	2	341
Cleodelenda, d. Eleazer, Jr. & Elizabeth, b. Mar. 1, 1784	2	201
Curtis, m. Lois **NORTON**, b. of Guilford, Jan. 18, 1792, by Rev. John Eleot	2	174
Cynthia, Mrs., of Guilford, m. Dea. Dan **PLATTS**, of Saybrook, Jan. 9, 1825, by Rev. Aaron Dutton	2	294
Daniell, m. Rebeckah **DOWD**, first Wednesday in Mar., 1664, by Mr. Leet	A	59
Danniell, s. Danniell & Rebeckah, b. Jan. 24, 1666	A	65
Daniell, Sr., d. Dec. 5, 1692	A	70
Daniel, s. Daniel & Mary, b. Sept. 12, 1701	2	10
Daniel, s. Samuel & Rachel, b. Mar. 1, 1739/40	2	40
Daniel, s. John & Submit, b. Jan. 12, 1748/9	2	82
Daniel, d. Aug. 9, 1751, in the 86th y. of his age	2	138
Daniel, m. Anne **HILL**, b. of Guilford, Jan. 15, 1789, by Rev. Jonath[a]n Todd	2	174
Daniel, of Guilford, m. Mary **KIRBY**, of Middletown, Jan. 22, 1799, by Rev. Gershom Bulkley	2	247
Daniel Redfield, s. Martin & Betsey, b. Nov. 16, 1794	2	201
David, s. Aaron & Sarah, b. Jan. 23, 1747/8	2	92
Dinah, twin with Ezra, d. Jonathan & Hannah, b. July 21, 1734	2	28
Dinah, d. Jon[a]th[an], Jr. & Lucretia, b. Jan. 21, 1753	2	93
Dinah, m. Benj[ami]n **EVARTS**, b. of Guilford, May 1, 1796, by Rev. Amos Fowler	2	247
Dinah, w. of Benj[amin], d. Mar. 15, 1802, in her 50th y.	2	153
Eben B., of Mass., m. Rebeckah **GRUMBLY**, of Guilford, Jan. 1, 1823, by Rev. Aaron Dutton	2	247
Eben Bishop, s. Eben[eze]r B. & Rebecca, b. Sept. 27, 1839	2	261
Ebenezer, s. John & Mary, b. Sept. 15, 1681	A	86
Ebenezer, s. Judah & Mary, b. June 5, 1720	2	35
Ebenezer, d. May 19, 1722, at Hatfield	2	2
Ebenezer, s. Caleb & Mindwell, b. Oct. 22, 1732	2	26
Edmund, s. Benjamin & Abigail, b. Aug. 22, 1771	2	125
Edward, s. Caleb & Elizabeth, b. Mar. 3, 1752	2	86
Eleazer, s. Judah & Mary, b. June 16, 1688	A	90
Eleazer, s. Sam[ue]l & Elizabeth, b. June 26, [1716]	2	12
Eliezer, m. Hannah **SCRANTON**, b. of Guilford, Jan. 29, 1739/40, by Rev. Thomas Ruggles	2	53
Eleazer, s. Eleazer & Hannah, b. May 3, 1748	2	83
Eleazer, Jr., m. Elizabeth **SEAWARD**, b. of Guilford, Dec. 21, 1780, by Rev. Amos Fowler	2	174
Eleazer, Jr., d. Mar. 20, 1803	2	153

	Vol.	Page
EVARTS, EARTS, EVART, EVATS, EVERTS, (cont.)		
Eleazer, d. Dec. 20, 1804, in his 88th y.	2	153
Eli, s. Benj[amin] & Abigail, b. Oct. 28, 1773	2	133
Elihu Bragg, s. Amaziah & Susannah, b. Mar. 4, 1777	2	133
Eliza, m. Silas **NORTON**, b. of Guilford, Nov. 23, 1831, by Rev. Aaron Dutton	2	310
Elizabeth, d. Daniell & Rebeckah, b. Dec. 17, 1664	A	59
Elizabeth, d. Daniell, bd. Aug. 16, 1668	A	66
Elizabeth, d. John & Mary, d. Feb. 22, 1687	A	70
Elizabeth, [twin with], d. James & Mary, b. Mar. 25, 1719	2	11
Elizabeth, m. Isaac **PARMELE[E]**, Jr., b. of Guilford, May 2[0], 17[24], by James Hooker, J. P.	2	48
Elizabeth, w. of Sam[ue]ll, d. June 30, 1734	2	149
Elizabeth, d. Sam[ue]ll, d. Dec. 16, 1734	2	149
Elizabeth, d. Sam[ue]ll & Ruth, b. Mar. 5, 1735/6	2	31
Elizabeth, m. Abraham **TURNER**, b. of Guilford, May 5, 1742, by Rev. Jonathan Todd	2	59
Elizabeth, d. Eleazer & Hannah, b. Jan. 20, 1742/3	2	74
Elizabeth, d. Reuben & Honour, b. Dec. 15, 1755	2	107
Elizabeth, d. Jos[eph] & Elizabeth, b. Dec. 10, 1780	2	201
Elizabeth, w. of Eleazer, Jr., d. Oct. 5, 1802	2	153
Elsay, d. Sam[ue]ll, 3rd, & Sarah, b. Oct. 8, 1795	2	201
Eunice Hall, d. Abra[ha]m, Jr. & Mary, b. Aug. 4, 1818	2	261
Ezra, twin with Dinah, s. Jonathan & Hannah, b. July 21, 1734	2	28
Ezra, s. Jonathan, Jr. & Lucretia, b. Sept. 12, 1755	2	96
Ezra, m. Lorrain **NORTON**, b. of Guilford, July 2, 1783, by Rev. Jonath[an] Todd	2	174
Frederic, s. Isaac, Jr. & Lucy, b. Sept. 19, 1768	2	133
Frederick, s. Fred[eric]k & Clarrissa, b. May 11, 1807	2	260
George, s. Ezra & Lorrain, b. Oct. 25, 1791	2	201
George E., of Guilford, m. Almira **BOON**, of Westbrook, [Aug.] 30, [1846], by Rev. Cha[rle]s R. Adams	2	358
George Sylvester, s. Eben[ezer] B. & Rebeckah, b. Mar. 15, 1829	2	261
Gilbert, s. John & Submit, b. Jan. 3, 1741/2	2	73
Hannah, d. Daniell & Mary, b. Mar. 29, 1663	A	59
Hannah, d. John & Mary, b. Nov. 12, 1670	A	73
Hannah, d. James & Lidiah, b. Sept. 28, 1677	A	84
[Hann]ah, d. Dan[ie]l & Mary, b. July 27, 1706	2	10
Hannah, d. Joseph & Hannah, b. May 3, 1722	2	14
Hannah, d. Jon[a]th[an] & Hannah, b. Oct. 26, 1726	2	18
Hannah, m. Ebenezer **FIELD**, b. of Guilford, Oct. 30, 17[28], by Rev. John Hart	2	50
Hannah, d. Eleazer & Hannah, b. Jan. 20, 1740/1	2	41
Hannah, m. Elias **BENTON**, b. of Guilford, July 12, 1758, by Rev. Thomas Ruggles	2	69
Hannah, w. of Aaron, d. Aug. 2, 1764	2	144

GUILFORD VITAL RECORDS 107

	Vol.	Page
EVARTS, EARTS, EVART, EVATS, EVERTS, (cont.)		
Hannah, m. Caleb **DUDLEY**, Jr., b. of Guilford, Nov. 28, 1764, by Rev. Thomas Ruggles	2	166
Hannah, d. Abra[ha]m & Asenath, b. Mar. 29, 1785	2	201
Hannah, w. of Eleazer, d. Aug. 11, 1791, in her 75th y.	2	153
Harriet, d. Timo[thy] & Elizabeth, b. Nov. 29, 1795	2	201
Harry, s. Roswell & Ruth, b. Jan. 30, 1799	2	261
Henry, s. Isaac, Jr. & Lucy, b. Sept. 10, 1772	2	133
Hervey, s. Fred[eric]k & Clarrissa, b. Feb. 7, 1810	2	260
Horrace, s. Timo[thy] & Lydia, b. Dec. 5, 1793	2	201
Huldah, d. Eleazer & Hannah, b. Oct. 3, 1757	2	98
Huldah, m. Sam[ue]ll **BRISTOL**, b. of Guilford, Dec. 29, 1776, by Rev. Amos Fowler	2	171
Isaac, Jr., m. Mary **WARD**, b. of Guilford, Feb. 22, 1764, by Rev. James Sprout	2	174
Isaac, Jr., m. Mary **WARD**, b. of Guilford, Feb. 22, 1764, by [James Sproutt]	2	228
Isaac, Jr., m. Lucy **STONE**, b. of Guilford, Nov. 26, 1767, by Rev. Amos Fowler	2	174
Isaac, Sr., d. May 20, 1775, ae 68 y.	2	153
James, s. Daniell & Rebec[c]ah, b. Feb. 18, 1671	A	74
James, of Guilford, m. Mary **BROWN**, of Middletown, [Apr. 21, 1713], by John Hamlin, at Middletown	2	43
James, of East Guilford, d. Jan. 3, 1738/9	2	147
James, s. Reuben & Honour, b. May 13, 1752	2	107
James, s. Reuben & Anner, b. May 13, 1753	2	125
Janna, s. James & Hannah, b. Sept. 15, 1729	2	34
Jason, s. Abra[ha]m, Jr. & Mary, b. Sept. 11, 1814	2	260
Jedadiah, s. James & Hannah, b. Oct. [ ], 1732	2	34
Jehiel, s. Joseph & Hannah, b. Mar. 24, 1718	2	14
Jehiel, m. Deborah **BISHOP**, b. of Guilford, Jan. 10, 1742/3, by Rev. Thomas Ruggles	2	59
Johiel, s. Johiel & Deborah, b. Apr. 9, 1746	2	79
[Jere]miah, m. Jerusha **BLIN**, b. of Guilford, June 8, 1726, by Rev. John Hart	2	47
Jeremiah, s. Reuben & Honour, b. Feb. 26, 1761	2	107
Jeremiah, s. Reuben & Anner, b. Feb. 27, 1761	2	125
Jerusha, m. William **WARD**, b. of Guilford, Aug. 3, 1758, by Rev. Jonathan Todd	2	69
Jesse, m. Obedience **PARMELE[E]**, b. of Guilford, Aug. 27, 1764, by Rev. James Sproutt	2	165
Jesse, m. Obedience **PARMELE[E]**, b. of Guilford, Aug. 27, [1764], [by James Sproutt]	2	229
Joel, s. John & Submit, b. Dec. 2, 1746	2	79
Joel, s. Sam[ue]ll & Leah, b. June 14, 1768; d. Dec. 26, 1769	2	133
Joel, s. Sam[ue]ll & Leah, b. Apr. 6, 1775	2	133
Joel, s. Nath[anie]ll & Julia, b. June 25, 1804	2	260
Joel, m. Clarrissa **DUDLEY**, b. of Guilford, Oct. 22, 1834, by		

	Vol.	Page
EVARTS, EARTS, EVART, EVATS, EVERTS, (cont.)		
Rev. Aaron Dutton	2	248
John, m. Mary **FRENCH**, Sept. 14, 1665	A	63
John, s. John & Mary, b. Sept. 16, 1668	A	66
John, Sr., bd, May 10, 1669	A	67
John, s. Daniell & Rebeckah, b. Sept. 20, 1669	A	66
John, freeman 1669-70	A	121
John, s. John & Mary, d. Dec. 30, 1683	A	92
John, m. Sarah **SCRANTON**, Oct. 23, 1688, b. of Guilford, by Mr. Leete	A	100
John, Sr., d. Dec. 28, 1692	A	71
John, s. John & Sarah, b. Mar. 9, 1692/3	A	99
John, s. Nathan, m. Submit **STONE**, b. of Guilford, Oct. 2, 17[34], by Rev. Jonathan Todd	2	55
John, s. John & Submit, b. Apr. 30, 1735	2	29
John, s. Reuben & Anner*, b. Dec. 15, 1765 *(Honour?)	2	125
John, s. Eleazer, Jr. & Elizabeth, b. Nov. 11, 1781	2	133
John, of Guilford, m. Irene **ROSE**, May 22, 1806, by Rev. Israel Brainard	2	247
John, m. Elizabeth **PARMELE[E]**, Apr. 13, [1845], by Rev. David Root	2	358
John, m. Hannah **McCOMB**, b. of Guilford, [Apr.] 26, [1847], by Rev. David Root	2	358
John Augustus, s. Eben[eze]r B. & Rebeckah, b. Jan. 2, 1825	2	261
John R., m. Abigail F. **DOUD**, b. of Guilford, Nov. 28, 1839, by Rev. A. Dutton	2	358
Jonathan, of Guilford, m. Hannah **GILLET**, of Hatfield, May 9, 1722, by Rev. William Williams, in Hatfield	2	46
[Jonathan], s. Jonathan & Hannah, b. Nov. 16, [1723]	2	13
Jonathan, Jr., m. Lucretia **PARMELE[E]**, b. of Guilford, May 2, 1750, by Rev. James Sprout	2	66
Jonathan, m. Lucretia **PARMELE[E]**, b. of Guilford, May 2, 1750, by [James Sproutt]	2	215
Jonathan, d. Mar. 27, 1779, in his 80th y.	2	153
Jonathan, d. Jan. 16, 1795, in his 71st y.	2	153
Joseph, s. James & Lidiah, b. Feb. 24, 1679	A	85
Joseph, m. Hannah **SCRANTON**, b. of Guilford, Apr. 21, 1713, by Rev. Thomas Ruggles	2	46
Joseph, s. Joseph & Hannah, b. June 14, 1716	2	14
Joseph, Jr., m. Phebe **JOHNSON**, b. of Guilford, Nov. 15, 1739, by Rev. Thomas Ruggles	2	57
Joseph, d. Dec. 21, 1767, in the 88th y. of his age	2	145
Joseph, 2d, m. Elizabeth **HALL**, b. of Guilford, Mar. 20, 1776, by Rev. Amos Fowler	2	174
Joseph, s. Jos[eph] & Elizabeth, b. Mar. 7, 1778	2	201
Joseph, Jr., m. Lucia **EVARTS**, b. of Guilford, May 3, 1807	2	247
Josiah, of Guilford, m. Ann **TYLER**, of Haddam, Feb. 11, 1730/1, by Rev. Phinehas Fisk	2	49

GUILFORD VITAL RECORDS

	Vol.	Page
EVARTS, EARTS, EVART, EVATS, EVERTS, (cont.)		
Josiah, s. Josiah & Anna, b. Apr. 24, 1738	2	34
Judah, of Guilford, m. Mary **HAIDON**, of Kenillworth, Aug. 3, 1670, by Mr. William Leete	A	67
Judah, Jr., m. Abigail **DUDLEY**, b. of Guilford, May 30, 1739, by Rev. Jonathan Todd	2	53
Judah, Jr., d. Aug. 18, 1744	2	137
Judah, s. Caleb & Mindwell, b. Oct. 20, 1745	2	86
Julia, d. Nath[anie]l & Julia, b. Oct. 12, 1802	2	260
Juliana, d. Ezra & Lorain, b. Feb. 10, 1784	2	201
Julius, s. Curtis & Lois, b. Jan. 27, 1793	2	201
Julius, of Guilford, m. Emeline A. **WRIGHT**, of Killingworth, June 16, 1833, by Rev. Aaron Dutton	2	248
Laura E., d. Joseph, Jr. & Lucia, b. June 25, 1808	2	260
Leaming, s. Benj[ami]n & Abigail, b. Feb. 18, 1788	2	201
Leaming, m. Clarrissa **GRISWOLD**, b. of Guilford, Jan. 27, 1817 by Rev. Aaron Dutton	2	247
Levi Griswold, s. Leaming & Clarrissa E., b. Sept. 16, 1818	2	261
Lewis, s. Nath[anie]ll & Julia, b. Aug. 15, 1811	2	260
Linus, s. Sam[ue]ll & Leah, b. Sept. 12, 1777	2	133
Lucia, d. Sam[ue]ll & Leah, b. Aug. 15, 1783	2	201
Lucia, m. Joseph **EVARTS**, Jr., b. of Guilford, May 3, 1807	2	247
Lucretia, d. Jonathan, Jr. & Lucretia, b. Apr. 8, 1761	2	114
Lucretia, d. Jon[a]th[an], Jr., d. Aug. 13, 1765	2	145
Lucretia, m. Joseph **CRUTTENDEN**, b. of Guilford, Dec. 13, 1769, by Rev. Amos Fowler	2	172
Lucretia, wid. of Jonathan, d. Jan. 24, 1795, in her 70th y.	2	153
Lucy, d. Josiah & Ann, b. Oct. 27, 1735	2	30
Lucy, d. Joseph, Jr. & Phebe, b. Oct. 19, 1741	2	79
Lucy, m. Timothy **BARTLET[T]**, Jr., b. of Guilford, Mar. 12, 1754, by Rev. James Sprout	2	71
Lucy, m. Timothy **BARTLET[T]**, Jr., b. of Guilford, Mar. 11, 1755, [by James Sproutt]	2	216
Lucy, d. Nath[anie]ll & Julia, b. May 31, 1809	2	260
Lucy, m. George **DUDLEY**, b. of Guilford, May 2, 1832, by Rev. Aaron Dutton	2	332
Lucy Stone, d. Fred[eric]k & Clarrissa, b. Apr. 17, 1800	2	260
Luther, s. John & Submit, b. May 6, 1744	2	77
Luther, s. Samuel, 2d, & Leah, b. Jan. 17, 1759	2	103
Lidiah, m. Caleb **BISHOP**, b. of G[u]ilford, Aug. 18, 1692, by Andrew Leete	A	71
Lydia, d. Jonathan & Hannah, b. Apr. 29, 1739	2	38
Lydia, d. Jon[a]th[an], d. Feb. 23, 1739/40	2	147
Lydia, d. Jonathan & Hannah, b. May 7, 1741	2	41
Lydia, w. of Timo[thy], Jr., d. Dec. 13, 1793, in her 24th y.	2	153
Lyman, of Guilford, m. Eunice **ROGERS**, of Hamden, Aug. 8, 1827, by Rev. Aaron Dutton	2	248
Mabel, d. Jonathan, Jr. & Lucretia, b. May 3, 1764	2	114

	Vol.	Page

EVARTS, EARTS, EVART, EVATS, EVERTS, (cont.)

	Vol.	Page
Mabel, m. Eber **NORTON**, 2d, b. of Guilford, Nov. 2, 1788, by Rev. Amos Fowler	2	181
Marah*, d. John & Marah*, b. Aug. 12, 1666 (*Arnold Copy has "March")	A	64
Marcia, d. Sam[ue]ll & Leah, b. May 22, 1772	2	133
Margaret, m. Ebenezer **FIELD**, b. of Guilford, Oct. 16, 1737, by Rev. Jonathan Todd	2	54
Marg[a]ret, wid. of Nath[anie]ll, d. Oct. 8, 1740	2	147
Maria, m. William **STONE**, Jr., b. of Guilford, Nov. 14, 1792, by Rev. Amos Fowler	2	224
Maria, d. Fred[eric]k & Clarrissa, b. Dec. 21, 1812	2	260
Maria, d. Fred & Clarissa, d. July 9, 1816, in the 4th y. of her age, at New York	2	153
Martin, s. Sam[ue]ll & Leah, b. Dec. 10, 1760	2	133
Martin, of Guilford, m. Betsey **REDFIELD**, of Killingworth, Feb. 2, 1791, by Rev. Archillus Mansfield	2	174
Mary, d. James & Lydia, b. Mar. 19, 1661	A	63
Mary, w. of Daniel, bd. Mar. 31, 1663	A	59
Mary, d. James & Lidiah, b. May 1, 1674	A	76
Mary, d. Juda & Mary, b. June 28, 1675	A	76
Mary, d. Juda & Mary, d. Oct. 1, 1678	A	68
Mary, d. Juda & Mary, b. May 16, 1682	A	87
Mary, m. John **MUNGER**, b. of Guilford, June 3, 1684, by Mr. Andrew Leete	A	78
Mary, d. John & Mary, d. Apr. 20, 1688	A	70
Mary, d. Judah & Mary, d. May 2, 1688	A	70
Mary, wid., d. Apr. 25, 1700	A	98
Mary, d. Ebenezer & Sarah, b. Sept. [7, 1715]	2	6
Mary, d. Sam[ue]ll, d. Jan. 8, 1735/6	2	149
Mary, d. Eben[eze]r, d. Mar. 8, 1739	2	147
Mary, wid., m. Samuel **DOD**, b. of Guilford, Apr. 22, 1741, by Rev. Thomas Ruggles	2	57
Mary, d. Amos & Mercy, b. Oct. 29, 1747	2	83
Mary, d. Eleazer & Hannah, b. Sept. 4, 1750	2	91
Mary, d. Aaron & Sarah, b. Mar. 5, 1755	2	96
Mary, m. Ebenezer **HAND**, Jr., b. of Guilford, July 20, 175[7], by Rev. Jonathan Todd	2	69
Mary, w. of Isaac, Jr., d. Dec. 22, 1764, in her 28th y.	2	153
Mary, m. Amos **DUDLEY**, b. of Guilford, Feb. 27, 1771, by Rev. Mr. Fowler	2	170
Mary, m. Ambrose **BENTON**, b. of Guilford, Oct. 31, 1790, by Rev. Amos Fowler	2	226
Mary, d. Nath[anie]l & Julia, b. May 22, 1806	2	260
Mary, d. Joseph, Jr. & Lucia, b. Apr. 14, 1813; d. Jan. 11, 1814	2	260
Mary, d. Joseph, Jr. & Lucia, b. Nov. 8, 1814	2	260
Mary, m. Hooker **DUDLEY**, b. of Guilford, Oct. 16, 1831, by		

	Vol.	Page
EVARTS, EARTS, EVART, EVATS, EVERTS, (cont.)		
Rev. Aaron Dutton	2	259
Mary Ann, d. Abra[ha]m, Jr. & Mary, b. Jan. 19, 1810	2	260
Mary Ann, d. Leaming & Clarrissa, b. Dec. 18, 1821	2	261
Mehittabell, d. John & Mary, b. Feb. 25, 1678	A	85
Meriam, twin with Moses, d. Dan[ie]l & Mary, b. Sept. 10, 1711; d. Oct. 25, 1712	2	10
Meriam, d. Daniel, Jr. & Martha, b. July 18, 1729	2	32
Meriam, m. Archelous **PARMELE[E]**, b. of Guilford, June 4, 1751, by Rev. Ebenezer Gaylor	2	62
Merta, d. Timo[thy] & Elizabeth, b. June 3, 1797	2	201
Mindwell, d. Caleb & Mindwell, b. Nov. 24, 1730	2	24
Moses, twin with Meriam, s. Dan[ie]l & Mary, b. Sept. 10, 1711	2	10
Moses, d. Jan. 7, 1805, in his 93rd y., at Paris, N.Y.	2	153
Nancy, twin with An[n]e, d. Benj[ami]n & Abigail, b. Apr. 19, 1777	2	133
Nathan, s. Joseph & Hannah, b. Oct. 29, 1727	2	19
Nathan, s. Joseph, d. Nov. [ ], 1736	2	150
Nathan, s. Jehiel & Deborah, b. Jan. 8, 1743/4	2	78
Nathan, s. Sam[ue]ll & Sarah, b. May 14, 1785	2	201
Nathan, s. Sam[ue]ll, 3rd, d. Dec. 17, 1789	2	153
Nathaniell, s. John & Mary, b. July 24, 1675	A	78
Nathaniel, s. Nathaniel & Marg[a]ret, b. May 9, [1718]	2	12
Nathaniel, m. Julia **PARMELE[E]**, b. of Guilford, Nov. 15, 1801, by Rev. Israel Brainard	2	247
Olive, d. Jonathan, Jr. & Lucretia, b. Sept. 24, 1759	2	103
Olive, m. Tho[ma]s **DUDLEY**, b. of Guilford, May 12, 1790, by Rev. Amos Fowler	2	173
Olive, d. Curtis & Lois, b. Nov. 23, 1796	2	260
Onner*, m. Reuben **EVARTS**, b. of Guilford, June 5, 1751, by Rev. Jonathan Todd (*Anna or Honour?)	2	65
Orpah, d. Sam[ue]ll, 4th, & Sarah, b. June 4, 1788	2	201
Parkes, s. Jeremiah & Jerusha, b. Sept. 17, 1727	2	18
Patiens, d. John & Mary, b. May 14, 1689	A	91
Rachel, d. Sam[ue]ll & Rachel, b. Dec. 12, 1742	2	74
Rachel, m. Eliphalet **HALL**, Jr., b. of Guilford, Dec. 1, 1773, by Rev. Jonathan Todd	2	177
[Rebecca], d. Dan[ie]l & Mary, b. July 18, [1708]	2	10
Rebeccah, m. Caleb **STONE**, Jr., b. of Guilford, Jan. 25, 1737/8, by Rev. Jonathan Todd	2	54
Rebecka, m. Timothy **MUNGER**, b. of Guilford, Aug. 28, 1765, by [James Sproutt]	2	229
Reuben, s. James & Mary, b. Mar. 25, 1719	2	11
Reuben, m. Onner* **EVARTS**, b. of Guilford, June 5, 1751, by Rev. Jonathan Todd (*Anna or Honour?)	2	65
Reuben, s. Reuben & Anner, b. Jan. 7, 1763	2	125
Reuben Lester, s. Eben[ezer] B. & Rebecca, b. July 18, 1834	2	261

	Vol.	Page

EVARTS, EARTS, EVART, EVATS, EVERTS, (cont.)

Rosanna, d. Josiah & Ann, b. Nov. 20, 1733	2	28
Rosewell, s. Timothy & Ann, b. Oct. 1, 1771	2	125
Russell, m. Salina **BLATCHLEY**, b. of Guilford, Dec. 17, 1821, by Rev. John Ely	2	247
Ruth, d. Daniel, & Ruth, b. Feb. 22, 1731/2	2	25
Ruth, w. of Sam[ue]ll, d. Apr. 13, 1736	2	150
Ruth, m. Josiah **BISHOP**, b. of Guilford, Aug. 18, 175[6], by Rev. Jonathan Todd	2	71
Ruth, d. Ebenezer & Ruth, b. Aug. 2, 1757	2	108
Ruth, d. Timothy & Ann, b. June 30. 1760	2	105
Ruth, d. Benjamin & Ruth, b. June 30, 1766	2	115
Ruth, w. of Benjamin, d. Jan. 31, 1768	2	145
Ruth, d. Sam[ue]ll & Leah, b. Dec. 12, 1769	2	133
Ruth, m. Benjamin **KIRKUM**, b. of Guilford, May 21, [1786], by [James Sproutt]	2	253
Ruth, d. Benj[ami]n, d. July 4, 1787, in her 22nd y.	2	153
Ruth, m. Comfort Olds **SCRANTON**, b. of Guilford, June 2, 1817, by Rev. John Elliott	2	274
Samuell, s. Juda & Mary, b. Oct. 4, 1678	A	84
Samuell, s. Daniell & Rebec[c]a, b. Dec. 14, 1681	A	86
[Samuel], s. Daniel & Mary, b. Nov. 10, 1704	A	10
Samuel, s. Daniel, m. Ruth **DUDLEY**, b. of Guilford, Mar. 9, 17[32], by Rev. Thomas Ruggles	2	51
Samuel, s. Samuel & Ruth, b. Apr. 9, 1734	2	29
[Samuel], Sr., m. Mary **STONE**, b. of Guilford, Apr. 26, 1736, by Rev. Thomas Ruggles	2	56
Samuel, s. Samuel & Mary, b. Nov. 27, 1737	2	37
Samuel, s. Dan[ie]l, m. Rachel **PARMELE[E]**, d. of Isaac, b. of Guilford, June 27, 1739, by Rev. Tho[ma]s Ruggles	2	53
Samuel, Jr., m. Leah **BISHOP**, b. of Guilford, Mar. 30, 1758, by Rev. Amos Flowler	2	71
Samuel, 3rd, of Guilford, m. Sarah **NETTLETON**, of Killingworth, Aug. 19, 1761, by Rev. William Seaward	2	167
Samuel, s. Samuel, 3rd, & Sarah, b. Feb. 20, 1764	2	114
Sam[ue]ll, 4th, m. Sarah **HALL**, b. of Guilford, Nov. 29, 1784, by Rev. Amos Fowler	2	174
Sam[ue]ll, d. Nov. 15, 1788, in his 85th y.	2	153
Sam[ue]ll, s. Sam[ue]ll, 3rd, & Sarah, b. June 13, 1790	2	201
Samuel, 2nd, d. Dec. 1, 1802, in his 66th y.	2	153
Sarah, d. John & Mary, b. June 4, 1673	A	75
Sarah, d. Daniell & Rebecca, b. May 15, 1675	A	76
Sarah, d. John & Sarah, b. Aug. 10, 1689	A	99
Sarah, m. Josiah **PARMELE[E]**, b. of Guilford, Mar. 26, 17[35], by Rev. Thomas Ruggles	2	55
Sarah, d. Caleb & Mindwell, b. Oct. 9, 1736	2	33
Sarah, d. John & Submit, b. Aug. 6, 1739	2	38
Sarah, d. Josiah & Ann, b. Oct. 27, 1742	2	74

	Vol.	Page
EVARTS, EARTS, EVART, EVATS, EVERTS, (cont.)		
Sarah, d. Aaron & Sarah, b. Feb. 2, 1751	2	92
Sarah, w. of Aaron, d. Apr. 4, 1760	2	143
Sarah, d. Samuel, 3rd, & Sarah, b. May 8, 1763	2	114
Sarah, d. Jesse & Obedience, b. Dec. 25, 1764	2	113
Sarah, d. Sam[ue]ll, Jr. & Sarah, b. Mar. 20, 1799	2	201
Sarah, w. of Aaron, d. Dec. 5, 1801, in her 86th [year]	2	153
Sarah, d. Joseph, Jr. & Lucia, b. July 26, 1811	2	260
Sarah, m. Amos **DUDLEY**, Jr., b. of Guilford, Mar. 29, 1813, by Rev. Aaron Dutton	2	259
Sarah Elizabeth, d. Eben[eze]r B. & Rebeckah, b. Feb. 17, 1827	2	261
Sarah Elizabeth, d. Eben[ezer] B. & Rebecca, b. Mar. 5, 1832	2	261
Silence, d. John & Mary, b. Jan. 26, 1683	A	88
Silvanus, s. Nathaniel & Marg[aret], b. [Mar. 31, 1721]	2	7
Silvanus, s. Nathaniel & Marg[a]ret, b. Mar. 31, 1721	2	35
Solomon, s. Samuel, Jr. & Leah, b. Feb. 21, 1763	2	114
Stephen, s. Ebenezer & Ruth, b. Apr. 15, 1759	2	107
Submit, d. John & Submit, b. July 5, 1737	2	33
Submit, m. Abraham **BARTLET[T]**, b. of Guilford, June 28, 1758, by Rev. James Sprout	2	71
Submit, m. Abraham **BARTLET[T]**, b. of Guilford, June 28, 1758, by [James Sproutt]	2	219
Susan Clarrissa, d. Leaming & Clarrissa, b. Oct. 20, 1824	2	261
Sybbel, m. Samuel **BRISTOL**, b. of Guilford, Nov. 14, 1744, by Rev. James Sprout	2	65
Cybile, m. Samuel **BRISTER**, b. of Guilford, Nov. 15, 1744, by [James Sproutt]	2	213
Tamer, d. Jonathan & Hannah, b. Mar. 17, 1731/2	2	24
Timothy, s. Dan[ie]l & Mary, b. Aug. 28, 171[9]	2	11
Timothy, m. Ann **DUDLEY**, b. of Guilford, Jan. 1, 1756, by Rev. James Sprout	2	67
Timothy, m. Ann **DUDLEY**, b. of Guilford, Jan. 1, 1756, by [James Sproutt]	2	216
Timothy, s. Timothy & Ann, b. Feb. 25, 1767	2	118
Timothy, Jr., m. Lydia **HODGKIN**, b. of Guilford, Oct. 29, 1789, by Rev. Jon[a]th[an] Todd	2	174
Triphena, m. David **DUDLEY**, 3rd, b. of Guilford, Apr. 13, 1758, by Rev. Richard Ely	2	166
W[illia]m Henry, s. Martin & Betsey, b. Nov. 6, 1791	2	201
-----, [twin with Elizabeth], child of James & Mary, b. Mar. 25, 1719	2	11
-----, d. Aaron & Sarah, b. Nov. 23, 1746; d. Dec. 13, 1746	2	92
-----, infant of [Isaac & Mary], d. Dec. 22, 1764, ae 2 d.	2	153
EVEREST, EVERREST, [see also **EVARTS**], Amos, s. Judah & Mary, b. Sept. 23, 1725	2	15
Anne, d. Beniamin & Hannah, b. July 15, 1720	2	36
Anne, d. Jan. 15, 1750/1	2	140

	Vol.	Page
EVEREST, EVERREST (cont.)		
Benjamin, s. Benjamin & Hannah, b. Oct. 12, 1718	2	12
Comfort, m. Ebenezer **SHELLEY**, b. of Guilford, Aug. 5, 1730, by Rev. Thomas Ruggles	2	49
Daniel, s. Benjamin & Hannah, b. July 29, 1725	2	15
David, s. Benjamin & Hannah, b. Sept. 29, [1723]	2	13
Elisha, s. Benjamin & Hannah, b. Nov. [4, 1716]	2	9
Hannah, d. Beniamin & Hannah, b. Oct. 27, 1723	2	36
Isaac, s. Isaac & Johanna, b. May 1, 1677	A	83
FAIRCHILD, Anson, s. Lewis & Sarah, b. Aug. 23, 1759	2	106
Asher, m. Thankfull **HUBBARD**, b. of Guilford, Jan. 12, [1761], by [James Sproutt]	2	228
Asher, m. Thankfull **HUBBARD**, b. of Guilford, Jan. 14, 1761, by Rev. James Sproutt	2	164
Asher, d. Aug. [ ], 1795, ae 61 y. Was lost at sea	2	154
Betsey, d. Lewis & Mehitable, b. June 2, 1785	2	230
Betsey, m. Edward **ELLIOTT**, b. of Guilford, Nov. 20, 1803, by Rev. Israel Brainard	2	247
Curtiss, s. Lewis & Sarah, b. Dec. 3, 1755	2	106
Curtiss, d. Jan. [4], 1773. Was lost at sea	2	154
Curtis, twin with Waterous, s. Lewis & Mehetable, b. Feb. 28, 1775	2	195
Curtis, m. Rebeckah **GRISWOLD**, b. of Guilford, Apr. 26, 1795, by Rev. Amos Fowler	2	238
Eliza, d. Curtis & Rebickah, b. June 18, 1800	2	231
Eliza, of Guilford, m. Henry **BURRIT**, of Milford, Pa., Sept. [ ], 1822, by Rev. Aaron Dutton	2	281
Elizabeth, of Middletown, m. Thomas **HILL**, Jr., of Guilford, Oct. 13, 1767, by Rev. Bela Hubbard	2	168
Grace, m. Reuben **ELLIOTT**, b. of Guilford, Aug. 17, 1794, by Rev. Amos Fowler	2	247
Harriet, s. Asher & Thankful, b. July 5, 1770	2	126
Harriet, d. Anson & Orpha, b. July 25, 1783	2	202
Harriet, m. Jeremy **HOADLEY**, b. of Guilford, July 7, 1798, by Rev. Samuel Eells	2	254
Hubbard, s. Asher & Thankful, b. Oct. 22, 1776	2	128
Hubbard, s. Asher, d. Sept. 14, 1800, at Staten Island	2	154
Jane, d. Curtis & Rebeckah, b. May 20, 1809	2	272
John, s. Lewis & Mehitabel, b. Oct. 27, 1776	2	195
Joy, s. Lewis & Sarah, b. July 15, 1754	2	95
Joy, d. Oct. 31, 1781, at Windsor	2	154
Joy Hamlet, s. Lewis & Mehetable, b. Apr. 24, 1789	2	230
Lavinna*, d. Asher & Thankful, b. Oct. 7, 1761 (*Lavinia)	2	108
Lavinia, m. Elijah **STONE**, b. of Guilford, Oct. 28, 1781, by Rev. Bela Hubbard	2	184
Lewis, m. Sarah **WATEROUS**, b. of Guilford, Nov. 11, 1753, by Rev. Ebenezer Punderson	2	67
Lewis, s. Lewis & Sarah, b. Apr. 11, 1762	2	111

	Vol.	Page
FAIRCHILD, (cont.)		
Lewis, of Guilford, m. Mehitabel **WATEROUS**, May 10, 1774	2	175
Lewis, Jr., d. Mar. [ ], 1781, in prison Nevis in the West Indies	2	154
Lewis, d. Aug. 19, 1790, in the 59th y. of his age	2	154
Lewis Wolcot, s. Lewis & Mehitabel, b. Oct. 14, 1780	2	195
Lewis Woolcot, s. Curtis & Rebeckah, b. Apr. 14, 1805	2	272
Lucy, d. Noah & Debo[ra]h, b. June 4, 1776	2	128
Mariette, d. Waterous & Olive, b. Oct. 2, 1797	2	231
Mehitable, m. Eber **DUDLEY**, b. of Guilford, Aug. 8, 1795, by Rev. Mr. Fowler	2	258
Nancy, d. Asher & Thankfull, b. Aug. 3, 1763	2	119
Nancy, d. Lewis & Mehetabel, b. Oct. 2, 1778	2	195
Nancy, m. Sam[ue]ll **REDFIELD**, b. of Guilford, May 21, 1782	2	186
Nancy, m. Joseph **ELLIOTT**, b. of Guilford, Sept. 5, 1796, by Rev. Amos Fowler	2	247
Olive, d. Waterous & Olive, b. Oct. 2, 1801	2	231
Orpha, d. Anson & Orpha, b. Oct. 2, 1786	2	202
Parnel, d. Sam[ue]ll & Deborah, b. May 3, 1778	2	195
Polly, d. Lewis & Sarah, b. Nov. 20, 176[ ]; d. Sept. 1, 1769	2	195
Polly, d. Lewis & Sarah, b. Sept. 7, 1769	2	195
Polly, d. Curtis & Rebeckah, b. Oct. 4, 1795	2	231
Rebeckah, d. Asher & Thankfull, b. May 16, 1768	2	119
Rebeckah, d. Asher & Thankfull, b. Mar. 17, 1787	2	202
Rebeckah, d. Curtis & Rebeckah, b. July 13, 1798	2	231
Rebeckah, m. William Hedges **HUBBARD**, b. of Guilford, July 7, 1805, by Rev. Nathan B. Burgis	2	254
Sally, d. Waterous & Olive, b. Jan. 9, 1800	2	231
Sam[ue]ll, m. Deborah **HART**, b. of Guilford, July 26, 1775, by Rev. Amos Fowler	2	175
Sarah, d. Lewis & Sarah, b. Jan. 31, 1764	2	111
Sarah, w. of Lewis, d. Mar. 18, 1771, ae 38 y.	2	147
Sarah, w. of Lewis, d. Mar. 18, 1771	2	154
Sarah, m. Joel **GRIFFING**, b. of Guilford, Oct. 15, 1783, by Rev. Amos Fowler	2	176
Ward, s. Asher & Thankfull, b. Mar. 27, 1783	2	202
Waterous, twin with Curtis, s. Lewis & Mehetable, b. Feb. 28, 1775	2	195
Waterous, of Guilford, m. Olive **CURTIS**, of Durham, June 19, 1796, by Rev. Eleazer Goodrich	2	238
William, s. Lewis & Sarah, b. Mar. 5, 17[66]	2	117
William, s. Lewis & Mehetabel, b. Nov. 2, 178[2]	2	195
Will[ia]m, d. July 12, 1783, in prison New York	2	154
FARNUM, FARNHAM, [see also **HANUM**], Benjamin, s. John & Hannah, b. Mar. 11, 1742/3	2	74
Gad, s. John & Hannah, b. Aug. 10. 1736	2	32
Hannah, d. John & Hannah, b. Jan. 4, 1746/7	2	80

	Vol.	Page
FARNUM, FARNHAM, (cont.)		
Joanna, m. Aaron **EVARTS**, b. of Guilford, Nov. 11, 1760, by Rev. Jonathan Todd	2	72
John, m. Hannah **CRUTTENDEN**, b. of Guilford, Dec. 29, 17[25], by Rev. Thomas Ruggles	2	48
John, s. John & Hannah, b. Nov. 24, 1726	2	24
Joseph, s. John & Hannah, b. Sept. 10, 1740	2	41
Lucy, d. John & Hannah, b. Aug. 1, 1729	2	24
Nathan, s. John & Hannah, b. June 19, 1738	2	34
Ruth, d. John & Hannah, b. Sept. 12, 1731	2	24
Ruth, d. John, d. Nov. 5, 1736	2	150
Seth, s. John & Hannah, b. Sept. 28, 1733	2	28
Stephen, d. Oct. 8, 1738	2	143
FAULKNER, FALKNER, FAULKENER, Benoni, s. Charles & Hannah, b. June 1, 1760; d. June 16, 1760	2	105
Charles, d. Patrick & Deliverance, b. May 9, 1731	2	31
Charles, m. Hannah **MORSE**, b. of Guilford, Jan. 6, 1760, by Rev. James Sproutt	2	72
Charles, m. Hannah **MORSE**, b. of Guilford, Jan. 6, 1760, by [James Sproutt]	2	219
Charles, s. Charles & Hannah, b. Oct. 13, 1764	2	124
Charles, of Guilford, m. Mary **BLY**, of Middletown, Mar. 4, 1767, by Rev. James Sproutt	2	170
Charles, m. Mary **BLY**, b. of Guilford, Mar. 4, 1767, by [James Sproutt]	2	229
Charles, s. Charles, d. Oct. 15, 1769, ae 5 y. 2 d.	2	146
Charles, s. Charles & Mary, b. Mar. 20, 1773	2	128
Charles, Jr., m. Clarinda **STOW**, b. of Guilford, May 1, 1800, by Rev. John Elliott	2	238
Charles Hand, s. Charles & Clarinda, b. Apr. 15, 1803	2	231
Eli, s. Peter, d. Dec. 1, 1766, in the 3rd y. of his age	2	146
Friend Lyman, s. Charles & Mary, b. Feb. 15, 1777	2	128
Hannah, d. Patrick & Deliverance, b. Aug. 23, 1723	2	31
Hannah, m. Charles **MILLER**, b. of Guilford, Mar. 6, 1744/5, by Rev. Thomas Ruggles	2	59
Hannah, d. Charles & Hannah, b. Sept. 3, 1761	2	108
Hannah, w. of Charles, d. Apr. 23, 1765	2	146
Mary, d. Patrick & Deliverance, b. Apr. 11, 1729	2	31
Mary, m. Simeon **NORTON**, b. of Guilford, Nov. 20, 1755, by Rev. Thomas Ruggles	2	68
Mary, d. Charles & Hannah, b. July 10, 1763; d. same day	2	124
Mary, wid., d. Feb. 23, 1770, in the 83rd y. of her age	2	146
Mary, d. Charles & Hannah, b. Jan. 2, 1771	2	124
Mary, d. Apr. 8, 1791, in the 21st y. of her age	2	154
Patrick, s. Charles & Hannah, b. Nov. 30, 1767	2	124
Rebeckah, d. Patrick & Deliverance, b. Jan. 13, 1733/4	2	31
Richard, m. wid. Mary **HALL**, Aug. 4, 172[4], by Rev. Thomas Ruggles	2	48

GUILFORD VITAL RECORDS 117

	Vol.	Page
FAULKNER, FALKNER, FAULKENER, (cont.)		
Richard, d. Dec. 28, 1745	2	140
Sarah, d. Patrick & Deliverance, b. Mar. 15, 1726/7	2	31
Sarah, d. Charles & Mary, b. Oct. 12, 1779	2	195
Sarah, d. Sept. 24, 1797, ae 70 y.	2	154
William, s. Charles & Clarinda, b. Dec. 27, 1808	2	272
FENN, Ira J., of Laca, Ill., m. Fanny E. **DUDLEY**, of Guilford, Feb. 18, 1840, by Rev. Zolva Whitmore	2	331
FIELD, Abigail, twin with Katharine, d. David & Abigail, b. Aug. 19, 1745	2	78
Abigail, wid., d. Dec. 24, 1783, in the 78th y. of her age	2	154
Achsah, d. Sept. 15, 1839, ae 44 y.	2	320
Adah, m. Nathan F. **BASSETT**, b. of Guilford, Nov. 24, 1825, by Rev. Samuel N. Shephard	2	312
Ambros[e], s. Jaiarib & Abigail, b. June 7, 1736	2	31
Ann, d. David & Katharine, b. Jan. 12, 1731/2	2	32
Ann, 2d, m. Simeon **SCRANTON**, 2d, Oct. 23, 1825, by Jarvas L. Nichols	2	285
Anna, d. Zachariah & Ann, b. Oct. 26, 1744	2	87
Anna, m. Ebenezer **BARTLET[T]**, 4th, b. of Guilford, June 26, 1751, by Rev. Jonathan Todd	2	66
Anna, d. Timo[thy] & Ann, b. Apr. 6, 1787	2	202
Anne, twin with David, d. David, Jr. & Anne, b. Sept. 17, 1761	2	108
An[n]e, d. Joarib & Hannah, b. May 3, 1775	2	195
Anson, d. May 31, 1835, ae 45 y.	2	320
Anson Benjamin, s. Jason & Myrta Ann, b. Jan. 25, 1841	2	273
Benjamin, s. David & Anne, b. Nov. 10, 1721	2	36
Benjamin, s. David, 2d, & Anne, b. June 12, 1759	2	103
Bethiah, d. Eben[eze]r & Hannah, b. Oct. 9, 1756	2	101
Bethia, d. Sam[ue]ll, Jr. & Submit, b. May 10, 1765	2	114
Betsey Ann, of Guilford, m. N. D. W. **AINSWORTH**, of New Haven, Jan. 6, 1848, by Rev. Cha[rle]s R. Adams	2	337
Caleb, m. Abigail **BRADLEY**, b. of Guilford, Apr. 2, 1733, by James Meigs, J. P.	2	52
Catharina, d. Eben[eze]r & Rachel, b. May 8, 1769	2	128
Christina, d. Eben[eze]r & Rachel, b. Dec. 13, 1771	2	128
Cyrus W., of New York, m. Mary B. **STONE**, of Guilford, Dec. 2, 1840, by Rev. David D. Field, of Haddam. Int. pub.	2	331
Daniel, s. Samuel & Bethiah, b. Nov. 4, 1742	2	74
David, m. Anne **BISHOP**, b. of Guilford, Jan. 3, 17[20], by Rev. Thomas Ruggles	2	45
David, s. David & Ann, b. July 31, 1728	2	20
David, m. Katharine **BISHOP**, b. of Guilford, May 17, 1731, by Rev. Thomas Ruggles	2	56
David, m. Abigail **STONE**, b. of Guilford, Feb. 10, 17[42], by Rev. William Seaward, of Killingworth	2	57

	Vol.	Page
FIELD, (cont.)		
David, d. Dec. 28, 1745	2	137
David, 2d, m. Anna **STONE**, b. of Guilford, July 10, 1755, by Rev. Jonathan Todd	2	68
David, twin with Anne, s. David, Jr. & Anne, b. Sept. 17, 1761	2	108
David, m. Lois **FRENCH**, b. of Guilford, Feb. 16, 1786, by Rev. Jonathan Todd	2	175
David, s. David & Lois, b. May 7, 1790	2	230
David Dudley, s. Timo[thy] & Ann, b. May 20, 1781	2	195
Deborah, d. Eben[eze]r & Hannah, b. Mar. 13, 1755	2	101
Ebenezer, m. Hannah **EVARTS**, b. of Guilford, Oct. 30, 17[28], by Rev. John Hart	2	50
Ebenezer, s. Ebenezer & Hannah, b. Oct. 13, 1729	2	23
Ebenezer, s. Eben[eze]r, d. May 13, 1734	2	149
Ebenezer, s. David & Katharine, b. Apr. 18, 1736	2	32
Ebenezer, m. Margaret **EVARTS**, b. of Guilford, Oct. 16, 1737, by Rev. Jonathan Todd	2	54
Ebenezer, m. Deborah **HALL**, b. of Guilford, Jan. 5, 1748/9, by Rev. Jonathan Todd	2	60
Ebenezer, m. Hannah **MILLS**, Nov. 21, 1753, by Rev. Gideon Mills	2	70
Ebenezer, 2d, m. Rachel **SCRANTON**, b. of Guilford, Mar. 1, 1756, by Rev. Jonathan Todd	2	68
Elizabeth, twin with Ichabod, d. David, Jr. & Anna, b. July 26, 1763	2	111
Esther, d. Josiah & Abigail, b. Sept. 18, 1733	2	28
Esther, m. Nathan **HILL**, b. of Guilford, Jan. 1, 1756	2	68
Frederick, m. Denny **BLATCHLEY**, b. of Guilford, Oct. 23, 1823, by Rev. David Baldwin	2	300
Frederick, m. Lucy Ann **BISHOP**, b. of Madison, Feb. 10, 1834, by Rev. Aaron Dutton	2	330
Hannah, d. Ebenezer & Hannah, b. Mar. 27, 1733	2	30
Hannah, w. of Eben[eze]r, d. Jan. 2, 1736/7	2	148
Hannah, d. Joarib & Hannah, b. Aug. 27, 1768	2	195
Hannah, w. of Joarib, d. Apr. 23, 1780, in the 34th y. of her age	2	154
Henry, s. David & Lois, b. Mar. 3, 1787	2	230
Hepzebath, d. Samuel, Jr. & Mary, b. Dec. 7, 1757	2	97
Ichabod, s. David & Ann, b. Jan. 8, 1730/1	2	32
Ichabod, twin with Elizabeth, s. David, Jr. & Anna, b. July 26, 1763	2	111
James, s. Sam[ue]ll & Submit, b. May 10, 1776	2	195
Jane E., of Guilford, m. Charles H. **CRAWFORD**, of New York, Sept. 23, 1840, by Rev. Aaron Dutton	2	327
Jedediah, s. David, Jr. & Anna, b. May 29, 1765	2	114
Jedediah, of Sunbury, Ga., m. Phebe **BRADLEY**, of Guilford, Oct. [ ], 1820, by Aaron Dutton	2	239
Jeiarib, see under Joarib		

GUILFORD VITAL RECORDS 119

	Vol.	Page
FIELD, (cont.)		
Jessie L., m. Myrta Ann **LEE**, b. of Guilford, Apr. 15, 1838, by Rev. Aaron Dutton	2	331
Jeiarib, s. Sam[ue]l & Bethiah, b. Apr. 4, 1745 (Joarib?)	2	79
Joarib, s. Joarib & Hannah, b. Mar. 7, 1773	2	195
Joel, s. Luke & Patience, b. Jan. 23, 1796	2	231
John, s. Samuel & Bethiah, b. June 4, 1740	2	42
John, s. Joarib & Hannah, b. Dec. 6, 1770	2	195
Jonathan, s. Zachariah & Ann, b. Feb. 16, 1746/7; d. Oct. 8, 1751	2	87
Joseph, s. Eben[eze]r & Hannah, b. May 19, 1764	2	123
Joshua, s. Samuel & Bethyah, b. Feb. 20, 1749/50	2	85
Julius, s. Sam[ue]ll & Submit, b. Aug. 8, 1778	2	195
Katharine, twin with Abigail, d. David & Abigail, b. Aug. 19, 1745	2	78
Katharine, m. Ambrose **GRAVE**, b. of Guilford, Jan. 24, 1765, by Rev. Jon[a]th[an] Todd	2	167
Kirtland, s. Sam[ue]ll & Submit, b. Nov. 18, 1774	2	195
Lois, d. Timothy & Ann, b. Jan. 29, 1771	2	128
Lois, d. David & Lois, b. Oct. 26, 1788	2	230
Lucina, d. Eben[eze]r & Hannah, b. Feb. 22, 1771	2	124
Lucy M., m. John R. **FRISBIE**, b. of Guilford, Apr. 23, 1834, by Rev. Aaron Dutton	2	330
Luke, s. Samuel & Bethiah, b. Feb. 4, 1753	2	93
Luke, s. Luke & Patience, b. May 1, 1792	2	231
Mabel, d. David, 2d, & Anna, b. May 30, 1757	2	99
Mabel, m. David **SEAWARD**, Jr., b. of Guilford, Dec. 14, 1780, by Rev. Richard Ely	2	224
Mabel Scranton, d. Eben[eze]r, 2d, & Rachel, b. May 23, 1753	2	99
Margaret had d. Leah **HOTCHKIN**, b. Aug. 31, 1775	2	199
Martin, s. Eben[eze]r, 2d, & Rachel, b. Mar. 1, 1756	2	99
Martin, s. Ebenezer, 2d. Apr. 1, 1764	2	144
Martin, s. Sam[ue]ll & Submit, b. Jan. 9, 1781	2	195
Mary, m. Joshua **BLACKLY**, b. of Guilford, Nov. 22, 17[21], by Rev. John Hart	2	45
Mary, wid., d. Feb. [27, 1726, ae 47]	2	3
Mary, d. Samuel & Mary, b. Sept. 23, 1758	2	105
Mary, d. Timothy & Ann, b. Nov. 19, 1778	2	195
Mary E., of Guilford, m. Stephen **INNISS**, of New Haven, Nov. 14, 1831, by Rev. Aaron Dutton	2	308
Mary Scranton, d. Eben[eze]r, 2d, & Rachel, b. Oct. 2, 1763	2	111
Michael, s. Eben[eze]r & Hannah, b. July 9, 1768	2	123
Mindwell, d. David, Jr. & Anna, b. Sept. 1, 1769	2	122
Mine, d. Timo[thy] & Ann, b. Oct. 3, 1769	2	128
Mine, d. Timothy & Ann, d. Jan. 26, 1770	2	154
Mine, d. Timothy & Ann, b. Mar. 23, 1773	2	128
Nathan, s. Joarib & Hannah, b. Apr. 18, 1780	2	195
Parnel E., m. Nelson **FOSTER**, b. of Guilford, Nov. 23, 1825,		

	Vol.	Page
FIELD, (cont.)		
by Rev. Samuel N. Shepard	2	316
Prudence, d. Zachariah & Prudence, b. June 9, 1733/4	2	28
Prudence, d. Zachary, d. Oct. 8, 1736	2	148
Prudence, d. Zachary, d. Oct. 8, 17[36]	2	150
Prudence, w. of Zachariah, d. Nov. 24, 1737	2	148
Prudence, d. Zachariah & Ann, b. Apr. 2, 1742	2	73
Prudence, m. Joseph **DUDLEY**, b. of Griswold, Feb. 18, 1761,		
by Rev. Jonath[an] Todd	2	173
Rachel, d. Ebenezer, Jr. & Rachel, b. Jan. 30, 1761	2	108
Reuben, s. Eben[eze]r & Hannah, b. Jan. 9, 1762	2	123
Samuel, s. David & Katharine, b. Feb. 20, 1733/4	2	32
Samuel, of Guilford, m. Bethyah **JOHNSON**, of Norwich, Dec.		
15, 1735, by Rev. Henry Willes	2	56
Samuel, s. Samuel & Bethiah, b. Jan. 17, 1736/7	2	33
Samuel, 2d, of Guilford, m. Mary **DICKINSON**, of Haddam,		
Apr. 11, 1754, by Hezekiah Bra[i]nard, J. P.	2	67
Samuel, Jr., m. Submit **WILLARD**, b. of Guilford, Aug. 1,		
1764, by Rev. Richard Ely	2	167
Samuel, s. Luke & Patience, b. Apr. 13, 1798	2	231
Sarah, d. David & Ann, b. Dec. 12, 1722	2	20
Sarah, m. Nathaniel **CRAMPTON**, b. of Guilford, Sept. 10,		
1740, by Benjamin Hand, J. P.	2	57
Sarah N., m. Leverett **BRISTOL**, b. of Guilford, Jan. 28, 1838,		
by Rev. Aaron Dutton	2	339
Simeon, s. Zachariah & Ann, b. Oct. 15, 1749; d. Oct. 5, 1751	2	87
Submit, d. Zachariah & Ann, b. Mar. 29, 1752	2	87
Submit, m. John Thomas **COLLENS**, b. of Guilford, Nov. 23,		
1769, by Rev. Rich[ar]d Ely	2	172
Submit, d. Sam[ue]ll & Submit, b. July 22, 1771	2	195
Timothy, s. David & Abigail, b. Mar. 12, 1743/4	2	76
Timothy, m. Ann **DUDLEY**, b. of Guilford, Nov. 25, 1767, by		
Rev. Richard Ely	2	175
Timothy, s. Timothy & Ann, b. Sept. 28, 1775	2	128
Wickham, s. Joarib & Hannah, b. Nov. 13, 1777	2	195
Wilmot Stone, s. Jason L. & Marta Ann, b. Nov. 4, 1839	2	273
[Zachary], m. Prudence **GRAVE**, wid., Mar. 1, 1731/2, by		
James Meigs, J. P.	2	52
Zachariah, m. Ann **SEAWARD**, b. of Guilford, Dec. 27, 1738,		
by Rev. Thomas Ruggles	2	57
Zachariah, s. Zachariah & Ann, b. Oct. 22, 1739	2	73
Zachariah, Jr., d. Nov. 5, 1751	2	139
Zachariah, d. Feb. 19, 1752	2	139
Zachariah, s. Sam[ue]l, 2d, & Mary, b. June 9, 1755	2	95
FISH, Rebeckah, Mrs., of New Milford, m. Capt. William **DUDLEY**,		
of Guilford, Sept. 18, 1749, by Rev. Jared Eliot, at		
Killingworth	2	65
FITCH, Ann, d. Samuel & Mary, b. Sept. 7, 1737	2	33

	Vol.	Page
FITCH, (cont.)		
Eunice, d. Samuel & Hannah, b. Oct. 10, 1765	2	121
Hannah, d. Sam[ue]l & Mary, d. Mar. 25, 1731	2	4
Juliana Roxanna, d. Samuel & Hannah, b. Sept. 3, 1765	2	116
Lucy, d. Sam[ue]l & Mary, b. Mar. 16, 1729/30	2	21
Lucy, d. Samuel, d. Dec. 24, 1736, in the 7th y. of her age	2	151
Martha, d. Samuel & Mary, b. Apr. 2, 1735	2	30
Martha, d. Samuel, d. Dec. 20, 1736, in the 2nd y. of her age	2	151
Mary, d. Sam[ue]ll & Mary, b. Sept. 20, 172[4]	2	16
Mary, m. Samuel **SCRANTON**, Jr., b. of Guilford, Mar. 5, 1747, by Rev. Thomas Ruggles	2	60
Mary, w. of Samuel, d. Dec. 2, 1750	2	138
Samuel, m. Mary **GRISWOLD**, b. of Guilford, Oct. 9, 17[23], by Rev. Thomas Ruggles	2	45
Samuel, s. Samuel & Mary, b. Jan. 15, 1740	2	40
Samuel, m. Hannah **BISHOP**, wid., b. of Guilford, July 22, 1752, by Rev. Jonathan Todd	2	63
Samuel, d. Nov. 5, 1763, in the 69th y. of his age	2	144
Samuel, m. Hannah **ROSSETTER**, b. of Guilford, Nov. 7, 1765, by Rev. John Richards	2	166
Sam[ue]l, s. Sam[ue]l & Hannah, b. May 10, 1776	2	195
Sarah, d. Sam[ue]ll & Mary, b. June 13, 17[22]	2	14
Sarah, wid., d. July 2, 1746	2	137
Sibel, d. Sam[ue]ll & Mary, b. Nov. 16, 172[6]	2	17
Thomas, s. Sam[ue]ll & Mary, b. Oct. 6, 1732	2	25
Thomas, m. Sarah **BRADLEY**, b. of Guilford, Mar. 6, 175[9], by Rev. Jonathan Todd	2	71
Thomas, s. Sam[ue]ll & Hannah, b. May 1, 1772	2	128
Thomas, d. June 9, 1802	2	154
William, of New Haven, m. Julia A. **KIMBERLEY**, of Guilford, Aug. 23, 1842, by Rev. Henry Fitch	2	368
FLETCHER, Hannah, m. John **CRITTENDEN**, Dec. 12, 1665	A	64
FOOT, FOOTE, Andrew Ward, s. Eli & Roxannah, b. Nov. 9, 1776	2	128
Anson, Dr., d. May 2, 1841	2	320
Catharine, d. Eli & Roxanna, b. June 23, 1792	2	230
Clarrissa E., m. Benoni **SWEET**, b. of Guilford, Sept. 4, 1831, by Rev. David Baldwin	2	323
Ebenezer Evart, s. Sam[ue]l & Hannah, b. Sept. 12, 1756	2	99
Edward Warner, s. John P. & Jane, b. May 25, 1819	2	272
Eli, m. Roxana **WARD**, Oct. 11, 1772, by Rev. Bela Hubbard	2	175
Elizabeth, m. John **GRAVE**, Jan. 6, 1684/5, by Capt. Thomas Tappin	A	79
George A., m. Eliza **SPENCER**, May 24, 1829, by Rev. David Baldwin	2	316
George Augustus, s. Eli & Roxanna, b. Dec. 9, 1789	2	202
Harriet, d. Eli & Roxanna, b. July 27, 1773	2	128
Henry, of Madison, m. Catharine **BENTON**, of Durham, July 7, 1839, by Rev. H. F. Pease	2	331

	Vol.	Page
FOOT, FOOTE, (cont.)		
Henry Ward, s. John P. & Jane, b. Feb. 17, 1817	2	272
John P., of Guilford, m. Jane **WARNER**, of New York, Sept. 26, 1811, by Rev. David Baldwin	2	239
John Parsons, s. Eli & Roxanna, b. June 26, 1783	2	202
Lucius, m. Laura **HUBBARD**, June 26, 1828, by Rev. David Baldwin	2	316
Martha, d. Eli & Roxanna, b. Sept. 23, 1781	2	202
Mary Ward, d. Eli & Roxanna, b. Aug. 7, 1785	2	202
Mary Ward, d. John P. & Jane, b. Aug. 22, 1813, in New York	2	272
Nathaniel, of Branford, m. Mary **JONES**, of Guilford, Jan. 26, 1758, [by James Sproutt]	2	219
Roxana, d. Eli & Roxanna, b. Jan. 10, 1775	2	202
Samuel, of New York, m. Elizabeth **ELLIOTT**, of Guilford, Sept. 9, 1827, by Rev. Aaron Dutton	2	316
Sam[ue]ll Edmund, s. Eli & Roxanna, b. Oct. 29, 1787	2	202
Sarah Evart, d. Sam[ue]l & Hannah, b. May 26, 1758	2	99
William Henry, s. Eli & Roxanna, b. Sept. 8, 1778	2	195
FORD, Mary, d. William & Mary, b. Oct. 29, 1774	2	128
William, of Branford, m. Mary **WALLSTONE**, of Guilford, Nov. 24, 1773, by Rev. D. Brewer	2	175
William, of Williamstown, m. Mary **WALSTONE**, of Guilford, Nov. 24, 1773, by [James Sproutt]	2	252
William, of Branford, m. Mary **WALLSTONE**, of Guilford, Nov. 26, 1773, by Rev. Daniel Brewer	2	185
FOSDICK, FORDICK, FORDISH, FORSDICK, Anna, m. Aaron **JONES**, b. of Guilford, Nov. 7, 1771, by Rev. Mr. Brewer	2	178
Anne, d. John & Jane, b. Jan. 23, 1735/6	2	32
Anne, m. Aaron **JONES**, b. of Guilford, Nov. 7, [1768], by [James Sproutt]	2	246
Elizabeth, twin with Lucretia, d. John & Jane, b. July 31, 1731	2	32
Elizabeth, m. William **CHITTENDEN**, Jr., b. of Guilford, Oct. 3, 1751, by Rev. Thomas Ruggles	2	66
Jane, d. John & Jane, b. July 20, 172[2]	2	14
Jane, m. Sam[ue]ll **STEEVENS**, b. of Guilford, Dec. 12, 1774, by Rev. Sam[ue]ll Eells	2	184
[John], of New London, m. Jane **BRADLEY**, of Guilford, Mar. 2[6], 17[19], by Rev. Thomas Ruggles	2	44
Lucretia, twin with Elizabeth, d. John & Jane, b. July 31, 1731	2	32
Lucretia, m. David **FOWLER**, b. of Guilford, May 17, 1767, by Rev. James Sproutt	2	168
Lucretia, m. David **FOWLER**, b. of Guilford, May 17, [1767], by [James Sproutt]	2	246
Lucy, d. John & Jane, b. Aug. 31, 1726	2	18
Lucy, m. Joseph **TYLER**, b. of Guilford, Dec. 7, 1752, by Rev. Thomas Ruggles	2	65
Mercy, d. John & Jane b. Sept. 18, 1729	2	21

	Vol.	Page
FOSDICK, FORDICK, FORDISH, FORSDICK, (cont.)		
Mercy, d. John & Jane, b. Sept. 18, 1729	2	32
Samuel, s. John & Jane, b. May 28, 1724	2	18
----, s. John & Jane, b. Jan. 29, 1719/20	2	11
FOSTER, Aaron, d. May 12, 1773, in the 27th y. of his age	2	154
Caroline, d. Orrin & Rachel, b. Mar. 13, 1804	2	272
Chloe, of Guilford, m. Simeon **DEE**, of Saybrook, Oct. 4, 1821, by Rev. John Ely	2	259
Chloe Maria, d. Orrin & Rachel, b. Jan. 24, 1800	2	272
Christopher, s. Christopher & Hannah, b. Aug. 26, 1753	2	195
David Stone, s. Orrin & Rachel, b. Apr. 11, 1802,	2	272
Hannah, d. Christopher & Hannah, b. Dec. 28, 1752	2	195
Hannah, m. David **CRUTTENDEN**, b. of Guilford, Feb. 5, 1781, by Rev. Jonath[an] Todd	2	172
Jonathan, twin with Saul, s. Christopher & Hannah, b. June 28, 1758	2	195
Leander, s. Orrin & Rachel, b. Mar. 19, 1806	2	272
Lydia, d. Christopher & Hannah, b. Dec. 15, 1749	2	195
Molley, d. Anson & Sarah, b. Oct. 12, 1772	2	230
Nelson, m. Parnel E. **FIELD**, b. of Guilford, Nov. 23, 1825, by Rev. Samuel N. Shephard	2	316
Orrin, m. Rachel **CRAMPTON**, b. of Guilford, June 10, 1798, by Rev. John Elliott	2	239
Patience, of Southampton, m. Thomas **DOUDE**, of Guilford, Oct. 1, 1734, by Rev. Jonathan Todd	2	56
Rhoda, d. Anson & Sarah, b. Oct. 29, 1769	2	230
Rhoda, m. Hubbard **CRUTTENDEN**, b. of Guilford, Oct. 29, 1792, by Rev. Simon Barker	2	225
Sarah, s. *Christopher & Hannah, b. Mar. 16, 1746 (*Daughter?)	2	195
Saul, twin with Jonathan, s. Christopher & Hannah, b. June 28, 1758	2	195
Tho[ma]s, s. Christopher & Hannah, b. Nov. 2, 1762	2	195
FOWLER, Aaron, s. Melzer & Lucy, b. Dec. 18, 1768	2	120
Abigail, d. John & Mary, b. Dec. [ ], 1648	A	124
Abigail, d. Abra[ha]m & Elizabeth, b. Dec. 20, 17[20]	2	14
Abigail, m. Abner **STONE**, b. of Guilford, Nov. 1, 1749, by Rev. Thomas Ruggles	2	64
Abigail, d. Noah & Deborah, b. Sept. 15, 1753	2	128
Abigail, d. Noah & Deborah, d. Sept. 18, 1756	2	154
Abigail, d. Noah & Deb[ora]h, b. July 27, 1763	2	128
Abner, Rev., m. Mrs. Sarah **ADAMS**, b. of Guilford, Apr. 12, 1764, by Rev. Thomas Ruggles	2	165
Abraham, s. John & Mary, b. Aug. 29, [ ]52* (Probably 1652)	A	122
Abraham, m. Elizabetty **BARTLET[T]**, b. of Guilford, Aug. 29, 1677, by William Leete	A	77
Abraham, Jr., m. Elizabeth **HOBARD**, b. of Guilford, Mar. 4,		

	Vol.	Page

FOWLER, (cont.)

	Vol.	Page
1719/20, by Rev. Thomas Ruggles	2	44
Abraham, Jr., m. Elizabeth **BARTLET[T]**, b. of Guilford, Oct. 31, 1750, by Rev. Thomas Ruggles	2	61
Abraham, s. Abra & Elizabeth, b. Mar. 13, 1754	2	97
Abra[ha]m, s. Abra[ha]m & Lois, b. Nov. 25, 1788	2	230
Abra[ha]m, Ens., d. Sept. 30, 1779	2	154
Abraham, s. George A. & Anna, b. May 6, 1834	2	273
Abram, Jr., m. Lois **FOWLER**, b. of Guilford, June 26, 1776, by Rev. Amos Fowler	2	175
Adah Clarrissa, d. Reuben & Adah, b. May 11, 1818	2	272
Alma, m. Sherman S. **GRISWOLD**, b. of Guilford, Apr. [ ], 1827, by Rev. Aaron Dutton	2	279
Alonzo Howard, s. George A. & Anna, b. Apr. 17, 1832	2	273
Amanda, d. Amos & Catharine, b. Sept. 19, 1805	2	272
Amanda, of Guilford, m. William R. **STONE**, of Mt. Pleasant, Pa., Nov. 21, 1832, by Rev. Aaron Dutton	2	323
Ami, s. Noah & Deborah, b. Apr. 8, 1761; d. Jan. 27, 1762	2	128
Ammi, s. Ebenezer & Massa*, b. Dec. 19, 1799 (*Mercy)	2	230
Ammi, m. Eunice **RUSSELL**, b. of Guilford, May 28, 1835, by Rev. Zolva Whitmore	2	330
Ammi G., m. Sarah **HALL**, b. of Guilford, Oct. 16, 1815, by Rev. Aaron Dutton	2	239
Ami Grandison, s. Minor & Rachel, b. Mar. 8, 1790	2	202
Amos, s. Daniel & Grace, b. Feb. 8, 1727/8	2	25
Amos, m. Catharine **ELLIOTT**, b. of Guilford, Mar. 6, 1800, by Rev. John Elliott	2	238
Amos, s. Amos & Catharine, b. Apr. 16, 1818	2	272
Amos, s. A[mos] & C[atharine], d. May 24, 1840, ae 23 y.	2	320
Amos, m. Mary **LEE**, b. of Guilford, Jan. 17, 1848, by Rev. E. Edwin Hall	2	368
Amos, Rev. [ ]	2	154
Andrea, d. Benjamin & Andrea, b. Sept. 12, 1724	2	17
Andrea, m. David **BISHOP**, Jr., b. of Guilford, Apr. 17, 1755, by Rev. Thomas Ruggles	2	67
Andrea, d. Benj[amin], Jr. & Maria, b. Aug. 24, 1757	2	98
Andrew, s. Benj[ami]n & Andrea, b. July 29, 1728	2	21
Andrew, m. Martha **STONE**, b. of Guilford, Oct. 30, 1759, by Rev. Thomas Ruggles	2	164
Andrew, s. Andrew & Martha, b. June 10, 1760	2	107
Ann, d. Sam[ue]ll & Ann, b. Nov. 9, 1720	2	35
Ann, m. Russell **SCRANTON**, b. of Guilford, Nov. 5, 1825, by Rev. Zolva Whitmore	2	284
Ann Maria, d. W[illia]m & Julia, b. Oct. 28, 1832	2	273
Anna, d. Benjamin & Andrea, b. May 15, 1731	2	24
Anna, m. Thomas **CALDWELL**, b. of Guilford, Apr. 23, 1755, by Rev. Thomas Ruggles	2	67
Anna, d. Jon[atha]n & Sarah, b. Sept. 9, 1770	2	123

	Vol.	Page
FOWLER, (cont.)		
Anna, d. Abram & Lois, b. Aug. 1, 1778	2	195
Anna, d. Bildad & Sarah, b. Dec. 10, 1794	2	230
Anna, m. Henry **LOPER**, b. of Guilford, Sept. 29, 1813, by Rev. W[illia]m F. Vaill	2	256
Anne, of Guilford, m. Jonathan **FOWLER**, of Durham, Feb. 4, 1757, by Rev. Thomas Ruggles	2	72
Anne, w. of Timothy, d. July 23, 1760	2	143
Anne, twin with Levi, d. Jonathan & Anne, b. Jan. 9, 1761	2	106
Anne, d. Asher & Elizabeth, b. May 28, 1765	2	116
Asa, s. Nathan & Sarah, b. Apr. 28, 1787	2	202
Asher, s. Sam[ue]ll & Ann, b. Mar. 6, 1734/5	2	35
Asher had negro Joane, d. Darbe & Hagar, b. July [ ], 1784	2	190
Augustus, s. Timothy & Anna, b. July 4, 1760	2	105
Augustus, s. Timothy, d. Oct. 19, 1760	2	143
Augustus, s. Nathan & Sarah, b. Apr. 4, 1785	2	202
Austin, m. Merab **CHITTENDEN**, b. of Guilford, Feb. 4, 1830, by Rev. Zolva Whitmore	2	316
Austin, m. Merab **CHITTENDEN**, b. of Guilford, Feb. [ ], 1830, by Rev. Zolva Whitmore	2	330
Austin, [ ]	2	326
Benjamin, of Guilford, m. Ordria* **MORGAN**, of Groton, Nov. 10, 17[19], by Rev. Ephraim Woodbridge *(Andrea?)	2	45
[Benjamin], s. Benjamin & [Andria], b. [Apr. 5, 1721]	2	7
Benjamin, s. Benjamin & Ordria, b. Apr. 5, 1721	2	35
Benjamin, Jr., of Guilford, m. Mariah **KENT**, of Suffield, May 14, 1754, by Rev. Mr. Gay	2	67
Benjamin, s. Benjamin, Jr. & Mariah, b. Oct. 1, 1755	2	96
Benj[amin], d. Nov. 17, 1780, in the 87th y. of his age	2	154
Benj[amin] Rossetter, s. Eben[eze]r & Lois, b. Sept. 14, 1779	2	195
Betsey, d. Timothy & Sarah, b. June 4, 1776	2	195
B[e]ula[h], d. Ebenezer, Jr. & Desire, b. Nov. 25, 1745	2	78
Beulah, d. Eben[eze]r, Jr., d. Sept. 27, 1751	2	139
Beulah, m. Benj[ami]n **HALL**, 3rd, b. of Guilford, Sept. 30, 1792, by Rev. Tho[ma]s W. Bray	2	223
Bildad, s. Noah & Deb[ora]h, b. Apr. 17, 1772	2	128
Bildad, m. Sarah **BARTLET[T]**, b. of Guilford, Nov. 7, 1790, by Rev. Amos Fowler	2	238
Bridget, d. Daniel & Grace, b. Mar. 14, 1733/4	2	29
Caleb, s. Ebenezer & Elizabeth, b. Feb. 8, 1725/6; d. Mar. 17, 1725/6	2	17
Caleb, s. Ebenezer & Elizabeth, b. Jan. 21, 1727	2	19
Caleb, d. Sept. 22, 1753, in the 27th y. of his age	2	141
Caleb, s. Ebenezer, Jr. & Desire, b. Dec. 31, 1755	2	96
Caleb, m. Olive **MEIGS**, May 7, 1792, by Rev. Tho[ma]s W. Bray	2	175
Caroline, d. Hervey & Rachel, b. Feb. 10, 1803	2	231
Catey, d. Noah, Jr. & Lucy, b. Feb. 5, 1787	2	230

BARBOUR COLLECTION

	Vol.	Page
FOWLER, (cont.)		
Catharine, d. Amos & Catharine, b. May 30, 1810	2	272
Catharine, of Guilford, m. Joseph Winbourne **HAND**, of Washington, Nov. 2, 1820, by Rev. John Elliott	2	254
Catharine, d. Amos & Catharine, d. Sept. 28, 1828, ae 18 y.	2	320
Catharine, w. of Amos, d. Nov. 5, 1843, ae 66 y.	2	320
Charles, s. Andrew & Martha, b. Dec. 22, 1768	2	128
Charles E., m. Minerva **STARR**, b. of Guilford, June 27, 1821, by Aaron Dutton	2	239
Charles Edward, s. Bela & Clarrissa, b. June 27, 1798	2	272
Chauncey, s. Andrew & Martha, b. Feb. 27, 1773	2	128
Chauncey, s. Bela & Clarrissa, b. Aug. 17, 1802	2	272
Clarissa, d. Phin[ea]s & Esther, b. Nov. 17, 1768	2	128
Clarissa, d. Abra[ha]m & Lois, b. Nov. 14, 1779	2	195
Content, d. Noah & Lucy, b. May 29, 1791	2	230
Cordelia, d. Levi & Fanny, b. Nov. 29, 1795	2	230
Cornelius Weld, s. Victor & Sophia, b. Oct. 9, 1839	2	273
Cynthia, m. Edward **HALL**, b. of Guilford, May 6, 1835, by Rev. Zolva Whitmore	2	346
Daniel, s. Daniel & Grace, b. July [31, 1717]	2	12
Daniel, Jr., m. Rachel **HUBBARD**, b. of Guilford, Oct. 10, 1741, by Rev. Sam[ue]l Russell	2	64
Daniel, s. [Tho[ma]s & Sarah, b. May 26, 1782	2	195
David, s. Sam[ue]ll & Ann, b. May 16, 1726	2	35
David, m. Lucretia **FORDISH**, b. of Guilford, May 17, 1767, by Rev. James Sproutt	2	168
David, m. Lucretia **FOSDICK**, b. of Guilford, May 17, [1767], by [James Sproutt]	2	246
David, d. Sept. 12, 1800, in the 75th y. of his age	2	154
David S., m. Sally **BENTON**, b. of Guilford, Nov. 14, 1798, by Rev. Mr. Hart	2	238
David Samuel, s. David & Lucretia, b. Mar. [14, 1769]	2	123
David Sullivan, [s. David S. & Sally], b. Mar. 5, 1807	2	273
[Debo]rah, d. Benj[ami]n & Andra, b. Sept. [12, 1722]	2	13
Deborah, m. Nathaniel **ROSSETTER**, Jr., b. of Guilford, Dec. 21, 1748, by Rev. Thomas Ruggles	2	64
Deborah, d. Noah & Deborah, b. June 11, 1757; d. Nov. 13, 1757	2	128
Deborah, d. Noah & Deborah, b. Jan. 1, 1759	2	128
Deborah, m. David **BISHOP**, Jr., b. of Guilford, Sept. 9, 1776, by Rev. Amos Fowler	2	226
Deborah, d. Noah & Lucy, b. Aug. 5, 1784	2	202
Degrass, twin with Dewitt, s. [David S. & Sally], b. June 26, 1819	2	273
Desire, d. Ebenezer, Jr. & Desire, b. Aug. 29, 1744	2	120
Desire, m. Timothy **BENTON**, b. of Guilford, Jan. 12, 1785, by Rev. Tho[ma]s Wells Bray	2	171
Dewitt, twin with Degrass, s. [David S. & Sally], b. June		

	Vol.	Page
FOWLER, (cont.)		
26, 1819	2	273
Dorothy, d. Benjamin & Andrea, b. Jan. 15, 1740/1	2	41
Ebenezer, m. Elizabeth **STARR**, b. of Guilford, May 1, 1718, by Abraham Fowler	2	45
Ebenezer, s. Ebenezer & Elizabeth, b. Jan. 11, 1718/19	2	11
Ebenezer, Jr., m. Desire **BRISTOL**, b. of Guilford, Oct. 19, 1743, by Rev. Thomas Ruggles	2	59
Ebenezer, s. Ebenezer, Jr. & Desire, b. Apr. 17, 1747	2	80
Ebenezer, Jr., m. Lois **ROSSETTER**, b. of Guilford, Nov. 18, 1778, by Rev. Tho[ma]s Wells Bray	2	175
Eben[eze]r, s. Eben[eze]r, Jr. & Lois, b. Jan. 19, 1790	2	202
Eben[eze]r, Jr., m. Mercy **ADKINS**, b. of Guilford, Feb. 18, 1795, by Rev. Tho[ma]s W. Bray	2	238
Edgar Lee, s. George A. & Anna, b. Jan. 8, 1830	2	273
Edward Sherman, s. Sam[ue]ll, Jr. & Sophia, b. Nov. 30, 1817	2	272
Electa, m. Daniel B. **LEETE**, b. of Guilford, Mar. 13, 1821, by Rev. David Baldwin	2	257
Eli, s. Noah & Deborah, b. Apr. 1, 1765	2	128
Eli, m. Mary **HOPSON**, b. of Guilford, Oct. 28, 1784, by Rev. Amos Fowler	2	175
Elias, s. Sam[ue]ll & Ann, b. Feb. 27, 1718/19	2	35
Eliphalet, s. John & Abigail, b. Oct. 11, 1743	2	78
Eliza, triplet with [ ], d. Joel & Lucretia, b. July 5, 1803	2	231
Eliza, m. Horatio A. **JOHNSON**, b. of Guilford, July 5, 1829, by Rev. Aaron Dutton	2	308
Elizabeth, d. John & Mary, b. Apr. 30, 1658	A	61
Elizabeth, d. John & Mary, d. Sept. 21, 1676	A	68
Elizabeth, m. Andrew **WARD**, 2d, b. of Guilford, Sept. 11, 1716, by Abraham Fowler	2	63
Elizabeth, d. Joseph & Elizabeth, b. Oct. 10, 1720	2	36
Elizabeth, d. Ebenezer & Elizabeth, b. May 26, 1732	2	24
Elizabeth, d. Abraham, Jr. & Elizabeth, b. July 22, 1751	2	86
Elizabeth, d. Josiah & Mercy, b. May 11, 1763	2	110
Elizabeth, wid. of Joseph, d. Feb. 28, 1778, in her 87th y.	2	154
Elizabeth, m. Joel **TUTTLE**, b. of Guilford, Oct. 15, 1778, by Rev. Amos Fowler	2	185
Elizabeth, d. Abra[ha]m & Lois, b. Jan. 3, 1781	2	195
Elizabeth, d. Amos & Catharine, b. May 26, 1815	2	272
Elizabeth, d. Amos, d. Oct. 17, 1846, ae 31 y.	2	320
Elizabeth Starr, d. Charles E. & Minerva, b. Dec. 18, 1822	2	273
Ellen Ann, d. Geo[rge] A. & Anna, b. Sept. 19, 1828	2	273
Emeline, d. Hervey & Rachel, b. May 20, 1804	2	231
[Eno]s, s. Sam[ue]ll & Anne, b. Mar. [7, 1723]	2	13
Esther, d. Sam[ue]ll & Ann, b. Aug. 28, 1728	2	35
Esther, d. Sam[ue]ll, d. Sept. 15, 1728	2	147
Esther, d. Sam[ue]ll, d. Sept. 15, 1728	2	149

	Vol.	Page

FOWLER, (cont.)

	Vol.	Page
Esther, d. Phineas & Esther, b. Apr. 3, 1756	2	102
Esther, w. of Phinehas, d. Mar. 10, 1773, in the 43rd y. of her age	2	154
[E]unice, d. Sam[ue]ll & Ann, b. Jan. 31, 1731/2	2	35
Eunice, d. Nathan & Sarah, b. Jan. 17, 1778	2	202
Eunice, of Guilford, m. Isaac **PAGE**, of Wallingford, June 23, 1824, by Rev. Zolva Whitmore	2	294
Evins, s. Sam[ue]ll & Ann, b. Mar. 7, 1721/2	2	35
Fanny, d. Eben[eze]r & Lois, b. Mar. 19, 1782	2	195
Fanny G., of Guilford, m. George M. **BARTHOLOMEW**, of Hartford, June 22, 1847, by Rev. L.T. Bennett	2	377
Franklin, s. Sam[ue]ll, Jr. & Sophia, b. Sept. 30, 1835	2	273
Franklin, s. Samuel & Sophia, b. Sept. 30, 1835	2	297
Frederick, s. Joel & Lucretia, b. Mar. 3, 1800	2	231
Frederic A., m. Laura A. **BROOKS**, b. of Guilford, Nov. 29, 1847, by Rev. Charles R. Adams	2	368
George, s. Reuben & Adah, b. Apr. 20, 1803	2	231
George, of Madison, m. Fanny M. **LEETE**, of Guilford, Apr. 13, 1829, by Rev. Aaron Dutton	2	316
George Augustus, s. Sam[ue]ll & Parnel, b. Sept. 17, 1802	2	231
George Augustus, m. Anna **BENTON**, b. of Guilford, Sept. 30, 1824, by Rev. Aaron Dutton	2	300
Grace, d. Abra[ha]m & Lois, b. Dec. 26, 1791	2	230
Hannah, d. Daniel & Grace, b. Dec. 14, 1732	2	25
Hannah, d. Nathaniel & Lucy, b. May 8, 1765	2	114
Hannah, d. Andrew & Martha, b. Dec. 3, 1765	2	116
Hannah, m. Daniel **HUBBARD**, b. of Guilford, Jan. 26, 1791, by Rev. Amos Fowler	2	223
Hannah, m. Gilbert **CRUTTENDEN**, b. of Guilford, Aug. 23, 1800, by Rev. Mr. Brainard	2	225
Hannah Foster, w. of Christopher, d. Nov. 4, 1775	2	154
Harriet, d. Eli & Mary, b. Sept. 28, 1785	2	202
Harriet, m. Medad **HOLCOMB**, b. of Guilford, May 24, 1846, by Rev. E. Edwin Hall	2	361
Harvey, s. Noah & Lucy, b. Oct. 15, 1779	2	195
Herriette, d. Amos & Catharine, b. July 4, 1808	2	272
Henrietta, d. Amos, d. Oct. 2, 1846, ae 38 y.	2	320
Henry, s. Amos & Catharine, b. June 30, 1812	2	272
Henry, m. Sally A. **HART**, b. of Guilford, Dec. 7, 1837, by Rev. Aaron Dutton	2	331
Henry Edwin, s. Hervey & Rachel, b. Mar. 30, 1810	2	272
Hervey, of Guilford, m. Rachel **HARRISON**, of Branford, Feb. 17, 1802, by Rev. Matthew Noyes	2	238
Hezekiah, s. Sam[ue]ll & Ann, b. July 24, 1730/1	2	35
Hezekiah, s. Sam[ue]ll, d. Apr. 2, 1732	2	147
Hezekiah, s. Sam[ue]ll, d. Apr. 2, 1732	2	149
Horace, m. Eunice C. **HUBBARD**, Dec. 24, 1828, by Rev.		

	Vol.	Page
FOWLER, (cont.)		
D. Hubbard	2	316
Horatio Nelson, s. Minor & Rachel, b. July 6, 1806	2	272
Hubbard, s. Daniel, Jr. & Rachel, b. July 20, 1749	2	89
Huldah, d. Ebenezer & Elizabeth, b. Mar. 6, 172[3]	2	13
Huldah, m. Samuel **CHITTENDEN**, b. of Guilford, Jan. 13, 1762, by Rev. Thomas Ruggles	2	164
Isaac, s. Ebenezer, Jr. & Desire, b. Dec. 17, 1757	2	98
Isaac, s. Ebenezer & Mercy, b. Mar. 9, 1805	2	231
Isaac, m. Harriet **CHITTENDEN**, b. of Guilford, Dec. 25, 1833, by Rev. Zolva Whitmore	2	330
James, s. Eben[eze]r, Jr. & Desire, b. Jan. 26, 1761	2	106
James, s. Andrew & Martha, b. July 26, 1767; d. Feb. 13, 1769	2	118
James, s. Andrew & Martha, b. Nov. 9, 1770	2	128
James, s. Eben[eze]r, d. Feb. 16, 1773, ae 12 y.	2	154
James, s. Nathan & Sarah, b. Mar. 18, 1774	2	202
James Harvey, s. Even[eze]r, Jr. & Lois, b. Jan. 23, 1787	2	202
Jared, s. Benjamin & Andrea, b. Mar. 6, 1735/6	2	31
Jared, s. Andrew & Martha, b. Apr. 14, 1762	2	109
Jennette S., m. Frederick W. **LEETE**, Oct. 10, 1827, by Rev. A. B. Goldsmith	2	315
Jerusha, d. John & Abigail, b. Nov. 20, 1738	2	38
Jerusha, m. Eber **HUBBARD**, b. of Guilford, Dec. 28, 1765, by Rev. Samuel Andrews	2	168
Joel, m. Lucretia **COLLENS**, b. of Guilford, Sept. 29, 1789, by Rev. Amos Fowler	2	175
Joel, s. Joel & Lucretia, b. Nov. 30, 1790	2	230
John, freeman 1669/70	A	121
John, planter 1669/70 (Entry crossed out)	A	121
John, Dea., d. Sept. 14, 1676	A	68
John, s. Samuel & Ann, b. June 4, 1714	2	35
John, m. Abigail **HALL**, b. of Guilford, Oct. 2, 1736, by Rev. Samuel Russell	2	54
[John], s. John & Abigail, b. July 2, 1741	2	41
John, s. John & Abigail, b. Oct. 5, 1745	2	78
John, d. July 12, 1796	2	154
John, s. Jno. H. & Phebe, b. July 7, 1801	2	231
John E., m. Harriet **LEETE**, b. of Guilford, Nov. 29, 1837, by Rev. Aaron Dutton	2	331
John E., s. Amos, d. July 31, 1838, ae 35 y.	2	320
John Elliott, s. Amos & Catharine, b. July 24, 1803	2	231
John Foster, s. John H. & Phebe, b. July 7, 1802	2	231
John H., of Guilford, m. Phebe **LAY**, of Saybrook, July 1, 1797, by John Devotion	2	238
John Hart, s. Amos & Sarah, b. Dec. 24, 1770	2	124
Jonathan, twin with Lucy, s. Benjamin & Andria, b. Jan. 22, 1733/4	2	28
Jonathan, of Durham, m. Anne **FOWLER**, of Guilford, Feb. 4,		

	Vol.	Page
FOWLER, (cont.)		
1757, by Rev. Thomas Ruggles	2	72
Jonathan, s. Jonathan & Anna, b. Nov. 7, 1757	2	106
Jonathan, s. Andrew & Martha, b. Feb. 20, 1764	2	111
Jonathan Clark, s. Levi & Fanny, b. Jan. 30, 1797	2	230
Joseph, of Guilford, m. Elizabeth **BUCK**, of Weathersfield, Sept. 15, 1719, by Rev. Stephen Mix, in Weathersfield	2	46
Joseph, s. Joseph & Elizabeth, b. Jan. 2, 1723/4	2	16
Joseph, s. Joseph & Mercy, b. May 9, 1758	2	105
Josiah, s. Joseph & Elizabeth, b. Aug. 13, 1729	2	31
Josiah, m. Mercy **KURKAM**, b. of Guilford, Sept. 8, 1747, by Rev. Jonathan Merrick	2	63
Josiah, s. Josiah & Mercy, b. Oct. 12, 1751	2	87
Josiah, of Guilford, m. Lucretia **MALTBY**, of Branford, Feb. 4, 1772, by Rev. P. Robbins	2	174
Josiah, of Guilford, m. Rhoda **ATKINS**, of Farmington, May 5, 1778	2	174
Josiah, of Guilford, m. Susannah **HEATON**, of North Haven, Apr. 18, 1786, by Rev. Tho[ma]s W. Bray	2	174
Julia, d. Samuel & Parna, b. Oct. 21, 1799	2	230
Julia, d. Sam[ue]l & Parnel, d. June 30, 1814	2	154
Lavinia, of Guilford, m. Hervey **GRIFFING**, of New Milford, Pa., May 12, 1822, by Rev. David Baldwin	2	278
Lemuel, s. Samuel, Jr. & Sophia, b. Apr. 21, 1831	2	273
Levi, s. Daniel, Jr. & Rachel, b. Dec. 13, 1742	2	89
Levi, twin with Anne, d. Jonathan & Anne, b. Jan. 9, 1761	2	106
Levi, of Guilford, m. Fanny **CLARK**, of Branford, Oct. 2, 1794, by Rev. Matthew Noyes	2	238
Lewis, s. Minor & Rachel, b. Dec. 22, 1792	2	230
Lois, d. Timothy & Ann, b. Oct. 17, 1753	2	94
Lois, m. Abram **FOWLER**, Jr., b. of Guilford, June 26, 1776, by Rev. Amos Fowler	2	175
Lois, w. of Eben[eze]r, Jr., d. June 17, 1791, in the 32nd y. of her age	2	154
Louisa M., of Branford, m. James J. **HEMINGWAY**, of East Haven, Apr. 15, 1829, by Rev. Aaron Dutton	2	318
Lucretia, d. Silas & Desire, b. Apr. 17, 1773	2	128
Lucretia Salome, d. David & Lucretia, b. Aug. 27, 1772	2	128
Lucy, twin with Jonathan, d. Benjamin & Andria, b. Jan. 22, 1733/4	2	28
Lucy, d. Ebenezer & Elizabeth, b. Feb. 19, 1734/5	2	35
Lucy, m. Joseph **WELD**, b. of Guilford, Oct. 31, 1759, by Rev. Tho[ma]s Ruggles	2	185
Lucy, d. Nath[anie]ll & Lucy, b. Sept. 21, 1761	2	108
Lucy, d. Melzer & Lucy, b. Sept. 18, 1772	2	128
Lucy, d. Timothy & Sarah, b. May 15, 1775	2	195
Lucy, m. Benj[ami]n **CHITTENDEN**, b. of Guilford, Feb. 10, 1796, by Rev. Amos Fowler	2	225

GUILFORD VITAL RECORDS 131

	Vol.	Page
FOWLER, (cont.)		
Lushe, d. Phinehas & Esther, b. Nov. 6, 1762	2	113
Lydia, d. Sam[ue]ll, Jr. & Sophia, b. Mar. 2, 1825	2	273
Lydia, d. Sam[ue]ll, Jr. & Sophia, d. June 30, 1825	2	154
Lyman, m. Polly **GRIFFING**, Nov. 24, 1822, by Rev. Aaron Dutton	2	239
Mabel, m. Benjamin **HART**, b. of Guilford, Nov. 21, 1750, by Rev. Tho[ma]s Ruggles	2	61
Mabel, d. Phinehas & Esther, b. May 15, 1754	2	94
Maltby, s. Josiah & Rhoada, b. June 17, 1780	2	202
Mareble(?), s. Victor & Sophia, b. Nov. 26, 1835	2	273
Margary, d. Benjamin & Andria, b. July 25, 1726	2	17
Mariah, w. of Benjamin, Jr. , d. June 21, 1760	2	143
Maria, d. Reuben & Adah, b. June 9, 1809	2	272
Marietta, d. Hervey & Rachel, b. May 10, 1808	2	272
Marietta, m. Melzer F. **BARTLET[T]**, b. of Guilford, Apr. 8, 1832, by F. B. Gillet	2	325
Mary, d. John & Mary, b. Dec. 14, 1650	A	123
Mary, d. John & Mary, b. Dec. 20, 1650	A	124
Mary, d. John & Mary, bd. May 7, 1651	A	124
Mary, bd. Oct. 15, 1670	A	67
Mary, m. Samuel **HOPSON**, b. of Guilford, Jan. 20, 1708/9	2	44
Mary, d. Samuel & Ann, b. Oct. 24, 1715	2	35
Mary, d. Daniel & Grace, b. Aug. 31, 1729	2	25
Mary, m. Medad **DUDLEY**, b. of Guilford, June 10, 1756, by John Richards	2	68
Mary, d. Phin[e]as & Esther, b. Oct. 10, 1765	2	128
Mary, d. Amos & Sarah, b. Dec. [31], 176[5]	2	116
Mary, d. Josiah & Mercy, b. May 13, 1770	2	123
Mary, d. Timo[thy] & Sarah, b. Feb. 24, 1774	2	128
Mary Bartholomew, d. George A. & Anna, b. Jan. 11, 1827	2	273
Melzor, s. John & Abigail, b. Mar. 25, 1737	2	37
Melzer, m. Lucy **CHITTENDEN**, b. of Guilford, Mar. 10, 1768, by Rev. Amos Fowler	2	169
Mindwell, d. Sam[ue]ll & Parnel, b. June 26, 1794	2	230
Mindwell, m. John **HOTCHKISS**, b. of Guilford, Dec. 17, 1812, by Rev. Aaron Dutton	2	254
Minor, s. Noah & Deborah, b. July 9, 1767	2	128
Minor, m. Rachel **HALL**, b. of Guilford, Oct. 31, 1787, by Rev. Amos Fowler	2	175
Minor, s. Minor & Rachell, b. May 20, 1800	2	230
Morgan, s. Timo[thy] & Sarah, b. Jan. 28, 1781	2	195
Myrta A., of Guilford, m. Samuel **AVERELL**, of Branford, last evening, [May 24, 1845], by Rev. L. T. Bennett	2	336
Myrta M., of North Guilford, m. Jabez **BURR**, of Wallingford, June 11, 1848, by John L. Ambler	2	377
Myrta Minimia, d. Bildad & Sarah, b. Jan. 26, 1798	2	230
Nabby, m. Dea. Benjamin **ROSSETTER**, b. of Guilford, Dec.		

	Vol.	Page
FOWLER, (cont.)		
12, 1827, by Rev. Zolva Whitmore	2	293
Nancy, d. Melzer & Lucy, b. May 6, 1770	2	123
Nancy A., m. Ebenezer F. **DUDLEY**, b. of Guilford, Feb. 22, 1843, by Rev. Zolva Whitmore	2	364
Nathan, m. Sarah **KIMBERLEY**, b. of Guilford, Jan. 28, 1773, by Rev. Tho[ma]s Wells Bray	2	175
Nathan, s. Nathan & Sarah, b. June 1, 1780	2	202
Nathaniel, s. Ebenezer & Elizabeth, b. Mar. 21, 1720/1	2	36
Nath[anie]ll, m. Lucy **CRUTTENDEN**, b. of Guilford, Nov. 2, 1757, by Rev. Tho[ma]s Ruggles	2	71
Nath[anie]ll, s. Nath[anie]ll & Lucy, b. July 14, 1758	2	102
Nathaniel, d. Nov. 12, 1764	2	145
Nathaniel, d. Feb. 24, 1841, in his 83rd y.	2	320
Noah, m. Deborah **PENDLETON**, b. of Guilford, Nov. 29, 1752	2	175
Noah, s. Noah & Deborah, b. Mar. 27, 1755	2	128
Noah, Jr., m. Lucy **BARTLET**, b. of Guilford, Dec. 10, 1777, by Rev. Amos Fowler	2	175
Noah, s. Noah & Lucy, b. June 8, 1795	2	230
Olive, wid., d. July 24, 1828, ae 60 y.	2	320
Oliver, s. Ebenezer, Jr. & Desire, b. Dec. 2, 1762	2	109
Oliver B., m. Jane Maria **LANDON**, b. of Guilford, Sept. 1, 1846, by Rev. David Root	2	368
Oliver Bartlet[t], s. Joel & Lucretia, b. Mar. 14, 1794	2	231
Orchard, s. Timothy & Sarah, b. Apr. 14, 1779	2	195
Oren Starr, s. Reuben & Adah, b. Nov. 4, 1804	2	231
Parnel, d. Minor & Rachel, b. Mar. 16, 1788	2	202
Parnel, d. Sam[ue]ll & Parnel, b. Oct. 22, 1804	2	231
Parnel, d. Sam[ue]l & Parnel, d. Dec. 13, 1804	2	154
Parnel(?)*, w. of Samuel, d. Nov. 2, 1819 (*Arnold Copy has "Samuel")	2	154
Parnel, m. Gilbert **GAYLORD**, b. of Guilford, Jan. 3, 1836, by Rev. Zolva Whitmore	2	328
Phebe Ann, d. Bildad & Sarah, b. Feb. 22, 1791	2	230
Phebe Lay, d. John & Phebe, b. Jan. 25, 1799	2	230
Phineas, s. Sam[ue]ll & Ann, b. Mar. 16, 1723/4	2	35
Phinehas, m. Esther **BENTON**, b. of Guilford, May 3, 1753, by Rev. Jno. Richards	2	66
Phinehas, s. Phinehas & Esther, b. Dec. 25, 1759	2	113
Phinehas, of Guilford, m. Eunice **JOHNSON**, of Wallingford, Jan. 15, 1800, by Rev. Mr. Nois	2	238
Polly, d. Noah & Lucy, b. Mar. 28, 1782	2	195
Polle, d. Nathan & Sarah, b. Aug. 4, 1782	2	202
Polly, d. Joel & Lucretia, b. Oct. 30, 1796	2	230
Polly, of New London, m. Eli **KIMBERLEY**, of Guilford, Nov. 18, 1812, by Rev. Samuel West	2	291
Rachel, d. Daniel, Jr. & Rachel, b. Mar. 16, 1746	2	89

GUILFORD VITAL RECORDS 133

	Vol.	Page
FOWLER, (cont.)		
Rachel, m. Timothy **BENTON**, b. of Guilford, Feb. 1, 1764, by Rev. John Richards	2	165
Rachel, d. Asher & Elizabeth, b. Dec. 4, 1770	2	128
Rachel, d. Melzer & Lucy, b. July 20, 1774	2	128
Rebeckah, d. Daniel & Grace, b. about Nov. [23, 1718]	2	12
Reuben, s. Nath[anie]ll & Lucy, b. June 10, 1760	2	105
Reuben, m. Adah **WILLARD**, b. of Guilford, July 14, 1802, by Rev. John Elliott	2	238
Reuben L., m. Sarah M. **BISHOP**, Mar. 31, 1844, by Rev. E. Edwin Hall	2	368
Rhoda, d. Josiah & Rhoda, b. Aug. 30, 1785	2	202
Roger, s. Samuel, Jr. & Sophia, b. Nov. 23, 1822	2	273
Roger, s. Sam[ue]ll, Jr. & Sophia, d. July 9, 1825	2	154
Roger, s. Samuel, Jr. & Sophia, b. May 22, 1826	2	273
Roger, s. Sam[ue]ll, Jr. & Sophia, d. Dec. 25, 1826	2	320
Roger, s. Samuel, Jr. & Sophia, b. Aug. 7, 1829	2	273
Roger, s. Sam[ue]l, Jr. & Sophia, d. June 11, 1830	2	320
Ruth, d. Ebenezer, Jr. & Desire, b. Mar. 6, 1754	2	94
Ruth, d. Eben[eze]r & Lois, b. May 2, 1784	2	202
Salle, d. Jonathan & Sarah, b. Apr. 7, 1768	2	121
Salle, d. Jon[atha]n & Sarah, b. Apr. 7, 1768	2	123
Salle, d. Nathan & Sarah, b. Oct. 24, 1775	2	202
Sally, m. Jonathan **TODD**, b. of Guilford, Jan. 10, 1798, by Rev. Mr. Nois	2	185
Sally Harrison, d. Hervey & Rachel, b. Aug. 18, 1805	2	272
Sally Maria, m. Philander **COOKE**, Oct. 20, 1842, by Rev. David Baldwin	2	362
Samantha, d . David S. & Sally, b. Aug. 15, 1801	2	231
Cemantha, m. Harvey **HUBBARD**, b. of Guilford, June 10, 1827, by Rev. David Baldwin	2	255
Samuel, of Guilford, m. Anne **BUCK**, of Weathersfield, May [13], 17[13], by Rev. Stephen Mix, of Weathersfield	2	45
Samuel, of Guilford, m. Grace **BARROW**, Sept. 24, 17[13], by Warham Mather, J. P., at New Haven	2	44
Samuel, s. Sam[ue]ll & Ann, b. Mar. 10, 1716/17	2	35
Samuel, d. Nov. 22, 1751, in the 64th y. of his age	2	140
Samuel, s. John & Abigail, b. June 11, 1752	2	94
Samuel, s. Abra[ha]m & Eliza[bet]h, b. May 30, 1770	2	126
Sam[ue]ll, m. Parnel **SPENCER**, b. of Guilford, Mar. 5, 1792, by Rev. Amos Fowler	2	238
Sam[ue]ll, s. Sam[ue]ll & Parnel, b. June 28, 1796	2	230
Samuel, Jr., m. Sophia **BISHOP**, b. of Guilford, May 18, 1817, by Rev. Aaron Dutton	2	239
Samuel*, w. of Samuel, d. Nov. 2, 1819 (*Probably "Parnel")	2	154
Samuel, m. Ruth **STEEVENS**, b. of Guilford, Dec. 3, 1820, by Aaron Dutton	2	239
Samuel, d. July 1, 1836, ae 66 y.	2	320

	Vol.	Page
FOWLER, (cont.)		
Sarah, d. Joseph & Elizabeth, b. Mar. 9, 1721/2	2	16
Sarah, d. Abraham & Eliza[be]th, b. Nov. 21, 1757	2	98
Sarah, d. Amos & Sarah, b. Feb. 1, 1764	2	111
Sarah, d. Josiah & Mercy, b. June [ ], 1764	2	113
Sarah, m. Robert **GRIFFING**, b. of Guilford, Aug. 15, 1770, by Rev. Tho[ma]s W. Bray	2	176
Sarah, d. Timothy & Sarah, b. Mar. 20, 1773	2	128
Sarah, d. Bela & Clarrissa, b. Oct. 16, 1800	2	272
Sarah, d. Amos & Catharine, b. July 2, 1801	2	231
Sarah, d. A[mos] & C[atharine], d. Jan. 15, 1840, ae 39 y.	2	320
Sarah Hart, d. William & Julia, b. Feb. 6, 1836	2	273
Sarah Maria, [d. David S. & Sally], b. May 7, 1811	2	273
Seth, s. Tho[ma]s & Sarah, b. Sept. 12, 1782	2	195
Silas, s. Josiah & Mercy, b. Sept. 10, 1747	2	87
Silas, m. Desire **SMITH**, b. of Guilford, Oct. 5, 1770	2	175
Simeon, s. Silas & Desire, b. Sept. 19, 1771	2	128
Solomon, d. Dec. 7, 1825, ae 65 y.	2	320
Sophia, d. Minor & Rachel, b. Mar. 20, 1798	2	230
Sophia, of Guilford, m. Thomas H. **GALLAUDET**, of Hartford, Aug. 29, 1821, by Rev. Aaron Dutton	2	278
Sophia, d. Sam[ue]ll, Jr. & Sophia, b. Apr. 27, 1833	2	273
Sophia, d. Sam[ue]l, Jr. & Sophia, d. Aug. 22, 1835	2	320
Stephen, s. Daniel, Jr. & Rachel, b. Jan. 21, 1743/4	2	89
Stephen, m. Delia Ann **RUSSELL**, b. of Guilford, Oct. 24, 1827, by Rev. Zolva Whitmore	2	300
Submit, d. Phineas & Esther, b. July 17, 1758; d. July 20, [1758]	2	102
Sylvia, m. Edward L. **LEETE**, b. of Guilford, Apr. 27, 1833, by Rev. Zolva Whitmore	2	344
Thaddeus, s. Josiah & Rhoda, b. July 20, 1783	2	202
Theophilus, s. Daniel, Jr. & Rachel, b. Aug. 9, 1752	2	89
Theophilus, m. Sarah **ROSSETTER**, b. of Guilford, June 17, 1778, by Rev. Tho[ma]s W. Bray	2	175
Theophilus, d. Nov. 5, 1829	2	320
Thomas, s. Ebenezer, Jr. & Desire, b. July 21, 175[2]	2	87
Timothy, s. Daniel & Grace, b. Feb. 20, 17[20]	2	25
Timothy, s. Daniel & Grace, b. Nov. 11, 1720	2	36
Timothy, m. Ann **COLLINS**, b. of Guilford, Jan. 17, 1753, by Rev. John Richards	2	63
Timothy, s. Timothy & Anna, b. Sept. 18, 1755	2	96
Timothy, of Guilford, m. Sarah **GUY***, of Branford, Feb. 4, 1772, by Rev. Mr. Robbins, of Branford (***GAY**?)	2	175
Timothy, s. Timothy & Sarah, b. Jan. 14, 1778	2	195
Timothy, s. Tho[ma]s & Sarah, b. Oct. 26, 1784	2	202
Urania, m. Jeremiah **HOLT**, b. of Guilford, Sept. 16, 1821, by Rev. David Baldwin	2	255
Victor, s. David S. & Sally, b. Sept. 5, 1799	2	231

GUILFORD VITAL RECORDS 135

	Vol.	Page
FOWLER, (cont.)		
Victor, m. Sophia **WELD**, b. of Guilford, May 27, 1832, by Rev. D. Baldwin	2	330
Ward, s. Bildad & Sarah, b. Feb. 10, 1793; d. Jan. 3, 1794	2	230
William, s. Joseph & Elizabeth, b. Aug. 29, 1725	2	31
William, s. Ebenezer & Elizabeth, b. Aug. 6, 1738	2	37
William, s. Eben[eze]r & Elizabeth, d. Dec. 7, 1739	2	147
William, s. Ebenezer, Jr. & Desire, b. Dec. 10, 1748	2	82
William, s. Josiah & Mercy, b. Dec. 11, 1749	2	87
William, m. Olive **COAN**, b. of Guilford, Jan. 24, 1774, by Rev. Tho[ma]s Wells Bray	2	175
William, s. Sam[ue]l & Parnel, b. Sept. 5, 1807	2	272
William, s. Sam[ue]ll & Parnel, d. May 2, 1808	2	154
William, s. Sam[ue]l & Parnel, b. Aug. 6, 1809	2	272
William, m. Julia **HART**, b. of Guilford, Apr. 27, 1831, by Rev. Aaron Dutton	2	316
Zeruiah, d. Sam[ue]ll & Ann, b. Mar. 8, 1726/7	2	35
Zeruiah, d. Asher & Elizabeth, b. July 26, 1768	2	122
-----, s. Sam[ue]ll & Parnel, b. Nov. 23, 1792; d. Dec. 19, 1792	2	230
-----, triplet with Eliza, d. Joel & Lucretia, b. July 5, 1803; d. July 6, 1803	2	231
FRANCIS, Ann, of Killingworth, m. Thomas **BISHOP**, of Guilford, Sept. 21, 1768, by Rev. Rich[ar]d Ely	2	169
FRANKLIN, Lydia, of Killingworth, m. Silvanus **MEIGS**, of Guilford, Dec. 3, 1751, by Rev. W[illia]m Seaward	2	66
FRASER, FRAZIER, Allexander, s. Allexander & Damaris, b. Oct. 8, 1745	2	79
Charles, s. Alexander & Damaris, b. Jan. 24, 1746/7	2	82
Mary Ann, d. Alexander & Damaris, b. Aug. 5, 1748	2	82
FRAZIER, [see under **FRASER**]		
FREEMAN, Amelia A., of North Branford, m. Joseph **RICHARDS**, of Guilford, Feb. 11, 1838, by Rev. Aaron Dutton	2	354
FRENCH, FRIENSH, Abigaill, d. Thomas & Deborah, b. Mar. 2, 1668/9	A	66
Adin, s. Dydimus & Jerusha, b. Apr. 13, 1770	2	124
Adin, of Guilford, m. C[h]loe **NETTLETON**, of Killingsworth, Mar. 8, 1798, by Rev. Simon Backus	2	238
Anne, d. Philemon & Mary, b. May 26, 1767	2	118
Beulah, d. Dydimus & Jerusha, b. Jan. 14, 1783	2	202
Beulah, d. Didymus & Jerusha, d. Apr. 9, 1785	2	154
Beulah, d. Dydimus & Jerusha, b. Feb. 13, 1787	2	202
Cate, d. Philemon & Mary, b. Feb. 8, 1760	2	104
Deborah, d. Ebenezer & Susan[n]ah, b. May 15, 1687	A	91
Deborah, d. Enos & Mary, b. Jan. 8, 1763	2	109
Diademia, d. John & Sarah, b. Oct. 29, 1737	2	33
Didymus, s. Thomas & Sarah, b. Apr. 24, 1741	2	41
Didimus, m. Jerusha **STEEVENS**, b. of Guilford, Dec. 25, 1766, by Rev. Richard Ely	2	169

BARBOUR COLLECTION

	Vol.	Page
FRENCH, FRIENSH, (cont.)		
Dilila, d. Adin & Mabel, b. Feb. 18, 1799	2	230
Ebenezer, s. Thomas & Mary, b. Apr. 3, 1658	A	61
Ebenezer, m. Susanna **BLACKLY**, Oct. 8, 1684, by Capt. Thomas Tappin	A	79
Ebenezer, s. Thomas & Sarah, b. Nov. 7, 1725	2	16
Ebenezer, d. May 3, 1736	2	150
Ebenezer, s. Enos & Mary, b. May 17, 1755	2	109
Ebenezer, s. Enos, d. Apr. 5, 1758	2	144
Ebenezer, s. Enos & Mary, b. Oct. 11, 1760	2	109
Enos, s. Thomas & Sarah, b. Dec. 20, 1725	2	17
Enos, m. Mary **WILLCOCKS**, b. of Guilford, Nov. 6, 1752, by Rev. Jonathan Todd	2	67
Ichabod, s. Thomas & Sarah, b. Sept. 17, 1730	2	22
Ichabod, s. Dydimies & Jerusha, b. July 13, 1772	2	128
Jemymah, d. Ebenezer & Susannah, b. Feb. 26, 1692/3	A	94
Jemima, m. Nathaniel **HAND**, b. of Guilford, Apr. 19, 1722, by Rev. John Hart	2	46
Jerusha, d. Dydimus & Jerusha, b. May 18, 1777	2	202
John, s. Tho[ma]s & Mary, b. July 21, [ ]52 (Probably 1652)	A	122
John, m. Mary **SHEADER**, July last day, 1678, by Andrew Leete	A	78
John, s. John & Mary, b. May 18, 1679	A	86
John, s. John & Mary, d. Aug. 9, 1679	A	68
John, s. John & Mary, b. Aug. 26, 1680	A	86
John, of Guilford, m. Ruth **PARSON**, of Killingsworth, July 4, 171[6], by Jared Eliot, in Killingworth	2	43
John, Sr., d. Dec. 2[8, 1727, ae 65]	2	3
John, s. Thomas & Sarah, b. June 28, 1735	2	31
John, s. Timothy & Mary, b. Jan. 20, 1743/4	2	75
John, Dea., d. Dec. 17, 1745	2	137
John, of Guilford, m. Mary **WILLCOCKS**, of Middletown, Dec. 10, 1759, by Moses Bartlet[t]	2	72
John, s. John & Mary, b. Oct. 10, 1760	2	105
Lois, d. Philemon & Mary, b. Nov. 25, 1764	2	112
Lois, m. David **FIELD**, b. of Guilford, Feb. 16, 1786, by Rev. Jonathan Todd	2	175
Luman, s. Dydimus & Jerusha, b. Sept. 15, 1774	2	202
Marietta, of Montgomery, Mass., m. John **HIGER**, of Guilford, [Sept.] 22, [1844], by Rev. Lorenzo T. Bennett	2	361
Martha, d. Thomas & Mary, b. Aug. 6, 1654	A	60
Mary, m. John **EVARTS**, Sept. 14, 1665	A	63
Mary, d. John, Jr. & Ruth, b. Feb. 15, 1719/20	2	11
Mary, w. of John, Sr., d. Apr. 19, 1721	2	2
Mary, Mrs., m. Timothy **MEIGS**, b. of Guilford, Sept. 1, 1735, by Rev. Jonathan Todd	2	56
Mary, d. Enos & Mary, b. Sept. 30, 1753	2	94

	Vol.	Page
FRENCH, FRIENSH, (cont.)		
Mary, d. Phelemon & Mary, b. Dec. 2, 1779	2	195
Mercy, m. [John] **BRADLEY**, b. of Guilford, Aug. 16, 1726, by Rev. John Hart	2	47
Philemon, s. Thomas & Sarah, b. Mar. 12, 1732/3	2	27
Philemon, m. Mary **DUDLEY**, b. of Guilford, Oct. 27, 1757, by Rev. Richard Ely	2	68
Philemon, s. Philemon & Mary, b. Oct. 25, 1771	2	126
Rebecca, d. Thomas & Mary, b. Jan. 10, 1659	A	62
Rebecca, d. Thomas & Mary, bd. [ ] 10, 1660	A	63
Samuell, s. Thomas & Deborah, b. Aug. 21, 1667	A	65
Samuel, s. John, Jr. & Ruth, b. Sept. 2, 17[17]	2	10
Samuel, s. John, Jr. & Ruth, d. Mar. [12, 1718]	2	1
Samuel, s. Dydimus & Jerusha, b. Nov. 7, 1767	2	124
Sarah, d. Thomas, b. Aug. 25, 1650	A	124
Sarah, d. Thomas & Sarah, b. Jan. 7, 17[22]	2	14
Sarah, m. Jonathan **DUDLEY**, Jr., b. of Guilford, June 23, 174[2], by Rev. Jonathan Todd	2	57
Sarah, d. Dydimus & Jerusha, b. June 8, 1780	2	202
Sene, d. Enos & Mary, b. Nov. 9, 1757	2	109
Susanna, m. Ebenezer **HAND**, b. of Guilford, May 31, 172[5], by Rev. John Hart	2	48
Susanna, d. Thomas & Sarah, b. June 6, 1728	2	19
Susanna, w. of Ebenezer, d. Jan. 17, [19, 1728, ae, 64]	2	3
Susanna, m. Eleazer **STEEVENS**, b. of Guilford, Jan. 7, 1756, by Rev. Jonanthan Todd	2	69
Thomas, s. Thomas & Mary, b. June 12, 1656	A	60
Thomas, s. Thomas & Mary, bd. Feb. 28, 1659	A	62
Thomas, planter, 1669-70	A	121
Thomas, m. Sarah **GRAVE**, b. of Guilford, Dec. 14, 1720, by James Hooker, J. P.	2	45
Thomas, s. Philemon & Mary, b. Aug. 20, 1762	2	109
FRISBIE, FRISBY, Abigail, m. Daniel **HUBBARD**, Sept. 27, 1847, by Rev. Lorenzo T. Bennett	2	386
Alfred, of Branford, m. Anna **CRUTTENDEN**, of Guilford, Feb. 8, 1832, by Rev. Aaron Dutton	2	330
Amanda, d. Russell & Eunice, b. Nov. 30, 1809	2	272
Benj[ami]n, of Branford, m. Patience **CHITTENDEN**, of Guilford, Jan. 19, 1774, by [James Sproutt]	2	252
Benj[ami]n, s. Benj[ami]n & Patience, b. Jan. 24, 1775	2	230
Benj[ami]n, Jr., of Guilford, m. Damask **ROSE**, of Branford, Oct. 13, 1800, by Rev. Sam[ue]ll Eells	2	239
Chloe, of Branford, m. Isaac **HALL**, of Guilford, Feb. 4, 1773, by Rev. Amos Fowler	2	177
Cornelia, d. Russell & Eunice, b. Mar. 18, 1824	2	273
Daniel, m. Mary **ROGERS**, b. of Branford, Oct. 22, 1795, by Rev. Sam[u]ll Eells	2	238
Delany, of Montgomery, Mass., m. Isaac J. **KIRCUM**, of		

	Vol.	Page

FRISBIE, FRISBY, (cont.)

	Vol.	Page
Guilford, Feb. 24, 1830, by Rev. Aaron Dutton	2	290
Edmund, of Montgomery, Mass., m. Emeline **DOUD**, of Guilford, Sept. 11, 1822, by Rev. John Ely	2	239
Elizabeth Redfield, twin with Eunice Redfield, d. Russell & Eunice, b. Feb. 24, 1821; d. Mar. 1, 1821	2	273
Emeline Frances, d. Benj[ami]n & Damash, b. Aug. 6, 1803	2	231
Emily C., of Brooklyn, N.Y., m. Thomas E. **WAY**, of Wadsworth Grove, Ill., July 7, 1844, by Rev. John A. Edmunds	2	353
Eunice Redfield, twin with Elizabeth Redfield, d. Russell & Eunice, b. Feb. 24, 1821	2	273
Frederick, m. Emily **COOK**, Mar. 23, 1837, by Rev. David Baldwin	2	331
Hannah, of Branford, m. John **HALL**, Jr., of Guilford, Nov. 8, 1764, by Rev. Philemon Robbins	2	166
Horace, s. Dan[ie]l & Mary, b. Oct. 8, 1798	2	230
John Meigs, s. Benj[ami]n, Jr. & Damash, b. Feb. 7, 1802	2	231
John R., m. Lucy M. **FIELD**, b. of Guilford, Apr. 23, 1834, by Rev. Aaron Dutton	2	330
John Russell, s. Russell & Eunice, b. Dec. 27, 1812	2	272
Julia, d. Russell & Eunice, b. May 10, 1803	2	231
Julia, m. Samuel **LEETE**, b. of Guilford, Oct. 8, 1821, by Rev. Aaron Dutton	2	257
Juliana, d. Benj[ami]n & Patience, b. Mar. 24, 1777	2	230
Lucy, m. Tho[ma]s **WHEELER**, b. of Guilford, Oct. 4, 1775, by Rev. Richard Ely	2	185
Lucy M., m. William **STARR**, b. of Guilford, Jan. 1, 1843, by Rev. John E. Bray	2	374
Mary, of Branford, m. Pelatiah **LEETE**, of Guilford, Nov. 10, 1794, by Rev. Sam[ue]ll Eells	2	179
Mary Ann, d. Russell & Eunice, b. Apr. 15, 1807	2	272
Mary Elizabeth, d. James & Henrietta, b. Feb. 4, 1840	2	378
Mary Jane, of Branford, m. Lucius **ELLIOTT**, of Durham, Dec. 22, 1839, by Rev. H. F. Pease	2	358
Parmela, d. Daniel & Mary, b. Oct. 22, 1796	2	230
Parmele, m. Horace **NORTON**, b. of Guilford, Apr. 14, 1818, by Rev. David Baldwin	2	181
Russell, s. Benj[ami]n & Patience, b. July 27, 1781	2	230
Russell, m. Eunice **REDFIELD**, b. of Guilford, Aug. 12, 1802, by Israel Brainard	2	238
Sally, d. Russell & Eunice, b. May 22, 1804	2	231
Sally, m. George C. **BRADLEY**, b. of Guilford, July 22, 1824, by Rev. Aaron Dutton	2	312
Sophia A., m. Joseph P. **NORTON**, b. of Guilford, Dec. 14, 1825, by Rev. Aaron Dutton	2	310

FUROW, Anne, m. Isaac **JOHNSON**, 2d, b. of Guilford, May 9, 1777, by Rev. Amos Fowler — 2 — 178

GUILFORD VITAL RECORDS

	Vol.	Page
FYLER, FILER, Jerusha, d. John & Ruth, b. Aug. 24, 1793 (**TYLER**?)	2	230
John Forsdick, s. John & Ruth, b. Apr. 21, 1798	2	230
Parne, d. John & Ruth, b. Apr. 27, 1795	2	230
Rebeckah, d. Sam[ue]l & Joannah, b. June 10, 1736	2	91
GAINS, -----, of Middletown, m. [ ] **BARTLET[T]**, of Guilford, July 15, 1735, by Rev. Moses Bartlet[t]	2	56
GALE, Ann, m. James Austin **NORTON**, b. of Guilford, Sept. 12, 1836, by Rev. C. Chittenden	2	311
Ann, m. James Austin **NORTON**, b. of Guilford, Sept. 12, 1836, by Rev. C. Chittenden	2	344
Azubah, of Guilford, m. W[illia]m **BRADLEY**, of New York, Nov. 16, 1828, by Rev. Aaron Dutton	2	313
Elizabeth, m. Thomas W. **CLARK**, b. of Guilford, Apr. 8, 1828, by Rev. A. B. Goldsmith	2	303
Mary, of Killingworth, m. John **REDFIELD**, M.D., of Guilford, Mar. 31, 1784, by Rev. Mr. Mansfield	2	186
Mary F., m. Joel **BISHOP**, Sept. 13, 1829, by Rev. David Baldwin	2	324
GALLAUDET, Thomas H., of Hartford, m. Sophia **FOWLER**, of Guilford, Aug. 29, 1821, by Rev. Aaron Dutton	2	278
GARRET, Hanna[h], m. James **TAPPIN**, Mar. 5, 1656	A	60
GARY, Hannah, of Branford, m. Ichabod **HAND**, of Guilford, Apr. 19, 1748	2	70
[**GAY**], [see under **GUY**]		
GAYLORD, Gilbert, m. Parnel **FOWLER**, b. of Guilford, Jan. 3, 1836, by Rev. Zolva Whitmore	2	328
GILBERT, Edwin R., Rev., of Wallingford, m. Dorcas S. **DUTTON** of Guilford, July 26, 1842, by Rev. A. Dutton	2	329
GILLET, George, of Granby, m. Olivia E. **MEIGS**, of Hartford, Oct. 15, 1839, by Rev. A. B. Goldsmith	2	329
Hannah, of Hatfield, m. Jonathan **EVARTS**, of Guilford, May 9, 1722, by Rev. William Williams, in Hatfield	2	46
GLADDING, Roxanna H., of Guilford, m. Jeremiah **RUTHER**, of Mass., Aug. [ ], 1820, by Rev. John Elliott	2	186
GLADWIN, Horace, m. Eliza **WARD**, b. of Killingwoth, Oct. 20, 1835, by Rev. David Baldwin	2	328
GOLDAM, Susan, m. John **BISHOP**, b. of Guilford, Dec. 13, 1650, by William Leete	A	123
GOLDSMITH, Albert Bradley, s. Joshua & Nancy, b. Dec. 2, 1792	2	207
Content, d. Richard & Ruth, b. July 22, 1796	2	207
Daniel, m. Sarah **NEWTON**, b. of Guilford, Feb. 26, [1786], by [James Sproutt]	2	253
Daniel Case, s. John Jr. & Mary, b. May 20, 1796	2	207
Eunice, of Southhold, m. John E. **STONE**, of Guilford, Oct. 3, 1784, by Rev. Amos Fowler	2	224
Fanny, d. John, Jr. & Mary, b. Feb. 25, 1783	2	207
Fanny, m. Edmund **LEETE**, b. of Guilford, Feb. 26, 1801, by		

	Vol.	Page
GOLDSMITH, (cont.)		
Abra[ha]m Chittenden	2	256
Jennett E., m. John F. **KIMBERLEY**, b. of Guilford, Sept. 14, 1840, by Rev. Aaron Dutton	2	291
Jennette Eliza, d. Alva B. & Polly, b. Oct. 12, 1818	2	262
John, s. Jno. Jr. & Mary, b. Oct. 20, 1785	2	207
John, d. Apr. 3, 1840	2	155
Joshua, m. Nancy **McKEAN**, b. of Guilford, May 30, 1791, by Rev. Amos Fowler	2	176
Joshua, d. Sept. 28, 1838	2	155
Lucretia, d. Richard & Ruth, b. July 16, 1802	2	262
Lydia, m. Daniel **LEETE**, Jr., b. of Guilford, Apr. 17, 1794, by Rev. Amos Fowler	2	179
Lydia S., of Guilford, m. John B. **PALMER**, of Branford, Dec. 16, 1844, by Rev. Lorenzo T. Bennett	2	382
Nancy, w. of Joshua, d. Dec. 1, 1835	2	155
Nancy Judson, d. Alva B. & Polly, b. Aug. 29, 1828	2	262
Oliver Cromwell, s. Alva B. & Polly, b. May 17, 1821	2	262
Tracy, s. Richard & Ruth, b. Aug. 27, 1804	2	262
GOODALE, Martha, of Southampton, m. Stephen **WILLARD**, of Guilford, Dec. 19, 1751, by Rev. Jon[a]th]an Todd	2	62
Mary, of Southampton, m. Josiah **WILLARD**, of Guilford, Oct. 28, 172[0], by Rev. Sam[ue]ll Gilsson, in Southampton	2	45
Phebe, of Bridgehampton, m. Recompence **MEIGS**, of Guilford, May 3, 17[27], by Rev. Ebenezer White	2	50
GOODRICH, GOODRIGE, [see also **GUTTRIDGE**], Desire, of Branford, m. Seth **MORSE**, Jr., of Guilford, Jan. 4, 1776, by Rev. Philemon Robbins	2	180
Elizabeth, m. Ephrem **DURRAM**, b. of Guilford, June 10, 1678, by Andrew Leete	A	77
GORDON, Katharine, of New Haven, m. Simeon **PARMELE[E]**, of Guilford, Nov. 29, 1773, by Rev. Mr. Whittlesey	2	183
GOULD, Amey, d. Thomas & Mary, b. Sept. 3, 1728	2	25
Ann, m. Stephen **ROSSETTER**, b. of Guilford, Nov. 25, 1742, by Rev. Sam[ue]ll Russell	2	58
Anna, m. Levy **HUBBARD**, b. of Guilford, Nov. 17, 1761, by Rev. Thomas Ruggles	2	168
Anne, d. Thomas & Mary, b. June 2, 1718	2	36
Benjamin, s. John & Mehitabell, b. June 5, 1730	2	22
Benjamin, s. John & Mehetabel, b. June 15, 1730	2	25
Elizabeth, d. Thomas & Mary, b. Oct. 12, 1733	2	31
[E]unice, d. Thomas & Mary, b. Apr. 18, 1731	2	25
Frances, wid., bd. Jan. 13, 1671	A	68
Huldah, d. Thomas & Mary, b. Nov. 29, 1724	2	25
John, m. Mehetabel **COOKE**, b. of Guilford, June 27, 1719, by Rev. Thomas Ruggles	2	44
John, s. John & Mehetabel, b. Dec. 1, 1727	2	18
Mebel, d. John & Mehetabel, b. Nov. 19, 1732 (Mabel?)	2	25

GUILFORD VITAL RECORDS 141

	Vol.	Page
GOULD, (cont.)		
Mary, d. Thomas & Mary, b. Feb. 2, 1715/16	2	36
Rachel, d. Thomas & Mary, b. Sept. 18, 1720	2	36
Rhodah, d. John & Mehittabell, b. Feb. 15, 172[5]	2	15
Sarah, d. John & Mehittabell, b. Sept. 9, 1722	2	15
Sarah, m. Thomas **PARMELE[E]**, b. of Guilford, Nov. 1, 1739, by Rev. Sam[ue]ll Russell	2	57
Sarah, wid., of Branford, m. Ebenezer **TALMAN**, Jr., of Guilford, Mar. 30, 1753, by Rev. Jonathan Merrick	2	67
Thomas, m. Mary **CRUTTENDEN**, b. of Guilford, May 6, 17[15], (16), by Rev. Thomas Ruggles	2	45
GRANT, W[illia]m B., m. Julia A. **BARNES**, b. of New Haven, June 30, 1849, by Rev. H. N. Weed	2	329
GRAVE, GRAVES, Aaron, m. Phebe **MEIGS**, b. of Guilford, Sept. 27, 1750, by Rev. Jon[a]th[an] Todd	2	70
Aaron, s. Aaron & Phebe, b. Feb. 11, 1760	2	107
Abiga[i]ll, d. John & Elizabeth, b. Mar. 6, 1669/70	A	73
Abigail, d. Simeon & Naoma, b. Nov. 25, 1751	2	91
Abraham, s. Daniel & Elizabeth, b. May [ ], 1737	2	40
Abra[ha]m, of Guilford, m. Catharine **HALL**, of Wallingford, Mar. 14, 1764, by Rev. James Dana	2	176
Abra[ha]m, s. Abra[ha]m & Catharine, b. Dec. 14, 1773	2	207
Adah, d. Eben[eze]r & Mary, b. Sept. 24, 1771	2	129
Ambros[e], s. Ebenezer & Mary, b. Sept. 10, 1738	2	38
Ambrose, m. Katharine **FIELD**, b. of Guilford, Jan. 24, 1765, by Rev. Jon[a]th[an] Todd	2	167
Ambrose, Jr., m. Nancy **HOPSON**, b. of Guilford, Jan. 3, 1789, by Rev. Amos Fowler	2	176
Ann, d. John & Elizabeth, b. Aug. 29, 1692	A	93
[Ann], [d], Nathaniell & Elizabeth, [b] Feb. 8 [1714]	2	5
Ann, m. Stephen **DUDLEY**, b. of Guilford, Nov. 15, 1736, by Andrew Ward, J. P.	2	63
Ann, d. Ebenezer & Mary, b. Feb. 21, 1744/5	2	77
Anna, d. John, 2d, & Keziah, b. Oct. 8, 1730	2	100
Anna, d. Eben[eze]r, Jr. & Mary, b. Mar. 8, 1758	2	100
Anne, d. John, Jr. & Elizabeth, b. Apr. 12, 1715	2	10
Anne, m. Thomas **GRISWOLD**, b. of Guilford, Feb. 19, 1730, by Rev. Jonathan Todd	2	55
Augustus, s. Milton & Lucy, b. Dec. 6, 1792	2	207
Carine, d. Abra[ha]m & Catharine, b. Nov. 9, 1764	2	207
Carine, m. Josiah **COAN**, b. of Guilford, May 17, 1786, by Rev. Tho[ma]s W. Bray	2	225
Clarrissa, m. Morris A. **LEETE**, b. of Guilford, Oct. 25, 1820, by Rev. John Elliott	2	256
Danniell, s. John & Elizabeth, b. Sept. 17, 1675	A	78
Danniell, s. John & Elizabeth, d. Nov. 8, 1675	A	68
Daniel, of Guilford, m. Elizabeth **STEPHENS**, of Danbury, Jan. 20, 1731/2, by Rev. Seth Howe	2	53

	Vol.	Page
GRAVE, GRAVES, (cont.)		
Daniel, s. Daniel & Elizabeth, b. Feb. 29, 1735/6	2	40
Daniel, s. Dan[ie]ll, d. Aug. 7, 1751, in his 16th y.	2	140
Daniel, m. Elizabeth **LEE**, b. of Guilford, Dec. 30, 1755, by Rev. Jon[a]th[an] Todd	2	165
Daniel, m. Elizabeth **LEE**, b. of Guilford, Jan. [20], 1756, by Rev. Jon[a]th[an] Todd	2	164
Dan[ie]ll, s. Abra[ha]m & Catharine, b. Dec. 25, 1766	2	207
David, m. Prudence **WILLARD**, b. of Guilford, Feb. 17, 172[5], by Janna Meigs, J. P.	2	48
David, s. David & Prudence, b. Mar. 15, 1725/6	2	17
David, s. John, Jr., d. Nov. [16, 1726], ae 25 y.	2	3
David, m. Temperance **DUDLEY**, b. of Guilford, Oct. 5, 1749, by Rev. Jonathan Todd	2	61
David, s. David & Temperance, b. Feb. 6, 1753	2	99
David, s. David, d. Mar. 10, 1755	2	142
David, s. David & Temperance, b. Sept. 11, 1756	2	99
Ebenezer, m. Mary **ISBEL**, b. of Guilford, Feb. 12, 1729/30, by Rev. John Hart	2	49
Ebenezer, s. Ebenezer & Mary, b. Nov. 24, 1730	2	23
Ebenezer, Jr., m. Mary **WILLARD**, b. of Guilford, Apr. 14, 1757, by Rev. Jon[a]th[an] Todd	2	70
Ely, s. Ebenezer & Mary, b. July 20, 1734	2	31
Eli, m. Hannah **WILLCOCKS**, b. of Guilford, July 14, 1751, by Rev. Jon[a]th[an] Todd	2	70
Elias, s. John & Abigail, b. Apr. 10, 1733	2	32
Elias, m. Mabel **MURREY**, b. of Guilford, Feb. 23, 1763, by Rev. Jon[a]th[an] Todd	2	176
Elias, Capt., of Guilford, m. Mary **HUBBARD**, of Southhold, Mar. 29, 1780, by Rev. Mr. Mather	2	176
Elias, d. May 31, 1802, (in the 71st y. of his age)	2	155
Elias, d. May [ ], in the 71st y. of his age	2	158
Elizabeth, d. John & Elizabeth, b. Apr. 11, 1661	A	63
Elizabeth, d. John & Elizabeth, b. Sept. 16, 1665	A	63
Elizabeth, bd. June 4, 1669	A	67
Elezabeth, d. John & Elizabeth, b. July 17, 1686	A	89
Elizabeth, d. John & Elizabeth, d. May 28, 1687	A	69
Elizabeth, of Stratford(?), m. Ebenezer **DOUBLE**, of Guilford, Oct. 26, 1714	2	44
Elizabeth, wid., d. Sept. 11, 1715	2	1
Elizabeth, d. Dan[ie]ll & Elizabeth, b. Oct. 14, 1732	2	40
Elizabeth, d. Ebenezer & Mary, b. Sept. 24, 1736	2	33
Elizabeth, d. Ezra & Eliza, b. Nov. 15, 1745	2	82
Elizabeth, w. of Dan[ie]ll, d. Aug. 10, 1751, in the 42nd y. of her age	2	140
Elizabeth, d. Dan[ie]ll, d. Aug. 23, 1751, in her 19th y.	2	140
Elizabeth, m. John **GRAVE**, b. of Guilford, Dec. 20, 1760, by Rev. Jon[a]th[an] Todd	2	167

	Vol.	Page
GRAVE, GRAVES, (cont.)		
Elizabeth, d. Eli & Hannah, b. June 22, 1768	2	119
Elizabeth, d. Rufus & Elizabeth, b. Oct. 2, 1774	2	129
Elizabeth, twin with Sarah, d. John & Rebeckah, b. Mar. 20. 1818; d. Mar. 27, 1818	2	262
Eunice, d. Dan[ie]ll & Elizabeth, b. Mar. 31, 1749	2	91
Eunice, d. Dan[ie]ll, d. June 13, 1751, in her 2nd y.	2	140
Ezra, d. Sept. 26, 1747	2	138
Ezra, s. Ebenezer, Jr. & Mary, b. Apr. 28, 1762	2	110
Frederick, s. Milton & Lucy, b. July 4, 1794	2	207
Frederick A., m. Sarah B. **PARMELE[E]**, b. of Guilford, Nov. 20, 1830, by Rev. David Baldwin	2	328
George, s. John & Keziah, b. May 30, 1724	2	19
[George], s. John, 2d, & Keziah, b. May 30, 1724	2	100
George, s. John & Eliza[bet]h, b. Apr. 9, 1763	2	116
George A., m. Elizabeth J. **JACOBS**, b. of Guilford, Mar. 31, 1831, by Rev. David Baldwin	2	328
Gilbert, s. Ebenezer & Mary, b. Aug. 13, 1732	2	28
Gilbert, s. Eli & Phebe, b. Sept. 21, 1768	2	100
Hannah, d. John & Elizabeth, b. Jan. 12, 1679/80	A	85
Hannah, m. Samuel **LEETE**, b. of Guilford, Nov. 28, 1723, by Rev. Thomas Ruggles	2	46
Hannah, d. Eli & Hannah, b. May 21, 1764	2	116
Hubbard, s. Elias & Mary, b. Dec. 19, 1782	2	129
James, s. Timo[thy] & Mabel, b. Mar. 4, 1786	2	207
Jesse, s. Aaron & Phebe, b. Apr. 11, 1758	2	100
John, m. Elizabeth **STILLWELL**, Nov. 26, 1657	A	60
John, s. John & Elizabeth, b. Feb. 27, 1658	A	62
John, m. Elizabeth **FOOT**, Jan. 6, 1684/5, by Capt. Thomas Tappin	A	79
John, s. John & Elizabeth, b. Feb. 1, 1689	A	70
John, Dea., d. Dec. 31, 1695	A	69
John, Jr., m. Elizabeth **STEVENS**, b. of Guilford, May 10, 1714, by Abraham Fowler	2	44
John, s. John, Jr. & Elizabeth, [b.] Apr. 16, 1717	2	10
John, s. John, Jr. & Elizabeth, b. Apr. 16, 1717; d. Apr. 23, 1719	2	35
John, s. John Jr. & Elizabeth, b. Apr. 28, 1719	2	35
John, the smith, of East Guilford, m. Phebe **HAND**, of East Hampton, Nov. 19, 1719, by Rev. Mr. Hunting, at East Hampton	2	46
John, the smith, m. Kaziah **NORTON**, b. of Guilford, Aug. 1, 1723, by Rev. John Hart	2	50
John, s. John, 2d, & Keziah, b. Oct. 9, 1735	2	100
John, Jr., of Guilford, m. Abigail **PIERSON** of Woodbridge, East Jersey, Oct. 15, 1744, by Rev. John Pierson, in Woodbridge, East Jersey	2	59
John, Jr., of Guilford, m. Phebe **HART**, of Wallingford, July		

GRAVE, GRAVES, (cont.)

	Vol.	Page
16, 1747, by Rev. Mr. Curtis, in Farmington	2	60
John, m. Elizabeth **GRAVE**, b. of Guilford, Dec. 20, 1760, by Rev. Jon[a]th[an] Todd	2	167
John, s. John & Eliza[bet]h, b. Oct. 16, 1761	2	116
John, s. Timo[thy] & Mabel, b. Jan. 18, 1789	2	207
John, s. Timo[thy], d. Sept. 19, 1790	2	155
John, s. Timo[thy] & Mabel, b. Feb. 12, 1792	2	207
John, of Guilford, m. Rebeckah **WILLCOX**, of Granville, Mass., Sept. 22, 1816	2	279
John, m. Nancy **LANDON**, b. of Guilford, Apr. 25, [1849], by Rev. E. Edwin Hall	2	329
Joseph, s. John & Elizabeth, b. Aug. 27, 1672	A	75
Justus, s. Eben[eze]r & Mary, b. Oct. 9, 1773	2	129
Keziah, d. John, 2d, & Keziah, b. June 27, 1743	2	100
Laman, s. Ebenezer, Jr. & Mary, b. Jan. 9, 1760	2	107
Lucy, d. Daniel & Elizabeth, b. Nov. 8, 1739	2	40
Luther, s. Eben[eze]r & Mary, b. Feb. 19, 1766	2	129
Lydia, d. Aaron & Phebe, b. Jan. 20, 1756	2	100
Mabel, d. Elias & Mabel, b. Oct. 7, 1764; d. Nov. 14, 1764	2	129
Mabel, d. Eli & Hannah, b. Mar. 4, 1772	2	129
Mabel, w. of Elias, d. May 10, 1779	2	155
Mabel, d. Elias & Mary, b. Jan. 1, 1781	2	129
[Mary], d. Nathaniell & Elizabeth, b. Oct. 8 [Oct. 11, 1712]	2	5
Mary, d. Nathaniell & Elizabeth, d. on or about Oct. last day, 1715	2	1
[Mary], d. Nathaniell & El[izabeth], b. Apr. 6, [1716]	2	6
Mary, d. Eben[eze]r & Mary, b. Mar. 25, 1743	2	76
Mary, m. Nehemiah **GRISWOLD**, b. of Guilford, Jan. 23, 1744/5 by Rev. Thomas Ruggles	2	63
Mary, d. Eben[eze]r & Mary, b. Aug. 20, 1769	2	129
Mary, d. Elias & Mary, b. Aug. 26, 1785	2	129
Mehitabell, d. John & Elizabeth, b. Feb. 1, 1687	A	90
Mehetabell, d. John & Elizabeth, b. Feb. 1, 1687/8	A	91
Merriam, m. Joseph **BARTLET[T]**, Jr., b. of Guilford, May 23, 1787, by Rev. Jonath[an] Todd	2	171
Milton, s. Eli & Hannah, b. Oct. 28, 1761	2	116
Mindwell, d. John & Elezabeth, b. Nov. 4, 1696	A	98
Mindwell, m. Nathaniel **STEEVENS**, b. of Guilford, Nov. 10, 1713, by Abraham Fowler	2	46
Nabby, m. Charles **CALDWELL**, b. of Guilford, Sept. 14, 1788, by Rev. Beriah Ho[t]chkin	2	225
Nabby, m. Charles **CALDWELL**, b. of Guilford, Sept. 14, [1788], by [James Sproutt]	2	299
Nancy, d. David & Temperance, b. Sept. 22, 175[8]	2	99
Nathaniell, s. John & Elizabeth, b. Jan. 27, 1677/8	A	84
Nathaniel, s. Nathaniel & Elizabeth, b. Nov. 20, 17[22]	2	13
Nathaniel, m. Rebeccah **ELIOT**, b. of Guilford, May 27, 1756,		

GUILFORD VITAL RECORDS 145

	Vol.	Page
GRAVE, GRAVES, (cont.)		
by Rev. Thomas Ruggles	2	68
Nathaniel, s. Nathaniel & Rebeckah, b. Feb. 12, 1757	2	98
Noadiah, s. John & Elizabeth, b. Dec. 4, 1694	A	96
Phe[be], d. John, 2d, & Keziah, b. Jan. 21, 1725/6	2	100
Phebe, d. John & Keziah, b. Jan. 20, 1726/7	2	19
Polly, of Guilford, m. Abner **GRISWOLD**, of Killingworth, May 4, 1821, by Rev. John Elliott	2	278
Prudence, wid., m. [Zachary] **FIELD**, Mar. 1, 1731/2, by James Meigs, J. P.	2	52
Prudence, d. David & Temperance, b. Oct. 18, 1750	2	85
Prudence, m. Aaron **BLATCHLEY**, b. of Guilford, Oct. 19, 1769, by Rev. Jonath[an] Todd	2	171
Rachel, d. Abra[ha]m & Catharine, b. Feb. 23, 1776	2	207
Rebeckah, m. Wyllys Wodworth **DOUD**, b. of Guilford, Oct. 18, 1820, by Rev. John Ely	2	258
Recompence, s. Aaron & Phebe, b. Mar. 20, 1754	2	100
Rufus, s. John, 2d, & Keziah, b. Sept. 27, 1749	2	100
Rufus, m. Elizabeth **BENTON**, b. of Guilford, Nov. 7, 1773, by Rev. Daniel Brown	2	176
Rufus, m. Elizabeth **BENTON**, b. of Guilford, Nov. 7, 1773, by [James Sproutt]	2	252
Ruth, d. John & Abigail, b. Dec. 8, 1745	2	78
Ruth(?), d. Joseph & Mary, b. [ ]	2	6
Samuel, s. John, 2d, & Keziah, b. Aug. 3, 1728	2	100
Samuel, s. John, d. Nov. 25, 1736	2	151
Samuel, s. John, 2d, & Keziah, b. June 11, 1746	2	100
Samuel, m. Naoma **DUDLEY**, b. of Guilford, June 6, 1750, by Rev. Jonathan Todd	2	65
Sarah, d. John & Elizabeth, b. Mar. 14, 1667/8	A	66
Sarah, m. Thomas **FRANCH**, b. of Guilford, Dec. 14, 1720, by James Hooker, J. P.	2	45
Sarah, of Hartford, m. Jonathan **MUNGER**, of Guilford, Jan. 4, 172[1], by Rev. John Hart	2	45
[Sa]rah, s. [sic] John, Jr. & Elizabeth, b. July 3, [1722]	2	14
Sarah, d. John, 2d, & Keziah, b. Jan. 23, 1732/3	2	100
Sarah, d. Dan[ie]ll & Elizabeth, b. Dec. 21, 1733	2	40
Sarah, m. Aaron **PARMELE[E]**, b. of Guilford, Apr. 5, 1753, by Rev. John Richards	2	66
Sarah, d. Nath[anie]ll & Rebeckah, b. Apr. 8, 1762	2	109
Sarah, d. Abra[ha]m & Catharine, b. Feb. 22, 1770	2	207
Sarah, twin with Elizabeth, d. John & Rebeckah, b. Mar. 20, 1818; d. May 31, 1818	2	262
Sarah Elizabeth, d. J[ohn] & Rebeckah, b. Apr. 20, 1820	2	262
Simeon, s. John & Abigail, b. Nov. 12, 1729	2	32
Submit, d. John, 2d, & Keziah, b. Jan. 13, 1737/8	2	100
Tamson, d. Ebenezer, Jr. & Mary, b. Feb. 21, 1764	2	114
Thankfull, d. Joseph & Elizabeth, b. July 28, [1742]; d. Nov.		

	Vol.	Page

GRAVE, GRAVES, (cont.)

	Vol.	Page
18, 1742	2	73
Thankful, d. Dan[ie]ll, d. Aug. 14, 1751, in her 9th y.	2	140
Timothy, s. John & Abigail, b. Dec. 3, 1740	2	42
Timo[thy], m. Mabel **MUNGER**, b. of Guilford, May 26, 1785, by Rev. Jonath[a]n Todd	2	176
Triphena, d. Aaron & Phebe, b. Feb. 20, 1753	2	100
William, m. Emily **DICKINSON**, b. of Madison, Feb. 27, 1833, by Rev. Aaron Dutton	2	328
-----, d. Joseph & Mary, b. Dec. [ ], [1715]	2	6
-----, w. of John, the smith, d. Jan. 20, 1720/1	2	2
-----, w. of John Jr., d. Apr. 30, 1725	2	2
-----, d. May 20, 1730	2	4
-----, s. Joseph & Mary, b. Feb. [ ]	2	6
-----, d. Joseph & Mary, b. [ ]	2	6
-----, s. Joseph & Mary, b. [ ]	2	6

GREEN, Beriah, m. Rachel **CHITTENDEN**, b. of Guilford, Nov. 27, 1751, by Rev. Thomas Ruggles — 2 — 63
Beriah, s. Beriah & Rachel, b. July 4, 1752 — 2 — 87

GRIFFING, Almira, of Branford, m. George **PEASE**, [M. D.], of Guilford, Apr. 19, 1840, by Rev. H. F. Pease — 2 — 342

	Vol.	Page
Bille, s. Robert & Rhoda, b. Aug. 12, 1755; d. Aug. 26, 1756	2	129
Calvin Chittenden, s. Timothy & Thankfull, b. July 25, 1788	2	129
Calvin Chittenden, s. Timo[thy], d. Feb. 4, 1792	2	155
Calvin Chittenden, s. Timo[thy] & Thankfull, b. Oct. 26, 1792	2	207
Charlotte, d. Joel & Sarah, b. Jan. 28, 1800	2	207
Charlotte, m. Joel **SHELLEY**, 2d, b. of Guilford, Apr. 25, 1825, by Rev. Aaron Dutton	2	285
Clarissa, d. Joel & Sarah, d. June [ ], 1809	2	155
Elizabeth, s*, Robert & Rhoda, b. May 19, 1752 (*Probably a daughter)	2	88
Elizabeth, m. John **GRUMBLY**, b. of Guilford, Apr. 1, 1773, by Rev. Daniel Brewer	2	176
Elizabeth, m. John **GRUMBER**, b. of Guilford, Apr. 1, 1773, by [James Sproutt]	2	252
Elizabeth, of Branford, m. Solomon **STONE**, of Guilford, Aug. 5, 1787, by Rev. Beriah Hotchkin	2	224
Elizabeth, of Branford, m. Solomon **STONE**, of Guilford, Aug. 5, [1787], by [James Sproutt]	2	287
Frederick, s. Timo[thy] & Thankfull, b. Mar. 8, 1786	2	129
Frederick Redfield, s. Nath[anie]l & S[arah], b. Nov. 5, 1798	2	262
George, m. Emily **COLLENS**, b. of Guilford, Oct. 21, 1837, by Rev. L. H. Corson	2	328
Harry A., m. Ursula **DICKINSON**, b. of Guilford, Oct. 7, 1821, by Rev. John Elliott	2	278
Harvey, s. Timo[thy] & Thankfull, b. Aug. 20, 1790	2	207
Hertland, s. Robert & Rhoda, b. Oct. 23, 1752	2	88
Hervey, s. Joel & Sarah, b. Dec. 21, 1797	2	207

	Vol.	Page
GRIFFING, (cont.)		
Hervey, of New Milford, Pa., m. Lavinia **FOWLER**, of Guilford, May 12, 1822, by Rev. David Baldwin	2	278
Israel, s. Robert & Elizabeth, b. Oct. 4, 1787; d. Oct. 4, 1787	2	207
Jasper, m. Mindwell **STONE**, b. of Guilford, Jan. 14, 1745/6, by [James Sproutt]	2	213
Jasper, s. Jasper & Mindwell, b. Mar. 29, 1748	2	82
Jasper, s. Joel & Mary, b. Sept. 9, 1812	2	262
Joel, s. Jasper & Rachel, b. May 10, 1762	2	113
Joel, m. Sarah **FAIRCHILD**, b. of Guilford, Oct. 15, 1783, by Rev. Amos Fowler	2	176
Joel, m. Mary **STARR**, b. of Guilford, Dec. 1, 1811, by Aaron Dutton	2	278
Joel Lewis, s. Joel & Sarah, b. Oct. 19, 1788	2	207
John Starr, s. Joel & Mary, b. Aug. 8, 1815	2	262
Joseph, m. Mindwell **STONE**, b. of Guilford, Jan. 14, 1745/6, by Rev. James Sprout	2	64
Joseph Flower*, s. Robert & Rhoda, b. May 23, 1777 (*Fowler?)	2	129
Luther, s. Timothy & Thankfull, b. Apr. 21, 1780	2	129
Lydia, d. Robert & Rhoda, b. Jan. 6, 1748	2	88
Lydia, m. Beriah **CRUTTENDEN**, b. of Guilford, Jan. 12, 1769, by Rev. Amos Fowler	2	172
Lydia, d. Joel & Sarah, b. Jan. 9, 1795	2	207
Maria H., m. William H. **HART**, b. of Guilford, [Nov.] 13, [1842], by Rev. Lorenzo T. Bennett	2	360
Martha, d. Robert & Rhoda, b. July 10, 1760	2	129
Martin, s. Timo[thy] & Thankfull, b. Jan. 28, 1782	2	129
Mary, of Branford, m. Medad **STONE**, of Guilford, Mar. 25, 1787, by Rev. Jason Atwater	2	224
Mary, d. Nath[anie]l & Sarah, b. Feb. 6, 1801	2	262
Mary, m. Henry W. **CHITTENDEN**, b. of Guilford, Mar. 10, 1824, by Rev. Aaron Dutton	2	302
Mary Ann, d. Joel & Mary, b. Jan. 27, 1819	2	262
Mindwell, d. Robert & Rhoda, b. Feb. 19, 1749/50	2	88
Mindwell, m. Obadiah **SPENCER**, b. of Guilford, Oct. 6, [1768], by [James Sproutt]	2	246
Mindwell, m. Obadiah **SPENCER**, Oct. 7, 1768, by Rev. James Sproutt	2	184
Mindwell, d. Timo[thy] & Thankfull, b. Nov. 30, 1783, at Branford	2	129
Nathaniel, m. Sarah **BROWN**, b. of Guilford, Nov. 3, 1787, [by James Sproutt]	2	287
Nereston, s. Joel & Sarah, b. June 19, 1786	2	207
Polly, d. Will[ia]m M. & Hannah, b. Oct. 24, 1805	2	262
Polly, m. Lyman **FOWLER**, Nov. 24, 1822, by Rev. Aaron Dutton	2	239
Rachel, d. Robert & Rhoda, b. Nov. 8, 1750	2	88

148 BARBOUR COLLECTION

	Vol.	Page
GRIFFING, (cont.)		
Rhoda, w. of Robert, d. Oct. 11, 1767	2	155
Robert, m. Rhoda **PARMELE[E]**, b. of Guilford, Aug. 23, 1744, by Rev. James Sprout	2	64
Rhobert, m. Rhodey **PARMELE[E]**, b. of Guilford, Aug. 23, 1744, by [James Sproutt]	2	213
Robert, s. Robert & Rhoda, b. July 25, 1745	2	88
Robert, Jr., d. Nov. 18, 1765	2	155
Robert, m. Sarah **FOWLER**, b. of Guilford, Aug. 15, 1770, by Rev. Tho[ma]s W. Bray	2	176
Robert, of Guilford, m. Elizabeth **BALDWIN**, of Branford, Oct. 16, 1786, by Rev. Warham Williams	2	176
Robert, of Killingworth, m. Almira Amanda **REDFIELD**, of Guilford, Jan. 6, 1824, by Rev. Aaron Dutton	2	279
Roger, s. Nath[anie]ll & Sarah, b. Mar. 24, 1796	2	262
Rossetter, s. Robert & Rhoda, b. Dec. 26, 1746	2	88
Russell, s. Jasper & Rachel, b. Nov. 1, 1764	2	113
Russell, m. Hannah **HULL**, b. of Guilford, Aug. 21, 1785, by [James Sproutt]	2	253
Sally, d. Joel & Sarah, b. May 30, 1791	2	207
Sally, d. Joel & Sarah, d. Apr. 30, 1809	2	155
Sarah, w. of Robert, d. Mar. 28, 1786	2	155
Sarah, w. of Joel, d. May 23, 1811	2	155
Seth Brown, s. W[illia]m & Anna, b. Sept. 1, 1810	2	262
Thankfull, w. of Timo[thy], d. Nov. 3, 1793, (in the 36th y. of her age)	2	155
Timothy, m. Thankfull **CHITTENDEN**, b. of Guilford, Jan. 21, 1776	2	176
Timo[thy], s. Timothy & Thankfull, b. June 7, 1778	2	129
Wealthy Maria, of Guilford, m. William **LYMAN**, of Durham, Aug. 1, 1824, by Rev. Aaron Dutton	2	314
William, s. Robert & Rhoda, b. June 15, 1757	2	129
Will[ia]m, s. Timo[thy] & Thankfull, b. Dec. 5, 1776	2	129
William Brown, s. Nath[anie]ll & Sarah, b. Aug. 6, 1803	2	262
William M., s. Ruth Pierson, b. May 12, 1783	2	203
William M., m. Hannah **JOHNSON**, b. of Guilford, Jan. 26, 1805, by Rev. Thomas W. Bray	2	176
GRIMES, Mary, m. Joseph **DOUDE**, b. of Guilford, Jan. 1, 1738/9, by Rev. Thomas Ruggles	2	53
GRISWOLD, GRISWOULD, Abner, of Killingworth, m. Polly **GRAVES**, of Guilford, May 4, 1821, by Rev. John Elliott	2	278
Amanda, d. Ezra & Mehitabel, b. Feb. 11, 1796	2	207
Amos, s.Tho[ma]s & Hannah, b. Jan. 1, 1780	2	129
Amos, 2d, m. Julia Ann **SEAWARD**, b. of Guilford, Apr. 8, 1830, by Rev. Aaron Dutton	2	279
Ann, m. [John] [ ], s. of Thomas, b. of Guilford*, Nov. 26, 1730, by Rev. Thomas Ruggles (*Arnold Copy has "b. of Griswold")	2	52

	Vol.	Page
GRISWOLD, GRISWOULD, (cont.)		
Ann, d. Sam[ue]ll & Hannah, b. Sept. 14, 1738	2	40
Ann, wid., d. May 29, 1801, in the 87th y. of her age	2	155
Anna, d. John & Mary, b. May 5, 1769	2	129
Anne, m. Timothy **STONE**, b. of Guilford, July 19, 1789, by Rev. Amos Fowler	2	224
Azabeth, d. Nehemiah & Mary, b. July 6, 1747	2	87
Benjamin, s. Jed[edia]h & Patience, b. Sept. 21, 1774	2	129
Beriah, s. Sarah, b. Sept. 5, 1726	2	18
Betsey Ann, m. Lewis C. **ISBEL**, Aug. 3, 1834, by Rev. David Baldwin	2	308
Bille, twin with Polla, s. Jedediah & Patience, b. Apr. 27, 1769	2	122
Catharine M., m. William J. **CLANSEY**, b. of Guilford, Sept. 18, 1842, by Rev. Lorenzo T. Bennett	2	362
Chauncey, s. Jedediah & Patience, b. Dec. 26, 1771	2	129
Clarissa, d. Nathan & Jerusha, b. June 24, 1789	2	207
Clarrissa, d. Stephen & Nabby, b. May 31, 1808	2	262
Clarrissa, m. Leaming **EVARTS**, b. of Guilford, Jan. 27, 1817, by Rev. Aaron Dutton	2	247
Clarrissa, m. George **PARMELE[E]**, b. of Guilford, June 1, 1825, by Rev. Aaron Dutton	2	294
Clarrissa J., m. Henry N. **DAVIS**, b. of Guilford, Mar. 10, 1847, by Rev. E. Edwin Hall	2	365
Clarrissa M., m. Henry H. **HILL**, July 26, 1832, by Rev. D. Baldwin	2	319
Dorothy, of Killingworth, m. Janna **HAND**, of Guilford, Feb. 14, 1722/3, by Rev. Jared Eliot	2	46
Eliza Jennette, d. Amos, Jr. & Julia, b. Sept. 17, 1833	2	262
Elizabeth, d. Sam[ue]ll & Hannah, b. Sept. 5, 1736	2	40
Elizabeth, see also Azabeth		
Ezra, s. Thomas & Ann, b. Dec. 10, 1753	2	95
Ezra, of Guilford, m. Mehetable **CLEVELAND**, of Long Island, Dec. 25, 1777, by Rev. Amos Fowler	2	176
Ezra, s. Ezra & Mehitable, b. Jan. 10, 1779; d. Jan. 24, 1779	2	129
Fanny, d. Ezra & Mehitabel, b. Nov. 7, 1792	2	207
Fanny, m. Lewis R. **ELLIOTT**, b. of Guilford, Dec. 5, 1847, by Rev. L. T. Bennett	2	358
George, s. Ezra & Mehitable, b. Apr. 9, 1781	2	129
Hannah, d. Sam[ue]ll & Hannah, b. Apr. 22, 1745	2	80
Hannah, d. Thomas, Jr. & Hannah, b. May 26, 1771	2	125
Harriet, d. John & Hannah, b. Feb. 18, 1791	2	207
Henry, m. Nancy **ELLIOTT**, b. of Guilford, Oct. 22, 1823, by Rev. Aaron Dutton	2	279
Hetta, of Guilford, m. William R. **HUNTER**, of Georgia, Sept. 12, 1839, by Samuel N. Shephard	2	347
Jacob, s. Nathan & Jerusha, b. Mar. 30, 1782	2	129
Jane, m. Newton **STENT**, Mar. 29, 1839, by Rev. David Baldwin	2	341

	Vol.	Page
GRISWOLD, GRISWOULD, (cont.)		
Joel, s. Nehemiah & Mary, b. May 15, 1753	2	94
Joel, s. Thomas, Jr. & Hannah, b. Dec. 6, 1764	2	113
John, s. Timothy & Ann, b. June 17, 1742	2	75
John, s. Samuel & Hannah, b. Sept. 1, 1747	2	81
John, m. Mary **BURGIS**, b. of Guilford, Apr. 13, 1765, by Rev. Thomas Ruggles	2	167
John, s. John & Mary, b. Jan. 19, 1767	2	121
John, d. May 16, 1777 (in the 35th y. of his age)	2	155
John, m. Hannah **DUDLEY**, b. of Guilford, Jan. 13, 1790, by Rev. Amos Fowler	2	176
John, m. Sarah **STARR**, b. of Guilford, Apr. 22, 1829, by Rev. Aaron Dutton	2	279
Josial T., m. Adeline **ELLIOTT**, May 12, 1839, by Rev. Edward J. Darker	2	329
Joy, s. Miles & Ruth, b. Oct. 27, 1776	2	129
Joy, m. Juliana **SAXTON**, b. of Guilford, Nov. 27, 1798, by Rev. Thomas W. Bray	2	176
Julia, d. Tho[ma]s & Mine, b. July 17, 1790	2	207
Julia, d. Tho[ma]s & Mine, d. Apr. 10, 1794	2	155
Julia E., of Guilford, m. John **PARMELE[E]**, of Durham, May 11, 1842, by Rev. A. Dutton	2	343
Justin, s. Tho[ma]s & Mine, b. Sept. 22, 1794	2	207
Justin, d. May 12, 1848	2	155
Leverett, s. Stephen & Nabby, b. Jan. 14, 1806	2	262
Leverett, m. Lavinia **STONE**, b. of Guilford, Nov. 25, 1829, by Rev. Aaron Dutton	2	279
Levi, s. Manus & Chloe, b. Apr. 16, 1768	2	120
Lewis, m. Myrta **GRISWOLD**, b. of Guilford, Oct. 3, 1827, by Rev. Aaron Dutton	2	279
Lucy, d. Jan. 11, 1801	2	155
Lucy Ann, m. Daniel Loper **DAVIS**, Sept. 28, 1842, by Rev. David Baldwin	2	364
Lydia, d. Sam[ue]ll & Hannah, b. Sept. 14, 1750	2	86
Lydia, of Durham, m. Reuben **PARMELE[E]**, of Guilford, Oct. 12, 1763, by Rev. Elizur Goodrich	2	168
Manus, s. Sam[ue]ll & Mary, b. Sept. 4, 1727	2	19
Manus, s. Manus & C[h]loe, b. Aug. 31, 1755	2	96
Mary, m. Samuel **FITCH**, b. of Guilford, Oct. 9, 17[23], by Rev. Thomas Ruggles	2	45
Mary, d. Manus & C[h]loe, b. Oct. 28, 1762	2	109
Mary, d. John & Mary, b. June 14, 1764	2	121
Mary, w. of Nehemiah, d. Nov. 25, 1776, in the 61st y. of her age	2	155
Mary, d. Nathan & Jerusha, b. Oct. 22, 1783	2	129
Mary, d. Ezra & Mehetabel, b. May 29, 1786	2	207
Mary, d. John, d. June 6, 1786, (ae 21 y.)	2	155
Mary, m. Nathaniel Ruggles **LANDON**, b. of Guilford, June		

	Vol.	Page
GRISWOLD, GRISWOULD, (cont.)		
24, 1807, by Rev. Aaron Dutton	2	256
Mary, m. Frederick **CRUTTENDEN**, b. of Guilford, Jan. 4,		
1827, by Rev. Aaron Dutton	2	303
Mary Ann, of Guilford, m. Frederick W. **POST**, of		
Killingworth, May 1, 1837, by Rev. Aaron Dutton	2	342
Mary E., of Guilford, m. Edward T. **MOORE**, of Trenton, N. J.,		
Feb. 5, 1839, by Rev. A. Dutton	2	307
Melinda, d. Jed[edia]h & Patience, b. Apr. 3, 1777	2	129
Merta, see under Myrta		
Miles, s. Thomas & Ann, b. Jan. 2, 1735/6	2	37
Miles, m. Sarah **CHITTENDEN**, b. of Guilford, June 14, 1758,		
by Rev. Thomas Ruggles	2	69
Miles, m. Ruth **BARTLET[T]**, b. of Guilford, Jan. 4, 1769, by		
Rev. Amos Fowler	2	169
Mindwell, d. Miles & Ruth, b. Aug. 4, 1780	2	129
Merta, d. Joy & Juliana, b. Sept. 26, 1802	2	262
Myrta, m. Lewis **GRISWOLD**, b. of Guilford, Oct. 3, 1827, by		
Rev. Aaron Dutton	2	279
Nabby, of Killingworth, m. Abraham **CRUTTENDEN**, of		
Guilford, May 24, 1812, by Rev. John Elliott	2	268
Nathan, s. Nehemiah & Mary, b. Apr. 16, 1751	2	87
Nathan, m. Jerusha **STONE**, b. of Guilford, June 21, 1781, by		
Rev. Amos Fowler	2	176
Nehemiah, m. Mary **GRAVE**, b. of Guilford, Jan. 23, 1744/5,		
by Rev. Thomas Ruggles	2	63
Nehemiah, d. Dec. 31, 1787 (in the 72nd y. of his age)	2	155
Noah, s. Nehemiah & Mary, b. Oct. 24, 1749	2	87
Olive, d. Manus & C[h]loe, b. Sept. 4, 1770	2	123
Phebe, of Durham, m. Isaac **STOW**, of Guilford, July 18,		
1775, by Rev. Amos Fowler	2	184
Phebe Ann, m. George A. **HALL**, b. of Guilford, Oct. 6, 1830,		
by Rev. Aaron Dutton	2	318
Polla, twin with Bille, d. Jedediah & Patience, b. Apr. 27, 1769	2	122
Rebecca, d. Jno. & Mary, b. June 3, 1773	2	129
Rebeckah, m. Curtis **FAIRCHILD**, b. of Guilford, Apr. 26,		
1795, by Rev. Amos Fowler	2	238
Reuben, s. Marcus & C[h]loe, b. Feb. 27, 1754	2	94
Rhoda, d. Sam[ue]ll & Hannah, b. June 9, 1740	2	40
Richard, s. Isaac & Elizabeth, b. June 4, 169[ ]	2	10
Robert H., of Lyme, m. Helen Maria **POWERS**, of Cincinnati,		
Nov. 9, 1840, by Rev. Lorenzo T. Bennett	2	329
Roger, m. Sarah **COAN**, b. of Guilford, Nov. 12, 1837, by		
Rev. L. H. Corson	2	328
Ruth, d. Nehemiah & Mary, b. Sept. 23, 1745	2	87
Ruth, d. Nathaniel, d. Sept. 23, 1748	2	139
Ruth, d. Miles & Ruth, b. Feb. 25, 1770	2	123
Ruth, m. James **DAVIS**, b. of Guilford, Dec. 11, 1789, by Rev		

	Vol.	Page
GRISWOLD, GRISWOULD, (cont.)		
Amos Fowler	2	173
Sally A., m. Justus **NORTON**, Jr., b. of Guilford, Mar. 18, 1832, by Rev. D. Baldwin	2	310
Samuel, of Guilford, m. Hannah **ADKINS**, of Middletown, Feb. 8, 1734/5, by William Russell	2	57
Samuel, s. Sam[ue]l & Hannah, b. June 22, 1744	2	81
Samuel, s. Manus & C[h]loe, b. Jan. 17, 1757	2	98
[Sarah], d. Thomas & Sarah, b. [Jan. 5, 1706]	2	6
Sarah had s. Beriah, b. Sept. 5, 1726	2	18
Sarah, d. Manus & C[h]loe, b. Oct. 3, 1764	2	112
Sarah, w. of Miles, d. June 23, 1766	2	145
Sarah, m. Phineas **BRADLEY**, b. of Guilford, Nov. 4, [1767], by [James Sproutt]	2	246
Sarah, d. Miles & Ruth, b. Feb. 9, 1774	2	129
Sarah, d. Miles, d. Oct. 15, 1780	2	155
Sarah, d. Ezra & Mehitabel, b. Oct. 14, 1788	2	207
Sarah, d. Joy & Juliana, b. May 24, 1800	2	207
Sherman S., m. Alma **FOWLER**, b. of Guilford, Apr. [ ], 1827, by Rev. Aaron Dutton	2	279
Sherman Saxton, s. Joy & Juliana, b. Nov. 26, 1805	2	262
Stephen, m. Nabby **CRAMPTON**, b. of Guilford, Mar. 27, 1805, by I. Brainard	2	278
Submit, d. Thomas & Sarah, b. [Sept. 26, 1710]	2	6
Submit, m. Thomas **COE**, b. of Guilford, Jan. 1, 1783, by Rev. Jonathan Todd	2	268
Thomas, m. Anne **GRAVE**, b. of Guilford, Feb. 19, 1730, by Rev. Jonathan Todd	2	55
Thomas, s. Thomas & Ann, b. Sept. 1, 1737	2	37
Thomas, Jr., m. Hannah **CRUTTENDEN**, b. of Guilford, Dec. 17, 1761, by Rev. Thomas Ruggles	2	164
Thomas, s. Thomas, Jr. & Hannah, b. Apr. 26, 1763	2	110
Thomas, d. Jan. 11, 1784, (in the 76th y. of his age)	2	155
Tho[ma]s, Jr., m. Mine **CRUTTENDEN**, b. of Guilford, Jan. 18, 1789, by Rev. Amos Fowler	2	176
Thomas, m. Sophronia **BRISTOL**, b. of Guilford, Aug. 19, 1821, by Rev. Aaron Dutton	2	278
Warren, s. Manus & Chloe, b. Nov. 4, 1758	2	103
Wealthy, d. Manus & C[h]loe, b. Sept. 5, 1766	2	117
William, s. Nathan & Jerusha, b. May 31, 1787	2	129
-----, d. Oct. 19, 1729	2	4
GRUMBLY, GRUMBER, Betsey, d. John & Eliza[bet]h, b. Apr. 23, 1790	2	262
Edward Sylvester, s. Syl[vester] & Virginia Matilda, b. Aug. 22, 1811	2	262
Elizabeth, d. Aug. 18, 1847	2	155
Frances L., m. Albert J. **DOWNS**, May 8, 1845, by Rev. David Baldwin	2	365

GUILFORD VITAL RECORDS 153

	Vol.	Page
GRUMBLY, GRUMBER, (cont.)		
John, m. Elizabeth **GRIFFING**, b. of Guilford, Apr. 1, 1773, by Rev. Daniel Brewer	2	176
John, m. Elizabeth **GRIFFIN**, b. of Guilford, Apr. 1, 1773, by [James Sproutt]	2	252
Nancy, d. John & Elizab[et]h, b. Mar. 12, 1775	2	129
Parnel, d. John & Eliza[bet]h, b. Mar. 14, 1784	2	207
Rachel, d. John & Eliza[bet]h, b. June 24, 1781	2	207
Rachel, m. Miles **MUNGER**, Jr., b. of Guilford, June 26, 1803, by Rev. Israel Brainard	2	180
Rebeckah, d. John & Eliza[bet]h, b. Aug. 27, 1796	2	262
Rebeckah, of Guilford, m. Eben B. **EVARTS**, of Mass., Jan. 1, 1823, by Rev. Aaron Dutton	2	247
Samuel, s. John & Eliza[bet]h, b. Dec. 4, 1776	2	207
Sylvester, s. John & Eliza[bet]h, b. Apr. 12, 1786	2	207
GUTTRIDGE, GUTTRIG, [see also **GOODRICH**], Eliza, d. Rich[ard] & Dinah, b. Sept. 15, [16]53	A	122
Mary, m. John **BAYLER**, b. of Guilford, Aug. 16, 1676, by Andrew Leete	A	77
Rachell, m. Daniel **BENTON**, Dec. 23, 1658	A	61
Richard, freeman 1669-70	A	121
Richard, d. May 7, 1676	A	68
GUY, Sarah, of Branford, m. Timothy **FOWLER**, of Guilford, Feb. 4, 1772, by Rev. Mr. Robbins, of Branford	2	175
HALE, HAIL, [see also **HALL**], Abigail, d. Zebulon & Rachel, b. Apr. 7, 1789	2	234
Achsa, d. Zebulon & Rachel, b. Oct. 5, 1771	2	199
Anne, d. Zebulon & Rachel, b. Jan. 11, 1770	2	199
Clarinda, d. Zebulon & Rachel, b. July 14, 1775	2	199
Elias, s. Zebulon & Rachel, b. Sept. 19, 1782	2	199
Harvey, s. Zebulon & Rachel, b. Jan. 16, 1787	2	234
Rachel, d. Zebulon & Rachel, b. Jan. 15, 1785	2	199
Ruth, d. Zebulon & Rachel, b. Oct. 3, 1773	2	199
Sarah, d. Zebulon & Rachel, b. July 24, 1791	2	234
Stita, d. Zebulon & Rachel, b. July 18, 1777	2	199
William, s. Zebulon & Rachel, b. June 8, 1780	2	199
William, m. Julia F. **HOTCHKISS**, b. of Guilford, Mar. 1, 1832, by Rev. Aaron Dutton	2	319
Zebulon, m. Rachel **BISHOP**, b. of Guilford, Sept. 15, 1768	2	234
Zebulon, s. Zebulon & Rachel, b. Feb. 13, 1794	2	234
HALL, [see also **HALE** and **HULL**], Abigail, m. John **FOWLER**, b. of Guilford, Oct. 2, 1736, by Rev. Samuel Russell	2	54
Abigail, wid., m. Philemon **HALL**, b. of Guilford, Sept. 28, 1791, by Rev. Amos Fowler	2	223
Abraham, s. Highland & Rachel, b. Sept. 3, 1730	2	26
Abraham, m. Hannah **NOTT**, b. of Guilford, Feb. 27, 1744, by Rev. Jonathan Todd	2	59
Abraham, m. Jerusha **BOWIN**, b. of Guilford, Oct. 31, 1751,		

	Vol.	Page

HALL, (cont.)

	Vol.	Page
by Rev. Thomas Ruggles	2	62
Abraham, s. Abraham & Jerusha, b. July 29, 1756	2	106
Abraham, s. John & Lydia, b. Aug. 29, 1776	2	194
Albert G., m. Mary M. **PARMELE[E]**, [Sept.] 11, [1845], by Rev. David Root	2	361
Amanda, m. Samuel **HUBBARD**, b. of Guilford, Dec. 28, 1826, by Rev. David Baldwin	2	255
Amos, s. John & Ann, b. Nov. 10, 1739	2	39
Amos, s. Stephen & Abigail, b. Nov. 21, 176[ ]	2	109
Ann, d. John & Ann, b. June 7, 1750	2	84
Ann, w. of John, d. July 4, 1750	2	138
Ann, m. Joseph **CHITTENDEN**, b. of Guilford, Apr. [ ], 1770, by Rev. Tho[ma]s Ruggles	2	172
Anne, d. Thomas & Judeth, b. Nov. 13, 172[4]	2	16
Anne, d. John, d. Dec. 17, 1764	2	144
Anne, d. [Philemon & Sarah], b. Jan. 26, 1768	2	130
Benjamin, s. William & Lydia, b. Mar. 14, 1724/5	2	16
Benjamin, m. Judeth **HALL**, b. of Guilford, Feb. 7, 1739/40, by Rev. Thomas Ruggles	2	53
Benjamin, s. Benjamin & Judeth, b. July 8, 1755	2	99
Benjamin, twin with Joseph, s. Eben[eze]r & Mary, b. Dec. 17, 1766	2	117
Benj[ami]n, Jr., m. Sarah **SCOTT**, b. of Guilford, Dec. 23, 1778, by Rev. Amos Fowler	2	177
Benj[ami]n, 3rd, m. Beulah **FOWLER**, b. of Guilford, Sept. 30, 1792, by Rev. Tho[ma]s W. Bray	2	223
Bethiah, of Wallingford, m. Joel **COLLENS**, of Guilford, July 29, 1767, by Rev. James Dana	2	172
Beulah, m. Bilious **WARD**, b. of Guilford, Jan. 4, 1753, by Rev. Ichabod Camp	2	64
Caroline, of Guilford, m. Joel **BULLARD**, of New Haven, May 2, 1831, by Rev. Aaron Dutton	2	325
Catharine, of Wallingford, m. Abra[ha]m **GRAVE**, of Guilford, Mar. 14, 1764, by Rev. James Dana	2	176
Clarissa, d. Benj[ami]n & Sarah, b. Mar. 14, 1792	2	235
Content, d. Benj[ami]n & Sarah, b. Jan. 26, 1799	2	235
[Daniel], s. William & Lydia, b. Feb. 16, 171[7]/8	2	10
Daniel, m. Joanna **TYLER**, b. of Guilford, Dec. 14, 1742, by Rev. Sam[ue]ll Russell	2	58
Daniel, s. Daniel & Joanna, b. Apr. 1, 1745	2	78
Daniel, of East Guilford, m. Mary **HOIT**, May 25, 1748, by Rev. Jonathan Todd	2	61
Daniel, s. Timothy & Sarah, b. May 21, 1749	2	85
David, m. Hannah **DAVIS**, b. of Guilford, Dec. 13, 1764, by Rev. James Sproutt	2	177
Deborah, m. Ebenezer **FIELD**, b. of Guilford, Jan. 5, 1748/9, by Rev. Jonathan Todd	2	60

GUILFORD VITAL RECORDS 155

	Vol.	Page
HALL, (cont.)		
Deborah, wid., d. Oct. 27, 1758	2	143
Ebenezer, s. John & Elizabeth, b. Mar. 3, 1678	A	84
Ebenezer, m. Elizabeth **CRUTTENDEN**, b. of Guilford, June 17, 1730, by Rev. Thomas Ruggles	2	52
Ebenezer, s. Ebenezer & Elizabeth, b. Oct. 7, 1731	2	28
Ebenezer, d. Sept. 9, 1754, in the 54th y. of his age	2	141
Ebenezer, m. Mary **TORREY**, b. of North Guilford, Jan. 5, 1757, by Rev. John Richards	2	69
Ebenezer, s. Eben[eze]r & Mary, b. Mar. 2, 1763	2	110
Ebenezer, s. Eben[eze]r & Mary, d. June 27, 1770, in his 8th yr.	2	156
Eber, s. Highland & Rachel, b. Dec. 5, 1741	2	73
Eber, m. Mary **SHELLEY**, b. of Guilford, Oct. 22, 1761, by Rev. Thomas Ruggles	2	164
Eber, s. Eber & Mary, b. Jan. 29, 1763	2	109
Edward, m. Cynthia **FOWLER**, b. of Guilford, May 6, 1835, by Rev. Zolva Whitmore	2	346
Eliphalet, s. John & Elizabeth, b. Jan. 15, 1681	A	87
Eliphalet, m. Elizabeth **SCRANTON**, b. of Guilford, Jan. 1, 173[5], by Rev. Thomas Ruggles	2	55
Eliphalet, s. Eliphalet & Elizabeth, b. Sept. 29, 1737	2	33
Eliphalet, s. Eliphalet & Eliz[abeth], d. Nov. 22, 1739	2	140
Eliphalet, m. Mercy **HILL**, b. of Guilford, June 2, 1743, by Rev. Thomas Ruggles	2	58
Eliphalet, s. Eliphalet & Mercy, b. Feb. 20, 1746/7	2	80
Eliphalet, m. Hannah **HILL**, wid., b. of Guilford, Mar. 7, 1764, by Rev. Jonathan Todd	2	165
Eliphalet, Jr., m. Rachel **EVARTS**, b. of Guilford, Dec. 1, 1773, by Rev. Jonath[a]n Todd	2	177
Eliphalet, d. Mar. 16, 1782, in the 71st y. of his age	2	156
Eliphalet, d. Apr. 9, 1803, ae 56 y.	2	156
Eliza M., of Guilford, m. Willard L. **SEARS**, of New Haven, Apr. 29, 1838, by Rev. A. Dutton	2	340
Elizabeth, d. John & Elizabeth, b. Nov. 22, 1670	A	73
Elizabeth, d. Sammuell & Elizabeth, b. Feb. 1, 1675	A	83
Elizabeth, d. Ithamer & Judeth, b. Mar. 13, 1720/1	2	35
[Elizabeth], d. Ithamer & Judeth, b. Mar. 13, [1721]	2	6
Elizabeth, m. Oliver **COLLINS**, b. of Guilford, Nov. 26, 1730, by Rev. Thomas Ruggles	2	49
Elizabeth, d. Ithamer, d. Nov. 25, 1736	2	150
Elizabeth, d. Eliphalet & Elizabeth, b. Dec. 23, 1739; d. Mar. 2, 1739/40	2	90
Elizabeth, d. Ebenezer & Elizabeth, b. Mar. 15, 174[1]	2	42
Elizabeth, w. of Eliphalet, d. Apr. 15, 1742	2	140
Elizabeth, d. Benjamin & Judeth, b. Sept. 13, 17[48]	2	83
Elizabeth, d. Ebenezer, d. July 26, 1749, in the 9th y. of her age	2	141

	Vol.	Page
HALL, (cont.)		
Elizabeth, d. Dan[ie]l & Joanna, b. Dec. 26, 1751; d. Mar. 25, 1752	2	87
Elizabeth, d. Edward & Mary, b. Feb. 1, 1757	2	98
Elizabeth, d. Philemon & Sarah, b. Nov. 21, 1764	2	113
Elizabeth, d. [Philemon & Sarah], b. Nov. 21, 1764	2	130
Elizabeth, m. Joseph **EVARTS**, 2d, b. of Guilford, Mar. 20, 1776, by Rev. Amos Fowler	2	174
Elizabeth, wid., d. Aug. 31, 1787, (in the 84th y. of her age)	2	156
Elizabeth, d. Isaac & Tempa, b. Apr. 6, 1800	2	234
Esther, m. Jehiel **JOHNSON**, b. of Guilford, Nov. 25, 1747, by Rev. Thomas Ruggles	2	60
Esther, of Wallingford, m. Aaron **HORSEFORD**, of Guilford, Apr. 24, 1771, by Rev. Mr. Waterman	2	177
Frederick, s. Tho[ma]s & Lydia, b. May 22, 1792	2	234
Friend, s. Stephen & Abigail, b. Sept. 10, 1773	2	130
George A., m. Phebe Ann **GRISWOLD**, b. of Guilford, Oct. 6, 1830, by Rev. Aaron Dutton	2	318
Gilbert, s. Highland & Rachel, b. Nov. 26, 1732	2	26
Gilbert, s. Ebenezer & Elizabeth, b. Apr. 12, 1734	2	28
Gilbert, s. Eben[eze]r, d. Nov. 17, 1748, in the 15th y. of his age	2	140
Gilbert, of Guilford, m. Hannah **WHEDEN**, of Branford, Oct. 24, 1756, by Rev. Jonathan Merrick	2	68
Gilbert, s. Eben[eze]r & Mary, b. Nov. 8, 1768	2	130
Gilbert, s. Eber & Hannah, b. Oct. 3, 1777	2	194
Hannah, of Guilford, m. Sam[ue]l **BISHOP**, s. of Nath[an], [Oct. 3, 1721], by Rev. Thomas Ruggles	2	3
Hannah, m. Samuel **BISHOP**, s. of Nath[anie]l, b. of Guilford, Oct. 3, 17[21], by Rev. Thomas Ruggles	2	48
Hannah, d. John & Jerusha, b. Aug. 14, 1738	2	37
Hannah, d. Benjamin & Judeth, b. Nov. 17, 1751	2	86
Hannah, d. Philemon & Sarah, b. Feb. 15, 1760	2	113
Hannah, d. Philemon & Sarah, b. Feb. 15, 1763	2	130
Hannah, d. David & Hannah, b. Feb. 20, 1766	2	130
Hannah, d. Eber & Hannah, b. Apr. 10, 1767	2	130
Hannah, d. Mar. 13, 1768, in the 69th y. of her age	2	145
Hannah Harriet, d. James & Honor, b. July 28, 1779	2	235
Harvey, s. Stephen & Mary, b. May 23, 1792	2	234
Henry, s. James & Honor, b. Jan. 18, 1777	2	235
Highland, m. Rachel **BISHOP**, b. of Guilford, Mar. [17, 1725], by Rev. Thomas Ruggles (1729?)	2	3
Highland, m. Rachel **BISHOP**, b. of Guilford, Mar. 17, 1729, by Rev. Thomas Ruggles	2	48
Highland, s. Abraham & Jerusha, b. Feb. 14, 1752	2	86
Hiland, s. Abraham, d. Feb. 1, 1753	2	143
Hiland, s. Abraham & Jerusha, b. May 13, 1754	2	105
Horace Wolcott, s. Isaac & Tempa, b. Jan. 30, 1798	2	234

GUILFORD VITAL RECORDS 157

	Vol.	Page
HALL, (cont.)		
Horatio, d. Jan. 2, 1792	2	156
Hubbard, s. Stephen & Mary, b. Dec. 3, 1788	2	199
Huldah, d. Tho[ma]s & Lydia, b. Aug. 13, 1794	2	234
Isaac, s. John & Ann, b. Nov. 18, 1742	2	75
Isaac, of Guilford, m. Chloe **FRISBIE**, of Branford, Feb. 4, 1773, by Rev. Amos Fowler	2	177
Isaac, s. Isaac & Chloe, b. May 13, 1774	2	130
Isaac, Jr., of Guilford, m. Tempa **BEBEE**, of Saybrook, Dec. 25, 1796, by Rev. Simon Backus	2	254
Isaac, d. Mar. 28, 1800	2	156
Ithamar, of Guilford, m. Judeth **SEAWARD**, of Durham, Nov. 3, [1714], by Rev. Nathaniel Chambey, at Durham	2	43
Ithamer, d. Dec. 20, 1758	2	142
James, s. Eliphalet & Mercy, b. Dec. 30, 1752	2	90
James, m. Thomas* **McKEAN**, b. of Guilford, June 24, 1773, by Rev. Amos Fowler (*Probably Honor? Arnold Copy gives both male names)	2	177
James C., Jr., of Branford, m. Eliza E. **HARTY**, of Guilford, [Oct.] 11, [1845], by Rev. L. T. Bennett	2	361
Jane S., of Guilford, m. Williard L. **SEARS**, of New Haven, June 9, 1844, by Alvah B. Goldsmith, J. P.	2	350
Jane S., of Guilford, m. Willard L. **SEARS**, of New Haven, June 9, 1844, by Alvah B. Goldsmith, J. P.	2	375
Jared, s. John, Jr. & Hannah, b. Oct. 6, 1765	2	114
Jerusha, m. Daniel **BOWIN**, b. of Guilford, Dec. 8, 1726, by Rev. Thomas Ruggles	2	47
Jerusha, m. Ebenezer **HODGKIN**, b. of Guilford, Nov. 15, 1744, by Rev. Thomas Ruggles	2	65
Jerusha, d. Eliphalet & Mercy, b. July 14, 1745	2	78
Jerusha, d. Miles & Sarah, b. Aug. 10, 1771	2	194
Joel, s. Thomas & Lydia, b. Oct. 7, 1797	2	234
John, of Guilford, m. Elizabeth **SMITH**, of New Haven, Nov. 13, 1669, by Mr. Guilbert	A	67
John, s. John & Elizabeth, b. Feb. last day, 1674	A	76
John, s. Ebenezer, m. Jerusha **JOHNSON**, b. of Guilford, Nov. 2, 1737, by Rev. Thomas Ruggles	2	54
John, s. John & Ann, b. Sept. 8, 1741	2	75
John, s. Eben[eze]r, d. Feb. 9, 1741/2	2	147
John, s. Justus & Lucy, b. Dec. 19, 1745	2	79
John, Jr., of Guilford, m. Hannah **FRISBIE**, of Branford, Nov. 8, 1764, by Rev. Philemon Robbins	2	166
John, 3rd, m. Lydia **HODGKIN**, b. of Guilford, Jan. 14, 1768, by James Sproutt	2	168
John, m. Lidia **HOTCHKIN**, b. of Guilford, Jan. 14, [1768], by [James Sproutt]	2	246
John, s. Miles & Sarah, d. Oct. 6, 1769	2	156
John, s. Miles & Sarah, b. May 21, 1775	2	194

	Vol.	Page
HALL, (cont.)		
John, d. Oct. 3, 1790, (in the 84th y. of his age)	2	156
John, m. Betsey **DAVIS**, b. of Guilford, June 29, 1825, by Rev. Aaron Dutton	2	255
Joseph, m. Mary **CRUTTENDEN**, b. of Guilford, Jan. 23, 1742, by Rev. Thomas Ruggles	2	58
Joseph, twin with Benjamin, s. Eben[eze]r & Mary, b. Dec. 17, 1766	2	117
Joseph, m. Mary **WICK**, b. of Guilford, Mar. 31, 1793, by Rev. Tho[ma]s Wells Bray	2	223
Judeth, m. Benjamin **HALL**, b. of Guilford, Feb. 7, 1739/40, by Rev. Thomas Ruggles	2	53
Judeth, d. Benjamin & Judeth, b. Sept. 9, 1746	2	79
Justus, s. Nathaniel & Rebeckah, b. Oct. 5, [1716]	2	9
Justus, m. Lucy **MUNGER**, b. of Guilford, Mar. 6, 1739/40, by Rev. Jonathan Todd	2	63
Justus, s. John & Lydia, b. Dec. 29, 1768	2	194
Lemuel, of Wallingford, m. Obedience **SPENCER**, of Guilford, July 26, 1802, by Rev. Israel Brainard	2	254
Linus, s. John & Lydia, b. Dec. 25, 1778	2	194
Lois, d. [Philemon & Sarah], b. Aug. 26, 1773	2	130
Lucretia, d. Gilbert & Hannah, b. Sept. 7, 1757	2	99
Lucy, m. Caleb **BENTON**, b. of Guilford, Dec. 1, [1760], by [James Sproutt]	2	219
Lydia, s. William & Mercy, b. May 6, 1742	2	78
Lydia, d. John & Lydia, b. Jan. 30, 1771	2	194
Mabel, d. Justus & Lucy, b. Mar. 18, 1755	2	96
Maria, d. Benj[ami]n & Sarah, b. Apr. 23, 1796	2	235
Martha, d. Daniel & Joanna, b. Aug. 27, 1746	2	80
Mary, d. John & Elizabeth, b. Oct. 30, 1672	A	75
Mary, d. Thomas & Mary, b. Nov. 5, 1693	A	99
Mary, wid., m. Richard **FAULKENER**, Aug. 4, 172[4], by Rev. Thomas Ruggles	2	48
Mary, d. Daniel & Joanna, b. Sept. 8, 1743; d. Oct. 17, 1743	2	75
Mary, d. Eliphalet & Mercy, b. Feb. 8, 1743/4	2	76
Mary, d. Joseph & Mary, b. Dec. 31, 1744	2	78
Mary, d. Eliphalet, d. Oct. 27, 1758	2	142
Mary, d. Philemon & Sarah, b. Sept. 30, 1759	2	104
Mary, d. Ebenezer & Mary, b. Aug. 14, 1760	2	107
Mary, d. Eber & Hannah, b. Dec. 10, 1768	2	120
Mary, m. Isaac **JOHNSON**, b. of Guilford, Mar. 29, 1796, by Rev. Thomas W. Bray	2	178
Mary, m. Samuel **DAVIS**, b. of Guilford, Feb. 6, 1833, by Rev. Aaron Dutton	2	332
[Matthias], s. Nathaniel & Rebeccah, b. Jan. 25, 1720/21	2	11
Matthias, s. Nathaniel, d. Nov. 9, 1745	2	137
Matthias, s. Justus & Lucy, b. Oct. 28, 1747	2	81
Mercy, w. of Eliphalet, d. Nov. 27, 1762	2	144

GUILFORD VITAL RECORDS

	Vol.	Page
HALL, (cont.)		
Miles, s. John & Jerusha, b. Oct. 23, 1740	2	73
Miles, m. Sarah BISHOP, b. of Guilford, Feb. 3, 1762, by Rev. Thomas Ruggles	2	165
Nathan, s. Miles & Sarah, d. Oct. 14, 1771, ae 4	2	156
Nathaniel, of Guilford, m. Rebecca MALLORY, of New Haven, Nov. 22, 171[5], by Abraham Fowler	2	43
Nathaniel, s. Justus & Lucy, b. Jan. 11, 174[[2]	2	73
Nath[anie]ll*, m. Lydia STONE, b. of Guilford, Nov. 20, 1765, by Rev. James Sproutt (*correction (HALL, Nathaniel, m. Lydia STONE --- 1765 should be HALE, Nathaniel according to Mr. Charles R. Hale, May 4, 1920) on typed card attached to bottom of original document)	2	167
Nathaniel, m. Lidia STONE, b. of Guilford, Nov. 21, [1765], by [James Sproutt]	2	229
Orrin, s. Stephen & Mary, b. Sept. 17, 1790	2	199
Parna, d. Benj[ami]n, Jr. & Sarah, b. Apr. 4, 1786	2	199
Phebe, d. Thomas & Phebe, b. Jan. 13, 1758	2	99
Phebe Morse, of Wallingford, m. John French MEIGS, of Guilford, Feb. 14, 1799, by Rev. James Noyes	2	180
Philemon, s. John & Ann, b. Sept. 23, 1733	2	27
Philemon, of Guilford, m. Sarah PAGE, of Branford, May 6, 1756, by Rev. Philemon Robbins	2	68
Philemon, s. [Philemon & Sarah], b. Oct. 31, 1769	2	130
Philemon, m. wid. Abigail HALL, b. of Guilford, Sept. 28, 1791, by Rev. Amos Fowler	2	223
Rachel, d. Highland & Rachel, b. Sept. 27, 1728	2	20
Rachel, d. Thomas & Phebe, b. Jan. 21, 1755	2	95
Rachel, d. Thomas, d. Sept. 5, 1756	2	142
Rachel, d. Eben[eze]r & Mary, b. July 5, 1759	2	104
Rachel, d. Stephen & Abigail, b. Jan. 7, 17[67]	2	117
Rachel, m. Minor FOWLER, b. of Guilford, Oct. 31, 1787, by Rev. Amos Fowler	2	175
Rebeckah, d. Nath[anie]l & Rebeckah, b. Nov. 2, 1722	2	13
Rebeckah, d. Justus & Lucy, b. Aug. 3, 1751	2	86
Rebeckah, of Wallingford, m. Daniel CHITTENDEN, Jr., of Guilford, Feb. 13, 1765, by James Dana, in Wallingford	2	166
Rebeccah, m. Jairus CHITTENDEN, b. of Guilford, Nov. 8, 1770, by Rev. Amos Fowler	2	169
Rebeckah, d. Isaac & Chloe, b. May 10, 1777	2	199
Roxanna, d. Eber & Hannah, b. Oct. 3, 1772	2	194
Ruth, d. William & Mercy, b. July 18, 1747	2	83
Ruth, d. Benj[ami]n & Sarah, b. Apr. 27, 1789	2	235
Salmon, s. John & Lydia, b. June 18, 1773	2	194
Samuell, m. Elizabeth JOHNSON, Dec. 22, 1674, by William Leete	A	77
Sam[ue]ll, Sr., d. Feb. 11, 1732/3	2	149
Samuel, s. John & Ann, b. Dec. 8, 1747	2	81

HALL, (cont.)

	Vol.	Page
Samuel, s. John, d. June 6, 1751, in the 4th y. of his age	2	139
Samuel, s. Abraham & Jerusha, b. Oct. 5, 1759	2	106
Sarah, d. William & Mercy, b. Nov. 9, 1744	2	78
Sarah, d. Timothy & Sarah, b. June 14, 1746	2	79
Sarah, s.* Philemon & Sarah, b. Aug. 6, 1757 (*Probably a daughter)	2	98
Sarah, d. Miles & Sarah, b. Sept. 12, 1763	2	110
Sarah, d. Benj[ami]n & Sarah, b. June 28, 1781	2	194
Sarah, d. Benj[ami]n, Jr. & Sarah, b. July 28, 1781	2	199
Sarah, m. Sam[ue]ll **HANDY**, b. of Guilford, Mar. 13, 1775, by Rev. Amos Fowler	2	177
Sarah, m. Sam[ue]ll **EVARTS**, 4th, b. of Guilford, Nov. 29, 1784, by Rev. Amos Fowler	2	174
Sarah, w. of Philemon, d. Mar. 22, 1791, in the 57th y. of her age	2	156
Sarah, m. Ammi G. **FOWLER**, b. of Guilford, Oct. 16, 1815, by Rev. Aaron Dutton	2	239
Silence, d. John & Elizabeth, b. Dec. 15, 1679	A	86
Silence, d. Nath[anie]l & Rebeckah, b. Nov. 15, 1730	2	22
Stephen, s. Highland & Rachel, b. Sept. 5, 1739	2	39
Stephen, m. Abigail **SAXTON**, b. of Guilford, Nov. 24, 1757, by Rev. James Sprout	2	69
Stephen, m. Abigail **SAXTON**, b. of Guilford, Nov. 30, [1757], by [James Sproutt]	2	219
Stephen, s. Stephen & Abigail, b. Dec. 7, 175[7]	2	99
Stephen, s. Stephen, d. Mar. 3, 1759	2	143
Stephen, s. Stephen & Abigail, b. Sept. 30, 1759	2	104
Stephen, Capt., d. Apr. 25, 1783, in the 44th y. of his age	2	156
Stephen, m. Mary **CRUTTENDEN**, b. of Guilford, Dec. 6, 1787, by Rev. Amos Fowler	2	223
Thankfull, d. Highland & Rachel, b. Jan. 19, 1734/5	2	39
Thankfull, d. Eber & Hannah, b. Mar. 3, 1770	2	194
Thankfull, d. Eber & Hannah, b. Mar. 4, 1770	2	123
Thomas, m. Mary **HILAND**, b. of G[u]ilford, Feb. 1, 1692, by Mr. Andrew Leete	A	99
Thomas, s. Highland & Rachel, b. Feb. 11, 1725/6	2	15
Thomas, Jr., m. Phebe **BLACKLEY**, b. of Guilford, Apr. 10, 1751, by Rev. James Sprout	2	62
Thomas, m. Phebe **BLATCHLEY**, b. of Guilford, Apr. 10, 1751, by [James Sproutt]	2	215
Thomas, s. Philemon & Sarah, b. Aug. 1, 1760	2	107
Tho[ma]s, m. Lydia **HOPPIN**, b. of Guilford, May 22, 1791, by Rev. Amos Fowler	2	223
Timothy, s. Ebenezer & Deborah, b. Nov. 10, 17[21]	2	14
Timothy, m. Sarah **BRISTOL**, b. of Guilford, Oct. 25, 1744, by Rev. Thomas Ruggles	2	59
Timothy, s. Timothy & Sarah, b. Mar. 17, 1750/1	2	85

	Vol.	Page
HALL, (cont.)		
Titus, s. James & Honour, b. June 12, 1774	2	130
William, bd. Mar. 8, 1668/9	A	67
Will[ia]m, freeman 1669-70	A	121
William, Jr., of Guilford, m. Mary **BARNES**, of North Haven,		
July 11, 1737/8, by Rev. Samuel Russell	2	54
William, Ens., d. Apr. 9, 1738	2	148
William, s. William & Mercy, b. Oct. 28, 1739	2	78
William, s. David & Hannah, b. Apr. 17, 1768	2	130
W[illia]m, s. Benj[ami]n, Jr. & Sarah, b. Sept. 4, 1783	2	199
W[illia]m S., m. Maria **DUDLEY**, b. of Guilford, Mar. 30,		
1842, by Rev. A. Dutton	2	360
Zillah, d. Justus & Lucy, b. Jan. 5, 1745/6	2	79
Zillah, m. Ambrose **CHITTENDEN**, b. of Guilford, Apr. 25,		
1764, by Rev. James Sproutt	2	166
Zilla, m. Ambrose **CHITTENDEN**, b. of Guilford, Apr.		
25, [1764], by [James Sproutt]	2	229
-----, d. Hiland, d. Oct. 23, 1728	2	4
-----, w. of Thomas, d. June 23, 1729 (Mary?)	2	4
HALLOCK, Israel, of New York, m. Mary **ELIOT**, of Guilford, Sept.		
30, [1787], by [James Sproutt]	2	287
HALSEY, Frances, of Stratford, m. Phebe Ann **RICHARDS**, of		
Guilford, May 14, 1837, by Rev. Aaron Dutton	2	347
HAND, [see also **HOWD**], Abigail, of East Hampton, m. David		
BLACKLY, of Guilford, May 14, 1717, by Nathaniel		
Hunting, of East Hampton	2	44
Abigail, m. Daniel **BRADLEY**, b. of Guilford, Nov. 20, 1734,		
by Rev. Jonathan Todd	2	56
Abigail, d. Benjamin & Mary, b. Sept. 28, 1743	2	75
Ann, d. Joseph & Jane, b. July 10, 1683	A	90
Anne, d. Ichabod & Hannah, b. June 22, 1751	2	101
Anne, d. Ichabod, d. May 22, 1752	2	142
Anne, d. Timothy & Esther, b. Nov. 16, 1762	2	110
Benjemin, s. Joseph & Jane, b. Feb. 8, 1672	A	78
Beniamin, of G[u]ilford, m. Mary **WILCOCKS**, of		
Middletown, July 10, 1695, by [ ],		
at Middletown	A	95
Beniamin, of G[u]ilford, m. Mary **WILCOCKS**, of		
Middletown, July 10, 1695	A	98
Benjamin, Jr., m. Mary **PENFIELD**, b. of Guilford, Oct. 29,		
1730, by Rev. John Hart	2	51
Benjamin, d. Dec. 7, 1748	2	138
Benjamin, s. Eben[eze]r, Jr. & Mary, b. Mar. 22, 1759	2	104
Daniel, of Guilford, m. Sibe **SMITH**, of Killingworth, Oct.		
28, 1759	2	177
Daniel, s. Daniel & Sibe, b. Apr. 24, 1762	2	194
Daniel, of Guilford, m. Lizzie **LYNDE**, of Saybrook, May 18,		
1774, by Rev. W[illia]m Hart	2	177

HAND, (cont.)

	Vol.	Page
Deborah, d. John & Deborah, b. Apr. 12, 1732	2	34
Dorothy, w. of Stephen, d. Oct. 6, 1742	2	148
Ebenezer, m. Susanna **FRENCH**, b. of Guilford, May 31, 172[5], by Rev. John Hart	2	48
Ebenezer, s. Ebenezer & Susanna, b. Jan. 9, 1729/30	2	21
Ebenezer, m. Mary **WEST**, b. of Guilford, Sept. 13, 1743, by Benjamin Hand, J. P.	2	59
Ebenezer, m. Anna **CRAMPTON**, b. of Guilford, June 10, 1746, by Rev. Jonathan Todd	2	59
Ebenezer, m. Mary **EVARTS**, b. of Guilford, July 20, 175[7], by Rev. Jonathan Todd	2	69
Edmund, s. Joseph & Lucy, b. Mar. 7, 176[5]	2	121
[Ellias], s. Stephen, Jr. & Rachel, b. Oct. 10, 1747	2	84
Elizabeth, d. Joseph & Janne, b. Mar. 12, 1677	A	83
Elizabeth, d. Joseph & Jane, b. Mar. 12, 1678	A	90
Elizabeth, d. John & Deborah, b. July 1, 1728	2	20
Esther, d. James* & Dorothy, b. Sept. 5, 1725 (*Janna?)	2	18
Esther, d. Daniel & Sibe, b. Sept. 18, 1760	2	194
Esther, d. Timothy & Esther, b. June 12, 1765	2	117
Hannah, w. of Ichabod, d. Sept. 7, 1751	2	142
Hannah, d. Joseph & Hannah, b. Dec. 28, 1753	2	104
Hannah, w. of Joseph, d. Feb. 8, 1760, ae 50 y.	2	143
Hannah, m. Jared **LEETE**, b. of Guilford, Oct. 13, 1774, by Rev. Jon[a]th[an] Todd	2	179
Hester, m. Wyllys **MUNGER**, b. of Guilford, Jan. 19, 1785, by Rev. Jonathan Todd	2	180
Huldah, d. Benjamin, Jr. & Mary, b. Aug. 21, 1736	2	32
Ichabod, of Guilford, m. Hannah **GARY**, of Branford, Apr. 19, 1748	2	70
Ichabod, s. Ichabod & Hannah, b. June 16, 1749	2	101
Ichabod, d. Eben[eze]r & Susanna, b. Apr. 16, 1728, (Arnold Copy has "Ichabod Hannah")	2	19
Isaac, s. Ebenezer & Susanna, b. July 11, 1734	2	28
James*, s. Joseph & Hester, b. Feb. 17, 1692/3 (*Janna?)	A	72
Jane, d. Joseph & Jane, b. Sept. 19, 1668; d. Dec. 13, 1683	A	69
Jane, d. Joseph & Jane, b. Apr. 25, 1686	A	90
Janna(?)*, s. Joseph & Hester, b. Feb. 17, 1692/3 (Arnold Copy has "James")	A	72
Janna, of Guilford, m. Dorothy **GRISWOLD**, of Killingworth, Feb. 14, 1722/3, by Rev. Jared Eliot	2	46
Janna, s. Janna & Dorothy, b. Feb. 4, 1727/8	2	20
Janna, s. Joseph & Lucy, b. Sept. 28, 1761	2	121
Jemima, d. Ebenezer & Susanna, b. May 17, 1732	2	25
Jemima, wid., d. Aug. 8, 1755	2	141
John, s. John & Deborah, b. Aug. 25, 1730	2	23
John, s. John, d. Apr. 6, 1734	2	147
John, s. John, d. Apr. 6, 1734	2	149

	Vol.	Page
HAND, (cont.)		
John, s. John & Deborah, b. Feb. 12, 1737/8	2	34
John, s. Joseph & Lucy, b. July 20, 176[8]	2	121
Joseph, s. Joseph & Jane, b. Apr. 2, 1671	A	78
Joseph, of G[u]ilford, m. Hester **WILCOCKS**, of Middletown, May 10, 1692, by John Hamlin	A	72
Joseph, s. James(?)* & Dorothy, b. Jan. 24, 172[4] (*Janna?)	2	16
Joseph, of East Guilford, m. Hannah **HURLBUT**, d. of Nathaniel, of Woodbury, Aug. 31, 17[31], by Rev. Anthony Stoddard in Woodbury	2	51
Joseph, s. Joseph & Hannah, b. Apr. 15, 1749	2	104
Joseph, s. Janna, m. Lucy **MEIGS**, b. of Guilford, July 14, 1756, by Rev. Jonathan Todd	2	169
Joseph, 3rd, of Guilford, m. Prudence **WRIGHT**, of Saybrook, May 8, 1771, by Rev. Mr. Devotion	2	177
Joseph Winbourne, of Washington, m. Catharine **FOWLER**, of Guilford, Nov. 2, 1820, by Rev. John Elliott	2	254
Lizzie, d. Daniel & Lizzie, b. Mar. 7, 1778	2	194
Lucy, d. Joseph & Lucy, b. Jan. 3, 1760	2	121
Lucy, d. Joseph, d. Feb. 18, 1760	2	145
Marina, m. Rev. Nathan B. **BURGES**, b. of Guilford, Sept. 16, 1806, by Rev. Roger Searle	2	227
Mary, d. Benjamin & Mary, b. Aug. 10, 17[22]	2	14
Mary, m. Josiah **MEIGS**, b. of Guilford, June 14, 1727, by Rev. John Hart	2	50
Mary, d. Benjamin, Jr. & Mary, b. Nov. 18, 1731	2	24
Mary, w. of Ebenezer, d. Mar. 15, 1745/6	2	137
Mary, d. Stephen, Jr. & Rachel, b. Oct. 15, 1749	2	84
Mary, wid. of Benjamin, d. Oct. 24, 1749	2	138
Mary, w. of Eben[eze]r, Jr., d. June 27, 1780, in the 63rd y. of her age	2	156
Mehitabel, d. Stephen, Jr. & Rachel, b. Sept. 22, 1736	2	32
Mehetable, d. Dan[ie]ll & Sibe, b. Aug. 30, 1772	2	194
Nathaniell, s. Beniamin & Mary, b. Apr. 12, 1696	A	98
Nathaniel, m. Jemima **FRENCH**, b. of Guilford, Apr. 19, 1722, by Rev. John Hart	2	46
Nathaniel, d. Apr. 29, 1752	2	139
Phebe, of East Hampton, m. John **GRAVE**, the smith, of East Guilford, Nov. 19, 1719, by Rev. Mr. Hunting, of East Hampton	2	46
Prudence, d. Joseph, 3rd, & Prudence, b. June 20, 1773	2	130
Rebecca, m. John **MEIGS**, b. of Guilford, July 20, 1694, by Henry Crane	A	98
Reuben, s. Stephen, Jr. & Rachel, b. Dec. 14, 1734	2	30
Ruth B., of Guilford, m. Erastus **MUNSON**, of Madison, Jan. 19, 1814, by Rev. James Rawson	2	307
Samuel, s. Joseph & Hannah, b. Jan. 9, 1733; d. Oct. 28, 1733	2	29
Samuel, s. Joseph & Hannah, b. Feb. 5, 1738	2	104

	Vol.	Page

HAND, (cont.)

	Vol.	Page
Sarah, m. Samuell **MUNGER**, Oct. 11, 1688, by Mr. Andrew Leete	A	79
Sarah, d. Joseph & Hannah, b. Sept. 6, 1734	2	29
Sarah, d. Joseph & Hannah, b. Mar. 30, 1744	2	104
Sibe, d. Daniel & Sibe, b. Sept. 9, 1768	2	194
Sibe, w. of Daniel, d. Sept. 20, 1772	2	156
Silens, d. Joseph & Jane, b. Mar. 12, 1678	A	90
Stephen, s. Joseph & Jane, b. Feb. 8, 1674	A	78
[Stephen], Jr., m. Rachel **WELSTONE**, b. of Guilford, Jan. 16, 1733/4, by Rev. Edward Ward	2	52
Stephen, Jr.*, m. Dorothy **HOPSON**, wid., b. of Guilford, Mar. 6, 1733/4, by Rev. Thomas Ruggles (*Sr.?)	2	52
Stephen, s. Stephen, Jr. & Rachel, b. June 6, 1740	2	41
Stephen, of Guilford, m. wid. Hannah **JUDD**, of Middletown, Sept. 21, 1743, by Rev. Jonathan Todd	2	59
Stephen, d. Aug. 14, 1755, in the 81st y. of his age	2	141
Submit, m. Ebenezer **BARTLET[T]**, 2d, b. of Guilford, Feb. 1, 1726/7, by Rev. John Hart	2	70
Submit, m. Ebenezer **BARTLET[T]**, b. of Guilford, Feb. 23, 1726/7, by Rev. John Hart	2	47
Submit, d. John & Deborah, b. Sept. 7, 1735	2	34
Submit, m. James **MUNGER**, Jr., b. of Guilford, June 19, 1754, by Rev. Jon[a]th[an] Todd	2	70
Submit, d. Timothy & Esther, b. May 9, 1768	2	120
Susannah, w. of Eben[eze]r, d. Feb. 13, 1742/3	2	148
Temperance, d. Ebenezer & Susannah, b. July 17, 1725	2	15
Timothy, s. Stephen, Jr. & Rachel, b. Aug. 18, 1738	2	37
Timothy, s. Ebenezer & Susanna, b. Jan. 8, 1739	2	38
Timothy, s. Stephen, Jr. & Rachel, b. Aug. 28, 1745	2	79
Timothy, m. Esther **BISHOP**, b. of Guilford, May 18, 1761, by Rev. Jonathan Todd	2	164
William, s. Daniel & Lizzie, b. Feb. 2, 1776	2	194
-----, d. Ebenezer & Hannah, b. [ ]	2	40
HANDY, Anna, d. Richard & Anna, b. Mar. 6, 1740/1	2	76
Benjamin, s. Richard & Anna, b. Nov. 12, 1738	2	37
Dan[ie]ll, m. Ruth **LEETE**, b. of Guilford, Jan. 27, [1774], by [James Sproutt]	2	252
Daniel, s. Daniel P. & Ruth, b. June 13, 1781	2	199
Daniel Parmele, s. Richard & Anna, b. Feb. 6, 1747/8	2	93
Daniel Parmele, m. Ruth **LEETE**, b. of Guilford, Jan. 26, 1774, by Rev. Daniel Brewer	2	177
Deborah, d. Jairus & Naomi, b. Aug. 16, 1762	2	109
Hannah, d. Jairus & Naoma, b. July 30, 1764; d. Aug. 9, 1764	2	112
Hannah, d. Jairus & Naomi, b. May 18, 1777	2	194
Harriet, d. Dan[ie]l P. & Ruth, b. Dec. 25, 1786	2	234
Harry, s. Jonathan & Mehetabel, b. Mar. 12, 1779	2	199
Jairus, s. Richard & Anna, b. July 27, 1734	2	28

GUILFORD VITAL RECORDS 165

	Vol.	Page
HANDY, (cont.)		
James Vail, s. Jonath[a]n & Mehitable, b. July 23, 1781	2	199
Joel, s. Daniel P. & Ruth, b. Feb. 20, 1785	2	199
John, s. Jairus & Naomi, b. Apr. 27, 1770	2	123
John, s. Jairus & Naomi, d. Apr. 15, 1773, ae 3 y.	2	156
John, s. Jairus & Naomi, b. Aug. 29, 1774	2	130
Jonathan, of Guilford, m. Mehetable **VAIL**, of South Hold, Aug. 12, 1778, by Rev. Amos Fowler	2	177
Joy, s. Jairus & Naomi, b. Jan. 24, 1772	2	130
Mary, m. Pitman **COLLENS**, b. of Guilford, Sept. 2, 1772, by Rev. Dan[ie]ll Brewer	2	172
Mary, m. Pitman **COLLENS**, b. of Guilford, Sept. 2, 1772, by [James Sproutt]	2	252
Naomi, d. Sam[ue]ll & Sarah, b. Dec. 19, 1777	2	194
Parnel, m. David **PARMELE**, b. of Guilford, Oct. 2, 178[3], by Rev. Amos Fowler	2	183
Patience, d. Richard & Anna, b. July 30, 1745	2	80
Polly, d. Daniel P. & Ruth, b. Aug. 7, 1775	2	194
Rhoda, d. Richard & Anna, b. July 20, 1743	2	76
Richard, d. Jan. 23, 1759	2	143
Rufus, s. Richard & Anna, b. Aug. 6, 1736	2	32
Russell, s. Sam[ue]ll & Sarah, b. Nov. 3, 1787	2	199
Sam[ue]ll, m. Sarah **HALL**, b. of Guilford, Mar. 13, 1775, by Rev. Amos Fowler	2	177
Sam[ue]ll, s. Sam[ue]ll & Sarah, b. Sept. 9, 1783	2	199
Sarah, d. Richard & Anna, b. Mar. 20, 1749/50	2	93
Sarah, d. Sam[ue]ll & Sarah, b. Aug. 13, 1775	2	194
Wealthy, d. Daniel P. & Ruth, b. Nov. 4, 1778	2	194
William, s. Jairus & Naomi, b. Mar. 31, 1760	2	106
HANUM, [see also **FARNUM**], Mary Hall, of New Haven, m. Nathan Noah **BRADLEY**, of Guilford, Mar. 22, 1791, by Rev. Bela Hubbard	2	181
HARDING, Abigail, of Chatham, m. Giland **BRADLEY**, of Guilford, Oct. 9, 1785, by Rev. Mr. Strong	2	171
HARRIS, Gabriell, of Pequot, m. Eliza **ABBOT**, of Guilford, Mar. 3, 1653	A	122
Joel, s. John & Lois, b. Sept. 29, 1779	2	194
John, m. Lois **JOHNSON**, b. of Guilford, Dec. 11, 1777, by Rev. Richard Ely	2	177
Sam[ue]l, m. Sophia **BAYNARD**, [Aug.] 27, [1843], by Rev. L. T. Bennett	2	360
HARRISON, Nancy C., of Guilford, m. Ansel **STEVENS**, of Madison, Apr. 7, 1841, by Ammi Fowler, J. P.	2	341
Rachel, of Branford, m. Hervey **FOWLER**. of Guilford, Feb. 17, 1802, by Rev. Matthew Noyes	2	238
HART, Benjamin, s. Rev. John & Mary, b. June 1, 1725	2	15
Benjamin, m. Mabel **FOWLER**, b. of Guilford, Nov. 21, 1750, by Rev. Tho[ma]s Ruggles	2	61

	Vol.	Page
HART, (cont.)		
Clara, of Guilford, m. William **NASH**, of Westport, July 21, 1845, by Rev. L. T. Bennett	2	379
Clarrissa, d. George & Clarrissa, b. Dec. 28, 1817	2	235
Deborah, d. Thomas & Concurrance, b. May 22, 1753	2	94
Deborah, d. Thomas & Concur[r]ance, b. May 22, 1753	2	98
Deborah, m. Sam[ue]ll **FAIRCHILD**, b. of Guilford, July 26, 1775, by Rev. Amos Fowler	2	175
Ebenezer, s. Tho[ma]s & Concur[r]ance, b. Oct. 3, 1757	2	98
Eben[eze]r, d. June 18, 1781, in the 24th y. of his age	2	156
Eliza, of Guilford, m. Stephen **TROWBRIDGE**, of Litchfield, Aug. 31, 1823, by Rev. Aaron Dutton	2	282
Elizabeth, d. Thomas & Concur[r]ance, b. Jan. [ ], 1765	2	118
Elizabeth, m. Jonathan **PARMELE[E]**, b. of Guilford, Feb. 15, 1792, by Rev. Amos Fowler	2	183
Elizabeth, m. Daniel G. **LOOMIS**, b. of Guilford, Jan. 3, 1826, by Rev. Aaron Dutton	2	314
Elizabeth, m. Joan **COAN**, Jr., Sept. 22, 1829, by Rev. Zolva Whitmore	2	326
Elizabeth, of Guilford, m. David **LYMAN**, of Middletown, [Jan.] 30, [1849], by Rev. David Root	2	388
George, s. Thomas & Mary, b. Feb. 8, 1794	2	234
George, m. Clarrissa **PARMELE[E]**, b. of Guilford, Mar. 27, 1816, by Rev. Aaron Dutton	2	255
Hannah, d. Jonathan & Martha, b. July 24, 1739	2	39
James, s. John & Mary, b. Jan. 16, 1721	2	14
James, s. John & Mary, b. May 27, 172[1]	2	13
James, s. Benjamin & Mabel, b. Feb. 27, 1753	2	92
John, Rev., of East Guilford, m. Mrs. Sarah **BULL**, of Hartford, Aug. 12, 1717, by Maj. Joseph Talcot, of Hartford	2	44
John, s. Rev. John & Sarah, b. Jan. 31, [1719]	2	12
John, Rev., m. Mrs. Mary **HOOKER**, b. of Guilford, Dec. 6, 1720, by Rev. Thomas Ruggles	2	45
John, Dr., d. Mar. 21, 1748/9, in the 31st y. of his age	2	138
John, s. Benjamin & Mabel, b. Oct. 9, 1757	2	112
John, s. Tho[ma]s & Concur[r]ance, b. Jan. 15, 1773	2	130
John, d. Apr. 30, 1782	2	156
John, s. John & Betsey, b. May 15, 1805	2	298
Jonathan, s. Jonathan, d. Mar. 21, 1750/1	2	138
Julia, m. William **FOWLER**, b. of Guilford, Apr. 27, 1831, by Rev. Aaron Dutton	2	316
Ledina, of Guilford, m. Elias **BALDWIN**, of Wallingford, Oct. 7, 1821, by Zolva Whitmore	2	280
Lois, m. Jared **LEETE**, Oct. 2, 1833, by Rev. Zolva Whitmore	2	344
Lois Ann, m. John W[illia]m **SCRANTON**, b. of Guilford, Oct. 19, 1834, by Rev. Aaron Dutton	2	340
Mabel, d. Benjamin & Mabel, b. Oct. 26, 1760	2	112

	Vol.	Page
HART, (cont.)		
Mary, d. Thomas & Concur[r]ance, b. Aug. 14, 1751	2	98
Mary, d. Thomas & Concurrance, b. Aug. 17, 1751	2	86
Mary, m. Nath[anie]ll **DUDLEY**, 2d, b. of Guilford, Mar. 12, 1777, by Rev. Amos Fowler	2	173
Parnel, d. George & Clarrissa, b. Dec. 27, 1816	2	235
Phebe, of Wallingford, m. John **GRAVE**, Jr., of Guilford, July 16, 1747, by Rev. Mr. Curtis, in Farmington	2	60
Polly, d. Thomas & Mary, b. Sept. 13, 1797	2	234
Rebeccah, w. of John, d. Dec. 7, 1715	2	1
Rebeckah, Mrs., m. Rev. Thomas **RUGGLES**, b. of Guilford, Sept. 25, 173[4], by Rev. Jonathan Todd	2	55
Rebeckah, d. Tho[ma]s & Concur[r]ance, b. Dec. 6, 1754	2	98
Ruth, d. Thomas & Concurrance, b. Apr. 23, 1760	2	107
Ruth, m. Hooker **BARTLET[T]**, b. of Guilford, Jan. 7, 1784, by Rev. Amos Fowler	2	171
Ruth, d. Tho[ma]s & Mary, b. Jan. 14, 1790	2	234
Ruth, m. George **LANDON**, b. of Guilford, Mar. 18, 1813, by Rev. Aaron Dutton	2	257
Ruth, d. George & Clarrissa, b. July 20, 1819	2	235
Sally A., m. Henry **FOWLER**, b. of Guilford, Dec. 7, 1837, by Rev. Aaron Dutton	2	331
Samuel, s. Benj[amin] & Mabel, b. Apr. 29, 1765	2	113
Sarah, w. of Rev. John, d. Feb. [4], 1719]	2	1
Sarah, d. Rev. John & Mary, b. Mar. 7, 1726/7	2	18
Sarah, m. Henry **HILL**, b. of Guilford, Jan. 9, 1749/50, by Rev. Thomas Ruggles	2	61
Sarah, d. Benjamin & Mabel, b. Aug. 27, 1751	2	86
Sarah, d. Thomas & Concur[r]ance, b. June 8, 1767	2	118
Sarah E., m. Miles **DUDLEY**, b. of Guilford, Nov. 26, 1839, by Rev. H. F. Pease	2	333
Stephen, of Guilford, m. Experience **ARNOLD**, of Haddam, July [ ], 1753, by Hezekiah Barnard, J. P.	2	68
Thomas, m. Concurrance **BARTLET[T]**, b. of Guilford, Nov. 28, 1750, by Rev. Thomas Ruggles	2	61
Thomas, s. Thomas & Concur[r]ance, b. Sept. 8, 1762	2	118
Tho[ma]s, Jr., m. Mary **PARMELE[E]**, b. of Guilford, Oct. 8, 1787, by Rev. Amos Fowler	2	223
William, s. Tho[ma]s, Jr. & Mary, b. May 5, 1788	2	199
William H., m. Maria H. **GRIFFING**, b. of Guilford, [Nov.] 13, [1842], by Rev. Lorenzo T. Bennett	2	360
HARTY, Eliza E., of Guilford, m. James C. **HALL**, Jr., of Branford, [Oct.] 11, [1845], by Rev. L. T. Bennett	2	361
HATCH, Benjamin, s. Zeph[ania]h & Joannah, b. May 9, 1752	2	89
Hannah, d. Zeph[ania]h & Joannah, b. July 5, 1746	2	88
Mary, w. of Moses, of Sharon, d. Dec. 6, 1752	2	141
Mary, m. David **BENTON**, b. of Guilford, Nov. 22, [1763], by [James Sproutt]	2	228

	Vol.	Page
HATCH, (cont.)		
Moses, m. Cybel **BRISTER**, Mar. 19, 1755, by [James Sproutt]	2	216
Nabby, d. Zeph[ania]h & Joannah, b. May 28, 1748	2	89
Sarah, m. Samuel **BYSHOP**, Jr., b. of Guilford, Dec. 16, [1757], by [James Sproutt]	2	219
Sherman, s. Zeph[ania]h & Joannah, b. Nov. 8, 1750	2	89
Zephaniah, m. Joannah **CHITTENDEN**, b. of Guilford, Oct. 31, 1745, by Rev. Thomas Ruggles	2	64
HAWLEY, Edward M., m. Amanda **NETTLETON**, b. of Durham, Apr. 22, 1839, by Rev. A. Dutton	2	347
Julia, m. John **BISHOP**, b. of Guilford, Nov. 30, 1820, by Rev. John Ely	2	280
HAYDEN, HAIDON, John S., m. Mary A. **DANIELS**, b. of Middletown, Apr. 30, 1848, by Rev. Cha[rle]s R. Adams	2	386
Mary, of Kenillworth, m. Judah **EVARTS**, of Guilford, Aug. 3, 1670, by Mr. William Leete	A	67
HEATON, Susannah, of North Haven, m. Josiah **FOWLER**, of Guilford, Apr. 18, 1786, by Rev. Tho[ma]s W. Bray	2	174
HECOCK, [see under **HICKOX**]		
HEDGES, Temperance, of Easthampton, L.I., m. Eber **STONE**, of Guilford, May 14, 1778, by Rev. Sam[ue]ll Beeuel	2	224
HEMINGWAY, James J., of East Haven, m. Louisa M. **FOWLER**, of Branford, Apr. 15, 1829, by Rev. Aaron Dutton	2	318
HEMPSTEAD, HEMPSTED, Anna, d. Joshua & Anna, b. Mar. 17, 1765	2	194
Benjamin, s. Joshua & Anna, b. Nov. 16, 1759, at Southhold, L. I.	2	130
Experience, Mrs., of South Hold, m. John **ELIOT**, of Guilford, Oct. 19, 1760, by Rev. Mr. Payn, of South Hold	2	165
John, s. Joshua & Anna, b. Feb. 3, 1764	2	130
Joshua Havens, s. Joshua & Keziah, b. Sept. 30, 1756, at South Hold, L. I.	2	130
Josiah, s. Joshua & Anna, b. July 20, 1762	2	130
Keziah, d. Joshua & Anna, b. June 13, 1761	2	130
Mary Young, d. Joshua & Anna, b. Mar. 10, 1768	2	194
HENDERSON, Mervin, of Winsted, m. Lucretia **KIMBERLEY**, of Guilford, June 25, 1827, by Rev. David Baldwin	2	318
HICKOX, HECOCK, [see also **HITCHCOCK**], Benjamin, of Guilford, m. Huldah **HOLMES**, of Lyme, Sept. 17, 1760, by Rev. Grindall Rawson	2	72
Benjamin, s. Benj[ami]n & Huldah, b. Oct. 8, 1762	2	109
Huldah, d. Benjamin & Huldah, b. July 22, 1764	2	112
HIGER(?), John, of Guilford, m. Marietta **FRENCH**, of Montgomery, Mass., [Sept.] 22, [1844], by Rev. Lorenzo T. Bennett	2	361
HIGGINSON, John, freeman 1669-70	A	121
Nathaniell, s. John & Sarah, b. Oct. 11, [ ]52 (Probably 1652)	A	122

GUILFORD VITAL RECORDS 169

	Vol.	Page
HIGHLAND, HILAND, Elizabeth, d. Georg[e] & Han[n[ah, b. June 18, 1666	A	64
Elizabeth, m. Isa[a]ck **PARMELY**, b. of G[u]ilbord, Dec. 30, 1689, by Mr. Andrew Leete	A	80
George, planter 1669-70	A	121
Georg[e], d. Jan. 21, 1692	A	71
Han[n]ah, d. George & Hannah, b. Jan. 29, 1669	A	73
Mary, d. G[e]orge & Hannah, b. May 12, 1672	A	74
Mary, m. Thomas **HALL**, b. of Guilford, Feb. 1, 1692, by Mr. Andrew Leete	A	99
HILL, Aaron, s. Michael & Ann, b. May 13, 1733	2	27
Abigail, d. Oct. 11, 1774, in the 72nd y. of her age	2	156
Abner, s. Daniel & Mindwell, b. June 6, 1726	2	17
Abner, s. Abner & Sarah, b. Oct. 11, 1770	2	130
Abner, m. Sarah **BIBBINS**, b. of Guilford, Dec. 27, 1775, by Rev. Jonath[an] Todd	2	177
Abner, s. Abner & Sarah, b. Mar. 6, 1776	2	194
[Abraham], s. John & Elizabeth, b. Jan. [22, 1720]	2	11
Abraham, s. John & Elizabeth, d. [Apr. 20, 1720] [ae 3 wk.*] *(Mo.?)	2	1
Abraham, s. John & Marah, b. Dec. 2, [1722]	2	13
Abraham, d. Oct. 18, 1759	2	143
Abraham, s. John & Rebecca, b. May 26, 1763	2	130
Addy, m. John **SCRANTON**, May 22, 1666	A	64
Ahira, s. Isaac & Anna, b. June 27, 1726	2	17
Almira, of Guilford, m. Alfred **ALLEN**, of Wallingford, Nov. 15, 1830, by Rev. Aaron Dutton	2	182
Ann, d. James & Sarah, b. Mar. 4, 1689/90	A	81
Ann, d. Isaac & Ann, b. Apr. 10, 1728	2	19
Ann, d. Daniel & Mary, b. Oct. 22, 1755	2	96
Anna, d. Michael & Anna, b. Nov. 27, 1731	2	23
Anna, d. Nath[anie]ll & Anna, b. Sept. 24, 1752	2	87
Anne, m. Daniel **EVARTS**, b. of Guilford, Jan. 15, 1789, by Rev. Jonath[a]n Todd	2	174
Anson, s. Will[ia]m & Lucy, b. Apr. 3, 1808	2	235
Beniamin, s. John & Hannah, b. Jan. 19, [1712]	2	9
Benjamin, s. George & Ruth, b. Dec. 17, 1741	2	41
Betsey, d. Will[ia]m & Lucy, b. Apr. 5, 1801	2	234
Bettey, d. John & Ruth, b. Nov. 22, 1731	2	23
Bette, d. Nathan & Esther, b. Oct. 15, 1756	2	97
B[e]ula[h], d. Michael & Ann, b. Aug. 1, 1741	2	41
B[e]ula[h], d. Nathan & Esther, b. Sept. 21, 1757	2	98
Beulah, s.* Abner & Sarah, b. Sept. 18, 1773 (*Probably a daughter)	2	130
Caroline, d. Nath[anie]l, 2d, & Contentment, b. Dec. 3, 1803	2	235
Catharine, d. Henry & Leah, b. July 19, 1776	2	199
Catharine, m. Andrew **ELLIOTT**, b. of Guilford, Sept. 22, 1796, by Rev. Amos Fowler	2	247

	Vol.	Page

HILL, (cont.)

	Vol.	Page
Clarinda, of Guilford, m. William **DURGIN**, of Durham, N. H., Apr. [ ], 1821, by Aaron Dutton	2	259
Clarrissa, m. William **LANDON**, b. of Guilford, Apr. 10, 1831, by Rev. David Baldwin	2	315
Daniel, s. Daniel & Mindwell, b. Oct. 29, [1719]	2	12
Daniel, d. Jan. 30, 1744/5	2	138
Daniel, 3rd, m. Lucy **PARMELE[E]**, b. of Guilford, Feb. 6, 1750/1, by Rev. John Richards	2	63
Daniel, twin with Hannah, s. Daniel & Mary, of East Guilford, b. Nov. 3, 1752	2	93
Daniel, Jr., d. Nov. 25, 1761, at Crown Point	2	144
Daniel, s. Henry & Leah, b. Feb. 11, 1787	2	234
David, twin with Jonathan, s. Isaac & Ann, b. Jan. 30, 1733/4	2	27
Deliverence, d. Luke & Deliverence, b. July 20, 1738	2	37
Earily(?)*, d. Isaac & Ann, b. May 2, 1730 (*Emily?)	2	22
Ebenezer, s. Luke & Anna, b. Nov. 23, 1687	A	82
Electa, d. Reuben, 2d, & Hannah, b. Dec. 23, 1776	2	194
Eliab, m. Mary Ann **SCRANTON**, Nov. 24, 1822, by Rev. David Baldwin	2	265
Elizabeth, d. John & Thankfull, b. Feb. 20, 1673	A	76
Elizabeth, d. John, of East Guilford, d. Aug. 23, 1721	2	2
Elizabeth, w. of John, d. [Feb. 23, 1721]	2	1
Elizabeth, twin with John, d. John & Elizabeth, b. [Feb. 23, 1721]	2	11
Elizabeth, m. John **STONE**, b. of Guilford, Nov. 7, 1738, by Rev. Thomas Ruggles	2	57
Elizabeth, d. Thomas & Hannah, b. Sept. 9, 1739	2	39
Elizabeth, d. Thomas, d. July 28, 1748	2	138
Elizabeth, d. Thomas & Eliza[bet]h, b. Mar. 25, 1756	2	104
Elizabeth, m. Jonathan **DUDLEY**, b. of Guilford, Feb. 4, 1778, by Rev. Jonathan Todd	2	173
Emily(?), d. Isaac & Ann, b. May 2, 1730 (Arnold Copy has "Earily")	2	22
Esther, d. Ebenezer & Deborah, b. Mar. 3, 171[7]	2	10
Esther, d. Nathan & Esther, b. Aug. 1, 1759	2	104
Esther, wid., late of Wallingford, now of Guilford, m. Ebenezer **SHELLEY**, of Guilford, May 8, 1745, by Rev. James Sprout	2	59
Est[h]er, m. Ebenezer **SHELLEY**, b. of Guilford, May 9, 1745, by [James Sproutt]	2	213
Ezra, s. Reuben & Mercy, b. Apr. 19, 1759	2	104
Flora, w. of Michael, Jr., d. Mar. 27, 1752	2	139
George, s. John & Hannah, b. Apr. 25, [1710]	2	9
George, m. Ruth **ROBINSON**, b. of Guilford, Oct. 23, 1738, by Rev. Thomas Ruggles	2	53
George, s. Henry & Leah, b. Apr. 9, 1793; d. Feb. 5, 1794	2	234
George, s. Harvey & Leah, b. Jan. 29, 1796	2	234

GUILFORD VITAL RECORDS   171

	Vol.	Page
HILL, (cont.)		
George, m. wid. Ruth **KIRCUM**, Sept. 13, 1829, by Rev.		
Aaron Dutton	2	318
Hannah, d. Tahann & Hannah, b. Nov. 17, 1689	A	91
Hannah, d. John, of Hartford, d. Dec. 6, 1736	2	151
Hannah, d. Thomas & Hannah, b. July 27, 1737	2	33
Hannah, wid., d. May 19, 1752	2	145
Hannah, twin with Daniel, d. Daniel & Mary, of East Guilford,		
b. Nov. 3, 1752	2	93
Hannah, 3rd, m. Nathaniel **JOHNSON**, Jr., b. of Guilford, Dec.		
10, 1761, by Rev. Thomas Ruggles	2	167
Hannah, wid., m. Eliphalet **HALL**, b. of Guilford, Mar. 7,		
1764, by Rev. Jonathan Todd	2	165
Hannah, d. John & Rhoda, b. May 1, 1775	2	194
Harriet, d. Will[ia]m & Lucy, b. Apr. 13, 1806	2	235
Henry, m. Sarah **HART**, b. of Guilford, Jan. 9, 1749/50, by		
Rev. Thomas Ruggles	2	61
[Henry], s. Henry & Sarah, b. Oct. 15, 1750	2	84
Henry, d. July 17, 1751, ae 37 y. wanting 16 d.	2	138
Henry, m. Leah **STONE**, b. of Guilford, Nov. 21, 1774, by		
Rev. Amos Fowler	2	177
Henry, m. Leah **STONE**, b. of Guilford, Nov. 21, 1774, by		
Rev. Amos Fowler	2	223
Henry, s. Henry & Leah, b. July 4, 1778	2	199
Henry H., m. Clarrissa M. **GRISWOLD**, July 26, 1832, by		
Rev. D. Baldwin	2	319
Huldah, d. Isaac & Ann, b. Sept. 12, 1735	2	30
Huldah, of Guilford, m. Rosewell **WOODWARD**, of New		
Haven, Mar. 26, 1747, by Rev. Thomas Ruggles	2	60
Huldah, d. Nath[anie]l & Anna, b. Feb. 21, 1755	2	95
Huldah, Mrs., d. Aug. 29, 1762, in the 78th y. of her age	2	144
Huldah, m. Sam[ue]ll **JOHNSON**, Jr., b. of Guilford, May 24,		
1780, by Rev. Amos Fowler	2	178
Ichabod, s. John & Rebecca, b. Dec. 19, 1760	2	130
Irana, d. Daniel & Mindwell, b. June 12, 1732	2	24
Isa[a]ck, s. James & Sarah, b. Sept. 5, 1685	A	81
[Isaac], s. Isaac & Anne, b. Feb. [18, 1717]	2	6
Isaac, s. Isaac & Anne, d. Feb. 12*, 1716 *("21" supplied		
in brackets)	2	1
Isaac, s. Isaac & Anne, b. Dec. 18, 17[18]	2	12
James, s. John & Thankfull, b. Apr. last week, 1682	A	88
James, s. James & Sarah, b. Feb. 11, 1687	A	81
James, s. Isaac & Ann, d. Mar. 10, 1733/4	2	149
James, s. Dan[ie]l, d. Feb. 26, 1739/40	2	147
James, s. Reuben & Mercy, b. Feb. [ ], 1748/9	2	83
James, m. Elizabeth P. **STANNARD**, Jan. 18, 1837, by Rev.		
David Baldwin	2	347
Johann*, d. Dec. 18, 1692 (*John?)	A	71

	Vol.	Page
HILL, (cont.)		
John, s. John & Thinkefull, b. July 18, 1672	A	74
John, s. John & Han[n]ah, b. June 13, 1695	A	97
John, of East Guilford, m. Elizabeth **DEBELL**, of Saybrook, Oct. 8, 1716, by Rev. Mr. Hunt, of East Hampton	2	44
John, twin with Elizabeth, s. John & Elizabeth, b. [Feb. 23, 1721]	2	11
John, of East Guilford, m. Marah **SHALER**, of Saybrook, Dec. 7, 1721, by Daniel Taylor, J. P.	2	46
John, of East Guilford, m. Ruth **RICHARDSON**, formerly of Waterbury, late of Stratford, Jan. 12, 1729/30, by Rev. Hezekiah Gold	2	49
John, Sr., d. Feb. 10, 1739/40, in the 68th y. of his age	2	147
John, of East Guilford, d. Feb. 15, 1745/6	2	137
John, s. Dan[ie]ll, 3rd, & Lucy, b. July 8, 1751	2	87
John, d. Sept. 6, 1756, in the 62nd y. of his age	2	142
John, s. John & Rebecca, b. July 13, 1758	2	130
John, s. John & Rhoda, b. Aug. 19, 1778	2	194
John, m. Maria D. **BENTON**, b. of Guilford, Feb. 19, 1831, by Rev. Aaron Dutton	2	319
Jonah, s. John & Elizabeth, b. Mar. 8, [1718]	2	12
Jonas, d. Oct. 23, 1736, in the 19th y. of his age	2	150
Jonas, s. John & Ruth, b. July 18, 1742	2	73
Jonathan, twin with David, s. Isaac & Ann, b. Jan. 30, 1733/4	2	27
[Joseph], s. Sam[ue]ll & Huldah, b. Apr. 14, 1721	2	11
Joseph, s. Sam[ue]ll, d. Apr. 25, 1722, in the 13th m. of his age	2	2
Julius, s. Reuben, 2d, & Hannah, b. Nov. 29, 1775	2	194
Justin, s. Nath[anie]l & Contentment, b. Aug. 28, 1805	2	235
Leah, d. George & Ruth, b. June 19, 1748	2	82
Leah, d. Henry & Leah, b. Apr. 2, 1784	2	234
Leah, of Guilford, m. Rev. Bezeleel **PINEO**, of Milford, Apr. 6, 1823, by Rev. Aaron Dutton	2	294
Lucy, d. Thomas & Hannah, b. July 29, 1735	2	31
Lucy, d. Thomas, d. Dec. 13, 1745	2	137
Lucy, d. Justus & Lucy, b. Nov. 3, 1749	2	85
Lucy, d. Daniel, Jr. & Lucy, b. June 30, 1759	2	108
Lydia, d. Reuben & Mercy, b. Nov. 27, 1752	2	89
Lydia, d. Abra[ha]m G. & Roxanna, b. July 2, 1820	2	262
Lydia, d. Abra[ha]m G. & Roxanna, b. July 2, 1820	2	298
Lydia Ann, m. Zina **WILCOX**, b. of Madison, Oct. 29, 1840, by Rev. A. Dutton	2	353
Mary, d. John & Thinkefull, b. May 8, 1671	A	74
Mary, Jr., bd. Aug. 24, 1671	A	68
Mary, d. John & Thankfull, b. Feb. 1, 1675	A	75
Mary, d. Michael & Anna, b. June 1, 1736	2	31
Mary, d. Daniel & Mary, of East Guilford, b. Mar. 28, 1750	2	85
Mary J., of Guilford, m. John E. **ATWATER**, of New Haven,		

GUILFORD VITAL RECORDS 173

	Vol.	Page
HILL, (cont.)		
Sept. 13, 1835, by Rev. A. B. Goldsmith	2	336
Mercy, d. James & Mercy, [b.] [Dec. [ ], 1714]	2	6
Mercy, m. Eliphalet **HALL**, b. of Guilford, June 2, 1743, by Rev. Thomas Ruggles	2	58
Mercy, d. Reuben & Mary, of East Guilford, b. Jan. 31, 1743/4	2	75
Michael, m. Sarah **PARMELE[E]**, of Griswold, Oct. 17, 1720, by Andrew Ward, J. P.	2	45
Michael, s. Michael & Sarah, b. Mar. 1, 1723/4	2	16
Michael, of Guilford, m. Anna **SPENCER**, of Saybrook, Dec. 15, 1730, by Rev. William Worthington	2	49
Michael, Jr., m. Flora **WARD**, b. of Guilford, Sept. 12, 1751, by Andrew Ward, J. P.	2	63
Mindwell, d. Daniel & Mindwell, b. Feb. 15, 1728/9	2	20
Mindwell, d. Timothy & Elizabeth, b. Feb. 10, 1769	2	123
Moses, s. Daniel, Jr. & Lucy, b. July 26, 1754	2	108
Nathan, s. John & Ruth, b. Oct. 26, 1730	2	22
Nathan, m. Esther **FIELD**, b. of Guilford, Jan. 1, 1756	2	68
Nathan, late recorder, d. Nov. 16, 1771, in the 55th y. of his age	2	147
Nathaniell, s. John & Thankfull, b. Apr. last week, 1680	A	88
Nathaniel, s. Sam[ue]l & Huldah, b. Mar. [ ], [1716]	2	9
Nathaniel, m. Anna **CALDWELL**, b. of Guilford, Nov. 30, 1748, by Rev. Thomas Ruggles	2	60
Nathaniel, s. Nathaniel & Ann, b. Nov. [16, 1749]	2	83
Nathaniel, d. Oct. 10, 1764, in the 82nd y. of his age	2	144
Nath[anie]ll, m. Sarah **BUTLER**, b. of Guilford, Apr. 5, 1781, by Rev. Amos Fowler	2	223
Nathaniel, 2d, m. Contentment **CRAMPTON**, b. of Guilford, Dec. 19, 1802, by Nathan B. Burgis	2	254
Peleg, s. Michael & Sarah, b. Apr. 20, 1730	2	22
Phebe, d. Will[ia]m & Lucy, b. May 30, 1799	2	234
Phebe, of Guilford, m. John **CADY**, of Cheshire, Aug. 3, 1830, by Rev. A. B. Goldsmith	2	326
Prudence, d. Will[ia]m & Lucy, b. Sept. 29, 1803	2	235
Rachel, d. George & Ruth, b. Dec. 29, 1739	2	41
Rachel, d. Dec. 25, 1773, in the 34th y. of her age	2	156
Reuben, s. John & Hannah, b. Nov. 2, [1715]	2	9
Reuben, s. Reuben & Mercy, b. Feb. 25, 1745/6	2	79
Reuben, s. Thomas, Jr. & Elizabeth, b. Apr. 23, 1769	2	121
Reuben, 2d, m. Hannah **SCRANTON**, Feb. [ ], 1775	2	177
Reuben, m. Laura Ann **STONE**, Oct. 11, 1832, by Rev. David Baldwin	2	319
Richard, s. Henry & Leah, b. Dec. 23, 1789	2	234
Ruth, d. John & Ruth, b. May 15, 1735	2	29
Ruth, d. George & Ruth, b. Aug. 7, 1744	2	77
Ruth, d. Nathan & Esther, b. Sept. 21, 1757	2	104
Samuell, s. John & Thankfull, b. Feb. 21, 1677	A	88

HILL, (cont.)

	Vol.	Page
Samuel, Col., d. May 28, 1752, in the 75th y. of his age	2	139
Sam[ue]ll, s. Nath[anie]ll & Sarah, b. Mar. 9, 1782; d. Oct. 25, 1783	2	199
Sam[ue]ll, d. Feb. 12, 1783, in the 73rd y. of his age	2	156
Sam[ue]ll, s. Nath[anie]ll & Sarah, b. Sept. 27, 1784	2	199
Sarah, d. James & Sarah, b. Aug. 24, 1683	A	81
Sarah, d. Isaac & Anne, b. Dec. 11, 171[9]	2	11
Sarah, d. Michael & Sarah, b. Mar. 12, 1726/7	2	18
Sarah, d. Daniel, Jr. & Lucy, b. Aug. 28, 1756	2	108
Sarah, m. Joseph **BRADLEY**, Jr., b. of Guilford, June 10, 1764	2	168
Sarah, m. Joseph **BRADLEY**, Jr., b. of Guilford, June 10, [1764], by [James Sproutt]	2	229
Sarah, d. Nathaniel & Anna, b. Feb. 8, 1765	2	116
Sarah, d. Henry & Leah, b. Oct. 5, 1780	2	199
Sarah Elizabeth, d. Abra[ha]m G. & Roxanna, b. Mar. 2, 1823	2	298
Silas, s. Isaac & Anna, b. Mar. 31, 1724	2	16
Submit, d. Isaac & Anne, b. Dec. 12, 1720(?) (Perhaps 1712?)	2	14
Sullivan, s. John & Rhoda, b. Sept. 27, 1776	2	194
Susanna, d. Isaac & Ann, b. Nov. 3, 1732	2	25
Tahan*, m. Hannah **PARMELY**, b. of G[u]ilford, Nov. latter end, 1688, by Mr. Andrew Leete (*Zahan?)	A	79
Thankfull, d. Sam[ue]ll & Huldah, b. Mar. 8, 17[19]	2	12
Thankfull, d. Sam[ue]ll, d. Apr. 5, 1719, on the 28th d. of her age	2	1
Thomas, of Guilford, m. Hannah **PIERSON**, of Bridgehampton, May 23, 173[4], by Rev. Eleazer White, in Bridgehampton	2	55
Thomas, s. Thomas & Hannah, b. May 20, 1743	2	74
Thomas, Dea., d. Feb. 1, 1753	2	141
Thomas, Jr., of Guilford, m. Elizabeth **FAIRCHILD**, of Middletown, Oct. 13, 1767, by Rev. Bela Hubbard	2	168
Thomas, s. Thomas, Jr., & Elizabeth, b. Nov. 10, 1770 (Perhaps Nov. 16?)	2	125
Timothy, s. Daniel & Mindwell, b. May 22, 1722	2	14
Timothy, m. Elizabeth **STEVENS**, b. of Guilford, Oct. 27, 1748, by Rev. Jonathan Todd	2	61
[Timothy], s. Timothy & Elizabeth, b. [July] 27, 1747	2	84
Will, s. Tho[ma]s, Jr. & Elizabeth, b. Apr. 29, 1773	2	130
William, s. Michael & Sarah, b. Jan. 28, 1721/2, at New Haven	2	16
William, s. Michael, d. Apr. 30, 1740, at Sea	2	148
Will[ia]m, m. Lucy **SCHROUD**, b. of Guilford, June 1, 1798, by Rev. Amos Fowler	2	223
William, s. Will[ia]m & Lucy b. Jan. 19, 1810	2	235
Zahan, see under Tahan		
-----, child of John, b. Jan. 5, 1694; d. [Jan.] 18, 1694	A	99

	Vol.	Page

HILL, (cont.)
-----, of East Guilford, m. Mary **SHETER***, of Saybrook, Dec. 7, 1721, by Daniel Taylor, J.P. (*Marah **SHALER**)	2	2
-----, w. of John, of East Guilford, d. May 8, 1729	2	4
-----, w. of Michael, d. May 4, 1730	2	4
-----, s. Henry & Leah, b. Oct. 1782; d. in birth	2	234

HINCKLEY, W[illia]m, m. Sally Eliza **LEE**, [Oct.] 4, [1846], by Rev. Charles R. Adams (Correction (His first name should be Walter. ((See **TALCOTT**, p. 375)) Error noted by a grandson, Mr. Evarts. 6/23/47) on typed note attached to original manuscript)   2   361

HINE, ---na, d. May 20, 1730   2   4

HITCHCOCK, HICHCOCK, [see also **HICKOX**], Elizabeth, of
South End, m. John **BISHOP**, of G[u]ilford, July 3, 1689, by Andrew Le[e]t[e]	A	72
Elizabeth, of New Haven, m. John **BISHUP**, of G[u]ilford, July 3, 1689, by Mr. Andrew Leete	A	80
Nancy, of Columbia, m. Henry **ELLIOTT**, of Guilford, Nov. 23, 1823, by Rev. Matthew Noyes, of Northfield	2	248

HOADLEY, HODLEY, Abel, s. Dan[ie]ll, of Branford, d. Aug.
4, 1749	2	138
Abigail, of Branford, m. Paul **DUDLEY**, of Guilford, Dec. 22, 1750, by Rev. Jonathan Merrick	2	65
Bethye, d. John, b. June 6, 1648	A	123
Elizabeth, wid. of Branford, m. Jonathan **ROBINSON**, of Guilford, Nov. 13, 174[6], by Rev. Jon[a]th[an] Merrick	2	59
Frederick Hubbard, s. Jeremy & Harriet, b. May 25, 1803	2	235
Gideon, m. Sarah **STOW**, b. of Guilford, Oct. 22, [1788], by [James Sproutt]	2	299
Harriet Shirley, d. Jere[m]y & Harriet, b. Jan. 24, 1806	2	235
Heli, of Branford, m. Mabel **SEAWARD**, of Guilford, Aug. 28, 1799, by Rev. John Eliott	2	254
Ira, d. Nov. 10, 1794, in the 28th y. of his age	2	156
Jeremy, m. Harriet **FAIRCHILD**, b. of Guilford, July 7, 1798, by Rev. Samuel Eells	2	254
John, s. John, b. Apr. 8, 1650	A	123
John, freeman 1669-70	A	121
Martin, m. Polly **NORTON**, Dec. 11, 1831, by Rev. David Baldwin	2	319
Mertee, d. Heli & Mabel, b. Mar. 23, 1801	2	234
Mira, d. Ira & Hannah, b. May 22, 1795	2	234
Myra, m. Tabor **SMITH**, b. of Guilford, Oct. 12, 1815, by Rev. David Baldwin	2	274
Nathaniell, s. John & Sarah, b. June 7, [ ]52 (Probably 1652)	A	122
Paul Dudley, s. Sam[ue]ll & Lydia, b. Feb. 17, 178[ ]	2	199
Samuell, s. John, b. Sept. 29, 1643	A	123
Samuel, of Branford, m. Cybel **JONES**, of Guilford, Sept. 16,		

	Vol.	Page

HOADLEY, HODLEY, (cont.)

	Vol.	Page
[1756], by [James Sproutt]	2	216
Sam[ue]ll, of Guilford, m. Lydia **MOUTHROP**, of Branford, Apr. 13, 1787, by Rev. Beriah Hotchkiss	2	223
Samuel, Jr., of Guilford, m. Lydia **MOULTHROP**, of Branford, Apr. 13, [1787], by [James Sproutt]	2	287
Stephen, s. John & Sarah, b. May 24, [16]54; d. [ ]; bd.	A	122
William Henry, s. Jeremy & Harriet, b. July 30, 1800	2	235

HOBSON, [see also **HOPSON**], Abegall, d. John & Elizabeth,

b. Dec. 17, 1679	A	85
Elizabeth, d. John & Elizabeth, b. June 22, 1674	A	76
Frances, d. Mar. [ ], 1673	A	68
Samuell, s. John & Elizabeth, b. Jan. 10, 1683	A	88

HODGES, Hannah, of Long Island, m. Abraham **HUBBARD**, of

Guilford, Jan. 6, 1763, by Rev. Mr. Buells, at Long Island	2	170

HODGKIN, [see under **HOTCHKISS**]

HOLCOMB, Laura, m. Jesse **CRANE**, Sept. 29, 1839, by Rev.

David Baldwin	2	327
Medad, m. Nancy P. **DUDLEY**, Dec. 6, 1821, by Zolva Whitmore	2	255
Medad, m. Harriet **FOWLER**, b. of Guilford, May 24, 1846, by Rev. E. Edwin Hall	2	361
Myrta E., m. William E. **WELD**, Sept. 23, 1838, by Rev. Edward J. Durkin	2	352
Olledine, m. Thomas **EVANS**, Aug. 16, 1826, by Rev. David Baldwin	2	248
Polly, of Guilford, m. Darius **BARTHOLOMEW**, of Wallingford, Nov. 27, 1823, by Rev. Aaron Dutton	2	281
W[illia]m W., m. Julia A. **WHEDON**, b. of Guilford, Jan. 19, 1840, by Rev. Aaron Dutton	2	360

HOLMES, Huldah, of Lyme, m. Benjamin **HECOCK**, of Guilford,

Sept. 17, 1760, by Rev. Grindall Rawson	2	72

HOLT, Jeremiah, m. Urania **FOWLER**, b. of Guilford, Sept. 16,

1821, by Rev. David Baldwin	2	255

HOOKER, Hannah, of Guilford, m. Thomas **SMITH**, of Smithbury,

N.Y., Apr. 11, 1726, by Rev. Thomas Ruggles	2	47
Hannah, of Hartford, m. Reuben **NORTON**, of Guilford, Sept. 7, 1738, by Benjamin Colton	2	54
James, d. Mar. 12, 1742, in the 77th y. of his age	2	148
Mary, Mrs., m. Rev. John **HART**, b. of Guilford, Dec. 6, 1720, by Rev. Thomas Ruggles	2	45
Mary, Mrs., d. Oct. 5, 1752	2	139
Mehitable, Mrs., of [Guilford], m. [John **SMITH**], of New York, [May 6, 1724]	2	46
Sarah, m. John **BARTLET[T]**, b. of Guilford, May 8, 1718, by Rev. Thomas Ruggles	2	44
William, s. James, d. Mar. 20, 1723, in his 22nd y.	2	2

HOPPIN, Gideon, m. Merab **PARMELE[E]**, Apr. 10, 1755, by

	Vol.	Page
HOPPIN, (cont.)		
[James Sproutt]		
Gideon, m. Elizabeth **CRUTTENDEN**, b. of Guilford, July 21, [1767], by [James Sproutt]	2	216
Lydia, m. Tho[ma]s **HALL**, b. of Guilford, May 22, 1791, by Rev. Amos Fowler	2	246
HOPSON, [see also **HOBSON**], Ann, d. Samuel & Ann, b. Dec. 23, 1726	2	223
Deborah, d. John & Deborah, b. Oct. 22, 1736		
Deborah, m. Daniel **HUBBARD**, b. of Guilford, Apr. 13, 1757,	2	18
by Rev. Tho[ma]s Ruggles	2	32
Deborah, d. John, Jr. & Millesent, b. Dec. 31, 1759		
Dorothy, w. of Lieut. John, d. Oct. 12, 1715	2	71
Dorothy, wid., m. Stephen **HAND**, Jr. *, b. of Guilford, Mar.	2	104
6, 1733/4, by Rev. Thomas Ruggles (*Sr.?)	2	1
Ebenezer, s. John & Deborah, b. Feb. 18, 1733/4		
Ebenezer, m. Mary **DAVIS**, b. of Guilford, Mar. 8, 1764, by	2	52
Rev. James Sproutt	2	28
Ebenezer, m. Mary **DAVIS**, b. of Guilford, Mar. 8, [1764], by [James Sproutt]	2	177
Ebenezer, m. Eunice **PARMELE[E]**, b. of Guilford, Nov. 24, 1776, by Rev. Amos Fowler	2	228
Ebenezer, s. Eben[eze]r & Eunice, b. Jan. 11, 1792		
Ebenezer, m. Olivia **PRATT**, b. of Guilford, Feb. [ ], 1821,	2	177
by Aaron Dutton	2	234
Eunice, d. Eben[eze]r & Eunice, b. Nov. 21, 1780		
Eunice, d. Eben[eze]r & Eunice, d. Apr. 27, 1788	2	254
Goodey, bd. Sept. 9, 1669	2	194
Hannah, d. Sam[ue]l & Ann, b. Apr. 2, 1740	2	156
Huldah, d. John, Jr. & Millesent, b. Dec. 18, 1761	A	67
John, s. John & Sarah, b. Mar. 26, 1665	2	40
[John], Jr., m. Deborah **BARTLET[T]**, b. of Guilford, Feb. 15,	2	108
1724/5, by Rev. Thomas Ruggles	A	65
[John], m. Deborah **BARTLET[T]**, b. of Guilford, Feb. 15, 1725/6, by Rev. Thomas Ruggles	2	47
John, s. John & Deborah, b. Apr. 6, 1727		
John, s. John & Deborah, b. Apr. 6, 1727	2	52
John, d. Jan. 12, 1729/30	2	18
John, s. Samuel & Ann, b. Sept. 29, 17[41]	2	28
John, Jr., m. Mellesant **CHITTENDEN**, b. of Guilford, Apr.	2	4
26, 1749, by Rev. Thomas Ruggles	2	73
[John], s. John, Jr. & Mellesent, b. July 16, 1750		
John, s. Jno. Jr., d. Nov. 8, 1751	2	61
John, s. John, Jr. & Mellesant, b. Feb. 14, 1755	2	84
John, of Guilford, m. Eunice **WILLCOX**, of Killingworth, Dec.	2	141
31, 1786, by Rev. Archillos Mansfield	2	95
Jordan, s. Samuel & Anna, b. Sept. 21, 1745		
Mary, w. of Samuel, d. Oct. 17, [1717]	2	223

	Vol.	Page
HOPSON, (cont.)		
Mary, d. Samuel & Ann, b. Aug. 4, 1737	2	37
Mary, d. Ebenezer & Mary, b. June 30, 1765	2	130
Mary, w. of Eben[eze]r, d. Sept. 5, 1772	2	156
Mary, m. Eli **FOWLER**, b. of Guilford, Oct. 28, 1784, by Rev. Amos Fowler	2	175
Milla, d. John, Jr. & Millesent, b. Aug. 4, 1756	2	97
Nancy, m. Ambrose **GRAVE**, Jr., b. of Guilford, Jan. 3, 1789, by Rev. Amos Fowler	2	176
Nathan, d. Ebenezer & Mary, b. Sept. 29, 1770	2	130
Nathan, s. John & Eunice, b. Feb. 16, 1792	2	234
Nathaniel, s. John & Deborah, b. Aug. 12, 1729; d. Oct. 20, 1729	2	28
Nathaniel, s. John & Deborah, b. Mar. 7, 1731	2	28
Nathaniel, s. John, d. Oct. 7, 1736	2	150
Nath[anie]ll, [ ]	2	149
Samuel, m. Mary **FOWLER**, b. of Guilford, Jan. 20, 1708/9	2	44
Samuel, s. Sam[ue]l & Mary, b. Oct. 21, 1716	2	11
Samuel, m. Anne **LEETE**, b. of Guilford, Jan. 25, 1725/6 by Rev. Thomas Ruggles	2	47
Sarah, d. Lieut. Sam[ue]ll & Ann, b. June 29, 1731	2	26
Sarah, m. Hezekiah **PARMELE[E]**, b. of Guilford, July 28, 1731, by Rev. Phinehas Fisk	2	49
Sarah, d. Jno. Jr. & Mellesent, b. Sept. 11, 1752	2	92
Theodore, s. John & Eunice, b. Aug. 4, 1788	2	234
Timothy, s. John & Deborah, b. Jan. 25, 1738/9	2	102
Timothy, d. Oct. 4, 1756	2	142
Timothy, s. Ebenezer & Mary, b. July 19, 1767	2	130
Timothy, s. Eben[eze]r & Mary, d. Aug. 28, 1769	2	156
Timothy, s. Eben[eze]r & Eunice, b. July 9, 1785	2	199
William, s. Samuel & Ann, b. May 3, 1729	2	21
William, s. Eben[eze]r & Eunice, b. Sept. 19, 1777	2	194
W[illia]m, s. Eben[eze]r & Eunice, d. June 19, 1786	2	156
William, s. Eben[eze]r & Eunice, b. Jan. 27, 1788	2	199
HORSFORD, HORSEFORD, Aaron, of Guilford, m. Esther **HALL**, of Wallingford, Apr. 24, 1771, by Rev. Mr. Waterman	2	177
Aaron, s. Aaron & Esther, b. Feb. 27, 1772	2	130
HORTON, Mary, of Springfield, m. John **WILLARD**, of Guilford, Oct. 26, 1752, by Rev. Robert Brick	2	65
Samuell, s. John & Hannah, b. Oct. 4, 1672	A	75
HOSMER, Hezekiah L., of Monroe, Mich., m. Sarah E. **SEWARD**, of Guilford, Oct. 13, 1837, by Rev. Aaron Dutton	2	347
HOTCHKISS, HOCHKIN, HOCHKISS, HODGKE, HODGKER, HODGKIN, HODGKINS, HODGKIS, HODGKISS, HOGKIN, HOGKINES, HOTCHKINN, HOTHKIN, HOTKISS, Abigail, d. Joseph Jr. & Lydia, b. Sept. 28, 1738	2	37
Abner, s. Abraham & Sarah, b. Aug. 27, 1772	2	130

	Vol.	Page
HOTCHKISS, HOCHKIN, HOCHKISS, HODGKE, HODGKER, HODGKIN, HODGKINS, HODGKIS, HODGKISS, HOGKIN, HOGKINES, HOTCHKINN, HOTHKIN, HOTKISS, (cont.)		
Abraham, of Guilford, m. Hannah **MALTBARD**, of Saybrook, Jan. 17, 1729/30, by Rev. Thomas Ruggles	2	49
Abraham, s. Abraham & Hannah, b. Apr. 9, 1731	2	23
Abraham, Jr., m. Sarah **STONE**, b. of Guilford, Mar. 20, 1755, by Rev. Thomas Ruggles	2	67
Abraham, d. Mar. 6, 1770, in the 66th y. of his age	2	146
Abram, s. Abraham, Jr. & Sarah, b. Dec. 18, 1766	2	117
Amanda, m. Jedediah **PARKER**, Sept. 10, 1804, by Rev. Israel Brainard	2	382
Amos, s. Joseph, Jr. & Thankfull, b. [Jan. 2, 1739]	2	42
Amos, m. Desire **DOUD**, b. of Guillford, Mar. 19, 1760, by Rev. Thomas Ruggles	2	72
Amos, s. Amos & Desire, b. Nov. 18, 1764	2	112
Amos S., of Guilford, m. Mary **MIX**, of New Haven, Apr. 10, 1831, by Rev. David Baldwin	2	318
Amos Samuel, s. Henry & Elizabeth, b. Sept. 9, 1810	2	235
Bede, d. John & Obedience, b. Jan. 12, 1767	2	118
Bede, d. Sam[ue]ll & Chloe, b. July 27, 1794	2	234
Beriah, s. Noah & Hannah, b. Mar. 27, 1752	2	87
Beriah, of Guilford, m. Thankfull **DICKINSON**, of Haddam, [Jan. 31, 1774], by [James Sproutt]	2	252
Beriah, of Guilford, m. Thankful **DICKERSON**, of Haddam, Sept. 4, 1774, by Rev. Daniel Brewer	2	177
Daniel, s. Joseph, Jr. & Thankfull, b. July 2, 1728	2	22
Deborah, d. Mark & Marg[a]ret, b. Feb. 23, 1744/5	2	80
Easter, of Weathersfield, m. Ebenezer **SANFORD**, Jan. 29, [1761], by [James Sproutt]	2	228
Ebenezer, m. Jerusha **HALL**, b. of Guilford, Nov. 15, 1744, by Rev. Thomas Ruggles	2	65
Ebenezer, s. Eben[eze]r & Jerusha, b. Oct. 2, 1758	2	103
Ebenezer, d. Nov. 23, 1760	2	143
Ebenezer, Jr., m. Ruth **HUBBARD**, b. of Guilford, Jan. 16, 1791, by Rev. Amos Fowler	2	223
Eber, s. Mark & Meriam, b. Mar. 20, 1762	2	109
Eber S., m. Fanny **NORTON**, July 25, 1821, by Rev. John Elliott	2	254
Eber S., m. Fanny **NORTON**, b. of Guilford, July 25, 1821, by Rev. John Elliott	2	255
Eliza, d. Henry & Elizabeth, b. Nov. 27, 1800	2	235
Elizabeth, d. Joseph & Elizabeth, b. June 14, 1720	2	14
Elizabeth, d. Isaac & Elizabeth, b. Oct. 7, 1731	2	29
Elizabeth, d. Noah & Hannah, b. Oct. 19, 1745	2	79
Elizabeth, m. Ebon* **LEE**, May 16, 1750, by Rev. Thomas Ruggles (*Elon?)	2	61
Elizabeth, m. John* **LEE**, b. of Guilford, May 16, 1750, by		

	Vol.	Page

HOTCHKISS, HOCHKIN, HOCHKISS, HODGKE, HODGKER, HODGKIN, HODGKINS, HODGKIS, HODGKISS, HOGKIN, HOGKINES, HOTCHKINN, HOTHKIN, HOTKISS, (cont.),

	Vol.	Page
Rev. Thomas Ruggles (*Elon?)	2	84
Elizabeth, d. Noah, d. Sept. 5, 1751	2	138
Elizabeth, d. Noah, Jr. & Elizabeth, b. Dec. 16, 1765	2	119
Elizabeth, of Guilford, m. Phinehas **MEIGS**, of Durham, Oct. 26, [1787], by [James Sproutt]	2	287
Elizabeth, m. Simon **LEETE**, b. of Guilford, Apr. 4, 1827, by Rev. David Baldwin	2	314
Eunice, m. William **LEE**, b. of Guilford, May 23, 1770, by Rev. Amos Fowler	2	179
Eunice, m. Will[ia]m **LEE**, b. of Guilford, May 23, 1770, by Rev. Amos Fowler	2	188
Ezekiel, s. Joseph, Jr. & Thankfull, b. Mar. 14, 1725/6	2	22
Ezekiel, s. Amos & Hannah, b. Sept. 4, 1801	2	235
George, s. Noah, Jr. & Elizabeth, b. Sept. 4, 1772	2	130
George, m. Ruth A. **JACOBS**, b. of Guilford, June 3, 1840, by Rev. H. F. Pease	2	311
George, [m.] Ruth A. **JACOBS**, [ ]	2	360
Hannah, m. Joseph **STONE**, Jr., b. of Guilford, Jan. 17, 1729/30, by Rev. Thomas Ruggles	2	49
Hannah, d. Abraham & Hannah, b. Feb. 16, 1732/3	2	27
Hannah, twin with Lois, d. Noah & Hannah, b. Jan. 30, 1749/50	2	84
Hannah, d. Noah, d. Aug. 28, 1751	2	138
Hannah, m. John **BISHOP**, b. of Guilford, Nov. 1, 1753, by Rev. Thomas Ruggles	2	68
Hannah, d. Noah, Jr. & Elizabeth, b. Feb. 25, 1768	2	119
Hannah, d. Noah, Jr., d. Oct. 27, 1769	2	146
Harry, s. Noah & Elizabeth, b. Feb. 18, 1779	2	194
Harry Collens, s. Henry & Eliza[bet]h, b. Aug. 16, 1796	2	235
Henrietta, d. Henry & Eliza[bet]h, b. Feb. 4, 1805	2	235
Henrietta, of Guilford, m. Hervey **BENEDICT**, of New Haven, Oct. 16, 1831, by Rev. David Baldwin	2	325
Henry, s. Amos & Desire, b. Sept. 24, 1770	2	124
Henry, of Guilford, m. Elizabeth **BARNES**, of East Haven, Oct. 13, 1793, by Rev. Nicholas Street	2	223
Ira, s. Mark & Miriam, b. May 10, 1758	2	104
Isaac, m. Elizabeth **AVERED**, July 8, 1724, by Rev. Thomas Ruggles	2	50
Isaac, s. Isaac & Elizabeth, b. July 1, 1725	2	19
Isaac, d. Sept. 17, 1753	2	140
Isaac, Jr., d. Oct. 26, 1755	2	143
Isaac, s. Mark & Merriam, b. Oct. 24, 1756	2	97
Isaac, m. Ann **SPINNING**, b. of Guilford, Jan. 5, 1783, by Rev. Amos Fowler	2	223
Isaac, d. Aug. 24, 1835	2	156

GUILFORD VITAL RECORDS

	Vol.	Page
HOTCHKISS, HOCHKIN, HOCHKISS, HODGKE, HODGKER, HODGKIN, HODGKINS, HODGKIS, HODGKISS, HOGKIN, HOGKINES, HOTCHKINN, HOTHKIN, HOTKISS, (cont.)		
Jane, d. Abraham & Hannah, b. May 9, 1738	2	38
Jane, m. Edward **LEWIS**, b. of Guilford, Sept. 7, 1757, by Rev. James Sprout	2	68
Jane, m. Edward **LEWIS**, b. of Guilford, Sept. 7, [1757], by [James Sproutt]	2	219
Jane, m. Edward **LEWIS**, b. of Guilford, Sept. 7, 1757, by Rev. James Sproutt	2	179
Janna, s. Joseph & Elizabeth, b. Apr. [ ], [1709]* (*1719?)	2	12
Janna, of Guilford, m. Sarah **EDWARDS**, of East Hampton, Sept. 25, 1729, by Rev. Nath[anie]l Hunting, in East Hampton	2	49
Jerusha, d. Eben[eze]r & Ruth, b. July 7, 1793	2	234
Jesse, s. Selah & Rebecca, b. Jan. 7, 1777	2	194
Joel, s. Wait, Jr. & Lydia, b. Aug. 8, 1760	2	105
Joel Page, s. Eber & Leah, b. Nov. 17, 1784	2	298
John, m. Mary **BUSHOP**, Apr. 4, 1670, by Mr. William Leete	A	67
John, s. John & Mary, b. Apr. 12, 1671	A	74
[John], s. Joseph & Elizabeth, b. Nov. [30, 1714]	2	12
John, d. Jan. [18, 1827*, ae 56] (*Probably 1727)	2	3
John, m. Sarah **CHUB**, wid., Nov. 13, 1745, by Rev. Benjamin Bowers, in Middletown	2	59
John, m. Obedience **STONE**, b. of Guilford, Apr. 20, 1756, by Rev. Thomas Ruggles	2	167
John, s. Sam[ue]ll & Chloe, b. Mar. 3, 176[ ]	2	199
John, m. Mindwell **FOWLER**, b. of Guilford, Dec. 17, 1812, by Rev. Aaron Dutton	2	254
Joseph, s. John & Mary, b. July 25, 1675	A	83
Joseph, s. Joseph & Elizabeth, b. Mar. 2, [1711]	2	12
Joseph(?), s. James* & Elizabeth, b. June 20, [1722] (*Joseph?)	2	13
Joseph, s. Joseph, Jr. & Thankfull, b. Oct. 2, 1736	2	31
Joseph, Jr., of Guilford, m. Lydia **REDFIELD**, of Killingworth, Feb. 21, 1736/7, by Rev. Jonathan Todd	2	54
Joseph, Jr., d. Sept. 5, 1740	2	143
Joseph, Ens., d. Aug. 19, 1752, in the 42nd y. of his age	2	139
Joseph, s. Noah & Hannah, b. May 30, 1754	2	94
Joseph, s. Noah, d. Jan. 2, 1755	2	142
Joseph, s. Abraham, Jr. & Sarah, b. Nov. 17, 1758	2	102
Joseph, s. Thomas & Elizabeth, b. Oct. 3, 1759	2	105
Joseph, s. Beriah & Thankfull, b. Feb. 20, 1778	2	194
Julia F., m. William **HALE**, b. of Guilford, Mar. 1, 1832, by Rev. Aaron Dutton	2	319
Julia Fowler, d. John & Mind[we]ll, b. June 30, 1814	2	235
Kezina, d. Amos & Desire, b. May 20, 1767	2	118
Leah, d. Margaret Field, b. Aug. 31, 1775	2	199

	Vol.	Page

HOTCHKISS, HOCHKIN, HOCHKISS, HODGKE, HODGKER, HODGKIN, HODGKINS, HODGKIS, HODGKISS, HOGKIN, HOGKINES, HOTCHKINN, HOTHKIN, HOTKISS, (cont.)

	Vol.	Page
Lois, d. Wait & Sarah, b. Oct. 5, 1735	2	37
Lois, twin with Hannah, d. Noah & Hannah, b. Jan. 30, 1749/50	2	84
Lois, d. Noah, d. Aug. 27, 1751	2	138
Lois, m. Phinehas **JOHNSON**, b. of Guilford, Dec. 11, 1760, by Rev. Tho[ma]s Ruggles	2	166
Lucy, d. Janna & Sarah, b. Feb. 21, 1731/2	2	27
Lucy, d. Isaac & Elizabeth, b. Dec. 1, 1736	2	33
Lucy, d. Selah & Rebecca, b. Oct. 3, 1771	2	194
Lydia, d. Abraham & Hannah, b. Nov. 7, 1745	2	78
Lydia, wid., m. Lee **LEETE**, b. of Guilford, Nov. 15, 1753, by Rev. Philemon Robbins	2	67
Lydia, d. Wait, Jr. & Lydia, b. Aug. 28, 1762	2	110
Lidia, m. John **HALL**, 3rd, b. of Guilford, Jan. 14, 1768, by James Sproutt	2	168
Lydia, m. John **HALL**, b. of Guilford, Jan. 14, [1768], by [James Sproutt]	2	246
Lydia, m. Timothy **EVARTS**, Jr., b. of Guilford, Oct. 29, 1789, by Rev. Jon[a]th[an] Todd	2	174
Lyman M., m. Anne **RICHARDS**, b. of Guilford, May 15, 1828, by W[illia]m Todd, J. P.	2	318
Lyman Morris, s. Henry & Eliza[bet]h, b. Nov. 14, 1798	2	235
Marg[a]ret, w. of Mark, d. Jan. 8, 1749/50	2	141
Mark, s. Joseph & Hannah, b. July 1, 17[14]	2	12
Mark, of Guilford, m. Margaret **CROWFOOT**, of Middletown, Dec. 25, 1739, by Rev. Edward Eells	2	53
Mark, m. Meriam **LEE**, b. of Guilford, Jan. 8, 1750/1, by Rev. Thomas Ruggles	2	62
Mary, d. John & Mary, b. Dec. 9, 1672	A	75
Mary, m. Isa[a]ck **JOHNSON**, July 16, 1682, by Mr. Andrew Leete	A	78
Mary, d. Janna & Sarah, b. Aug. 5, 1730	2	23
Mary, d. Jos[eph], Jr., d. Aug. 18, 1743	2	148
Mary, d. Mark & Marg[a]ret, b. Oct. 13, 1746	2	80
Mary Ann, d. Eber S. & Fanny, b. Dec. 2, 1822	2	298
Meriam, of Branford, m. Cyrus **COOKE**, of Griswold, Mar. 31, 1834, by Rev. A. B. Goldsmith	2	326
Miles, s. Joseph & Hannah, b. July 28, 17[12]	2	12
Miles, s. Isaac & Elizabeth, b. Feb. 11, 1727/8	2	19
Miles, m. Rachel **HODGKIS**, b. of Guilford, Dec. 1, 1748, by Rev. Thomas Ruggles	2	64
Miles, s. Amos & Desire, b. Jan. 30, 1773	2	130
Nabbe, d. Abra[ha]m, Jr. & Sarah, b. Jan. 3, 1762	2	108
Nath[anie]ll, s. Isaac & Ann, b. Sept. 11, 1781	2	199
Nelson, of New Haven, m. Clarrissa **BENTON**, Mar. 27, 1836,		

GUILFORD VITAL RECORDS 183

	Vol.	Page
HOTCHKISS, HOCHKIN, HOCHKISS, HODGKE, HODGKER, HODGKIN, HODGKINS, HODGKIS, HODGKISS, HOGKIN, HOGKINES, HOTCHKINN, HOTHKIN, HOTKISS, (cont.)		
by Rev. A. Dutton	2	346
Noah, s. Joseph & Elizabeth, b. Oct. [14, 1716]	2	12
Noah, s. Noah & Hannah, b. Feb. 22, 1741	2	73
Noah, m. Hannah **MORSE**, b. of Guilford, Mar. 2, 1740/1, by Andrew Ward, J. P.	2	57
Noah, m. Elizabeth **KIMBERLEY**, b. of Guilford, Mar. 28, 1763, by [James Sproutt]	2	228
Noah, s. Noah, Jr. & Eliza[bet]h, b. Nov. 5, 1763; d. same day	2	112
Noah, Jr., m. Elizabeth **KIMBERLEY**, b. of Guilford, Mar. 27, 1764, by Rev. James Sproutt	2	165
Oliver, s. Abra[ha]m & Sarah, b. Oct. 16, 1774, at Cornwall	2	199
Parnel Clarrissa, d. John & Mind[we]ll, b. Sept. 21, 1819	2	235
Polly, d. Henry & Elizabeth, b. Jan. 27, 1795	2	235
Rachel, d. Joseph, Jr. & Thankfull, b. Mar. 8, 1729/30	2	22
Rachel, m. Miles **HODGKIS**, b. of Guilford, Dec. 1, 1748, by Rev. Thomas Ruggles	2	64
Reuben, s. Eben[eze]r & Jerusha, b. Mar. 5, 1750	2	92
Roswell, s. Abraham, Jr. & Sarah, b. May 25, 1765	2	113
Ruth, m. Calvin **CRAMPTON**, b. of Guilford, Feb. 22, 1808, by Rev. Aaron Dutton	2	268
Ruth M., m. Hiram H. **TAINTER**, June 15, 1845, by Rev. David Root	2	370
S. Ellen, of Guilford, m. Edwin **LEETE**, of New Haven, [Nov.] 25, [1847], by Rev. David Root	2	388
Sally, d. Henry & Eliza[bet]h, b. July 12, 1807	2	235
Samuel, s. Abraham & Hannah, b. Apr. 21, 1743	2	76
Samuel, s. John & Obedience, b. Jan. 21, 1757, at Wallingford	2	113
Sam[ue]ll, m. Jerusha **HUBBARD**, b. of Guilford, Jan. 13, 1768, by [James Sproutt]	2	246
Samuel, m. Chloe **STONE**, b. of Guilford, Dec. 26, 1784, by Rev. Amos Fowler	2	223
Samuel, d. Mar. 4, 1835, ae 78 y.	2	156
Samuel R., of East Haven, m. Sarah **BARTLET[T]**, of Guilford, Sept. 11, 1833, by Rev. Zolva Whitmore	2	346
Samuel Virgil, s. John & Mindwell, b. Mar. 9, 1830	2	298
Sarah, d. Janna & Sarah, b. Aug. 29, 1735	2	30
Sarah, d. Wait & Sarah, b. Jan. 5, 1738	2	37
Sarah, d. Abraham & Sarah, b. Apr. 28, 175[6]	2	97
Sarah, d. Sam[ue]ll & Chloe, b. May 11, 1789	2	199
Sarah, of Guilford, m. Jonathan **MORSE**, of Wallingford, Nov. 23, 1831, by Rev. D. Baldwin	2	306
Sarah, of Guilford, m. James **MUNRO**, of North Branford, July 7, 1842, by Rev. John D. Baldwin, at her father's house	2	307
Sarah Ellen, d. Eber S. & Fanny, b. Nov. 10, 1825	2	298
Selah, s. Wait & Sarah, b. Dec. 24, 1742	2	76

	Vol.	Page

HOTCHKISS, HOCHKIN, HOCHKISS, HODGKE, HODGKER, HODGKIN, HODGKINS, HODGKIS, HODGKISS, HOGKIN, HOGKINES, HOTCHKINN, HOTHKIN, HOTKISS, (cont.)

Seth, s. Noah & Hannah, b. Sept. 18, 1743	2	75
Seth, s. Noah, d. Sept. 14, 1751	2	138
Seth, s. Noah & Elizabeth, b. May 1, 1776	2	194
Thankful, wid., d. Sept. 14, 1751	2	143
Thankfull, m. Elihu **STONE**, b. of Guilford, Sept. 2, 1755, by Rev. James Sproutt	2	68
Thankfull, m. Elihu **STONE**, b. of Guilford, Sept. 2, [1755], by [James Sproutt]	2	216
Thankful, d. Amos & Desire, b. June 4, 1762	2	109
Thomas, s. Janna & Sarah, b. Oct. 9, 1733	2	27
Thomas, s. Joseph, Jr. & Lydia, b. July 26, 1740	2	40
Thomas, d. Apr. 25, 1754, in the 77th y. of his age	2	141
Thomas, m. Elizabeth **PARMELE[E]**, b. of Guilford, June 4, [1758], by [James Sproutt]	2	219
Timothy, s. Mark & Meriam, b. Jan. 11, 1752	2	86
Timo[thy], s. Isaac & Ann, b. Oct. 9, 1788	2	199
Timothy, of Madison, m. Silvia **RUSSELL**, of Guilford, Nov. 6, 1839, by Rev. Zolva Whitmore	2	360
Timothy Dwight, s. Eber S. & Fanny, b. Dec. 24, 1830	2	298
Wait, of Guilford, m. Sarah **BISHOP**, of New Haven, Mar. 2, 173[1], by Rev. Joseph Noyes	2	55
Wait, s. Wait & Sarah, b. Nov. 18, 1733	2	29
Wait, Jr., of Guilford, m. Lydia **WEBSTER**, of Bolton, Oct. 16, 1753, by Rev. [ ] White	2	72
-----, infant of Beriah & Thankfull, b. Nov. 3, 1775; d. Nov. 5, 1775, ae 2 d.	2	194
HOW, Lydia, of Guilford, m. Jonathan **MITCHELL**, of Deerfield, June 5, 1733, by Rev. Nath[anie]l Chancey, of Durham	2	60
Ruth, m. Nathan **BRISTOL**, b. of Guilford, Jan. 11, 1749/50, by Rev. Thomas Ruggles	2	61
HOWD, HOUD, [see also **HAND**], Elizabeth, of Branford, m. Mulford **COAN***, of Guilford, Sept. 21, 1764, by Rev. Philemon Robbins (***CONE**?)	2	166
Hervey E., m. Phebe Ann **NORTON**, Jan. 28, 1833, by Rev. David Baldwin	2	319
HOYT, HOIT, HOITE, Beriah, s. David & Lucy, b. May 6, 1779	2	194
Caroline, m. Benjamin **COE**, b. of Guilford, Jan. 11, Rev. John Elliott	2	269
David, s. Sam[ue]l & Hannah, b. Oct. 22, 1722	2	18
David, s. David & Rebeckah, b. Mar. 9, 1742/3	2	77
David, s. David & Rachel, b. May 22, 1771	2	194
Elizabeth, d. Jon[a]th[an], Jr., d. Feb. 17, 1721/2	2	2
Experience Submit, d. Stephen & Experience, b. June 13,1754	2	98
Hannah, d. Sam[ue]l & Hannah, b. July 19, [1714]	2	9
Hannah, d. Sam[ue]ll, d. May 10, 1717	2	1

	Vol.	Page
HOYT, HOIT, HOITE, (cont.)		
Hannah, d. David & Lucy, b. May 22, 1777	2	194
Jonathan, of Windsor, m. Sarah **POND**, of Branford, Mar. 6, 1671/2, by Mr. Leete	A	77
Jonathan, s. Jonathan & Sarah, b. Jan. [ ], 1672	A	75
Jonathan, m. Martha **DUDLEY**, b. of Guilford, Apr. 26, 1738, by Rev. Jonathan Todd	2	54
[Jonathan], s. Jonathan & Martha,b. Oct. 22, 1749	2	84
Jonathan, s. Jonathan & Martha, b. May 4, 1754	2	100
Joseph, s. Sam[ue]l & Hannah, b. July 29, 1724	2	18
Martha, d. Jonathan & Martha, b. Jan. 1, 1740	2	42
Mary, d. Jonathan & Mary, b. Feb. 10, 1678	A	85
Mary, d. Sam[ue]l & Hannah, b. Mar. 17, [1716]	2	9
Mary, d. Sam[ue]ll, d. July 16, 1716	2	1
Mary, m. Daniel **HALL**, of East Guilford, May 25, 1748, by Rev. Jonathan Todd	2	61
Rachel, d. David & Lucy, b. Mar. 13, 1776	2	194
Rebeckah, d. David & Rebeckah, b. [May 2, 1747]	2	83
Rebeckah, d. David & Rebeckah, b. May 2, 1747; d. Dec. 14, 1748	2	82
Sally, m. Stephen **STONE**, b. of Guilford, Mar. 15, 1804, by Rev. John Elliott	2	274
Samuel, s. Sam[ue]l & Hannah, d. July 5*, 1719 (* "6" supplied in brackets)	2	1
[Samuel], s. Samuel & Hannah, b. Nov. [19, 1720]	2	9
[Samuel], s. Samu[ue]ll & Hannah, b. Nov. 19, 1720	2	11
Sam[ue]ll, Jr., d. Nov. 5, 1742	2	148
Samuel, s. Jonathan & Martha, b. Apr. 3, 1744	2	76
Sarah, w. of Jonathan, d. Oct. [ ], 1676	A	68
Stephen, s. Sam[ue]l & Hannah, b. Dec. 21, 1713	2	11
Timothy, s. David & Rebeckah, b. Jan. 17, 174[5]	2	77
Timothy, s. David, d. Aug. 14, 1751, in his 7th y.	2	141
Timothy, s. David & Rebeckah, b. Feb. 7, 1753	2	93
Timothy, s. David & Rachel, b. Oct. 11, 1767	2	194
Titus, s. David & Rachel, b. June 11, 1769	2	194
HUBBALL, Elizabeth, d. Richard & Elixabeth, b. Nov. 16, 1659	A	62
James, s. Richard & Elizabeth, bd. 10th m. 12th d., 1656	A	60
Samuell, s. Richard & Eliza, b. Nov. 6, 1657	A	61
HUBBARD, HOBARD, HUBARD, Abigail, m. Humphrey **SPINING**, 8 m. 14th d., 1657	A	61
Abigaill, d. Daniell & Elizabeth, b. Mar. 1, 1670/1	A	73
Abraham, s. John & Patience, b. June 8, 1729	2	22
Abraham, of Guilford, m. Hannah **HODGES**, of Long Island, Jan. 6, 1763, by Rev. Mr. Buells, at Long Island	2	170
Abraham, s. Abraham & Hannah, b. Mar. 8, 1766	2	125
Abraham, m. Clarrissa **LOPER**, b. of Guilford, Feb. 23, 1831, by Rev. David Baldwin	2	318
Ann, w. of Lieut. John, d. Mar. 9, 1783	2	156

	Vol.	Page
HUBBARD, HOBARD, HUBARD, (cont.)		
Anna, d. Dan[ie]l & Hannah, b. Nov. 27, 1791	2	234
[Anne], d. Levi & Anna, b. Nov. 23, 1767	2	118
Bela, s. Eber & Selina, b. Mar. 22, 1805	2	235
Betsey, d. Dan[ie]l & Hannah, b. Mar. 13, 1794	2	234
Cynthia, d. Eber, Jr. & Salina, b. Mar. 29, 1795	2	234
Danni[e]ll, m. Elizabeth **JURDAINE**, Nov. 17, 1664	A	64
Daniell, s. Daniell & Elizabeth, b. Aug. 1, 1666	A	64
Daniell, m. Elizabeth **CRITEND**, b. of G[u]ilford, Dec. 5, 1691, by Mr. Leet	A	72
Daniel, m. Thankfull **STONE**, b. of Guilford, Apr. 10, 1728, by Rev. Thomas Ruggles	2	50
Daniel, s. Daniel & Thankfull, b. June 24, 1729; d. July 17, 1729	2	21
Daniel, m. Diana **WARD**, b. of Guilford, Oct. 13, 1730, by Rev. Samuel Russell	2	54
Daniel, s. Daniel & Diana, b. July 25, 1731	2	34
Daniel, s. Dan[ie]l & Diana, b. July 25, 1731	2	88
Daniel, Lieut., d. Sept. 28, 1751, ae 54 y.	2	139
Daniel, m. Deborah **HOPSON**, b. of Guilford, Apr. 13, 1757, by Rev. Tho[ma]s Ruggles	2	71
Daniel, s. Dan[ie]ll & Deborah, b. Dec. 4, 1762	2	130
Daniel, d. Apr. 5, 1765, in the 34th y. of his age	2	156
Daniel, m. Hannah **FOWLER**, b. of Guilford, Jan. 26, 1791, by Rev. Amos Fowler	2	223
Daniel, d. W[illia]m & Mary, b. July 28, 1800	2	234
Daniel, m. Ena **HUBBARD**, Jan. 19, 1842, by Rev. David Baldwin	2	360
Daniel, m. Abigail **FRISBIE**, Sept. 27, 1847, by Rev. Lorenzo T. Bennett	2	386
Deborah, d. Daniel & Deborah, b. Aug. 1, 1758	2	102
Deborah, d. Dan[ie]ll, d. Sept. 23, 1759	2	156
Deborah, 2d. d. Dan[ie]ll & Deborah, b. Dec. 13, 1759	2	130
Diana, d. Daniel & Diana, b. Jan. 14, 1732/3	2	34
Diana, d. Dan[ie]l & Diana, b. Jan. 14, 1732/3, (cont.)	2	88
Diana, m. Andrew **WARD**, 3rd, b. of Guilford, Sept. 7, 1750, by Andrew Ward, J. P.	2	63
[Di]nah, d. John & Patience, b. Oct. 12, 172[2]	2	14
Ebenezer, s. Daniell & Elizabeth, b. Aug. 18, 1673	A	75
Eber, s. John & Patience, b. Nov. 19, 1733	2	27
Eber, m. Jerusha **FOWLER**, b. of Guilford, Dec. 28, 1765, by Rev. Samuel Andrews	2	168
Eber, s. Eber & Jerusha, b. Feb. 8, 1766	2	117
Eber, Jr., m. Solima **TYLER***, b. of Guilford, Apr. 7, 1794, by Rev. David Butler (*Perhaps **FYLER**?)	2	223
Elizabeth, d. Daniell & Elizabeth, b. Jan. 3, 1668	A	66
Elizabeth, d. Daniell & Elizabeth, b. Sept. 6, 1692	A	94
Elizabeth, m. Abraham **FOWLER**, Jr., b. of Guilford, Mar. 4,		

	Vol.	Page
HUBBARD, HOBARD, HUBARD, (cont.)		
1719/20, by Rev. Thomas Ruggles	2	44
Elizabeth, wid., m. William **SMITH**, Nov. 19, 1722, by		
Nathaniel Harrison, J. P., in Branford	2	46
Elizabeth, d. John & Patience, b. Jan. 5, 1725/6	2	17
Elizabeth, of Haddam, m. Josiah **MUNGER**, of Guilford, July		
24, 17[27], by Rev. Phineas Fisk, in Haddam	2	50
Elizabeth, m. Uriah **CRUTTENDEN**, b. of Guilford, May 9,		
1758, by Rev. Jonathan Merrick	2	71
Elizabeth, m. John **DAVIS**, b. of Guilford, Aug. 11, [1760],		
by [James Sproutt]	2	219
Elizabeth, m. Nathan **DUDLEY**, b. of Guilford, Oct. 24, 1765,		
by Rev. Amos Fowler	2	168
Elizabeth, d. Abraham & Hannah, b. Oct. 25, 1769	2	125
Ena, m. Daniel **HUBBARD**, Jan. 19, 1842, by Rev. David		
Baldwin	2	360
Eunice C., m. Horace **FOWLER**, Dec. 24, 1828, by Rev.		
D. Hubbard	2	316
Fanny, d. W[illia]m & Mary, b. Sept. 9, 1791	2	234
Frederick, s. Eber & Salina, b. Feb. 15, 1803	2	235
George, freeman 1669-70	A	121
George, of Guilford, m. Elizabeth **BROCKWAY**, of Branford,		
Sept. 24, 17[34], by Rev. Jonathan Merrick	2	55
George Augustus, s. W[illia]m H. & Rebeckah, b. June 4, 1806	2	235
Grove*, s. Eben[eze]r**, Jr. & Selina, b. Oct. 16, 1800		
(*Perhaps "Grave"? **Probably "Eber")	2	234
Grove, m. Eliza **SELBY**, b. of Guilford, Sept. 27, 1835, by		
Rev. David Baldwin (Grave?)	2	346
Hannah, m. Jonathan **JUDD**, b. of Guilford, Oct. 22, 1740, by		
Rev. Thomas Ruggles	2	57
Hannah, d. Abraham & Hannah, b. Feb. 21, 1764	2	125
Hannah, d. Dan[ie]ll & Hannah, Feb. 16, 1798	2	234
Hannah, m. Timothy **STONE**, Jr., b. of Guilford, Sept. 19,		
1824, by Rev. David Baldwin (cont.)	2	285
Hannah, m. George **DAVIS**, Sept. 9, 1832, by Rev. David		
Baldwin	2	332
Harry, s. Eber & Selina, b. Apr. 18, 1807	2	235
Harvey, m. Cemantha **FOWLER**, b. of Guilford, June 10,		
1827, by Rev. David Baldwin	2	255
Horace, s. Eben, Jr. & Selina, b. Nov. 29, 1798	2	234
Jared Hutchinson, s. Will[ia]m & Mary, b. June 20, 1803	2	235
Jeremiah, s. Abra[ha]m & Hannah, b. June 15, 1780	2	199
Jerusha, m. Sam[ue]ll **HOTCHKIN**, b. of Guilford, Jan. 13,		
1768, by [James Sproutt]	2	246
John, s. Daniell & Elizabeth, b. Nov. 17, 1678	A	85
John, m. Patience **CHITTENDEN**, b. of Guilford, June 13,		
1721, by Rev. Thomas Ruggles	2	46
John, s. John & Patience, b. July 31, 1723	2	17

HUBBARD, HOBARD, HUBARD, (cont.)

	Vol.	Page
John*, s. Dan[ie]l & Diana, b. Aug. 27, 1739 (*Correction (John scratched out. Bela handwritten) in margin of original manuscript)	2	88
John, Jr., m. Zeruiah **STONE**, b. of Guilford, June 9, 1748, by Rev. Thomas Ruggles	2	64
John, s. Eber & Jerusha, b. Oct. 13, 1763	2	117
John, m. Ame **WICK**, b. of Guilford, Mar. 30, 1788, by Rev. Tho[ma]s W. Bray	2	223
John, s. Dan[ie]l & Hannah, b. Sept. 11, 1804	2	235
John, of Guilford, m. Charlotte **ROSE**, of Branford, Dec. 10, 1838, by Rev. Edward J. Durkin	2	347
John Wick, s. John & Ame, b. Jan. 7, 1787	2	199
Jonathan, of Glasingbury, m. Mercy **LEETE**, of Guilford, May 29, 1774, by [James Sproutt]	2	213
Julia, d. Eber, Jr. & Salena, b. Jan. 5, 1797	2	234
Laura, m. Lucius **FOOTE**, June 26, 1828, by Rev. David Baldwin	2	316
Leah, d. John & Patience, b. Dec. 18, 1735	2	30
Leah, d. Lieut. John, d. July 12, 1761	2	144
Levy, s. Daniel & Diana, b. Feb. 20, 1735/6	2	34
Levi, s. Daniel & Diana, b. Feb. 20, 1735/6	2	88
Levy, m. Anna **GOULD**, b. of Guilford, Nov. 17, 1761, by Rev. Thomas Ruggles	2	168
Lucretia P., of Guilford, m. Francis **WELTON**, of New Haven, Oct. 28, 1847, by Rev. Lorenzo T. Bennett	2	380
Mary, d. Daniell & Elizabeth, b. Feb. 16, 1675	A	83
Mary, w. of George, d. Sept. 14, 1676	A	68
Mary, of Haddam, m. John **PARMERLE**, Jr., of Guilford, June 18, 1718, by Rev. Thomas Fisk	2	44
Mary, of Southhold, m. Capt. Elias **GRAVE**, of Guilford, Mar. 29, 1780, by Rev. Mr. Mather	2	176
Patience, w. of Lieut. John, d. June 6, 1769, in the 74th y. of her age	2	145
Rachel, d. Jonathan & Hannah, b. Oct. [ ], 1719	2	35
Rachel, d. John & Patience, b. Oct. 30, 1731	2	24
Rachel, m. Daniel **FOWLER**, Jr., b. of Guilford, Oct. 10, 1741, by Rev. Sam[ue]l Russell	2	64
Richard, m. Martha M. **RAY**, b. of Haddam, Sept. 24, 1834, by Rev. Lorenzo T. Bennett	2	346
Ruth, d. Abra[ha]m & Hannah, b. May 26, 1772	2	130
Ruth, m. Ebenezer **HOTCHKISS**, Jr., b. of Guilford, Jan. 16, 1791, by Rev. Amos Fowler	2	223
Sam[ue]ll, s. Abra[ha]m & Hannah, b. Aug. 1, 1774	2	199
Samuel, m. Amanda **HALL**, b. of Guilford, Dec. 28, 1826, by Rev. David Baldwin	2	255
Samuel, m. Mary **BISHOP**, Nov. 4, 1838, by Rev. David Baldwin	2	347
Samuel Landon, s. W[illia]m & Mary, b. Oct. 19, 1795	2	234

	Vol.	Page

HUBBARD, HOBARD, HUBARD, (cont.)

	Vol.	Page
Sarah, m. Amos **SEAWARD**, b. of Guilford, July 10, 1814, by Aaron Dutton	2	274
Susanna, of Haddam, m. Ebenezer **MUNGER**, of Guilford, July 6, 1726, by Rev. Phinehas Fisk, at Haddam	2	47
Thankful, d. Dan[ie]l & Diana, b. Apr. 8, 1742	2	88
Thankfull, m. Asher **FAIRCHILD**, b. of Guilford, Jan. 12, [1761], by [James Sproutt]	2	228
Thankfull, m. Asher **FAIRCHILD**, b. of Guilford, Jan. 14, 1761, by Rev. James Sproutt	2	164
Thomas, s. Capt. Isaac. d. Sept. 15, 1750	2	138
William, s. Dan[ie]ll & Deborah, b. Jan. 15, 1765	2	130
Will[ia]m, of Guilford, m. Mary **LANDON**, of Southhold, Sept. 30, 1790, by Rev. Zachariah Green	2	223
William Gould, s. Leroy & Anna, b. June 16, 1765	2	115
William Henry, s. Leroy & Anna, b. June 29, 1764; d. July 1, 1764	2	115
Will[ia]m Henry, s. W[illia]m & Mary, b. July 31, 1793	2	234
W[illia]m Hodges, s. Abraham & Hannah, b. Sept. 15, 1783	2	199
William Hodges*, m. Rebeckah **FAIRCHILD**, b. of Guilford, July 7, 1805, by Rev. Nathan B. Burgis *(Written "Hedges")	2	254
Zadock, s. John & Patience, b. Apr. 12, 1738	2	34
-----, w. of Daniel, d. Aug. 13, 1729	2	4

HUGHES, HUES, HUGES, HUSE, Abigell, d. Samuell & Mary, b.

	Vol.	Page
Jan. 22, 1678	A	93
Elizabeth, d. Richard & Mary, b. Apr. 24, [16]53	A	122
Elizabeth, d. Samuell & Mary, b. Dec. 29, 1670	A	73
Elizabeth, d. Samuel & Mary, d. Jan. 13, 1674	A	68
Mercy, d. Samuell & Mary, b. May 20, 1676	A	83
Mary, d. Sammuell & Mary, b. Feb. 14, 1666	A	65
Mary, d. Samuell & Mary, d. June 26, 1676	A	68
Mary, m. Nathaniell **BISHOP**, b. of G[u]ilford, Feb. 9, 1692/3, by Andrew Leet	A	72
Richard, bd. July 3, 1658	A	61
Richard, planter 1669-70	A	121
Sammuel, m. Mary **DOUDE**, Apr. 26, 1666	A	64
Samuell, s. Samuell & Mary, b. Nov. 8, 1669	A	66
Samuell, Jr., bd. Dec. 31, 1670	A	67
Samuell, d. May 11, 1693	A	71
Sarah, d. Richard & Mary, b. Aug. 1, 1651	A	124

HULL, [see also **HALL**], Abigail, of Kenilsworth, m. Thomas

	Vol.	Page
CRITTENDEN, of G[u]ilford, Sept. 11, 1690, by Mr. Andrew Leete	A	80
Abigaile, m. Rev. Thomas **PAINE**, b. of Southold, L. I., Oct. 25, 1750, by [James Sproutt]	2	215
Almira Loisa, m. Dennis S. **PAGE**, b. of Branford, Oct. 18, 1830, by Rev. Aaron Dutton	2	295

	Vol.	Page
HULL, (cont.)		
Calista C. m. John C. **BUEL**, b. of Guilford, Nov. 14, 1840, by Rev. Aaron Dutton	2	339
Charles, m. Clarrissa **TALLMAN**, Dec. 27, 1848, by Geo[rge] J. Wood	2	386
Clarrissa, of Branford, m. George **NORTON**, of Guilford, June 28, 1835, by Rev. Aaron Dutton	2	311
David, m. Hannah **DAVISS**, b. of Guilford, Dec. 13, 1764, by [James Sproutt]	2	229
Eliakim W., of Durham, m. Ruhamah E. **DAVIS**, of Guilford, Apr. 12, 1835, by Rev. Lorenzo J. Bennett	2	346
Ervilla, m. Eber **WILLARD**, b. of Madison, Aug. 16, 1835, by Rev. David Baldwin	2	289
George, m. Janett **BISHOP**, Aug. 28, 1846, by Rev. David Root	2	361
George, of Wallingford, m. Jane A. **BENTON**, of Durham, May 30, 1847, by Rev. Cha[rle]s R. Adams	2	361
Giles, m. Abigail **WARD**, b. of Guilford, Aug. 15, 1753, by [James Sproutt]	2	216
Hannah, m. Russell **GRIFFIN**, b. of Guilford, Aug. 21, 1785, by [James Sproutt]	2	253
Henry, m. Lydia L. **BISHOP**, b. of Guilford, Mar. 22, 1838, by Rev. Aaron Dutton	2	347
Mary E., m. Martin N. **SEAWARD**, Mar. 15, 1843, by Rev. Aaron Dutton	2	374
Ruth M., m. Richard **BLAKE**, b. of Guilford, May 6, 1849, by Rev. E. Edwin Hall	2	377
Sally, m. James Francis **PALMER**, b. of Branford, Sept. 6, 1846, by Alvah B. Goldsmith, J. P.	2	345
Sally, m. James Francis **PALMER**, b. of Branford, Sept. 6, 1846, by Alvah B. Goldsmith, J. P.	2	382
Sarah, m. Nicholas **MUNGER**, June 2, 1659	A	62
W[illia]m, m. Fanny **LUD[D]INGTON**, b. of Guilford, Aug. 1, [1788], by [James Sproutt]	2	299
HUNT, Harriet, of Guilford, m. John **STEBBINS**, of Long Island, June 28, 1821, by Aaron Dutton	2	284
HUNTER, William R., of Georgia, m. Hetta **GRISWOLD**, of Guilford, Sept. 12, 1839, by Samuel N. Shephard	2	347
HUNTINGTON, Polly, of Woodbridge, m. Rev. Israel **BRAINARD**, of Guilford, Dec. 30, 1800, by Rev. James Dana	2	226
HURD, Daniel, of Killingworth, m. Dorothy **LEETE**, of Guilford, Dec. 17, 1750, by [James Sproutt]	2	215
Elizabeth C., m. Lynde H. **STANNARD**, b. of Killingworth, Mar. 15, 1832, by Rev. Aaron Dutton	2	323
Mary, of East Haddam, m. Noah **STONE**, of Guilford, May 13, 1779, by Rev. Mr. Parsons	2	184
HURLBURT, HURLBUT, HALLABIRD, Esther, of Guilford, m. Isaac **PENFIELD**, of Wallingford, Sept. 1, 1755, by Rev.		

	Vol.	Page
HURLBURT, HURLBUT, HALLABIRD, (cont.)		
James Sprout	2	68
Est[h]er, of Guilford, m. Isaac **PEMPFIELD**, [of Wallingford], Sept. 1, 1755, by [James Sproutt]	2	216
Hannah, d. Nathaniel, of Woodbury, m. Joseph **HAND**, of East Guilford, Aug. 31, 17[31], by Rev. Anthony Stoddard in Woodbury	2	51
INGRAHAM, Daniel Phenix, of New York, m. Mary Hart **LANDON**, of Guilford, Jan. 25, 1838, by Rev. Aaron Dutton	2	308
INNISS, Stephen, of New Haven, m. Mary E. **FIELD**, of Guilford, Nov. 14, 1831, by Rev. Aaron Dutton	2	308
ISBEL, Irena, of Killingworth, m. Timothy **BENTON**, of Guilford, Nov. 27, 1822, by Rev. David Baldwin	2	281
Lewis C., m. Betsey Ann **GRISWOLD**, Aug. 3, 1834, by Rev. David Baldwin	2	308
Mary, m. Ebenezer **GRAVE**, b. of Guilford, Feb. 12, 1729/30, by Rev. John Hart	2	49
Polly, of Killingworth, m. George A. **KIRCUM**, of Guilford, Aug. 27, 1820, by Rev. John Elliott	2	182
IVES, Elihu L., of New Haven, m. Sarah R. **BRAY**, of Guilford, May 19, 1847, by Rev. E. Edwin Hall	2	309
JACOBS, Delia J., m. Orrin D. **BLATCHLEY**, Oct. 29, 1826, by Rev. David Baldwin	2	312
Elizabeth J., m. George A. **GRAVE**, b. of Guilford, Mar. 31, 1831, by Rev. David Baldwin	2	328
Parnel N., m. Henry W. **STONE**, b. of Guilford, Feb. 28, 1847, by Alvah B. Goldsmith, J. P.	2	375
Ruth A., m. George **HOTCHKISS**, b. of Guilford, June 3, 1840, by Rev. H. F. Pease	2	311
Ruth A., [m.] George **HOTCHKISS**, [ ]	2	360
JESSUP, Hannah, d. Jared & Lucretia, b. Feb. 23, 1804	2	251
Jared, m. Lucretia **CHITTENDEN**, Mar. 14, 1802, by Rev. Thomas W. Bray	2	178
Lucretia, d. Jared & Lucretia, b. Jan. 4, 1803	2	251
JOCELIN, [see under **JOSLIN**]		
JOHNSON, JONSO, Abigail, d. John & Eliza, b. Dec. 5, 1659; bd. Feb. 26, [16[59* (*1660)	A	62
Abigail, d. Will[ia]m & Elizabeth, b. Oct. 21, 1661	A	63
Abigail, m. Calib **PARMELY**, b. of G[u]ilford, Apr. 11, 1690, by Mr. Andrew Leete	A	80
Abigail, m. George **BARTLET[T]**, b. of Guilford, Apr. 24, 1728, by Rev. Thomas Ruggles	2	49
Adah, d. Reuben & Deborah, b. Feb. 9, 1785	2	131
Ammi Ruhamah, s. Nath[anie]l, Jr. & Hannah, b. May 24, 1766	2	117
Ammi Ruhamah, s. Nath[anie]l, Jr., d. Aug. 13, 1766	2	145

BARBOUR COLLECTION

	Vol.	Page
JOHNSON, JONSO, (cont.)		
Amos, s. Phinehas & Lois, b. Apr. 30, 1769	2	126
An[n]e, d. John & Hannah, b. Aug. 19, 1777	2	131
Anne, w. of Isaac, d. Oct. 5, 1795	2	157
Archibald, of Wallingford, m. Sarah **BRADLEY**, of Guilford, Feb. 19, [1756], by [James Sproutt]	2	216
Bathshebah, d. Isa[a]ck & Mary, b. Aug. 20, 1683	A	88
Benjamin, d*, Isaac & Phebe, b. Feb. 12, 1726/7 (*Son?)	2	23
Benjamin, m. Rebeckah **SEAWARD**, b. of Guilford, Nov. 28, 1750, by Rev. Thomas Ruggles	2	61
Benj[ami]n, s. Jno. & Chloe, b. Aug. 17, 1771	2	131
Bethyah, of Norwich, m. Samuel **FIELD**, of Guilford, Dec. 15, 1735, by Rev. Henry Willes	2	56
Beulah, d. John & Chloe, b. Oct. 10, 1768	2	131
B[e]ula[h], d. Isaac & Anne, d. Oct. 2, 1795	2	157
Chloe, d. John & C[h]loe, b. Dec. 24, 1762	2	131
Chloe had d. Roxanna, b. Aug. 9, 1798	2	251
Clarissa, d. Sam[ue]ll & Margaret, b. July 7, 1761	2	131
Clarissa, d. Sam[ue]ll & Huldah, b. Nov. 11, 1788	2	131
Clarrissa F. B., m. Samuel C. **JOHNSON**, b. of Guilford, May 30, 1824, by Rev. David Baldwin	2	308
Clarissa Fidelia, d. Gurdon & Esther, b. Jan. 5, 1782	2	131
Clarrissa Frances Baldwin, d. Timothy & Margaret, b. May 3, 1801	2	251
Daniel, s. Isaac & Pheby, b. Oct. 8, 1715	2	14
Daniel, s. Isaac, Jr. & Dorothy, b. Nov. 10, 1741	2	75
Deborah, d. Jehiel & Esther, b. Apr. 21, 1755	2	99
Deborah, m. Elon **LEE**, Jr., b. of Guilford, Dec. 30, 1778, by Rev. Amos Fowler	2	179
Dorothy, w. of John, bd. Aug. 4, 1651	A	124
Eben[eze]r, s. John & Chloe, b. Apr. 14, 1764	2	131
Eber, s. Miles & Mary, b. Dec. 26, 1777	2	131
Elizabeth, w. of John, bd. Dec. 23, 1669	A	67
Elizabeth, w. of William, bd. Apr. 27, 1672	A	68
Elizabeth, m. Samuell **HALL**, Dec. 22, 1674, by William Leete	A	77
Eunice, of Wallingford, m. Phinehas **FOWLER**, of Guilford, Jan. 15, 1800, by Rev. Mr. Nois	2	238
George H., m. Adaline E. **LANDON**, Jan. 31, 1841, by Rev. David Baldwin	2	309
Gurdon, s. Sam[ue]ll & Mary, b. Feb. 2, 1759	2	105
Gurdon, of Guilford, m. Esther **BRAINERD**, of East Haddam, May 8, 1781, by Rev. Elijah Parson	2	178
Hanna[h], d. Will[ia]m & Elizabeth, b. 1st mo. 21 d., 1654	A	60
Hannah, d. Jehiel & Esther, b. Sept. 19, 1748; d. Oct. 3, 1748	2	96
Hannah, d. Jehiel & Esther, b. Apr. 17, 1753	2	96
Hannah, d. Nath[anie]ll & Hannah, b. Nov. 7, 1773 (Perhaps "Nov. 11")	2	131
Hannah, d. Isaac & Anne, b. Feb. 26, 1781	2	131

GUILFORD VITAL RECORDS

	Vol.	Page
JOHNSON, JONSO, (cont.)		
Hannah, m. William M. **GRIFFING**, b. of Guilford, Jan. 26, 1805, by Rev. Thomas W. Bray	2	176
Harvey, of New Haven, m. Betsey **SHELLEY**, of Guilford, Dec. 2, 1822, by Rev. David Baldwin	2	178
Horatio, s. Sam[ue]ll & Huldah, b. Aug. 20, 1785	2	131
Horatio A., m. Eliza **FOWLER**, b. of Guilford, July 5, 1829, by Rev. Aaron Dutton	2	308
Isaac, s. John & Elizabeth, b. Mar. 8, 1656	A	60
Isa[a]ck, m. Mary **HOGKIN**, July 16, 1682, by Mr. Andrew Leete	A	78
Isa[a]ck, s. Isa[a]ck & Mary, b. Apr. 20, 1687	A	90
Isaac, s. Isaac & Phebe, b. Dec. 1, [1719]	2	12
Isaac, s. John & C[h]loe, b. Jan. 24, 175[ ]	2	103
Isaac, 2d, m. Anne **FUROW**, b. of Guilford, May 9, 1777, by Rev. Amos Fowler	2	178
Isaac, m. Mary **HALL**, b. of Guilford, Mar. 29, 1796, by Rev. Thomas W. Bray	2	178
James, s. Nath[anie]ll & Hannah, b. Mar. 4, 1772	2	131
Jehiel, m. Esther **HALL**, b. of Guilford, Nov. 25, 1747, by Rev. Thomas Ruggles	2	60
Jerusha, m. John **HALL**, s. Ebenezer, b. of Guilford, Nov. 2, 1737, by Rev. Thomas Ruggles	2	54
Joel, s. John & C[h]loe, b. Nov. 30, 1756	2	97
Joel, s. Phinehas & Lois, b. Aug. 28, 1771	2	126
Joel, m. Rebecca **KELSEY**, b. of Guilford, Feb. 5, 1783, by Rev. Amos Fowler	2	178
Joel, s. Isaac & Anne, d. Sept. 11, 1795	2	157
Joel, m. Ruth **PIERSON**, b. of Guilford, Mar. 16, 1800, by Rev. Thomas W. Bray	2	178
John, of New Haven, m. Hanna[h] **PARMELIN**, d. of John, of Guilford, Sept. last, 1651	A	124
John, m. Elizabeth **DISBOROW**, divorced w. of Thomas Rolfe, Oct. 1, 1651	A	124
John, planter 1669-70	A	121
John, twin with Submit, s. Isaac & Phebe, b. Dec. 16, 1728	2	23
John(?), s. Jehiel & Esther, b. Feb. 3, 1749/50	2	84
John, m. C[h]loe **SHELLEY**, b. of Guilford, Oct. 9, 1750, by Rev. James Sprout	2	61
John, m. C[h]loe **SHELLEY**, b. of Guilford, Oct. 9, 1750, by [James Sproutt]	2	215
John, s. John & C[h]loe, b. Dec. 4, 1752	2	92
John, Jr., of Guilford, m. Hannah **STEEVENS**, of Killingworth, Jan. 3, 1776, by Rev. W[illia]m Seaward	2	178
Lois, twin with Nathaniel, d. Benjamin & Rebeckah, b. Oct. 8, 1752	2	93
Lois, d. Phinehas & Lois, b. Jan. 3, 1766	2	126
Lois, m. John **HARRIS**, b. of Guilford, Dec. 11, 1777, by		

	Vol.	Page

HOHNSON, JONSO, (cont.)

	Vol.	Page
Rev. Richard Ely	2	177
Luman, s. Joel & Jerusha, b. Oct. 20, 1795	2	251
Margary, d. Nath[anie]l & Margary, b. Feb. 14, 1728	2	97
Margaret, d. Sam[ue]ll & Margaret, b. Oct. 14, 1770	2	131
Maria, d. Catharine **STONE**, b. Oct. 31, 1798	2	251
Martha, d. Will[ia]m & Elizabeth, b. Feb. 27, 1659; bd. May 8, [16]60	A	62
Mary, d. Will[ia]m & Elizabeth, b.Feb. 21, [16]56	A	60
Mary, d. William & Elizabeth, b. Jan. 12, 1664	A	64
Mary, m. Thomas **STONE**, Dec. 23, 1676, by Andrew Leete	A	77
Mary, d. Isaac & Phebe, b. Oct. 1, 1722	2	23
Mary, m. Ebenezer **CHITTENDEN**, b. of Guilford, Mar. 21, 1724	2	48
Miles, m. Sarah **LEE**, b. of Guilford, May 25, 1774, by Rev. Amos Fowler	2	178
Miles, m. wid. Mary **KIRKHAM**, b. of Guilford, Feb. 19, 1777, by Rev. Amos Fowler	2	178
Miles, s. Miles & Mary, b. Mar. 7, 1779	2	131
Naomi, d. Reuben & Deborah, b. Apr. 12, 1791	2	131
Nathan, s. Isaac & Phebe, b. Dec. 4, 1731	2	24
Nathan, m. Prudence **CHITTENDEN**, b. of Guilford, Mar. 18, 1756, by Rev. Thomas Ruggles	2	72
Nathaniell, s. William A. & Elizabeth, b. Apr. 17, 1672	A	74
Nathaniell, s. William, bd. June 25, 1672	A	68
Nathaniel, m. Margary **MORGAN**, b. of Guilford, Aug. 2, 1727, by Rev. Thomas Ruggles	2	54
Nath[anie]l, s. Nath[anie]l & Margary, b. Oct. 4, 1735	2	97
Nathaniel, twin with Lois, s. Benjamin & Rebeckah, b. Oct. 8, 1752	2	93
Nathaniel, Jr., m. Hannah **HILL**, 3rd, b. of Guilford, Dec. 10, 1761, by Rev. Thomas Ruggles	2	167
Nathaniel, s. Nathaniel, Jr. & Hannah, b. Aug. 28, 1762	2	114
Phebe, m. Joseph **E[V]ARTS**., Jr., b. of Guilford, Nov. 15, 1739, by Rev. Thomas Ruggles	2	57
Phebe, d. John & C[h]loe, b. July 9, 1760	2	131
Phebe, m. Charles **WING**, b. of Guilford, July 26, 1787, by [James Sproutt]	2	253
Phebe, d. Joel & Jerusha, b. Dec. 19, 1801	2	251
Phillis, m. Samuel **CHITTENDEN**, b. of Guilford, Sept. 8, 1748, by Rev. Thomas Ruggles	2	60
Phinehas, s. Isaac, Jr. & Dorothy, b. June 15, 1738	2	40
Phinehas, m. Lois **HODGKIS**, b. of Guilford, Dec. 11, 1760, by Rev. Tho[ma]s Ruggles	2	166
Polly Ann, m. Benoni **SWEET**, b. of Guilford, Sept. 26, 1847, by Rev. Cha[rle]s R. Adams	2	375
Rachel, d. Nath[anie]l & Margary, b. May 12, 1742	2	97
Reuben, s. Phinehas & Lois, b. Mar. 26, 1762	2	113

GUILFORD VITAL RECORDS

	Vol.	Page
JOHNSON, JONSO, (cont.)		
Reuben, s. Isaac & Anne, b. May 30, 1778	2	131
Roxanna, d. Chloe, b. Aug. 9, 1798	2	251
Ruth, d. John & Elizabeth, b. Nov. 18, 1654	A	60
Ruth, m. Thomas **DOUDE**, b. of Guilford, Dec. 11, 1679, by Andrew Leete	A	77
Ruth, d. Nathan & Prudence, b. Nov. 6, 1756	2	106
Ruth, m. Eber **PARMELE[E]**, b. of Guilford, Nov. 26, 1775, by Rev. Amos Fowler	2	183
Samuell, s. William & Elizabeth, b. June 5, 1670	A	73
Sam[ue]ll, Dea., d. May 8, 1727	2	148
Samuel, s. Nath[anie]l & Margary, b. Mar. 7, 1729	2	97
Samuel, m. Margaret **COLLINS**, b. of Guilford, June 20, 1756, by Eben[eze]r Punderson	2	72
Samuel, s. Sam[ue]ll & Mary, b. Mar. 10, 1757	2	105
Sam[ue]ll, Jr., m. Huldah **HILL**, b. of Guilford, May 24, 1780, by Rev. Amos Fowler	2	178
Samuel C., m. Clarrissa F. B. **JOHNSON**, b. of Guilford, May 30, 1824, by Rev. David Baldwin	2	308
Samuel C., m. Olive **SPENCER**, b. of Guilford, May 31, 1831, by Rev. Aaron Dutton	2	309
Sam[ue]ll Collens, s. Sam[ue]ll & Huldah, b. Oct. 25, 1792	2	131
Sam[ue]ll William, s. Sam[ue]l & Huldah, b. Feb. 14, 1781	2	131
Sam[ue]ll W[illia]m, s. Sam[ue]l & Hildah, d. May 30, 1791	2	157
Sarah, d. John & Dorothy, b. Aug. 4, 1651	A	124
Sarah, d. John & Dorothy, bd. June 7, [ ]52 (Probably 1652)	A	122
Sarah, d. Will[ia]m & Elizabeth, b. Nov. 22, 1658	A	61
Sarah, d. William & Elizabeth, b. Aug. 13, 1667	A	65
Sarah, bd. Oct. 11, 1669	A	67
Sarah, d. Isaac & Dorothy, b. July 9, 1749	2	91
Sarah, m. Simeon **SAXTON**, b. of Guilford, Jan. 14, 1762, by Rev. Richard Ely	2	169
Sarah, d. Phinehas & Lois, b. Aug. 7, 1764	2	113
Sarah, w. of Miles, d. Mar. 11, 1775, in her 23rd y.	2	157
Sarah, m. Daniel **KIRCUM**, b. of Guilford, June 9, 1799, by Rev. Sam[ue]ll Eells	2	182
Sarah, m. Charles **CHALKER**, b. of Guilford, Sept. 2, 1804, by Rev. Nathan B. Burgis	2	268
Sarah, d. Joel & Jerusha, b. June 7, 1806	2	251
Submit, twin with John, d. Isaac & Phebe, b. Dec. 16, 1728	2	23
Submit, m. Reuben **SHELLEY**, b. of Guilford, Mar. 24, 1752, by Rev. Thomas Ruggles	2	62
Thankfull, d. Isaac & Phebe, b. Nov. 6, 1724	2	23
Thankfull, m. Seth **BENTON**, b. of Guilford, Sept. 13, 177[ ], by Rev. A. Fowler	2	171
Timothy, s. Sam[ue]l & Mary, b. Oct. 9, [1716]	2	9
Timothy, d. May 29, 1732	2	149

	Vol.	Page
JOHNSON, JONSO, (cont.)		
Timothy, s. Nath[anie]l & Margary, b. Aug. 17, 1732	2	97
Timothy, s. Nathaniel, Jr. & Hannah, b. Aug. 27, 1770	2	124
William, s. Nath[anie]l & Margary, b. Dec. 17, 1737	2	97
-----, d. Isaac & Pheby, b. Mar. 11, 1716/17	2	14
-----, s. Isaac & Pheby, b. Mar. 26, 1719	2	14
-----, d. Isaac & Pheby, b. Oct. 31, 1721	2	14
JOICE, Eunice, of Middletown, m. John **REDFIELD**, Jr., of Guilford, Jan. 13, 1780, by Rev. Enoch Huntington	2	186
JONES, Aaron, s. Caleb & Elizabeth, b. Apr. 4, 1727	2	18
Aaron, m. Anne **FOSDICK**, b. of Guilford, Nov. 7, [1768], by [James Sproutt]	2	246
Aaron, m. Anna **FOSDICK**, b. of Guilford, Nov. 7, 1771, by Rev. Mr. Brewer	2	178
Aaron, d. Nov. 30, 1803, in the 77th y. of his age	2	157
Anna, wid. of Aaron, d. Oct. 30, 1808, in her 72nd y.		157
Caleb, m. Mary **BISHOP**, b. of Guilford, July 5, 17[21], by Rev. Thomas Ruggles	2	45
Caleb, of Guilford, m. Elizabeth **LUCAS**, of Middletown, Jan. 19, 1724, by Rev. Thomas Ruggles	2	47
Caleb, d. May 24, 1754	2	141
Edward, of Saybrook, m. Polly **CHITTENDEN**, of Guilford, Nov. 25, 1821, by Rev. John Ely	2	178
Eliza, m. Charles **ROSIER**, b. of Middletown, Sept. 15, 1828, by Rev. Aaron Dutton	2	93
Hannah, d. Caleb & Elizabeth, b. Jan. 31, 1734/5	2	32
Hannah, d. Caleb & Elizabeth, b. Jan. 31, 1734/5	2	38
Hezekiah, of Guilford, m. Thankfull **PAGE**, of Branford, Apr. 28, 1773, by Rev. Amos Fowler	2	178
Mary, w. of Thomas, bd. Sept. 5, 1650	A	124
Mary, w. of Thomas, d. Sept. 16, 1650	A	123
Mary, w. of Caleb, d. June 23, [1724, ae 24]	2	3
Mary, d. Caleb & Elizabeth, b. Oct. 26, 1725	2	18
Mary, of Guilford, m. Nathaniel **FOOT**, of Branford, Jan. 26, 1758, by [James Sproutt]	2	219
Nathaniell, s. Thomas, [ ]	A	124
P-----, of Saybrook, m. Almira **KELSEY**, of Guilford, Sept. 18, 1822, by Rev. John Elliott	2	308
Polly, d. Hezekiah & Thankfull, b. Nov. 20, 1773	2	131
Sarah, of Guilford, m. John **PRAT[T]**, of Seabrook, June 8, 1669, by Mr. William Leete	A	67
Sybel, d. Caleb & Elizabeth, b. Jan. 13, 1728/9	2	22
Cybel, of Guilford, m. Samuel **HOADLEY**, of Branford, Sept. 16, [1756], by [James Sproutt]	2	216
Thomas, s. Thomas & Mary, bd. Jan. 6, 1650	A	124
Thomas, s. Thomas & Mary, b. Aug. [ ], 1650	A	124
Thomas, freeman 1669-70	A	121
Tryphena, d. Caleb & Elizabeth, b. Nov. 2, 1730	2	32

	Vol.	Page
JONES, (cont.)		
Tryphena, d. Caleb & Elizabeth, b. Nov. 2, 1730	2	38
William, s. Caleb & Elizabeth, b. Aug. 20, 1737	2	38
William S., of Westbrook, m. Temperance M. **KELSEY**, of Madison, Jan. 21, 1830, by Rev. Aaron Dutton	2	308
JORDAN, JURDAINE, [see also **GORDON**], Anne, wid., of John, of Guilford, m. Thomas **CLARKE**, of Milford, May [ ], 1652	A	122
Elizabeth, m. Danni[e]ll **HUB[B]ARD**, Nov. 17, 1664	A	64
Elizabeth, m. Andrew **LEETE**, June 1, 1669, by Mr. William Leete	A	67
Mary, d. Tho[ma]s & Dorothy, b. May 27, 1652	A	122
Thomas, freeman 1669-70	A	121
JOSLIN, JOCELIN, JOSELINE, JOSELING, JOSSELIN, Amaziah, of Guilford, m. Elizabeth **STEEVENS**, of Killingworth, Oct. 25, 1763, by Benj[ami]n Gale	2	165
Clarisse, d. Amaziah & Elizabeth, b. June 3, 1772	2	131
Elizabeth, d. Amariah* & Elizabeth, b. Aug. 16, 1766 (*Amaziah?)	2	115
Frederick Jared, s. Amaziah & Elizabeth, b. Sept. 10, 1779	2	131
Henriette, d. Amaziah & Elizabeth, b. Feb. 28, 1768; d. Oct. 26, 1768	2	122
Jared, s. Nath[anie]l & Anna, b. June 13, 1753	2	93
Nancy, d. Amaziah & Elizabeth, b. Feb. 13, 1770	2	131
Pember, s. Nathaniel & Ann, b. Nov. [ ]	2	83
Samuel Russell, s. Amaziah & Elizabeth, b. Oct. 19, 1764	2	112
Sarah, d. Joseph & Sarah, b. Nov. 10, 175[7]	2	107
Sarah, m. Sam[ue]ll **CRITTENDEN**, b. of Guilford, June 24, 1778, by Rev. Amos Fowler	2	172
[JOYCE], [see under **JOICE**]		
JUDD, Eber, s. Jonathan & Hannah, b. Mar. 22, 1754	2	99
Hannah, wid., of Middletown, m. Stephen **HAND**, of Guilford, Sept. 21, 1743, by Rev. Jonathan Todd	2	59
Hannah, d. Jon[a]th[an] & Hannah, b. May 8, 1745	2	78
Hannah, d. Jonathan & Hannah, b. May 8, 1745	2	89
Jonathan, m. Hannah **HUBBARD**, b. of Guilford, Oct. 22, 1740, by Rev. Thomas Ruggles	2	57
Jonathan, s. Jonathan & Hannah, b. Jan. 11, 1741/2	2	73
Jonathan, s. Jonathan & Hannah, b. Oct. 23, 1751	2	89
Mary, d. Jonathan & Mercy, b. Feb. 18, 1759	2	113
Olive, d. Jonathan & Hannah, b. July 23, 1749	2	89
Rachel, d. Jonathan & Hannah, b. May 14, 1747	2	89
JUDSON, Amelia, of Killingsworth, m. Jason **SEAWARD**, of Guilford, Oct. 25, 1804, by Rev. Israel Brainard	2	274
Betsey, of Woodbury, m. Abel **DUDLEY**, of Guilford, May 27, 1810, by Rev. Noah Benedict	2	258
Sally, m. Noah **BARTLET[T]**, b. of Guilford, June 23, 1796, by Rev. Amos Fowler	2	181

	Vol.	Page
JULIAN, Richard W., of Bainbridge, N. Y., m. Lucretia **COAN**, of Guilford, Jan. 28, 1823, by Rev. David Baldwin	2	178
KEAN, James, s. Patrick & Mary, b. Aug. 12, 1742	2	73
Keturah, d. Patrick & Mary, b. Feb. 6, 1743/4	2	76
Laughton, s. Patrick & Mary, b. Oct. 9, 1746	2	79
KEITH, Abigail had s. William **THOMPSON**, b. June 2, 1782	2	200
KELLEY, Jane, d. Reuben & Mary, b. Sept. 29, 1757	2	99
Mary, wid., m. Samuel **LEETE**, b. of Guilford, July 23, 1764, by Rev. Jonathan Todd	2	166
KELSEY, Almira, of Guilford, m. P. **JONES**, of Saybrook, Sept. 18, 1822, by Rev. John Elliott	2	308
Frederick, s. Preston & Clarrissa, b. Feb. 13, 1792	2	275
John, m. Harriet **WILLCOX**, b. of Guilford, May 8, 1821, by Rev. John Elliott	2	290
Louisa M., m. John J. F. **WADE**, Sept. 1, 1844, by Rev. David Root	2	380
Lucy, m. Manfred **DOUD**, b. of Guilford, Feb. 18, 1821, by Rev. John Elliott	2	258
Lydia, of Killingworth, m. Wait **MUNGER**, of Guilford, May 21, 1752, by Rev. Jared Eliot	2	67
Mary S., m. Harvey **POTTER**, b. of Guilford, Jan. 18, 1843, by Rev. Zolva Whitmore	2	343
Parnel, d. Preston & Clarrissa, b. June 21, 1781	2	275
Parnel, m. George **MUNGER**, b. of Guilford, Dec. 23, 1802, by Rev. John Elliott	2	180
Phebe, wid., of Saybrook, m. Abraham **DOUD**, of Guilford, Aug. 31, 1758, by Rev. Mr. Devotion	2	71
Rebecca, m. Joel **JOHNSON**, b. of Guilford, Feb. 5, 1783, by Rev. Amos Fowler	2	178
Sylvia A., m. William **LEETE**, Oct. 15, 1848, by Rev. Lorenzo T. Bennett	2	388
Temperance M., of Madison, m. William S. **JONES**, of Westbrook, Jan. 21, 1830, by Rev. Aaron Dutton	2	308
KENNEDY, Anson, s. Elizabeth Lee, b. Oct. 4, 1788	2	220
John, of New Haven, m. Katharine **KIRCUM**, of Guilford, Nov. 5, 1828, by Rev. Aaron Dutton	2	290
Nancy Louisa, m. Richard Owen **SCRANTON**, Sept. 17, 1838, by Samuel N. Shephard, at Madison	2	341
Ruth, of Guilford, m. Almo O. **WILLCOX**, of Madison, Oct. 6, 1830, by Rev. Aaron Dutton	2	288
KENT, Mariah, of Suffield, m. Benjamin **FOWLER**, Jr., of Guilford, May 14, 1754, by Rev. Mr. Gay	2	67
KEYES, Cornelia, w. of Willard & d. of Samuel Burgis, d. Nov. 28, 1834, in Quincy, Ill.	2	211
Willard, m. Cornelia **BURGIS**, Mar. 12, 1834, at Bear Creek, Ill.	2	338
KILBURN, Elizabeth, of Glastonbury, m. Oliver **DUDLEY**, of Guilford, Nov. 26, 1738, by Rev. Ashbel Woodbridge	2	54

GUILFORD VITAL RECORDS

	Vol.	Page
KILBURN, (cont.)		
Jonathan, m. Nancy **SPENCER**, b. of Clinton, Oct. 2, 1839, by Ralph D. Smith, J. P.	2	291
KIMBERLY, KIMBERLEY, Abel, m. Lucy **BISHOP**, Mar. 26, 1829, by Rev. Daniel Baldwin	2	290
Abigail, of New Haven, m. Joseph **PARMELE[E]**, of Guilford, Sept. 19, 17[16], by Abraham Bradley, at New Haven	2	43
Abigail, d. Abraham & Mary, b. Mar. 7, 1758	2	120
Abigail, d. Abraham & Thankfull, b. May 21, 1781	2	131
Abraham, of Guilford, m. Mary **SHEARMAN**, of Newport, Mar. 7, 1730, by Rev. James Honeyman	2	55
Abraham, s. Abraham & Mary, b. Sept. 5, 1738	2	40
Abraham, Jr., m. Thankful **CHITTENDEN**, b. of Guilford, July 1, 1764, by Rev. John Richards	2	166
Abra[ha]m, s. George & Beulah, b. July 2, 1775	2	131
Abraham, s. George & Beulah, d. Sept. 12, 1778	2	209
Amanda, d. Abra[ha]m & Thankfull, b. June 2, 1783	2	275
Anna, d. George & Beulah, b. Mar. 18, 1787	2	131
Beulah, d. George & Beulah, b. Dec. 10, 1781	2	131
Beulah, w. of George, d. Nov. 1, 1809	2	209
Beulah M., of Guilford, m. George **CRUTTENDEN**, of Chatham, Feb. 23, 1848, by Rev. E. Edwin Hall	2	362
Beulah Morse, d. Eli & Polly, b. Jan. 27, 1815	2	275
Charles Goldsmith, s. John F. & Jennette E., b. Jan. 2, 1842/3	2	366
Daniel Griffing, s. Eli & Polly, b. Oct. 17, 1831	2	275
David, s. George & Beulah, b. Nov. 25, 1779	2	131
David Calvin, s. Eli & Polly, b. Jan. 7, 1822	2	275
Eli, s. George & Beulah, b. Nov. 2, 1792	2	131
Eli, of Guilford, m. Polly **FOWLER**, of New London, Nov. 18, 1812, by Rev. Samuel West	2	291
Eli, s. Eli & Polly, b. Aug. 12, 1820	2	275
Eliza A., of Guilford, m. Edmund **RUSSELL**, of Macon, Ga., Oct. 3, 1838, by Rev. Edward J. Durkin	2	354
Elizabeth, d. Abraham & Mary, b. Oct. 10, 1740	2	76
Elizabeth, m. Noah **HOTHKIN**, b. of Guilford, Mar. 28, 1763, by [James Sproutt]	2	228
Elizabeth, m. Noah **HODGKIN**, Jr., b. of Guilford, Mar. 27, 1764, by Rev. James Sproutt	2	165
Elizabeth Hart, d. Eli & Polly, b. Nov. 2, 1829	2	275
Erastus C., m. Wealthy Ann **CHAPMAN**, Jan. 3, 1826, by Rev. David Baldwin	2	290
George, m. Beulah **MORSE**, b. of Guilford, Oct. [ ], 1774, by [James Sproutt]	2	253
George, m. Beulah **MORSE**, b. of Guilford, Nov. 1, 1774, by Rev. Daniel Brewer	2	182
George, s. George & Beulah, b. Feb. 1, 1784	2	131
George Rachel, s. Eli & Polly, b. Nov. 22, 1818	2	275
Hannah, d. Abraham & Mary, b. Jan. 8, 1742/3	2	76

	Vol.	Page

KIMBERLY, KIMBERLEY, (cont.)
Harriet E., of Guilford, m. Edward **THOMAS**, of New Haven, last evening, [Feb. 1, 1845], by Rev. L. T. Bennett	2	370
Hazard, s. Abraham & Thankfull, b. Dec. 8, 1776	2	131
Helen Maria, d. Eli & Polly, b. Dec. 19, 1833	2	275
Henry Ward, s. Eli & Polly, b. June 5, 1826	2	275
Ira, s. Abraham, Jr. & Thankfull, b. Dec. 15, 1764	2	113
Ira, m. Nabby **SCRANTON**, b. of Guilford, Dec. 29, 1824, by Rev. Zolva Whitmore	2	290
Isaac Sheaman, s. Abraham & Mary, b. Jan. 23, 1733/4	2	29
Israel, s. Abraham & Thankfull, b. Mar. 9, 1779	2	131
John, s. Abrah[a]m & Thankfull, b. June 19, 1773	2	131
John, s. George & Beulah, b. Aug. 20, 1777	2	131
John F., m. Jennett E. **GOLDSMITH**, b. of Guilford, Sept. 14, 1840, by Rev. Aaron Dutton	2	291
John Fowler, s. Eli & Polly, b. Sept. 14, 1816	2	275
Julia A., of Guilford, m. William **FITCH**, of New Haven, Aug. 23, 1842, by Rev. Henry Fitch, of Hamden	2	368
Katharine, d. Abraham & Mary, b. Oct. 14, 1736	2	40
Lucretia, of Guilford, m. Mervin **HENDERSON**, of Winsted, June 25, 1827, by Rev. David Baldwin	2	318
Martha Jane, d. John F. & Jennette E., b. June 26, 1841	2	366
Martha Weed, d. E[li] & P[olly] R., b. Feb. 10, 1837	2	275
Martin Morse, s. Eli & Polly, b. July 27, 1827	2	275
Mary, d. Abraham & Mary, b. Aug. 14, 1735	2	30
Mary, d. Abraham & Mary, b. Aug. 14, 1735	2	40
Mary, d. Abraham, Jr. & Thankfull, b. Feb. 25, 1767	2	122
Mary, m. Nathan **CHIDSEY**, Apr. 8, 1821, by Charles Atwater	2	269
Mary A., of Guilford, m. Augustus E. **LINES**, of New Haven, Jan. 9, 1849, by Rev. E. Edwin Hall	2	388
Mary Ann, d. Eli & Polly, b. Apr. 18, 1824	2	275
Mary Ann, of Guilford, m. William **PERRY**, of New Haven, Aug. 16, 1848, by Rev. Lorenzo T. Bennett	2	382
Pitman, s. Abraham, Jr. & Thankfull, b. Mar. 23, 1769	2	122
Sarah, m. Nathan **FOWLER**, b. of Guilford, Jan. 28, 1773, by Rev. Tho[ma]s Wells Bray	2	175

KING, Samuel W., of Albany, m. Caroline R. **BARTLET[T]**, of Guilford, Sept. 2, 1847, by Rev. Lorezo T. Bennett — 2, 291

Sarah, m. Daniel **STONE**, Jr., July 17, 1760, by Rev. Mr. Judd, at Southampton — 2, 165

KINGMAN, Phebe, m. Increase **PENDLETON**, b. of Guilford, Dec. 25, 1764, by Rev. Mr. Fowler — 2, 183

KINGSWORTH, Henry, bd. July 30, 1668 — A, 66
    Henry, freeman 1669-70 — A, 121
    James, d. Mar. 22, 1682/3 — A, 68
    Mary, wid., of Guilford, m. John **COL[L]INS**, of Branford, June 2, 1669, by Mr. William Leete — A, 67

KIRBY, KERBY, John B., of New Haven, m. Mary Ann T.

	Vol.	Page
KIRBY, KERBY, (cont.)		
BURGIS, of Guilford, Feb. 3, 1841, by Rev. Lorenzo T. Bennett	2	291
Mary, of Middletown, m. W[illia]m **PARMELE[E]**, of Guilford, Dec. 17, 1764, by Rev. Mr. Eells	2	183
Mary, of Middletown, m. Daniel **EVARTS**, of Guilford, Jan. 22, 1799, by Rev. Gershom Bulkley	2	247
Sarah, of Middletown, m. Abra[ha]m **BENTON**, of Guilford, July 24, 1791, by Rev. Gershom Bulkley	2	226
Susannah, m. Abraham **CRITTENDEN**, b. of G[u]ilford, May 6, 1686, by Mr. Andrew Leete	A	80
KIRKHAM, KERCUM, KIRCUM, KIRKUM, KIRUM, KURKAM,		
Asenath, of Branford, m. David **PARMELE[E]**, of Guilford, Oct. 11, 1780, by Rev. A. Fowler	2	183
Bedad, s. Dan[iel] & Sarah, b. May 22, 1800	2	131
Benjamin, m. Ruth **EVARTS**, b. of Guilford, May 21, [1786], by [James Sproutt]	2	253
Catharine Ward, d. Eli & Sarah, b. Mar. 8, 1806	2	275
Daniel, m. Sarah **JOHNSON**, b. of Guilford, June 9, 1799, by Rev. Sam[ue]ll Eells	2	182
Daniel Maltby, s. Dan[ie]l & Sarah, b. Jan. 31, 1818	2	275
David, s. W[illia]m & Deborah, b. May 25, 1793	2	275
Eber, m. Mary **PALMER**, b. of Guilford, [1774?], by [James Sproutt]	2	253
Eli, m. Sarah **WARD**, b. of Guilford, Nov. 10, 1801, by Rev. Nath[anie]ll Rossetter	2	182
Eli Maltby, s. Dan[ie]l & Sarah, b. Dec. 13, 1813	2	275
Erastus Rodney, s. Dan[ie]l & Sarah, b. Sept. 2, 1804	2	131
George A., of Guilford, m. Polly **ISBEL**, of Killingworth, Aug. 27, 1820, by Rev. John Elliott	2	182
Isaac J., of Guilford, m. Delany **FRISBIE**, of Montgomery, Mass., Feb. 24, 1830, by Rev. Aaron Dutton	2	290
Isaac Johnson, s. Dan[ie]ll & Sarah, b. May 26, 1809	2	275
Katharine, of Guilford, m. John **KENNEDY**, of New Haven, Nov. 5, 1828, by Rev. Aaron Dutton	2	290
Laura B., m. Russell **BENTON**, Oct. 16, 1822, by Rev. Aaron Dutton	2	281
Mariette, of Guilford, m. William **MUNLIN**, of Georgetown, S. C., July 16, 1834, by Rev. Aaron Dutton	2	306
Mary, wid., m. Miles **JOHNSON**, b. of Guilford, Feb. 19, 1777, by Rev. Amos Fowler	2	178
Mary Ann, d. Eli & Sarah, b. Sept. 30, 1802	2	275
Mary Ann, of Guilford, m. Samuel **BARKER**, of Branford, Dec. 25, 1823, by Rev. Aaron Dutton	2	312
Mary E., of Guilford, m. Simon W. **SHAILER**, of Saybrook, Nov. 30, 1848, by Rev. Simon Shailer, of Haddam	2	392
Mercy, m. Josiah **FOWLER**, b. of Guilford, Sept. 8, 1747, by Rev. Jonathan Merrick	2	63

	Vol.	Page
KIRKHAM, KERCUM, KIRCUM, KIRKUM, KIRUM, KURKAM, (cont.)		
Nancy, d. Will[ia]m & Deborah, b. Oct. 25, 1790	2	275
Rebeckah, of Branford, m. Admire **PARKS**, of Guilford, Feb. 19, 1734/5, by Rev. Philemon Robins	2	56
Ruth, wid., m. George **HILL**, Sept. 13, 1829, by Rev. Aaron Dutton	2	318
SAmuel, s. Samuel, d. Aug. 3, 1757; "was drowned"	2	143
Samuel, s. Will[ia]m & Deborah, b. Sept. 21, 1787	2	275
Sarah A., m. Horace **LEETE**, b. of Guilford, Nov. 20, 1836, by Rev. A. B. Goldsmith	2	344
William, s. W[illia]m & Deborah, b. Nov. 23, 1795	2	275
KIRTLAND, Richard, m. Almira **PARMELE[E]**, Jan. 3, 1836, by Rev. David Baldwin	2	291
KITCHELL, KETCHILL, KITCHILL, Johanna, m. Jeremy **PECK**, Nov. 12, 1656	A	60
Robert, freeman 1669-70	A	121
Sara[h], d. Robert & Margaret, bd. [ ] 10, 1651	A	123
KNIGHT, Susa, d. Isaac & Eunice, b. Sept. 30, 1775	2	131
Tho[ma]s Pierce, s. Isaac & Eunice, b. Dec. 6, 1773	2	131
LANDON, Adaline E., m. George H. **JOHNSON**, Jan. 31, 1841, by Rev. David Baldwin	2	309
Adeline Elizabeth, d. William & Elizabeth, b. Sept. 28, 1820	2	271
Adeline J., d. Henry & Harriet, b. Oct. 16, 1839	2	349
Anson, s. Henry & Harriet, b. Mar. 16, 1833	2	349
Charles W., m. Mary E. **BENTON**, b. of Guilford, last evening [Nov. 5, 1844], by Rev. Lorenzo T. Bennett	2	345
David, m. Rebecca **RUGGLES**, Oct. 18, 1763	2	179
David, s. David & Rebecca, b. July 31, 1768	2	188
David, s. Jonathan & Abigail, b. July 5, 1789	2	222
David, s. Henry & Harriet, b. May 6, 1837	2	349
David Loper, s. W[illia]m & Elizabeth, b. Mar. 2, 1817	2	271
Edward R., of Tecumsah, Mich., m. Anna T. **LAY**, of Guilford, Jan. 1, 1835, by Rev. A. Dutton	2	345
Edward Ruggles, s. Nath[anie]ll R. & Mary, b. May 28, 1813	2	271
Franklin, s. W[illia]m & Eliza[bet]h, b. Jan. 23, 1808	2	271
Franklin, s. W[illia]m & Eliza[bet]h, b. Jan. 9, 1811	2	271
Franklin, s. Henry & Harriet, b. Dec. 14, 1846	2	349
George, m. Ruth **HART**, b. of Guilford, Mar. 18, 1813, by Rev. Aaron Dutton	2	257
Gillson, s. W[illia]m & Eliza[bet]h, b. Apr. 5, 1813	2	271
Hannah, d. Sam[ue]ll & Hannah, b. Oct. 13, 1787	2	222
Hannah had d. Mary Ann, b. June 29, 1795	2	222
Harriet E., d. Henry & Harriet, b. July 6, 1830	2	349
Helen M., d. Henry & Harriet, b. Nov. 26, 1844	2	349
Henrietta, d. Sam[ue]ll & Hannah, b. Nov. 4, 1789	2	222
Henry, s. W[illia]m & Eliza[bet]h, b. Mar. 20, 1806	2	271
Henry, s. Henry & Harriet, b. July 9, 1832	2	349

	Vol.	Page
LANDON, (cont.)		
James, m. Sarah **BISHOP**, b. of Guilford, June 14, 17[32], by Rev. Thomas Ruggles	2	55
James, s. James & Sarah, b. May 23, 1734	2	29
Jane Maria, m. Oliver B. **FOWLER**, b. of Guilford, Sept. 1, 1846, by Rev. David Root	2	368
John, s. David & Rebecca, b. Aug. 16, 1771	2	188
Jonathan, s. David & Rebecca, b. Oct. 19, 1763	2	188
Mary, of Southhold, m. Will[ia]m **HUBBARD**, of Guilford, Sept. 30, 1790, by Rev. Zachariah Green	2	223
Mary A., d. Henry & Harriet, b. Oct. 26, 1842	2	349
Mary Ann, d. Hannah, b. June 29, 1795	2	222
Mary Hart, d. George & Ruth, b. Feb. 25, 1815	2	271
Mary Hart, of Guilford, m. Daniel Pheniz **INGRAHAM**, of New York, Jan. 25, 1838, by Rev. Aaron Dutton	2	308
Nancy, m. John **GRAVES**, b. of Guilford, Apr. 25, [1849], by Rev. E. Edwin Hall	2	329
Nath[anie]l Ruggles, s. David & Rebecca, b. June 28, 1784	2	220
Nathaniel Ruggles, m. Mary **GRISWOLD**, b. of Guilford, June 24, 1807, by Rev. Aaron Dutton	2	256
Ralph, s. Jonathan & Abigail, b. June 1, 1792	2	222
Rebecca, d. Jonathan & Abigail, b. Nov. 28, 1786	2	222
Rebecca, d. George & Ruth, b. June 14, 1818	2	271
Samuel, s. David & Rebecca, b. Oct. 17, 1765	2	188
Samuel, m. Hannah **ELLIOTT**, b. of Guilford, Feb. 12, 1785, by Rev. Beriah Hotchkiss	2	256
Samuel, m. Hannah **ELIOT**, of Guilford, Feb. 12, 1786, by [James Sproutt]	2	253
Sarah, d. James & Sarah, b. Nov. 12, 1732	2	29
William, s. David & Rebeccah, b. Dec. 7, 1774	2	188
William, m. Elizabeth **SOPER**, b. of Guilford, June 6, 1802, by Rev. Thomas W. Bray	2	256
William, s. W[illia]m & Eliza[bet]h, b. June 24, 1803	2	271
William, m. Clarrissa **HILL**, b. of Guilford, Apr. 10, 1831, by Rev. David Baldwin	2	315
LANE, Andrew, of New York, m. Lemore Amaranthia **ROGERS**, of Georgia, Aug. 30, 1840, by Rev. Aaron Dutton	2	345
Fanny A., of Durham, m. Stephen **BURR**, of Haddam, Sept. 7, 1847, by Rev. Geo[rge] J. Wood, of North Branford	2	377
LATHROP, Carnitia*, d. Jed[edia]h & Mary, b. Oct. 13, 1799 (*Cornelia?)	2	222
Charles Caldwell, s. Jedediah & Mary, b. Oct. 8, 1795	2	222
Cornelia(?), d. Jed[edia]h & Mary b. Oct. 13, 1799	2	222
Cornelia A., of Guilford, m. William **L'HOMMEDIEU**, of Norwich, June 30, 1830, by Rev. David Baldwin	2	315
George Thomas, s. Jed[edia]h & Mary, b. Aug. 12, 1803	2	222
George Thomas, s. Jed[edia]h & Mary, d. Mar. 12, 1805	2	159
George Thomas, s. Jed[edia]h & Mary, b. Sept. 21, 1805	2	222

	Vol.	Page

LATHROP, (cont.)
    Henry Perkins, s. Jed & Mary, b. June 9, 1810 — 2, 271
    Jedediah, m. Mary **CALDWELL**, b. of Guilford, Nov. 21,
        1793, by Rev. Amos Fowler — 2, 179
    Mary, d. Jedediah & Mary, b. July 2, 1797 — 2, 222
    Richard Tracy, s. Jed[edia]h & Mary, b. May 28, 1802 — 2, 222
    William Edward, s. Jedediah & Mary, b. Aug. 31, 1794 — 2, 220

[LATTIMER], LATERMER, Mary, of Weathersfield, m. Demetrius
    CRAMPTON, of Guilford, July 30, 1740, by Rev.
    Jonathan Todd — 2, 57

LAW, William, of Cheshire, m. Ruth **ELLIOTT**, of Guilford, Oct.
    [ ], 1824, by Rev. Aaron Dutton — 2, 314

LAY, [see also **SAY**], Anna T., of Guilford, m. Edward R.
    LANDON, of Tecumsah, Mich., Jan. 1, 1835, by Rev.
    A. Dutton — 2, 345
    Phebe, of Saybrook, m. John H. **FOWLER**, of Guilford, July 1,
        1797, by John Devotion — 2, 238

LEACH, Alpha, of Guilford, m. Aaron **CLARK**, of Haddam, Oct. 25,
    1821, by Rev. John Ely — 2, 269
    Leverett W., m. Deborah **SCRANTON**, b. of Guilford, Dec.
        14, 1820, by Rev. John Ely — 2, 257

LEE, LEES, [Abigail], d. Samuel & Abiga[i]ll, b. [June 22, 1710] — 2, 10
    Abigail, m. John **BENTON**, b. of Guilford, Dec. 19, 17[30], by
        Rev. Thomas Ruggles — 2, 51
    Abigail, d. Jonathan & Mary, b. July 11, 1754 — 2, 103
    Alexander, s. Nathan & Mabel, b. Mar. 5, 1774 — 2, 188
    Ann, m. Ebenezer **MUNGER**, b. of Guilford, May 3, 1742, by
        Rev. Jonathan Todd — 2, 61
    Anna, d. Jonathan & Mary, b. Nov. 10, 1756 — 2, 103
    Anne, d. Jonathan & Hope, b. Oct. 1, 1720 — 2, 14
    Anne, m. Josiah **MUNGER**, b. of Guilford, Mar. 22, 1780, by
        Rev. Jon[a]th[an] Todd — 2, 180
    Azraiah, s. John & Elizabeth, b. Dec. 30, 1740 — 2, 42
    Charles, s. William & Eunice, b. Sept. 7, 1779 — 2, 220
    Charles, s. W[illia]m & Euncie, d. Sept. 12, 1788 — 2, 159
    Charles, s. W[illia]m & Eunice, b. Nov. 29, 1788 — 2, 220
    Charles, m. Achsah **PARMELE**, b. of Guilford, July 8, 1812,
        by Rev. Aaron Dutton — 2, 256
    C[h]loe, d. Jonath[a]n & Mary, b. Mar. 14, 1770 — 2, 188
    Chloe, m. Jonathan **TODD**, Jr., b. of Guilford, Aug. 15, 1790,
        by Rev. Jonath[a]n Todd — 2, 185
    Chloe A., m. William H. **BISHOP**, b. of Guilford, Nov. 3,
        1825, by Rev. Samuel N. Shepherd — 2, 312
    Clemania, d. Nath[anie]ll & Mabel, b. Dec. 18, 1763 — 2, 188
    David, s. Joseph, Jr., & Mary, b. July 3, 1740 — 2, 41
    David, s. Eber & Huldah, b. May 9, 1792 — 2, 220
    Davis, m. Harriet **ELLIOTT**, b. of Guilford, Jan. 1, 1838, by
        Rev. Aaron Dutton — 2, 345

GUILFORD VITAL RECORDS 205

	Vol.	Page
LEE, LEES, (cont.)		
Deborah, d. Elon & Deborah, b. Mar. 31, 1783	2	188
Deborah, wid., m. Amos **DUDLEY**, b. of Guilford, July 15, 1799, by Rev. Amos Fowler	2	173
Deborah, m. William **DUDLEY**, b. of Guilford, Feb. 8, 1808, by Rev. Aaron Dutton	2	258
Eben, s. Eben* & Huldah, b. June 7, 1800 (*Eber?)	2	222
Ebenezer, m. Sarah **CHIDSEY**, b. of Guilford, May 16, 17[21], by Rev. Thomas Ruggles	2	45
Ebenezer, d. Sept. 24, 1751	2	139
Eber, s. Elon & Elizabeth, b. Dec. 23, 1760	2	109
Eber, m. Huldah **BISHOP**, b. of Guilford, Nov. 30, 1789, by Rev. Amos Fowler	2	179
Edward, s. Thomas & Elizabeth, b. Jan. 17, 1727	2	19
Elezabeth, d. John & Elizabeth, b. Nov. latter end, 1692	A	99
Elizabeth, m. Daniel **GRAVE**, b. of Guilford, Dec. 30, 1755, by Rev. Jon[a]th[an] Todd	2	165
Elizabeth, m. Daniel **GRAVE**, b. of Guilford, Jan. [20], 1756, by Rev. Jon[a]th[an] Todd	2	164
Elizabeth, d. Elon & Eliza[bet]h, b. Feb. 20, 1763	2	111
Elizabeth had s. Anson Kennedy, b. Oct. 4, 1788	2	220
Elon, s. Ebenezer & Sarah, b. May 16, 17[24]	2	16
Elon, m. Elizabeth **HOTCHKISS**, May 16, 1750, by Rev. Thomas Ruggles	2	61
Elon, s. Elon & Elizabeth, b. June 17, 1757	2	105
Elon, Jr., m. Deborah **JOHNSON**, b. of Guilford, Dec. 30, 1778, by Rev. Amos Fowler	2	179
Elon, Jr., d. Jan. 31, 1783, in the 26th y. of his age	2	159
Elon, s. W[illia]m & Eunice, b. Mar. 12, 1786	2	220
Elon, s. Eber & Huldah, b. Dec. 15, 1790	2	220
Erastus, see under Rastus		
Eunice, m. Henry **BENTON**, b. of Guilford, Apr. 8, 1832, by Rev. Aaron Dutton	2	325
Experience, d. Nathaniel & Temperance, b. Sept. 10, 1737	2	33
Frederick, s. Nath[anie]ll & Mabel, b. Apr. 3, 1766	2	188
Harriet, d. Nath[anie]ll & Mabel, b. Nov. 7, 1776	2	188
Hope, d. Jonathan & Hope, b. May 1, 1728	2	20
Huldah, w. of Eber, d. Oct. 19, 1836, ae 78 y.	2	159
James, s. Nathaniel & Temperance, b. Sept. 2, 1730	2	22
James, d. (sic) Nath[anie]ll & Temperance, b. Mar. 11, 1749/50	2	84
Joel, m. Mary **DAVIS**, b. of Guilford, Feb. 1, 1792, by Rev. Amos Fowler	2	179
Joel Alvah, s. Joel & Mary, b. July 6, 1794	2	222
John, Jr., d. Mar. [ ], 171[7]	2	2
John, Sr., d. Feb. 14, 1717/8	2	2
John, s. John & Elizabeth, b. May 20, 1739	2	42
John, m. Elizabeth **HOTCHKIS**, b. of Guilford, May 16, 1750, by Rev. Thomas Ruggles	2	84

	Vol.	Page

LEE, LEES, (cont.)
Jonathan, s. John & Elizabeth, b. May 26, 1695	A	97
Jon[a]th[an], m. Hope **MURREY**, b. of Guilford, Aug. 5, 1719, by Rev. John Hart	2	46
Jonathan, m. Mary **BARTLET[T]**, b. of Guilford, June 27, 1751, by Rev. Jonathan Todd	2	66
Jonathan, s. Jonathan & Mary, b. Apr. 9, 1762	2	188
Jonathan, s. W[illia]m & Eunice, b. Apr. 12, 1791	2	222
Joseph, s. John & Elizabeth, b. Aug. 26, 1690	A	99
Joseph, s. Edward & Ab[i]gell, d. Dec. 5, 1692	A	70
[Joseph], of Guilford, m. Rebecca **LEWIS**, of Haddam, June 24, 173[0], by James Wells, J. P., in Haddam	2	52
Joseph, Jr., m. Mary **BAYLEY**, b. of Guilford, Mar. 23, 1735/6, by Rev. Jonathan Todd	2	57
Josiah, s. Joseph & Rebeckah, b. July 11, 1733	2	77
Josiah, s. Joseph, d. May 7, 1751	2	141
Lemuell, s. Edward & Abigell, b. Dec. 1, 1693	A	189
Lemuel, of Guilford, m. Margaret **BURNET**, d. of Dan, of Southhamton, Feb. 21, 1715/16, by Abraham Fowler	2	43
Lucy, m. [John] **CRUTTENDEN**, Jr., b. of Guilford, June 4, 1734, by Rev. Jonathan Todd	2	52
Lucy, m. John **NORTON**, Jr., b. of Guilford, Dec. 27, 1758, by Rev. Amos Fowler	2	72
Lucy, d. Samuel, Jr. & Agnis, b. July 8, 1770	2	124
Martha, d. Joseph, Jr. & Mary, b. Mar. 21, 1742/3	2	75
Mary, d. Edward & Abigell, b. July 4, 1689	A	91
Mary, w. of Lemuel, d. Mar. 3, [1719]	2	1
Mary, d. Ebenezer & Sarah, b. May 2, 1722	2	13
Mary, d. Jonathan & Hope, b. Feb. 10, 1722/3	2	20
Mary, d. June 9, 1752	2	139
Mary, d. Jonathan & Mary, b. June 24, 1759	2	188
Mary, m. Amos **FOWLER**, b. of Guilford, Jan. 17, 1848, by Rev. E. Edwin Hall	2	368
Meriam, m. Mark **HODGKINS**, b. of Guilford, Jan. 8, 1750/1, by Rev. Thomas Ruggles	2	62
Myrta Ann, m. Jessie L. **FIELD**, b. of Guilford, Apr. 15, 1838, by Rev. Aaron Dutton	2	331
Nathan, s. Jonathan & Hope, b. May 22, 1726	2	20
[Nathan], s. Joseph, Jr. & Mary, b. Sept. 13, 1750	2	84
Nathaniel, m. Temperance **BISHOP**, b. of Guilford, Apr. 3, 172[8], by Rev. Thomas Ruggles	2	50
Nathaniel, s. Nathaniel & Temperance, b. Apr. 11, 1735	2	29
Nathaniel, m. Mary **TURNER**, b. of Guilford, Apr. 6, 1752, by Rev. Jon[a]th[an] Todd	2	62
Nathaniel, m. Mabel **MEIGS**, b. of Guilford, Dec. 7, 1757, by Rev. Jonathan Todd	2	70
Orit, d. Eber & Huldah, b. Nov. 7, 1793	2	220
Phinehas, s. Joseph & Rebeckah, b. Nov. 5, 1736	2	77

GUILFORD VITAL RECORDS 207

	Vol.	Page
LEE, LEES, (cont.)		
Phinehas, s. Joseph, d. Aug. 13, 1747	2	141
Phinehas, s. Nath[anie]ll & Temperance, b. Oct. 17, 1747	2	82
Polly, d. Joel & Mary, b. Sept. 22, 1792	2	220
Polly, d. Joel & Mary, d. Sept. 25, 1794	2	159
Rachel, d. Ebenezer & Sarah, b. Feb 23, 1726/7	2	18
Rastus, s. Eber & Huldah, b. Sept. 28, 1795	2	222
Rebeckah, d. Samuel, Jr. & Agnis, b. Mar. 17, 1766	2	124
Rebecca, m. Timo[thy] **SEAWARD**, b. of Guilford, Dec. 3, 1783, by Rev. Amos Fowler	2	184
Reuben, s. W[illia]m & Eunice, b. Sept. 28, 1773	2	188
Rhoda, d. Ebenezer & Sarah, b. Nov. 9, 1728	2	20
[Rhoda], d. Eben[eze]r, d. Nov. 1, 1736	2	150
Roland, d. Nov. 23, 1767, in the 60th y. of his age	2	145
Ruth, d. Joseph, Jr. & Mary, b. Apr. 29, 1747	2	80
Ruth, d. Sam[ue]ll, Jr. & Agnis, b. Aug. 13, 1778	2	220
Sally Eliza, m. W[illia]m **HINCKLEY**, [Oct.] 4, [1846], by Rev. Cha[rle]s R. Adams (correction (Sally Eliza, m. W[illia]m **HINCKLEY**... His first name should be Walter. ((See **TALCOTT**, p. 375, no. 133.)) Error noted by a grandson, Mr. Evarts. 6/23/47) on typed note attached to original manuscript)	2	361
Samuel, s. Edward & Elizabeth, b. June 25, 1681	A	87
[Samuel], s. Samuel & Abig[i]ll, b. Apr. 21, [1718]	2	10
Samuel, d. Aug. 26, [1727, ae 46]	2	3
Samuel, m. Ruth **MORSE**, b. of Guilford, Jan. 6, 1741/2, by Rev. Thomas Ruggles	2	58
Samuel, s. Samuel & Ruth, b. Oct. 1, 1742	2	79
Samuel, Jr., m. Agnis **DICKINSON**, b. of Guilford, Nov. 7, 1764, by Rev. Mr. May	2	170
Sarah, d. Edward & Abigel, b. Feb. 27, 1690	A	81
Sarah, d. Lemuel & Mary, b. May 26, 17[17]	2	10
Sarah, d. Ebenezer & Sarah, b. June 2, 1732	2	27
Sarah, s*, Elon & Elizabeth, b. Mar. 23, 1752 (*Probably a daughter)	2	89
Sarah, d. Nathaniel & Mary, b. Apr. 6, 1753	2	106
Sarah, m. Miles **JOHNSON**, b. of Guilford, May 25, 1774, by Rev. Amos Fowler	2	178
Sarah, d. William & Eunice, b. July 16, 1782	2	220
Sarah, m. John **DUDLEY**, b. of Guilford, Jan. 24, 1805, by Rev. Mr. Brainard	2	258
Selah, s. Jonathan & Hope, b. June 25, 1737	2	34
Selah, d. Jan. 5, 1757, in the 20th y. of his age	2	142
Selah, s. Jonathan & Mary, b. Sept. 5, 1765	2	188
Simeon, s. Nathaniel & Temperance, b. July 16, 1745	2	78
Simeon, s. Nath[anie]ll & Mabel, b. May 26, 1771	2	188
Statira, d. Nath[anie]ll & Mabel, b. Aug. 24, 1768	2	188
Stephen, s. Thomas & Elizabeth, b. Oct 16, 17[22]	2	13

	Vol.	Page

LEE, LEES, (cont.)

	Vol.	Page
Submit, d. Jonathan & Mary, b. Jan. 14, 175[3]	2	93
Temperance, d. Nathaniell & Temperance, b. Jan. 19, 1728/9	2	21
Thomas, of Guilford, m. Elizabeth **SANFORD**, of Fairfield, Nov. 15, 1723, by Nathan Gold, Dept. Gov.	2	46
Thomas, s. Thomas & Elizabeth, b. Oct. 13, 1730	2	22
Tim, s. William & Eunice, b. Nov. 1, 1775	2	220
Timothy, s. Nathaniel & Temperance, b. Feb. 22, 1730/1	2	39
Timothy, s. Samuel & Ruth, b. Feb. 22, 1744/5	2	79
Timothy, s. Nath[anie]ll & Mabel, b. Aug. 14, 1760	2	188
Uriah, s. Nath[anie]ll & Mabel, b. May 29, 1780	2	188
Vene, s. Elon & Elizabeth, b. Nov. 27, 1770	2	124
Vene, of Guilford, m. Hannah Rebeckah **PALMER**, of Branford, May 16, 1793, by Rev. Amos Fowler	2	179
William, m. Eunice **HOTCHKISS**, b. of Guilford, May 23, 1770, by Rev. Amos Fowler	2	179
Will[ia]m, m. Eunice **HOTCHKISS**, b. of Guilford, May 23, 1770, by Rev. Amos Fowler	2	188
William, s. Will[ia]m & Eunice, b. July 14, 1771	2	188
Will[ia]m, d. Apr. 29, 1795, in the 54th y. of his age	2	159

LEES, [see under **LEE**]

LEETE, LEET, LEETT, LEETTE, Abigail, Mrs., of Guilford, m.

	Vol.	Page
John **WOODBRID[G]E**, of Killingworth, Oct. 26, 1671, by Mr. William Leete	A	67
[Abigail], d. Samuell & Abigell, b. [June] 22, [1710]	2	5
Abigail, wid., of Dea. Pelatiah, d. Oct. 22, 1769	2	146
Abigail, m. Calvin **CHITTENDEN**, b. of Guilford, Mar. 18, 179[ ], by Rev. Amos Fowler	2	225
Abigail, d. June 2, 1792, in the 85th y. of her age	2	159
Abigail M., m. Ambrose W. **LEETE**, b. of Guilford, Feb. 5, 1840, by Rev. Aaron Dutton	2	345
Abigail Maria, d. Alvan & Rebecca, b. Nov. 18, 1816	2	348
Abigail W., m. John **WELD**, b. of Guilford, Oct. 13, 1838, by Rev. A. B. Goldsmith	2	352
Abraham, s. Daniel & Rhoda, b. Apr. 5, 1755	2	95
Abra[ha]m, s. Ambrose & Miranda, b. Jan. 1, 1784	2	220
Abram, s. Dan[ie]l & Rhoda, b. Sept. 25, 1753; d. Oct. 26, 1753	2	93
Abram, s. Daniel, d. Nov. 4, 1757	2	142
[Absolom], s. Gordon & Rebeckah, b. Sept. 3, 1747	2	84
Albert A., m. Betsey A. **PARMELE[E]**, b. of Guilford, June 6, 1825, by Rev. Aaron Dutton	2	314
Albert Augustus, s. Ambrose, Jr. & Cath[arin]e, b. Oct. 10, 1805	2	271
Alexander, m. Rachel **BENTON**, Dec. 23, 1835, by Rev. David Baldwin	2	344
Allen Norton, s. Noah & Huldah, b. Mar. 6, 1793	2	222
Alvan, s. Joel & Molly, b. Aug. 24, 1791	2	220

	Vol.	Page
LEETE, LEET, LEETT, LEETTE, (cont.)		
Amanda Jeanette, d. Peletiah & Betsey, b. Oct. 16, 1807	2	271
Amasa, s. Jordan & Rebeckah, b. Apr. 1, 1753	2	93
Amasa, m. Abigail **STONE**, b. of Guilford, Apr. 27, 1801, by Rev. Israel Brainard	2	256
Ambrose, s. Daniel & Rhodah, b. Jan. 19, 1747/8	2	82
Ambrose, m. Miranda **CHITTENDEN**, b. of Guilford, Nov. 10, 1773, by Rev. Daniel Brewer	2	179
Ambrose, m. Miranda **CHITTENDEN**, b. of Guilford, Nov. 10, 1773, by [James Sproutt]	2	252
Ambrose, s. Ambrose & Miranda, b. Nov. 10, 1774	2	192
Ambrose, Jr., m. Catharine **WARD**, b. of Guilford, Feb. 21, 1802, by Rev. Israel Brainard	2	256
Ambrose W., m. Abigail M. **LEETE**, b. of Guilford, Feb. 5, 1840, by Rev. Aaron Dutton	2	345
Ambrose Ward, s. Ambrose & Catharine, b. Oct. 22, 1809	2	271
Ame, d. John & Lidya, b. Dec. 10, 1775	2	188
Ame, d. Jno. & Lydia, d. Mar. 7, 1789	2	159
Amelia Calistia, d. Frederick W. & Jeannette S., b. June 19, 1831	2	348
Amos, s. Gelatiah, Jr. & Lydia, b. Apr. 25, 1758	2	99
Amos, m. Hannah **WARD**, b. of Guilford, June 26, 1781, by Rev. Amos Fowler	2	179
Amos, s. Amos & Hannah, b. Jan. 8, 1790	2	220
Amos, m. Anna **LEETE**, b. of Guilford, Dec. 13, 1820, by Rev. Aaron Dutton	2	256
Amos Hervey, s. Amos & Anna, b. Aug. 6, 1833	2	348
Andrew, m. Elizabeth **JORDAN**, June 1, 1669, by Mr. William Leete	A	67
Andrew, s. Samuel & Hannah, b. Nov. 6, 1731	2	24
Ann, bd. Sept. 1, 1668	A	66
Ann, m. John **COLLINS**, b. of G[u]ilford, July 23, 1691, by Mr. Andrew Leete	A	95
Ann, d. John & Mary, b. Aug. 5, 1671	A	74
Ann, d. Samuel & Hannah, b. July 25, 1728	2	24
An[n]ah, d. Roland & Marcy, b. July 6, 1742	2	90
Anna, twin with Harvey, d. Phares & Ruth, b. May 5, 1791	2	220
Anna, m. Amos **LEETE**, b. of Guilford, Dec. 13, 1820, by Rev. Aaron Dutton	2	256
Anna, d. Amos & Anna, b. Jan. 3, 1826	2	348
Anne, d. Will[ia]m & Anne, b. Mar. 10, 1661	A	63
Anne, m. Samuel **HOPSON**, b. of Guilford, Jan. 25, 1725/6, by Rev. Thomas Ruggles	2	47
Anne, d. John, Jr. & Elizabeth, b. Feb. 13, 1725/6	2	17
Arte, d. Amos & Hannah, b. Aug. 27, 1787	2	220
Asa, twin with Tamar, s. Benjamin & Rachal, b. July 21, 1726	2	17
Asa, of Guilford, m. Hannah **REIGNER**, of Branford, Oct. 19, 1748, by Rev. Jonathan Merrick	2	61

BARBOUR COLLECTION

	Vol.	Page
LEETE, LEET, LEETT, LEETTE, (cont.)		
Asael, s. Roland & Mercy, b. Nov. 10, 1747; d. Sept. 22, 1751	2	90
Beniamin, s. John & Mary, b. Dec. 26, 1686	A	89
Benjamin, of Guilford, m. Rachell **CHAMPION**, of Lyme, Oct. 26, 1714, by William Eally, J. P., of Lyme	2	43
Benjamin, s. Benjamin & Rachel, b. Apr. 8, 1717	2	10
Benjamin, m. Amanda **COOKE**, b. of Guilford, July 30, 1827, by Rev. Alva B. Goldsmith	2	315
Benjamin, m. Lurenda **PALMER**, b. of Guilford, [Mar.] 19, [1849], by Rev. H. N. Weed	2	388
Benjamin Case, s. Edmund & Fanny, b. Sept. 23, 1804	2	222
Bethiah, w. of Pelatiah, d. June 30, 1793, in her 56th y.	2	159
Betsey Bethiah, d. Pelatiah, Jr. & Betsey, b. Apr. 12, 1798	2	222
Caleb, s. William & Anne, b. Aug. 24, 1651	A	124
Caleb, bd. Jan. 13, 1672	A	68
Caleb, s. Andrew & Elizabeth, b. Dec. 10, 1673	A	75
Catharine Ward, d. Ambrose & Catharine, b. June 9, 1811	2	271
Charles Frederick, s. Ambrose & Catharine, b. Dec. 7, 1820	2	348
Charles Ward, s. Noah & Huldah, b. Oct. 14, 1799	2	222
Clarrissa, m. Roswell **BLAKE**, b. of Guilford, June 9, 1834, by Rev. A. B. Goldsmith	2	338
Daniell, s. John & Mary, b. Sept. 23, 1689	A	82
[Daniel], s. Benjamin & Rachall, b. Jan. 26, 1720/21	2	11
Daniel, m. Rhodah **STONE**, b. of Guilford, June 14, 1738, by Janna Meigs, J. P.	2	54
Daniel, s. Daniel & Rhoda, b. Apr. 17, 1742	2	73
Daniel, m. Charity **NORTON**, b. of Guilford, Dec. 9, [1766], by [James Sproutt]	2	229
Daniel, Jr., m. Charity **NORTON**, b. of Guilford, Dec. 10, 1766, by Rev. James Sproutt	2	168
Daniel, s. Daniel, Jr. & Charity, b. Oct. 30, 1767	2	118
Daniel, 3rd, s. Daniel, 2d, d. Oct. 23, 1769	2	146
Daniel, Dea., d. Oct. 1, 1772, in the 63rd y. of his age	2	159
Daniel, s. Daniel & Charity, b. Feb. 17, 1773	2	188
Daniel, Jr., m. Lydia **GOLDSMITH**, b. of Guilford, Apr. 17, 1794, by Rev. Amos Fowler	2	179
Daniel, d. Aug. 17, 1846	2	159
Daniel B., m. Electa **FOWLER**, b. of Guilford, Mar. 13, 1821, by Rev. David Baldwin	2	257
Dorothy, of Guilford, m. Daniel **HURD**, of Killingworth, Dec. 17, 1750, by [James Sproutt]	2	215
Eber, s. Pelatia[h], Jr. & Lydia, b. Mar. 25, 1752	2	87
Eber, s. Pelatiah, d. Oct. 22, 1769	2	146
Eber, s. John & Lydia, b. Oct. 8, 1780	2	188
Edmund, s. Daniel & Charity, b. May [ ], 1775	2	188
Edmund, m. Fanny **GOLDSMITH**, b. of Guilford, Feb. 26, 1801, by Abra[ha]m Chittenden	2	256
Edward L., m. Sylvia **FOWLER**, b. of Guilford, Apr. 27, 1833,		

	Vol.	Page
LEETE, LEET, LEETT, LEETTE, (cont.)		
by Rev. Zolva Whitmore	2	344
Edwin, of New Haven, m. S. Ellen **HOTCHKISS**, of Guilford, [Nov.] 25, [1847], by Rev. David Root	2	388
Edwin Alonzo, s. Alvan & Rebecca, b. Dec. 21, 1822	2	348
Eli, s. Amos & Hannah, b. May 7, 1785	2	220
Eli, s. John & Lydia, b. Oct. 20, 1795	2	222
Elias, s. John, Jr. & Elizabeth, b. Apr. 30, 1724	2	16
Elijah, s. Solomon & Zipporah, b. Dec. 21, 1753	2	94
Eliza, m. Edward **NORTON**, b. of Guilford, June 9, 1834, by Rev. David Baldwin	2	310
Eliza Ann, d. Alvan & Rebecca, b. Mar. 3, 1818	2	348
Elizabeth, d. Jordan & Rebeckah, b. Oct. 3, 1750	2	85
Elizabeth, m. John **SMITH**, b. of Guilford, Jan. [ ], 1772, by [James Sproutt]	2	246
Ezekiel, s. Benjamin & Rachel, b. June 30, 1724	2	15
Fanny M., of Guilford, m. George **FOWLER**, of Madison, Apr. 13, 1829, by Rev. Aaron Dutton	2	316
Fanny Minerva, d. Edmund & Fanny, b. Nov. 8, 1806	2	271
Frederick W., m. Jennette S. **FOWLER**, Oct. 10, 1827, by Rev. A. B. Goldsmith	2	315
Frederic[k] William, s. Joel & Molley, b. July 26, 1803	2	222
George, s. Phares & Ruth, b. Mar. 29, 1782	2	220
George Augustus, s. Morris A. & Clarinda, b. May 4, 1824	2	349
George Augustus, s. Morris A. & Clarinda, d. Nov. 27, 1825	2	159
George Cornelius, s. Morris A. & Clarinda, b. Sept. 17, 1829	2	349
Graciana, d. Will[ia]m & Anne, b. Dec. 22, [1653]	A	122
Hannah, d. Roland & Mercy, b. Nov. 2, 1749	2	90
Hannah Ward, d. Amos & Anna, b. Nov. 22, 1827	2	348
Harriet, d. Ambrose & Catharine, b. Feb. 14, 1808	2	271
Harriet, m. John E. **FOWLER**, b. of Guilford, Nov. 29, 1837, by Rev. Aaron Dutton	2	331
Harvey, twin with Anna, s. Phares & Ruth, b. May 5, 1791	2	220
Harvey, s. John & Lydia, b. May 9, 1793	2	220
Henry Walter, twin with Henry Ward, s. Morris A. & Clarinda, b. Nov. 9, 1832	2	349
Henry Ward, twin with Henry Walter, s. Morris A. & Clarinda, b. Nov. 9, 1832	2	349
Henry William, s. Edmund & Fanny, b. Dec. 1, 1801	2	222
Hervey, s. Amos & Hannah, b. Jan. 4, 1797	2	222
Horace, m. Sarah A. **KERCUM**, b. of Guilford, Nov. 20, 1836, by Rev. A. B. Goldsmith	2	344
Isaac Palmer, s. Alvan & Rebecca, b. Mar. 9, 1821	2	348
James, s. Solomon & Zipporah, b. Nov. 5, 1751	2	94
James, m. Jeremiah **CADWELL**, b. of Guilford, Jan. 31, 1774, by [James Sproutt]	2	252
James A., m. Hannah **CONE**, b. of Guilford, Mar. 11, 1824, by Rev. David Baldwin	2	257

	Vol.	Page
LEETE, LEET, LEETT, LEETTE, (cont.)		
Jared, s. Sam[ue]l & Hannah, b. Jan. 28, 1735/6	2	31
Jared, m. Hannah **HAND**, b. of Guilford, Oct. 13, 1774, by Rev. Jon[a]th[an] Todd	2	179
Jared, m. Lois **HART**, Oct. 2, 1833, by Rev. Zolva Whitmore	2	344
Jerusha, m. John **SHELLEY**, b. of Guilford, [Jan. 16, 1731], by Rev. Thomas Ruggles	2	51
Joel, s. Pelatiah, 3rd, & Bethiah, b. Apr. 15, 1768	2	119
Joel, m. Molly **CRUTTENDEN**, b. of Guilford, May 27, 1790, by Rev. Amos Fowler	2	179
Joel Morris, s. Morris A. & Clarinda, b. Dec. 25, 1821	2	349
John, m. Mary **CHITTENDEN**, Oct. 4, 1670, by Mr. Leete	A	67
John, s. John & Mary, b. Jan. 4, 1673	A	75
John, d. Nov. 25, 1692, ae about 53 y.	A	70
John, Jr., of Guilford, m. Elizabeth **BALDWIN**, of Durham, May 13, 17[23], by Rev. Nathaniel Cha[u]ncey	2	48
John, s. Roland & Marcy, b. Jan. 16, 1745/6	2	90
John, m. Lidia **LEETE**, b. of Guilford, Dec. 19, 1770, by Rev. Mr. Fowler	2	170
John, s. John & Lidia, b. Nov. 25, 1771	2	125
John, 2d, m. Alpha **MAN**, b. of Guilford, Dec. 12, 1787, by Rev. Amos Fowler	2	179
John, s. John & Alpha, b. Nov. 5, 1788	2	220
Jonathan Dudley, s. Anson & Abigail, b. Jan. 26, 1800	2	222
Jordan, m. Rebecca **MARTINS**, b. of Guilford, Nov. 13, 1746, by [James Sproutt]	2	213
Jordan, s. Amasa & Abigail, b. June 25, 1803	2	222
Joseph Alvin, s. Morris A. & Clarinda, b. Aug. 19, 1836	2	349
Joshua, s. Will[ia]m & Anne, bd. Feb. 22, 1659	A	62
Joshua, s. John & Mary, b. July 7, 1676	A	85
Joshua, m. Wid. Mercy **BENTON**, Mar. 6, 1722/3, Rev. Thomas Ruggles	2	46
Joshua G., m. Mary **PARMELE[E]**, b. of Guilford, Oct. 3, 1847, by Rev. E. Edwin Hall	2	388
Julia A., of Guilford, m. George T. **NEWHALL**, of New Haven, May 29, 1844, by Rev. Lorenzo T. Bennett	2	379
Laura Ann, d. Peletiah & Betsey, b. May 31, 1810	2	271
Leah, d. Benjamin & Rachel, b. Mar. 7, 1739/40	2	40
Leath*, m. Edward **BENTON**, b. of Guilford, May 28, 175[8], by Rev. Thoms Ruggles (*Leah?)	2	69
Lee, m. Lydia **HODGKIN**, wid., b. of Guilford, Nov. 15, 1753, by Rev. Philemon Robbins	2	67
Levy, s. Benj[ami]n & Rachel, b. Mar. 3, 1730/1, in Durham	2	23
Lewis, m. Harriet **ELLIOTT**, b. of Guilford, Oct. 12, 1823, by Stephen W. Stebbins	2	257
Lois, d. John & Lydia, b. Apr. 11, 1778	2	188
Lucinda J., m. John **NORTON**, b. of Guilford, Sept. 13, 1847, by Rev. E. Edwin Hall	2	379

GUILFORD VITAL RECORDS 213

	Vol.	Page
LEETE, LEET, LEETT, LEETTE, (cont.)		
Lucinda Jeannette, d. Frederick W. & Jeannette S., b. June 29, 1829	2	348
Lucy, of Guilford, m. Sam[ue]ll **BARKER**, Jr., of Branford, Nov. 27, [1760], by [James Sproutt]	2	219
Lucy, d. Samuel & Mary, b. Jan. 7, 1763	2	112
Lucy, m. Johnson **BISHOP**, b. of Guilford, Jan. 1, 1777, by Rev. Amos Fowler	2	171
Lucy, of Guilford, m. Oziel **WILCOX**, of Killingworth, Feb. 20, 1826, b Rev. Zolva Whitmore	2	288
Lucy Maria, d. Morris A. & Clarinda, b. June 2, 1827	2	349
Lydia, d. Pelatiah, Jr. & Lydia, b. Oct. [24, 1749]	2	83
Lidia, m. John **LEETE**, b.of Guilford, Dec. 19, 1770, by Rev. Mr. Fowler	2	170
Lydia, w. of Pelatiah, d. Aug. 13, 1772, in the 54th y. of her age	2	159
Lydia, d. Jno. & Lydia, b. Nov. 19, 1773	2	188
Lydia, d. Oct. 19, 1842	2	159
Lydia Meigs, d. Noah & Huldah, b. Mar. 3, 1796	2	222
Mabel, d. Stephen & Sarah, b. Apr. 8, 1758	2	106
Manda, d. Amos & Hannah, b. June 21, 1783	2	220
Margeret, m. Samiel **COLLINS**, b. of Guilford, Oct. 20, 1731, by Rev. Thomas Ruggles	2	49
Maria, d. Amos & Hannah, b. Aug. 30, 1794	2	222
Marriette, d. Alvan & Rebecca, b. July 20, 1827	2	348
Mary, d. William & Mary, b. Jan. 11, 1671	A	74
Mary, Mrs., d. Dec. 13, 1683	A	69
Mary, w. of Joshua, d. Mar. 18, 1721	2	2
Mary, d. Jared & Hannah, b. Aug. [ ], [1779]	2	188
Mary, d. Pelatiah & Mary, b. Feb. 15, 1798	2	222
Mary, of Guilford, m. Jude **LUDDINGTON**, of West Springfield, Mass., Oct. 6, 1823, by Rev. Aaron Dutton	2	257
Mary Ann, d. Albert A. & Betsey A., b. Sept. 20, 1827	2	271
Mary Ann, m. William **BLATCHLEY**, May 9, 1841, by Rev. James Rawson	2	339
Mehitabell, d. John & Mary, b. Dec. 10, 1683	A	89
Mehitabel, d. Palatia, d. Oct. 11, 1721	2	2
Mehetable, m. John **BREWSTER**, b. of Guilford, Apr. 5, 1774, by [James Sproutt]	2	213
Mercy, of Guilford, m. Jonathan **HUBBARD**, of Glasingbury, May 29, 1774, by [James Sproutt]	2	213
Merta Marietta, d. Pelatiah, Jr. & Betsey, b. Oct. 4, 1804	2	222
Minor, s. Ambrose & Miranda, b. June 30, 1779	2	188
Miranda, d. Ambrose & Miranda, b. Jan. 8, 1777	2	188
Miranda Cornelia, d. Ambrose & Catharine, b. Feb. 20, 1814	2	348
Morris A., m. Clarrissa **GRAVE**, b. of Guilford, Oct. 25, 1820, by Rev. John Elliott	2	256
Morris Atwell, s. Joel & Molly, b. Nov. 10, 1795	2	222

	Vol.	Page

LEETE, LEET, LEETT, LEETTE, (cont.)

	Vol.	Page
Myne, d. John & Lydia, b. July 10, 1785	2	220
Nathan, s. Pelatiah, d. Nov. 1, 1769	2	146
Nathan, s. Timothy & Mercy, b. Nov. 22, 1769	2	188
Nath[anie]ll, s. Timothy & Mercy, b. June 14, 1776	2	188
Noah, s. Pelatiah, d. Oct. 21, 1769	2	146
Noah, s. Selatiah*, Jr. & Bethiah, b. Feb. 22, 1770 (*Probably Pelatiah)	2	123
Noah, m. Huldah **WARD**, b. of Guilford, Feb. 22, 1792, by Rev. Amos Fowler	2	179
Olive, d. John & Lydia, b. Feb. 20, 1783	2	188
Orit*, d. John & Lydia, b. May 2, 1788 (*Oril?)	2	220
Oril, d. Jno. & Lydia, d. May 27, 1790	2	159
Orit*, d. John & Lydia, b. Oct. 12, 1790 (*Oril?)	2	220
Peletiah, s. John & Mary, b. Mar. 26, 1680/1	A	89
Pelatia[h], Jr., m. Lydia **CRUTTENDEN**, b. of Guilford, Mar. 26, 17[40], by Rev. Thomas Ruggles	2	53
Pelatia[h], s. Pelatia[h], Jr. & Lydia, b. Mar. 4, 1740/1	2	42
Pelatiah, s. Pelatiah, Jr., d. Apr. 20, 1741	2	147
Pelatia[h], s. Pelatia[h], Jr. & Lydia, b. Aug. 22, 1744	2	76
Peletiah, 3rd, m. Bethyah **NORTON**, b. of Guilford, June 10, [1767], by [James Sproutt]	2	246
Pelatiah, 3rd, m. Bethiah **NORTON**, b. of Guilford, June 17, 1767, by Rev. James Sproutt	2	168
Pelatia[h], Dea., d. Oct. 13, 1768, in the 88th y. of his age	2	145
Pelatiah, s. Pelatiah & Bethiah, b. July 3, 1773	2	188
Pelatiah, Dea., d. May 28, 1786, in the 74th y. of his age	2	159
Pelatiah, of Guilford, m. Mary **FRISBIE**, of Branford, Nov. 10, 1794, by Rev. Sam[ue]ll Eells	2	179
Pelatiah, Jr., m. Betsey **RANNEY**, b. of Guilford, May 28, 1797, by Rev. Amos Fowler	2	256
Peletiah **WARD**, s. Peletiah & Betsey, b. May 4, 1815	2	271
Peregrine, s. Will[iam] & Anne, b. 11th m. 12th d., 1657	A	60
Phares, m. Ruth **SAVAGE**, b. of Guilford, Nov. 12, 1780, by Rev. Amos Fowler	2	179
Polly Maria, d. Joel & Molly, b. Mar. 7, 1794; d. June 3, 1795	2	220
Rachell, d. Benjamin & [Rachel], b. [ ], [1715]	2	6
Rachel, d. Caleb & Mary, b. Jan. 20, 17[18]	2	35
Rachell, m. Seth **STONE**, b. of Guilford, Mar. 16, 1749, by [James Sproutt]	2	215
Rachel, d. Daniel & Charity, b. June 1, 1780	2	188
Rachel, d. Amasa & Abigail, b. May 17, 1802	2	222
Rachel, m. James **TAYLOR**, Nov. 24, 1823, by Rev. John Elliott	2	282
Rhoda, d. Daniel, b. Apr. 14, 1739	2	38
Rhoda, of Guilford, m. Noah **ROGERS**, of Cornwall, Oct. 23, [1765], by [James Sproutt]	2	229
Rhoda, wid*. of Dea. Daniel, d. Dec. 23, 1769 (*correction		

	Vol.	Page
LEETE, LEET, LEETT, LEETTE, (cont.)		
(wid. has 'fe' penciled over "d") on original manuscript)	2	146
Roland, m. Mercy **DUDLEY**, b. of Guilford, Dec. 29, 1738, by Rev. Thomas Ruggles	2	64
Rufus N., m. Sarah **BISHOP**, b. of Guilford, Oct. 23, 1833, by Rev. A. B. Goldsmith	2	315
Ruth, d. Roland & Marcy, b. Nov. 7, 1740	2	90
Ruth, m. Daniel Parmele[e] **HANDY**, b. of Guilford, Jan. 26, 1774, by Rev. Daniel Brewer	2	177
Ruth, m. Dan[ie]ll **HANDY**, b. of Guilford, Jan. 27, [1774], by [James Sproutt]	2	252
Ruth, d. Phares & Ruth, b. Dec. 19, 1785	2	220
Ruth, d. Amos & Anna, b. Aug. 5, 1823	2	348
Samuel, m. Hannah **GRAVE**, b. of Guilford, Nov. 28, 1723, by Rev. Thomas Ruggles	2	46
Samuel, s. Samuel & Hannah, b. June 25, 1726	2	24
Sam[ue]ll, d. Feb. 20, 1751, in the 74th y. of his age	2	159
Samuel, m. Jane **MACNAMAR**, b. of Guilford, Dec. 21, 1752, by [James Sproutt] (1753?)	2	216
Samuel, m. Jane **McNAMAR**, b. of Guilford, Dec. 20, 1753, by Rev. James Sproutt	2	70
Samuel, m. wid. Mary **KELLEY**, b. of Guilford, July 23, 1764, by Rev. Jonathan Todd	2	166
Samuel, m. Julia **FRISBIE**, b. of Guilford, Oct. 8, 1821, by Rev. Aaron Dutton	2	257
Samuel W., m. Emma J. **BUELL**, b. of Guilford, Dec. 25, 1831, by Rev. A. B. Goldsmith	2	315
Samuel Wyllys, s. Edmund & Fanny, b. July 17, 1809	2	271
Sarah, d. John & Mary, b. Sept. 16, 1677	A	85
Sarah, d. Benjamin & Rachel, b. Nov. 13, 1734, in Durham	2	29
Sarah, d. Roland & Marcy, b. July 11, 1744; d. Sept. 11, 1751	2	90
Sarah, d. Roland & Mercy, b. Nov. 2, 1751	2	90
Sarah, d. Stephen & Sarah, b. Sept. 27, 1755	2	106
Sarah, d. Jared & Hannah, b. Feb. 25, 1776	2	188
Sarah, d. Elon & Deborah, b. Dec. 30, 1780	2	188
Sarah Ward, d. Peletiah & Betsey, b. Jan. 9, 1813	2	271
Sidney Ward, s. Albert A. & Betsey A., b. Apr. 7, 1833	2	271
Sidney Washington, s. Ambrose, Jr. & Cath[arin]e, b. Nov. 19, 1802	2	271
Simeon, s. Pelatiah, Jr. & Lydia, b. Apr. 14, 1753	2	93
Simeon, d. June 19, 1781	2	159
Simeon, s. Anson & Abigail, b. Sept. 18, 1800	2	222
Simon, m. Elizabeth **HOTCHKISS**, b. of Guilford, Apr. 4, 1827, by Rev. David Baldwin	2	314
[Solomon], s. William & Hannah, b. [Sept. [ ], 1722)	2	14
Solomon, s. Solomon & Zopporah, b. Dec. 3, 1746	2	80
Solomon, m. Hannah **NORTON**, b. of Guilford, Nov. 3, 1772, by [James Sproutt]	2	252

	Vol.	Page
LEETE, LEET, LEETT, LEETTE, (cont.)		
Sophia, d. Amos & Hannah, b. Jan. 5, 1804	2	222
Sophia, d. Amos & Hannah, d. Mar. 4, 1806	2	159
Sophia Maria, d. Pelatiah, Jr. & Betsey, b. May 18, 1802	2	222
Stephen, m. Sarah **McKEAN**, b. of Guilford, June 19, 1752, by Rev. John Richards	2	72
Susanna, d. Benjamin & Rachel, b. Mar. [19, 1719]	2	12
Sibela*, d. Sam[ue]ll & Hannah, b. Oct. 18, 172[4] (*Sybil?)	2	16
Cibil*, m. Ebenezer **STONE**, b. of Guilford, Mar. 8, 1752, by [James Sproutt] (*Sybil)	2	215
Tamar, twin with Asa, d. Benjamin & Rachel, b. July 21, 1726	2	17
Temperance, d. Benj[amin] & Rachel, b. Feb. 26, 1728/9	2	21
Thomas, s. Solomon & Zipporah, b. Mar. 3, 1748/9	2	83
Thomas, m. Anne **NORTON**, b. of Guilford, June 30, 1773, by [James Sproutt]	2	252
Tho[ma]s Jordan, s. Jared & Hannah, b. Oct. 31, 1781	2	188
Timothy, s. Roland & Mary, b. Sept. 29, 1739	2	90
Ward, s. Amos & Hannah, b. Jan. 25, 1793	2	220
Wealthy, d. Ambrose & Miranda, b. Oct. 27, 1785	2	220
Will[ia]m, freeman 1669-70	A	121
William, s. Andrew & Elizabeth, b. Mar. 24, 1670/1	A	73
William, d. June 1, 1687	A	69
William, d. Jan. 26, 1735/6	2	149
William, m. Sylvia A. **KELSEY**, Oct. 15, 1848, by Rev. Lorenzo T. Bennett	2	388
William Gilbert, s. Frederick W. & Jeannette S., b. Mar. 20, 1833	2	348
William Pharez, s. Amos & Anna, b. Sept. 23, 1821	2	348
Zibia R., of Guilford, m. Anson C. **SCRANTON**, of Durham, Nov. 24, 1833, by Rev. A. B. Goldsmith	2	323
LEWIS, Aggephe*, of Wallingford, m. Jonathan **MUNGER**, of Guilford, July 10, 172[6], by Rev. John Hart (*Agatha?)	2	50
Candice, of Haddam, m. Benjamin **BRADLEY**, 2d, of Guilford, Nov. 28, 1808, by Rev. Eben Washburn	2	227
Edward, s. Edward & Rebeckah, b. July 16, 1726	2	22
Edward, m. Jane **HODGKIN**, b. of Guilford, Sept. 7, 1757, by Rev. James Sprout	2	68
Edward, m. Jane **HODGKIN**, b. of Guilford, Sept. 7, 1757, by Rev. James Sproutt	2	179
Edward, m. Jane **HOTCHKISS**, b. of Guilford, Sept. 7, [1757], by Rev. [James Sproutt]	2	219
Edward, s. Edward & Jane, b. June 2, 1766	2	121
Elizabeth, d. Gershom & Mary, b. Nov. 11, 1746	2	80
[Gershom], m. Mary **MALTBIE**, b. of Guilford, Dec. 17, 1735, by Rev. Thomas Ruggles	2	56
Gershom, s. Gershom & Mary, b. May 31, 1738	2	34
Gershom, s. Gershom, d. Jan. 21, 1738/9	2	147

	Vol.	Page
LEWIS, (cont.)		
Gershom, [ ]	2	149
Hannah, d. Edward & Rebeckah, b. Oct. 27, 1728	2	22
Hannah, d. Edward & Jane, b. Sept. 16, 1761	2	108
John, s. Gershom & Mary, b. Oct. 2, 1736	2	32
John, s. Edmund & Jane, b. Feb. 19, 1773	2	188
Josiah, s. Edward & Rebeckah, b. Dec. 27, 1733	2	28
Mary, d. Gershom & Mary, b. Dec. 19, 1742	2	74
Nathaniel, s. Gershom & Mary, b. Oct. 22, 1740	2	42
Ozias, s. Gershom & Mary, b. Oct. [ ], [1749]	2	83
Rebecca, of Haddam, m. [Joseph] **LEE**, of Guilford, June 24, 173[0], by James Wells, J. P., in Haddam	2	52
Rebeckah, d. Edward & Rebeckah, b. Dec. 6, 1731	2	28
Rebeckah, d. Edward & Jane, b. Mar. 18, 1759	2	103
Samuel, s. Edward & Jane, b. Aug. 24, 1770	2	124
Sarah, d. Edward & Rebeckah, b. Mar. 1, 1741/2	2	73
William, s. Edward & Rebeckah, b. Sept. 11, 1735	2	32
L'HOMMEDIEU, William, of Norwich, m. Cornelia A. **LATHROP**, of Guilford, June 30, 1830, by Rev. David Baldwin	2	315
LINDEN, Hanna[h], m. Thomas **COOKE**, Mar. 30, 1667/8, by Mr. Leet[e]	A	66
LINDSLEY, LINLEY, LINSLEY, Abigail, of Branford, m. Silas **BENTON**, of Guilford, June 6, 1768, by Rev. Warham Williams	2	171
Ellin, w. of John, bd. Apr. 6, [16]54	A	122
Hanna[h], d. John & Ellen, b. Apr. 1, [16]54 (See also Hannah **LINDEN**)	A	122
James, of Branford, m. Henrietta **MUNGER**, of Guilford, Apr. 3, 1836, by Rev. A. B. Goldsmith	2	344
John, planter 1669-70	A	121
Malachi, m. Nancy E. **MORTON**, b. of Branford, Apr. 26, 1849, by Rev. D. Baldwin	2	388
Martha, of Branford, m. Abraham **COAN**, of Guilford, Jan. 17, 1799, by Rev. Linde Huntington	2	225
Mary, d. John & Ellen, b. Feb. 22, 1651	A	122
LINES, Augustus E., of New Haven, m. Mary A. **KIMBERLEY**, of Guilford, Jan. 9, 1849, by Rev. E. Edwin Hall	2	388
Deborah, of Woodbridge, m. John **MORSE**, Jr., of Guilford, Apr. 10, 1776, by Rev. Stephen Hawley	2	180
LINSLEY, [see under **LINDSLEY**]		
LONG, Jerusha, of Coventry, m. Jedadiah **BENTON**, of Guilford, Oct. 19, 1738, by John Bristoll, J. P.	2	54
LOOMIS, Abigail, of Guilford, m. David **WOLCOTT**, of Weathersfield, Nov. 15, [1756], by [James Sproutt]	2	216
Daniel G., m. Elizabeth **HART**, b. of Guilford, Jan. 3, 1826, by Rev. Aaron Dutton	2	314
LOPER, Abigail, d. James S. & Content, b. Mar. 24, 1832	2	348
Ann Elizabeth, d. Henry & Anna, b. Mar. 17, 1817	2	271

	Vol.	Page

LOPER, (cont.)

Clarrissa, m. Abraham **HUBBARD**, b. of Guilford, Feb. 23, 1831, by Rev. David Baldwin	2	318
Daniel, s. Sam[ue]ll & Abigail, b. Mar. 5, 1771	2	188
Daniel Ruggles, s. Dan[ie]ll & Anna, b. Jan. 4, 1810	2	271
David, s. Sam[ue]ll & Abigail, b. Aug. 28, 1768	2	188
Edward, s. Sam[ue]ll F. & Rebecca, b. Mar. 10, 1798	2	222
Elizabeth, d. Sam[ue]ll & Abigail, b. Dec. 2, 1777	2	220
Henry, s. Sam[ue]l F. & Rebecca, b. Jan. 24, 1791	2	220
Henry, m. Anna **FOWLER**, b. of Guilford, Sept. 29, 1813, by Rev. W[illia]m F. Vaill	2	256
Henry Swan, s. Henry & Anna, b. Apr. 3, 1819	2	271
Horrace, s. Sam[ue]ll F. & Rebecca, b. July 31, 1793	2	220
Horace, of Guilford, m. Laura **ROSE**, of Branford, May 17, 1827, by Rev. David Baldwin	2	314
James Douglass, s. James S. & Content, b. Apr. 1, 1826	2	348
James S., m. Content **DAVIS**, b. of Guilford, May 14, 1823, by Rev. Aaron Dutton	2	257
James Stone, s. Dan[ie]ll & Anna, b. Mar. 25, 1802	2	222
Mabel, d. Sam[ue]ll Filer & Rebecca, b. Sept. 5, 1788	2	220
Mabel, m. George **WELD**, b. of Guilford, Nov. 17, 1822, by Rev. David Baldwin	2	288
Patty, d. Sam[ue]ll F. & Rebecca, b. Oct. 24, 1793	2	222
Polly, d. Daniel & Anna, b. Jan. 22, 1800	2	222
Polly, m. Augustus **BISHOP**, Nov. 8, 1820, by David Baldwin, at North Guilford	2	280
Roslin, d. James S. & Content, b. Sept. 7, 1828	2	348
Ruth, d. Sam[ue]ll & Abigail, b. Sept. 20, 1774	2	220
Ruth, m. Joel **BLATCHLEY**, b. of Guilford, Mar. 9, 1794, by Rev. Thomas W. Bray	2	226
Sam[ue]ll, m. Abigail **CHITTENDEN**, b. of Guilford, Nov. 17, 1765, by Rev. John Richards	2	179
Samuel Fyler, s. Sam[ue]ll & Abigail, b. Mar. 17, 1766	2	188
Sam[ue]ll Fyler, m. Rebecca **COAN**, b. of Guilford, Mar. 12, 1788, by Rev. Tho[ma]s W. Bray	2	179
Sarah, d. Henry & Anna, b. Sept. 1, 1814	2	271
Sarah, m. Cornilius **WILDMAN**, Aug. 29, 1839, by Rev. Edward J. Durkin	2	352
Susanna, of Guilford, m. George J. **SHEPARD**, of Macon, Ga., [Sept.] 22, [1844], by Rev. Lorenzo T. Bennett	2	375

LORD, Mary, m. Joseph **CLAY**, Apr. 18, 1670. by Mr. William Leete | A | 67 |

LUCAS, Elizabeth, of Middletown, m. Caleb **JONES**, of Guilford, Jan. 19, 1724/5, by Rev. Thomas Ruggles | 2 | 47 |

LUDDINGTON, LUDINGTON, LUDDLETON, Eleanor, of East Haven, m. Nathaniel **BAYLEY**, of Guilford, May 13, 1714, by Rev. Mr. Hemmingway, of East Haven | 2 | 43 |
Fanny, d. Timothy & Ruth, b. Aug. 8, 1766 | 2 | 121 |

	Vol.	Page

LUDDINGTON, LUDINGTON, LUDDLETON, (cont.)
   Fanny, m. W[illia]m **HULL**, b. of Guilford, Aug. 1, [1788], by
      [James Sproutt]   2   299
   Hannah, of East Haven, m. Isaac **PENFIELD**, of Guilford,
      Nov. 25, 17[16], by Rev. Jacob Hemingway, at East
      Haven   2   43
   Jude, of West Springfield, Mass., m. Mary **LEETE**, of
      Guilford, Oct. 6, 1823, by Rev. Aaron Dutton   2   257
   Martha, of Westfield, Mass., m. Noah **STONE**, of Guilford,
      June 10, 1773, by Rev. Mr. Valentine   2   184
   Timothy, of New Haven, m. Ruth **SPENCER**, of Guilford, Oct.
      13, [1762], by [James Sproutt]   2   228
LYMAN, David, of Middletown, m. Elizabeth **HART**, of Guilford,
      [Jan.] 30, [1849], by Rev. David Root   2   388
   Katharine, of Middletown, m. Lot **BENTON**, of Guilford, Oct.
      11, 1764, by Rev. Edward Eells   2   167
   William, of Durham, m. Wealthy Maria **GRIFFING**, of
      Guilford, Aug. 1, 1824, by Rev. Aaron Dutton   2   314
LYNDE, Lizzie, of Saybrook, m. Daniel **HAND**, of Guilford, May
      18, 1774, by Rev. W[illia]m Hart   2   177
MADDEN, Samuel C., of New York, m. Emily G. **DAVIS**, of
      Guilford, July 2, 1845, by Rev. E. Edwin Hall   2   307
MAGILL, Charles J., of Buffalo, N. Y., m. Esther A. S.
   CHALKER*, Sept. 30, 1845, by Rev. L. T. Bennett
   (*Followed by "W. I.")   2   307
MALLEY, Phinehas, d. Nov. 19, 1769, in the 22nd y. of his age
      at sea   2   146
MALLORY, Rebecca, of New Haven, m. Nathaniel **HALL**, of
      Guilford, Nov. 22, 171[5], by Abraham Fowler   2   43
   Thankfull, of New Haven, res. of Guilford, m. John
      CHAMBERLAIN, marriner, of Guilford, July 7, 17[27],
      by Andrew Ward, J. P.   2   50
MALTBY, MALTBIE, [see also **MALTBARD**], John, of
   Wallingford, m. Jane **SMITH**, of Killingworth, Apr. 30,
      [1761], by [James Sproutt]   2   228
   Lucretia, of Branford, m. Josiah **FOWLER**, of Guilford, Feb. 4,
      1772, by Rev. P. Robbins   2   174
   Mary, m. [Gershom] **LEWIS**, b. of Guilford, Dec. 17, 1735, by
      Rev. Thomas Ruggles   2   56
MALTBARD, [see also **MALTBIE**], Hannah, of Saybrook, m.
   Abraham **HODGKIN**, of Guilford, Jan. 17, 1729/30, by
   Rev. Thomas Ruggles   2   49
MAN, Alpha, m. John **LEETE**, 2d, b. of Guilford, Dec. 12, 1787, by
      Rev. Amos Fowler   2   179
   Phillip, m. Ann **BENTON**, b. of Guilford, Apr. 11, 1764, by
      Rev. James Sproutt   2   170
   Phillip, m. Ann **BENTUM**, b. of Guilford, Apr. 11, [1764], by
      [James Sproutt]   2   229

	Vol.	Page
MARSHALL, Violetta, d. Philena Cane, b. Dec. 21, 1761	2	115
MARTINS, Rebecca, m. Jordan **LEETE**, b. of Guilford, Nov. 13, 1746, by [James Sproutt]	2	213
MARVIN, [see also **MERVIN**], William, of New Haven, m. Eliza A. **DOLPH**, of Guilford, Dec. 5, 1847, by Rev. E. Edwin Hall (Written "**MERVIN**" and perhaps meant for "**MERWIN**")	2	390
MASON, Mary, m. John **PARMELEE**, June 27, 1681, by Mr. Andrew Leete	A	78
Sarah, m. Thomas **COOKE**, Jr., Apr. 15, 1677, by William Leete	A	77
MAT[T]HEWS, Caleb, s. William & Jean, b. Apr. 20, 1675	A	76
Thomas, s. William & Janne, b. Sept. 9, 1676	A	83
MAXWELL, Phillis, of Killingworth, m. Ephraim **BOYD**, of Keene, N. H., Nov. 26, 1818, by Rev. Hart Tallcott	2	227
McCARTY, Mary, m. Thomas **WELCH**, b. of Guilford, Mar. 12, 1745/6, by Rev. James Sprout	2	60
McCOMB, Hannah, m. John **EVARTS**, b. of Guilford, [Apr.] 26, [1847], by Rev. David Root	2	358
McGUILLION, [see under **McQUILLAN**]		
McKEAN, MACKEAN, Barnebus, s. Patrick & Mary, b. July 27, 1754	2	95
Honour, d. Patrick & Mary, b. Mar. 4, 1750/1	2	85
Honour, see also Thomas		
Laughton, s. Patrick, d. May [ ], 1749	2	141
Nancy, m. Joshua **GOLDSMITH**, b. of Guilford, May 30, 1791, by Rev. Amos Fowler	2	176
Patrick, s. Patrick & Mary, b. May [ ], 1749	2	83
Sarah, m. Stephen **LEETE**, b. of Guilford, June 19, 1752, by Rev. John Richards	2	72
Thomas*, m. James **HALL**, b. of Guilford, June 24, 1773, by Rev. Amos Fowler (*Probably "Honour")	2	177
McNAMAR, MacNAMAR, Jane, m. Samuel **LEETE**, b. of Guilford, Dec. 20, 1753, by Rev. James Sprout	2	70
Jane, m. Samuel **LEETE**, b. of Guilford, Dec. 21, 1752, by [James Sproutt]	2	216
McQUILLAN, McGUILLION, McGULLON, Alexander, s. Alex & Polly, b. June 18, 1800	2	221
Alexander, m. Leah **NORTON**, b. of Guilford, June 22, 1826, by Rev. Aaron Dutton	2	306
Catharine, of Guilford, m. Ruggles G. **NICHOLS**, of Branford, Nov. 4, 1846, by Rev. Lorenzo T. Bennett	2	379
Elizabeth, d. Alex & Polly, b. Feb. 28, 1802	2	221
Rosannah, m. Henry **STANNARD**, b. of Guilford, [Apr.] 15, [1849], by Rev. L. T. Bennett	2	392
MECOCK, Lettis, wid., d. Sept. 5, 1715	2	1
MEIGS, MAGES, MEGGS, Abel, s. Elias & Rachel, b. July 19, 1765	2	189

GUILFORD VITAL RECORDS

	Vol.	Page
MEIGS, MAGES, MEGGS, (cont.)		
Abigail, d. Recompence & Phebe, b. Mar. 12, 17[42]	2	73
Abigail, d. Phineas & Abigail, b. Mar. 12, 1741/2	2	79
Abigail, m. Hull **CRAMPTON**, b. of Guilford, Apr. 13, 1757, by Rev. Jon[a]th[an] Todd	2	69
Abigail, m. Jehiel **MEIGS**, Jr., b. of Guilford, Jan. 4, 1764, by Rev. Jonath[a]n Todd	2	180
Abigail, d. Timo[thy] & Lize, b. Jan. 23, 178[5]	2	189
Anne, d. Nathaniel & Asenath, b. Aug. 13, 1757	2	106
Anson, s. Elias & Rachel, b. June 10, 1770	2	189
Anson, s. Elias & Rachel, d. June 4, 1772	2	161
Asahel, s. John & Thankfull, b. Feb. 1, 1729/30	2	21
Azubah, d. Nathaniel & Asenath, b. Sept. 26, 1759	2	106
Benjamin Stone, s. Nathaniel & Asenath, b. Oct. 8, 1753	2	106
Betsey, d. Capt. Josiah & Mary, b. Feb. 3, 1747/8	2	82
Daniel, s. Jehiel & Lucy, b. July 24, 1747	2	111
Daniel, d. May 12, 1822, in his 75th y.	2	161
Deborah H., of Guilford, m. Reynolds **WEBB**, of Saybrook, Mar. 8, 1821, by Rev. John Elliott	2	264
Ebenezer, s. John & Sarah, b. Sept. 19, 1675	A	78
Elias, s. Recompence & Phebe, b. Apr. 15, 1735	2	30
Elias, m. Rachel **BISHOP**, b. of Guilford, Jan. 13, 1759, by [ ]	2	180
Elihu, s. Jehiel & Lucy, b. Sept. 21, 1749	2	111
Elizabeth, d. Janna, Jr. & Elizabeth, b. Oct. 17, 1731	2	24
Elsey, m. Charles **CHITTENDEN**, b. of Guilford, Mar. 16, 1833, by Rev. A. B. Goldsmith	2	326
Erastus Kimberley, m. Julia Cemantha **WALKLEY**, May 12, 1833, by Rev. David Baldwin	2	290
Esther, m. Stephen **BISHOP**, b. of Guilford, Nov. 28, 17[33], by Rev. Jonathan Todd	2	55
Esther, d. Janna, Jr. & Elizabeth, b. Mar. 19, 1733/4	2	28
Esther, m. Ezra **WILLCOCKS**, b. of Guilford, Nov. 9, 1757, by Rev. Jon[a]th[an] Todd	2	69
[E]unice, d. Janna & Hannah, b. Oct. 19, 1715	2	17
[E]unice, d. Josiah & Mary, b. Feb. 27, 1738/9	2	38
Ezekiel, s. Stephen & Jane, b. June 21, 1733	2	38
Ezekiel, m. Asenath **SEAWARD**, b. of Guilford, Dec. 31, 1753, by Rev. John Richards	2	72
Fanny, d. Jehiel, Jr. & Abigail, b. Mar. 23, 1774	2	189
Felix, s. Sam[ue]ll & Mindwell, b. Oct. 12, 1735	2	32
Hannah, d. John & Sarah, b. Feb. 25, 1677	A	84
Hannah, d. Janna, Jr. & Elizabeth, b. Nov. 20, 1727	2	20
Hannah, d. Timothy & Mary, b. Dec. 2, 1748	2	82
Hannah, m. Ebenezer **CHITTENDEN**, b. of East Guilford, Oct. 25, 1749, by [James Sproutt]	2	215
Hannah, d. Elias & Rachel, b. Apr. 30, 1775	2	189
Hannah, d. Timo[thy] & Lize, b. Mar. 18, 1782	2	189

	Vol.	Page

MEIGS, MAGES, MEGGS, (cont.)

	Vol.	Page
Heaster, d. John & Sarah, b. Nov. 10, 1680	A	86
Heaster, see also Esther		
Ichabod, s. John & Thankfull, b. Oct. 3, 1726	2	17
Ichabod, s. John & Thankfull, d. Jan. [4, 1727, ae 4 m.]	2	3
Irana, d. Stephen & Jane, b. June 21, 1737	2	38
Irene, m. Reuben **BARTLET[T]**, b. of Guilford, Sept. 22, 1756, by Rev. Jon[a]th[an] Meigs	2	70
Jane, d. Stephen & Jane, b. July 22, 1744	2	79
Jane, d. Ezekiel & Asenath, b. Dec. 5, 1756	2	106
Jannah, s. John & Sarah, b. Dec. 21, 1672	A	75
Janna, Jr., m. Elizabeth **DUDLEY**, b. of East Guilford, May 1[3], 17[24], by Rev. John Hart	2	48
Janna, s. Janna, Jr. & Elizabeth, b. Feb. 17, 1738/9	2	38
Jannah, d. June 5, 1739	2	148
Jehiel, m. Lucy **BARTLET[T]**, b. of Guilford, Sept. 27, 1736, by Rev. Thomas Ruggles	2	53
Jehiel, s. Jehiel & Lucy, b. July 6, 1743	2	77
Jehiel, s. Jehiel & Lucy, b. July 6, 1743	2	111
Jehiel, Jr., m. Abigail **MEIGS**, b. of Guilford, Jan. 4, 1764, by Rev. Jonath[a]n Todd	2	180
John, m. Rebecca **HAND**, b. of Guilford, July 20, 1694, by Henry Crane	A	98
John, m. Thankfull **MURREY**, b. of Guilford, Apr. 7, 172[4], by Rev. John Hart	2	48
John, s. John & Thankfull, b. Apr. 2, 172[5]	2	16
John French, s. Timo[thy] & Lize, b. Aug. 2, 1776	2	189
John French, of Guilford, m. Phebe Morse **HALL**, of Wallingford, Feb. 14, 1799, by Rev. James Noyes	2	180
John Morse, s. John F. & Phebe, b. Sept. 17, 1805	2	221
Josiah, m. Mary **HAND**, b. of Guilford, June 14, 1727, by Rev. John Hart	2	50
Josiah, s. Josiah & Mary, b. Oct. 14, 1740; d. Nov. 16, 1740	2	42
Lize, d. Timo[thy] & Lize, b. Dec. 25, 1778	2	189
Lois, d. Josiah & Mary, b. Aug. 28, 1743	2	75
Lois, d. Josiah & Mary, b. Aug. 28, 1743	2	76
Louisa, d. Jehiel & Lucy, b. Dec. 31, 1751	2	111
Lucretia, d. Jehiel & Lucy, b. July 14, 1745	2	111
Lucretia, d. Jehiel & Abigail, b. May 25, 1771	2	189
Lucy, d. Jehiel & Lucy, b. Sept. 21, 1739	2	39
Lucy, m. Joseph **HAND**, s. of Janna, b. of Guilford, July 14, 1756, by Rev. Jonathan Todd	2	169
Lydia, d. Samuel & Mindwell, b. Mar. 5, 1738/9	2	38
Lydia, m. Theleas **WARD**, b. of Guilford, Sept. 17, 1753, by Rev. Jonathan Todd	2	71
Mabel, d. Josiah & Mary, b. Apr. 14, 1739	2	38
Mabel, m. Nathaniel **LEE**, b. of Guilford, Dec. 7, 1757, by Rev. Jonathan Todd	2	70

GUILFORD VITAL RECORDS 223

	Vol.	Page
MEIGS, MAGES, MEGGS, (cont.)		
Mabel, wid. of Nathan, d. Dec. 12, 1843	2	161
Mary, m. Will[ia]m **STEVENS**, Mar. 3, 1653	A	122
Mary, d. Josiah & Mary, b. Apr. 14, 1728	2	19
Mary, d. Josiah, d. July 24, 1736	2	147
Mary, d. Josiah, d. July 24, 1736	2	149
Mary, d. Josiah & Mary, b. Jan. 8, 1736/7	2	33
Mary, d. Timothy & Mary, b. Apr. 25, 1746	2	79
Mary, d. Timo[thy] & Lize, b. May 2, 1775	2	189
Mindwell, d. Sam[ue]l & Mindwell, b. June 14, 1747	2	82
Nathan, s. Recompence & Phebe, b. Nov. 5, 1732	2	28
Nathan(?), s. [ ] & Lucy, b. Feb. 1, 1758	2	100
Nathaniel, s. James & Elizabeth, b. Aug. 6, 1729	2	21
Nathaniel, m. Asenath **BISHOP**, b. of Guilford, Jan. 2, 1752, by Rev. Jonathan Todd	2	63
Olive, d. Elias & Rachel, b. Oct. 15, 1767	2	189
Olive, m. Caleb **FOWLER**, May 7, 1792, by Rev. Tho[ma]s W. Bray	2	175
Olivia E., of Hartford, m. George **GILLET**, of Granby, Oct. 15, 1839, by Rev. A. B. Goldsmith	2	329
Phebe, d. Recompence & Phebe, b. Feb. 1, 1729/30	2	28
Phebe, m. Aaron **GRAVE**, b. of Guilford, Sept. 27, 1750, by Rev. Jon[a]th[an] Todd	2	70
Phebe, d. Elias & Rachel, b. Sept. 9, 1772	2	189
Phebe M., w. of John F., d. Jan. 29, 1813	2	161
Phinehas, m. Abigail **DUDLEY**, b. of Guilford, Jan. 31, 1738/9, by Rev. Jonathan Todd	2	53
Phinehas, s. Nathaiel & Asenath, b. May 14, 1755	2	106
Phineas, s. Ezekiel & Asenath, b. Jan. 21, 1759	2	106
Phinehas, s. Jehiel & Abigail, b. Jan. 22, 1769	2	189
Phinehas, of Durham, m. Elizabeth **HOCHKIN**, of Guilford, Oct. 26, [1787] by [James Sproutt]	2	287
Prudence, d. James, Jr. & Eliza[be]th, b. Jan. 12, 1736/7	2	33
Rachel, d. Josiah & Mary, b. Feb. 26, 1732/3	2	26
Rachel, m. Elihu **STEEVENS**, b. of Guilford, Oct. 31, 1750, by Rev. Jonathan Todd	2	65
Rachel, d. Elias & Rachel, b. Oct. 30, 1762	2	189
Rebeckah, d. Samuel & Mindwell, b. Mar. 4, 1732/3	2	27
Rebecca, m. John **WARD**, b. of Guilford, Jan. 1, 1761, by [James Sproutt]	2	228
Recompence, of Guilford, m. Phebe **GOODALE**, of Bridgehampton, May 3, 17[27], by Rev. Ebenezer White	2	50
Rene, d. Elias & Rachel, b. Oct. 5, 1777	2	189
R[h]odah, d. Elias & Ra[c]hel, b. July 7, 1760	2	189
Ruth, d. Timothy & Mary, b. May 1, 1737	2	33
Ruth, m. Stephen **BRADLEY**, Jr., b. of Guilford, Jan. 18, 1755, by Rev. Jonathan Todd	2	70
Sally Barker, d. John F. & Phebe, b. Aug. 27, 1800	2	221

	Vol.	Page
MEIGS, MAGES, MEGGS, (cont.)		
Samuel, m. Mindwell **NORTON**, b. of Guilford, Dec. [4], 17[31], by Janna Meigs, J. P.	2	51
Samuel, s. Sam[ue]l & Mindwell, b. Mar. 14, 1743/4	2	76
Samuel, m. Abigail **EVARTS**, wid., b. of Guilford, Mar. 6, 1750/1, by Rev. Jonathan Todd	2	62
Sarah, m. Daniell **BARTLET[T]**, b. of G[u]ilford, Jan. 11, 1686, by Mr. Andrew Leete	A	80
Sarah, d. Josiah & Mary, b. Jan. 14, 1734/5	2	29
Sarah, d. Ezekiel & Asenath, b. Sept. 25, 1761	2	122
Seth, s. Janna & Elizabeth, b. Mar. 1, 1745/6	2	79
Silvanus, s. Recompence & Phebe, b. Feb. 18, 1727/8	2	28
Silvanus, of Guilford, m. Lydia **FRANKLIN**, of Killingworth, Dec. 3, 1751, by Rev. W[illia]m Seaward	2	66
Silvanus, s. Silvanus & Lydia, b. Nov. 18, 1752	2	93
Silvanus, d. Apr. 15, 1753	2	141
Simeon, s. Janna & Elizabeth, b. July 30, 1741	2	41
Statira, d. Timothy & Mary, b. Sept. 14, 1741	2	73
Stephen, s. Stephen & Jane, b. June 1, 1739	2	38
Stephen, s. Ezekiel & Asenath, b. Oct. 20, 1763	2	122
Sybbel, d. James, Jr. & Elizabeth, b. Apr. 25, 1725	2	15
Thankful, d. Ezekiel & Asenath, b. Apr. 10, 1769	2	122
Timothy, s. Janna & Hannah, b. Sept. 19, 17[26]	2	17
Timothy, m. Mrs. Mary **FRENCH**, b. of Guilford, Sept. 1, 1735, by Rev. Jonathan Todd	2	56
Timothy, s. Timothy & Mary, b. Mar. 2, 1750/1	2	85
Timothy, m. Lize **STONE**, b. of Guilford, Sept. 28, 1773, by Rev. Daniel Brewer	2	180
Timothye, m. Elizabeth **STONE**. b. of Guilford, Sept. 29, 1773, by [James Sproutt]	2	252
Timothy Vincent, s. John F. & Phebe, b. July 16, 1803	2	221
Waitstill, s. John & Thankfull, b. July 3, 1728	2	20
-----, s. Josiah, b. Mar. 16, [1730]; d. Apr. 5, 1730	2	149
-----, s. Jehiel & Lucy, b. Aug. 18, 1738; d. same day	2	39
-----, infant of John F. & Phebe, b. Jan. 17, 1808; d. same day	2	221
MEPHAM, Mary, wid., of Guilford, m. Timothy **BALDWIN**, of Milford, Mar. 5, 1649, by Samuel Disborow	A	123
MERRET, Michael, s. James & Katherine, b. July 27, 1738	2	34
MERRIMAN, Theop[hilus], of Wallingford, m. Marg[are]t **ELIOT**, of Guilford, Oct. 16, [1768], by [James Sproutt]	2	246
MERVIN*, William, of New Haven, m. Eliza A. **DOLPH**, of Guilford, Dec. 5, 1847, by Rev. E. Edwin Hall (***MERWIN?**)	2	390
MILLER, Charles, m. Hannah **FAULKNER**, b. of Guilford, Mar. 6, 1744/5, by Rev. Thomas Ruggles	2	59
Linus, of Leyden, N. Y., m. Wealthy **STONE**, of Guilford, Sept. 18, 1820, by Rev. John Ely	2	180
William, m. Sarah S. **SHIPMAN**, Dec. 28, 1836, by Rev.		

	Vol.	Page
MILLER, (cont.)		
David Baldwin	2	307
MILLS, Hannah, m. Ebenezer **FIELD**, Nov. 21, 1753, by Rev. Gideon Mills	2	70
MINOR, Absolom, s. Absol[o]m & Ruth, b. July 23, 1771	2	189
Jesse, s. Absolom & Ruth, b. Sept. 29, 1781	2	189
John, s. Absolom & Ruth, b. July 25, 1779	2	189
Lois, d. Absolom & Ruth, b. Aug. 7, 1783	2	189
Ruth, d. Absolom & Ruth, b. Oct. 6, 1769	2	189
Seth, s. Absolom & Ruth, b. Sept. 20, 1777	2	189
MITCHELL, MITCHEL, Abner, s. Jonathan & Lydia, b. Aug. 23, 1738	2	81
Amasa, s. Jonathan & Lydia, b. Nov. 21, 1742	2	81
Jonathan, of Deerfield, m. Lydia **HOW**, of Guilford, June 5, 1733, by Rev. Nath[anie]l Chancey, of Durham	2	60
Lydia, d. Jon[a]th[an] & Lydia, b. Nov. 20, 1744	2	81
Sarah, d. Jonathan & Lydia, b. Jan. 12, 1735/6	2	81
MIX, Mary, of New Haven, m. Amos S. **HOTCHKISS**, of Guilford, Apr. 10, 1831, by Rev. David Baldwin	2	318
Rachel, of New Haven, m. John **COLLINS**, of Guilford, Apr. 26, 1716, by Rev. Abraham Bradley, of New Haven	2	44
MONRO[E], James, of North Branford, m. Sarah **HOT[CH]KISS**, of Guilford, July 7, 1842, by Rev. John D. Baldwin, at her father's house	2	307
MOODEY, Thankfull, d. Nath[anie]l & Thankfull, b. Aug. 17, 1743	2	75
MOORE, Chloe, m. Sampson **WRIGHT**, b. of Guilford, June 27, 1833, by Rev. Aaron Dutton	2	289
Clarry, m. Richard **THOMPSON**, July 28, 1822, by Rev. David Baldwin	2	282
Edward T., of Trenton, N. J., m. Mary E. **GRISWOLD**, of Guilford, Feb. 5, 1839, by Rev. A. Dutton	2	307
MOREHOUSE, Joanna, of Saybrook, m. Isaiah **NORTON**, of Guilford, June 9, 1748, by Rev. W[illia]m Worthington	2	65
MORGAN, Andrea, see under Ordria		
Margary, m. Nathaniel **JOHNSON**, b. of Guilford, Aug. 2, 1727, by Rev. Thomas Ruggles	2	54
Ordria, of Groton, m. Benjamin **FOWLER**, of Guilford, Nov. 10, 17[19], by Rev. Ephraim Woodbridge (Andrea or Audrea?)	2	45
William, s. Theophilus & Elizabeth, b. May 17, 1733	2	29
MORSE, MORSS, Anne, d. John & Deborah, b. July 11, 1784	2	169
Asher, s. David & Lucy, b. June 24, 1788	2	189
B[e]ula[h], d. John & Hannah, b. Aug. 10, 1746	2	79
Beulah had s. William, b. Feb. 4, 1771	2	125
Beulah, m. George **KIMBERLEY**, b. of Guilford, Oct. [ ], 1774, by [James Sproutt]	2	253
Beulah, m. George **KIMBERLEY**, b. of Guilford, Nov. 1, 1774, by Rev. Daniel Brewer	2	182

	Vol.	Page
MORSE, MORSS, (cont.)		
Beulah, d. David & Lucy, b. June 2, 1786	2	189
David, s. John & Hannah, b. Apr. 18, 1754	2	123
David, m. Lucy **NORTON**, b. of Guilford, Oct. 1, 1777, by Rev. Amos Fowler	2	180
David, s. David & Lucy, b. Dec. 12, 1790	2	189
Deborah, d. John & Deborah, b. Aug. 12, 1786	2	189
Elizabeth, d. John & Hannah, b. Oct. 6, 1740	2	42
Elizabeth, d. John, d. Jan. 13, 1755	2	146
Ezra, s. Seth & Hannah, b. Sept. 6, 1719	2	11
Hannah, m. Noah **HODGKIN**, b. of Guilford, Mar. 2, 1740/1, by Andrew Ward, J. P.	2	57
Hannah, d. John & Hannah, b. Oct. 5, 1741; d. Dec. 3, 1741	2	41
Hannah, d. John & Hannah, b. Nov. 16, 1742	2	75
Hannah, w. of John, d. July 4, 1756, in her 33rd y.	2	146
Hannah, m. Charles **FAULKNER**, b. of Guilford, Jan. 6, 1760, by Rev. James Sproutt	2	72
Hannah, m. Charles **FAULKNER**, b. of Guilford, Jan. 6, 1760, by [James Sproutt]	2	219
John, of Guilford, m. Hannah **PRICE**, late of Falmouth, now of Guilford, Dec. 6, 1739, by Rev. Tho[ma]s Ruggles	2	57
John, s. John & Hannah, b. May 27, 1752	2	123
John, Jr., of Guilford, m. Deborah **LINES**, of Woodbridge, Apr. 10, 1776, by Rev. Stephen Hawley	2	180
John, s. John & Deborah, b. Apr. 5, 1791	2	189
John, d. Aug. 18, 1791	2	161
Jonathan, of Wallingford, m. Sarah **HOTCHKISS**, of Guilford, Nov. 23, 1831, by Rev. D. Baldwin	2	306
Lois, d. Seth & Hannah, b. May 30, 1723	2	38
Lois, d. John & Hannah, b. Aug. 10, 1748	2	86
Lois, d. John & Hannah, b. Aug. 16, 1748	2	82
Lois, d. John & Hannah, b. Aug. 16, 1748	2	123
Loice, of Guilford, m. Jonathan **MUNGER**, of Woodbury, Oct. 5, 1748, by [James Sproutt]	2	215
Lois, d. Jan. 10, 1761; was drowned	2	146
Lois, d. John & Deborah, b. Nov. 14, 1776	2	189
Lucy, d. Seth & Hannah, b. Aug. 30, 1725	2	38
Lucy, m. Bariah **BYSHOP**, b. of Guilford, July 23, 1750, by [James Sproutt]	2	215
Lucy, m. Beriah **BISHOP**, b. of Guilford, July 24, 1750, by Rev. James Sprout	2	62
Martin, s. David & Lucy, b. May 13, 1784	2	189
Mary, d. John & Hannah, b. May 17, 1756	2	123
Minor, s. John & Deborah, b. Dec. 22, 1780	2	189
Nancy, d. Jno. & Deborah, b. Apr. 9, 1793	2	221
[Ru]th, d. Seth & Hannah, b. Sept. 6, 172[1]	2	14
Ruth, m. Samuel **LEE**, b. of Guilford, Jan. 6, 1741/2, by Rev. Thomas Ruggles	2	58

	Vol.	Page

MORSE, MORSS, (cont.)
Ruth, d. Jno. & Hannah, b. Sept. 18, 1744	2	77
Sarah, d. Seth & Hannah, b. May 6, 1728	2	38
Sarah, m. Timothy **BALDWIN**, Jr., b. of Guilford, Sept. 20, 1749, by Rev. Thomas Ruggles	2	61
Seth, s. Seth & Hannah, b. Aug. 29, 1716	2	11
Seth, s. John & Hannah, b. May 22, 1750	2	86
Seth, s. John & Hannah, b. May 22, 1750	2	123
Seth, Jr., of Guilford, m. Desire **GOODRIGE**, of Branford, Jan. 4, 1776, by Rev. Philemon Robbins	2	180
Seth, Jr., d. Oct. 26, 1776	2	161
Seth, Dea., d. June 12, 1783, in the 97th y. of his age	2	161
Simeon, s. David & Lucy, b. Oct. 3, 1781	2	189
William, s. Beulah Morse, b. Feb. 4, 1771	2	125
-----, s. Seth, d. Nov. 9, 1721	2	2

MORTON, Nancy E., m. Malachi **LINSLEY**, b. of Branford, Apr. 26, 1849, by Rev. D. Baldwin | 2 | 388

MOULTHROP, Lydia, of Branford, m. Sam[ue]ll **HOADLEY**, of Guilford, Apr. 13, 1787, by Rev. Beriah Hotchkiss | 2 | 223
Lydia, of Branford, m. Samuel **HOADLEY**, Jr., of Guilford, Apr. 13, [1787], by [James Sproutt] | 2 | 287

MUNGER, Abigell, d. John & Mary, b. Feb. 26, 1691 | A | 82
Abigail, d. Reuben & Elizabeth, b. Aug. 30, 1750	2	85
Anna, w. of Josiah, d. Nov. 8, 1799, in the 43rd y. of her age	2	161
Anne, of Guilford, m. Daniel **COLTON**, of Killingworth, Oct. 18, 17[27], by Rev. John Hart	2	50
Anne, d. Ebenezer & Ann, b. Jan. 28, 1742/3	2	85
Anne, m. Caleb **DUDLEY**, Jr., b. of Guilford, Jan. 18, 1769, by Rev. Jon[a]th[an] Todd	2	169
Anne, d. Capt. Josiah & Anne, b. Nov. 4, 1792	2	221
Azubah, d. Caleb & Sarah, b. May 23, 1752	2	92
Azuba[h], m. Benjamin **NORTON**, b. of Guilford, Oct. 22, 1771, by Rev. Richard Ely	2	180
Bela, s. Dea. Caleb, d. Mar. 15, 1781	2	161
Benjamin, s. Jonathan & Aggephe*, b. July 12, 1731 (*Agatha?)	2	25
Betsey, d. Joel & Mary, b. Mar. 16, 1804	2	221
Billy, s. Joseph & Meriam, b. July 18, 1727	2	18
Caleb, s. Eben[eze]r & Anne, b. Sept. 24, 1722	2	16
Caleb, of Guilford, m. Sarah **STANNARD**, of Saybrook, Nov. 5, 1747, by Rev. William Worthington	2	61
Calvin A., s. Miles & Rachel, b. Apr. 13, 1820	2	221
Caroline, d. George & Parnel, b. May 15, 1808	2	221
Chauncey, s. Miles & Sarah, b. Aug. 18, 17[68]	2	123
C[h]loe, d. Jonathan & Agaba*, b. Oct. 12, 1732 (*Agatha?)	2	31
Chloe, d. Miles & Sarah, b. July 21, 1777	2	221
Clarrissa, d. George & Parnel, b. May 20, 1806	2	221
Dinah, m. David **DUDLEY**, b. of Guilford, Oct. 12, 1733, by		

	Vol.	Page
MUNGER, (cont.)		
Janna Meigs	2	72
Ebenezer, s. John & Mary, b. July 4, 1693	A	189
Ebenezer, s. Ebenezer & Anne, b. Sept. 2, 1713	2	11
Ebenezer, m. Anne **SCRANTON**, b. of Guilford, May 29, 1717, by Rev. Thomas Ruggles	2	44
Ebenezer, of Guilford, m. Susanna **HUBBARD**, of Haddam, July 6, 1726, by Rev. Phinehas Fisk, at Haddam	2	47
Ebenezer, m. Ann **LEE**, b. of Guilford, May 3, 1742, by Rev. Jonathan Todd	2	61
Ebenezer, s. Eben[eze]r & Anna, b. June 3, 1755	2	97
Eber, s. Caleb & Sarah, b. Mar. 10, 1762	2	108
Elias, s. Caleb & Sarah, b. Feb. 17, 1756	2	97
Elizabeth, d. Josiah & Elizabeth, b. Nov. 1, 1728	2	20
Elizabeth, d. Josiah, d. Oct. 19, 1736	2	150
Elizabeth, d. James, Jr. & Submit, b. Nov. 9, 1755	2	101
Elizabeth, d. Reuben & Eliza[be]th, b. Jan. 27, 1758	2	100
Emeline, d. Miles, Jr. & Rachel, b. Aug. 6, 1804	2	221
Emeline A., of Guilford, m. Franklin C. **PHELPS**, of New Berlin, N. Y., Nov. 24, 1825, by Rev. Zolva Whitmore	2	294
Frederick, s. Miles, Jr. & Rachel, b. Apr. 22, 1811	2	221
George, s. Josiah & Anne, b. Feb. 17, 1781	2	189
George, m. Parnel **KELSEY**, b. of Guilford, Dec. 23, 1802, by Rev. John Elliott	2	180
George Nicholas, s. Geo[rge] & Parnel, b. Sept. 23, 1803	2	221
Hannah, d. Caleb & Sarah, b. Dec. 26, 1757	2	108
Henrietta, d. Miles & Rachel, b. Aug. 24, 1813	2	221
Henrietta, of Guilford, m. James **LINDSLEY**, of Branford, Apr. 3, 1836, by Rev. A. B. Goldsmith	2	344
Huldah, d. John & Deborah, b. Jan. 26, 1720/1	2	35
Huldah, m. Moses **BLACKLEY**, b. of Guilford, Jan. 16, 1743/4, by Rev. Jonathan Todd	2	58
James, of Guilford, m. Susanna **PEYER**, of Middletown, Dec. 18, 1723, by Rev. John Hart	2	47
James, s. James & Susanna, b. Feb. 18, 1731/2	2	30
James, Jr., m. Submit **HAND**, b. of Guilford, June 19, 1754, by Rev. Jon[a]th[an] Todd	2	70
Jehiel, s. John & Deborah, b. Feb. 18, 1716/17	2	35
[Jehiel], s. John & Deborah, b. [Feb. 18, 1717]	2	7
Jehiel, of Guilford, m. Mary **WAY**, sometime of Lebanon, now of Guilford, [ ] 12, 1733, by Richard Lord, J. P., of Norwalk (Arnold Copy has "Jehiel Munsey")	2	52
Jesse, s. Eben[eze]r & Ann, b. Aug. 20, 1757	2	106
Joel, s. Jonathan & Agaba*, b. Dec. 19, 1735 (*Agatha?)	2	31
Joel, s. Miles & Sarah, b. Sept. 23, 1772	2	189
John, s. Nicholas & Sarah, b. Apr. 26, 1660	A	62
John, m. Mary **EVARTS**, b. of Guilford, June 3, 1684, by Mr. Andrew Leete	A	78

GUILFORD VITAL RECORDS 229

	Vol.	Page
MUNGER, (cont.)		
John, s. John & Mary, b. Aug. 19, 1687	A	70
John, s. John & Mary, b. Aug. 19, 1687	A	91
[John], s. John & Deborah, b. [May 5, 1715]	2	7
John, s. John & Deborah, b. May 5, 1715	2	35
John, Sr., d. Nov. 3, 1732	2	149
Jonathan, of Guilford, m. Sarah **GRAVE**, of Hartford, Jan. 4, 172[1], by Rev. John Hart	2	45
Johathan, s. Jonathan & Sarah, b. Jan. 29, 17[22]	2	14
Jonathan, of Guilford, m. Aggephe* **LEWIS**, of Wallingford, July 10, 172[6], by Rev. John Hart (*Agatha?)	2	50
Jonathan, of Woodbury, m. Loice **MORSE**, of Guilford, Oct. 5, 1748, by [James Sproutt]	2	215
Jonathan, s. Reuben & Eliza[bet]h, b. Nov. 30, 1755	2	99
Joseph, s. Samuell & Sarah, b. Jan. 19, 1692/3	A	94
Joseph, m. Merriam **POND**, b. of Guilford, Oct. 6, 1720, by Rev. John Hart	2	50
Josiah, of Guilford, m. Elizabeth **HUBBARD**, of Haddam, July 24, 17[27], by Rev. Phineas Fisk, in Haddam	2	50
Josiah, s. Josiah & Elizabeth, b. Mar. 8, 1731/2	2	28
Josiah, s. Timothy & Mabel, b. Oct. 2, 1760	2	114
Josiah, m. Anne **LEE**, b. of Guilford, Mar. 22, 1780, by Rev. Jon[a]th[an] Todd	2	180
Levy, s. James & Susanna, b. June 24, 1736	2	73
Linus, s. Timothy & Mabel, b. Oct. 30, 1763	2	114
Lois, d. James, Jr. & Submit, b. May 9, 1757	2	101
Lucy, m. Justus **HALL**, b. of Guilford, Mar. 6, 1739/40, by Rev. Jonathan Todd	2	63
Lydia, d. Wait & Lydia, b. Nov. 8, 1753	2	95
Mabel, d. Simeon & Sarah, b. Dec. 17, 1762	2	111
Mabel, m. Timo[thy] **GRAVE**, b. of Guilford, May 26, 1785, by Rev. Jonath[a]n Todd	2	176
Mabel, of Guilford, m. George **COAN**, of Killingworth, Aug. 16, 1821, by Rev. John Elliott	2	269
Mary, d. Josiah & Mary, b. Jan. 16, 1685	A	89
Mary, d. John & Mary, b. Aug. 19, 1689	A	82
[Mary], d. John & Dorothy, b. [May 13, 1723]	2	7
Mary, d. John, Jr. & Deborah, b. May 13, 1723	2	17
Mary, m. John **ALLIS**, b. of Guilford, Feb. 3, 1741/2, by Rev. Jonathan Todd	2	58
Mary, d. Simeon & Sarah, b. Nov. 3, 1756	2	99
Mary, m. Andrew Leete **STONE**, b. of Griswold, Jan. 4, 1781, by Rev. Jonath[a]n Todd	2	184
Miles, s. Josiah & Elizabeth, b. May 31, 1739	2	80
Miles, m. Sarah **MUNGER**, b. of Guilford, Nov. 7, 1765, by Rev. Richard Ely	2	167
Miles, s. Miles & Sarah, b. Feb. 12, 1781	2	221
Miles, Jr., m. Rachel **GRUMBLY**, b. of Guilford, June 26,		

	Vol.	Page

MUNGER, (cont.)

	Vol.	Page
1803, by Rev. Israel Brainard	2	180
Nathaniel, s. Reuben & Elizabeth, b. Jan. 30, 1748/9	2	82
Nicholas, m. Sarah **HULL**, June 2, 1659	A	62
Nicholas, bd. Oct. 17, 1668	A	66
Ollive, d. Ebenezer & Ann, b. Oct. 10, 1747	2	85
Rebecca, d. John & Deborah, b. Mar. 10, 1718/19	2	35
[Rebecka]h, d. John & Dorothy, b. [Jan. 20, 1721]	2	7
Rebecca, d. Timo[thy] & Rebecca, b. Dec. 19, 1765	2	189
Reuben, twin with Simeon, s. Ebenezer & Anne, b. Mar. 28, 1725	2	15
Reuben, m. Elizabeth **DUDLEY**, b. of Guilford, June 8, 1748, by Rev. Jonathan Todd	2	60
Reuben, s. Reuben & Eliza[be]th, b. Apr. 22, 1752; d. Apr. 15, 1753	2	99
Reuben, s. Reuben & Eliza[be]th, b. Feb. 26, 1754	2	99
Samuell, m. Sarah **HAND**, Oct. 11, 1688, by Mr. Andrew Leete	A	79
Samuell, s. Samuell & Sarah, b. Feb. 7, 1689	A	82
Samuel, Sr., d. [1718]	2	1
Samuel, s. Jon[a]th[an] & Sarah, b. Aug. 16, 1725	2	15
Sarah, d. Samuell & Sarah, b. Mar. 16, 1694/5	A	97
Sarah, d. Jon[a]th[an] & Sarah, b. Oct. 14, 17[23]	2	16
Sarah, w. of Jonathan, d. Dec. [4, 1727, ae 25 y.]	2	3
Sarah, d. James & Susanna, b. Feb. 10, 1728/9	2	30
Sarah, d. Caleb & Sarah, b. Oct. 19, 1748	2	85
Sarah, m. Joseph **WILLCOCKS**, Jr., b. of Guilford, Sept. 17, 1754, by Rev. Jon[a]th[an] Todd	2	70
Sarah, s. Simeon & Sarah, b. Oct. 16, 1754	2	96
Sarah, m. Miles **MUNGER**, b. of Guilford, Nov. 7, 1765, by Rev. Richard Ely	2	167
Sarah, d. Josiah & Anne, b. Feb. 10, 178[4]	2	189
Sarah, wid., d. Mar. 13, 1761	2	143
Sherman, s. Joel & Mary, b. Oct. 12, 1801	2	221
Simeon, twin with Reuben, s. Ebenezer & Anne, b. Mar. 28, 1725; d. May 11, 1725	2	15
Simeon, s. Eben[eze]r & Susannah, b. Apr. 6, 1727	2	18
Simeon, m. Sarah **SCRANTON**, b. of Guilford, July 3, 1751, by Rev. Jonathan Todd	2	62
Simeon, s. Simeon & Sarah, b. Dec. 7, 1752	2	96
Simeon, s. Wyllys & Hester, b. Dec. 18, 1787	2	189
Submit, d. James, Jr. & Submit, b. July 15, 1754	2	101
Susanna, wid., m. Josiah **CRAMPTON**, b. of Guilford, Feb. 14, 1732, by Rev. Jonathan Todd	2	55
Susanna, d. James & Susanna, b. Nov. 24, 1741	2	73
Sybel, d. James & Susanna, b. Aug. 2, 1725	2	17
Sibbel, m. Nath[anie]l **DUDLEY**, 2d, b. of Guilford, Jan. 7, 1748, by Rev. Jonathan Todd	2	71

GUILFORD VITAL RECORDS 231

	Vol.	Page
MUNGER, (cont.)		
Sylvester, s. Miles, Jr. & Rachel, b. Oct. 13, 1808	2	221
Timothy, s. Josiah & Elizabeth, b. Sept. 5, 1735	2	80
Timothy, s. James & Susanna, b. Aug. 9, 1739	2	73
Timothy, m. Mabel **STEEVENS**, Oct. 20, 1757, by Rev. Richard Ely	2	167
Timothy, s. Timothy & Mabel, b. Oct. 8, 1758	2	114
Timothy, m. Rebecka **EVARTS**, b. of Guilford, Aug. 28, 1765, by [James Sproutt]	2	229
Titus, s. Timo[thy] & Rebecca, b. Jan. 4, 1772	2	189
Truman, of Madison, m. Nancy **NORTON**, of Guilford, Mar. 26, 1832, by Rev. Aaron Dutton	2	306
Wait, s. John, Jr. & Deborah, b. Mar. 23, 1727/8	2	21
Wait, of Guilford, m. Lydia **KELSEY**, of Killingworth, May 21, 1752, by Rev. Jared Eliot	2	67
Walter P., of Madison, m. Eliza **SEWARD,** of Guilford, Nov. 13, 1828, by Rev. Aaron Dutton	2	306
Walter Price, s. Wyllys & Esther, b. Sept. 21, 1801	2	221
William Hand, s. Wyllys & Hester, b. Nov. 14, 1785	2	189
Wyllys, s. Simeon & Sarah, b. Feb. 9, 1761	2	106
Wyllys, m. Hester **HAND**, b. of Guilford, Jan. 19, 1785, by Rev. Jonathan Todd	2	180
Wyllys, s. Wyllys & Esther, b. Mar. 6, 1790	2	221
Wyllys, Jr., of Guilford, m. Sally **STEEVENS**, of Killingworth, June 9, 1819, by Rev. Asa King	2	180
-----, w. of Ebenezer, d. Apr. 20, 1725	2	2
MUNLIN, William, of Georgetown, S. C., m. Mariette **KIRCUM**, of Guilford, July 16, 1834, by Rev. Aaron Dutton	2	306
[**MUNSEY***], [Jehiel], of Guilford, m. Mary **WAY**, sometime of Lebanon, now of Guilford, [ ] 12, 1733, by Richard Lord, J. P., of Norwalk (***MUNGER**?)	2	52
Jonathan, Jr., of Guilford, m. Dorcas **WAY**, of Lyme, Apr. 23, 1740, by Rev. Jon[a]th[an] Todd	2	53
MUNSON, Erastus, of Madison, m. Ruth B. **HAND**, of Guilford, Jan. 19, 1841, by Rev. James Rawson	2	307
Mary, of Wallingford, m. Jared **BISHOP**, of Guilford, Dec. 6, 1786, by Rev. Amos Fowler	2	226
MURRAY, MURREY, MURRY, Abner, s. Jehiel & Mary, b. Apr. 4, 1739 (See under Jehiel **MUNSEY**)	2	77
Amasa, s. Jonathan, Jr., & Dorcas, b. Feb.[24], 17[41] (See under Jonathan **MUNSEY**, Jr.)	2	42
Ann, d. Jehiel & Mary, b. Mar. 7, 1733	2	27
Ann, d. Jehiel & Mary, b. Mar. 7, 1733/4	2	28
Ann, wid. of Jonath[an], d. June 1, 1749	2	138
Anna, d. Jonathan & An[n], b. Oct. 1, 1695	A	98
Anne, w. of Selah, d. Jan. 2, [ ] [Dec. 22, 1727, ae 24]	2	3
Asah, s. Selah, d. May 26, 1748	2	138
Asahel, s. Selah & Lydia, b. Feb. 18, 1740/1	2	41

	Vol.	Page
MURRAY, MURREY, MURRY, (cont.)		
Asahel, s. Selah, & Ruth, b. June 19, 174[ ]; d. June 30, 17[49]	2	83
Asa[h]el, m. Thankfull **PLUM**, b. of Guilford, Sept. 26, 1770, by Rev. Jonathan Todd	2	170
Asa[h]el, Asa[h]el & Thankfull, b. Nov. 19, 1778	2	189
Beriah, s. Selah & Lydia, b. Aug. 19, 1746	2	79
Daniell, s. Jonathan & Ann, b. Feb. 14, 1691/2	2	96
Daniel, s. Selah & Anne, b. Dec. 16, 1726	2	18
Daniel, s. Selah, d. Aug. 29, 1751	2	139
Daniel, s. John & Ruth, b. Nov. 5, 1751	2	112
Daniel, s. Jonathan & Dorcas, b. Sept. 13, 1755	2	98
Esther, d. Jehiel & Mary, b. Sept. 29, 1735	2	77
Esther, m. Josiah **CRUTTENDEN**, b. of Guilford, Dec. 15, 1737, by Rev. Jonathan Todd	2	54
Ezra, s. Jehiel & Mary, b. July 11, 1741	2	77
Hope, m. Jon[a]th[an] **LEES**, b. of Guilford, Aug. 5, 1719, by Rev. John Hart	2	46
Huldah, d. Asa[h]el & Thankfull, b. Jan. 9, 1776	2	189
Jehiel, of Guilford, m. Mary **WAY**, sometime of Lebanon, now of Guilford, [ ] 12, 1733, by Richard Lord, J. P., of Norwalk (Arnold Copy has "Jehiel Munsey")	2	52
Jesse, s. John & Ruth, b. Jan. 25, 1745/6	2	81
Jonathan, m. Ann **BRADL[E]Y**, July 17, 1688, by Mr. Andrew Leete	A	79
Jonathan, Jr., m. Dorcas **WAY**, b. of Lyme, Apr. 23, 1740, by Rev. Jon[a]th[an] Todd (Arnold Copy has Jonathan Munsey, Jr.)	2	53
Jonathan, s. Asa[h]el & Thankfull, b. Jan. 27, 1781	2	189
Julius, of Champion, N. Y., m. Perla **NORTON**, of Guilford, July 23, 1829, by Rev. Aaron Dutton	2	306
Lydia, d. Selah & Lydia, b. Apr. 19, 1743	2	74
Lydia, w. of Selah, d. Aug. 14, 1746	2	137
Mabel, m . Elias **GRAVE**, b. of Guilford, Feb. 23, 1763, by Rev. Jon[a]th[an] Todd	2	176
Mabel, d. Asahel & Thankfull, b Aug. 7, 1773	2	189
Nathan, s. Selah & Ruth, b. Sept. 16, 1750	2	85
Peter, s. John & Ruth, b. Aug. 25, 1748	2	82
Reuben, s. Jehiel & Mary, b. Feb. 17, 1743/4	2	77
Ruth, d. Selah & Ruth, b. July 12, 1753	2	93
Ruth, m. Lieut. Moses **BLATCHLEY**, b. of Guilford, Jan. 8, 1766, by Rev. Jonathan Todd	2	167
Samuel, s. Selah & Ruth, b. Apr. 13, 1748	2	82
Sam[ue]ll Plum, s. Asa[h]el & Thankfull, b. Dec. 5, 1783	2	189
Selah, m. Anne **NORTON**, b. of Guilford, May 14, [1725]	2	2
Selah, m. Anna **NORTON**, b. of Guilford, May 14, 17[25], by Rev. John Hart	2	48
Selah, s. Selah & Lydia, b. May 8, 1739	2	39

	Vol.	Page
MURRAY, MURREY, MURRY, (cont.)		
Selah, m. Ruth **SQUIRE**, b. of Guilford, Feb. 26, 1746/7, by Rev. Thomas Ruggles	2	60
Stephen, s. Jonathan & Dorcas, b. July 13, 1757	2	98
Sylvia, d. John & Ruth, b. Sept. 1, 1753	2	112
Thankfull, d. Jonathan & Ann, b. Dec. 12, 1690	A	96
Thankfull, m. John **MEIGS**, b. of Guilford, Apr. 7, 172[4], by Rev. John Hart	2	48
Thankful, d. Asa[h]el & Thankful, b. Aug. 13, 1771	2	125
MYERS, Abraham, m. Chloe **BRADLEY**, b. of Guilford, Sept. 26, 1821, by Rev. John Elliott	2	306
NAILS, Patience, of New Haven, m. Ebenezer **PLUMB**, of Guilford, Nov. 13, 1737, by Rev. Joseph Noyes, in New Haven	2	54
NASH, William, of Westport, m. Clara **HART**, of Guilford, July 21, 1845, by Rev. L. T. Bennett	2	379
NAUGHTY, NAUGHTA, NAUGHTIE, NAUGHTYE, Betsey, d. David & Mary, b. Feb. 23, 1763	2	190
David, d. Jan. 10, 1739	2	140
David, s. David & Mary, b. Nov. 16, 1765	2	190
Hannah, d. David & Mary, b. Nov. 21, 1767	2	190
Margaret, m. James **BENTON**, Jr., of Guilford, Sept. 10, 1739, by Rev. Thomas Ruggles	2	53
Marg[a]ret, d. David & Mary, b. Jan. 3, 1769	2	190
Mary, d. David & Mary, b. Feb. 28, 1771	2	190
Peter, s. David & Mary, b. Nov. 11, 1779	2	190
Reuben, s. David & Mary, b. Sept. 14, 1774	2	190
Ruth, d. David & Mary, b. Sept. 17, 1777	2	190
NETTLETON, NETTLETO, Amanda, m. Edward M. **HAWLEY**, b. of Durham, Apr. 22, 1839, by Rev. A. Dutton	2	347
Anne, m. Moses **DOUD**, July 23, 1795	2	173
C[h]loe, of Killingworth, m. Adin **FRENCH**, of Guilford, Mar. 8, 1798, by Rev. Simon Backus	2	238
Fanny A., of Guilford, m. Nelson S. **NEWTON**, of Madison, [Nov.] 1, [1846], by Rev. Cha[rle]s R. Adams	2	379
Isabell, m. George **CHATFIELD**, 1st mo, 29th d., 1659	A	61
Sarah, of Killingworth, m. Samuel **EVARTS**, 3rd, of Guilford, Aug. 19, 1761, by Rev. William Seaward	2	167
NEWBRY, John, of Middletown, m. Prudence **STONE**, of Guilford, May 10, 1750, by [James Sproutt]	2	215
NEWHALL, George T., of New Haven, m. Julia A. **LEETE**, of Guilford, May 29, 1844, by Rev. Lorenzo T. Bennett	2	379
NEWTON, Alfred, m. Maryette **PARMELE[E]**, Oct. 11, 1829, by Rev. David Baldwin	2	310
Nelson S., of Madison, m. Fanny A. **NETTLETON**, of Guilford, [Nov.] 1, [1846], by Rev. Cha[rle]s R. Adams	2	379
Sarah, m. Daniel **GOLDSMITH**, b. of Guilford, Feb. 26, [1786], by [James Sproutt]	2	253
NICHOLS, Ruggles G., of Branford, m. Catharine **McQUILLAN**, of		

	Vol.	Page
NICHOLS, (cont.)		
Guilford, Nov. 4, 1846, by Rev. Lorenzo T. Bennett	2	379
NILES, Mary Ann, m. William A. **STANNARD**, July 3, 1822, by		
Rev. John Elliott	2	285
[**NOBLE**], [see under **NUBLE**]		
NORTON, Aaron, s. Isaiah & Joannah, b. June 13, 1750	2	91
Abel, s. Charles & Mary, b. Apr. 3, 1753	2	104
Abel, s. Asah & Phebe, b. Oct. 3, 1777	2	190
Abel, m. Lucy **BARTLET[T]**, b. of Guilford, Jan. 13, 1788, by		
Rev. Thomas W. Bray	2	181
Abel, d. Mar. 29, 1803, ae 50 y. wanting 5 d.	2	210
Abegell, d. Samuell & Abigell, b. Nov. 12, 1693	A	99
Abigail, w. of Samuel, d. Aug. 10, 1733	2	142
Abigail, d. Jared & Sarah, b. Feb. 11, 1791	2	190
Abigail, m. Ezra **BISHOP**, b. of Guilford, Apr. 28, 1809, by		
Rev. Charles Atwater	2	227
Adah, d. Simeon & Mary, b. June 27, 1758	2	110
Adelia, d. Justus & Mabel, b. Oct. 10, 1803	2	263
Alathere, d. Silas & Lucy, b. Jan. 12, 1795	2	263
Alfred, s. Gideon & Lucy, b. May 12, 1791	2	190
Amanda, d. Eber & Mabel, b. Sept. 21, 1794	2	190
Amanda, m. Austin **EVARTS**, b. of Guilford, May 15, 1822,		
by Rev. Aaron Dutton	2	248
Ambrose, s. John, Jr. & Lucy, b. Feb. 16, 1760	2	105
Andrew, s. Isaiah & Joannah, b. Feb. 18, 1752	2	91
Anna, m. Selah **MURREY**, b. of Guilford, May 14, 17[25], by		
Rev. John Hart	2	48
An[n]ah*, d*. Reuben & Hannah, b. Mar. 14, 1759		
(*correction (An[n]ah) scratched out; (Anah, s.)		
handwritten in margin of original manuscript)	2	124
Anne, m. Selah **MURREY**, b. of Guilford, May 14, [1725]	2	2
Anne, m. Thomas **LEETE**, b. of Guilford, June 30, 1773, by		
[James Sproutt]	2	252
Anson, s. Silas & Lucy, b. Dec. 7, 1803	2	263
Arah, s. Reuben & Hannah, b. Aug. 3, 1739 (Asa?)*		
(*correction (Asa?) scratched out on original manuscript)	2	39
Arah*, m. Phebe **SCRANTON**, b. of Guilford, Mar. 7, [1764],		
by [James Sproutt] (Asa?)* (*correction (Asa?)		
scratched out on original manuscript)	2	228
Arah*, of Guilford, m. Mary **BIDWELL**, of Hartford, Nov. 14,		
1791 (*correction (Arah) scratched out; (Anah)		
handwritten in margin of original manuscript)	2	181
Asa*, m. Phebe **SCRANTON**, b. of Guilford, Mar. 7, 1764, by		
Rev. James Sproutt (Ara?)* (*correction (Asa)		
and (Ara?) scratched out; Arah handwritten in margin of		
original manuscript)	2	165
Asenath, d. Abel & Lucy, b. Apr. 19, 1790	2	190
Ashbel, of Guilford, m. Submit **WHEATON**, of Branford, July		

GUILFORD VITAL RECORDS 235

	Vol.	Page
NORTON, (cont.)		
19, [1756], by [James Sproutt]	2	216
Augustus Denison, s. Silas & Lucy, b. Dec 1, 1810	2	263
Bela, s. Hooker & Sibble, b. Nov. 15, 1772	2	190
Benjamin, m. Azuba[h] **MUNGER**, b. of Guilford, Oct. 22, 1771, by Richard Ely	2	180
Benj[ami]n, s. Hooker & Sibble, b. Oct. 18, 1774	2	190
Benjamin, s. Benj[amin] & Azuba[h], b. Oct. 29, 1774	2	190
Benj[ami]n, s. Benj[ami]n & Azuba[h], d. Nov. 6, 1779	2	210
Beriah William, s. Rufus & Hannah, b. Feb. 15, 1796	2	263
Bethyah, m. Peletiah **LEETE**, 3rd, b. of Guilford, June 10, [1767], by [James Sproutt]	2	246
Bethiah, m. Pelatiah **LEETE**, 3rd, b. of Guilford, June 17, 1767, by Rev. James Sproutt	2	168
Betsey, d. Eber & Mabel, b. Jan. 26, 1801	2	263
Bille, s. Abel & Lucy, b. May 25, 1792	2	190
Charity, m. Daniel **LEETE**, b. of Guilford, Dec. 9, [1766], by [James Sproutt]	2	229
Charity, m. Daniel **LEETE**, Jr., b. of Guilford, Dec. 10, 1766, by Rev. James Sproutt	2	168
Charles, d. Dec. 24, 1786, in the 77th y. of his age	2	210
Charles Russell, s. Gideon & Lucy, b. Apr. 19, 1789	2	190
Charles Russell, s. Horace & Pamele, b. Jan. 15, 1819	2	263
C[h]loe, d. Simeon & Mary, b. Nov. 3, 1760	2	110
Cyrus, s. David & Submit, b. Jan. 14, 1755	2	95
Daniel, [s. Thomas & Rachell, b. Jan. 17, 1706/7]	2	8
Daniel, s. Thomas & Rachel, b. Jan. 17, 1706/7	2	36
Daniel, m. Elizabeth **CHITTENDEN**, b. of Guilford, Mar. 19, [1761], by [James Sproutt]	2	228
Daniel Hooker, s. Hooker & Sibbel, b. Jan. 4, 1764	2	124
Daniel Hooker, s. Hooker & Sibble, d. Oct. 23, 1775	2	210
Daniel Hooker, s. Hooker & Sibble, b. July 18, 1781	2	190
David, s. Joseph & Mary, b. Oct. 20, 1730	2	26
David, m. Submit **BENTON**, b. of Guilford, Mar. 12, 1752, by Rev. James Sprout	2	65
David, m. Submit **BENTON**, b. of Guilford, Mar. 12, 1752, by [James Sproutt]	2	215
Diadema, m. Joseph **DUDLEY**, Jr., b. of Guilford, Jan. 21, 1762, by [James Sproutt]	2	228
Diadama, m. Joseph **DUDLEY**, b. of Guilford, Jan. 22, 1762, by Rev. James Sproutt	2	173
Diadama, d. Arah & Phebe, b. Nov. 17, 1785	2	190
Eber, s. Thomas & Rachel, b. Nov. 8, 1718	2	8
Eber, s. Thomas & Rachel, b. Nov. 8, 1718	2	36
Eber, s. Reuben & Hannah, b. July 5, 1756	2	124
Eber, 2d., m. Mabel **EVARTS**, b. of Guilford, Nov. 2, 1788, by Rev. Amos Fowler	2	181
Edward, m. Eliza **LEETE**, b. of Guilford, June 9, 1834, by		

NORTON, (cont.)

	Vol.	Page
Rev. David Baldwin	2	310
Elijah, s. Nath[anie]ll & Elizabeth, b. Aug. 13, 1773	2	190
Elisha, s. Nathan & Elizabeth, b. Apr. 14, 1772; d. Aug. 13, 1773	2	190
Elizabeth, m. Daniel **BENTON**, b. of Guilford, Aug. 8, 1728, by Capt. Andrew Ward, J. P.	2	49
Elizabeth, d. Timothy & Eliz[abe]th, b. Feb. 7, 1748/9	2	88
Elizabeth, wid., d. Apr. 13, 1838, ae 86	2	210
Ellen Eliza, d. J[ustus] & M[able], b. Oct. 31, 1811	2	317
Enos Appollos, s. Jared & Sarah, b. May 16, 1796	2	190
Esther, d. Arah & Mary, b. Nov. 14, 1792	2	190
Fanny, d. Ara & Mary, b. Nov. 27, 1796	2	190
Fanny, m. Eber S. **HOTCHKISS**, July 25, 1821, by Rev. John Elliott	2	254
Fanny, m. Eber S. **HOTCHKISS**, b. of Guilford, July 25, 1821, by Rev. John Elliott	2	255
Fayette, s. Rufus & Hannah, b. Dec. 1, 1791	2	263
George, s. Justus & M[able], b. Apr. 2, 1814	2	317
George, of Guilford, m. Clarrissa **HULL**, of Branford, June 28, 1835, by Rev. Aaron Dutton	2	311
Gideon, s. Charles & Mary, b. July 3, 1759	2	104
Gideon, of Guilford, m. Lucy **RUSSELL**, of Branford, Dec. 2, 1787, by Rev. Sam[ue]ll Eells	2	181
Grace, of Guilford, m. William **SEWARD**, of New Haven, Apr. 2, 1651, by William Leete	A	123
Hanna[h], d. John & Hanna[h], b. Feb. 24, 1677/8	A	84
Hannah, d. Joseph & Mary, b. Oct. 1, 1734	2	28
Hannah, d. Reuben & Hannah, b. May 1, 1746	2	80
Hannah, m. Nath[anie]ll **ALLIS**, Jr., b. of Guilford, Oct. 2, 1766, by Rev. Jonathan Todd	2	182
Hannah, d. Arah & Phebe, b. Feb. 3, 1769	2	122
Hannah, m. Solomon **LEETE**, b. of Guilford, Nov. 3, 1772, by [James Sproutt]	2	252
Hannah, d. Hooker & Sibble, b. Mar. 7, 1779	2	190
Hannah, d. Hooker & Sibble, d. Mar. 28, 1787	2	210
Harriet, d. Silas & Lucy, b. Mar. 16, 1797	2	263
Harvey, s. Rufus & Hannah, b. Oct. 27, 1787	2	263
Henry, s. Charles & Mary, b. Nov. 11, 1756	2	104
Henry Sidney, of Salisbury, m. Lucy **TODD**, of Guilford, Jan. 13, 1823, by Rev. John Elliott	2	310
Hooker, s. Reuben & Hannah, b. Jan. 15, 1740/1	2	42
Hooker, s. Reuben, d. Sept. 29, 1742	2	148
Horrace, s. Gideon & Lucy, b. June 29, 1794	2	190
Horace, m. Parmele **FRISBIE**, b. of Guilford, Apr. 14, 1818, by Rev. David Baldwin	2	181
Huldah, d. Silas & Lucy, b. June 18, 1798	2	263
Isaiah, of Guilford, m. Joannah **MOREHOUSE**, of Saybrook,		

GUILFORD VITAL RECORDS 237

	Vol.	Page
NORTON, (cont.)		
June 9, 1748, by Rev. W[illia]m Worthington	2	65
James Austin, s. Silas & Lucy, b. Dec. 22, 1814	2	263
James Austin, m. Ann **GALE**, b. of Guilford, Sept. 12, 1836, by Rev. C. Chittenden	2	311
James Austin, m. Ann **GALE**, b. of Guilford, Sept. 12, 1836, by Rev. C. Chittenden	2	344
Jared, of Guilford, m. Sarah **BROCKET**, of North Haven, Oct. 4, 1786, by Rev. Benj[amin] Trumbull	2	181
Joel, s. Benj[ami]n & Azuba[h], b. Aug. 11, 1778	2	190
John, s. John & Hannah, b. Nov. 18, 1666; d. Jan. 10, [ ]66	A	64
John, s. John & Hannah, b. May 29, 1668	A	66
John, Jr., m. Lucy **LEE**, b. of Guilford, Dec. 27, 1758, by Rev. Amos Fowler	2	72
John, s. Abel & Lucy, b. Oct. 24, 1794	2	190
John, s. Eber & Mabel, b. Sept. 19, 1803	2	263
John, m. Mary **ROSSETTER**, b. of Guilford, Nov. 21, 1832, by Rev. Zolva Whitmore	2	310
John, m. Ruth **DUDLEY**, b. of Guilford, Nov. 28, 1838, by Rev. Aaron Dutton	2	311
John, m. Lucinda J. **LEETE**, b. of Guilford, Sept. 13, 1847, by Rev. E. Edwin Hall	2	379
John Burgis, s. Jared & Sarah, b. Dec. 25, 1793	2	190
John Ward, s. Silas & Lucy, b. Feb. 26, 1802	2	263
Joseph, of Guilford, m. Mary **CHAMPION**, of Lyme, Apr. 11, 17[28], by Rev. Thomas Ruggles	2	51
Joseph, of Guilford, m. Susan **BALDWIN**, of Madison, Oct. 22, 1837, by Rev. Charles Chittenden	2	311
Joseph P., m. Sophia A. **FRISBIE**, b. of Guilford, Dec. 14, 1825, by Rev. Aaron Dutton	2	310
Josiah, s. Arah & Phebe, b. Apr. 13, 1766	2	115
Josiah, m. Sally **TAYLOR**, b. of Guilford, Dec. 14, 1791, by Rev. John Eliott	2	181
Julia, d. Eber & Mabel, b. July 24, 1807	2	263
Justus, s. Justus & Mabel, b. Oct. 1, 1809	2	317
Justus, Jr., m. Sally A. **GRISWOLD**, b. of Guilford, Mar. 18, 1832, by Rev. D. Baldwin	2	310
Kaziah, m. John **GRAVE**, the smith, b. of Guilford, Aug. 1, 1723, by Rev. John Hart	2	50
Laura Maria, d. Rufus & Hannah, b. Mar. 8, 1790	2	263
Leah, [d. Thomas & Rachel, b. Apr. 3, 1713]	2	8
Leah, d. Thomas & Rachel, b. Apr. 3, 1715	2	36
Leah, m. Thomas **STONE**, b. of Guilford, Mar. 27, 1752, by Rev. Thomas Ruggles	2	67
Leah, m. Alexander **McGUILLON**, b. of Guilford, June 22, 1826, by Rev. Aaron Dutton	2	306
Lois, d. Hooker & Sibbel, b. Jan. 10, 1765	2	124

	Vol.	Page
NORTON, (cont.)		
Lois, m. Curtis **EVARTS**, b. of Guilford, Jan. 18, 1792, by Rev. John Eleot	2	174
Lorenzo, s. J[ustus] & M[able], b. July 23, 1816	2	317
Lorain, d. Hooker & Sibbel, b. Feb. 3, 1763	2	124
Lorrain, m. Ezra **EVARTS**, b. of Guilford, July 2, 1783, by Rev. Jonath[an] Todd	2	174
Lucinda, d. Rufus & Hannah, b. Nov. 18, 1780	2	263
Lucretia, d. Eber & Mabel, b. May 2, 1791	2	190
Lucretia, d. Eber & Mabel, b. Sept. 22, 1799	2	263
Lucy, m. David **MORSE**, b. of Guilford, Oct. 1, 1777, by Rev. Amos Fowler	2	180
Lucyette, d. Silas & Lucy, b. Jan. 31, 1807	2	263
Lyman, m. Susan **DOLPH**, b. of Guilford, July 10, 1842, by Alvah B. Goldsmith, J. P.	2	311
Mabel, d. Ara & Phebe, b. Dec. 17, 1773	2	190
Maria M., m. Lucian **BEERS**, b. of Guilford, Nov. 18, 1842, by Rev. Zolva Whitmore	2	376
Marietta M., m. Dan L. **BENTON**, 2d, b. of Guilford, Nov. 20, 1833, by Rev. Aaron Dutton	2	325
Mary, d. Simeon & Mary, b. Aug. 20, 1769	2	123
Mary, wid. of Charles, d. Sept. 25, 1793, in her 78th y.	2	210
Melinda, m. James B. **SMITH**, June 8, 1831, by Rev. D. Baldwin	2	323
Mindwell, m. Samuel **MEIGS**, b. of Guilford, Dec. [14], 17[31], by Janna Meigs, J. P.	2	51
Montgomery, s. Rufus & Hannah, b. July 22, 1782	2	263
Nancy, d. Justus & Mabel, b. June 29, 1799	2	263
Nancy, of Guilford, m. Truman **MUNGER**, of Madison, Mar. 26, 1832, by Rev. Aaron Dutton	2	306
Nathan, of Guilford, m. Elizabeth **ROBERTS**, of Middletown, May 14, 1771, by Enoch Huntington	2	180
Noah, s. Joseph & Mary, b. Jan. 27, 1739/40	2	40
Olive, m. Timothy **BALDWIN**, b. of Guilford, Nov. 18, 1772, by Rev. Tho[ma]s Wells Bray	2	171
Orpha, d. Justus & Mabel, b.Aug. 8, 1807	2	317
Ozias, s. David & Submit, b. Feb. 10, 1753	2	92
Perla, d. Justus & Mabel, b. Mar. 15, 1801	2	263
Perla, of Guilford, m. Julius **MURRAY**, of Champion, N. Y., July 23, 1829, by Rev. Aaron Dutton	2	306
Phebe Ann, m. Hervey E. **HOWD**, Jan. 28, 1833, by Rev. David Baldwin	2	319
Phebe Anna, d. Justus & Mabel, b. Aug. 15, 1805	2	263
Philany, m. Friend **COLLENS**, b. of Guilford, Feb. 20, 1785, by Rev. Amos Fowler	2	225
Philemon, s. Joseph & Mary, b. Jan. 24, 1736	2	32
Polly, d. Arah & Mary, b. July 3, 1795	2	190
Polly, d. Silas & Lucy, b. Oct. 26, 1800	2	263

	Vol.	Page
NORTON, (cont.)		
Polly, m. Martin **HOADLEY**, Dec. 11, 1831, by Rev. David Baldwin	2	319
Polly Teresa, d. Rufus & Hannah, b. Feb. 20, 1794	2	263
Rachel, d. Thomas & Rachel, b. July 12, 1702	2	36
Rachel, m. Timothy **STONE**, b. of Guilford, Aug. 29, 1725, by James Hooker, J. P.	2	46
Rachel, d. Hooker & Sibble, b. June 5, 1777	2	190
Rebeckah, d. Ara & Mary, b. June 21, 1800	2	190
Rebecca, m. Justin **COE**, Mar. 28, 1822, by Rev. John Ely	2	269
Reuben, s. Thomas & Rachel, b. Apr. 6, 1711	2	8
Reuben, s.Thomas & Rachel, b. Apr. 6, 1711	2	36
Reuben, of Guilford, m. Hannah **HOOKER**, of Hartford, Sept. 7, 1738, by Benjamin Colton	2	54
Rufus, s. Simeon & Mary, b. Aug. 9, 1756	2	97
Rufus, of Guilford, m. Hannah **COOK**, of Branford, Mar. 17, 1779, by Rev. Philemon Robbins	2	181
Russell, s. Hooker & Sibbel, b. June 26, 1768	2	124
Russell, s. Hooker & Sibble, d. Oct. 27, 1775	2	210
Russell, s. Hooker & Sibble, b. Jan. 20, 1784	2	190
Ruth, m. Nathan **CHITTENDEN**, b. of Guilford, Sept. 22, [1756], by [James Sproutt]	2	216
Ruth, m. Nathan **CHITTENDEN**, b. of Guilford, Sept. 23, 1756, by Rev. James Sprout	2	172
Ruth, m. Nathan **CHITTENDEN**, b. of Guilford, Sept. 25, 1756	2	268
Sabrina, d. Timothy & Eliz[abe]th, b. Jan. 22, 1750/1	2	88
Samuell, m. Abigell **WARD**, b. of G[u]ilford, Jan. 25, 1692/3, by Mr. Andrew Leete	A	100
Samuel, Jr., m. Thankfull **WILLCOCKS**, b. of Guilford, Sept. 6, [1725], by Rev. John Hart	2	51
Samuel, d. Apr. 2, 1752	2	140
Samuel Stebbins, s. Rufus & Hannah, b. Oct. 22, 1785	2	268
Sarah, d. Isaiah & Joannah, b. Mar. 12, 1748/9	2	91
Sarah, wid., d. Aug. 6, 1752	2	140
Sarah, d. Arah & Phebe, b. Jan. 25, 1771	2	190
Sarah, of Guilford, m. Jonathan **STOKES**, of New York, June 4, [1787], by [James Sproutt]	2	287
Sarah, d. Jared & Sarah, b. Oct. 2, 1788	2	190
Silas, m. Lucy **CHITTENDEN**, b. of Guilford, Feb. 18, 1792, by Rev. Amos Fowler	2	181
Silas, s. Silas & Lucy, b. Aug. 28, 1805	2	263
Silas, m. Eliza **EVARTS**, b. of Guilford, Nov. 23, 1831, by Rev. Aaron Dutton	2	310
Simeon, s. Joseph & Mary, b. Mar. 3, 1728/9	2	26
Simeon, m. Mary **FAULKNER**, b. of Guilford, Nov. 20, 1755, by Rev. Thomas Ruggles	2	68
Simeon, s. Rufus & Hannah, b. Apr. 23, 1784	2	263

	Vol.	Page

NORTON, (cont.)

Stanley, s. Reuben & Hannah, b. July 5, 1754	2	124
Stephen Bidwell, s. Arah & Mary, b. Aug. 1, 1802	2	263
Thomas, s. John & Hanna[h], b. Mar. first week, 1675	A	83
Thomas, d. Thomas & Rachel, b. Oct. 1, 1704	2	36
[Thomas], [s. Thomas & Rachel, b. Oct. 10, 1704]	2	8
[Timothy], [s.] Thomas & Rachell, b. Feb. 3, 1721	2	8
Timothy, s. Thomas & Rachel, b. Feb. 3, 1720/1	2	36
Timothy, m. Elizabeth **WARD**, b. of Guilford, Jan. 1, 1747/8, by Rev. James Sprout	2	64
Timothy, m. Elizabeth **WARDD**, b. of Guilford, Jan. 21, 1748, by [James Sproutt]	2	215
Tina, d. Simeon & Mary, b. May 9, 1767	2	118
Tryal, m. Richard **BRISTOL**, b. of Guilford, May 11, 1738, by Rev. Thomas Ruggles	2	54
William, s. Joseph & Mary, b. Jan. 22, 1731/2	2	26
William, s. Jared & Sarah, b. Dec. 25, 1801	2	263
W[illia]m Hooker, s. Eber & Mabel, b. June 5, 1792	2	190
-----, s. Joseph, d. Oct. [ ], 1736	2	150

NOTT, Catharine, d. Alex[ande]r & Jane, b. July 30, 1808   2   317

Hannah, m. Abraham **HALL**, b. of Guilford, Feb. 27, 1744, by Rev. Jonathan Todd	2	59
Hannah, wid., d. July 27, 1762	2	144
James, s. Alex[ande]r & Jane, b. Feb. 28, 1811	2	317

NUBB, [see under **NUBLE**]

NUBLE, NUBEL, NUBB, Betsey, d. W[illia]m & Christian, b. Dec. 24, 1811   2   263

Christiania, of Guilford, m. Thomas **WILSON**, of New Haven, Sept. [ ], 1831, by Rev. Aaron Dutton	2	289
Mary, d. W[illia]m & Christian, b. Feb. 6, 1819	2	263
William, m. Christian **BENTON**, b. of Guilford, May 30, 1806, by Rev. Tho[ma]s W. Bray	2	181

O'KELLY, Reuben, d. Oct. 12, 1759, at Crown Point   2   143

OSBORN, Elizabeth, of Branford, m. Ezra **STONE**, of Guilford, Mar. 18, 1739/40, by Rev. Philemon Robbins   2   63

PAGE, Augustus N., m. Eunice **DOLPH**, b. of Guilford, Mar. 22, 1843, by Rev. Lorenzo T. Bennett   2   343

Dennis S., m. Almira Loisa **HULL**, b. of Branford, Oct. 18, 1830, by Rev. Aaron Dutton	2	295
Hannah, of Branford, m. Samuel **BISHOP**, 3rd, of Guilford, Mar. 9, 1757, by Rev. Wearham Williams	2	69
Isaac, of Wallingford, m. Eunice **FOWLER**, of Guilford, June 23, 1824, by Rev. Zolva Whitmore	2	294
Sarah, of Branford, m. Philemon **HALL**, of Guilford, May 6, 1756, by Rev. Philemon Robbins	2	68
Thankfull, of Branford, m. Hezekiah **JONES**, of Guilford, Apr. 28, 1773, by Rev. Amos Fowler	2	178

PAINE, Thomas, Rev., m. Abigaile **HULL**, b. of Southhold, L. I.,

GUILFORD VITAL RECORDS   241

	Vol.	Page
PAINE, (cont.)		
Oct. 25, 1750, by [James Sproutt]	2	215
PALMER, Benjamin B., m. Ruth A. **RICHARDS**, b. of Guilford,		
May 19, 1839, by Rev. A. B. Goldsmith	2	342
Hannah Rebeckah, of Branford, m. Vene **LEE**, of Guilford,		
May 16, 1793, by Rev. Amos Fowler	2	179
James Francis, m. Sally **HULL**, b. of Branford, Sept. 6, 1846,		
by Alvah B. Goldsmith, J. P.	2	345
James Francis, m. Sally **HULL**, b. of Branford, Sept. 6, 1846,		
by Alvah B. Goldsmith, J. P.	2	382
John B., of Branford, m. Lydia S. **GOLDSMITH**, of Guilford,		
Dec. 16, 1844, by Rev. Lorenzo T. Bennett	2	382
John C., of Middletown, m. Catharine **BALDWIN**, of Guilford,		
June 26, 1831, by Rev. Zolva Whitmore	2	342
Justin, of Branford, m. Mary Ann **BARNES**, of Guilford, May		
29, 1842, by Rev. Lorenzo T. Bennett	2	343
Lurenda, m. Benjamin **LEETE**, b. of Guilford, [Mar.] 19,		
[1849], by Rev. H. N. Weed	2	388
Malaki, m. Sally **TUTTLE**, b. of Guilford, June 7, 1800, by		
Rev. John Elliot	2	183
Malachi, d. Feb. 10, 1802	2	162
Mary, m. Eber **KIRKUM**, b. of Guilford, [1774?], by		
[James Sprout]	2	253
Rodolphus, of Branford, m. Abigail **WALKER**, of Guilford,		
Dec. 26, 1826, by Rev. David Baldwin	2	295
Sarah, of Branford, m. Daniel **BOWIN**, of Guilford, Feb. [5],		
17[36], by Rev. Jonathan Marrick, in Branford	2	54
PARDEE, James Russell, m. Alma **STONE**, b. of Guilford, Feb. 7,		
1821, by Rev. John Ely	2	183
PARKE, [see under **PARKS**]		
PARKER, Austin H., [s. Jedediah & Amanda], b. Jan. 21, 1808	2	212
Austin H., of Guilford, m. Minerva **WALKLEY**, of Madison,		
Apr. 11, 1832, by Rev. Aaron Dutton	2	295
Emeline, of Guilford, m. James H. **BENTON**, of Madison, Jan.		
[ ], 1828, by Rev. Aaron Dutton	2	313
Emeline A., [d. Jedediah & Amanda], b. Oct. 27, 1805	2	212
Jedediah, m. Amanda **HOTCHKISS**, Sept. 10, 1804, by Rev.		
Israel Brainard	2	382
Jedediah, m. Elizabeth **STARR**, b. of Guilford, May 8, 1836,		
by Aaron Dutton	2	342
John C., [s. Jedediah & Amanda], b. Jan. 9, 1811	2	212
PARKS, PARKES, PARKE, Admire, of Guilford, m. Rebeckah		
KERCUM, of Branford, Feb. 19, 1734/5, by Rev.		
Philemon Robins	2	56
Amanda, d. Admire & Rebecah, b. Nov. 5, [1749]	2	83
Buel, s. Admire, d. Aug. 12, 1738	2	149
Christtifer, s. Edward & Deliverance, b. June first week, 1682	A	88
Edward, d. July 6, 1771	2	147

	Vol.	Page
PARKS, PARKES, PARKE, (cont.)		
Hannah, d. Admire & Rebeckah, b. Dec. 1, [1746]	2	83
Joel, s. Admire & Rebeckah, b. Apr. 2, [1744]	2	83
John, s. Admire & Rebeckah, b. Jan. 1, 1752	2	87
Joseph, s. Edward & Deliverance, b. May last week, 1675	A	78
Joseph, s. Admire & Rebeckah, b. Feb. 16, 1741/2	2	73
Lois, d. Admire & Rebeckah, b. Feb. 26, 1754	2	96
Mary, d. Edward & Deliverance, b. Dec. 10, 1672	A	75
Mary, wid., had d. Mary Bayly d. Dec. 21, 1692	A	71
Mary, d. Admire & Rebeckah, b. Jan. 1, 1735/6	2	31
Nathaniell, s. Edward & Deliverance, b. Feb. 1, 1677	A	84
Nathaniel, d. Dec. 18, 1764	2	144
Penal, s. Admire & Rebecca, b. Dec. 4, 1737	2	34
Rebecca, d. Admire & Rebecca, b. Aug. 12, 1739	2	40
Ruel, s. Admire, d. Aug. 12, 1738	2	147
Sarah, d. Admire & Rebeckah, b. Feb. [ ],]1742]	2	83
Thankfull, d. Edward & Deliverance, b. Mar. 3, 1679/80	A	86
PARMELEE, PARMELE, PARMELY, PARMELIN, PARMILIE,		
PARMERLY, Aaron, d*, Abraham & Mary, b. Apr. 12, 1733 (*Son?)	2	26
Aaron, m. Sarah **GRAVE**, b. of Guilford, Apr. 5, 1753, by Rev. John Richards	2	66
Aaron, s. Aaron & Sarah, b. Dec. 26, 1757	2	108
Abell, s. Job & Bettey, b. May 20, [1703]	2	9
Abigell, d. John & Mary, b. July 20, 1685	A	99
Abigell, w. of Calib, bd. May 8, 1692	A	82
Abigail, d. Joseph & Abigail, b. Jan. 31, 1718/19	2	11
Abigail, d. Mark & Ruth, b. Sept. 15, 17[45]	2	79
Abigail, m. Demetrius **CRAMPTON**, b. of Guilford, Apr. 9, 1764, by Rev. Richard Ely	2	166
Abigail, d. Joseph & Huldah, b. Apr. 27, 1778	2	135
Abigail, w. of Jos[eph], d. June 23, 1788, in her 59th y.	2	162
Abraham, s. Isa[a]ck & Elizabeth, b. May 18, 1692	A	82
Abraham, s. Abraham & Mary, b. Apr. 28, 1717	2	26
Abraham, d. Sept. 29, 1752, in the 61st y. of his age	2	139
Abraham, s. Silas & Leah, b. Feb. 9, 1755	2	95
Achsa, d. Eber & Ruth, b. Oct. 18, 1784	2	203
Achsah, m. Charles **LEE**, b. of Guilford, July 8, 1812, by Rev. Aaron Dutton	2	256
Adah, d. Aaron & Sarah, b. Jan. 19, 1763	2	109
Almira, d. Jeremiah & Helen, b. Sept. 16, 1797	2	203
Almira, m. Richard **KIRTLAND**, Jan. 3, 1836, by Rev. David Baldwin	2	291
Ambrose, s. Isaac, Jr. & Elizabeth, b. Dec. 12, 1730	2	23
Amos, s. William & Mary, b. Nov. 19, 1756	2	103
Andrew, m. Anne **CRAMPTON**, b. of Guilford, Nov. 7, 1726, by Rev. John Hart	2	47
Andrew, s. Andrew & Anne, b. Aug. 20, 1727	2	18

GUILFORD VITAL RECORDS

	Vol.	Page
PARMELEE, PARMELE, PARMELY, PARMELIN, PARMILIE, PARMERLY, (cont.)		
Andrew, Jr., d. July 25, 1747, on the Island of Barbadoes	2	137
Ann, m. Jonathan **RANNEY**, b. of Guilford, Apr. 27, 1738, by Rev. Thomas Ruggles	2	53
Ann, d. Andrew & Ann, b. June 24, 1747	2	80
Ann Elizabeth, d. Eli & Betsey Ann, b. Mar. 22, 1834	2	212
Anna, d. Daniel & Anna, b. Apr. 7, 1717	2	10
Anna, d. Ebenezer & Anna, b. Mar. 25, 1719	2	11
Anna, [ ]	2	162
Anne, w. of John, bd., Mar. 30, 1658	A	61
Anne, d. Isaac, Jr. & Elizabeth, b. Nov. 7, 1734	2	37
Archelaus, s. Isaac, Jr. & Elizabeth, b. Oct. 5, 1728	2	20
Archelous, m. Meriam **EVARTS**, b. of Guilford, June 4, 1751, by Rev. Ebenezer Gaylor[d]	2	62
Archelaus, d. Nov. 19, 1776, ae 48 y.	2	162
Arte, d. John & Mary, b. Dec. 10, 1790	2	203
Asenath, w. of David, d. Nov. 2, 1782	2	162
Barbara, d. John & Mary, b. June 23, 1689	A	99
Bela, d. Joseph & Abigail, b. Aug. 30, 1732	2	28
Bela, s. Reuben & Lydia, b. Nov. 4, 1780	2	135
Benjamin, s. Job & Bettey, b. Nov. 1, [1708]	2	9
Benjamin, s. Hezekiah & Sarah, b. Jan. 10, 1738/9	2	86
Benjamin, s. Simeon & Katharine, b. Sept. 24, 1774	2	135
Benj[ami]n, s. David & Parnel, b. Mar. 11, 1786	2	203
Betsey, d. Joel & Eliza[bet]h, b. Apr. 22, 1790	2	203
Betsey, m. William **BABCOCK**, b. of Saybrook, Aug. [ ], 1820, by Aaron Dutton	2	207
Betsey A., m. Albert A. **LEETE**, b. of Guilford, June 6, 1825, by Rev. Aaron Dutton	2	314
Betsey D., of Guilford, m. Geo[rge] N. **WYMAN**, of Augusta, Ga., Nov. 4, 1839, by Rev. A. Dutton	2	352
Calib, m. Abigail **JOHNSON**, b. of G[u]ilford, Apr. 11, 1690, by Mr. Andrew Leete	A	80
Caroline, of Guilford, m. Beri T. **BALDWIN**, of Branford, Oct. 3, 1831, by Rev. Aaron Dutton	2	324
Charles, s. Joshua & Hannah, b. July [3, 1722]	2	13
Charles, s. Jonath[a]n & Eliza[bet]h, b. Oct. 11, 1804	2	203
Chloe, d. Abraham & Mary, b. Apr. 26, 1731	2	26
Clarissa, d. David & Parnel, b. Sept. 17, 1793	2	203
Clarrissa, m. George **HART**, b. of Guilford, Mar. 27, 1816, by Rev. Aaron Dutton	2	255
Clarrissa B., m. David **PARMELE**, Apr. 11, 1827, by Rev. David Baldwin	2	295
Clarrissa E., of Guilford, m. Horace **REDFIELD**, of Mereden, Oct. 10, 1847, by Rev. Lorenzo T. Bennett	2	355
Dan, s. Joseph & Huldah, b. July 12, 1784	2	203
Daniell, s. Joshuah & Als, b. June 28, 1691	A	96

PARMELEE, PARMELE, PARMELY, PARMELIN, PARMILIE, PARMERLY, (cont.)

	Vol.	Page
Daniel, m. Anne **ROSSETTER**, wid., b. of Guilford, Apr. 26, 17[16], by Thomas Ruggles	2	43
David, s. Joseph & Abigail, b. Sept. 6, 1759	2	109
David, of Guilford, m. Asenath **KIRKUM**, of Branford, Oct. 11, 1780, by Rev. A. Fowler	2	183
David, m. Parnel **HANDY**, b. of Guilford, Oct. 2, 178[3], by Rev. Amos Fowler	2	183
David, s. David & Parnel, b. Oct. 3, 1784	2	135
David, m. Clarrissa B. **PARMELE**, Apr. 11, 1827, by Rev. David Baldwin	2	295
David K., m. Sarah E. **STONE**, Oct. 31, 1839, by Rev. H. F. Pease	2	342
David Kirtland, s. David & Arta, b. Sept. 4, 1812	2	212
Deborah, d. John, Jr. & Jane, b. Feb. 2, 1755	2	108
Dorothy, d. Hezekiah & Sarah, b. Feb. 7, 1734/5	2	30
Dorothy, m. Zebulon **CRUTTENDEN**, b. of Guilford, June 17, 1756, by Rev. Mr. Bird, in New Haven	2	71
Ebenezer, s. Isa[a]ck & Elizabeth, b. Nov. 22, 1690	A	81
Ebenezer, s. Ebenezer & Anne, b. Feb. 23, [1718]	2	12
Ebenezer, m. Anne **CRUTTENDEN**, b. of Guilford, July 24, 1718, by Rev. Thomas Ruggles	2	44
Ebenezer, s. Ebenezer, d. Nov. 1, 1736, in the 18th y. of his age	2	150
Ebenezer, s. Ebenezer & Ann, b. July 17, 1738	2	34
Ebenezer, Jr., of Guilford, m. Rebeccah **SHIPMAN**, of Killingworth, Feb. 17, 1763, by Benjamin Cate, J. P., in Killingworth	2	164
Ebenezer, s. Ebenezer, Jr. & Rebeccah, b. Jan. 19, 1767	2	117
Ebenezer, s. Ebenezer, Jr., d. Sept. 3, 1769, in the 3rd y. of his age	2	146
Ebenezer, Jr., began to enter the deaths in Guilford Dec. 24, 1771	2	147
Eben[eze]r, d. Sept. 27, 1777	2	162
Eber, s. John, Jr. & Jane, b. Nov. 14, 1750	2	85
Eber, m. Ruth **JOHNSON**, b. of Guilford, Nov. 26, 1775, by Rev. Amos Fowler	2	183
Eli, s. Archelaus & Miriam, b. Apr. 20, 1762	2	109
Eli, s. Will[ia]m & Mary, b. May 28, 1772	2	135
Eli, d. Jan. 27, 1805, at Taupolin Cove in his 33rd y.	2	162
Eli, m. Betsey Ann **BENTON**, b. of Guilford, May 12, 1830, by Rev. Aaron Dutton	2	295
Elisha, s. Jonathan & Elizabeth, b. May 21, 1795	2	203
[Elizabeth], d. Job & Betsey, b. Feb. 25, 1718	2	10
Elizabeth, m. Nathaniel **BALDWIN**, b. of Guilford, Apr. 8, 1718, by Rev. Thomas Ruggles	2	44
Elizabeth, d. Joseph & Abigail, b. Nov. 21, 1728	2	20

PARMELEE, PARMELE, PARMELY, PARMELIN, PARMILIE, PARMERLY, (cont.)

	Vol.	Page
Elizabeth, d. Isaac & Elizabeth, b. July 18, 1741	2	75
Elizabeth, d. Mark & Ruth, b. Sept. 29, 175[1]	2	86
Elizabeth, wid., d. Oct. 23, 1753	2	141
Elizabeth, d. Aaron & Sarah, b. Nov. 30, 1753	2	94
Elizabeth, m. Thomas **HOTCHKISS**, b. of Guilford, June 4, [1758], by [James Sproutt]	2	219
Elizabeth, d. Sept. 23, 1770, in the 78th y. of his age	2	146
Elizabeth, m. John **EVARTS**, Apr. 13, [1845], by Rev. David Root	2	358
Erastus, s. Will[ia]m & Ruth, b. Oct. 1, 1796	2	203
[E]unis, d. Will[ia]m & Mary, b. Mar. 27, 1751	2	85
Eunice, m. Ebenezer **HOPSON**, b. of Guilford, Nov. 24, 1776, by Rev. Amos Fowler	2	177
Eunice, d. Linus & Priscilla, b. Mar. 29, 1790	2	203
Eunice, of Durham, m. Timothy **STONE**, 2d, of Guilford, Nov. 21, 1806, by Rev. David Smith	2	274
Frederick, s. Nath[anie]ll & Mary, b. Feb. 5, 1778	2	135
George, Will[ia]m & Ruth, b. Feb. 4, 1803	2	203
George, m. Clarrissa **GRISWOLD**, b. of Guilford, June 1, 1825, by Rev. Aaron Dutton	2	294
George Edgar, s. Linus & Priscilla, b. Aug. 17, 1787	2	203
Hanna[h], d. of John, of Guilford, m. John **JOHNSON**, of New Haven, Sept. last, 1651	A	124
Hannah, d. John & Hannah, b. Nov. 5, 1667	A	65
Hannah, m. Tahan **HILL**, b. of G[u]ilford, Nov. latter end, 1688, by Mr. Andrew Leete	A	79
Hannah, d. Joshua & Hannah, b. Jan. 14, 1719/20	2	36
Hannah, d. Andrew & Ann, b. Oct. 1, 1744	2	76
Hannah, d. Reuben & Lydia, b. Sept. 8, 17[66]	2	117
Hannah, m. Seth **BISHOP**, b. of Guilford, May 14, 1789, by Rev. Amos Fowler	2	226
Harriet, d. Eben[eze]r & Ruth, b. Apr. 16, 1781	2	135
Henry, s. Sam[ue]l & Sarah, b. July 26, 1772	2	135
Henry Elisha, s. Jonathan, Jr., & Maria, b. Jan. 1, 1830	2	212
Hezekiah, s. Job & Bettey, b. Mar. 11, [1700]	2	9
Hezekiah, m. Sarah **HOPSON**, b. of Guilford, July 28, 1731, by Rev. Phinehas Fisk	2	49
Hezekiah, s. Hezekiah & Sarah, b. Apr. 20, 1737	2	33
Horace D., m. Clarrissa C. **SEWARD**, Oct. 20, 1842, by Rev. A. Dutton	2	343
Horace D., m. Clarrissa C. **SEWARD**, Oct. 20, 1842, by Rev. A. Dutton	2	364
Horace Dudley, s. Jonath[a]n, Jr. & Maria, b. Mar. 22, 1821	2	203
Horace Dudley, s. Jonathan, Jr. & Maria, b. Mar. 22, 1821	2	212
Horatio, s. Jeremiah & Helen, b. Feb. 6, 1804	2	203
Isaacke, s. John & Hannah, b. Nov. 21, 1665	A	64

PARMELEE, PARMELE, PARMELY, PARMELIN, PARMILIE, PARMERLY, (cont.)

	Vol.	Page
Isa[a]ck, m. Elizabeth **HILAND**, b. of G[u]ilford, Dec. 30, 1689, by Mr. Andrew Leete	A	80
Isaac, Jr., m. Elizabeth **EVARTS**, b. of Guilford, May 2[0], 17[24], by James Hooker, J. P.	2	48
Isaac, s. Andrew & Ann, b. Sept. 10, 1739	2	38
Isaac, Sr., d. Jan. 3, 1748/9	2	138
Isaac, d. July 13, 1752, in the 51st y. of his age	2	139
Isaac, s. Archelaus & Meriam, b. Nov. 2, 1759	2	105
James, s. Isaac, Jr. & Elizabeth, b. Dec. 23, 1726	2	18
Jane, m. [ ], b. of Guilford, Jan. 10, 17[ ], by Rev. Ward	2	52
Jehiel, s. Joshua & Hannah, b. June 13, 1718	2	36
Jeremiah, s. Job & Bettey, b. Aug. 1, [1705]	2	9
Jeremiah, s. Hezekiah & Sarah, b. Feb. 10, 1743/4	2	76
Jeremiah, of Branford, m. Helen **VAIL**, of Guilford, Jan. 4, 1796, by Rev. Amos Fowler	2	183
Jerusha, d. Will[ia]m & Mary, b. Feb. 27, 174[50]	2	85
Jerusha, d. W[illia]m & Mary, d. Nov. 18, 1753	2	162
Jerusha, d. Jonathan & Elizabeth, b. Sept. 18, 1793; d. Sept. 2, 1795	2	203
Job, s. John & Hannah, b. July 31, 1673	A	75
Job, of Guilford, m. Bettey **EDWARDS**, of East Hampton, Mar. [11, 1699], by Rev. Thomas Ruggles	2	43
Job, d. Mar. 6, 1765	2	144
Joel, d. John, Jr. & Jane, b. Aug. 13, 1757	2	108
Joel, s. Joel & Eliza[bet]h, b. Oct. 3, 1788	2	203
John, Jr., m. Anne **PLUM**(?), wid., [ ], 1651	A	124
John, s. John & Hanna[h], b. Nov. 25, 1659	A	62
John, Jr., freeman 1669-70	A	121
John, Sr., freeman 1669-70	A	121
John, m. Mary **MASON**, June 27, 1681, by Mr. Andrew Leete	A	78
John, s. John & Mary, b. Nov. 2, 1691	A	99
John, Jr., of Guilford, m. Mary **HUBBARD**, of Haddam, June 18, 1718, by Rev. Thomas Fisk	2	44
John, s. John, Jr. & Mary, b. May 19, [1719]	2	12
John, Sr., d. Mar. 27, 1725	2	2
John, Jr., m. Jane **CRUTTENDEN**, b. of Guilford, Nov. 26, 1740, by Rev. Thomas Ruggles	2	58
John, s. John, Jr. & Jane, b. Apr. 7, 1746	2	80
John, 3rd, m. Mary **SCRANTON**, b. of Guilford, Nov. 17, 1774, by Rev. Amos Fowler	2	183
John, s. John & Mary, b. July 14, 1780	2	135
John, of Durham, m. Julia E. **GRISWOLD**, of Guilford, May 11, 1842, by Rev. A. Dutton	2	343
Jonah, d. Aug. 12, 1739	2	148
Jonathan, s. W[illia]m & Mary, b. Oct. 4, 1765	2	135

GUILFORD VITAL RECORDS 247

	Vol.	Page
PARMELEE, PARMELE, PARMELY, PARMELIN, PARMILIE, PARMERLY, (cont.)		
Jonathan, m. Elizabeth **HART**, b. of Guilford, Feb. 15, 1792, by Rev. Amos Fowler	2	183
Jonathan, s. Jonath[a]n & Eliza[bet]h, b. Sept. 3, 1798	2	203
Jonathan, Jr., m. Maria **DUDLEY**, b. of Guilford, Oct. 13, 1819, by Rev. Aaron Dutton	2	295
Jonathan Handy, s. David & Parnel, b. July 1, 1790	2	203
Joseph, of Guilford, m. Abigail **KIMBERLEY**, of New Haven, Sept. 19, 17[16], by Abraham Bradley, at New Haven	2	43
Joseph, s. Joseph & Abigail, b. Apr. 3, 1721	2	35
Joseph, Jr., m. Obedience **SPENCER** b. of Guilford, Nov. 30, 1742, by Rev. Thomas Ruggles	2	62
Joseph, m. Abigail **CRUTTENDEN**, b. of Guilford, Apr. 12, 1753, by [James Sproutt]	2	216
Joseph, s. Joseph & Abigail, b. Mar. 19, 1755	2	108
Joseph, Jr., m. Huldah **COLLENS**, b. of Guilford, July 4, 1776, by Rev. Amos Fowler	2	183
Joseph, Jr., d. Feb. 19, 1785, at sea	2	162
Joseph, m. Mary **DEMING**, b. of Guilford, Oct. 12, [1788], by [James Sproutt]	2	299
Joshuah, of G[u]ilford, m. Alse **EDWARDS**, of East Hampton, about July 10, 1690, by Mr. Leete	A	95
Josiah, m. Sarah **EVARTS**, b. of Guilford, Mar. 26, 17[35], by Rev. Thomas Ruggles	2	55
Josiah, s. Andrew, d. Oct. 6, 1745	2	137
Julia, d. Jno. & Mary, b. Feb. 18, 1778	2	135
Julia, m. Nathaniel **EVARTS**, b. of Guilford, Nov. 15, 1801, by Rev. Israel Brainard	2	247
Katharine, d. Joseph, Jr. & Obedience, b. Aug. 23, 1747	2	86
Katharine, d. Simeon & Katharine, b. Nov. 8, 1758	2	135
Laura P., m. Abraham **BLACKESLEE**, Apr. 14, 1833, by Rev. David Baldwin	2	325
Leamans, s. Sam[ue]l & Sarah, b. Mar. 16, 1758	2	135
Leamans, see also Linus		
Lenmus*, s. Sam[ue]ll & Sarah, d. Sept. 3, 1779 (*Leamans?)* (correction (*Leamans?) "u" penciled in over the "a", and "n" is crossed out on original document)		
Leverett, s. Will[ia]m & Ruth, b. Feb. 8, 1793	2	162
Levy, s. Mark & Ruth, b. Aug. 20, 1748	2	203
Levi, s. Mark & Ruth, b. Dec. 24, 1753	2	82
Linus, s. Sam[ue]l & Sarah, b. Nov. 28, 1762	2	94
Linus, s. Linus & Priscilla, b. Mar. 14, 1786	2	135
Linus, see also Leamans	2	203
Lois, d. Abraham & Mary, b. Oct. 14, 1724		
Lucretia, d. Isaac & Elizabeth, b. Mar. 4, 1724/5	2	26
Lucretia, m. Jonathan **EVARTS**, Jr., b. of Guilford, May 2,	2	15

	Vol.	Page

PARMELEE, PARMELE, PARMELY, PARMELIN, PARMILIE, PARMERLY, (cont.)

	Vol.	Page
1750, by Rev. James Sprout	2	66
Lucretia, m. Jonathan **EVARTS**, b. of Guilford, May 2, 1750, by [James Sproutt]	2	215
Lucy, d. Abraham & Mary, b. July 12, 1729	2	26
Lucy(?), d. Mark & Ruth, b. [Aug. 20, 1748]	2	79
Lucy, m. Daniel **HILL**, 3rd, b. of Guilford, Feb. 6, 1750/1, by Rev. John Richards	2	63
Lucy, d. Jno. & Mary, b. Sept. 3, 1775	2	135
Lucy, d. Jno. Jr., d. May 4, 1797, in her 22nd y.	2	162
Lucy C., of Guilford, m. Phineahas M. **AUGUR**, of Middlefield, [May] 7, [1846], by Rev. David Root	2	337
Lucy Eliza, d. Jonathan, Jr. & Maria, b. July 15, 1825	2	212
Luther, s. Joseph, Jr. & Obedience, b. Jan. 25, 1749/50; d. Aug. 9, 1750	2	86
Luther, s. Sam[ue]l & Sarah, b. Sept. 1, 1760	2	135
Lydia, d. Reuben & Lydia, b. July [15, 1764]	2	117
Lydia, m. William **BARKER**, b. of Guilford, Oct. 29, 1786, by Rev. Amos Fowler	2	171
Mabel, d. Thomas & Sarah, b. Nov. 16, 1740	2	41
Mabel, d. Archelous & Meriam, b. Feb. 26, 1756	2	97
Mark, s. Job & Betty, b. Apr. 25, 1727	2	35
Mark, of Guilford, m. Ruth **BROWN**, of Colchester, Sept. 25, 1745, by Rev. Ephraim Little, in Colchester	2	59
Martha, d. Stephen & Elizabeth, b. Feb. 27, 1695/6	A	97
Mary, m. Denes **CRAMPTON**, Sept. 16, 1660	A	62
Mary, d. John & Mary, Jr., b. May 3, 1682	A	87
Mary, d. Abraham & Mary, b. July 27, 1718	2	26
Mary, wid. of John, d. Apr. 24, 1725	2	2
Mary, d. John & Mary, b. Aug. 1, 1725	2	15
Mary, m. [Thomas] **SCRANTON**, b. of Griswold, Dec. 28, 1736, by Rev. Sam[ue]ll Russell	2	56
Mary, m. Nathaniel **CRUTTENDEN**, b. of Guilford, Jan.* 21, 1744, by Rev. James Sprout (*June?)	2	59
Mary, m. Nathaniel **CRUTTENDEN**, b. of Guilford, June 20, 1744, by [James Sproutt]	2	213
Mary, d. John, Jr. & Jane, b. Feb. 12, 1747/8	2	82
Mary, d. Mark & Ruth, b. [May 26,] 175[4]	2	95
Mary, w. of W[illia]m, d. Sept. 12, 1760, in her 47th y.	2	162
Mary, d. W[illia]m & Mary, b. Mar. 1, 1767	2	135
Mary, d. Reuben & Lydia, b. June 17, 1773	2	135
Mary, m. John **STARR**, b. of Guilford, Nov. 25, 1773, by Rev. Mr. Fowler	2	184
Mary, d. John & Mary, b. Sept. 19, 1785	2	203
Mary, m. Tho[ma]s **HART**, Jr., b. of Guilford, Oct. 8, 1787, by Rev. Amos Fowler	2	223
Mary, d. Jonathan & Eliza[bet]h, b. Sept. 18, 1801	2	203

	Vol.	Page
PARMELEE, PARMELE, PARMELY, PARMELIN, PARMILIE, PARMERLY, (cont.)		
Mary, m. William **WOODWORTH**, b. of Guilford, Aug. 16, 1846, by Rev. E. Edwin Hall	2	384
Mary, m. Joshua G. **LEETE**, b. of Guilford, Oct. 3, 1847, by Rev. E. Edwin Hall	2	388
Mary M., m. Albert G. **HALL**, [Sept.] 11, [1845], by Rev. David Root	2	361
Mary Maria, d. Jonathan, Jr. & Maria, b. May 18, 1823	2	212
Maryette, m. Alfred **NEWTON**, Oct. 11, 1829, by Rev. David Baldwin	2	310
Mereb, d. Daniel & Anna, b. Dec. 27, 1725	2	21
Merab, m. Gideon **HOPPIN**, Apr. 10, 1755, by [James Sproutt]	2	216
Mercy, d. Nath[anie]ll & Mercy, b. Apr. 1, 1781	2	135
Miles, s. Andrew & Ann, b. June 22, 1735	2	30
Miles, s. Andrew, d. Oct. 7, 1745	2	137
Mindwell, d. Abraham & Mary, b. May 28, 1722	2	26
Mine, d. Reuben & Lydia, b. Aug. 12, 1776	2	135
Nancy, d. Nath[anie]ll & Mercy, b. Dec. 18, 1785	2	203
Nathan, s. Andrew & Ann, b. June 10, 1743	2	74
Nathan, s. Andrew, d. Dec. 28, 1743	2	117
Nathan, s. Andrew, d. Dec. 28, 1743	2	137
Nathaniel, s. Stephen & Elizabeth, b. May 2, 1694	A	70
Nathaniel, s. Ebenezer & Ann, b. Dec. 15, 1742	2	76
Nathaniel, s. Eben[eze]r, d. Aug. 20, 1747, in the 5th y. of his age	2	137
Nath[anie]ll, m. Mercy **CHITTENDEN**, b. of Guilford, June 11, 1775, by Rev. Amos Fowler	2	183
Noah, s. William & Mary, b. Oct. 6, 1754	2	103
Obedience, d. Joseph & Obedience, b. Aug. 13, 1743	2	86
Obedience, w. of Joseph, Jr., d. June 9, 1750	2	138
Obedience, m. Jesse **EVERTS**, b. of Guilford, Aug. 27, 1764, by Rev. James Sproutt	2	165
Obedience, m. Jesse **EVARTS**, b. of Guilford, Aug. 27, [1764], by [James Sproutt]	2	229
Olive, d. John, Jr. & Jane, b. Aug. 18, 1760	2	108
Orrin, s. Will[ia]m & Ruth, b. Feb. 11, 1787	2	203
Parnel, d. David & Parnel, b. July 1, 1788	2	203
Peter, Jr., d. Dec. 9, 1717	2	1
Phebe, d. Eben[eze]r & Rebecca, b. May 27, 1776	2	135
Phebe, d. Reuben & Lydia, b. Oct. 25, 1778	2	135
Philos Carlton, m. Rebecca Vail **BRADLEY**, Dec. 21, 1842, by Rev. David Bradley	2	343
Phineas, s. Ebenezer & Ann, b. Sept. 28, 1733	2	27
Phinehas, s. Eben[eze]r, d. Oct. 27, 1736, in the 4th y. of his age	2	150
Phineas, s. Isaac, Jr. & Elizabeth, b. Mar. 22, 1738/9	2	38
Pres[c]illa, d. John & Hannah, b. May 8, 1678	A	84

	Vol.	Page

PARMELEE, PARMELE, PARMELY, PARMELIN, PARMILIE, PARMERLY, (cont.)

	Vol.	Page
Proselah, d. Dec. 10, 1692	A	70
Rachel, d. of Isaac, m. Samuel **EVARTS**, s. Dan[ie]l, b. of Guilford, June 27, 1739, by Rev. Tho[ma]s Ruggles	2	53
Rachel, d. Andrew & Ann, b. Oct. 13, 17[51]	2	86
Rachel, d. Dec. 8, 1770, in the 19th y. of her age	2	146
Rebecca, w. of John, bd. Sept. 29, 1650	A	124
Rebeckah, d. Abraham & Mary, b. Dec. 22, 1726; d. Feb. 1, 1731/2	2	26
Rebeckah, d. Abraham & Mary, b. July 9, 1737	2	74
Rebeckah, d. Archelaus & Meriam, b. Aug. 20, 1752	2	92
Rebeckah, d. Ebenezer, Jr. & Rebeckah, b. May 5, 1765	2	113
Reuben, s. Ebenezer & Anna, b. Jan. 1, 1725/6	2	15
Reuben, s. Eben[eze]r, d. Oct. 14, 1736, in the 11th y. of his age	2	150
Reuben, s. John, Jr. & Jane, b. Nov. 16, 1741	2	74
Reuben, of Guilford, m. Lydia **GRISWOLD**, of Durham, Oct. 12, 1763, by Rev. Elizur Goodrich	2	168
Reuben, s. Reuben & Lydia, b. Apr. 25, 1771	2	135
Reuben, Jr., m. Sally **CRUTTENDEN**, b. of Guilford, June 22, 1790, by Rev. Amos Fowler	2	183
Rhoda, d. Daniel & Annah, b. Oct. 30, 17[18]	2	12
Rhoda, m. Robert **GRIFFING**, b. of Guilford, Aug. 23, 1744, by Rev. James Sprout	2	64
Rhodey, m. Rhobert **GRIFFING**, b. of Guilford, Aug. 23, 1744, by [James Sproutt]	2	213
Rosaline C., m. James H. **SELLOW**, Aug. 28, 1843, by Samuel N. Shepard	2	374
Rosaline C., m. James H. **SELLOW**, Aug. 28, 1843, by Samuel N. Shepard	2	376
Rosellar, s. Nath[anie]ll & Mercy, b. Aug. 12, 1783	2	135
[Rufus], s. Dan[ie]ll & Anna, b. Mar. 8, 1720/1	2	11
Rufus, s. Aaron & Sarah, b. Nov. 2, 1755	2	108
Ruth, d. Ebenezer & Ann, b. Mar. 30, 172[7]	2	19
Ruth, m. Hooker **BARTLET[T]**, b. of Guilford, Feb. 1, 1748/9, by Rev. Thomas Ruggles	2	62
Ruth, d. Ebenezer, Jr. & Rebeckah, b. Jan. 28, 1769	2	120
Ruth, d. Eben[eze]r & Rebecca, d. Feb. 4, 1773	2	162
Ruth, d. Eben[eze]r & Rebecca, b. Nov. 21, 1773	2	135
Ruth, d. Will[ia]m & Ruth, b. Sept. 2, 1789	2	203
Ruth, w. of Will[ia]m, d. Feb. 16, 1803	2	162
Sally, d. Jona[tha]n & Eliza[bet]h, b. Feb. 28, 1797	2	203
Sally, wid. of Malachi & d. of Joel & Elizabeth **TUTTLE**, d. Jan. 23, 1803	2	162
Sally Marilla, d. Jonathan, Jr. & Maria, b. Apr. 30, 1828	2	212
Samuell, s. Calib & Abig[a]ill, b. Apr. 26, 1692	A	82
Samuell, s. Calib, d. Dec. 18, 1692	A	71

	Vol.	Page
PARMELEE, PARMELE, PARMELY, PARMELIN, PARMILIE, PARMERLY, (cont.)		
Samuel, s. Ebenezer & Anne, b. Apr. 2, 1723	2	13
Samuel, s. Eben[eze]r & Anne, d. Apr. 17, 1723	2	2
Samuel, s. Ebenezer & Anne, b. Mar. 22, 1724	2	16
Samuel, s. Eben[eze]r, d. Sept. 30, 1736, in the 13th y. of his age	2	150
Samuel, s. Joseh & Abigail, b. July 27, 1737	2	33
Samuel, m. Sarah **BISHOP**, b. of Guilford, June 2, 1757, by Rev. Jonathan Todd	2	69
Samuel, s. Sam[ue]l & Sarah, b. Mar. 6, 1770	2	135
Sam[ue]ll, m. wid. Abigail **ELIOT[T]**, b. of Guilford, Jan. 16, 1780, by Rev. Amos Fowler	2	183
Samuel W., of Guilford, m. Catharine **ROWKE**, of Deer Park, N. Y., Jan. 13, 1833, by Rev. A. B. Goldsmith	2	295
Sarah, d. Abraham & Mary, b. June 2, 1720	2	26
Sarah, of Griswold, m. Michael **HILL**, Oct. 17, 1720, by Andrew Ward, J. P.	2	45
Sarah, d. Dan[ie]l & Anna, b. Dec. 10, 1722	2	13
Sarah, d. Andrew & Ann, b. Oct. 31, 1731	2	23
Sarah, d. Hezekiah & Sarah, b. June 2, 1732	2	25
Sarah, d. Andrew & Ann, b. Dec. 14, 1732	2	26
Sarah, m. Beriah **BISHOP**, b. of Guilford, June 21, 1756, by Rev. James Sprout	2	68
Sarah, m. Beriah **BYSHOP**, b. of Guilford, June 27, [1756], by [James Sproutt]	2	216
Sarah, d. Aaron & Sarah, b. Aug. 26, 1760	2	108
Sarah, d. Sam[ue]l & Sarah, b. Dec. 1, 1767	2	135
Sarah, d. Reuben & Lydia, b. Dec. 13, 1768	2	135
Sarah, d. Sam[ue]ll & Sarah, d. Sept. 16, 1769	2	162
Sarah, w. of Sam[ue]ll, d. Apr. 4, 1778, in his 43rd y.	2	162
Sarah, d. Linus & Priscilla, b. Nov. 1, 1788	2	203
Sarah, of Chester, m. Midian **BRADLEY**, of Guilford, Mar. 25*, 1793, by Rev. Mr. Mills (*The date is written "17 of March 25, 1793")	2	181
Sarah Augusta, d. David K. & Sarah, b. July 11, 1843	2	212
Sarah B., m. Frederick A. **GRAVE**, b. of Guilford, Nov. 20, 1830, by Rev. David Baldwin	2	328
Sarah V., of Guilford, m. Samuel **BISHOP**, of New Haven, Jan. 13, 1834, by Rev. D. Baldwin	2	325
Silas, s. Abraham & Mary, b. Aug. 22, 1727	2	26
Sylas, m. Leah **COLLENS**, b. of Guilford, Mar. 25, 1754, by [James Sproutt]	2	216
Silas, m. Leah **COLLINS**, b. of Guilford, Mar. 26, 1754, by Rev. James Sprout	2	67
Simeon, of Guilford, m. Katharine **GORDON**, of New Haven, Nov. 29, 1773, by Rev. Mr. Whittlesey	2	183
Stephen, of G[u]ilford, m. Elizabeth **BALDWIN**, of Milford,		

	Vol.	Page

PARMELEE, PARMELE, PARMELY, PARMELIN, PARMILIE, PARMERLY, (cont.)

	Vol.	Page
June 20, 1693, by Capt. Thomas Clark	A	100
Steven, s. John & Han[n]a[h], b. Dec. 6, 1669	A	73
Susanna, m. Joshua **STONE**, b. of Guilford, May 31, 171[6], by Thomas Ruggles	2	43
Sybel, d. Joshua & Hannah, b. Mar. 29, 1727	2	20
Temperance, d. Hezekiah & Sarah, b. Nov. 25, 1741	2	73
Thomas, s. Job & Bettey, b. June 27, [1712]	2	9
Thomas, m. Sarah **GOULD**, b. of Guilford, Nov. 1, 1739, by Rev. Sam[ue]ll Russell	2	57
Uriah, s. Joel & Eliza[bet]h, b. Sept. 18, 1786	2	203
Urial Nelson, m. Nancy **SPENCER**, June 28, 1840, by Rev. David Baldwin	2	343
Wealthy Ann, d. Ebenezer, Jr. & Rebeckah, b. July 17, 1771	2	125
William, m. Mary **ROSSETTER**, b. of Guilford, June 6, 1749, by Rev. Jno. Richards	2	62
William, s. William & Mary, b. Dec. 12, 1752	2	103
W[illia]m, of Guilford, m. Mary **KIRBY**, of Middletown, Dec. 17, 1764, by Rev. Mr. Eells	2	183
Will[ia]m, Jr., m. Ruth **BARTLET[T]**, b. of Guilford, Apr. 21, 1784, by Rev. Amos Fowler	2	183
Will[ia]m, s. William & Ruth, b. Sept. 10, 1785	2	203
-----, d. Andrew, d. Nov. 30, 1731	2	4
-----, Mrs., m. Seth **CRUTTENDEN**, b. of Guilford, Dec. 3, 1820, by Aaron Dutton	2	268
PARSONS, Edward, s. Jacob & Elizabeth, b. Mar. 18, 1732/3	2	31
Edward, s. Jacob, d. Mar. 12, 1750/1	2	142
Edward, s. Jno. & Mary, b. Feb. 4, 1773	2	135
Elizabeth, d. Jacob & Eliza[bet]h, b. Oct. 31, 1748	2	102
Elizabeth, w. of Jacob, d. Nov. 5, 1762	2	144
Hannah, d. Jacob & Eliza[bet]h, b. Oct. 31, 1740	2	102
Hannah, d. Jacob, d. Sept. 29, 1756	2	142
Jacob, s. Jacob & Eliza[bet]h, b. Apr. 15, 1742	2	102
Jacob, of Guilford, , m. Anna **TOOLEY**, of Killingworth, Apr. 12, 1764, by Rev. Elip[hale]t Huntington	2	166
John, s. Jacob & Eliza[bet]h, b. July 23, 1750	2	102
John, of Guilford, m. Mary **ATWELL**, of Saybrook, Feb. 20, 1772, by Rev. Mr. Todd	2	180
John, s. Jno. & Mary, b. Oct. 23, 1774	2	135
Mabel, d. Jacob & Eliza[bet]h, b. May 8, 1744	2	102
Phebe, m. Isaac **TURNER**, b. of Guilford, Mar. 22, 1753, by Rev. Jonathan Todd	2	66
Ruth, of Killingworth, m. John **FRENCH**, of Guilford, July 4, 171[6], by Jared Eliot, in Killingworth	2	43
Ruth, d. Jacob & Eliza[bet]h, b. May 8, 1738	2	102
Sarah, d. Jacob & Eliza[bet]h, b. Mar. 4, 1745/6	2	102

PARTRIDGE, Mary B., m. William **WOOSTER**, b. of Guilford,

	Vol.	Page
PARTRIDGE, (cont.)		
June 11, 1837, by Rev. A. Dutton	2	289
Sarah G., m. Daniel S. **REDFIELD**, b. of Guilford, Dec. 23, 1829, by Rev. Aaron Dutton	2	293
PEASE, George, Dr., of Guilford, m. Almira **GRIFFING**, of Branford, Apr. 19, 1840, by Rev. H. F. Pease	2	342
PECK, Georgianna, of New York, m. Thomas D. **SMITH**, of Brooklyn, L. I., May 14, 1849, by Rev. L. T. Bennett	2	392
Jeremy, m. Johanna **KITCHELL**, Nov. 12, 1656	A	60
Samuel, s. Jeremiah & Johanna, b. 11th mo. 18th d., 1658	A	61
PENDLETON, Deborah, m. Noah **FOWLER**, b. of Guilford, Nov. 29, 1752	2	175
Increase, m. Phebe **KINGMAN**, b. of Guilford, , Dec. 25, 1764, by Rev. Mr. Fowler	2	183
Johnah, s. Increase & Phebe, b. Mar. 9, 1766	2	135
Phebe, d. Increase & Phebe, b. Jan. 28, 1775	2	135
Sam[ue]ll, s. Increase & Phebe, b. Oct. 11, 1770	2	135
William, s. Increase & Phebe, b. July 4, 1769	2	135
William, of Cornwall, m. Mrs. Catharine **COAN**, of Guilford, Mar. 23, 1823, by Rev. David Baldwin	2	294
PENFIELD, PEMPFIELD, Daniel, s. Isaac & Esther, b. Apr. 25, 1759	2	103
Esther, d. Isaac & Esther, b. Oct. 16, 1762	2	110
Hannah, m. John **TURNER**, b. of Guilford, Dec. 29, 171[0], by Rev. Thomas Ruggles	2	43
Isaac, of Guilford, m. Hannah **LUDDINGTON**, of East Haven, Nov. 25, 17[16], by Rev. Jacob Hemingway, at East Haven	2	43
Isaac, s. Isaac & Hannah, b. Jan. 31, [1718]	2	9
Isaac, of Wallingford, m. Esther **HURLBURT**, of Guilford, Sept. 1, 1755, by Rev. James Sproutt	2	68
Isaac, [of Wallingford], m. Est[h]er [**HURLBURT**] **HALLABIRD**, of Guilford, Sept. 1, 1755, by [James Sproutt]	2	216
Isaac, s. Isaac & Esther, b. Dec. 10, 1756	2	97
Mary, m. Benjamin **HAND**, Jr., b. of Guilford, Oct. 29, 1730, by Rev. John Hart	2	51
Molle, d. Isaac & Esther, b. Oct. 26, 1768	2	120
Sarah, d. Isaac & Esther, b. Feb. 20, 1771	2	125
Sena, d. Isaac & Esther, b. Mar. 13, 1766	2	116
William, s. Isaac & Esther, b. Oct. 21, 1773, at Bedford, Mass.	2	135
PERRY, Sarah, of Stratford, m. Joshuah **DUDLEY**, of G[u]ilford, Oct. 20, 17[12], by Rev. Mr. Moss, of Darby	2	43
William, of New Haven, m. Mary Ann **KIMBERLEY**, of Guilford, Aug. 16, 1848, by Rev. Lorenzo T. Bennett	2	382
PEYER, Susanna, of Middletown, m. James **MUNGER**, of Guilford, Dec. 18, 1723, by Rev. John Hart	2	47
PHELPS, Franklin C., of New Berlin, N. Y., m. Emeline A.		

	Vol.	Page

PHELPS, (cont.)

	Vol.	Page
MUNGER, of Guilford, Nov. 24, 1825, by Rev. Zolva Whitmore	2	294

PIERSON, PEIRSON, Abigail, of Bridgehampton, m. Theophilus ROSSETTER, of Guilford, Nov. 18, 1725, by Rev. Ele[a]zer White, at Bridgehampton ... 2 ... 47
    Abigail, of Woodbridge, East Jersey, m. John **GRAVE**, Jr., of Guilford, Oct. 15, 1744, by Rev. John Pierson, in Woodbridge, East Jersey ... 2 ... 59
    Dorothy, Mrs., d. June 1, 1768 ... 2 ... 145
    Ephraim, s. Ephraim & Dorothy, b. Sept. 21, 1728 ... 2 ... 20
    Ephraim, Jr., m. Submit **STONE**, b. of Guilford, Aug. 31, 1758, by Rev. James Sprout ... 2 ... 71
    Ephraim, m. Submit **STOW***, b. of Guilford, Aug. 31, [1758], by [James Sproutt]   (*Probably "**STONE**") ... 2 ... 219
    Ephraim, Sergt., d. Feb. 23, 1761 ... 2 ... 145
    [E]unice, d. Ephraim & Dorothy, b. [July 13, 1726] ... 2 ... 17
    Eunice, m. Timothy **WILLCOCK**, b. of Guilford, Apr. 2, 1747, by Rev. Jonathan Todd ... 2 ... 70
    Hannah, of Bridgehampton, m. Thomas **HILL**, of Guilford, May 23, 173[4], by Rev. Eleazer White, in Bridgehampton ... 2 ... 55
    Ichabod, s. Sarah, b. Nov. 3, 1746 ... 2 ... 80
    Ichabod, s. Sarah, d. Dec. 26, 1752 ... 2 ... 141
    Mary, d. Ephraim & Dorothy, b. Sept. 3, 1720 ... 2 ... 17
    Molly, d. Ephraim & Submit, b. Sept. 15, 1760 ... 2 ... 107
    Nathaniel, s. Ephraim & Dorothy, b. Sept. 13, 1722 ... 2 ... 17
    Polly, d. Ruth, b. June 29, 1775 ... 2 ... 203
    Ruth had d. Polly, b. June 29, 1775 ... 2 ... 203
    Ruth had s. William M. **GRIFFING**, b. May 12, 1783 ... 2 ... 203
    Ruth, m. Joel **JOHNSON**, b. of Guilford, Mar. 16, 1800, by Rev. Thomas W. Bray ... 2 ... 178
    Samuel, s. Ephraim, Jr. & Submit, b. July 2, 1759 ... 2 ... 105
    Sarah, d. Ephraim & Dorothy, b. Oct. 4, 1724 ... 2 ... 17
    Sarah had s. Ichabod, b. Nov. 3, 1746 ... 2 ... 80
    Sarah, of Guilford, m Ebenezer **SHELLEY**, of Stratford, May 20, [1766], by [James Sproutt] ... 2 ... 229
    Submit, d. Ephraim & Dorothy, b. Oct. 8, 1732 ... 2 ... 26
    -----, s. Ephraim & Dorothy, [b.] [June] 10, [1715] ... 2 ... 6
    -----, d. Ephraim, d. Dec. 5, 1731 ... 2 ... 4

PINCHON, [see under **PYNCHON**]

PINEO, Bezeleel, Rev., of Milford, m. Leah **HILL**, of Guilford, Apr. 6, 1823, by Rev. Aaron Dutton ... 2 ... 294

PINNEY, John B., of Windsor, m. Ellen A. **SEWARD**, of Guilford, Sept. 13, 1836, by Rev. Aaron Dutton ... 2 ... 342

PLATTS, Dan, Dea., of Saybrook, m. Mrs. Cynthia **EVARTS**, of Guilford, Jan. 9, 1825, by Rev. Aaron Dutton ... 2 ... 294

PLUM, PLUMB, Anne, wid., m. John **PARMELIN**, Jr., [   ],

GUILFORD VITAL RECORDS 255

	Vol.	Page
PLUM, PLUMB, (cont.)		
1651	A	124
Ebenezer, twin with Patience, s. Ebenezer & Patience, b. Aug. 5, 1739	2	93
Ebenezer, of Guilford, m. Patience **NAILS**, of New Haven, Nov. 13, 1737, by Rev. Joseph Noyes, in New Haven	2	54
Freelove, d. Eben[eze]r & Patience, b. Jan. 19, 1741/2	2	93
Henry, s. Eben[eze]r & Patience, b. Apr. 18, 1755	2	95
Patience, twin with Ebenezer, d. Ebenezer & Patience, b. Aug. 5, 1739	2	93
Thankful, d. Eben[eze]r & Patience, b. Apr. 13, 1743	2	93
Thankfull, m. Asa[h]el **MUR[R]Y**, b. of Guilford, Sept. 26, 1770, by Rev. Jonathan Todd	2	170
POND, Josiah, [s. Samuel], d. Nov. 25, 1726	2	3
Merriam, m. Joseph **MUNGER**, b. of Guilford, Oct. 6, 1720, by Rev. John Hart	2	50
Sarah, of Branford, m. Jonathan **HOITE**, of Windsor, Mar. 6, 1671/2, by Mr. Leete	A	77
Thankfull, m. James **BISHOP**, b. of Guilford, Sept. 7, 1727 Rev. John Hart	2	3
Thankfull, m. [Ja]mes **BISHOP**, b. of Guilford, Sept. 7, 1727, by Rev. John Hart	2	47
POST, Frederick W., of Killingworth, m. Mary Ann **GRISWOLD**, of Guilford, May 1, 1837, by Rev. Aaron Dutton	2	342
Phebe, of Saybrook, m. Tilley **WILLARD**, of Guilford, Nov. 19, 1766, by Rev. John Devotion	2	168
Ruth, of Norwich, m. Benjamin **BARTLET[T]**, of Guilford, Aug. 18, 1768, by Rev. Thomas Ruggles	2	169
POTTER, Harvey m. Mary S. **KELSEY**, b. of Guilford, Jan. 18, 1843, by Rev. Zolva Whitmore	2	343
Marietta M. m. Christopher C. **ROSSITTER**, b. of Guilford, Jan. 12, 1842, by Rev. Zolva Whitmore	2	354
POWERS, POWER, Charlotte, d. Capt. Tho[ma]s & Leah, b. July 10, 1782	2	203
Hannah, d. Tho[ma]s & Leah, b. July 4, 1768	2	135
Hannah, of Guilford, m. Daniel **STANNARD**, of Vermont, Jan. 11, 1789, by [James Sproutt]	2	299
Helen Maria, of Cincinnati, m. Robert H. **GRISWOLD**, of Lyme, Nov. 9, 1840, by Rev. Lorenzo T. Bennett	2	329
Leah, d. Tho[ma]s & Leah, b. Mar. 25, 1774	2	135
Morgan, s. Thomas & Leah, b. July 17, 1786	2	203
Nancy, d. Tho[ma]s & Leah, b. Mar. 18, 1772	2	135
Samuel, s. Tho[ma]s & Leah, b. Apr. 16, 1776	2	135
Sarah, d. Capt. Tho[ma]s & Leah, b. Oct. 26, 1779	2	203
Thomas, m. Lea[h] **RANNEY**, b. of Guilford, Nov. 5, 1767, by Rev. A. Fowler	2	183
Thomas, s. Thomas & Leah, b. Jan. 31, 1770	2	135
PRATT, PRAT, John, of Seabrook, m. Sarah **JONES**, of Guilford,		

	Vol.	Page
PRATT, PRAT, (cont.)		
June 8, 1669, by Mr. William Leete	A	67
Olivia, m. Ebenezer **HOPSON**, b. of Guilford, Feb. [ ], 1821, by Aaron Dutton	2	254
Phinehas, s. Isaac, d. Nov. 15, 1736	2	150
Sally, of Saybrook, m. Comfort **STARR**, of Guilford, Mar. 6, 1808, by Rev. Fred W. Hotchkiss	2	274
PRICE, Hannah, late of Falmouth, now of Guilford, m. John **MORSE**, of Guilford, Dec. 6, 1739, by Rev. Tho[ma]s Ruggles	2	57
Mehetabel, m. Joseph **CHITTENDEN**, b. of Guilford, Mar. 28, 1708, by Abraham Fowler, J. P.	2	46
PRINCE, James H., of Boston, Mass., m. Eliza F. **BROOKS**, of Guilford, Oct. 22, 1846, by Rev. E. Edwin Hall	2	382
PYNCHON, PINCHON, Catharine, d. Joseph & Sarah, b. Aug. 22, 1768	2	120
Joseph, of Deerfield, m. Mrs. Sarah **RUGGLES**, of Guilford, July 12, 1759, by Rev. Tho[ma]s Ruggles	2	71
Mary, d. Joseph & Sarah, b. July 8, 1766	2	115
Sarah, d. Joseph & Sarah, b. July 2, 1763	2	110
Thomas Ruggles, s. Joseph & Sarah, b. May 23, 1760	2	105
RALPH, [see under **RELPH**]		
RALSON, -----, [child of] William, d. Nov. [3], 1736	2	150
RANNEY, RANNY, Anna, d. Jonathan & Anna, b. July 12, 1739	2	38
Anne, m. John **STONE**, b. of Guilford, June 14, 1764, by Rev. Amos Fowler	2	166
Betsey, d. Reuben & Lusenda, b. Mar. 20, 1771	2	125
Betsey, m. Pelatiah **LEETE**, Jr., b. of Guilford, May 28, 1797, by Rev. Amos Fowler	2	256
George, m. Lucy **SANFORD**, b. of Guilford, Nov. 24, 1786, by Rev. Beriah Hotchkiss	2	187
George, m. Lucy **SANFORD**, b. of Guilford, Nov. 24, 1786, by [James Sproutt]	2	253
Jonathan, m. Ann **PARMELE[E]**, b. of Guilford, Apr. 27, 1738, by Rev. Thomas Ruggles	2	53
Lea[h], m. Thomas **POWERS**, b. of Guilford, Nov. 5, 1767, by Rev. A. Fowler	2	183
Rachel, d. Jon[a]th[an] & Ann, b. Jan. 29, 1740/1	2	42
Rachel, m. Samuel **CALDWELL**, b. of Guilford, Dec. 22, 1764, by Rev. Thomas Ruggles	2	166
Reuben, of Guilford, m. Lusenda **WARD**, of Saybrook, July 17, 1768, by Rev. Elijah Mason	2	169
Ruth, d. Reuben & Lusenda, b. Apr. 30, 1769	2	121
Stephen, m. Patience **WARD**, b. of Guilford, Nov. 27, 1752, by Rev. Thomas Ruggles	2	64
Tho[ma]s Tilley, s. Jonathan & Hannah, b. June 22, 1777	2	132
RAWKIN, Henry, m. Lydia W. **BENTON**, Oct. 31, 1843, by Rev. D. Baldwin	2	354

GUILFORD VITAL RECORDS 257

	Vol.	Page
RAY, Martha M., m. Richard HUBBARD, b. of Haddam, Sept. 24, 1834, by Rev. Lorenzo T. Bennett	2	346
Rachel, of East Haddam, m. Benjamin EVARTS, of Guilford, July 5, 1802, by Rev. Josiah B. Andrews	2	247
REDFIELD, Alanson, of Saybrook, m. Charlotte [ ], of Guilford, Oct. 27, 1825, by Sylvester Selden	2	292
Almira Amanda, of Guilford, m. Robert GRIFFING, of Killingworth, Jan. 6, 1824, by Rev. Aaron Dutton	2	279
Amanda, d. John & Amanda, b. July 15, 1775	2	132
Amanda, w. of Dr. John, d. Mar. 22, 1783, in the 50th y. of her age	2	214
Amanda Russell, d. Jared & Sarah, b. Nov. 26, 1803	2	240
Amanda Russell, d. Jared & Sarah, d. Oct. 26, 1804	2	214
Barbara, of Killingworth, m. Martin BLATCHLEY, of Guilford, June 25, 1795, by Rev. Henry Ely	2	226
Benony, s. Nathan & Ruth, b. July 21, 1791	2	132
Betsey, of Killingworth, m. Martin EVARTS, of Guilford, Feb. 2, 1791, by Rev. Archillus Mansfield	2	174
Curtis, s. Nathan & Ruth, b. July 29, 1793	2	132
Curtis, s. Nathan & Ruth, d. Mar. 25, 1795, ae 20 m.	2	214
Daniel S., m. Sarah G. PARTRIDGE, b. of Guilford, Dec. 23, 1829, by Rev. Aaron Dutton	2	293
Elizabeth, d. Jared & Sarah, b. July 18, 1798	2	240
Eunice, d. John & Eunice, b. May 6, 1781	2	132
Eunice, m. Russell FRISBIE, b. of Guilford, Aug. 12, 1802, by Israel Brainard	2	238
Frances C., m. Horace BARTLET[T], b. of Guilford, May 25, 1828, by Rev. A. B. Goldsmith	2	313
Frederick, m. Clarrissa BROWN, b. of Guilford, Mar. 8, 1780, by Rev. Amos Fowler	2	186
Harvey, s. Nathan & Ruth, d. Mar. 25, 1795, in his 4th y.	2	214
Harvey Fairchild, s. Sam[ue]ll & Nancy, b. Sept. 23, 1786	2	132
Hervey, s. Nathan & Ruth, b. May 26, 1808	2	240
Hervey, s. Nathan & Ruth, d. Sept. 1, 1808	2	214
Horace, of Mereden, m. Clarrissa E. PARMELE[E], of Guilford, Oct. 10, 1847, by Rev. Lorenzo T. Bennett	2	355
Jared, s. John & Amanda, b. Jan. 1, 1771	2	124
Jared, m. Sarah CHITTENDEN, b. of Guilford, Jan. 26, 1792, by Rev. Amos Fowler	2	186
Johan[n]a, d. John & Eunice, b. July 19, 1789	2	132
John, m. Amanda RUSSELL, b. of Guilford, June 8, 1758, by Rev. John Richards	2	69
John, s. John & Amanda, b. June 2, 1759	2	103
John, Jr., of Guilford, m. Eunice JOICE, of Middletown, Jan. 13, 1780, by Rev. Enoch Huntington	2	186
John, Dr., of Guilford, m. Mary GALE, of Killingworth, Mar. 31, 1784, by Rev. Mr. Mansfield	2	186
Juliana, d. John & Amanda, b. Aug. 18, 1766	2	115

	Vol.	Page
REDFIELD, (cont.)		
Justin, s. Nathan & Ruth, b. Aug. 3, 1795	2	240
Lydia, of Killingworth, m. Joseph **HODGKIN**, Jr., of Guilford, Feb. 21, 1736/7, by Rev. Jonathan Todd	2	54
Margaret, m. Joy **SHELLEY**, b. of Guilford, Oct. 3, 1816, by Rev. Charles Atwater	2	274
Mary, d. Sam[ue]ll & Nancy, b. Aug. 4, 1784	2	132
Nathan, m. Ruth **BENTON**, b. of Guilford, Oct. 29, 1789, by Rev. Amos Fowler	2	186
Nathan, s. Nathan & Ruth, b. Sept. 6, 1801; d. Oct. 17, 1801	2	240
Nathan, s. Nathan & Ruth, b. Mar. 12, 1804	2	240
Parnel, m. Timothy **CRUTTENDEN**, b. of Guilford, July 29, 1778, by Rev. Amos Fowler	2	172
Peggy, d. Nathan & Ruth, b. Sept. 29, 1797	2	240
Prescilla, of Killingworth, m. Joseph **BRADLEY**, of Guilford, Oct. 15, 1740, by Rev. William Seaward	2	59
Richard, s. Jared & Sarah, b. Sept. 25, 1793; d. Sept. 21, 1794	2	132
Ruth, d. Nathan & Ruth, b. Aug. 19, 1799	2	240
Ruth, d. Nathan & Ruth, d. Jan. 23, 1800	2	214
Ruth, w. of Nathan, d. Feb. 5, 1833, in her 66th y.	2	214
Samuel, s. John & Amanda, b. Sept. 12, 1762	2	109
Sam[ue]ll, m. Nancy **FAIRCHILD**, b. of Guilford, May 21, 1782	2	186
Samuel Russell, s. Sam[ue]ll & Nancy, b. Dec. 11, 1782	2	132
Sarah, d. Jared & Sarah, b. Nov. 11, 1795	2	240
Sarah, m. William **TODD**, b. of Guilford, July 5, 1814, by Rev. Aaron Dutton	2	185
Susan J., of Guilford, m. Charles W. **RICHARDS**, of New Haven, July 3, 1836, by L. H. Corson	2	293
REEVES, Amanda, of Guilford, m. Eldad **ATWATER**, of Mt. Pleasant, Pa., Nov. 22, 1826, by Rev. Aaron Dutton	2	182
REIGNER, Hannah, of Branford, m. Asa **LEETE**, of Guilford, Oct. 19, 1748, by Rev. Jonathan Merrick	2	61
RELPH, Elizabeth, m. Andrew **BENTON**, Feb. 4, 1664, by William Leete	A	65
RICHARDS, Anne, m. Lyman M. **HOTCHKISS**, b. of Guilford, May 15, 1828, by W[illia]m Todd, J. P.	2	318
Charles W., of New Haven, m. Susan J. **REDFIELD**, of Guilford, July 3, 1836, by L. H. Corson	2	293
John, Rev., m. Mrs. Dorothea **RUSSELL**, b. of Guilford, Aug. 1, 1749, by Rev. Thomas Ruggles	2	61
John, s. John & Dorethea, b. Mar. 13, 1760	2	106
Joseph, of Guilford, m. Amelia A. **FREEMAN**, of North Branford, Feb. 11, 1838, by Rev. Aaron Dutton	2	354
Phebe Ann, of Guilford, m. Frances **HALSEY**, of Stratford, May 14, 1837, by Rev. Aaron Dutton	2	347
Ruth A., m. Benjamin B. **PALMER**, b. of Guilford, May 19, 1839, by Rev. A. B. Goldsmith	2	342

GUILFORD VITAL RECORDS 259

	Vol.	Page
RICHARDS, (cont.)		
Thomas, s. John & Dorithea, b. Apr. 17, 1753	2	96
Wealthy, d. Jno. & Dorithea, b. Dec. 17, 1755	2	96
RICHARDSON, Ruth, formerly of Waterbury, late of Stratford, m. John **HILL**, of East Guilford, Jan. 12, 1729/30, by Rev. Hezekiah Gold	2	49
ROBERTS, Eliphalet, of Norristown, Pa., m. Sarah **DOUD**, May 20, 1827, by Rev. Aaron Dutton	2	293
Elizabeth, of Middletown, m. Nathan **NORTON**, of Guilford, May 14, 1771, by Enoch Huntington	2	180
Phebe, m. Simeon **SAXTON**, b. of Guilford, Nov. 8, 1763, by Rev. Mr. Newell, in Farmington	2	169
ROBINSON, ROBYSONN, ROBYSON, Abigell, d. David & Abigell, b. Apr. 3, 1690	A	94
Ann, m. Joseph **DUDLEY**, Oct. 6, 1670, by Mr. Leete	A	67
Ann, d. David & Abigell, b. June 6, 1692	A	94
Content, of Durham, m. Sam[ue]ll **ROBINSON**, Jr., of Guilford, Mar. 29, 1786, by Rev. Eleazer Goodrich	2	186
Dennis, of Durham, m. Fanny **STONE**, of Guilford, May 31, 1815, by Rev. Aaron Dutton	2	186
Dennis, of Durham, m. Elizabeth **WILKINSON**, of Guilford, May 4, 1825, by Rev. David Baldwin	2	292
Elizabeth, Mrs., of Guilford, m. Col. Timothy **STONE**, of Guilford, Feb. 26, 175[3], by Rev. John Richards	2	67
Elizabeth, d. Sam[ue]ll, Jr. & Content, b. Mar. 12, 1791	2	132
Elizabeth, w. of Sam[ue]ll, d. Mar. 1, 1797, in her 59th y.	2	160
Elizabeth, m. John B. **CHITTENDEN**, b. of Guilford, Jan. 12, 1814, by Rev. Aaron Dutton	2	268
Henry, s. Sam[ue]ll, Jr. & Content, b. Dec. 20, 1788	2	132
Jane, m. Selden **BENTON**, b. of Guilford, Aug. 31, 1836, by Rev. Aaron Dutton	2	338
Jane Maria, d. Dennis & Fanny, b. July 2, 1816	2	240
Jonathan, of Guilford, m. Elizabeth **HOADLEY**, of Branford, a wid., Nov. 13, 174[6], by Rev. Jon[a]th[an] Merrick	2	59
Lois, d. Timo[thy] & Mary, b. May 12, 1793	2	132
Mary, Mrs., bd. July 27, 1668	A	66
Mary Ann, d. Dennis & Fanny, b. Sept. 15, 1819	2	240
Nathaniel, s. Nathaniel & Elizabeth, b. Feb. 17, 1727/8	2	22
Noah, m. Fanny **WILLARD**, May 31, 1821, by Rev. John Elliott	2	292
Rachel, w. of Samuel, d. Apr. 17, 1725	2	149
Ruth, m. George **HILL**, b. of Guilford, Oct. 23, 1738, by Rev. Thomas Ruggles	2	53
Sally, d. Sam[ue]ll, Jr. & Content, b. June 3, 1787	2	132
Samuel, of Guilford, m. Rachel **STRONG**, of Northampton, Mar. 19, 17[24], by Rev. Solomon Stoddard	2	55
Samuel, s. Samuel & Rachel, b. Apr. 5, 1725	2	29
Samuel, Jr., m. Elizabeth **BISHOP**, b. of Guilford, Dec. 25,		

	Vol.	Page

ROBINSON, ROBYSONN, ROBYSON, (cont.)

	Vol.	Page
1760, by Rev. James Sprout	2	72
Samuel, s. Samuel, Jr. & Elizabeth, b. Mar. 12, 1762	2	108
Samuel, d. Mar. 6, 1776, ae 81 y.	2	160
Sam[ue]ll, Jr., of Guilford, m. Content **ROBINSON**, of Durham, Mar. 29, 1786, by Rev. Eleazer Goodrich	2	186
Sam[ue]ll, s. Sam[ue]ll, Jr. & Content, b. Sept. 16, 1795	2	240
Sarah, wid., d. Sept. 10, 1715	2	1
Sarah, d. Jonathan & Elizabeth, b. [July 30, 1749]	2	83
Sarah, Mrs., m. Rev. Thomas Wells **BRAY**, b. of Guilford, Nov. 25, 1767, by Rev. [James] Sproutt	2	169
Sarah, m. Rev. Thomas Welles **BRAY**, b. of North Guilford, Nov. 25, 1767, by [James Sproutt]	2	246
Stephen, m. Anna **BARTLET[T]**, of Guilford, [Apr.] 29, [1849], by Rev. David Root	2	355
ROCKWELL, Beata, d. Zebulon & Beata, b. Feb. 2, 1772	2	132
Ruth, of Middletown, m. George **BARTLET[T]**, Jr., of Guilford, May 26, 17[63], by Rev. Enoch Huntington	2	167
ROGERS, Augustus, s. Sam[ue]ll & Patience, b. Aug. 22, 172[4]	2	16
Eunice, of Hamden, m. Lyman **EVARTS**, of Guilford, Aug. 8, 1827, by Rev. Aaron Dutton	2	248
Lemore Amaranthia, of Georgia, m. Andrew **LANE**, of New York, Aug. 30, 1840, by Rev. Aaron Dutton	2	345
Mary, m. Daniel **FRISBIE**, b. of Branford, Oct. 22, 1795, by Rev. Sam[ue]ll Eells	2	238
Noah, of Cornwall, m. Rhoda **LEETE**, of Guilford, Oct. 23, [1765], by [James Sproutt]	2	229
Sylvia C., of Madison, m. Alex **WILSON**, of Springfield, Mass., Nov. 30, 1854, by Rev. E. P. Rogers, of Newark, N. J. Witnesses: Chloe Rogers, Flora C. Rogers	2	381
ROLFE, [see also **RELPH**], Elizabeth, see under Elizabeth **DISBOROW**	A	124
ROSE, Augustus, s. Joel & Phebe, b. Jan. 23, 1776	2	132
Charlotte, of Branford, m. John **HUBBARD**, of Guilford, Dec. 10, 1838, by Rev. Edward J. Durkin	2	347
Damask, of Branford, m. Benjamin **FRISBIE**, Jr., of Guilford, Oct. 13, 1800, by Rev. Sam[ue]ll Eells	2	239
Dorothy, of Killingworth, m. Ebenezer **SEAWARD**, of Guilford, Nov. 22, 1732, by James Wadsworth	2	52
Irene, d. Joel & Phebe, b. Dec. 8, 1773	2	132
Irene, m. Timothy **DUDLEY**, b. of Guilford, Dec. 15, 1799, by Rev. Mr. Bray	2	258
Irene, m. John **EVARTS**, May 22, 1806, by Rev. Israel Brainard	2	247
Joanna, of Branford, m. Daniel **DUDLEY**, of Guilford, June 20, 173[2], by John Russell, J. P.	2	55
Laura, of Branford, m. Horace **LOPER**, of Guilford, May 17, 1827, by Rev. David Baldwin	2	314

GUILFORD VITAL RECORDS   261

	Vol.	Page
ROSE, (cont.)		
Lydia, of Branford, m. Abraham **CRUTTENDEN**, Jr., of		
Guilford, May 25, 1785, by Rev. Sam[ue]ll Eells	2	172
Phebe, d. Dea. Joel & Phebe, b. May 26, 1785	2	132
Polle, d. Joel & Phebe, b. Nov. 5, 1781	2	132
Rebecca, of Branford, m. Timothy **ELIOT**, of Guilford, May		
26, 1772, by Rev. Sam[ue]ll Ellis	2	174
Simeon Hill, s. Joel & Phebe, b. July 30, 1778	2	132
ROSIER, [see also **ROSSITER**], Charles, m. Eliza **JONES**, b. of		
Middletown, Sept. 15, 1828, by Rev. Aaron Dutton	2	293
ROSS, Noah Alonzo, s. Noah W. & Rachel Minerva, b. Aug.		
21, 1835	2	240
Noah W., of Kennebunk, Me., m. Rachel M. **SAXTON**, of		
Guilford, Mar. 8, 1835, by Rev. A. B. Goldsmith	2	293
ROSSITER, ROSSETER, ROSSETTR, ROSSETTOR, ROSSITER,		
ROSSITTER, [see also **ROSIER**], Abel, s. William & Submit, b.		
Oct. 12, 1770	2	124
Abel, m. Ruth **DUDLEY**, b. of Guilford, Dec. 3, 1797, by Rev.		
John Elliott	2	186
Abigail, d. Theophilus & Abigail, b. Mar. 17, 1728	2	23
Abigail, of Guilford, m. Eben[eze]r **RUSSELL**, Jr., of		
Bransford, June 23, 1784, by Rev. Tho[ma]s Wells Bray	2	186
Abigail, d.Timo[thy] & Mary, b. Aug. 3, 1786	2	132
Abigail, d. Timo[thy] & Mary, d. Sept. 20, 1796	2	214
Abraham, s. Nathan & Sarah, b. Jan. 11, 1762; d. 19th d. of		
same month	2	108
Abraham, s. Nathan & Sarah, b. Oct. 20, 1765	2	116
Alethe, d. Abel & Ruth, b. Jan. 9, 1799	2	240
Alathea, m. William R. **COLLENS**, b. of Guilford, Apr. 4,		
1829, by Rev. Zolva Whitmore	2	303
Amelia, d. Abel & Ruth, b. Mar. 29, 1812	2	240
Amelia, d. Abel, d. May 14, 1833, ae 21	2	214
Anna, wid., m. Daniel **PARMELE[E]**, b. of Guilford, Apr. 26,		
17[16], by Thomas Ruggles	2	43
Annah, d. Nath[anie]l & Deborah, b. May 14, 1750	2	89
Anna, m. Seth **CRUTTENDEN**, b. of Guilford, Jan. 23, 1782,		
by Rev. Amos Fowler	2	172
[Anne], d. Jonathan & Anne, b. Oct. 25, 17[23]	2	13
Annis S., m. Nathan C. **DUDLEY**, Dec. 9, 1844, by Rev. E.		
Edwin Hall	2	365
[Asher], s. Timothy & Abigail, b. Oct. 16, [1716]	2	5
Augusta E., d. Theophilus & Eliza A., b. Apr. 17, 1838	2	356
Bathsheba, d. Benj[ami]n & Abigail, b. Jan. 18, 1751/2	2	89
Benjamin, s. Nathaniel & Anna, b. Sept. 25, [1718]	2	9
Benjamin, m. Abigail **BALDWIN**, b. of Guilford, Mar. 21,		
1750/1, by Rev. John Richards	2	62
Benjamin, s. Capt. Nathan & Sarah, b. June 22, 1771	2	132
Benj[amin], s. Timo[thy] & Mary, b. Aug. 20, 1784	2	132

	Vol.	Page

ROSSITER, ROSSETER, ROSSETTR, ROSSETTOR, ROSSITER, ROSSITTER, (cont.)

	Vol.	Page
Benj[ami]n, s. Timo[thy] & Mary, d. Oct. 31, 1787	2	214
Benj[ami]n, s. Timo[thy] & Mary, b. Oct. 10, 1790	2	132
Benj[ami]n, d. Sept. 27, 1796, in the 80th y. of his age	2	214
Benjamin, Dea., m. Nabby **FOWLER**, b. of Guilford, Dec. 12, 1827, by Rev. Zolva Whitmore	2	293
[Beriah], [s. Samuel & Anne, b. June 3, 1711]	2	8
Bryan, d. Sept. 30, 1672	A	69
Carile M., d. Theophilus & Eliza A., b. Nov. 16, 1822	2	356
Carile M., m. David B. **ROSSETTER**, b. of Guilford, Nov. 16, 1842, in Durham, by Rev. Charles L. Mills, of Durham	2	354
Charles, m. Eliza **JONES**, b. of Middletown, Sept. 15, 1828, by Rev. Aaron Dutton (Arnold Copy has "Charles Rosier")	2	293
Christopher C., m. Marietta M. **POTTER**, b. of Guilford, Jan. 12, 1842, by Rev. Zolva Whitmore	2	354
Christopher C., m. Elvira C. **BISHOP**, May 23, 1849, by Rev. D. Baldwin	2	355
Christopher Columbus, s. Abel & Ruth, b. May 12, 1818	2	240
Daniel, s. Timothy & Mary, b. Oct. 8, 1798	2	240
David, s. Josiah & Sarah, b. Apr. 17, 1687	A	90
David, s. Josiah & Sarah, d. Apr. 29, 1688	A	69
David, twin with Theophilus, s. Theophilus & Abigail, b. Apr. 27, 1735	2	30
David, m. Eunice **BRISTOL**, b. of Guilford, Dec. 23, 1762, by Rev. John Richards	2	165
David, s. Capt. W[illia]m & Submit, b. Sept. 10, 1785	2	132
David B., m. Carile M. **ROSSITTER**, b. of Guilford, Nov. 16, 1842, in Durham, by Rev. Charles L. Mills, of Durham	2	354
Edgar P., s. Theophilus & Eliza A., b. Dec. 19, 1826	2	356
Elizabeth, d. Aug. 29, 1669	A	69
Elizabeth, Mrs., bd. Aug. 30, 1669	A	67
Elizabeth, d. Josiah & Sarah, b. Apr. 16, 1679	A	89
[Elizabeth], d. Josiah & Mary, of Killingsworth, b. June 10, [1712]	2	5
Ellenor, d. Theophilus & Abigail, b. Mar. [ ], [1745]	2	83
Erastus, s. Abel & Ruth, b. Jan. 15, 1802	2	240
[E]unice, twin with Jerusha, d. Theophilos & Abigail, b. Jan. 16, 1731/2	2	24
Eunice, d. William & Submit, b. Apr. 8, 1769	2	122
Eunice, m. Daniel **COLLENS**, b. of Guilford, Feb. 11, 1789	2	225
Fayette W., s. Theophilus & Eliza A., b. Mar. 11, 1836	2	356
Georgianna E., d. Theophilus & Eliza A., b. Nov. 10, 1824	2	356
Georgiania E., d. Tho[ma]s & Eliza A., d. July 4, 1826	2	214
Georgianna E., d. Theophilus & Eliza A., b. Apr. 21, 1829	2	356
Hannah, d. Theophilus & Abigail, b. Apr. [ ], 1738	2	37
Hannah, m. Samuel **FITCH**, b. of Guilford, Nov. 7, 1765, by		

GUILFORD VITAL RECORDS   263

	Vol.	Page
ROSSITER, ROSSETER, ROSSETTR, ROSSETTOR, ROSSITER, ROSSITTER, (cont.)		
Rev. John Richards	2	166
Horace, of Richmond, Mass., m. Emeline **CHITTENDEN**, of Guilford, Oct. [ ], 1826, by Rev. Zolva Whitmore	2	293
Jerusha, twin with [E]unice, d. Theophilos & Abigail, b. Jan. 16, 1731/2	2	24
Jerusha, d. W[illia]m & Submit, b. Sept. 8, 1773	2	132
Johanna, m. John **COLTON**, Nov. 7, 1660	A	62
Johannah, d. Josiah & Sarah, b. Apr. 23, 1693	A	72
John, d. Sept. [ ], 1670	A	69
John, s. Josiah & Sarah, b. Oct. 13, 1684	A	89
John, s. Josiah & Sarah, d. Jan. 8, 1686	A	69
John, s. Timothy & Mary, b. Aug. 22, 1788	2	132
John, s. Timo[thy] & Mary, d. Oct. 8, 1799	2	214
John, of North Guilford, m. Frances **CRUTTENDEN**, of Guilford, June 11, [1845], by Rev. David Root	2	355
Jonathan, s. Josiah & Sarah, b. Apr. 3, 1688	A	90
Jonathan, of Guilford, m. Mrs. Anne **BENSON**, of Bridgehampton, Oct. 31, 1720, by Rev. Eben[e]z[e]r White	2	45
Jonathan, s. Jonathan & Ann, b. Sept. 15, 1738	2	38
Josiah, s. Josiah & Sarah, b. May 31, 1680	A	89
[Josiah], s. Josiah & Mary, of Killingsworth, b. Oct. 29, [1714]	2	5
Josiah, d. Jan. 31, 1716	2	1
Keturuah, d. Jon[a]th[an] & Ann, b. Nov. 17, 1728	2	20
Leah C., of North Guilford, m. Diodate J. **SPENCER**, of Clinton, Feb. 27, 1849, by Rev. Lorenzo T. Bennett	2	392
Lois, m. Ebenezer **FOWLER**, Jr., b. of Guilford, Nov. 18, 1778, by Rev. Tho[ma]s Wells Bray	2	175
Lucy, d. Jonathan & Ann, b. Apr. 11, 1736	2	31
Lucy, d. Nath[anie]ll, d. Aug. 24, 1756	2	142
Luzanne C., s. Theophilus & Eliza A., b. Nov. 3, 1833	2	356
Mary, d. Theopholus & Abigail, b. Aug. 31, 1726	2	17
Mary, m. William **PARMELE[E]**, b. of Guilford, June 6, 1749, by Rev. Jno. Richards	2	62
Mary, m. John **NORTON**, b. of Guilford, Nov. 21, 1832, by Rev. Zolva Whitmore	2	310
Nathan, s. Nathan[ie]l & Anna, b. Oct. 31, 1730	2	22
Nathan, m. Sarah **BALDWIN**, b. of Guilford, June 4, 1755, by Rev. John Richards	2	67
Nathaniell, s. Josiah & Sarah, b. Nov. 10, 1689	A	92
Nathaniell, s. Nathaniell & Anna, b. Mar. 23, 17[16]	2	5
Nathaniel, Jr., m. Deborah **FOWLER**, b. of Guilford, Dec. 21, 1748, by Rev. Thomas Ruggles	2	64
Nath[anie]ll, s. Nath[anie]ll & Deborah, b. May 21, 1762	2	109
Nelson H., s. Theophilus & Eliza A., b. July 11, 1831	2	356
Nelson H., s. Th[e]ophilus & Eliza A., d. June 17, 1833	2	214

	Vol.	Page
ROSSITER, ROSSETER, ROSSETTR, ROSSETTOR, ROSSITER, ROSSITTER, (cont.)		
Noah, s. Nath[anie]l & Anne, b. Apr. 15, 1725	2	15
Noah, s. Nathan & Sarah, b. June 5, 1759	2	103
Patiens, d. Josiah & Sarah, b. Apr. 6, 1692	A	72
Patiens, d. Josiah & Sarah, b. Apr. 6, 1692	A	93
Patience, twin with Theodore, d. Jonathan & Anne, b. Oct. 12, 172[ ]	2	17
Polle, d. W[illia]m & Submit, b. Sept. 18, 1781	2	132
Prudence, d. Theophilus & Abigail, b. Sept. 12, 1730	2	23
Rebeckah, d. Timothy & Abigaill, b. Jan. 1, [1719]	2	12
Rebeccah, d. Nathan & Sarah, b. June 20, 1774	2	132
Ruth, d. Nath[anie]ll & Deborah, b. Apr. 18, 1758	2	103
Ruth, m. William **ELIOT**, b. of Guilford, Nov. 26, 1780, by Rev. Amos Fowler	2	174
Samuell, s. Josiah & Sarah, b. Jan. 28, 1681	A	89
Samuell, s. Josiah & Sarah, d. Aug. 23, 1682	A	69
Samuell, s. Josiah & Sarah, b. Feb. 17, 1685	A	89
Samuel, s. Theophilus & Abigail, b. Nov. 28, 1743	2	77
Samuel, s. Nathan & Sarah, b. Feb. 26, 1768	2	119
Sam[ue]ll, of Guilford, m. Lois **BYINGTON**, of Branford, Apr. 14, 1779, by Rev. Sam[ue]ll Eells	2	186
Sarah, d. Aug. 10, 1669	A	69
Sarah, bd. Aug. 11, 1669	A	67
Sarah, d. Josiah & Sarah, b. Nov. 26, 1677	A	89
Sarah, d. Josiah & Sarah, d. May 18, 1679	A	69
Sarah, d. Josiah & Sarah, b. Feb. 25, 1690/1	A	92
[Sarah], d. Nath[anie]]l & Anna, b. June 12, 17[20]	2	11
Sarah, m. Aaron **EVARTS**, b. of Guilford, Sept. 5, 1744, by Rev. Thomas Ruggles	2	59
Sarah, d. Nathan & Sarah, b. Aug. 28, 1763	2	110
Sarah, m. Theophilus **FOWLER**, b. of Guilford, June 17, 1778, by Rev. Tho[ma]s W. Bray	2	175
Sarah Ann, d. David & Anna, b. Apr. 4, 1822	2	240
Sarah Ann, m. Samuel M. **SPENCER**, Mar. 20, 1843, by Rev. David Baldwin	2	374
Seline, d. Capt. W[illia]m & Submit, b. Apr. 27, 1788	2	132
Sherman, s. Will[ia]m & Submit, b. Apr. 20, 1775	2	132
Sherman M., m. Elizabeth A. **WILDMAN**, b. of Guilford, Aug. 16, 1840, by Rev. Lorenzo T. Bennett	2	354
Sherman Morgan, s. David & Anna, b. Jan. 23, 1818	2	240
Stephen, s. Jonathan & Anne, b. Nov. 16, 1721	2	36
Stephen, m. Ann **GOULD**, b. of Guilford, Nov. 25, 1742, by Rev. Sam[ue]ll Russell	2	58
Submit, d. W[illia]m & Submit, b. Aug. 19, 1779	2	132
Submit, m. Daniel **WELD**, b. of Guilford, Feb. 16, 1803, by Rev. Thomas W. Bray	2	264
Submit, wid., d. Mar. 11, 1824, ae 79 y.	2	214

	Vol.	Page
ROSSITER, ROSSETER, ROSSETTR, ROSSETTOR, ROSSITER, ROSSITTER, (cont.)		
Susan A., d. Abel & Ruth, b. Feb. 22, 1806	2	240
Susan Amelia, d. Aug. 5, 1841, in her 36th y.	2	214
Susanna, d. Jonathan & Ann, b. July 17, 1734	2	28
Susannah, d. Bray & Elezebeth, b. Nov. 18, [ ]52 (1652)	A	122
Theodore, s. Jonathan d. June 20, [1727, ae 1]	2	3
Theodore, twin with Patience, s. Jonathan & Anne, b. Oct. 12, 172[ ]	2	17
Theophilus, of Guilford, m. Abigail **PIERSON**, of Bridgehampton, Nov. 18, 1725, by Rev. Ele[a]zer White, at Bridgehampton	2	47
Theophilus, twin with David, s. Theophilus & Abigail, b. Apr. 27, 1735	2	30
Theophilus, s. Theophilus, d. Aug. 16, 1735	2	148
Theophilus, m. Eliza A. **CHITTENDEN**, b. of Guilford, Dec. 20, 1821, by Rev. Zolva Wetmore	2	292
Tho[ma]s, s. Capt. W[illia]m & Submit, b. Aug. 17, 1783	2	132
Timothy, s. Josiah & Sarah, b. June 5, 1683	A	89
Timothy, s. Benjamin & Abigail, b. May 21, 1754	2	94
Timothy, m. Mary **RUGGLES**, b. of Guilford, May 14, 1783, by Rev. Amos Fowler	2	186
Timothy, Jr., m. Sally **TODD**, b. of Guilford, Oct. 18, 1821, by Rev. John Elliott	2	292
William, m. Submit **CHITTENDEN**, b. of Guilford, Feb. 18, 1768, by Rev. Tho[ma]s Wells Bray	2	168
William, s. W[illia]m & Submit, b. Oct. 12, 1772; d. five days after	2	132
William, s. W[illia]m & Submit, b. Sept. 25, 1777	2	132
Will[ia]m, s. Capt. W[illia]m & Submit, d. Jan. 2, 1791, in his 14th y.	2	214
William, Capt. d. Dec. 28, 1820, ae 80 y.	2	214
William Marvin, s. David & Anna, b. Nov. 7, 1819	2	240
-----, s. Ens. Nath[anie]l, d. Sept. 28, 1731	2	4
ROWKE, Catharine, of Deer Park, N. Y., m. Samuel W. **PARMELE[E]**, of Guilford, Jan. 13, 1833, by Rev. A. B. Goldsmith	2	295
ROWLEE, Mercy, of Falmouth, m. Samuel **STONE**, of Guilford, Nov. 5, 17[16], by Rev. Joseph Metcalfe, in Falmouth	2	43
ROWLSTON, ROWLSON, C[h]loe, d. John & Esther, b. May 10, 1752	2	87
Elizabeth, m. Lemuel **BARNES**, b. of Guilford, Dec. 19, 1739, by Rev. Samuel Russell	2	64
Ira, s. Jno. & Esther, b. Sept. 15, 1748	2	82
John, of Guilford, m. Esther **WARD**, of Killingworth, Aug. 2, 1747, by Rev. Jared Eliot, in Killingworth	2	60
William, s. John & Esther, b. July 11, 1750	2	85
ROYCE, Abigail, of Wallingford, m. Shuabel **SHELLEY**, of		

	Vol.	Page

ROYCE, (cont.)

Guilford, Jan. 31, 1764, by Rev. Richard Ely	2	165

RUGGLES, Ann, d. Nath[anie]l & Ann, b. Aug. 12, 1741 — 2 — 89
    Anna, m. James **STONE**, b. of Guilford, Jan. 15, 1767, by
        Rev. Thomas Ruggles — 2 — 184
    Anne, m. Charles **CALDWELL**, b. of Guilford, Nov. 3, 17[24],
        by Rev. Thomas Ruggles — 2 — 48
    Elizabeth, Mrs., m. Jehoshaphet **STARR**, b. of Guilford, Nov.
        21, 173[4], by Rev. Jonathan Todd — 2 — 55
    Elizabeth, d. Nathaniel, Jr. & Elizabeth, b. June 11, 1768 — 2 — 120
    Elizabeth, d. Aug. 5, 1840, ae 72 — 2 — 214
    Huldah, d. Nathaniel & Ann, b. Oct. 2, 1746; d. Dec. 11, 1746 — 2 — 79
    Huldah, d. Nath[anie]l, b. Oct. 2, [1746]; d. Dec. 11, 1746 — 2 — 137
    Huldah, d. Nath[anie]l & Ann, b. Oct. 5, 1747 — 2 — 89
    John, s. Nath[anie]l & Ann, b. July 24, 1739 — 2 — 38
    Lucretia, d. Nath[anie]ll & Elizabeth, b. Oct. 12, 1772 — 2 — 132
    Mary, d. Thomas & Rebeckah, b. Dec. 22, 1737 — 2 — 33
    Mary, wid. of Rev. Thomas, d. Dec. 17, 1742, in the 71st y.
        of her age — 2 — 148
    Mary, d. Thomas, d. Aug. 10, 1756 — 2 — 142
    Mary, m. Thomas **ROSSETTER**, b. of Guilford, May 14, 1783,
        by Rev. Amos Fowler — 2 — 186
    Nathaniel, m. Mrs. Ann **BARTLET[T]**, b. of Guilford, Dec. 8,
        1736, by Rev. Thomas Ruggles — 2 — 64
    Nathaniel, s. Nathaniel & Anna, b. Oct. 7, 1737 — 2 — 33
    Nath[anie]ll, Jr., m. Elizabeth **DUDLEY**, b. of Guilford, Mar.
        14, 1765, by Rev. Jno. Richards — 2 — 167
    Nath[anie]ll, s. Nath[anie]ll & Elizabeth, b. Aug. 27, 1770 — 2 — 132
    Rebeckah, d. Nathaniel & Ann, b. Aug. 30, 1743 — 2 — 75
    Rebeckah, w. of Rev. Thomas, d. Feb. 17, 1760 — 2 — 143
    Rebecca, m. David **LANDON**, Oct. 18, 1763 — 2 — 179
    Sarah, d. Thomas & Rebeckah, b. July 23, 1735 — 2 — 30
    Sarah, d. Nath[anie]l & Ann, b. Feb. 16, 1755 — 2 — 95
    Sarah, Mrs., of Guilford, m. Joseph **PINCHON**, of Deerfield,
        July 12, 1759, by Rev. Tho[ma]s Ruggles — 2 — 71
    Sarah, d. Nathaniel & Elizabeth, b. [Mar. 8, 1765] — 2 — 116
    Thildat, m. Roswell **WOODWARD**, b. of Guilford, Feb. 24,
        1774, by Rev. Ann [Amos] Fowler — 2 — 185
    Thomas, Rev., d. June 1, 1728 — 2 — 4
    Thomas, Rev. m. Mrs. Rebeckah **HART**, b. of Guilford, Sept.
        25, 173[4], by Rev. Jonathan Todd — 2 — 55
    Thomas. s. Nath[anie]l & Ann, b. Sept. 3, 1745; d. Sept.
        20, 1745 — 2 — 89
    Thomas, Rev., d. Nov. 20, 1770, in the 66th y. of his age and
        42nd y. of his ministry — 2 — 146
    Tho[ma]s, s. Nath[anie]ll & Elizabeth, b. Aug. 17, 1777 — 2 — 132
    ----nah, d. Thomas, d. Mar. 22, 1721/2, ae about 23 — 2 — 2

RUSSELL, Abigail, d. Sam[ue]ll & Deborah, b. June 8, 1756 — 2 — 97

	Vol.	Page
RUSSELL, (cont.)		
Abigail, d. Timo[th]y & Rebeckah, b. May 14, 1792	2	240
Amanda, d. Samuel & Dorothy, b. May 1, 1733	2	26
Amanda, m. John **REDFIELD**, b. of Guilford, June 8, 1758, by Rev. John Richards	2	69
Amanda, d. Sam[ue]ll S. & Eunice, b. Feb. 1, 1795	2	240
Clarry, d. Ebenezer & Abigail, b. Nov. 7, 1796	2	240
Cynthia, d. Sam[ue]ll S. & Eunice, b. Oct. 12, 1792	2	240
Damaris, d. Sam[ue]ll S. & Eunice, b. Feb. 18, 1802	2	240
Deborah, d. Sam[ue]ll & Deborah, b. Apr. 8, 1760	2	107
Delia Ann, m. Stephen **FOWLER**, b. of Guilford, Oct. 24, 1827, by Rev. Zolva Whitmore	2	300
Dorothea, d. Sam[ue]l & Dorothy, b. Jan. 14, 1730/31	2	24
Dorothea, Mrs., m. Rev. John **RICHARDS**, b. of Guilford, Aug. 1, 1749, by Rev. Thomas Ruggles	2	61
Eben[eze]r, Jr., of Bransford, m. Abigail **ROSSETTER**, of Guilford, June 23, 1784, by Rev. Tho[ma]s Wells Bray	2	186
Edmund, of Macon, Ga., m. Eliza A. **KIMBERLEY**, of Guilford, Oct. 3, 1838, by Rev. Edward J. Durkin	2	354
Elizabeth, d. Sam[ue]ll & Deborah, b. Nov. 23, 1758	2	103
Elizabeth, m. Abrose **DUDLEY**, b. of Guilford, [Apr. 29, 1783], by Rev. Tho[ma]s W. Bray	2	173
Eunice, d. Sam[ue]ll S. & Eunice, b. Dec. 9, 1790	2	240
Eunice, m. Ammi **FOWLER**, b. of Guilford, May 28, 1835, by Rev. Zolva Whitmore	2	330
Hannah, of Guilford, m. Samuel **STEVENS**, of Killingworth, Dec. 24, 1740, by Rev. Sam[ue]l Russell	2	57
John, of Branford, m. Charlotte **BENTON**, of Guilford, Nov. 23, 1825, by Rev. Zolva Whitmore	2	292
Lois, d. Eben[eze]r & Abigail, b. Feb. 12, 1799	2	240
Lois, m. Raphel **BENTON**, b. of Guilford, May 31, 1820, by Rev. Charles Atwater	2	227
Lucretia, d. Samuel & Dorothy, b. June 23, 1735	2	30
Lucretia, m. Jared **SCRANTON**, b. of Guilford, Jan. 1, 1766, by Rev. Bela Hubbard	2	224
Lucy, of Branford, m. Gideon **NORTON**, of Guilford, Dec. 2, 1787, by Rev. Sam[ue]ll Eells	2	181
Sally, d. Ebenezer & Abigail, b. Feb. 14, 1788	2	240
Samuell, of Lime, m. Mrs. Dorothy **SMITHSON**, of Guilford, Nov. 10, 1718, by Rev. Thomas Ruggles	2	44
Samuel, m. Deborah **BALDWIN**, b. of Guilford, Mar. 28, 1753, by Rev. Thomas Ruggles	2	66
Samuel, s. Sam[ue]ll & Deborah, b. Dec. 20, 1753	2	97
Samuel, s. Sam[ue]ll, d. Apr. 26, 1757	2	142
Samuel Baldwin, s. Sam[ue]ll S. & Eunice, b. Dec. 13, 1797	2	240
Samuel S., of Guilford, m. Eunice **CAMP**, of Durham, Nov. 26, 1789, by Rev. Eleazer Goodrich	2	186
Samuel Smithson, s. Sam[ue]ll & Deborah, b. Oct. 14, 1764	2	112

	Vol.	Page

RUSSELL, (cont.)
    Sarah, m. Abraham **COAN**, Oct. 2, 1832, by Rev. D. Baldwin — 2, 326
    Sylvia, d. Eben[eze]r & Abigail, b. Jan. 12, 1794 — 2, 240
    Silvia, of Guilford, m. Timothy **HOTCHKISS**, of Madison,
      Nov. 6, 1839, by Rev. Zolva Whitmore — 2, 360
    Thomas, s. Sam[ue]ll & Dorothy, b. Oct. 16, 1727 — 2, 18
    Timothy, s. Samuel & Deborah, b. Mar. 28, 1767 — 2, 118
    Timothy, m. Rebeccah **CHITTENDEN**, b. of Guilford, Sept.
      21, 1791, by Rev. Tho[ma]s Wells Bray — 2, 186
    -----, s. Sam[ue]ll & Deborah, b. Oct. 26, 1763; d. next day — 2, 112

RUTHER, Jeremiah, of Mass., m. Roxanna H. **GLADDING**, of
    Guilford, Aug. [ ], 1820, by Rev. John Elliott — 2, 186

RUTTY, RUTTE, Levi, of Killingworth, m. Mrs. Lecta
    THOMPSON, May 29, 1822, by Rev. John Ely — 2, 292
    Margaret, of Killingworth, m. Cornelius **CHITTENDEN**, of
      Guilford, Jan. 30, 17[34], by Rev. Edmund Ward — 2, 55

SAGE, Elezabeth, of Middletown, m. Ezekell **BULL**, of G[u]ilford,
    Jan. 11, 1694 — A, 100
    Lydia, m. Daniel **BARTLET[T]**, b. of Guilford, July 19, 1747,
      by Rev. Edward Eells — 2, 65

SANFORD, Ebenezer, m. Easter **HO[T]CHKISS**, of Weathersfield,
    Jan. 29, [1761], by [James Sproutt] — 2, 228
    Elizabeth, of Fairfield, m. Thomas **LEES**, of Guilford, Nov. 15,
      1723, by Nathan Gold, Dept. Gov. — 2, 46
    Lucy, m. George **RANNY**, b. of Guilford, Nov. 24, 1786, by
      Rev. Beriah Hotchkiss — 2, 187
    Lucy, m. George **RANNY**, b. of Guilford, Nov. 24, 1786, by
      [James Sproutt] — 2, 253

SAVAGE, SAVIGG, Rachell, of Middletown, m. John **SPINNIG***,
    of G[u]ilford, Aug. 22, 1694   (***SPINNING**) — A, 100
    Ruth, m. Phares **LEETE**, b. of Guilford, Nov. 12, 1780, by
      Rev. Amos Fowler — 2, 179

SAXTON, SEXTON, Abigail, m. Stephen **HALL**, b. of Guilford,
    Nov. 24, 1757, by Rev. James Sprout — 2, 69
    Abigail, m. Stephen **HALL**, b. of Guilford, Nov. 30, [1757], by
      [James Sproutt] — 2, 219
    Eleazer(?), m. Tabitha **DUDLEY**, wid., b. of Guilford, Feb. 21,
      1722/3, by Andrew Ward, J. P. — 2, 46
    Joel, s. Simeon & Phebe, b. Apr. 6, 1771 — 2, 134
    Julia M., of Guilford, m. Enoch P. **STANNARD**, of Saybrook,
      Oct. 8, 1822, by Rev. Aaron Dutton — 2, 284
    Juliana, d. Simeon & Phebe, b. Apr. 30, 1777 — 2, 193
    Juliana, m. Joy **GRISWOLD**, b. of Guilford, Nov. 27, 1798, by
      Rev. Thomas W. Bray — 2, 176
    Linus, d. Aug. 15, 1818, in his 45th y. — 2, 163
    Phebe, d. Simeon & Phebe, b. Jan. 30, 1767 — 2, 120
    Rachel M., of Guilford, m. Noah W. **ROSS**, of Kennebunk,
      Me., Mar. 8, 1835, by Rev. A. B. Goldsmith — 2, 293

	Vol.	Page
SAXTON, SEXTON, (cont.)		
Rufus, s. Simeon & Phebe, b. Nov. 29, 1773	2	134
Sam[ue]ll, s. Simeon & Phebe, b. Nov. 29, 1779	2	193
Sarah, w. of Simeon, d. Sept. 26, 1762	2	145
Simeon, m. Sarah **JOHNSON**, b. of Guilford, Jan. 14, 1762, by Rev. Richard Ely	2	169
Simeon, of Guilford, m. Phebe **ROBERTS**, of Guilford, Nov. 8, 1763, by Rev. Mr. Newell, in Farmington	2	169
Simeon, s. Simeon & Phebe, b. July 24, 1764	2	120
Tibitha, m. Reuben **SHELLEY**, Jr., b. of Guilford, Mar. 5, 1785, by Rev. Amos Fowler	2	224
William Sherwood, s. Simeon C., & Mary Ann, b. May 26, 1825	2	350
SAY, [see also **LAY**], Richard, m. Anna **WOODWARD**, b. of Guilford, June 10, 1797, by Rev. Amos Fowler	2	179
SCHROUD, Lucy, m. Will[ia]m **HILL**, b. of Guilford, June 1, 1798, by Rev. Amos Fowler	2	223
SCOFIELD, Westill, of Middletown, m. Hulda[h] **BEWELL**, of Guilford, July 29, 1755, by [James Sproutt]	2	216
SCOTT, Anna, d. James & Hannah, b. June 17, 1753	2	94
Elizabeth, d. James & Hannah, b. June 15, 1755	2	95
James, m. Hannah **BENTON**, b. of Guilford, May 7, 1752, by Rev. Thomas Ruggles	2	64
James, s. James & Hannah, b. Oct. 14, 1752	2	105
Sarah, d. James & Hannah, b. Aug. 22, 1757	2	99
Sarah, m. Benj[ami]n **HALL**, Jr., b. of Guilford, Dec. 23, 1778, by Rev. Amos Fowler	2	177
SCOVILL, SCOVEL, Abigail, d. John & Abigail, b. June 21, 1754	2	95
Abigail, d. John, d. Aug. 10, 1756	2	142
Abigail, w. of John, d. Aug. 23, 1758	2	142
Daniel, s. John & Abigail, b. May 25, 1756	2	97
John, m. Abigail **BISHOP**, b. of Guilford, May 22, 1750, by Rev. Thomas Ruggles	2	65
John, m. Abigail **BISHOP**, b. of Guilford, May 23, 1750, by Rev. Thomas Ruggles	2	61
John, s. John & Abigail, b. Feb. 22, 1750/1	2	85
John, Jr., of Guilford, m. Elizabeth **CONKLING**, of Long Island, Feb. 11, 1778, by Rev. Amos Fowler	2	184
Martha, m. Timothy **CADWELL**, b. of Guilford, June 24, [1760], by [James Sproutt]	2	219
SCRANTON, Abigail, d. Tory & Rachel, b. June 30, 1784; d. July 12, 1784	2	204
Abra[ha]m, m. Lucy **STONE**, b. of Guilford, Nov. 26, 1778, by Rev. Jonath[a]n Todd	2	322
Abra[ha]m, m. Lucy **STONE**, b. of Guilford, Nov. 26, 1780, by Rev. Jonath[a]n Todd	2	224
Abra[ha]m Fowler, s. Abra[ha]m & Lucy, b. Nov. 16, 1787	2	237
Amanda, d. Sam[ue]ll & Luthana, b. June 1, 1795	2	241

	Vol.	Page
SCRANTON, (cont.)		
Ann, d. Ebenezer & Ann, b. Mar. 31, 1731	2	27
Ann, d. Samuel & Mary, b. Nov. 25, 1762	2	117
Ann, wid. of Eben[eze]r, d. July 2, 1780, ae 84 y.	2	163
Anna, m. Amos **DUDLEY**, Jr., b. of Guilford, Dec. [ ], 1802, by Rev. Israel Brainard	2	259
Anne, m. Ebenezer **MUNGER**, b. of Guilford, May 29, 1717, by Rev. Thomas Ruggles	2	44
Anson C., of Durham, m. Zibia R. **LEETE**, of Guilford, Nov. 24, 1833, by Rev. A. B. Goldsmith	2	323
Betsey, d. Abra[ha]m & Lucy, b. July 14, 1790	2	237
Cate, d. Timothy & Abigail, b. Feb. 26, 1763	2	111
Comfort Olds, s. Abra[ha]m & Lucy, b. Mar. 10, 1785	2	237
Comfort Olds, m. Ruth **EVARTS**, b. of Guilford, June 2, 1817, by Rev. John Elliott	2	274
Deborah, m. Abel **CHITTENDEN**, b. of Guilford, July 5, 17[21]	2	45
Deborah, m. Leverett W. **LEACH**, b. of Guilford, Dec. 14, 1820, by Rev. John Ely	2	257
Ebenezer, s. Ebenezer & Ann, b. Aug. 17, 1728	2	27
Eben[eze]r, s. Jared & Lucretia, b. Sept. 6, 1773	2	193
Eben[eze]r, d. Oct. 6, 1774, ae 75 y.	2	163
Ebenezer, s. Tory & Rachel, b. Dec. 15, 1782	2	204
Eben[eze]r, s. Tory, d. May 30, 1783, ae 5 y.	2	163
Ebenezer, s. Tory & Rachel, b. Aug. 25, 1789	2	204
Elizabeth, d. Sam[ue]l & Elizabeth, b. Aug. 20, 1713	2	36
Elizabeth, m. Eliphalet **HALL**, b. of Guilford, Jan. 1, 173[5], by Rev. Thomas Ruggles	2	55
Elizabeth, d. Timothy & Abigail, b. Nov. 6, 1757	2	103
Elizabeth, m. Edmund **WILLCOX**, b. of Guilford, Dec. 20, 1769, by Rev. Jonathan Todd	2	185
Elizabeth, d. Comfort O. & Ruth, b. Aug. 20, 1818	2	243
Fitch, s. Samuel & Mary, b. Oct. 7, 1766	2	117
Fitch, s. Samuel & Mary, d. Oct. 2, 1767	2	163
George Whitfield, s. Theo[philo]s & Eliza[bet]h, b. May 23, 1811	2	242
Hannah, m. Joseph **EVARTS**, b. of Guilford, Apr. 21, 1713, by Rev. Thomas Ruggles	2	46
Hannah, d. Sam[ue]l & Elizabeth, b. Oct. 14, 1716	2	36
Hanna[h], m. Nathaniel **ALLIS**, b. of Guilford, Nov. 26, 1739, by Rev. Jonathan Todd	2	58
Hannah, m. Eliezer **EVARTS**, b. of Guilford, Jan. 29, 1739/40, by Rev. Thomas Ruggles	2	53
Hannah, d. Noah & Esther, b. Oct. 27, 1752	2	102
Hannah, m. Reuben **HILL**, 2d, Feb. [ ], 1775	2	177
Hannah, d. Tho[ma]s & Damaris, b. Mar. 1, 1790	2	241
Harriet, twin with Harry, d. Samuel & Luthana, b. Aug. 15, 1801	2	241

	Vol.	Page
SCRANTON, (cont.)		
Harry, twin with Harriet, s. Samuel & Luthana, b. Aug. 15, 1801	2	241
Henry, s. Tho[ma]s & Damaris, b. Apr. 8, 1795	2	241
Jared, s. Ebenezer & Anne, b. Jan. 25, 1733	2	27
Jared, m. Lucretia **RUSSELL**, b. of Guilford, Jan. 1, 1766, by Rev. Bela Hubbard	2	224
Jared, s. Jared & Lucretia, b. May 16, 1771	2	193
Jay, s. Abra[ha]m & Lucy, b. Apr. 25, 1780	2	237
Joab, s. Noah & Esther, b. Feb. 28, 1750	2	102
Joane, w. of John, bd. July 22, 1651	A	124
John, m. Addy **HILL**, May 22, 1666	A	64
John, freeman 1669-70	A	121
John, Sr., bd. Aug. 27, 1671	A	68
John, m. Mary **SEWARD**, Mar. 12, 1673, by William Leete	A	77
John, s. Ebenezer & Ann, b. Aug. 29, 1726	2	27
[John], s. Eben[eze]r, d. Nov. 7, 1736	2	150
John, s. Josiah & Mary, b. Nov. 13, 1741	2	74
John Russell, s. Jared & Lucretia, b. July 14, 1767	2	193
John W[illia]m, m. Lois Ann **HART**, b. of Guilford, Oct. 19, 1834, by Rev. Aaron Dutton	2	340
[Jonathan], m. Mindwell **STEVENS**, b. of Guilford, Nov. 20, 1733, by Rev. Jonathan Todd	2	52
Josiah, s. Josiah & Mary, b. Nov. 11, 1743	2	75
Josiah, d. Sept. 8, 1751	2	139
Julia, d. Sam[ue]ll & Luthena, b. Mar. 7, 1797	2	241
Lois, d. Noah & Esther, b. June 4, 1754	2	102
Lois, m. Josiah Treat **DEMING**, b. of Guilford, Nov. 24, 1774, by Rev. Jonath[an] Todd	2	173
Lucy, d. Samuel, d. Dec. 7, 1736	2	151
Lucy, d. Sam[ue]ll, Jr. & Mary, b. Jan. 17, 1747/8	2	82
Lucy, d. Samuel, d. May 27, 1772, in her 25th y.	2	163
Lucy, d. Abra[ha]m & Lucy, b. Oct. 12, 1782	2	237
Mabel, d. Josiah & Mary, b. Mar. [11, 1749]	2	83
Mary, d. Josiah, d. Oct. 13, 1751	2	139
Mary, d. Sam[ue]l & Mary, b. Nov. 17, 1752	2	88
Mary, m. John **PARMELE**, 3rd, b. of Guilford, Nov. 17, 1774, by Rev. Amos Fowler	2	183
Mary Ann, m. Eliab **HILL**, Nov. 24, 1822, by Rev. David Baldwin	2	255
Nabby, d. Timothy & Abigail, b. June 17, 1759	2	103
Nabby, d. Tory & Rachel, b. Aug. 12, 1785	2	204
Nabby, m. Ira **KIMBERLEY**, b. of Guilford, Dec. 29, 1824, by Rev. Zolva Whitmore	2	290
Nathan, s. Thomas & Mary, b. Sept. 15, 1739	2	42
Noah, m. Esther **BRADLEY**, b. of Guilford, July 28, 1743, by Rev. Jonathan Todd	2	58
Noah, s. Noah & Esther, b. Feb. 4, 1744	2	101

SCRANTON, (cont.)

	Vol.	Page
Olive, d. Noah & Esther, b. Jan. 22, 1757	2	102
Oliver, s. Noah & Esther, b. Feb. 17, 1747; d. [ ], 1755	2	101
[Phebe], d. Josiah & Mary, b. Nov. 8, 1746	2	84
Phebe, m. Asa **NORTON**, b. of Guilford, Mar. 7, 1764, by Rev. James Sproutt (Ara?)	2	165
Phebe, m. Arah **NORTON**, b. of Guilford, Mar. 7, [1764], [James Sproutt]	2	228
Pierce, s. Noah & Esther, b. July 4, 1745; d. July 29, 1747	2	101
Pierce, s. Noah & Esther, b. Dec. 3, 1748; d. July 29, 1751	2	102
Rachel, w. of Capt. John, d. Dec. 3, 1736	2	151
Rachel, d. Josiah & Mary, b. Jan. 21, 1738/9	2	40
Rachel, m. Ebenezer **FIELD**, 2d, b. of Guilford, Mar. 1, 1756, by Rev. Jonathan Todd	2	68
Richard Owen, m. Nancy Louisa **KENNEDY**, Sept. 17, 1838, by Samuel N. Shephard, at Madison	2	341
Russell, m. Ann **FOWLER**, b. of Guilford, Nov. 5, 1825, by Rev. Zolva Whitmore	2	284
Samuel, m. Elizabeth **BISHOP**, b. of Guilford, June 30, 17[12], by Rev. Thomas Ruggles	2	45
Samuel, s. Sam[ue]l & Elizabeth, b. Mar. 24, 1719/20	2	36
Samuel, Jr., m. Mary **FITCH**, b. of Guilford, Mar. 5, 1747, by Rev. Thomas Ruggles	2	60
Samuel, s. Samuel & Mary, b. Mar. 8, 1749/50	2	84
Samuel, Sr., d. Mar. 18, 1749/50	2	138
Sam[ue]ll, Jr., m. Lutheny **BELL**, b. of Guilford, Nov. 4, 1792, by Rev. Amos Fowler	2	224
Sam[ue]ll, s. Sam[ue]ll & Luthana, b. July 24, 1793	2	237
Samuel, m. Orpah **STONE**, b. of Guilford, May 27, 1819, by Aaron Dutton	2	284
Sarah, m. John **BUSHNILL**, about May middle, 1665, by Mr. William Leete	A	64
Sarah, d. Denis* & Sarah, b. Dec. 17, 1669 *(See under Denis **CRAMPTON**)	A	73
Sarah, m. John **EVERTS**, b. of Guilford, Oct. 23, 1688, by Mr. Leete	A	100
Sarah, d. Josiah & Sarah, b. Jan. 28, 1732/3	2	27
Sarah, m. Thomas **STONE**, b. of Guilford, June 17, 1747, by Rev. Thomas Ruggles	2	60
Sarah, d. Timothy & Abigail, b. Jan. 26, 1750/1	2	90
Sarah, m. Simeon **MUNGER**, b. of Guilford, July 3, 1751, by Rev. Jonathan Todd	2	62
Simeon, 2d, m. Ann **FIELD**, 2d, Oct. 23, 1825, by Jarvas L. Nichols	2	285
Submit, m. [Simeon] **CHITTENDEN**, b. of Guilford, Jan. 26, 1736/7, by Rev. Jonathan Todd	2	56
Theophilus, Jr., m. Elizabeth **WARNER**, b. of Guilford, July 9, 1810, by Rev. John Elliott	2	274

	Vol.	Page
SCRANTON, (cont.)		
Thomas, s. Denis & Sarah, b. Nov. 25, 1672 (Probably **"CRAMPTON"**)	A	75
Thomas, s. Sam[ue]l & Elizabeth, b. May 28, 1715	2	36
[Thomas], m. Mary **PARMELE[E]**, b. of Griswold, Dec. 28, 1736, by Rev. Sam[ue]ll Russell	2	56
Thomas, s. Thomas & Mary, b. Dec. 7, 1737	2	33
Thomas, s. Samuel & Mary, b. Feb. 4, 1760	2	105
Tho[ma]s, 2d, m. Dameris **SEAWARD**, b. of Guilford, June 28, 1784, by Rev. Amos Fowler	2	224
Tho[ma]s, s. Tho[ma]s, 2d, & Damaris, b. Oct. 27, 1786	2	204
Timothy, s. Sam[ue]l & Elizabeth, b. May [ ], 172[2]	2	36
Timothy, m. Abigail **TORREY**, b. of Guilford, Nov. 23, 1748, by Rev. Thomas Ruggles	2	65
Timothy, s. Timothy & Abigail, b. Oct. 6, 1749	2	84
Timothy, s. Timothy, d. June 11, 1752; was drowned	2	140
Timothy, s. Timo[thy] & Abigail, b. Nov. 8, 1752	2	90
Timothy, s. Timothy & Abigail, b. Apr. 1, 1761	2	111
Torry, s. Timothy & Abigail, b. Apr. 6, 1756	2	103
Tory, s. Tory & Rachel, b. July 9, 1787	2	204
SEARS, Willard L., of New Haven, m. Eliza M. **HALL**, of Guilford, Apr. 29, 1838, by Rev. A. .Dutton	2	340
Williard L., of New Haven, m. Jane S. **HALL**, of Guilford, June 9, 1844, by Alvah B. Goldsmith, J. P.	2	350
Willard L., of New Haven, m. Jane S. **HALL**, of Guilford, June 9, 1844, by Alvah B. Goldsmith, J. P.	2	375
SELBY, David M., d. Oct. 9, 1826, ae 87 y.	2	304
Eliza, m. Grove* **HUBBARD**, b. of Guilford, Sept. 27, 1835, by Rev. David Baldwin (*Grave?)	2	346
Sarah M., of North Guilford, m. Nathan S. **CAMP**, of Durham, Oct. 12, 1835, by Rev. Aaron Dutton	2	327
SELLMAN, Hannah, m. John **DOWD**, June 14, 1679, by Capt. John Chester, of Wethersfield	A	77
SELLOW, James H., m. Rosaline C. **PARMELE**, Aug. 28, 1843, by Samuel N. Shephard	2	374
James H., m. Rosaline C. **PARMELE**, Aug. 28, 1843, by Samuel N. Shepard	2	376
SEWARD, SEAWARD, SEWERS, SUARD, Abegall, d. John & Abegall, b. Mar. 25, 1640	A	87
Abigaill, d. John & Abegall, d. Mar. 28, 1680	A	68
Abigell, d. John & Abigell, b. Dec. 11, 1689	A	92
Abigail, d. Dan[ie]l, m. [Thomas] **DUDLEY**, b. of Guilford, June 11, 1733, by Thomas Ruggles	2	52
Achsa, d. Timo[thy] & Rebecca, b. Sept. 15, 1794	2	241
Amanda, d. David & Mabel, b. Sept. 21, 1789	2	237
Amos, s. Thomas & Sarah, b. Mar. 5, 1726	2	17
Amos, s. David & Eliza[bet]h, b. Oct. 1, 1758	2	105
Amos, s. David, d. Oct. 18, 1759	2	143

	Vol.	Page

SEWARD, SEAWARD, SEWERS, SUARD, (cont.)

	Vol.	Page
Amos, s. Timo[thy] & Rebecca, b. Nov. 13, 1786	2	204
Amos, m. Sarah **HUBBARD**, b. of Guilford, July 10, 1814, by Aaron Dutton	2	274
Ann, m. Zachariah **FIELD**, b. of Guilford, Dec. 27, 1738, by Rev. Thomas Ruggles	2	57
[Anne], d. Daniel & Mehitabell(?), b. [Oct. 6, 1716]	2	7
Anne, d. Daniel & Mehitabel, b. Oct. 6, 1716	2	35
Asenath, d. Daniel & Mehitabell, b. Dec. 20, 1731	2	25
Asenath, m. Ezekiel **MEIGS**, b. of Guilford, Dec. 31, 1753, by Rev. John Richards	2	72
Asher, twin with Hezekiah, s. Daniel & Mehitabel, b. Feb. 14, 1726/7	2	20
Betsey, d. David & Mabel, b. Feb. 13, 1788	2	237
Caleb, s. Will[ia]m & Grace, b. Mar. 14, 1661/2	A	63
Calib, m. Lidiah **BUSHNILL**, July 14, 1686, by Mr. Andrew Leet	A	79
Caleb, s. Caleb & Lidiah, b. Jan. 12, 1691	A	192
Catherine, d. Thomas & Sarah, b. Dec. 28, 1727	2	18
C[h]loe, d. Ebenezer & Sarah, b. Nov. 22, 1731	2	37
Clarrissa, d. David & Mabel, b. Dec. 27, 1791	2	237
Clarrissa C., m. Horace D. **PARMELE[E]**, Oct. 20, 1842, by Rev. A. Dutton	2	343
Clarrissa C., m. Horace D. **PARMELE[E]**, Oct. 20, 1842, by Rev. A. Dutton	2	364
Damaris, w. of Dea. W[illia]m, d. Mar. 11, 1740/1	2	147
Damaris, d. David & Elizabeth, b. Aug. 30, 1761	2	114
Dameris, m. Tho[ma]s **SCRANTON**, 2d, b. of Guilford, June 28, 1784, by Rev. Amos Fowler	2	224
Daniell, s. Calib & Lidiah, b. Oct. 10, 1687	A	90
Daniell, s. Caleb & Lidiah, d. Apr. 28, 1688	A	69
Daniell, s. John & Abigell, b. Apr. 8, 1692	A	192
[Daniel], s. Daniel [& Mehetable, b. July 20, 1719]	2	7
Daniel, s. Daniel & Mehitabel, b. July 20, 1719	2	35
Daniel, Jr., of Guilford, m. Martha **SEAWARD**, of Durham, Oct. 25, 1749, by Rev. Nathaniel Chauncey	2	61
David, Ens., of Guilford, m. Mrs. Elizabeth **BUSHRICK**, of Saybrook, May, 2, 1744, by Rev. Will[ia]m Hart	2	59
David, s. David & Eliza[be]th, b. Oct. 9, 1748	2	95
David, Jr., m. Mabel **FIELD**, b. of Guilford, Dec. 14, 1780, by Rev. Richard Ely	2	224
David, d. Jan. 28, 1801, in the 87th y. of his age	2	163
Deborah, d. John & Abygell, b. Oct. 5, 1694	A	98
Ebenezer, s. William & Grace, b. Dec. 13, 1672	A	75
Ebenezer, of Guilford, m. Sarah **WELLS**, of Durham, Oct. 19, 1730, by Rev. Nath[anie]l Cha[u]ncey, in Durham	2	52
Ebenezer, of Guilford, m. Dorothy **ROSE**, of Killingworth, Nov. 22, 1732, by James Wadsworth	2	52

GUILFORD VITAL RECORDS 275

	Vol.	Page
SEWARD, SEAWARD, SEWERS, SUARD, (cont.)		
Edward, planter 1669-70	A	121
Edwin Dickinson, s. Martin & Susanna, b. Oct. 8, 1815	2	243
Eliza, d. Jason & Amelia, b. Sept. 25, 1808	2	242
Eliza, of Guilford, m. Walter P. **MUNGER**, of Madison, Nov. 13, 1828, by Rev. Aaron Dutton	2	306
Elizabeth, d. Noadiah & Hannah, b. Nov. 22, 172[4]	2	16
Elizabeth, d. David & Eliza[be]th, b. June 23, 1745	2	95
Elizabeth, m. Eleazer **EVARTS**, Jr., b. of Guilford, Dec. 21, 1780, by Rev. Amos Fowler	2	174
Ellen A., of Guilford, m. John B. **PINNEY**, of Windsor, Sept. 13, 1836, by Rev. Aaron Dutton	2	342
Ellen Agnes, d. Amos & Sarah, b. Mar. 13, 1816	2	243
Han[n]ah, d. William & Grace, b. Feb. 8, 1669	A	73
Hannah, w. of Noadiah, d. Jan. 10, [1727, ae 26]	2	3
Harriet L., m. Walter D. **BENTON**, b. of Guilford, Apr. 24, 1844, by Rev. Aaron Dutton	2	376
Harvey, s. David & Mabel, b. Apr. 28, 1784	2	237
Harvey, s. David & Mabel, d. Sept. 29, 1786	2	163
Hezekiah, s. John & Abigell, b. Sept. 11, 1687	A	92
Hezekiah, twin with Asher, s. Daniel & Mehitabel, b. Feb. 14, 1726/7	2	20
Hezekiah, s. Dan[ie]ll, d. Dec. 25, 1751	2	139
Jason, s. Timo[thy] & Rebecca, b. Oct. 26, 1784	2	204
Jason, of Guilford, m. Amelia **JUDSON**, of Killingsworth, Oct. 25, 1804, by Rev. Israel Brainard	2	274
Jason, s. Jason & Amelia, b. June 4, 1806	2	242
Jedediah, d. John & Abigell, b. Oct. 25, 1696	A	98
Jedediah, d. Oct. 8, 1774, ae 78 y.	2	163
John, s. Will[ia]m & Grace, b. Feb. 14, [16]53	A	122
John, m. Abiga[i]ll **BUSHNELL**, June 25, 1679, by Capt. Robbard Chapman	A	78
John, s. John & Abegall, b. Aug. 31, 1682	A	87
John, s. David & Eliza[be]th, b. June 30, 1753	2	95
John, s. David & Eliza[bet]h, b. June 30, 1753	2	105
John, s. David, d. Oct. 10, 1759	2	143
Joseph, m. Judath **BUSHNILL**, Feb. 7, 1681, by Robert Chapman	A	79
Joseph, s. Joseph & Judeth, b. Nov. beginning, 1682; d. same month latter end, 1682	A	90
Joseph, s. Joseph & Judeth, b. Oct. 17, 1687	A	92
Judeth, d. Joseph & Judeth, b. Feb. 17, 1683	A	90
Judeth, of Durham, m. Ithamar **HALL**, of Guilford, Nov. 3, [1714], by Rev. Nathaniel Chambey, at Durham	2	43
Julia Ann, d. Jason & Amelia, b. May 6, 1813	2	243
Julia Ann, m. Amos **GRISWOLD**, 2d, b. of Guilford, Apr. 8, 1830, by Rev. Aaron Dutton	2	279
Lidiah, d. Calib & Lidiah, b. May 22, 1689	A	92

	Vol.	Page
SEWARD, SEAWARD, SEWERS, SUARD, (cont.)		
Mabel, d. David & Mabel, b. Jan. 11, 1782	2	237
Mabel, of Guilford, m. Heli **HOADLEY**, of Branford, Aug. 28, 1799, by Rev. John Eliott	2	254
Martha, of Durham, m. Daniel **SEAWARD**, Jr., of Guilford, Oct. 25, 1749, by Rev. Nathaniel Chauncey	2	61
Martin, s. Timo[thy] & Rebecca, b. Sept. 15, 1788	2	204
Martin N., m. Mary E. **HULL**, Mar. 15, 1843, by Rev. Aaron Dutton	2	374
Martin Nelson, s. Martin & Susanna, b. July 14, 1818	2	243
Mary, m. John **SCRANTON**, Mar. 12, 1673, by William Leete	A	77
Mary, d. Joseph & Judeth, b. May [ ], 1686; d. July [ ], 1686	A	90
Mary, d. Joseph & Judeth, b. Aug. 5, 1690	A	92
Mary H., of Guilford, m. Frederick A. **DRAKE**, of Windsor, Sept. 18, 1838, by Rev. Aaron Dutton	2	333
Mehetable, wid., d. Aug. 14, 1776	2	163
Nancie M., of Guilford, m. C. W. **SLAGLE**, of Iowa, July 26, 1849, by Rev. E. Edwin Hall	2	392
Nelson, s. Jason & Amelia, b. Sept. 22, 1810; d. Dec. 6, 1810	2	242
Patiens, d. Joseph & Judeth, b. Apr. 18, 1694	A	95
Pheby(?)*, d. Thomas & Sarah, b. Feb. 3, [1724] *(Arnold Copy has "Rhoby")	2	13
Prudence, d. Dan[ie]l & Martha, b. Oct. 4, 1753	2	95
Rachel S., m. Ralph D. **SMITH**, b. of Guilford, Oct. 13, 1837, by Rev. Aaron Dutton	2	340
Rebeckah, d. Daniel & Mehittabell, b. Feb. 23, 1722/3	2	13
Rebeckah, m. Benjamin **JOHNSON**, b. of Guilford, Nov. 28, 1750, by Rev. Thomas Ruggles	2	61
Rhoby*, d. Thomas & Sarah, b. Feb. 3, [1724] *(Perhaps "Pheby"?)	2	13
Samuell, s. Will[ia]m & Grace, b. Aug. 20, 1659	A	62
Sammuel, s. William & Grace, b. Feb. 8, 1666	A	65
Samuell, d. Apr. 8, 1689, ae about 22 y.	A	70
Samuell, s. Joseph & Judeth, b. Aug. 5, 1690	A	92
Samuel L., m. Sarah **BARTLET[T]**, b. of Guilford, Dec. 11, 1822, by Rev. Aaron Dutton	2	285
Samuel Lee, s. Timo[th]y & Rebeckah, b. Mar. 3, 1800	2	241
Sarah, w. of Ebenezer, d. Dec. 22, 1731	2	149
Sarah E., of Guilford, m. Hezekiah L. **HOSMER**, of Monroe, Mich., Oct. 13, 1837, by Rev. Aaron Dutton	2	347
Sarah Elizabeth, d. Amos & Sarah, b. Jan. 29, 1815	2	243
Steven, s. William & Grace, b. Aug. 6, 1664	A	65
Sylvanus, s. Noadiah & Hannah, b. Aug. 30, 1726	2	17
Silvanus, s. Noadiah , d. Jan. 5, [1727, ae 6 m.]	2	3
Timothy, s. David & Eliza[bet]h, b. Apr. 16, 1756	2	105
Timo[thy], m. Rebecca **LEE**, b. of Guilford, Dec. 3, 1783, by Rev. Amos Fowler	2	184

GUILFORD VITAL RECORDS 277

	Vol.	Page
SEWARD, SEAWARD, SEWERS, SUARD, (cont.)		
Timo[thy], s. Timo[thy] & Rebecca, b. Apr. 11, 1792	2	237
Timothy, d. Apr. 3, 1849, ae 93 y.	2	304
William, of New Haven, m. Grace **NORTON**, of Guilford, Apr. 2, 1651, by William Leete	A	123
William, s. John & Abigell, b. Mar. 25, 1683/4	A	92
William, d. Mar. 2, 1688/9, ae about 62	A	70
-----, child of David & Mabel, b. Feb. 18, 1787; d. Feb. 19, 1787	2	237
SHAILER, SHALER, Marah, of Saybrook, m. John **HILL**, of East Guilford, Dec. 7, 1721, by Daniel Taylor, J. P.	2	46
Mary, of Saybrook, m. [ ] **HILL**, of East Guilford, Dec. 7, 1721, by Daniel Taylor, J. P.	2	2
Simon W., of Saybrook, m. Mary E. **KIRKUM**, of Guilford, Nov. 30, 1848, by Rev. Simon Shailer, of Haddam	2	392
SHEADER, [see under **SHEATHER**]		
SHEARMAN, Mary, of Newport, m. Abraham **KIMBERLEY**, of Guilford, Mar. 7, 1730, by Rev. James Honeyman	2	55
SHEATHER, SHEATHEE, SHEADER, SHEDER, SHETER,		
Elizabeth, d. John & Susanna, b. Jan. 8, 1660	A	63
John, s. John & Susan, b. Aug. 15, 1651	A	124
John, planter 1669-70	A	121
John, bd. June 1, 1670	A	67
Mary, d. John & Susan, b. 1st m. 14, 1654	A	60
Mary, m. John **FRENCH**, July last day, 1678, by Andrew Leete	A	78
Mary, see under Mary **SHAILER**		
Samuell, s. John & Susan, b. 11th m. 3d da., 1657	A	60
SHELDON, Jerusha, of Northampton, m. Richard **ELY**, of Guilford, Nov. 23, 1757, by Rev. John Hooker	2	71
SHELLEY, Amanda, twin with Mansfield, d. Reuben & Tabitha, b. Nov. 24, 1797	2	241
Anna, m. Amos **DUDLEY**, Jr., b. of Guilford, Apr. 18, 1789, by Rev. John Elliot	2	173
Anne, d. Timo[thy] & Ame, b. Feb. 29, 1763	2	193
Anne, d. John & Elizabeth, b. Aug. 2, 1769	2	193
Asa, s. Shubael & Abigail, b. May 20, 1769	2	134
Betsey, of Guilford, m. Harvey **JOHNSON**, of New Haven, Dec. 2, 1822, by Rev. David Baldwin	2	178
B[e]ulah, d. Robert & Sarah, b. Oct. 27, 1754	2	96
B[e]ula[h], d. Robert, d. Aug. 26, 1756, ae 1 y. 10 m.	2	142
Charles Redfield, s. Joy & Margaret, b. Feb. 1, 1823	2	244
C[h]loe, d. Ebenezer & Comfort, b. Mar. 24, 173[2]	2	27
C[h]loe, m. John **JOHNSON**, b. of Guilford, Oct. 9, 1750, by Rev. James Sprout	2	61
C[h]loe, m. John **JOHNSON**, b. of Guilford, Oct. 9, 1750, by [James Sproutt]	2	215
Clarrissa, of Guilford, m. Zephaniah **BUELL**, of Killingworth,		

278   BARBOUR COLLECTION

	Vol.	Page
SHELLEY, (cont.)		
Oct. 17, 1804, by Rev. Israel Brainard	2	281
Comfort, w. of Eben[eze]r, d. Sept. 26, 1749	2	148
Cinthia, d. Phin[ea]s & Hannah, b. Jan. 15, 1803 (Cynthia)	2	242
Cynthia, of Guilford, m. Gurnsey **CAMP**, of Durham, Oct. 20, 1822, by Rev. Aaron Dutton	2	269
Ebenezer, m. Comfort **EVEREST**, b. of Guilford, Aug. 5, 1730, by Rev. Thomas Ruggles	2	49
Ebenezer, of Guilford, m. Esther **HILL**, wid., late of Wallingford, now of Guilford, May 8, 1745, by Rev. James Sprout	2	59
Ebenezer, m. Est[h]er **HILL**, b. of Guilford, May 9, 1745, by [James Sproutt]	2	213
Ebenezer, s. Ebenezer & Esther, b. Apr. 18, 1746	2	79
Ebenezer, of Stratford, m. Sarah **PEIRSON**, of Guilford, May 20, [1766], by [James Sproutt]	2	229
Edmund, s. Timo[thy] & Ame, b. Oct. 28, 1762	2	193
Elizabeth, d. John & Elizabeth, b. Dec. 7, 1771; d. Oct. 19, 1772	2	193
Elizabeth, d. John & Elizabeth, b. Oct. 7, 1773	2	193
Esther, d. Shubael & Abigail, b. July 3, 1770	2	134
Esther, m. Thomas **WALLSTONE**, b. of Guilford, Sept. 4, 1797, by Rev. Amos Fowler	2	185
Eveline, d. Phin[ea]s & Hannah, b. Nov. 3, 1806	2	242
George, s. Salmon & Chloe, b. June 17, 1817	2	243
George Augustus, s. Harry & Roxanna, b. Jan. 6, 1823	2	244
George J., of Macon Ga., m. Susanna **LOPER**, of Guilford, [Sept.] 22, [1844], by Rev. Lorenzo T. Bennett	2	375
Grace Ames, d. Joy & Margaret, b. Nov. 14, 1825	2	244
Harvey, s. Reuben & Tabitha, b. Nov. 25, 1788	2	204
Henry Edwin, s. Harry & Roxanna, b. Apr. 4, 1819	2	244
Hervey C., of Guilford, m. Lois **DOWD**, of Madison, Oct. 23, 1834, by Rev. Lorenzo T. Bennett	2	340
Huldah, d. Phin[ea]s & Hannah, b. Jan. 9, 1805	2	242
Huldah, m. David **TIBBALLS**, July 3, 1826, by Rev. David Baldwin	2	283
Jenette, d. Harry & Roxanna, b. July 6, 1827	2	244
Jerusha, d. Shubael & Abigail, b. Aug. 1, 1765	2	114
Joel, s. Timo[thy] & Ame, b. Mar. 23, 1768	2	193
Joel, 2d, m. Charlotte **GRIFFING**, b. of Guilford, Apr. 25, 1825, by Rev. Aaron Dutton	2	285
John, m. Jerusha **LEETE**, b. of Guilford, [Jan. 16, 1731], by Rev. Thomas Ruggles	2	51
John, m. Elizabeth **STONE**, b. of Guilford, Nov. 30, 1768, by Rev. Jonath[a]n Todd	2	184
John, s. Phin[ea]s & Hannah, b. Mar. 11, 1801	2	242
John Dickinson, s. Joy & Margaret, b. Mar. 10, 1831	2	244
Joy, m. Margaret **REDFIELD**, b. of Guilford, Oct. 3, 1816, by		

GUILFORD VITAL RECORDS 279

	Vol.	Page
SHELLEY, (cont.)		
Rev. Charles Atwater	2	274
Julius, m. Eliza Maria **BRADLEY**, b. of Guilford, Sept. 10, 1820, by Rev. John Elliott	2	274
Justin Alonzo, s. Joy & Margaret, b. Apr. 15, 1818	2	243
Lewis Edwin, s. Joy & Margaret, b. Oct. 10, 1820	2	244
Lucy, d. Shubael & Abigail, b. Aug. 12, 1771	2	134
Mansfield, twin with Amanda, s. Reuben & Tabitha, b. Nov. 24, 1797	2	241
Mariet, d. Medad & Abigail, b. Feb. 27, 1791	2	237
Mary, d. John & Jerusha, b. Dec. 21, 1734	2	29
Mary, m. Eber **HALL**, b. of Guilford, Oct. 22, 1761, by Rev. Thomas Ruggles	2	164
Mary, d. Shubael & Abigail, b. Apr. 18, 1768	2	134
Medad, s. Reuben & Submit, b. Apr. 2, 1759	2	107
Medad, of Guilford, m. Abigail **WAKELEY**, of Durham, Jan. 22, 1789, by Rev. Elizur Goodrich	2	224
Peggy, d. Phin[ea]s & Hannah, b. Aug. 15, 1809	2	242
Phebe Ann, d. Harry & Roxanna, b. Apr. 15, 1821	2	244
Phinehas, s. Robert & Sarah, b. June 29, 174[8]	2	85
Phinehas, s. Shubael & Abigail, b. Mar. 11, 1773	2	134
[Reuben], s. Shubael & Mary, b. July 30, 17[20]	2	11
Reuben, m. Submit **JOHNSON**, b. of Guilford, Mar. 24, 1752, by Rev. Thomas Ruggles	2	62
Reuben, s. Reuben & Submit, b. Dec. 30, 1752	2	93
Reuben, Jr., m. Tibitha **SAXTON**, b. of Guilford, Mar. 5, 1785, by Rev. Amos Fowler	2	224
Reuben, d. Sept. 15, 1794, in the 75th y. of his age	2	163
Russell, s. Harry & Roxanna, b. Feb. 8, 1825	2	244
Ruth, m. William Truxton **STONE**, b. of Guilford, June 24, 1828, by Rev. Aaron Dutton	2	285
Salmon, s. Shubael & Abigail, b. May 31, 1774	2	193
Samuel, s. Samuel & Sarah, b. July 25, 1742	2	76
Sarah, d. Robert & Sarah, b. July 23, 1738	2	85
Sarah, wid., had s. Timothy, b. Oct. 3, 1747	2	98
Sarah, m. Thelus **WARD**, b. of Guilford, Mar. 6, 1776, by Rev. Amos Fowler	2	185
Seymour, s. Salmon & Chloe, b. June 29, 1808	2	242
Sherman, s. Reuben & Tabitha, b. June 18, 1785	2	204
Shubael, of Guilford, m. Abigail **ROYCE**, of Wallingford, Jan. 31, 1764, by Rev. Richard Ely	2	165
Shubel, s. Shubael & Abigail, b. Aug. 26, 1766; d. Nov. 13, 1766	2	134
Thomas, s. John & Elizabeth, b. Mar. 21, 1777	2	193
Timothy, s. Wid. Sarah, b. Oct. 3, 1747	2	98
Timothy, m. Amey **BRISTOL**, b. of Guilford, Oct. 27, [1761], by [James Sproutt]	2	228
Timothy, m. Ame **BRISTOL**, b. of Guilford, Oct. 28, 1761, by		

	Vol.	Page
SHELLEY, (cont.)		
Rev. James Sprout	2	184
Urwin, s. Salmon & Chloe, b. June 5, 1811	2	242
Zeruiah, d. Ebenezer & Comfort, b. Mar. 23, 1735/6	2	32
Zillah, d. Samuel & Sarah, b. Oct. 25, 1739	2	76
SHEPHERD, Jared, m. Mary Ann **AVERALL**, b. of Branford, Sept. 4, 1837, by Rev. David Baldwin	2	283
SHIPMAN, Esther, of Saybrook, m. Timothy **BRADLEY**, of Guilford, Mar. 6, 1765, by Rev. W[illia]m Hart	2	171
Rebeccah, of Killingworth, m. Ebenezer **PARMELE[E]**, Jr., of Guilford, Feb. 17, 1763, by Benjamin Gate, J. P., in Killingworth	2	164
Sarah S., m. William **MILLER**, Dec. 28, 1836, by Rev. David Baldwin	2	307
SIMMONS, Tillinghast, of Paris N. Y., m. Amanda **ELLIOTT**, of Guilford, June 7, 1821, by Aaron Dutton	2	284
SKINNER, Sally b., of Haddam, m. Calvin H. **BEERS**, of Guilford, Nov. 15, 1842, by Rev. Zolva Whitmore	2	376
SLAGLE, C. W. of Iowa, m. Nancie M. **SEWARD**, of Guilford, July 26, 1849, by Rev. E. Edwin Hall	2	392
SLED, Abigail, of Middletown, m. John **DUDLEY**, of East Guilford, Oct. 9, 1738, by Rev. William Russell	2	53
Esther, d. Jan. 20, 1767	2	145
SMITH, Anna, d. Thomas & Anna, b. Mar. 15, 1661	A	63
Anna, d. Sam[ue]ll & Elizabeth, b. Aug. 21, 1788	2	204
Austin, s. Jeffrey & Dolly, b. Feb. 9, 1794	2	237
Catharine, d. Ezra & Martha, b. July 14, 1822	2	244
Daniel Hubbard, s. Jeffrey & Dolly, b. Mar. 23, 1787	2	237
David, m. Ruth **WALLSTONE**, b. of Guilford, July 17, 1751, by Rev. Thomas Ruggles	2	62
Deliverance, wid., d. Oct. 13, 1769	2	146
Desire, m. Silas **FOWLER**, b. of Guilford, Oct. 5, 1770	2	175
Elizabeth, of New Haven, m. John **HALL**, of Guilford, Nov. 13, 1669, by Mr. Guilbert	A	67
Elizabeth, w. W[illia]m, d. Oct. 28, 1736	2	150
Esther, d. Jeffrey & Dolly, b. Oct. 16, 1790	2	237
Ezra, s. Jeffrey & Dolly, b. Dec. 16, 1788	2	237
Ezra Stuart, s. Ezra & Martha, b. Sept. 3, 1819	2	244
Henry Francis, s. Tabor & Myra, b. Oct. 28, 1820	2	244
James B., m. Melinda **NORTON**, June 8, 1831, by Rev. D. Baldwin	2	323
Jane, of Killingworth, m. John **MALTBY**, of Wallingford, Apr. 30, [1761, by [James Sproutt]	2	228
[John], of New York, m. Mrs. Mehitable **HOOKER**, of [G]uilford, May 6, 1724	2	46
John, s. John & Mehetabel, b. Aug. 12, 1724	2	17
John, m. Elizabeth **LEETE**, b. of Guilford, Jan. [ ], 1772, by [James Sproutt]	2	246

GUILFORD VITAL RECORDS 281

	Vol.	Page
SMITH, (cont.)		
Jonathan, s. Jeffrey & Dolly, b. Jan. 4, 1785	2	237
Mary, d. Tabor & Myra, b. June 22, 1817	2	243
Mary Roxanna, d. Ezra & Martha, b. July 6, 1814	2	244
Mary Seaward, d. Ralph D. & Rachel S., b. May 6, 1841; d. Apr. 27, 1844	2	350
Matthias, s. Benjamin & Anna, b. Jan. 3, 1751	2	99
Nathaniel, of Roxbury, m. Marilla S. **BENTON**, of Guilford, Feb. 26, 1840, by Rev. Zolva Whitmore	2	341
Polly, d. Sam[ue]ll & Elizabeth, b. Mar. 28, 1791	2	204
Ralph D., m. Rachel S. **SEWARD**, b. of Guilford, Oct. 13, 1837, by Rev. Aaron Dutton	2	340
Richard Edwards, s. Ralph D. & Rachel S., b. Sept. 2, 1846	2	350
Rosalind, d. Ezra & Martha, b. May 28, 1816	2	244
Sarah Spencer, d. Ralph D. & Rachel S., b. Nov. 11, 1838	2	350
Sibe, of Killingworth, m. Daniel **HAND**, of Guilford, Oct. 28, 1759	2	177
Tabor, m. Myra **HOADLEY**, b. of Guilford, Oct. 12, 1815, by Rev. David Baldwin	2	274
Thomas, of Smithbury, N. Y., m. Hannah **HOOKER**, of Guilford, Apr. 11, 1726, by Rev. Thomas Ruggles	2	47
Tho[ma]s, s. Sam[ue]ll & Elizabeth, b. Dec. 15, 1785	2	204
Thomas D., of Brooklyn, L. I., m. Georgianna **PECK**, of New York, May 14, 1849, by Rev. L. T. Bennett	2	392
Walter Herbert, s. Ralph D. & Rachel S., b. May 11, 1843	2	350
William, m. Elizabeth **HOBARD**, wid., Nov. 19, 1722, by Nathaniel Harrison, J. P., in Branford	2	46
William, d. Aug. 4, 1737	2	147
William, d. Aug. 4, 1737	2	149
SMITHSON, Ann, of Durham, m. Oliver **COLLINS**, of Guilford, June 11, 1752, by Rev. John Richards	2	66
Dorothy, Mrs., of Guilford, m. Samuell **RUSSELL**, of Lime, Nov. 10, 1718, by Rev. Thomas Ruggles	2	44
Samuel, d. Sept. 15, 1718	2	2
SNOW, David, of Killingworth, m. Jemima M. **DOANE**, of Saybrook, Sept. 21, 1830, by Rev. Aaron Dutton	2	322
Ruth, of East Haddam, m. Abia **BISHOP**, of Guilford, Jan. 2, 1753, by Rev. Joseph Fowler	2	66
SOPER, Elizabeth, m. William **LANDON**, b. of Guilford, June 6, 1802, by Rev. Thomas W. Bray	2	256
SPENCER, Abigail E., m. Samuel E. **STARR**, b. of Guilford, May 27, 1838, by Rev. Edward J. Durken	2	340
Abigail English, d. William & Ruth, b. May 29, 1814	2	243
Alanson, s. Christopher & Mary, b. Mar. 28, 1787	2	241
Anna, of Saybrook, m. Michael **HILL**, of Guilford, Dec. 15, 1730, by Rev. William Worthington	2	49
Artemissa, d. Mark & Merab, b. Feb. 7, 1769	2	193
Asenath, of Haddam, m. Elizur **DUDLEY**, of Guilford, Sept.		

	Vol.	Page

SPENCER, (cont.)

	Vol.	Page
29, 1801, by Rev. Mr. Day	2	258
Augustus, s. Obediah & Mindwlll, b. July 2, 1771; d. Oct. 17, 1772	2	134
Augustus, s. Obadiah & Mindwell, b. Sept. 3, 1779	2	241
Bela, s. Obadiah & Mindwell, b. July 21, 1789	2	241
Caroline Bricknall, twin with Emeline Butler, d. Isaac S. & Charlotte, b. Sept. 17, 1838	2	351
Charles Christopher, s. Alanson & Ann, b. Dec. [ ], 1814, in New York	2	243
Christopher, s. Stephen & Obedience, b. Mar. 6, 1747/8	2	106
Christopher, m. Olive **STOW**, b. of Guilford, May 8, [1768], by [James Sproutt]	2	246
Christopher, s. Christopher & Olive, b. Feb. 6, 1774	2	134
Christopher, m. Temperance **TUTTLE**, b. of Guilford, Dec. 9, 1821, by Rev. Oliver Wilson, of North Haven	2	284
Christopher, s. Isaac S. & Charlotte, b. Oct. 11, 1831	2	351
Clarrissa, d. Obadiah & Mindwell, b. July 15, 1777	2	241
Daniel, s. Sam[ue]l & Eliza[bet]h, b. Mar. 12, 1814	2	244
Diodate J., of Clinton, m. Leah C. **ROSSITTER**, of North Guilford, Feb. 27, 1849, by Rev. Lorenzo T. Bennett	2	392
Eliza, d. Sam[ue]l & Eliza[bet]h, b. Mar. 23, 1812	2	244
Eliza, m. George A. **FOOTE**, May 24, 1829, by Rev. David Baldwin	2	316
Eliza Jane, d. Samuel C. & Wealthy Jane, b. Mar. 11, 1834	2	350
Elizabeth, d. John & Betsey, b. Feb. 3, 1816	2	243
Elizabeth, d. Isaac Stow & Charlotte, b. Aug. 10, 1830	2	351
Emeline Butler, twin with Caroline Bricknall, d. Isaac S. & Charlotte, b. Sept. 17, 1838	2	351
[E]unice, d. Christopher & Olive, b. Mar. 4, 1770	2	134
George Bricknell, s. Isaac S. & Charlotte, b. June 28, 1841	2	351
George Leman, s. Mark & Huldah, b. Dec. 5, 1801	2	241
Hannah, d. Stephen & Obedience, b. Sept. 25, 1728	2	21
Hannah, d. Stephen, d. Oct. [ ], 1736	2	150
Hannah, m. Darius **COLLENS**, b. of Guilford, Aug. 4, [1762], by [James Sproutt]	2	228
Hannah, d. Mark & Merab, b. Aug. 5, 1772	2	193
Hannah, d. Will[ia]m & Ruth, b. Mar. 3, 1801	2	241
Hannah, d. W[illia]m & Ruth, d. Mar. 9, 1818, ae 17 y.	2	163
Hannah Ann, d. W[illia]m & Ruth, b. Apr. 18, 1821	2	244
Harry, s. Obadiah & Mindwell, b. Feb. 3, 1784	2	241
Henry R., s. Sam[ue]l & Eliza[bet]h, b. Sept. 22, 1820	2	244
Henry R., m. Sarah A. **ELLIOTT**, b. of Guilford, Dec. 31, 1843, by Rev. Lorenzo T. Bennett	2	374
Hervey, s. Christopher & Mary, b. Feb. 6, 1793; d. Sept. 7, 1793	2	241
Hervey, s. Christopher & Mary, b. Apr. 6, 1795	2	241
Isaac Stow, s. Sam[ue]ll & Eliza[bet]h, b. Apr. 17, 1804	2	242

GUILFORD VITAL RECORDS 283

	Vol.	Page
SPENCER, (cont.)		
James, s. Sam[ue]l & Eliza[bet]h, b. Dec. 5, 1808	2	244
James, m. Emeline **BUTLER**, b. of Guilford, Mar. 29, 1830, by Rev. A. B. Goldsmith	2	322
James Edwin, s. Isaac S. & Charlotte, b. Sept. 20, 1836	2	351
Jasper Griffing, s. Obadiah & Mindwell, b. Oct. 21, 1781	2	241
John, s. Obadiah & Mindwell, b. July 3, 1786	2	241
John, s. Mark & Huldah, b. Nov. 15, 1789	2	237
John, m. Betsey **BASSETT**, b. of Guilford, July 3, 1811, by Rev. David Baldwin	2	274
John Stow, s. Isaac S. & Charlotte, b. Apr. 6, 1844	2	351
Joseph, s. Mark & Marib*, b. June 4, 1758 (*Merah?)	2	112
Joseph, s. Mark & Merah, d. May 13, 1768, ae 10 y.	2	163
Julia Ann, d. Will[ia]m & Ruth, b. Nov. 21, 1802	2	241
Julia Ann, d. W[illia]m & Ruth, d. Aug. 9, 1821, ae 18 y.	2	163
Lucy, of Middletown, m. Joseph **CRUTTENDEN**, of Guilford, Nov. [ ], 17[30], by Rev. William Russell, in Middletown	2	51
Luke, s. Mark & Merib*, b. July 22, 1763 (*Merah?)	2	112
Luke, s. Mark & Merah, d. Mar. 30, 1776, in his 13th y.	2	163
Luther Collens, s. Mark & Huldah, b. Jan. 29, 1795	2	241
Mariah, d. Mark & Huldah, b. Mar. 23, 1792	2	237
Mark, s. Stephen & Obedience, b. Apr. 17, 1738	2	34
Mark, m. Merib **STONE**, b. of Guilford, Feb. 10, 1758, by Rev. James Sproutt	2	166
Mark, m. Merib **STONE**, b. of Guilford, Feb. 10, [1758], by [James Sproutt]	2	219
Mark, s. Mark & Huldah, b. July 5, 1787	2	237
Mark, s. Mark & Huldah, b. Mar. 23, 1797	2	241
Mehitabele, of Hartford, m. Samuel **BISHOP**, Jr., of Guilford, Aug. [10, 1726], by Joseph Talcot[t], J. P., in Hartford	2	3
Mehitabel, of Hartford, m. Samuel **BISHOP**, Jr., of Guilford, Aug. 10, 1726, by Joseph Talcot[t], Gov.	2	47
Mindwell, d. Obed[ia]h & Mindwell, b. Aug. 7, 1769	2	134
Mindwell, m. Joseph **ELIOT**, b. of Guilford, June 22, 1788, by Rev. Beriah Hotchkin	2	174
Mindwell, m. Joseph **ELIOT**, b. of Guilford, June 22, [1788], by [James Sproutt]	2	287
Mindwell, wid., d. Dec. 23, 1811, in the 62nd y. of her age	2	163
Nancy, d. Christopher & Olive, b. Sept. 26, 1768; d. Sept. 25, 1769	2	134
Nancy, d. Christopher & Olive, b. Mar. 31, 1772	2	134
Nancy, d. Sam[ue]l & Eliza[bet]h, b. Dec. 21, 1815	2	244
Nancy, m. Jonathan **KILBURN**, b. of Clinton, Oct. 2, 1839, by Ralph D. Smith, J. P.	2	291
Nancy, m. Urial Nelson **PARMELE[E]**, June 28, 1840, by Rev. David Baldwin	2	343
Obediah, s. Stephen & Obedience, b. June 12, 1733	2	27

	Vol.	Page

SPENCER, (cont.)

	Vol.	Page
Obadiah, s. Stephen, d. Oct. 25, 1736	2	150
Obediah, s. Stephen & Obedience, b. Oct. 16, 1745	2	106
Obadiah, m. Mindwell **GRIFFING**, b. of Guilford, Oct. 6, [1768], by [James Sproutt]	2	246
Obadiah, m. Mindwell **GRIFFIN**, Oct. 7, 1768, by Rev. James Sproutt	2	184
Obadiah, s. Obad[ia]h & Mindwell, b. May 8, 1775	2	193
Obadiah, d. Feb. 22, 1789, in his 44th y.	2	163
Obedience, d. Stephen & Obedience, b. Sept. 6, 172[2]	2	19
Obedience, m. Joseph **PARMELE[E]**, Jr., b. of Guilford, Nov. 30, 1742, by Rev. Thomas Ruggles	2	62
Obedience, d. Mark & Merib, b. Oct. 7, 1760	2	112
Obedience, d. Mark & Merab, b. Oct. 9, 1782	2	237
Obedience, of Guilford, m. Lemuel **HALL**, of Wallingford, July 26, 1802, by Rev. Israel Brainard	2	254
Olive, d. Sam[ue]l & Eliza[bet]h, b. Feb. 27, 1810	2	244
Olive, m. Samuel C. **JOHNSON**, b. of Guilford, May 31, 1831, by Rev. Aaron Dutton	2	309
Parnel, d. Obediah & Mindwell, b. June 9, 1773	2	134
Parnel, m. Sam[ue]ll **FOWLER**, b. of Guilford, Mar. 5, 1792, by Rev. Amos Fowler	2	238
Richard, s. Peter & Jerusha, b. Aug. 12, 1789	2	242
Ruth, of Guilford, m. Timothy **LUDDLETON**, of New Haven, Oct. 13, [1762], by [James Sproutt]	2	228
Samuel, of Guilford, m. Elizabeth **TUTTLE**, of Southhold, Oct. 5, 1801	2	224
Samuel C., s. Sam[ue]ll & Eliza[bet]h, b. May 1, 1806	2	242
Samuel M., m. Sarah Ann **ROSSETTER**, Mar. 20, 1843, by Rev. David Baldwin	2	374
Stephen, m. Obedience **BRADLEY**, b. of Guilford, Nov. 5, 17[24], by Andrew Ward, J. P.	2	50
Stephen, s. Stephen & Obedience, b. Jan. 22, 1730/1	2	27
Stephen, s. Christopher & Mary, b. Jan. 28, 1785	2	241
Stephen, of New York, m. Sarah A. **CHITTENDEN**, of Guilford, Jan. 11, 1843, by Rev. Zolva Whitmore	2	374
Stephen Alanson, s. Samuel C. & Wealthy Jane, b. July 27, 1832	2	350
Temperance, of Saybrook, m. [ ]* **BLACKLY**, of Guilford, Oct. 5, 1731, by Rev. William Worthington (*David supplied)	2	4
Temperance, of Saybrook, m. David **BLACKLEY**, of Guilford, Oct. 5, [1731], by Rev. William Worthington	2	51
Timothy, m. wid. Rachel **SULLIVNAN**, b. of Guilford, Oct. 27, 1774, by Rev. Rich[ar]d Ely	2	184
Will[ia]m, m. Ruth **COLLENS**, b. of Guilford, Apr. 17, 1800, by Rev. John Elliott	2	224

SPINNING, SPINING, SPINNIGS, Abigail, m. [   ]hn **BISHOP**,

GUILFORD VITAL RECORDS 285

	Vol.	Page
SPINNING, SPINING, SPINNIGS, (cont.)		
Jr., b. of Guilford, July 1, 1719, by Rev. Thomas Ruggles	2	2
Abigail, m. John **BISHOP**, Jr., b. of Guilford, July 1, 1719, by Rev. Thomas Ruggles	2	46
Ann, m. Isaac **HOTCHKISS**, b. of Guilford, Jan. 5, 1783, by Rev. Amos Fowler	2	223
Daniel, s. John & Deborah, b. Mar. 16, 1688	A	91
Daniel, s. Nathaniel & Ann, b. July 19, 1738	2	34
Deborah, w. of John, d. Dec. 14, 1692	A	71
Humphrey, m. Abigail **HUBBARD**, 8m. 14 d., 1657	A	61
John, m. Deborah **BARTLET[T]**, b. of Guilford, Mar. 16, 1687, by Mr. Andrew Leete	A	79
John, of G[u]ilford, m. Rachell **SAVIGG**, of Middletown, Aug. 22, 1694	A	100
John, m. Deborah **CHITTENDEN**, b. of Guilford, Aug. 2, 17[21], by Thomas Ruggles	2	45
[John], s. [John], d. May 28, 1722	2	2
[John], s. John & Deborah, b. June 11, 17[22]	2	14
John, d. June 9, 1746, ae 24 y. wanting 2 ds.	2	137
John, s. Nath[anie]l, Jr. & Thankful, b. Aug. 23, 1753	2	94
Mary, d. Nathaniel, Jr. & Thankful, b. Sept. 12, 1756	2	97
Nath[anie]l, Jr., m. Thankfull **BENTON**, b. of Guilford, Mar. 1, 1753, by Rev. Thomas Ruggles	2	66
Sarah, w. of Nath[anie]ll, d. Nov. [27], 1736	2	150
SPROUT, SPROUTT, Charles, s. James & Sarah, b. July 10, 1758	2	107
Clarissa, d. James, d. Sept. 5, 1759	2	144
Hannah, d. James & Sarah, b. June 25, 1749	2	84
James Samuel, s. James & Sarah, b. Dec. 20, 1750	2	107
James Samuel, s. James, d. Aug. 11, 1751	2	143
Mary(?), d. James, d. Sept. 6, 1756	2	143
Nancy, d. James & Sarah, b. Oct. 1, 1754	2	107
Olive, d. James & Sarah, b. Aug. 25, 1752	2	88
Samuel James, s. James & Sarah, b. Dec. 16, 1747	2	84
Samuel James, s. James, d. July 30, 1751	2	143
Sarah, d. James & Sarah, b. May 23, 1746	2	107
Sarah, d. James, d. Dec. 24, 1746	2	143
Sarah, d. James & Sarah, b. Oct. 21, 1760	2	107
William, s. James & Sarah, b. Oct. 6, 1756	2	107
SQUIRE, Ruth, m. Selah **MURREY**, b. of Guilford, Feb. 26, 1746/7, by Rev. Thomas Ruggles	2	60
STANLEY, Deborah, wid., m. David **BISHOP**, May 17, 172[4], by Rev. Thomas Ruggles	2	48
Lydia Eldredge, d. Will[ia]m W. & Frances, b. July 19, 1813	2	243
STANNARD, Abigail, of Killingworth, m. Joseph **CONKLIN**, of Guilford, , Nov. 24, 1825, by Rev. Samuel N. Shepherd	2	302
Arte, d. Ephraim & Huldah, b. Dec. 27, 1774	2	193
Daniel, of Vermont, m. Hannah **POWERS**, of Guilford, Jan. 11, 1789, by [James Sproutt]	2	299

	Vol.	Page

STANNARD, (cont.)

	Vol.	Page
Elizabeth P., m. James **HILL**, Jan. 18, 1837, by Rev. David Baldwin	2	347
Enoch P., of Saybrook, m. Julia M. **SAXTON**, of Guilford, Oct. 8, 1822, by Rev. Aaron Dutton	2	284
Ephraim, m. Huldah **BLATCHLEY**, b. of Guilford, Sept. 6, 1774, by Rev. Amos Fowler	2	184
Henry, m. Rosannah **McQUILLAN**, b. of Guilford, [Apr.] 15, [1849], by Rev. L. T. Bennett	2	392
Lamira, m. Henry R. **STARR**, b. of Guilford, Apr. 29, 1838, by Rev. A. Dutton	2	340
Lynde H., m. Elizabeth C. **HURD**, b. of Killingworth, Mar. 15, 1832, by Rev. Aaron Dutton	2	323
Sarah, of Saybrook, m. Caleb **MUNGER**, of Guilford, Nov. 5, 1747, by Rev. William Worthington	2	61
William A., m. Mary Ann **NILES**, July 3, 1822, by Rev. John Elliott	2	285

STANTON, [see also **STAUNTON**], Daniel, s. Daniel & Vashti, b.

	Vol.	Page
July 19, 1789	2	237
Elizaabeth, d. Daniel & Vashti, b. Oct. 10, 1786	2	237
Sally, d. Daniel & Vashti, b. May 16, 1784	2	237
Vashti, d. Daniel & Vashti, b. July 20, 1791	2	237

STARR, Amy, m. John **DAVICE**, Jr., b. of Guilford, Oct. 9, 1734,

	Vol.	Page
by Rev. Thomas Ruggles	2	56
Clarre, d. John & Mary, b. Nov. 27, 1779	2	193
Comfort, s. Jon[a]th[an], d. Aug. 25, 1751	2	139
Comfort, s. W[illia]m & Hannah, b. Feb. 7, 1780	2	193
Comfort, of Guilford, m. Sally **PRATT**, of Saybrook, Mar. 6, 1808, by Rev. Fred W. Hotchkiss	2	274
Elezebeth, d. Comfort & Elezebeth, b. Nov. 26, 1695	A	98
Elizabeth, m. Ebenezer **FOWLER**, b. of Guilford, May 1, 1718, by Abraham Fowler	2	45
Elizabeth, d. Sept. 18, 1769	2	146
Elizabeth, d. John & Mary, b. May 21, 1788	2	204
Elizabeth, m. Jedediah **PARKER**, b. of Guilford, May 8, 1836, by Aaron Dutton	2	342
George, s. Will[ia]m & Marcia, b. Aug. 19, 1805	2	242
George, s. Will[ia]m & Marcia, d. Oct. 24, 1805	2	163
Grace, d. John & Mary, b. May 26, 1791	2	204
Hannah, m. Nathaniel **DUDLEY**, b. of Guilford, Nov. 3, 173[5], by Rev. Jonathan Todd	2	56
Hannah, d. William & Hannah, b. Dec. 23, 1767	2	119
Hannah, d. Sept. 11, 1769, in the 2nd y. of her age	2	146
Hannah, d. John & Mary, b. Sept. 30, 1785	2	204
Hannah, d. William J. & Maria, b. Jan. 7, 1801	2	241
Henry Burgis, s. Comfort & Sally, b. July 19, 1816	2	243
Henry R., m. Lamira **STANNARD**, b. of Guilford, Apr. 29, 1838, by Rev. A. Dutton	2	340

GUILFORD VITAL RECORDS 287

	Vol.	Page
STARR, (cont.)		
Jehoshaphet, m. Mrs. Elizabeth **RUGGLES**, b. of Guilford, Nov. 21, 173[4], by Rev. Jonathan Todd	2	55
Jehoshaphat, d. Sept. 19, 1769, in the 60th y. of his age	2	146
John, s. Jehoshaphat & Elizabeth, b. May 11, 174[9]	2	83
John, m. Mary **PARMELE[E]**, b. of Guilford, Nov. 25, 1773, by Rev. Mr. Fowler	2	184
John, s. John & Mary, b. Oct. 29, 1782	2	193
John, Jr., m. Wealthy **COOKE**, b. of Guilford, Dec. [ ], 1821, by Rev. Aaron Dutton	2	284
John Ruggles, s. John & Wealthy, b. Oct. 12, 1822	2	244
Jonathan, d. Sept. 4, 1765	2	145
Mary, d. Jno. & Mary, b. Sept. 21, 1774	2	134
Mary, m. Joel **GRIFFING**, b. of Guilford, Dec. 1, 1811, by Aaron Dutton	2	278
Mary Clarrissa, d. John & Wealthy, b. Oct. 17, 1825	2	244
Minerva, d. John & Mary, b. Jan. 21, 1797	2	241
Minerva, m. Charles E. **FOWLER**, b. of Guilford, June 27, 1821, by Aaron Dutton	2	239
Richard W., m. Sarah R. **BENTON**, b. of Guilford, Apr. 27, 1834, by Rev. Aaron Dutton	2	340
Richard William, s. Comfort & Sally, b. Apr. 30, 1809	2	242
Ruth, d. John & Mary, b. Feb. 20, 1777	2	193
Samuel E., m. Abigail E. **SPENCER**, b. of Guilford, May 27, 1838, by Rev. Edward J. Durken	2	340
Sarah, d. Jehoshaphat & Elizabeth, b. Oct. 1, 174[2]	2	73
Sarah, m. Isaac **CHALKER**, b. of Guilford, Dec. 12, 1770, by A. Fowler	2	172
Sarah, m. John **GRISWOLD**, b. of Guilford, Apr. 22, 1829, by Rev. Aaron Dutton	2	279
Susan Maria, d. Comfort & Sally, b. Oct. 14, 1811	2	242
Timothy, s. Jonathan, d. Sept. 26, 1752, in the 12th y. of his age	2	139
William, s. Jehoshaphat & Elizabeth, b. June 9, 1740	2	42
William, m. Hannah **BURGIS**, b. of Guilford, Apr. [ ], 1767, by Rev. Thomas Ruggles	2	168
William, s. Will[ia]m & Marcia, b. Apr. 9, 1803	2	242
William, Jr., m. Amelia **CHETTENDEN**, b. of Guilford, Jan. 31, 1827, by Aaron Dutton	2	283
William, Jr., m. Amelia **CHITTENDEN**, b. of Guilford, Jan. 31, 1827, by Rev. Aaron Dutton	2	285
William, m. Lucy M. **FRISBIE**, b. of Guilford, Jan. 1, 1843, by Rev. John E. Bray	2	374
STAUNTON, [see also **STANTON**], Abigail Cleveland, d. William & Betsey, b. Feb. 24, 1830	2	244
William, m. Elizabeth **CHITTENDEN**, Sept. 3, 1829, by Rev. David Baldwin	2	322
STEBBINS, John, of Long Island, m. Harriet **HUNT**, of Guilford,		

	Vol.	Page

STEBBINS, (cont.)
 June 28, 1821, by Aaron Dutton — 2, 284

STEELE, James, m. Bethya **BISHOPP**, d. John & Anna, Sr., Oct. 18, 1651 — A, 122

STENT, Newton, m. Jane **GRISWOLD**, Mar. 29, 1839, by Rev. David Baldwin — 2, 341

STEPHENS, [see under **STEVENS**]

STEVENS, STEEVEN, STEEVENS, STEAVENS, STEPHENS,
 Abigail, of Killingworth, m. Isaac **DOUDE**, of Griswold, June 19, 172[5], by Rev. John Hart — 2, 48
 Alexander, m. Hannah **BALL**, Mar. 31, 1830, by Rev. David Baldwin — 2, 322
 Andrew, m. Eliza A. **BALL**, b. of Guilford, May 19, 1839, by Rev. A. B. Goldsmith — 2, 341
 Ansel, of Madison, m. Nancy C. **HARRISON**, of Guilford, Apr. 7, 1841, by Ammi Fowler, J. P. — 2, 341
 Bette, d. Elihu & Rachel, b. Dec. 31, 1770 — 2, 134
 B[e]ula[h], d. Eliakim & Susanna, b. Apr. 5, 1760 — 2, 107
 Catharine, of Huntington, m. Russell **BRADLEY**, of New Haven, Sept. [ ], 1825, by Rev. Aaron Dutton — 2, 312
 Clarrissa A., of Saybrook, m. Edward C. **BROWN**, of New York, Mar. 7, 1838, by Rev. Charles Chittenden — 2, 339
 Eleazer, m. Susanna **FRENCH**, b. of Guilford, Jan. 7, 1756, by Rev. Jonathan Todd — 2, 69
 Eliakim, s. Nathaniel & Mindwell, b. Oct. 4, 1734 — 2, 29
 Eliakim, s. Eliakim & Susanna, b. Nov. 8, 1765 — 2, 121
 Eliakim, d. Jan. 29, 1784 — 2, 163
 Elihu, s. Nathaniel & Mindwell, b. Apr. 8, 1731 — 2, 29
 Elihu, m. Rachel **MEIGS**, b. of Guilford, Oct. 31, 1750, by Rev. Jonathan Todd — 2, 65
 Elihu, s. Elihu & Rachel, b. Mar. 21, 1755 — 2, 96
 Eliza, d. Elihu & Rachel, b. Oct. 2, 1773 — 2, 134
 Elizabeth, m. John **GRAVE**, Jr., b. of Guilford, May 10, 1714, by Abraham Fowler — 2, 44
 Elizabeth, d. Nath[anie]l & Mindwell, b. Jan. 8, 1726/7 — 2, 19
 Elizabeth, of Danbury, m. Daniel **GRAVE**, of Guilford, Jan. 20, 1731/2, by Rev. Seth Howe — 2, 53
 Elizabeth, m. Timothy **HILL**, b. of Guilford, Oct. 27, 1748, by Rev. Jonathan Todd — 2, 61
 Elizabeth, of Killingworth, m. Amaziah **JOSLIN**, of Guilford, Oct. 25, 1763, by Benjamin Gale — 2, 165
 Hannah, of Killingworth, m. John **JOHNSON**, Jr., of Guilford, Jan. 3, 1776, by Rev. W[illia]m Seaward — 2, 178
 Hannah, of Durham, m. Samuel **TEALL**, of Guilford, Mar. 12, 1776, by Rev. Abra[ha]m Jarvis — 2, 185
 Henry, s. Elihu & Rachel, b. Feb. 7, 1757 — 2, 98
 James, s. Thomas & Mary, b. Feb. 21, 1651 — A, 124
 James S., m. Clarrissa M. **EVARTS**, b. of Guilford, May 25,

	Vol.	Page
STEVENS, STEEVEN, STEEVENS, STEAVENS, STEPHENS, (cont.)		
1839, by Rev. A. B. Goldsmith	2	341
Jane, d. Sam[ue]ll & Jane, b. June 16, 1780	2	193
Jane, w. of Sam[uel], d. Dec. 28, 1822, ae 75	2	304
Jerusha, d. Nath[anie]l, Jr. & Sarah, b. Apr. 28, 1747	2	81
Jerusha, m. Didimus **FRENCH**, b. of Guilford, Dec. 25, 1766, by Rev. Richard Ely	2	169
John, s. Will[ia]m & Mary, b. Mar. 3, 1654	A	60
John, s. Thomas & Mary, b. Mar. 10, 1660	A	62
John, planter 1669-70	A	121
John, bd. Sept. 2, 1670	A	67
John, s. John & Desire, b. Feb. 14, 1772	2	152
Josiah, s. Elihu & Rachel, b. Aug. 12, 1752	2	92
Linus, s. Elihu & Rachel, b. Jan. 19, 1766	2	134
Lois, m. Elias **WILLARD**, b. of Guilford, June 15, 1780, by Rev. Jonathan Todd	2	185
Lois, of Guilford, m. Nathan **ALDRICH**, of Westmoreland, N. H., Sept. 9, 1838, by Rev. H. F. Pease	2	336
Mabel, d. Nath[anie]ll & Mindwell, b. Oct. 8, 1739	2	74
Mabel, m. Timothy **MUNGER**, Oct. 20, 1757, by Rev. Richard Ely	2	167
Mabel, s. Nath[anie]ll, Jr. & Ruth, b. Apr. 9, 1768	2	134
Meigs, twin with Ziba, s. Elihu & Rachel, b. Apr. 28, 1763	2	111
Mindwell, d. Nath[anie]l & Mindwell, b. Feb. 2, 172[3]	2	13
Mindwell, m. [Jonathan] **SCRANTON**, b. of Guilford, Nov. 20, 1733, by Rev. Jonathan Todd	2	52
Mindwell, d. Eliakim & Susanna, b. May 25, 1763	2	121
Mindwell, d. Apr. 11, 1785	2	163
Nathaniel, s. Will[ia]m & Mary, b. May 10, 1659	A	61
Nathaniell, s. William & Mary, b. Oct. 29, 1661	A	63
Nathaniel, m. Mindwell **GRAVE**, b. of Guilford, Nov. 10, 1713, by Abraham Fowler	2	46
Nathaniel, s. Nath[anie]l & Mindwell, b. June 6, 172[1]	2	13
Nathan[ie]ll, Jr., m. Ruth **DUDLEY**, b. of Guilford, Oct. 20, 1763, by Rev. Mr. Ely	2	184
Nathaniel, Capt., d. May 8, 1767	2	137
Nath[anie]ll, Jr., of Guilford, m. Rebecca **BUEL**, of Killingworth, Aug. 15, 1787, by Rev. A. Mansfield	2	224
Polly, d. Jno. & Desire, b. Sept. 4, 1772	2	128
Polle, d. Sam[ue]l & Jane, b. Dec. 5, 1775	2	193
Precsilla(?), d. Nathaniel & Mindwell, b. May 20, [1723]	2	13
Prescella, m. Benjamin **CRAMPTON**, b. of Guilford, Apr. 28, 1742, by Rev. Jonathan Todd	2	58
Rachel, s. Elihu & Rachel, b. July 9, 1768	2	134
Robert, s. Martha **DOUD**, b. Oct. 12, 1780	2	204
Rosewell, s. Elihu & Rachel, b. Aug. 8, 1760	2	111
Roswell, s. Nath[anie]ll, Jr. & Ruth, b. Oct. 14, 1764	2	134

STEVENS, STEEVEN, STEEVENS, STEAVENS, STEPHENS, (cont.)

	Vol.	Page
Ruth, d. Nath[anie]ll & Ruth, b. Oct. 12, 1777	2	204
Ruth, d. Sam[ue]ll & Jane, b. Nov. 1, 1777	2	193
Ruth, w. of Nath[anie]ll, Jr., d. May 23, 1783, in the 44th y. of her age	2	163
Ruth, m. Samuel **FOWLER**, b. of Guilford, Dec. 3, 1820, by Aaron Dutton	2	239
Sally, of Killingworth, m. Wyllys **MUNGER**, Jr., of Guilford, June 9, 1819, by Rev. Asa King	2	180
Sam[uel], s. W[illia]m & Mary, b. Mar. [ ], 1[6]56	A	60
Samuel, of Killingworth, m. Hannah **RUSSELL**, of Guilford, Dec. 24, 1740, by Rev. Sam[ue]l Russell	2	57
Samuel, s. Nath[anie]l & Sarah, b. Sept. 19, 1754	2	95
Samuel, s. Nath[anie]ll & Sarah, b. Sept. 19, 1754	2	98
Sam[ue]ll, m. Jane **FORSDICK**, b. of Guilford, Dec. 12, 1774, by Rev. Sam[ue]ll Eells	2	184
Sam[ue]ll, s. Sam[ue]ll & Jane, b. Jan. 17, 1784	2	193
Sam[ue]ll, s. Nath[anie]ll & Rebecca, b. Apr. 30, 1791	2	237
Samuel, d. Feb. 8, 1828, ae 80 y	2	304
Sarah, d. Thomas & Mary, b. 11th m. 25th d., [16]57.	A	61
Sarah, m. Stephen **DOD[D]**, Apr. 18, 1678, by Andrew Leete	A	77
Sarah, d. Nath[anie]l & Mindwell, b. Mar. 16, 17[22]	2	13
Sarah, m. Ebenezer **BISHOP**, Jr., b. of Guilford, Nov. 2, 1737, by Rev. Jonathan Todd	2	53
Sarah, wid. of Lieut. Nath[anie]l d. May 24, 1746	2	137
Sarah, d. Nath[anie]ll & Ruth, b. May 2, 1780	2	204
Sarah, of Guilford, m. Charles W. **BALDWIN**, of Mereden, Nov. 21, 1821, by Rev. Josiah Bowen	2	280
Suse, d. Eliakan & Susanna, b. Apr. 26, 1757	2	98
Thomas, s. Thomas & Mary, b. Feb. 21, 1661	A	63
Thomas planter 1669-70	A	121
Thomas, m. Sarah **BUSHNELL**, b. of G[u]ilford, Nov. 9, 1688, by Mr. Andrew Leete	A	80
Thomas, s. Thomas & Sarah, b. Aug. 7, 1689	A	91
Timothy, of Killingworth, m. Mary **DOUD**, of Guilford, Feb. 26, 1784, by Rev. Tho[ma]s Wells Bray	2	224
Will[ia]m, m. Mary **MEGGS**, Mar. 3, 1653	A	122
Wyllys, s. Nath[anie]ll & Rebecca, b. Jan. 20, 1794	2	237
Ziba, twin with Meigs, s. Elihu & Rachel, b. Apr. 28, 1763	2	111

STILLWELL, STILLWILL, Elizabeth, m. John **GRAVE**, Nov.

26, 1657	A	60
Jasper, bd. Nov. 8, 1656	A	60
Jasper, freeman 1669-70	A	121

STOCKER, Edward, m. Elizabeth **DOUDE**, b. of Guilford, Mar. 4,

17[24], by Andrew Ward, J. P.	2	48
Elizabeth, d. Edward & Elizabeth, b. May 15, 1725	2	15

	Vol.	Page

STOCKER, (cont.)

	Vol.	Page
Experience, of Lyme, m. [Jam]es **BENTON**, Jr., of Guilford, Mar. 11, 1718/19, by Rev. Moses Noyes	2	44
Experience, d. Edward & Elizabeth, b. Dec. 8, 1728	2	31
Mary, d. Edward & Elizabeth, b. Jan. 12, 1726/7	2	18
Sarah, of Middletown, m. Aaron **EVARTS**, of Guilford, Oct. 15, 1765, by Rev. Edward Eells	2	167

STOKES, Jonathan, of New York, m. Sarah **NORTON**, of Guilford, June 4, [1787], by [James Sproutt] — 2, 287

STONE, [see also **STOWE**], Aaron, s. Stephen & Elizabeth, b. Jan.

	Vol.	Page
15, 1725/6	2	17
Aaron, s. Stephen, d. Jan. 1, 1736/7	2	148
Aaron, s. Johiel & Ruth, b. Oct. 21, 1741	2	74
Aaron, m. Lois **DUDLEY**, b. of Guilford, Sept. 22, 1760, by Rev. Richard Ely	2	164
Abigell, d. Samuell & Sarah, b. Jan. 31, 1686	A	89
Abigel, d. William & Han[n]ah, b. Dec. 1, 1697	A	93
Abigail, m. Nathaniel **BISHOP**, b. of Guilford, Dec. 12, 1720, by Rev. Thomas Ruggles	2	45
Abigail, d. Eben[eze]r & Abigail, b. Oct. 2, 1726	2	18
Abigail, m. David **FIELD**, b. of Guilford, Feb. 10, 17[42], by Rev. William Seaward, of Killingworth	2	57
Abigail, d. Sam[ue]l & Abigail, b. Oct. 18, 1758	2	110
Abigail, d. Abner & Abigail, b. Mar. 1, 1759	2	104
Abigail, m. Elias **CADWELL**, b. of Guilford, Nov. 27, 1764, by Rev. Daniel Brewer	2	225
Abigail, Mrs., m. Elias **CADWEL[L]**, b. of Guilford, Sept. 29, [1768], by [James Sproutt]	2	246
Abigail, d. Maxham, Jr. & Abig[ai]l, b. Apr. 17, 1770; d. May 9, 1770	2	134
Abigail, d. Abraham, Jr. & Abigail, b. June 9, 1771	2	134
Abigail, d. Noah & Abigail, b. Apr. 19, 1774	2	193
Abigail, m. Amasa **LEETE**, b. of Guilford, Apr. 27, 1801, by Rev. Israel Brainard	2	256
Abijah, s. Stephen & Elizabeth, b. July 7, 1734	2	32
Abijah, s. Stephen, d. Mar. 20, 1735/6	2	148
[Abner], s. Samuel & Marcy, b. Sept. [26, 1722]	2	14
Abner, m. Abigail **FOWLER**, b. of Guilford, Nov. 1, 1749, by Rev. Thomas Ruggles	2	64
Abner, s. Abner & Abigail, b. Apr. 2, 1754	2	104
Abner, d. Aug. 22, 1767	2	163
Abner, m. Hannah **STONE**, b. of Guilford, Nov. 13, 1775, by Rev. Amos Fowler	2	184
Abraham, s. Abraham & Martha, b. Jan. 15, 1734/5	2	90
Abraham, Jr., m. Abigail **CRUTTENDEN**, b. of Guilford, Nov. 2, 1768, by Rev. Tho[ma]s Ruggles	2	184
Abraham, s. Abr[aha]m, Jr. & Abig[ai]l, b. Mar. 23, 1773	2	134
Achsah, d. Nath[anie]ll & Lois, b. Dec. 24, 1777	2	193

	Vol.	Page
STONE, (cont.)		
Achsah, d. Will[ia]m & Lucy, b. Jan. 15, 1800	2	242
Alma, m. James Russell **PARDEE**, b. of Guilford, Feb. 7, 1821, by Rev. John Ely	2	183
Amos Sheldon, s. Isaac & Parthena, b. July 22, 1777	2	193
Andrew Leete, m. Mary **MUNGER**, b. of Griswold, Jan. 4, 1781, by Rev. Jonath[a]n Todd	2	184
Andrew Leete, d. Feb. 8, 1785	2	163
Andrew Leete, s. Noah & Mary, b. Apr. 8, 1791	2	206
Ann, d. Joshua & Susanna, b. Dec. 22, 1726	2	18
Ann, d. Jedadiah & Abigail, b. June 21, 1730	2	22
Ann, w. of Reuben, d. Aug. 1, 1763	2	144
Anna, d. William & Anna, b. July 27, 1678	A	85
Anna, d. Nathaniell & Mary, b. Jan. 29, 1680/1; d. Nov. [ ], 1684	A	86
Anna, d. Nathaniell & Mary, b. June 17, 1692	A	96
Anna, m. David **FIELD**, 2d, b. of Guilford, July 10, 1755, by Rev. Jonathan Todd	2	68
Anna, d. Reuben, d. Oct. 30, 1757	2	142
Anna, d. Timo[th]y & Anna, b. Oct. 21, 1795	2	241
Anne, d. Reuben & Ann, b. July 17, 1752	2	88
Anne, d. James & Anna, b. June 18, 1779	2	237
Asenah, d. Abra[ha]m & Martha, b. Oct. 5, 1739	2	90
Asher, s. Caleb, Jr. & Rebeckah, b. Jan. 23, 1738/9	2	38
Asher, m. Carine **WARD**, b. of Guilford, Oct. 25, 1759, by Rev. James Sprout	2	72
Asher, m. Carine **WARD**, b. of Guilford, Oct. 25, 1759, by [James Sproutt]	2	219
Asher, s. Asher & Carine, b. July 27, 1763	2	110
Asher, d. Sept. 27, 1766, in the 28th y. of his age	2	145
Asher, s. Asher, d. Oct. 2, 1769	2	146
Asher, s. Will[ia]m & Lucy, b. Apr. 12, 1788; d. June 12, 1788	2	242
Asher, s. John E. & Eunice, b. Apr. 30, 1791	2	241
Augustus, s. Abra[ha]m & Abigail, b. Mar. 19, 1775	2	204
Augustus, m. Leete **COLLENS**, b. of Guilford, May 27, 1804, by Rev. Israel Brainard	2	224
Azubah, d. Abra[ha]m & Martha, b. Dec. 5, 1743	2	90
Bashuah, d. Samuell & Sarah, b. Aug. 10, 1695	A	95
[Be]ata, d. William, Jr. & Sarah, b. June 26, 1723	2	15
Bela, s. Daniel, Jr. & Sarah, b. May 3, 1761	2	110
Bela, s. Solomon & Elizabeth, b. Nov. 11, 1788	2	237
Benjamin, s. Thomas & Mary, b. Mar. 11, 1677	A	85
Benjamin, s. Josiah & Temperance, b. Oct. 14, 1720	2	18
Benjamin, Dea., m. Mrs. Sarah **TODD**, wid., June 11, 17[35], by Rev. Jonathan Todd	2	55
Benjamin, s. Daniel & Leah, b. Mar. 29, 1745	2	89
Benjamin, m. Mary Ann **WATROUS**, b. of Guilford, Apr. 12,		

	Vol.	Page
STONE, (cont.)		
1770, by Rev. Amos Fowler	2	184
Betsey, d. Stephen & Sally, b. Oct. 31, 1804	2	243
Betsey E., m. Gideon H. **SWEET**, b. of Guilford, Mar. 30, 1845, by Rev. J. A. Edwards	2	375
Beula[h], d. Ezra & Elizabeth, b. Apr. 11, 1749	2	87
Bille, s. Reuben & Ann, b. May 31, 1761	2	108
Bille, m. Rachel **WARD**, b. of Guilford, Mar. 22, 1786, by Rev. Beriah Hotchkiss	2	224
Bille, m. Rachel **WARD**, b. of Guilford, Mar. 22, [1786], by [James Sproutt]	2	253
Bonah, s. Josiah & Temperance, b. Dec. 13, 1726	2	18
Caleb, s. Nathaniell & Mary, b. Apr. 26, 1683; d. Mar. [ ], 1684	A	88
Calib, s. Nathaniell & Mary, b. Nov. 10, 1685	A	95
Caleb, Jr., m. Rebeccah **EVARTS**, b. of Guilford, Jan. 25, 1737/8, by Rev. Jonathan Todd	2	54
Caleb, d. May 25, 17[65]	2	144
Caleb, d. July 28, 1788, in the 73rd y. of his age	2	163
Carine, wid., m. Joseph **CHITTENDEN**, b. of Guilford, Dec. 15, 1772, by [James Sproutt]	2	252
Catharine, d. Levi & Mindwell, b. Oct. 9, 1778	2	243
Catharine had d. Maria Johnson, b. Oct. 31, 1798	2	261
Charles, s. Stephen & Elizabeth, b. July 22, 17[33]	2	27
Charles, m. Triphena **COLLINS**, b. of Guilford, Apr. 14, 1752, by Rev. James Sprout	2	67
Charles, m. Tryphenia **COLLENS**, b. of Guilford, Apr. 14, 1752, by [James Sproutt]	2	215
Charles, s. Charles & Triphena, b. May 6, 1757	2	99
Charles M., m. Ellen M. **BENTON**, Jan. 5, 1840, by Rev. David Baldwin	2	341
Charlotte, d. Benj[ami]n & Mary Ann, b. Aug. 6, 1770	2	134
Charlotte, d. Elijah & Lavinia, b. Sept. 5, 1785	2	204
Chloe, m. Samuel **HOTCHKISS**, b. of Guilford, Dec. 26, 1784, by Rev. Amos Fowler	2	223
Chloe Ann, d. Stephen & Sally, b. Apr. 14, 1806	2	243
Clarissa, d. Abner & Hannah, b. Aug. 6, 1782	2	204
Clarrissa Jenette, d. Bela & Clarrissa, b. June 30, 1815	2	243
Collens, s. Tim[oth]y & Eunice, b. Sept. 7, 1812	2	242
Daniell, s. William & Hanna[[h], b. July 27, 1680	A	87
Daniell, s. William & Han[n]ah, b. July 27, 1680	A	93
Daniel, of Guilford, m. Ruth **WHITE**, of Middletown, Jan. 10, 1730, by Rev. Joseph Smith	2	49
Daniel, s. Daniel & Leah, b. Oct. 13, 1737* (*Arnold Copy has 1837)	2	89
Daniel, Jr., m. Sarah **KING**, July 17, 1760, by Rev. Mr. Judd, at Southhampton	2	165
Darius, s. Abra[ha]m & Martha, b. Feb. 23, 1749/50	2	90

	Vol.	Page

STONE, (cont.)

	Vol.	Page
David, s. Ezra & Eliza[bet]h, b. Nov. 28, 1762	2	109
David Talman, s. Isaac & Parthenia, b. Oct. 19, 1769	2	123
Deborah, d. Samuell & Sarah, b. Feb. 13, 1690	A	94
Deborah, d. Lemuel* & Sarah, b. Feb. 13, 1690 (*Samuel?)	A	192
Deborah, d. Caleb, d. Jan. 10, 1734/5	2	149
Deborah, d. Joseph & Hannah, b. Aug. 19, 1737	2	33
Deborah, d. Reuben & Ann, b. Oct. 21, 1748	2	83
Deborah, m. Jared **CHITTENDEN**, b. of Guilford, Aug. 17, 1757, by Rev. Tho[ma]s Ruggles	2	71
Diadema, d. Daniel & Leah, b. Aug. 2, 1735; d. about 2 y. after	2	89
Diadema, d. Ezra & Elizabeth, b. Feb. 11, 1740/1	2	87
Dorothy, d. Dan[ie]ll & Vashti, b. Nov. 23, 1793	2	237
Ebenezer, s. Nathaniell & Mary, b. Aug. 21, 1676	A	83
Ebenezer, s. Stephen & Eliza, d. Dec. 30, 1719	2	1
Ebenezer, m. Cybil **LEETE**, b. of Guilford, Mar. 8, 1752, by [James Sproutt]	2	215
Ebenezer, d. Aug. 18, 1761	2	144
Eber, s. Caleb, Jr. & Rebeckah, b. Feb. 17, 1743/4	2	76
Eber, s. Ezra & Elizabeth, b. Feb. 24, 1743/4	2	87
Eber, s. Caleb, Jr., d. Aug. 26, 1751	2	138
Eber, s. Caleb, Jr. & Rebeckah, b. Sept. 12, 1755	2	96
Eber, s. Caleb, d. Oct. 4, 1769	2	146
Eber, s. Reuben & Elizabeth, b. Sept. 7, 1773	2	134
Eber, of Guilford, m. Temperance **HEDGES**, of Easthampton, L. I., May 14, 1778, by Rev. Sam[ue]ll Beeuel	2	224
Edward, s. Osborn & Lydia, b. May 11, 1782	2	193
Eli, s. Abra[ha]m & Abigail, b. May 12, 1785	2	204
Elihu, s. Jehiel & Ruth, b. Aug. 16, 1734	2	29
Elihu, m. Thankfull **HODGKINS**, b. of Guilford, Sept. 2, 1755, by Rev. James Sprout	2	68
Elihu, m. Thankfull **HO[T]CHKISS**, b. of Guilford, Sept. 2, [1755], by [James Sproutt]	2	216
Elijah, m. Lavinia **FAIRCHILD**, b. of Guilford, Oct. 28, 1781, by Rev. Bela Hubbard	2	184
Elisha, twin with Eliza, s. John E. & Eunice, b. Oct. 6, 1797	2	241
Eliza, twin with Elisha, d. John E. & Eunice, b. Oct. 6, 1797	2	241
Elizabeth, d. William & Hanna[h], b. Nov. 20, 1682	A	87
Elezabeth, d. William & Han[n]ah, b. Nov. 20, 1682	A	93
Elizabeth, d. Nath[anie]l & Hannah, b. May 6, 1717	2	37
Elizabeth, d. Joshua & Susanna, b. Mar. 10, 1722/3	2	16
Elizabeth, d. Joshua & Susannah, b. Mar. 23, 1722/3	2	15
Elizabeth, d. Stephen & Elizabeth, b. May 20, 1738	2	37
Elizabeth, m. David **CRUTTENDEN**, b. of Guilford, Oct. 20, 1742, by Rev. Thomas Ruggles	2	58
Elizabeth, d. Thomas & Sarah, b. Jan. 27, 1749/50	2	86
Elizabeth, m. John **SHELLEY**, b. of Guilford, Nov. 30, 1768,		

GUILFORD VITAL RECORDS 295

	Vol.	Page
STONE, (cont.)		
by Rev. Jonath[a]n Todd	2	184
Elizabeth, m. Timothy **MEIGS**, b. of Guilford, Sept. 29, 1773,		
by [James Sproutt]	2	252
Elizabeth Rebeckah, d. Reuben & Lucinda, b. Nov. 18, 1815	2	243
Elizabeth Rebecca, d. Reuben & Lucinda, d. Mar. 11, 1817	2	304
Emily, d. Stephen & Sally, b. Dec. 20, 1811	2	243
Erastus, s. Timo[th]y & Anna, b. Dec. 3, 1800	2	241
Erastus, s. Timothy & Anne, d. Oct. 1, 1802	2	163
Erastus, s. Timothy & Anne, b. Apr. 8, 1812; d. Apr. 11, 1812	2	242
Eunice, d. John & Anna, b. Sept. 3, 1769	2	134
Eunice Urania, d. Tim[oth]y & Eunice, b. Oct. 2, 1807	2	242
Ezra, s. William, Jr. & Sarah, b. July 14, 17[17]	2	12
Ezra, of Guilford, m. Elizabeth **OSBORN**, of Branford, Mar.		
18, 1739/40, by Rev. Philemon Robbins	2	63
Fanny, of Guilford, m. Dennis **ROBINSON**, of Durham, May		
31, 1815, by Rev. Aaron Dutton	2	186
George, s. Timo[thy] & Anna, b. June 22, 1791	2	237
George, s. Tim[oth]y & Anne, d. Apr. 7, 1793	2	163
George, s. Timothy & Anna, b. Aug. 26, 1797	2	241
George Washington, s. Noah & Mary, b. Sept. 25, 1793	2	237
Gideon, s. Ezra & Elizabeth, b. July 27, 1755	2	99
Gideon, s. Eber & Temperance, b. Feb. 18, 1779	2	193
Giles, s. Sam[ue]ll & Abigail, b. Apr. 18, 1755	2	110
Grace, d. John E. & Eunice, b. Apr. 27, 1788	2	241
Hannah, d. William & Hannah, b. July 27, 1678	A	93
Hannah, d. Nathaniel & Hannah, b. Nov. 14, 1709	2	36
Hannah, d. Joshua & Susanna, b. Jan. 3, 1719/20	2	36
Hannah, w. of Sergt. Ebenezer, d. Mar. 5, 1722	2	2
Hannah, m. Jabez **BENTON**, b. of Guilford, Nov. 24, 17[26],		
by [ ]	2	50
Hannah, m. Caleb **DUDLEY**, b. of Guilford, May 31, 1739, by		
Rev. Thomas Ruggles	2	53
Hannah, d. Abra[ha]m & Martha, b. May 19, 1752	2	90
Hannah, d. Thomas & Sarah, b. Oct. 16, 1754	2	96
Hannah, m. Abner **STONE**, b. of Guilford, Nov. 13, 1775, by		
Rev. Amos Fowler	2	184
Hannah, d. Abner & Hannah, b. Feb. 28, 1777	2	193
Hannah, w. of Abner, d. Mar. 3, 1787, in her 33rd y.	2	163
Hannah H., m. William H. **ELLIOTT**, Aug. 31, 1829, by Rev.		
David Baldwin	2	248
Harriet, d. Bille & Rachel, b. Dec. 21, 1786	2	204
Harry Ward, s. Bille & Rachel, b. May 14, 1791	2	237
Harvey, s. Benjamin & Mary, b. Sept. 5, 1773	2	134
Harvey, s. Will[ia]m & Lucy, b. Apr. 15, 1794	2	242
Henry, s. Elijah & Lavinia, b. Feb. 26, 1784	2	204
Henry Burrett, s. Reuben & Lucinda, b. Dec. 15, 1821	2	350
Henry Burritt, s. Reuben & Lucinda, d. Apr. 12, 1823	2	304

	Vol.	Page

STONE, (cont.)

	Vol.	Page
Henry W., m. Parnel N. **JACOBS**, b. of Guilford, Feb. 28, 1847, by Alvah B. Goldsmith, J. P.	2	375
Hester, d. Benaiah & Hester, b. Nov. 13, 1676	A	83
Hubbard, s. John E. & Eunice, b. Mar. 5, 1785	2	241
Huldah, d. Nathaniell & Hannah(?), b. Feb. [25, 1715]	2	6
Huldah, d. Nath[anie]l & Hannah, b. Feb. 25, 1714/15	2	37
Huldah, d. Joshua & Susanna, b. June 23, 1721	2	36
Isaac, s. Johiel & Ruth, b. Feb. 25, 1742/3	2	74
Isaac, m. Parthena **DUDLEY**, b. of Guilford, Nov. 4, 1767, by Rev. Richard Ely	2	169
Isaac White, s. Isaac & Parthena, b. May 21, 1773	2	134
James, s. Timothy & Rachel, b. Mar. 19, 1734/5; d. May 20, 1735	2	30
James, s. Timothy & Rachel, b. July 7, 1736	2	33
James, m. Anna **RUGGLES**, b. of Guilford, Jan. 15, 1767, by Rev. Thomas Ruggles	2	184
Jarvis, s. Osborn & Lydia, b. Jan. 13, 1775	2	193
Jedadiah, of Guilford, m. Abigail **TYLER**, of Branford, Dec. 26, 1728, by Andrew Ward, J. P.	2	49
Jedediah, s. Jedediah & Abigail, b. Mar. 31, 1732	2	24
Jedediah, s. Jedediah & Irena, b. June 26, 1757	2	105
Jerusha, m. Nathan **GRISWOLD**, b. of Guilford, June 21, 1781, by Rev. Amos Fowler	2	176
Jerusha B., d. Gideon & Jerusha B., b. Apr. 11, 1805	2	243
Jerusha B., m. Roswell J. **WALKLEY**, b. of Guilford, July 28, 1825, by Rev. Aaron Dutton	2	288
Joel, s. Solo[mo]n & Eliza[be[th, d. Feb. 24, 1800, ae 18 m.	2	163
John, s. John & Mary, b. Aug. 10, 1644	A	124
John, freeman 1669-70	A	121
John, s. Nathaniell & Mary, b. Oct. 9, 1689	A	95
John, s. William & Sarah, b. Aug. 27, [1711]	2	5
John, s. John, of Stamford, d. Dec. [15, 1726, ae 35]	2	3
John, m. Elizabeth **HILL**, b. of Guilford, Nov. 7, 1738, by Rev. Thomas Ruggles	2	57
John, s. John & Elizabeth, b. July 30, 1740	2	42
John, s. Jehiel & Ruth, b. Sept. 2, 1744	2	76
John, d. Feb. 15, 1754	2	142
John, m. Anne **RANNEY**, b. of Guilford, June 14, 1764, by Rev. Amos Fowler	2	166
John E., of Guilford, m. Eunice **GOLDSMITH**, of Southhold, Oct. 3, 1784, by Rev. Amos Fowler	2	224
John Evart, s. Asher & Carine, b. Nov. 28, 1760	2	106
Jonathan Smith, s. Stephen & Sally, b. Dec. 13, 1814	2	243
Joseph, s. Nathaniell & Mary, b. June 17, 1674	A	76
Joseph, Jr., m. Hannah **HODGKIN**, b. of Guilford, Jan. 17, 1729/30, by Rev. Thomas Ruggles	2	49
Joseph, s. Joseph & Hannah, b. May 8, 1734	2	33

	Vol.	Page
STONE, (cont.)		
Joseph, Jr., m. Mehitable **BISHOP**, b. of Guilford, Oct. 9, 1758, by Rev. Thomas Ruggles	2	69
Joshuah, s. William & Hannah, b. May 3, 1692	A	93
Joshua, m. Susanna **PARMELE[E]**, b. of Guilford, May 31, 171[6], by Thomas Ruggles	2	43
Joshua, s. Joshua & Susanna, b. July 13, 1730	2	22
Josiah, s. William & Hannah, b. May 22, 1685	A	93
Josiah, s. Osborn & Lydia, b. Nov. 18, 1779	2	193
[June], d. Stephen & Elizabeth, [b.] Feb. 1, [1715]	2	5
Kezia L., d. Gideon & Jerusha B., b. Nov. 17, 1810	2	243
Larra, d. Abner & Deborah, b. June 22, 1792	2	237
Laura, m. Roswell **BRAY**, b. of Guilford, Oct. 2, 1816, by Rev. Charles Atwater	2	227
Laura Ann, d. Gideon & Jerusha B., b. Oct. 7, 1813	2	243
Laura Ann, m. Reuben **HILL**, Oct. 11, 1832, by Rev. David Baldwin	2	319
Lavinia, d. Elijah & Lavinia, b. June 29, 1787	2	204
Lavinia, m. Leverett **GRISWOLD**, b. of Guilford, Nov. 25, 1829, by Rev. Aaron Dutton	2	279
Leah, m. Henry **HILL**, b. of Guilford, Nov. 21, 1774, by Rev. Amos Fowler	2	177
Leah, m. Henry **HILL**, b. of Guilford, Nov. 21, 1774, by Rev. Amos Fowler	2	223
Leah, m. James **BRADLEY**, b. of Guilford, Nov. 4, [1787], by [James Sproutt]	2	287
Leveret, s. Elijah & Lavinia, b. Oct. 4, 1782	2	193
Leverett Camp, s. Reuben & Lucinda, b. June 4, 1819	2	350
Lizzie, d. Abner & Abigail, b. Mar. 5, 1750/1	2	89
Lize, m. Timothy **MEIGS**, b. of Guilford, Sept. 28, 1773, by Rev. Daniel Brewer	2	180
Loane, d. Charles & Triphena, b. Feb. 25, 1755	2	99
Lois, d. Thomas & Leah, b. Apr. 26, 1760	2	106
Lois, d. Nathaniel & Lois, b. Apr. 24, 1763	2	110
Lois, d. Isaac & Parthena, b. Sept. 25, 1781	2	193
Lois, w. of Nath[anie]ll, d. May 8, 1795, in the 60th y. of her age	2	163
Loisa, d. Stephen & Sally, b. Jan. 20, 1808	2	243
Lucretia, d. Joshua & Susannah, b. Feb. 3, 1724/5	2	15
Lucy, d. Timothy & Rachel, b. Oct. 28, 1728	2	20
Lucy, d. Capt. Timothy, d. Oct. 13, 1736	2	150
Lucy, d. Capt. Timothy & Rachel, b. Apr. 20, 1739	2	38
Lucy, m. Isaac **EVARTS**, Jr., b. of Guilford, Nov. 26, 1767, by Rev. Amos Fowler	2	174
Lucy, d. Nath[anie]ll & Lois, b. Oct. 14, 1769	2	123
Lucy, m. Abra[ha]m **SCRANTON**, b. of Guilford, Nov. 26, 1778, by Rev. Jonath[a]n Todd	2	322
Lucy, m. Abra[ha]m **SCRANTON**, b. of Guilford, Nov. 26,		

STONE, (cont.)

	Vol.	Page
1780, by Rev. Jonath[a]n Todd	2	224
Luther, s. Charles & Tryphena, b. Jan. 17, 1753	2	94
Lydia, m. Nath[anie]ll **HALL**, b. of Guilford, Nov. 20, 1765, by Rev. James Sproutt	2	167
Lidia, m. Nathaniel **HALL**, b. of Guilford, Nov. 21, [1765], by [James Sproutt]	2	229
Mabel, d. Joseph, Jr. & Mehitable, b. June 17, 1759	2	110
Manday, d. Solomon & Elizabeth, b. Aug. 29, 1794; d. Mar. 3, 1795	2	237
Marcy, d. Benaiah & Heaster, b. Oct. 9, 1681	A	87
Martha, d. Abra[ha]m & Martha, b. Aug. 14, 1737	2	90
Martha, m. Andrew **FOWLER**, b. of Guilford, Oct. 30, 1759, by Rev. Thomas Ruggles	2	164
Martha, w. of Noah, d. Oct. 22, 1775	2	163
Martha, d. Noah & Mary, b. Mar. 12, 1786	2	204
Mary, d. Thomas & Mary, b. July 6, 1680	A	86
Mary, d. Samuell & Sarah, b. Feb. 13, 1692	A	94
Mary, d. Josiah & Temperance, b. Oct. 30, 1730	2	22
Mary(?), [wid. of Thomas], d. July 6, 173[2], ae 76 y.	2	4
Mary, m. [Samuell] **EVARTS**, Sr., b. of Guilford, Apr. 26, 1736, by Rev. Thomas Ruggles	2	56
Mary, wid. of Joseph, d. Feb. 2, 1742/3	2	148
Mary, d. Isaac & Parthena, b. May 15, 1779	2	193
Mary, d. Andrew L. & Mary, b. May 25, 1785	2	204
Mary B., of Guilford, m. Cyrus W. **FIELD**, of New York, Dec. 2, 1840, by Rev. David D. Field, of Haddam. Int. pub.	2	331
Mary Burgis, d. Timothy & Anna, b. May 22, 1804	2	242
Medad, of Guilford, m. Mary **GRIFFING**, of Branford, Mar. 25, 1787, by Rev. Jason Atwater	2	224
Mehitable, m. Daniel **DIBBLE**, b. of Guilford, Sept. 14, [1785], by [James Sproutt]	2	253
Mereb, d. Joseph & Hannah, b. Dec. 28, 17[40]	2	42
Merib, m. Mark **SPENCER**, b. of Guilford, Feb. 10, 1758, by Rev. James Sproutt	2	166
Merib, m. Mark **SPENCER**, b. of Guilford, Feb. 10, [1758], by [James Sproutt]	2	219
Meriah, d. Bille & Rachel, b. Dec. 8, 1788	2	204
Miles, s. John & Elizabeth, b. [July 13, 1742]	2	74
Miles, s. John & Elizabeth, b. July 13, 1742	2	74
Mine, d. Joseph & Mehetable, b. Mar. 30, 1765	2	113
[Mind]well, d. Joseph & Mary, b. Sept. 22, 17[20]	2	11
Mindwell, m. Joseph **GRIFFING**, b. of Guilford, Jan. 14, 1745/6, by Rev. James Sprout	2	64
Mindwell, m. Jasper **GRIFFING**, b. of Guilford, Jan. 14, 1745/6, by [James Sproutt]	2	213
Nancy, d. Solomon & Thankful, b. May 27, 1767	2	118
Nancy Belinda Janett, d. Stephen & Sarah, b. Nov. 26, 1822	2	244

GUILFORD VITAL RECORDS 299

	Vol.	Page
STONE, (cont.)		
Nancy E., d. Gideon & Jerusha B., b. Dec. 11, 1807	2	243
Nancy E., m. Stephen **CHAMPLAIN**, May 21, 1826, by Rev. David Baldwin	2	302
Nathan, s. Timothy & Rachel, b. Mar. 28, 1745	2	77
Nathan, s. Sam[ue]l, Jr. & Abigail, b. Apr. 25, 1753	2	94
Nathaniell, s. John & Mary, b. Feb. 2, 1648	A	124
Nathaniell, m. Mary **BARTLET[T]**, July 10, 1673, by William Leete	A	77
Nathaniell, s. Nathaniell & Mary, b. Oct. 7, 1678	A	85
Nathaniel, s. Nath[anie]l & Hannah, b. Oct. 11, 1711	2	37
Nathaniel, s. Timothy & Rachel, b. Dec. 10, 1731	2	24
Nath[anie]ll, m. Lois **COLLINS**, b. of Guilford, Dec. 3, 1761, by Rev. John Richards	2	164
Nath[anie]l, s. Nath[anie]l & Lois, b. Nov. 5, 1766	2	117
Noah, s. John & Mary, d. Mar. last week, 1684	A	69
Noah, s. Nathaniell & Mary, b. Nov. 9, 1697	A	95
Noah, s. Johiel & Ruth, b. June 23, 1738	2	34
Noah, s. John & Elizabeth, b. Oct. 12, 1745	2	80
Noah, s. Jeheel, d. Dec. 18, 1745	2	137
Noah, s. John, d. Aug. 31, 1756	2	142
Noah, of Guilford, m. Martha **LUDDINGTON**, of Westfield, Mass., June 10, 1773, by Rev. Mr. Valentine	2	184
Noah, of Guilford, m. Mary **HURD**, of East Haddam, May 13, 1779, by Rev. Mr. Parsons	2	184
Noah, s. Noah & Mary, b. Feb. 3, 1783	2	193
Obediance, d. Joseph & Hannah, b. Dec. 12, 1731	2	33
Obedience, m. John **HODGKIS**, b. of Guilford, Apr. 20, 1756, by Rev. Thomas Ruggles	2	167
Olive, d. John & Anna, b. Nov. 16, 1771	2	134
Olive, d. Will[ia]m & Lucy, b. July 20, 1798	2	242
Olive Anna, d. Seth & Abigail, b. Mar. 25, [1820]	2	243
Orpah, d. Abra[ha]m & Abigail, b. Oct. 19, 1789	2	204
Orpah, m. Samuel **SCRANTON**, b. of Guilford, May 27, 1819, by Aaron Dutton	2	284
Osborn, s. Ezra & Elizabeth, b. Oct. 16, 1746	2	87
Osborn, of Guilford, m. Lydia **BULLER**, of Branford, Feb. 14, 1774, by Rev. Sam[ue]ll Eells	2	184
Parna, d. Isaac & Parthena, b. June 25, 1775	2	193
Parnel, d. Abra[ha]m & Abigail, b. June 17, 1779	2	204
Parthena, d. Isaac & Parthena, b. July 19, 1771	2	134
Parthena, d. Isaac & Parthena, b. July 22, 1771	2	134
Patience, m. Joseph **CHITTENDEN**, Jr., b. of Guilford, Nov. 14, 1726, by Andrew Ward, J. P.	2	47
Phebe, d. Timo[thy] & Eunice, b. Nov. 30, 1808	2	242
Polle, d. Daniel, Jr. & Sarah, b. Dec. 23, 1768	2	121
Polly, d. Medad & Mary, b. Dec. 18, 1787	2	204
Polly, d. Medad, [d. Nov. 15, 1793, ae 6 y.]	2	162

	Vol.	Page
STONE, (cont.)		
Polly, d. Medad & Mary, d. Nov. 15 1793, ae 6 y.	2	163
Polly Amelia, d. Will[ia]m & Lucy, b. June 14, 1789	2	242
Prudence, d. Stephen & Elizabeth, b. Dec. [2, 1719]	2	12
Prudence, d. Stephen, d. Mar. [23, 1728, ae 7 y.]	2	3
Prudence, of Guilford, m. John **NEWBRY**, of Middletown, May 10, 1750, by [James Sproutt]	2	215
Rachel, d. Timothy & Rachel, b. July 29, 172[4]	2	16
Rachel, m. Selah **DUDLEY**, b. of Guilford, June 21, 1744, by Rev. Thomas Ruggles	2	60
Rachel, d. Ezra & Eliza[bet]h, b. July 30, 1759	2	109
Rachel, d. Nathaniel & Lois, b. Apr. 25, 1765	2	114
Rachel, m. Neriah **BISHOP**, b. of Guilford, May 10, 1781, by Rev. Amos Fowler	2	171
Rebeckah, d. Sam[ue]ll & Mercy, b. July 28, 1726	2	18
Rebecca, w. of Caleb, d. Sept. 5, 1785, in the 69th y. of her age	2	163
Reliance, d. William & Sarah, b. Sept. 24, [1712]	2	5
Reliance, m. Abraham **BRADLEY**, b. of Guilford, Aug. [ ], 1728, by James Hooker, J. P.	2	67
Reuben, s. Caleb & Sarah, b. Mar. 31, 1726	2	17
Reuben, m. Ann **EVARTS**, b. of Guilford, Jan. 19, 1747/8, by Rev. James Sprout	2	60
Reuben, m. Ann **EVARTS**, b. of Guilford, Jan. 19, 1747/8, by [James Sproutt]	2	215
[Reuben], s. Reuben & Ann, b. May 24, 1750	2	84
Reuben, s. Reuben, d. Sept. 25, 1751	2	139
Reuben, s. Reuben & Ann, b. Nov. 4, 1756	2	98
Reuben, s. Reuben, d. Apr. 12, 1764	2	144
Reuben, m. Elizabeth **CHITTENDEN**, b. of Guilford, May 1, 1766, by Rev. James Sproutt	2	168
Reuben, m. Elizabeth **CHITTENDEN**, b. of Guilford, May 1, 1766, by [James Sproutt]	2	229
Reuben, s. Timothy & Anne, b. Jan. 17, 1790	2	204
Reuben, of Guilford, m. Lucinda **CAMP**, of Durham, Feb. 16, 1814, by Rev. David Smith	2	274
Reuben Henry, s. Reuben & Lucinda, b. June 23, 1828	2	350
Rhoda, m. Daniel **LEETE**, b. of Guilford, June 14, 1738, by Janna Meigs, J. P.	2	54
Rhoda, d. Reuben & Ann, b. Dec. 24, 1754	2	95
Richard, s. Timo[thy] & Anna, b. June 6, 1802	2	241
Rufus, s. Osborn & Lydia, b. Oct. 28, 1776	2	193
Russell, s. Reuben & Ann, b. Jan. 20, 1759	2	104
Ruth, d. Johiel & Ruth, b. Mar. 23, 1735/6	2	34
Ruth, d. Isaac & Parthena, b. Aug. 22, 1768	2	123
Ruth, w. of Jehiel, d. Mar. 28, 1774 in the 72nd y. of her age	2	163
Salina, d. Will[ia]m & Lucy, b. Nov. 19, 1795	2	242
Salle, d. Daniel, Jr. & Sarah, b. Mar. 19, 1766	2	119

GUILFORD VITAL RECORDS

	Vol.	Page
STONE, (cont.)		
Salley, d. Medad & Mary, b. Oct. 30, 1789	2	204
Samuell, s. John & Mary, b. Dec. 6, 1646	A	124
Samuell, s. William & Hannah, b. Mar. 16, 1675	A	76
Samuell, s. William & Hannah, d. Apr. 8, 1675	A	68
Samuel, m. Sarah **TAINTER**, Nov. 1, 1683, by Mr. Andrew Leete	A	79
Samuell, s. Samuell & Sarah, b. Aug. 25, 1685	A	89
Samuel, of Guilford, m. Mercy **ROWLEE**, of Falmouth, Nov. 5, 17[16], by Rev. Joseph Metcalfe, in Falmouth	2	43
Samuel, d. Apr. 7, [5, 1719, ae 75]	2	1
Samuel, s. Samuel & Mercy, b. Aug. 8, 1727	2	18
Samuel, s. Samuel, d. Feb. [21, 1728, ae 6 m.]	2	3
Samuel, s. Sam[ue]ll & Mercy, b. Apr. 1, 1729	2	21
Samuel, Jr., m. Abigail **CHITTENDEN**, b. of Guilford, Nov. 14, 1751, by Rev. Thomas Ruggles	2	62
Samuel Elmore, s. Bela & Clarrissa, b. July 6, 1813	2	243
Sam[ue]ll Hubbard, s. Abner & Hannah, b. Feb. 16, 1787	2	204
Sarah, d. Samuell & Sarah, b. Sept. 22, 1684	A	88
Sarah, d. Samuell & Sarah, d. Sept. 22, 1684	A	69
Sarah, d. Samuell & Sarah, b. May 5, 1689	A	70
Sarah, d. Samuell & Sarah, b. May 5, 1689	A	82
Sarah, d. Caleb & Sarah, b. Jan. 2, 1716/17	2	10
Sarah, d. Caleb & Sarah, b. Nov. 2, 1719	2	11
Sarah, d. Caleb & Sarah, b. July 9, 1722	2	13
Sarah, m. Bazaleel **BRISTOLL**, b. of Guilford, Feb. 13, 1723, by Rev. Thomas Ruggles	2	46
Sarah, d. Sam[ue]ll & Mercy, b. Aug. 20, 1732	2	25
Sarah, d. Jehiel & Ruth, b. Sept. 2, 1732	2	25
Sarah, m. Caleb **BENTON**, b. of Guilford, Sept. 25, 1740, by Andrew Ward, J. P.	2	58
Sarah, d. Caleb, Jr. & Rebeckah, b. Oct. 10, 1747	2	81
Sarah, d. Thomas & Sarah, b. June 4, 1748	2	82
Sarah, m. Abraham **HODGKIN**, Jr., b. of Guilford, Mar. 20, 1755, by Rev. Thomas Ruggles	2	67
Sarah, d. Reuben & Elizabeth, b. Oct. 8, 1769	2	122
Sarah, d. W[illia]m & Hannah, b. Apr. 21, 1773	2	134
Sarah, wid. of Caleb, d. May 4, 1775, in her 85th y.	2	163
Sarah, d. July 20, 1842, in her 73rd y.	2	304
Sarah E., m. David K. **PARMELE[E]**, Oct. 31, 1839, by Rev. H. F. Pease	2	342
Sarah Matilda, d. Stephen & Sally, b. Aug. 14, 1820	2	243
Seth, s. Ebenezer & Hannah, d. Oct. 14, 1715	2	1
Seth, m. Rachell **LEETE**, b. of Guilford, Mar. 16, 1749, by [James Sproutt]	2	215
Seth, d. Aug. 3, 1784, in the 69th y. of his age	2	163
Seth, m. Anne **EVARTS**, b. of Guilford, Apr. 8, 1787, by Rev. Beriah Hotchkin	2	224

BARBOUR COLLECTION

STONE, (cont.)

	Vol.	Page
Seth, m. Anne **EVERTS**, b. of Guilford, Apr. 8, [1787], [by James Sproutt]	2	287
Seth, s. Seth & Anna, b. Aug. 27, 1792	2	237
Seth, s. Seth & Anne, d. Oct. 20, 1794	2	163
Seth Bradley, s. Seth & Abigail, b. Sept. 30, [1817]	2	243
Silas, s. Joshua & Susanna, b. Feb. [ ], 1716	2	36
Solomon, s. Caleb & Sarah, b. May 29, 1729; d. June 29, 1729	2	21
Solomon, s. Caleb, Jr. & Rebeckah, b. Oct. 23, 1740	2	42
Solomon, s. Abra[ha]m & Martha, b. Mar. 30, 1746	2	90
Solomon, m. Thankfull **STONE**, b. of Guilford, Jan. 12, 1764, by Rev. Thomas Ruggles	2	165
Solomon, s. Solomon & Thankfull, b. Feb. 11, 1772	2	134
Solomon, of Guilford, m. Elizabeth **GRIFFING**, of Branford, Aug. 5, 1787, by Rev. Beriah Hotchkin	2	224
Solomon, of Guilford, m. Elizabeth **GRIFFIN**, of Branford, Aug. 5, [1787], by [James Sproutt]	2	287
Sophia Ann, d. Augustus & Leeta, b. Sept. 6, 1806	2	242
Stephen, s. William & Hannah, b. Mar. 1, 1689	A	93
Stephen, s. Stephen & Elizabeth, b. Aug. 13, 1721	2	35
Stephen, d. June 24, 1782	2	163
Stephen, s. Andrew & Mary, b. Feb. 10, 1783	2	193
Stephen, m. Sally **HOIT**, b. of Guilford, Mar. 15, 1804, by Rev. John Elliott	2	274
Submit, d. Stephen & Elizabeth, b. Mar. [25, 1717]	2	12
Submit, m. John **EVARTS**, s. Nathan, b. of Guilford, Oct. 2, 17[34], by Rev. Jonathan Todd	2	55
Submit, m. Ephraim **PEIRSON**, Jr., b. of Guilford, Aug. 31, 1758, by Rev. James Sprout	2	71
Susan, d. Stephen & Sally, b. Oct. 17, 1809	2	243
Sweet, s. Timo[th]y & Anna, b. Feb. 24, 1799	2	241
Temperance, d. Josiah & Temperance, b. Aug. 10, 1723	2	18
[Thankfull], d. William & Sarah, b. June 25, [1710]	2	5
Thankfull, m. Daniel **HOBARD**, b. of Guilford, Apr. 10, 1728, by Rev. Thomas Ruggles	2	50
Thankful, d. Daniel & Leah, b. Sept. 10, 1732	2	89
Thankfull, d. Joseph, d. Dec. 21, 1736	2	151
Thankfull, m. Solomon **STONE**, b. of Guilford, Jan. 12, 1764, by Rev. Thomas Ruggles	2	165
Thankfull, w. of Solomon, d. Feb. 2, 1786, in the 53rd y. of her age	2	163
Thankfull, m. John **BURGIS**, b. of Guilford, Nov. 5, 1820, by Aaron Dutton	2	280
Theophilus, s. John & Anna, b. Dec. 3, 1773	2	134
Thomas, s. John & Mary, b. June 5, 1650	A	124
Thomas, m. Mary **JOHNSON**, Dec. 23, 1676, by Andrew Leete	A	77
Thomas, d. Dec. 1, 1683	A	68
Thomas, s. Nath[anie]l & Hannah, b. Feb. 15, 1713/14;		

	Vol.	Page
STONE, (cont.)		
d. same day	2	37
Thomas, s. Nath[anie]l & Hannah, b. Mar. 14, 1719/20	2	37
Thomas, s. Jehiel & Ruth, b. Mar. 16, 1730/1	2	23
Thomas, m. Sarah **SCRANTON**, b. of Guilford, June 17, 1747, by Rev. Thomas Ruggles	2	60
Thomas, m. Leah **NORTON**, b. of Guilford, Mar. 27, 1752, by Rev. Thomas Ruggles	2	67
Timothy, m. Rachel **NORTON**, b. of Guilford, Aug. 29, 1725, by James Hooker, J. P.	2	46
Timothy, s. Timothy & Rachel, b. Aug. 11, 172[6]	2	17
Timothy, s. Capt. Timothy, d. Oct. 13, 1736	2	150
Timothy, s. Timothy & Rachel, b. July 23, 1742	2	73
Timothy, Col, m. Mrs. Elizabeth **ROBINSON**, b. of Guilford, Feb. 26, 175[3], by Rev. John Richards	2	67
Timothy, Col., d. Sept. 9, 1765, in the 70th y. of his age	2	145
Timothy, s. Reuben & Eliza[bet]h, b, Mar. 4, 1768	2	119
Timothy, s. Nath[anie]ll & Lois, b. May 2, 1773	2	134
Timothy, m. Anne **GRISWOLD**, b. of Guilford, July 19, 1789, by Rev. Amos Fowler	2	224
Timothy, s. Timo[th]y & Anna, b. June 1, 1793	2	241
Timothy, 2d, of Guilford, m. Eunice **PARMELE[E]**, of Durham, Nov. 21, 1806, by Rev. David Smith	2	274
Timothy, Jr., m. Hannah **HUBBARD**, b. of Guilford, Sept. 19, 1824, by Rev. David Baldwin	2	285
Tryphena, d. Caleb & Sarah, b. Jan. 16, 1730/1	2	29
Triphena, m. John **DUDLEY**, b. of Guilford, Dec. 19, 1749, by [James Sproutt]	2	215
Triphena, m. John **DUDLEY**, b. of Guilford, Dec. 19, 1750, by Rev. James Sprout	2	62
Wealthy, d. Benj[ami]n & Mary Ann, b. Nov. 8, 1772	2	134
Wealthy, of Guilford, m. Linus **MILLER**, of Leyden, N. Y., Sept. 18, 1820, by Rev. John Ely	2	180
Will[ia]m, planter 1669-70	A	121
William, Jr., m. Hanna[h] **WOULFE**, Feb. 20, 1673, by William Leete	A	77
William, s. William & Hannah, b. Mar. 22, 1675	A	83
William, s. Willliam & Hannah, b. Mar. 22, 1675/6	A	93
William, s. Joshua & Susanna, b. Apr. 20, 1729	2	21
William, Sr., d. Sept. 28, 1730	2	4
William, s. Jehiel & Ruth, b. Jan. 23, 1739/40	2	40
William, s. Asher & Carine, b. Jan. 10, 1765	2	116
William, s. Nath[anie]ll & Lois, b. Oct. 11, 1775	2	193
William, m. Lucy **STOW**, b. of Guilford, Feb. 12, 1787, by [James Sproutt]	2	253
William, m. Lucy **STOW**, b. of Guilford, Feb. 12, 1787, by Rev. Beriah Hotchkin	2	274
William, Jr., m. Maria **EVARTS**, b. of Guilford, Nov. 14,		

	Vol.	Page
STONE, (cont.)		
1792, by Rev. Amos Fowler	2	224
William R., of Mt. Pleasant, Pa., m. Amanda **FOWLER**, of Guilford, Nov. 21, 1832, by Rev. Aaron Dutton	2	323
William Russell, s. Bille & Rachel, b. Sept. 18, 1806	2	242
William Truxton, s. Will[ia]m & Lucy, b. Mar. 19, 1804	2	242
William Truxton, m. Ruth **SHELLEY**, b. of Guilford, June 24, 1828, by Rev. Aaron Dutton	2	285
Willmot, s. John E. & Eunice, b. July 4, 1794	2	241
Wollcot Parmele[e], s. Tim[oth]y & Eunice, b. Sept. 27, 1810	2	242
Zenorah, d. Samuel & Marcy, b. Apr. 28, 1720	2	11
Zervia, d. William & Sarah, b. July 14, [1715]	2	5
Zeruiah, m. John **HUBBARD**, Jr., b. of Guilford, June 9, 1748, by Rev. Thomas Ruggles	2	64
Zeruiah, d. Thomas & Leah, b. Apr. 30. 1757	2	99
---nus, s. Josiah & Temperance, b. Oct. 1, 1713	2	10
-----, child of Ebenezer & Hannah, b. Aug. [ ], [1715]	2	5
-----, d. Joshua, d. Aug. 6, 1728	2	4
----fe, [child of] Jehiel, d. Nov. 8, 1728	2	4
-----, s. Lamon & Lois, of Derby, b. Oct. 9, 1794; d. Oct. 16, 1794	2	237
STOW, [see also **STONE**], Clarrenda, d. Isaac & Polly, b. Jan. 23, 1780	2	241
Clarinda, m. Charles **FAULKNER**, Jr., b. of Guilford, May 1, 1800, by Rev. John Elliott	2	238
Esther, d. Isaac & Hepzibah, b. Nov. 21, 1747; d. Sept. 21, 1751	2	92
Esther, d. Isaac & Hepzibah, b. Mar. 29, 1752	2	92
Isaac, m. Hepzibah **COLLINS**, b. of Guilford, Mar. 28, 1744, by Rev. Sam[ue]l Russell	2	65
Isaac, of Guilford, m. Phebe **GRISWOLD**, of Durham, July 18, 1775, by Rev. Amos Fowler	2	184
Lucy, m. William **STONE**, b. of Guilford, Feb. 12, 1787, by [James Sproutt]	2	253
Lucy, m. William **STONE**, b. of Guilford, Feb. 12, 1787, by Rev. Beriah Hotchkin	2	274
Olive, d. Isaac & Hepzibah, b. Sept. 1, 1746	2	92
Olive, m. Christopher **SPENCER**, b. of Guilford, May 8, [1768], by [James Sproutt]	2	246
Pitman, s. Isaac & Phebe, b. Feb. 3, 1775	2	193
Rachel, d. Isaac & Hepzibah, b. Mar. 9, 1750	2	92
Samuel, s. Isaac & Hepzibah, b. Jan. 14, 1744/5; d. Aug. 14, 1746	2	92
Sarah, m. Gideon **HOADLEY**, b. of Guilford, Oct. 22, [1788], by [James Sproutt]	2	299
Submit, m. Ephraim **PEIRSON**, b. of Guilford, Aug. 31, [1758], by [James Sproutt]	2	219
STOWELL, Jonathan, m. Maria J. **CHAMBERLAIN**, Nov. 8, 1826,		

	Vol.	Page
STOWELL, (cont.)		
by Rev. David Baldwin	2	285
STRONG, Abigail, of East Hampton, m. Abia **BISHOP**, of Guilford, Oct. 24, 1756, by Rev. Mr. Brown	2	164
Alba B., of Durham, m. M. Mariette **TOOLEY**, of Guilford, Nov. 2, 1828, by Rev. Aaron Dutton	2	322
Albert, m. Jennette Adelia **COAN**, Sept. 1, 1833, by Rev. David Baldwin	2	323
John Dunn, m. Juliette **BRADLEY**, b. of Guilford, Nov. 22, 1830, by Rev. Aaron Dutton	2	322
Rachel, of Northampton, m. Samuel **ROBINSON**, of Guilford, Mar. 19, 17[24], by Rev. Solomon Stoddard	2	55
SULLIVNAN, Rachel, wid., m. Timothy **SPENCER**, b. of Guilford, Oct. 27, 1774, by Rev. Rich[ar]d Ely	2	184
SWEET, Benoni, m. Clarrissa E. **FOOTE**, b. of Guilford, Sept. 4, 1831, by Rev. David Baldwin	2	323
Benoni, m. Polly Ann **JOHNSON**, b. of Guilford, Sept. 26, 1847, by Rev. Cha[rle]s R. Adams	2	375
Gideon H., m. Betsey E. **STONE**, b. of Guilford, Mar. 30, 1845, by Rev. J. A. Edwards	2	375
TAINTER, Hiram H., m. Ruth M. **HOTCHKISS**, June 15, 1845, by Rev. David Root	2	370
Sarah, m. Samuel **STONE**, Nov. 1, 1683, by Mr. Andrew Leete	A	79
TALCOTT, Alvan, M. D., of Vernon, m. Olive N. **CHITTENDEN**, of Guilford, Mar. 7, 1831, by Rev. Aaron Dutton	2	283
Anne, wid., of Durham, m. Lot **BENTON**, of Guilford, Jan. 13, 1800, by Rev. Tho[ma]s W. Bray	2	227
TALLMAN, TALMAN, Ann, wid., d. Oct. 4, 1773, in her 80th y.	2	217
Anna, wid., d. May 29, 1731	2	147
Anne, twin with [Jane], d. Ebenezer & Anne, b. July 27, 17[17]	2	10
Catharine, d. Peter & Elizabeth, b. Apr. [ ], 1776	2	136
C[h]loe, d. Peter & Elizabeth, b. Jan. 3, 1768	2	121
Clarrissa, m. Charles **HULL**, Dec. 27, 1848, by Geo[rge] J. Wood	2	386
Ebenezer, s. Peter & Anna, b. Sept. 1, 1692	A	93
Ebenezer, s. Ebenezer & Anna, b. May 13, 1730	2	22
Ebenezer, Jr., of Guilford, m. wid. Sarah **GOULD**, of Branford, Mar. 30, 1753, by Rev. Jonathan Merrick	2	67
Eber, s. Ebenezer & Anna, b. Oct. 27, 1735	2	30
Eli, s. Peter & Eliza[bet]h, b. June 10, 1764	2	111
Eli, s. Peter, b. Feb. [1, 1770]	2	123
Elezebeth, d. Peter & Ann, b. June 23, 1687	A	90
[Elizabet]h, d. Ebenezer & Anne, b. [Sept. 13, 1715]	2	6
Elizabeth, d. Peter & Elizabeth, b. Jan. 23, 1766	2	115
[Jane], twin with Anne, d. Ebenezer & Anne, b. July 27, 17[17]	2	10

	Vol.	Page

TALLMAN, TALMAN, (cont.)
    Jane, m. Samuel **DUDLEY**, b. of Guilford, May 3, 1738, by
        Rev. Thomas Ruggles   2   57
    Lydia, d. Ebenezer, Jr. & Sarah, b. Feb. [9, 1764]   2   111
    Lyman, s. Peter & Elizabeth, b. Apr. 26, 1763   2   110
    Mary, m. David **DUDLEY**, b. of Guilford, Feb. 17, 1741/2, by
        Rev. Thomas Ruggles   2   58
    Mary Ann, d. Peter & Elizabeth, b. Mar. 30, 1774   2   136
    Pathena, d. Ebenezer & Anne, b. Jan. 28, 1732/3   2   26
    Petter, m. Anna **WALLSTONE**, Nov. 7, 1683, by Mr. Andrew
        Leete   A   78
    Peter, s. Peter & Anna, b. Nov. 13, 1694   A   96
    Peter, of Guilford, m. Elizabeth **ANDREWS**, of Wallingford,
        Feb. 26, 1762, by Rev. Samuel Hall   2   165
    Peter, s. Peter & Elizabeth, b. May 7, 1772   2   136
    Sarah, d. Ebenezer & Anna, b. Jan. 10, 1725/6   2   17
    Submit, d. Eben[eze]r & Anna, b. May 31, 1728   2   19
    Submit, m. Noah **DUDLEY**, b. of Guilford, May 28, 1752, by
        Rev. John Richards   2   66
    -----, s. Ebenezer & Anna, b. Dec. 14, 1720   2   11
    ---an, s. Ebenezer, d. June 5, 1728   2   4
TANTIPEN, Penolopy, m. Theophilus -----, negro, Apr. 14, 1748, by
    Rev. Jonathan Todd   2   164
TAPPIN, James, m. Hanna[h] **GARRET**, Mar. 5, 1656   A   60
TAYLOR, TALOR, Charles, m. Caroline **BROWN**, b. of New
    Haven, Apr. 29, 1829, by Rev. Aaron Dutton   2   283
    Gorham, P., of New York, m. Anna Sophia **DAVIS**, of
        Guilford, [Nov.] 2, [1842], by Rev. Lorenzo T. Bennett   2   370
    Huldah, d. Charles & Hannah, b. Nov. 20, 1746   2   82
    James, m. Rachel **LEETE**, Nov. 24, 1823, by Rev. John Elliott   2   282
    James H., m. Sarah A. **DANIELS**, b. of Middletown, Nov. 19,
        1848, by Rev. E. Edwin Hall   2   370
    Sally, m. Josiah **NORTON**, b. of Guilford, Dec. 14, 1791, by
        Rev. John Eliott   2   181
    Simeon, s. Charles & Hannah, b. Feb. 3, 1748/9   2   83
TEAL, TEALL, Asaph, s. Sam[ue]ll & Hannah, b. Oct. 13, 1782   2   200
    Benjamin, of Killingworth, m. Catharine **WILLARD**, of
        Guilford, Sept. 16, 1773, by Rev. W[illia]m Seaward   2   185
    Benj[amin] Willard, s. Benj[amin] & Catharine, b. Sept.
        27, 1776   2   136
    Catharine, d. Benj[amin] & Catharine, b. Sept. 12, 1774;
        d. May 5, 1776   2   136
    Catharine, d. Benj[amin] & Catharine, b. Feb. 2, 1781   2   136
    Catharine, s. Sam[ue]ll & Hannah, b. Mar. 6, 1781   2   136
    Clarissa, d. Benj[ami]n & Cathaine, b. Jan. 2, 1784   2   200
    Friderick, s. Sam[ue]ll & Hannah, b. Oct. 26, 1776   2   136
    Lucinda, d. Benj[ami]n & Catharine, b. Jan. 22, 1795   2   200
    Lydia, d. Samuel & Anne, b. Aug. 10, 1757   2   110

GUILFORD VITAL RECORDS 307

	Vol.	Page
TEAL, TEALL, (cont.)		
Lydia, d. Samuel, d. Aug. 12, 1763	2	144
Sabrina, d. Benj[ami]n & Catharine, b. Aug. 31, 1786	2	200
Samuel, s. Samuel & Anne, b. Sept. 1, 1760	2	110
Samuel, of Guilford, m. Hannah **STEEVENS**, of Durham, Mar. 12, 1776, by Rev. Abra[ha]m Jarvis	2	185
Samuel, Jr., d. July 2, 1781	2	217
Silas, s. Benj[amin] & Catharine, b. Dec. 21, 1778	2	136
Urania, d. Benj[ami]n & Catharine, b. Dec. 21, 1791	2	200
Will[ia]m, s. Benj[ami]n & Catharine, b. July 10, 1789	2	200
THOMAS, Edward, of New Haven, m. Harriet E. **KIMBERLEY**, of Guilford, last evening, [Feb. 1, 1845], by Rev. L. T. Bennett	2	370
Joseph, of Durham, m. Betsey **BARTLET[T]**, of Guilford, Oct. 11, 1821, by Rev. Aaron Dutton	2	282
Sidney A., of New Haven, m. Fanny W. **WALKER**, of Guilford, Nov. 9, 1836, by L. H. Corson	2	283
THOMPSON, THOMSON, TOMSON, Abigail, d. Jane, b. Dec. 29, 1757	2	103
Asenath, d. David & Jane, b. Aug. 12, 1747	2	81
[David], m. Jane **DOUDE**, b. of Guilford, May 26, 1732, by James Hooker, J. P.	2	52
David, s. Davis & Jane, b. Mar. 15, 1735/6	2	31
David, s. David & Jane, b. Apr. 20, 1751	2	103
Ebenezer, m. Deborah **DUDLEY**, b. of Guilford, June [ ], 1671, by Mr. Leete	A	77
[E]lecta, Mrs., m. Levi **RUTTY**, of Killingworth, May 29, 1822, by Rev. John Ely	2	292
Jabesh, s. Ebenezer & Deborah, b. Oct. 16, 1672	A	75
Jane, d. David & Jane, b. May 8, 1734	2	28
Jane had d. Abigail, b. Dec. 29, 1757	2	103
Lydia, m. Isaac **CRITTENDEN**, Sept. 20, 1665	A	63
Richard, m. Clarry **MOORE**, July 28, 1822, by Rev. David Baldwin	2	282
William, s. Abigail **KEITH**, b. June 2, 1782	2	200
THORP, Dinah, of North Haven, m. Ebenezer **DARWIN**, of Guilford, July 13, 1761, by Rev. Benjamin Trumble	2	164
TIBBALLS, David, m. Huldah **SHELLEY**, July 3, 1826, by Rev. David Baldwin	2	283
TODD, TOD, Abigail, d. Timothy & Abigail, b. July 26, 1760	2	110
Abigail, d. Jon[atha]n & Sally, b. Oct. 6, 1810	2	200
Chloe, d. Jonath[a]n, & Chloe, b. May 12, 1795	2	200
Chloe, w. of Jonathan, d. Sept. 28, 1795	2	217
Chloe, m. Truman Norris **WILLCOX**, b. of Guilford, Oct. 24, 1820, by Rev. John Elliott	2	264
Elizabeth, d. Timo[thy] & Abigail, b. Feb. 10, 1754	2	94
John, s. Timothy & Abigail, b. Feb. 18, 1768	2	119
Jonathan, s. Timothy & Abigail, b. May 17, 1756	2	104

	Vol.	Page
TODD, TOD, (cont.)		
Jon[a]th[a]n, Rev., had negro Emma, d. Lettice, b. Dec. 6, 1782; Sukey, d. Lettice, b. Oct. 28, 1787; Peleg, s. Lettice, b. Sept. 20, 1790	2	200
Jonathan, Jr., m. Ruth **BISHOP**, b. of Guilford, May 17, 1784, by Rev. Jonath[a]n Todd	2	185
Jonathan, Jr., m. Chloe **LEE**, of Guilford, Aug. 15, 1790, by Rev. Jonath[a]n Todd	2	185
Jonathan, s. Jonath[a]n & Chloe, b. July 4, 1791	2	200
Jonathan, s. Jonath[a]n, d. Nov. 20, 1796	2	217
Jonathan, m. Sally **FOWLER**, b. of Guilford, Jan. 10, 1798, by Rev. Mr. Nois	2	185
Jonathan, m. Jemima **WARNER**, b. of Guilford, Aug. [ ], 1820, by Rev. John Elliott	2	282
Jonathan Fowler, s. Jon[atha]n & Sally, b. June 2, 1804	2	200
Jonathan J., of Madison, m. Lucy **BARTLET[T]**, of Guilford, June 4, 1831, by Rev. Zolva Whitmore	2	283
Lucy, of Guilford, m. Henry Sidney **NORTON**, of Salisbury, Jan. 13, 1823, by Rev. John Elliott	2	310
Lucy Matilda, d. Jon[atha]n & Sarah, b. June 9, 1802	2	200
Mary, d. Timothy & Abigail, b. Oct. 9, 1763	2	110
Matilda, d. Tim[othy] & Abigail, b. May 21, 1773	2	136
Ruth, w. of Jonathan, Jr., d. July 8, 1785	2	217
Sally, m. Timothy **ROSSETTER**, Jr., b. of Guilford, Oct. 18, 1821, by Rev. John Elliott	2	292
Sarah, wid., m. Dea. Benjamin **STONE**, June 11, 17[35], by Rev. Jonathan Todd	2	55
Sarah, d. Timothy & Abigail, b. Mar. 30, 1752	2	87
Sarah, d. Jona[tha]n & Sally, b. Apr. 18, 1799	2	200
Timothy, m. Abigail **CRANE**, b. of Guilford, May 16, 1751, by Rev. Jon[a]th[an] Todd	2	62
Timothy, s. Timothy & Abigail, b. May 16, 1758	2	104
William, s. Jonath[a]n & Ruth, b. Jan. 3, 1785	2	200
William, m. Sarah **REDFIELD**, b. of Guilford, July 5, 1814, by Rev. Aaron Dutton	2	185
TOOLEY, Anna, of Killingworth, m. Jacob **PARSONS**, of Guilford, Apr. 12, 1764, by Rev. Elip[hale]t Huntington	2	166
M. Mariette, of Guilford, m. Alba B.**STRONG**, of Durham, Nov. 2, 1828, by Rev. Aaron Dutton	2	322
William, s. Will[ia]m & Hannah, b. Sept. 6, 1753; recorded Oct. 14, 1773	2	136
TORREY, TORY, Abigail, m. Timothy **SCRANTON**, b. of Guilford, Nov. 23, 1748, by Rev. Thomas Ruggles	2	65
Mary, m. Ebenezer **HALL**, b. of North Guilford, Jan. 5, 1757, by Rev. John Richards	2	69
Rhoda, of Long Island, m. Charles **CHITTENDEN**, of Guilford, Oct. 2, 1788, by Rev. Mr. Green	2	225
TRIENSH(?)*, Abigaill, d. Thomas & Deborah, b. Mar. 2, 1668/9		

	Vol.	Page
TRIENSH(?)*, (cont.)		
(*Probably "**FRENCH**")	A	66
TROWBRIDGE, Stephen, of Litchfield, m. Eliza **HART**, of		
Griswold, Aug. 31, 1823, by Rev. Aaron Dutton	2	282
TUCKERMAN, -----, a stranger, d. Nov. [ ], 1736	2	150
TURNER, Abraham, s. John & Hannah, b. Sept. 17, 1718	2	36
Abraham, m. Elizabeth **EVARTS**, b. of Guilford, May 5, 1742,		
by Rev. Jonathan Todd	2	59
Elizabeth, d. Abraham & Elizabeth, b. July 15, 1749	2	92
Elizabeth, d. Abraham, d. Jan. 16, 1752, in Middletown	2	140
Experience, d. John & Experience, b. Aug. 26, 1745	2	79
Ezra, s. Abraham & Elizabeth, b. Feb. 6, 1742/3	2	79
Hannah, d. John & Hannah, b. May 1, 1723	2	39
Isaac, s. John & Hannah, b. Jan. 1, 1729/30	2	39
Isaac, m. Phebe **PERSONS**, b. of Guilford, Mar. 22, 1753, by		
Rev. Jonathan Todd	2	66
Johannah, w. of John, d. Dec. 29, 1692	A	71
John, m. Johannah **BENTON**, b. of G[u]ilford, Dec. 16, 1686,		
by Mr. Andrew Leete	A	79
John, s. John & Johannah, b. Sept. 16, 1687	A	91
John, of G[u]ilford, m. Elezabeth **BARBER**, of Kilinsworth,		
June sometime, 1694, by Lt. Henry Crane	A	100
John, m. Hannah **PENFIELD**, b. of Guilford, Dec. 29, 171[0],		
by Rev. Thomas Ruggles	2	43
John, s. John & Hannah, b. Dec. [1, 1715]	2	6
John, Jr., m. Experience **BENTON**, b. of Guilford, Jan. [ ],		
[1732], by Rev. Thomas Ruggles	2	51
John, s. John, Jr., & Expereince, b. Aug. 2, 1739	2	74
Jonathan, s. John, Jr. & Experience, b. Sept. 10, 1749	2	85
Martha, d. Abraham & Elizabeth, b. Nov. 13, 1745	2	79
Mary, d. John & Hannah, b. Dec. 28, 1726	2	39
Mary, d. John, Jr., & Experience, b. June 2, 1734	2	31
Mary, m. Nathaniel **LEE**, b. of Guilford, Apr. 6, 1752, by Rev.		
Jon[a]th[an] Todd	2	62
Mercy, d. Jno., d. Mar. 7, 1737/8	2	147
Patience, d. John & Hannah, b. Dec. [21, 1716/17]	2	6
Patience, d. John, Jr., & Experience, b. May 5, 1737	2	37
Patience, d. John, Jr., d. Feb. 26, 1750/1	2	138
Rebecca, d. John & Hannah, b. May 31, 1716	2	36
Rebeckah, d. Isaac & Phebe, b. Aug. 20, 1755	2	96
Samuel, s. John & Hannah, b. Feb. 4, 1720/1	2	36
Sebada, s. Isaac & Phebe, b. Dec. 27, 1753	2	96
Timothy, s. John, Jr. & Experience, b. Oct. 13, 1742	2	74
TUTTLE, Anna, d. Dec. 2, 1842, ae 60	2	217
Anne, w. of Joel, d. Oct. 2, 1775	2	217
Anne, twin with Elizabeth, d. Joel & Elizabeth, b. Mar.		
11, 1782	2	200
Charlotte, of Brooklyn, N. Y., m. George C. **WHEELER**, of		

	Vol.	Page

TUTTLE, (cont.)

	Vol.	Page
New York, Nov. 5, 1848, by Alva B. Goldsmith, J. P.	2	380
Elizabeth, twin with Anne, d. Joel & Elizabeth, b. Mar. 11, 1782	2	200
Elizabeth, of Southhold, m. Samuel **SPENCER**, of Guilford, Oct. 5, 1801	2	224
Elizabeth, d. May 10, 1841, ae 59	2	217
Elizabeth, wid. of Joel, d. Sept. 26, 1842, ae 91 y.	2	217
Hannah, wid., of New Haven, m. Nathan **BRADL[E]Y**, of G[u]ilford, Aug. 21, 1694, by Capt. Mansfield	A	100
Joel, of Guilford, m. Anne **WOODWARD**, of New Haven, Jan. 6, 1774, by Rev. Mr. Streete	2	185
Joel, m. Elizabeth **FOWLER**, b. of Guilford, Oct. 15, 1778, by Rev. Amos Fowler	2	185
Joel, s. Joel & Elizabeth, b. May 8, 1792	2	200
Joel, d. Nov. 30, 1822, ae 76	2	217
Julia, d. Joel & Elizabeth, b. June 8, 1790; d. Mar. 14, 1791	2	200
Polly, d. Joel & Elizabeth, b. Sept. 6, 1787	2	200
Rebecca, d. Joel & Elizabeth, b. Feb. 22, 1785	2	200
Sally, d. Joel & Elizabeth, b. July 12, 1779	2	200
Sally, m. Malaki **PALMER**, b. of Guilford, June 7, 1800, by Rev. John Elliot	2	183
Sally, see Sally **PARMELE[E]**	2	162
Temperance, m. Christopher **SPENCER**, b. of Guilford, Dec. 9, 1821, by Rev. Oliver Wilson, of North Haven	2	284

TYLER, TILER, [see also **FYLER**], Abigail, of Branford, m. Jedadiah **STONE**, of Guilford, Dec. 26, 1728, by Andrew Ward, J. P.

	Vol.	Page
	2	49
Ann, of Haddam, m. Josiah **EVARTS**, of Guilford, Feb. 11, 1730/1, by Rev. Phinehas Fisk	2	49
Daniel W., of Killingworth, m. Catharine C. **BUSHNELL**, of Saybrook, Oct. 13, 1836, by Rev. Aaron Dutton	2	283
Jared Dudley, s. John & Ruth, b. May 24, 1787	2	202
Joanna, m. Daniel **HALL**, b. of Guilford, Dec. 14, 1742, by Rev. Sam[ue]ll Russell	2	58
John, s. Joseph & Lucy, b. Apr. 3, 1758	2	116
John, m. Ruth **DUDLEY**, Mar. 6, 1783, by Rev. Tho[ma]s W. Bray	2	175
John, d. Nov. 18, 1810, ae 52 y.	2	154
John Fosdick, s. John & Ruth, b. Sept. 5, 1783	2	202
Joseph, m. Lucy **FORSDICK**, b. of Guilford, Dec. 7, 1752, by Rev. Thomas Ruggles	2	65
Joseph, d. Apr. 16, 1799, in the 75th y. of his age	2	154
Lucy, w. of Joseph, d. July 2, 1798, in her 72nd y.	2	154
Mary, d. John & Ruth, b. Dec. 30, 1789	2	202
Ruth, d. Joseph & Lucy, b. May 30, 1761	2	116
Samuel, Jr., d. Aug. 23, 1752	2	140
Samuel, s. Joseph & Lucy, b. Apr. 28, 1756	2	116

GUILFORD VITAL RECORDS 311

	Vol.	Page
TYLER, TILER, (cont.)		
Selenia, d. Joseph & Lucy, b. July 10, 1767	2	121
Solima*, m. Eber **HUBBARD**, Jr., b. of Guilford, Apr. 7, 1794, by Rev. David Butler (*Selenia?)	2	223
William, of Branford, m. Henrietta **COAN**, of Guilford, July 10, 1822, by Rev. David Baldwin	2	282
VAIL, VAILL, Helen, of Guilford, m. Jeremiah **PARMELE[E]**, of Branford, Jan. 4, 1796, by Rev. Amos Fowler	2	183
Mehetable, of South Hold, m. Jonathan **HANDY**, of Guilford, Aug. 12, 1778, by Rev. Amos Fowler	2	177
Patience, m. Ambrose **BENTON**, b. of Guilford, Apr. 14, 1834, by Rev. A. B. Goldsmith	2	338
WADDAMS, Abigail, wid. of John, d. June 24, 1739	2	147
WADE, John J. F., m. Louisa M. **KELSEY**, Sept. 1, 1844, by Rev. David Root	2	380
WAINWRIGHT, Sarah, d. William & Mary, b. Jan. 10, 1737/8	2	37
WAKELEY, WAKLEY, [see also **WALKLEY**], Abigail, of Durham, m. Medad **SHELLEY**, of Guilford, Jan. 22, 1789, by Rev. Elizur Goodrich	2	224
Ebenezer, s. Eben[eze]r & An[n]e, b. Feb. 19, 1780	2	136
Joel, s. Eben[eze]r & An[n]e, b. Sept. 15, 1787	2	198
Juliana, d. Eben[eze]r & An[n]e, b. Dec. 9, 1784	2	198
Mary, d. Ebenezer & An[n]a, b. Aug. 10, 1794	2	198
Nabby, d. Ebenezer & An[n]a, b. Mar. 20, 1797	2	198
Silvester, s. Eben[eze]r & An[n]e, b. Apr. 9, 1782	2	198
Timo[thy], s. Eben[eze]r & An[n]e, b. Sept. 10, 1791	2	198
WALKER, Abigail, of Guilford, m. Rodolphus **PALMER**, of Branford, Dec. 26, 1826, by Rev. David Baldwin	2	295
Charles, of East Haven, m. Orret **COOK**, of Guilford, Dec. 12, 1842, by Alvah B. Goldsmith, J. P.	2	353
Fanny W., of Guilford, m. Sidney A. **THOMAS**, of New Haven, Nov. 9, 1836, by L. H. Corson	2	283
WALKLEY, [see also **WAKELEY**], Catharine, m. Loomis **DOANE**, July 22, 1829, by Rev. David Baldwin	2	259
Hannah A., m. Richard **CRUTTENDEN**, Apr. 7, 1841, by Rev. Aaron Dutton	2	362
Julia Cemantha, m. Erastus Kimberley **MEIGS**, May 12, 1833, by Rev. David Baldwin	2	290
Minerva, of Madison, m. Austin H. **PARKER**, of Guilford, Apr. 11, 1832, by Rev. Aaron Dutton	2	295
Roswell J., m. Jerusha B. **STONE**, b. of Guilford, July 28, 1825, by Rev. Aaron Dutton	2	288
Sarah, m. Richard **WELD**, b. of Guilford, Sept. 24, 1823, by Rev. David Baldwin	2	288
Timothy, m. Polly **WILLARD**, b. of Guilford, Mar. 22, 1821, by Rev. John Elliott	2	288
WALSTON, WALLSTONE, WALLSTON, WELSTON, Abigail Lamenta, d. Tho[ma]s & Esther, b. Aug. 11, 1808	2	265

	Vol.	Page
WALSTON, WALLSTONE, WALLSTON, WELSTON, (cont.)		
Albert, s. Thomas & Esther, b. Aug. 8, 1804	2	265
Anna, m. Petter **TALMAN**, Nov. 7, 1683, by Mr. Andrew Leete	A	78
Daniel, m. Lois **CHALKER**, b. of Guilford, May 4, 1831, by Rev. A. B. Goldsmith	2	289
David, s. Tho[ma]s & Mary, b. Aug. 31, 1776	2	136
David, m. Ruth **DOUD**, b. of Guilford, July 15, 1804, by Rev. Israel Brainard	2	264
Hayns, s. Thomas, Jr. & Esther, b. Mar. 27, 1800	2	198
Mary, of Guilford, m. William **FORD**, of Branford, Nov. 24, 1773, by Rev. D. Brewer	2	175
Mary, of Guilford, m. William **FORD**, of Branford, Nov. 26, 1773, by Rev. Daniel Brewer	2	185
Mary, of Guilford, m. William **FORD**, of Williamstown, Nov. 24, 1773, by [James Sproutt]	2	252
Mary, d. Thomas, Jr. & Esther, b. July 6, 1798	2	198
Obadiah, s. Tho[ma]s & Mary, b. July 27, 1774	2	136
Polly, d. David & Ruth, b. Aug. 6, 1807	2	265
Rachel, m. [Stephen] **HAND**, Jr., b. of Guilford, Jan. 16, 1733/4, by Rev. Edward Ward	2	52
Ruth, m. David **SMITH**, b. of Guilford, July 17, 1751, by Rev. Thomas Ruggles	2	62
Sally, d. David & Ruth, b. Oct. 18, 1809	2	265
Samuel, s. David & Ruth, b. Sept. 4, 1805	2	265
Thomas, s. John & Anna, b. Nov. 14, 1678	A	88
Thomas, of Guilford, m. Mary **COOK**, of Branford, May 15, 1767, by Rev. Philemon Robbins	2	168
Thomas, s. Thomas & Mary, b. May 20, 1770	2	124
Thomas, m. Esther **SHELLEY**, b. of Guilford, Sept. 4, 1797, by Rev. Amos Fowler	2	185
Warren, s. Thomas & Esther, b. Feb. 27, 1802	2	265
WARD, Abigell, m. Samuell **NORTON**, b. of G[u]ilford, Jan. 25, 1692/3, by Mr. Andrew Leete	A	100
Abigail, d. Andrew, 2d, & Elizabeth, b. Apr. 22, 1731	2	88
Abigail, m. Giles **HULL**, b. of Guilford, Aug. 15, 1753, by [James Sproutt]	2	216
Abigail, w. of William, d. Nov. 4, 1757	2	142
Amy, d. Lumen & Eliza[bet]h, b. Aug. 23, 1765	2	116
Andrew, 2d, m. Elizabeth **FOWLER**, b. of Guilford, Sept. 11, 1716, by Abraham Fowler	2	63
Andrew, s. Andrew, 2d, & Elizabeth, b. Nov. 23, 1719; d. Sept. 7, 1723	2	88
Andrew, s. Andrew, 2d, & Eliza[beth], b. Nov. 19, 1727	2	88
Andrew, 3rd, m. Diana **HUBBARD**, b. of Guilford, Sept. 7, 1750, by Andrew Ward, J. P.	2	63
Andrew, s. Capt. Andrew & Diana, b. Mar. 23, 1767	2	119
Andrew, Col., d. July 14, 1779, in the 85th y. of his age	2	218

	Vol.	Page
WARD, (cont.)		
Billious, s. Will[ia]m & Abigail, b. July 10, 1729, in Wallingford	2	39
Bilious, m. Beulah **HALL**, b. of Guilford, Jan. 4, 1753, by Rev. Ichabod Camp	2	64
Billious, s. Billious & Beulah, b. Oct. 30, 1754	2	95
Carine, d. William & Abigail, b. May 31, 1740	2	40
Carine, m. Asher **STONE**, b. of Guilford, Oct. 25, 1759, by [James Sproutt]	2	219
Carine, m. Asher **STONE**, b. of Guilford, Oct. 25, 1759, by Rev. James Sprout	2	72
Catharine, d. Thelus & Sarah, b. Sept. 22, 1780	2	198
Catharine, m. Ambrose **LEETE**, Jr., b. of Guilford, Feb. 21, 1802, by Rev. Israel Brainard	2	256
Charles, of New Haven, m. Mary M. **WILMOT**, of West Haven, Dec. 25, 1842, by Rev. Lorenzo T. Bennett	2	353
Clarinda, d. Edmund & Mehitabel, b. Feb. 28, 1738/9	2	80
Clarinda, m. Nath[anie]ll **CALDWELL**, b. of Guilford, Dec. 10, 1760, by Rev. Thomas Ruggles	2	164
Deborah, d. Gen. [ ], d. Dec. 31, 1780, in her 25th y.	2	218
Diana, m. Daniel **HUBBARD**, b. of Guilford, Oct. 13, 1730, by Rev. Samuel Russell	2	54
Diana, d. Andrew, 3rd, & Diana, b. Sept. 24, 1752	2	88
Diana, m. Abraham **CHITTENDEN**, Jr., b. of Guilford, Nov. 17, 1774, by Rev. Amos Fowler	2	172
Edmund, s. Edmund & Mehetabel, b. Feb. 22, 1731/2	2	80
Edmund, d. Nov. 15, 1779	2	218
Eliza, m. Horace **GLADWIN**, b. of Killingworth, Oct. 20, 1835, by Rev. David Baldwin	2	328
Elizabeth, d. Andrew, 2d, & Elizabeth, b. Nov. 13, 1722	2	88
Elizabeth, m. Timothy **NORTON**, b. of Guilford, Jan. 1, 1747/8, by Rev. James Sprout	2	64
Elizabeth, m. Timothy **NORTON**, b. of Guilford, Jan. 21, 1748, by [James Sproutt]	2	215
Elizabeth, d. Andrew, Jr. & Diana, b. Jan. 23, 1760	2	106
Elizabeth, d. Andrew, Jr., d. Sept. 6, 1760	2	143
Elizabeth, d. Luman & Elizabeth, b. Mar. 1, 1761	2	107
Esther, of Killingworth, m. John **ROWLSON**, of Guilford, Aug. 2, 1747, by Rev. Jared Eliot in Killingworth	2	60
Flora, m. Michael **HILL**, Jr., b. of Guilford, Sept. 12, 1751, by Andrew Ward, J. P.	2	63
Giles, s. Thelus & Lidia, b. Apr. 24, 1772; d. Mar. 17, 1773	2	136
Hannah, d. Philemon & Lydia, b. July 13, 1761	2	107
Hannah, m. Amos **LEETE**, b. of Guilford, June 26, 1781, by Rev. Amos Fowler	2	179
Huldah, d. Thelus & Lydia, b. Feb. 14, 1774	2	136
Huldah, m. Noah **LEETE**, b. of Guilford, Feb. 22, 1792, by Rev. Amos Fowler	2	179

WARD, (cont.)

	Vol.	Page
Jacob, twin with Mary, s. Andrew, 2d, & Elizabeth, b. Jan. 23, 1735/6; d. Feb. 5, 1735/6	2	88
James, s. Billious & Beulah, b. Feb. 2, 1768	2	118
John, m. Rebecca **MEIGS**, b. of Guilford, Jan. 1, 1761, by [James Sproutt]	2	228
Lumen, s. Will[ia]m & Abigail, b. Feb. 11, 1737/8	2	39
Luman, m. Elizabeth **DUDLEY**, b. of Guilford, Nov. 21, 1759, by Rev. Thomas Ruggles	2	71
Luman, s. Luman & Elizabeth, b. Apr. 29, 1763	2	110
Luman, d. May 7, 1768, in the 31st y. of his age	2	145
Lusenda, of Saybrook, m. Reuben **RANNEY**, of Guilford, July 17, 1768, by Rev. Elijah Mason	2	169
Lidya, w. of Thelus, d. June 13, 1775, in her 37th y.	2	218
Lydia, of Killingworth, m. Jason **COLLENS**, of Guilford, Oct. 27, 1793, by Rev. D. Butler	2	225
Mary, d. Will[ia]m & Abigail, b. May 28, 1727, in Wallingford	2	39
Mary, twin with Jacob, d. Andrew, 2d, & Elizabeth, b. Jan. 23, 1735/6	2	88
Mary, m. Abijah **WATEROUS**, b. of Guilford, Dec. 29, 1742, by Rev. Thomas Ruggles	2	59
Mary, m. Isaac **EVARTS**, Jr., b. of Guilford, Feb. 22, 1764, by Rev. James Sprout	2	174
Mary, m. Isaac **EVARTS**, Jr., b. of Guilford, Feb. 22, 1764, by [James Sproutt]	2	228
Mary, d. Capt. Andrew & Diana, b. Oct. 5, 1764	2	119
Mary, d. Lumen & Elizabeth, b. Mar. 11, 1768	2	119
Patience, m. Stephen **RANNEY**, b. of Guilford, Nov. 27, 1752, by Rev. Thomas Ruggles	2	64
Rachel, m. Bille **STONE**, b. of Guilford, Mar. 22, 1786, by Rev. Beriah Hotchkiss	2	224
Rachel, m. Bille **STONE**, b. of Guilford, Mar. 22, [1786], by [James Sproutt]	2	253
Roxanna, d. Andrew, 3rd, & Diana, b. Jan. 7, 1751	2	88
Roxan[n]a, m. Eli **FOOT**, Oct. 11, 1772, by Rev. Bela Hubbard	2	175
Samuel, s. Theliss & Lydia, b. Mar. 24, 1759	2	105
Sam[ue]ll, s. Thelus, d. Mar. 17, 1776, ae 17	2	218
Sarah, m. Stephen **BRADL[E]Y**, Jr., b. of G[u]ilford, Nov. 15, 1693, by Mr. Leete	A	95
Sarah, d. Thelus & Sarah, b. Jan. 1, 1778	2	136
Sarah, m. Eli **KIRCUM**, b. of Guilford, Nov. 10, 1801, by Rev. Nath[anie]ll Rossetter	2	182
Selima, d. Billious & B[e]ula[h], b. Jan. 15, 1762	2	108
Theleas, m. Lydia **MEIGS**, b. of Guilford, Sept. 17, 1753, by Rev. Jonathan Todd	2	71
Thelus, s. Thelus & Lydia, b. Nov. 6, 1763	2	111
Thelus, m. Sarah **SHELLEY**, b. of Guilford, Mar. 6, 1776, by		

	Vol.	Page
WARD, (cont.)		
Rev. Amos Fowler	2	185
Timothy, s. Edmund & Mehitabel, b. Dec. 13, 1746	2	80
Walter, s. Billious & Beulah, b. Feb. 20, 1772	2	136
William, s. Will[ia]m & Lettice, b. Jan. 7, 1704/5	2	39
William, m. Jerusha **EVARTS**, b. of Guilford, Aug. 3, 1758, by Rev. Jonathan Todd	2	69
William, d. Mar. 4, 1760, in the 56th y. of his age	2	143
WARNER, Elizabeth, m. Theophilus **SCRANTON**, Jr., b. of Guilford, July 9, 1810, by Rev. John Elliott	2	274
Jane, of New York, m. John P. **FOOTE**, of Guilford, Sept. 26, 1811, by Rev. David Baldwin	2	239
Jemima, m. Jonathan **TODD**, b. of Guilford, Aug. [ ], 1820, by Rev. John Elliott	2	282
Mary, of Middletown, m. Abraham **BARTLET[T]**, of Guilford, June 11, 1693, by Mr. Leete	A	96
WATERHOUSE, [see also **WATROUS**], Sylva, m. Ambrose **CHITTENDEN**, Jr., b. of Guilford, Mar. 15, [1786], by [James Sproutt]	2	253
WATROUS, WATEROUS, [see also **WATERHOUSE**], Abijah, m. Mary **WARD**, b. of Guilford, Dec. 29, 1742, by Rev. Thomas Ruggles	2	59
Damaris, w. of Benjamin, made affidavit Nov. 18, 1745, as to the birth of her children	2	78
Eber, s. Benjamin & Damaris, b. Nov. 25, 1730, in Saybrook	2	78
Eber, m. Sarah **BISHOP**, b. of Guilford, Oct. 19, [1758], by [James Sproutt]	2	219
Elizabeth, d. Abijah & Mary, b. Mar. 3, 1743	2	78
Ethan, s. Benjamin & Damaris, b. June 5, 1723	2	78
Ethan, m. Sarah **CRUTTENDEN**, b. of Guilford, Mar. 1, 1757, by [James Sproutt]	2	219
Joy, s. Benjamin & Damaris, b. July 11, 1727	2	78
Mary Ann, m. Benjamin **STONE**, b. of Guilford, Apr. 12, 1770, by Rev. Amos Fowler	2	184
Mehitabel, m. Lewis **FAIRCHILD**, May 10, 1774	2	175
Rachel, w. of Sam[ue]ll, d. June 2, 1759	2	144
Samuel, s. Benjamin & Damaris, b. Feb. 17, 1728/9, in Saybrook	2	78
Sarah, d. Benjamin & Damaris, b. Apr. 7, 1733, in Saybrook	2	78
Sarah, w. of Samuel, d. Feb. 25, 1752	2	141
Sarah, m. Lewis **FAIRCHILD**, b. of Guilford, Nov. 11, 1753, by Rev. Ebenezer Punderson	2	67
Sylvia, m. Ambrose **CHITTENDEN**, Jr., b. of Guilford, Mar. 15, 1786, by Rev. Beriah Hotchkin	2	225
Timothy, s. Sam[ue]ll, d. Feb. 1, 1757	2	144
William, s. William & Sarah, b. Feb. 5, 1747/8	2	86
WAY, Dorcas, of Lyme, m. Jonathan **MUNSEY**, Jr., of Guilford, Apr. 23, 1740, by Rev. Jon[a]th[an] Todd	2	53

	Vol.	Page
WAY, (cont.)		
Mary, sometime of Lebanon, now of Guilford, m. [Jehiel] **MUNSEY***], of Guilford, [　　　] 12, 1733, by Richard Lord, J. P., of Norwalk (*Probably **MURREY**")	2	52
Thomas E., of Wadsworth Grove, Ill,. m. Emily C. **FRISBIE**, of Brooklyn, N. Y., July 7, 1844, by Rev. John A. Edmunds	2	353
WEBB, Daniel Meigs, s. Reynold & Deborah H., b. Apr. 6, 1822	2	286
Reynolds, of Saybrook, m. Deborah H. **MEIGS**, of Guilford, Mar. 8, 1821, by Rev. John Elliott	2	264
WEBSTER, Lydia, of Bolton, m. Wait **HODGKIS**, Jr., of Guilford, Oct. 16, 1753, by Rev. Mr. White	2	72
WELCH, Thomas, m. Mary **McCARTY**, b. of Guilford, Mar. 12, 1745/6, by Rev. James Sprout	2	60
Thomas, m. Mary **CARTA**, b. of Guilford, Mar. 13, 1746, by [James Sproutt]	2	213
Thomas, s. Thomas & Mary, b. Dec. 25, 1747	2	82
WELD, Anna, d. [Joseph & Lucy], b. July 26, 1764	2	136
Betsey, d. Edmund & Mercy, b. May 8, 1815	2	265
Betsey, m. Charles K. **WHEDON**, b. of Guilford, June 13, 1847, by Rev. H. D. Latham	2	384
B[e]ulah, d. [Joseph & Lucy], b. Sept. 6, 1762	2	136
Caroline, d. Daniel & Submit, b. Mar. 1, 1807	2	265
Catharine, d. Dan[ie]ll & Submit, b. July 23, 1817	2	286
Celia, d. Dan[ie]lll & Submit, b. Apr. 3, 1814	2	286
Celia, m. Joel **BENTON**, July 28, 1844, by Rev. David Baldwin	2	376
Charlotte, d. Edmund & Charlotte, b. Jan. 22, 1792	2	265
Clarrisa Olive, d. George & Mabel, b. June 5, 1818	2	265
Daniel, s. Joseph & Lucy, b. Sept. 23, 1776	2	198
Daniel, m. Submit **ROSSETTER**, b. of Guilford, Feb. 16, 1803, by Rev. Thomas W. Bray	2	264
Daniel Cornelius, s. Daniel & Submit, b. May 21, 1809	2	286
Edmund, s. [Joseph & Lucy], b. Dec. 11, 1768	2	136
Edmund, d*. Edmund & Mercy, b. Aug. 5, 1817	2	265
Frederick Alonzo, s. George & Mabel, b. Feb. 1, 1820	2	286
George, s. Edmund & Charlotte, b. June 8, 1791	2	265
George, m. Mabel **LOPER**, b. of Guilford, Nov. 17, 1822, by Rev. David Baldwin	2	288
George Leander, s. George & Mabel, b. Mar. 12, 1814	2	265
Harvey Stone, s. Edmund & Charlotte, b. July 29, 1804	2	265
Henry, s. Edmund & Charlotte, b. July 9, 1802	2	265
James William, s. Edmund & Charlotte, b. June 17, 1798	2	265
John, s. Edmund & Mercy, b. Sept. 25, 1813	2	265
John, m. Abigail W. **LEETE**, b. of Guilford, Oct. 13, 1838, by Rev. A. B. Goldsmith	2	352
John Henry Hobart, s. Daniel & Submit, b. May 29, 1820	2	286
Joseph, m. Lucy **FOWLER**, b. of Guilford, Oct. 31, 1759,		

GUILFORD VITAL RECORDS 317

	Vol.	Page
WELD, (cont.)		
by Rev. Tho[ma]s Ruggles	2	185
Joseph, s. [Joseph & Lucy], b. July 26, 1766	2	136
Joseph Willard, s. Dan[ie]l & Submit, b. Sept. 14, 1805	2	265
Lewis Urbane, s. Dan[ie]l & Submit, b. July 17, 1812	2	286
Lucy, d. Joseph & Lucy, b. July 29, 1760	2	136
Lucy Ann, d. Edmund & Charlotte, b. Aug. 23, 1806	2	265
Lydia Maria, d. Edmund & Mary, b. Dec. 23, 1819	2	286
Mary, d. Edmund & Charlotte, b. Mar. 23, 1809	2	265
Oliver Smith, s. Edmund & Mary, b. June 30, 1821	2	286
Richard, s. Edmund & Charlotte, b. June 30, 1800	2	265
Richard, m. Sarah **WALKLEY**, b. of Guilford, Sept. 24, 1823,		
by Rev. David Baldwin	2	288
Samuel, s. Edmund & Mercy, b. Sept. 30, 1818	2	265
Sarah, d. [Joseph & Lucy], b. Apr. 7, 1773	2	136
Sophia, d. Daniel & Submit, b. Aug. 20, 1804	2	265
Sophia, m. Victor **FOWLER**, b. of Guilford, May 27, 1832, by		
Rev. D. Baldwin	2	330
William, s. [Joseph & Lucy], b. May 27, 1771	2	136
William E., m. Myrta E. **HOLCOMB**, Sept. 23, 1838, by Rev.		
Edward J. Durkin	2	352
William Edwin, s. George & Mabel, b. Aug. 30, 1815	2	265
WELLS, Giles, of Southhold, L. I., m. Ann **DUDLEY**, of Guilford,		
Feb. 17, 1779, by Rev. Tho[ma]s W. Bray	2	185
Sarah, of Durham, m. Ebenezer **SEAWARD**, of Guilford, Oct.		
19, 1730, by Rev. Nath[anie]l Cha[u]ncey, in Durham	2	52
WELSTON, [see under **WALSTON**]		
WELTON, Francis, of New Haven, m. Lucretia P. **HUBBARD**, of		
Guilford, Oct. 28, 1847, by Rev. Lorenzo T. Bennett	2	380
WEST, Annie, d. Sam[ue]l B. C. & Harriet, b. July 4, 1819	2	286
Levi, s. Sam[ue]ll B. C. & Harriet, b. Feb. 28, 1822	2	286
Mary, m. Ebenezer **HAND**, b. of Guilford, Sept. 13, 1743, by		
Benjamin Hand, J. P.	2	59
WHEATON, WHEDON, WHEEDON, Betsey, m. Zenus		
WILLCOX, b. of Guilford, Sept. 14, 1820, by Rev.		
John Elliott	2	264
Burgis, s. Ozias & Olive, b. Apr. 16, 1810	2	265
Charles K., m. Betsey **WELD**, b. of Guilford, June 13, 1847,		
by Rev. H. D. Latham	2	384
Griffin, s. James & Mehitabel, b. Feb. 28, 1800	2	198
Griffin, s. James & Mehitable, d. Sept. 20, 1802	2	218
Hannah, of Branford, m. Gilbert **HALL**, of Guilford, Oct. 24,		
1756, by Rev. Jonathan Merrick	2	68
Jennet, d. Ozias & Olive, b. Oct. 21, 1807	2	265
Julia A., m. W[illia]m W. **HOLCOMB**, b. of Guilford, Jan. 19,		
1840, by Rev. Aaron Dutton	2	360
Larissa, d. James & Mehetabel, b. Nov. 28, 1803	2	198
Ozias, of Branford, m. Olive **BURGIS**, of Guilford, Aug. 13,		

	Vol.	Page
WHEATON, WHEDON, WHEEDON, (cont.)		
1800, by Rev. Israel Brainard	2	264
Submit, of Branford, m. Ashbel **NORTON**, of Guilford, July 19, [1756], by [James Sproutt]	2	216
Susan, d. Ozias & Olive, b. Apr. 28, 1802	2	265
William, s. Ozias & Olive, b. Nov. 2, 1803	2	265
WHEEDON, [see under **WHEATON**]		
WHEELER, Eunice, d. Tho[ma]s & Lucy, b. July 3, 1776	2	136
George C., of New York, m. Charlotte **TUTTLE**, of Brooklyn, N. Y., Nov. 5, 1848, by Alvah B. Goldsmith, J. P.	2	380
Tho[ma]s, m. Lucy **FRISBIE**, b. of Guilford, Oct. 4, 1775, by Rev. Richard Ely	2	185
WHITE, Erwin, of Durham, m. Laura C. **DIBBLE**, of Guilford, Sept. 18, 1837, by Rev. Zolva Whitmore	2	289
Isaac, s. Moses & Huldah, b. Oct. 14, 1752	2	93
Rachel, of Middletown, m. William **CHITTENDEN**, Jr., of Guilford, Apr. 16, 1729, by Rev. Joseph Smith, in Middletown	2	49
Ruth, of Middletown, m. Daniel **STONE**, of Guilford, Jan. 10, 1730, by Rev. Joseph Smith	2	49
WHITFIELD, Henry, freeman 1669-70	A	121
WHITMORE, Zolva, Rev. m. Cynthia Ann **BARTLET[T]**, Sept. 8, 1835, by James Noyes, Jr.	2	289
WHITTLESEY, Mabel, d. Josiah & Eliza[bet]h, b. June 25, 1757	2	101
WICK, Ame, m. John **HUBBARD**, b. of Guilford, Mar. 30, 1788, by Rev. Tho[ma]s W. Bray	2	223
Constant Harey, s. John & Sarah, b. May 2, 1792	2	198
John, m. Sarah **BARTLET[T]**, b. of Guilford, Dec. 17, 1789, by Rev. Tho[ma]s W. Bray	2	185
Mary, m. Joseph **HALL**, b. of Guilford, Mar. 31, 1793, by Rev. Tho[ma]s Wells Bray	2	223
Phebe Charlotte, d. John & Sarah, b. Oct. 28, 1790	2	198
WILCOX, WILCOCK, WILCOCKS, WILLCOCK, WILLCOCKS, WILLCOCKX, WILLCOX, [see also **WILCOXSON**], Abigail, of Middletown, m. Ebenezer **BARTLET[T]**, of East Guilford, Nov. 17, 1736, by Rev. Moses Bartlet[t], in Middletown	2	70
Almo O., of Madison, m. Ruth **KENNEDY**, of Guilford, Oct. 6, 1830, by Rev. Aaron Dutton	2	288
Amand, s. Edmund & Elizabeth, b. Feb. 15, 1782	2	198
Asahel, s. John & Deborah, b. Dec. 9, 1735	2	33
Austin, s. Edmund & Elizabeth, b. Aug. 28, 1779	2	198
Barbara, d. John & Martha, b. Oct. 28, 1740	2	42
Benjamin, s. John & Martha, b. Oct. 3, 1742	2	75
Benjamin Bradley, s. Thomas & Freedlove, b. Feb. 3, 1759	2	111
Billy, s. Thomas & Freelove, b. July 11, 1750	2	85
Chloe, d. [Edmund & Elizabeth], b. Sept. 25, 1772	2	136
Chloe, m. Nathan Noah **BRADLEY**, b. of Guilford, Jan. 22, 1792, by Rev. John Elliott	2	226

GUILFORD VITAL RECORDS

	Vol.	Page
WILCOX, WILCOCK, WILCOCKS, WILLCOCK, WILLCOCKS, WILLCOCKX, WILLCOX, (cont.)		
Clotilda, d. Thomas & Freelove, b. Apr. 29, 1745	2	79
Deborah, d. Obediah & L[y]dia, b. May 22, 1753	2	102
[Ebenezer], s. Samuel(?) & Lydia, b. Apr. 6, 1750	2	84
Edmund, s. Thomas & Freelove, b. Oct. 7, 1748	2	85
Edmund, m. Elizabeth **SCRANTON**, of Guilford, Dec. 20, 1769, by Rev. Jonathan Todd	2	185
Edmund, s. [Edmund & Elizabeth], b. Apr. 7, 1777	2	136
Elizah, s. Ezra & Esther, b. May 31, 17[65]	2	107
Elizabeth, d. Joseph & Hannah, b. Sept. 17, 1728	2	20
Elizabeth, m. Jedidiah **COE**, b. of Guilford, Jan. 15, 1753, by Rev. Jon[a]th[an] Todd	2	69
Elizabeth, d. Edmund & Elizabeth, b. Mar. 27, 1788	2	198
Esther, d. John & Martha, b. Aug. 17, 1744	2	78
Eunice, of Killingworth, m. John **HOPSON**, of Guilford, Dec. 31, 1786, by Rev. Archillos Mansfield	2	223
Ezra, s. John & Deborah, b. Oct. 20, 1728	2	20
Ezra, m. Esther **MEIGS**, b. of Guilford, Nov. 9, 1757, by Rev. Jon[a]th[an] Todd	2	69
Ezra, d. May 14, 1805, in the 78th y. of his age	2	218
Grace, wid., bd. 1st m. 6th d., [16]57/8	A	61
Hamlinton, s. Edmund & Elizabeth, b. Feb. 27, 1786	2	198
Hannah, d. Joseph & Hannah, b. Sept. 15, 1733	2	81
Hannah, m. Eli **GRAVE**, b. of Guilford, July 14, 1751, by Rev. Jon[a]th[an] Todd	2	70
Hannah, d. Timothy & [E]unis, b. July 2, 1758	2	100
Harriet, m. John **KELSEY**, b. of Guilford, May 8, 1821, by Rev. John Elliott	2	290
Hester, of Middletown, m. Joseph **HAND**, of G[u]ilford, May 10, 1692, by John Hamlin	A	72
Hiram S., m. Fidelia M. **DOUD**, b. of Madison, Apr. 17, 1842, by Rev. A. Dutton	2	353
Jane, d. Edmund & Elizabeth, b. Apr. 9, 1784	2	198
Jehiel, s. Joseph & Hannah, b. June 12, 1731	2	81
John, s. John & Deborah, b. Apr. 20, 1727	2	18
John, m. Martha **COE**, b. of Guilford, Jan. 17, 1739/40, by Benjamin Hand, J. P.	2	57
Jonathan, s. Thomas & Freelove, b. July 13, 1753	2	99
Joseph, s. Joseph & Hannah, b. May 27, 1726	2	20
Joseph, Jr., m. Sarah **MUNGER**, b. of Guilford, Sept. 17, 1754, by Rev. Jon[a]th[an] Todd	2	70
Lovina, d. Ezra & Esther, b. July 19, 1758	2	100
Lucy, d. Timothy & [E]unis, b. Sept. 4, 1752	2	100
Lydia, of Hebron, m. Obediah **WILLCOCKX**, of Guilford, Oct. 12, 1743, by Rev. Benj[amin] Pumroy	2	58
Mabel, d. Joseph, Jr. & Sarah, b. May 25, 1755	2	100
Martha, d. John & Martha, b. Oct. 30, 1754	2	95

	Vol.	Page
WILCOX, WILCOCK, WILCOCKS, WILLCOCK, WILLCOCKS, WILLCOCKX, WILLCOX, (cont.)		
Mary, of Middletown, m. Beniamin **HAND**, of G[u]ilford, July 10, 1695, at Middletown	A	95
Mary, of Middletown, m. Beniamin **HAND**, of G[u]ilford, July 10, 1695	A	98
Mary, m. Enos **FRENCH**, b. of Guilford, Nov. 6, 1752, by Rev. Jonathan Todd	2	67
Mary, of Middletown, m. John **FRENCH**, of Guilford, Dec. 10, 1759, by Moses Bartlet[t]	2	72
Obadiah, s. John & Deborah, b. Apr. 15, 1719	2	14
Obediah, of Guilford, m. Lydia **WILLCOCKX**, of Hebron, Oct. 12, 1743, by Rev. Benj[amin] Pumroy	2	58
Obediah, s. Obediah & Lydia, b. Jan. 25, 1746/7	2	80
Oziel, of Killingworth, m. Lucy **LEETE**, of Guilford, Feb. 20, 1826, by Rev. Zolva Whitmore	2	288
Pitman, s. Edmund & Elizabeth, b. Sept. 22, 1770	2	136
Rachel, d. Edmund & Elizabeth, b. Apr. 21, 1791	2	198
Rebeckah, d. John & Martha, b. Mar. 15, 1747/8	2	82
Rebeckah, of Granville, Mass., m. John **GRAVE**, of Guilford, Sept. 22, 1816	2	279
Samuel, of Madison, m. Ruth **ELLIOTT**, of Guilford, Apr. 23, 1848, by Rev. L. T. Bennett	2	380
Samuel Dod[d], s. Thomas & Freelove, b. Aug. 28, 1756	2	99
Sarah, d. John & Deborah, b. Nov. 13, 172[3]	2	16
Sarah, d. John & Martha, b. June 3, 1751	2	95
Tamzan, d. Thomas & Freelove, b. Jan. 13, 1746/7	2	80
Thankfull, m. Samuel **NORTON**, Jr., b. of Guilford, Sept. 6, [1725], by Rev. John Hart	2	51
Thankfull, of Middletown, m. Daniel **WILLARD**, of Guilford, Oct. 20, 1725, by Janna Meigs, J. P.	2	47
Thomas, m. Freelove **BRADLEY**, b. of Guilford, May 16, 1744, by Rev. Jon[a]th[an] Todd	2	59
Tho[ma]s, s. [Edmund & Elizabeth], b. Jan. 18, 1775	2	136
Timothy, s. Joseph & Hannah, b. May 7, 1724	2	20
Timothy, m. Eunice **PEIRSON**, b. of Guilford, Apr. 2, 1747, by Rev. Jonathan Todd	2	70
Timothy, s. Timothy & [E]unice, b. Sept. 30, 1749	2	100
Truman Norris, m. Chloe **TODD**, b. of Guilford, Oct. 24, 1820, by Rev. John Elliott	2	264
W[illia]m L., of Killingworth, m. Betsey E. **CLARK**, of Guilford, [Oct.] 26, [1846], by Rev. Cha[rle]s R. Adams	2	238
Zenus, m. Betsey **WHEEDON**, b. of Guilford, Sept. 14, 1820, by Rev. John Elliott	2	264
Zina, m. Lydia Ann **HILL**, b. of Madison, Oct. 29, 1840, by Rev. A. Dutton	2	353

WILCOXSON, WILLCOKESON, WILLCOCKSON, WILCOXON, [see also **WILCOX**]

	Vol.	Page
WILCOXSON, WILLCOKESON, WILLCOCKSON, WILCOXON, (cont.)		
b. Sept. 20, 1682	A	87
John, s. Obadiah & Silens, b. Nov. 9, 1692	A	72
Lediah, d. Obediah & Lediah, b. Oct. 14, 1678	A	85
Lidiah, d. Obediah & Lidiah, d. Nov. 4, 1678	A	68
Lydia, d. Obediah & Lydia, b. May 18, 1745	2	79
Mary, d. Obadiah & Lediah, b. Dec. 11, 1676	A	83
Mary, d. John & Deborah, b. Dec. 1, 1731	2	27
Obadiah, s. Obadiah & Lidiah, b. Dec. 14, 1679	A	85
Timothy, Sr., s. Obadiah & Silens, b. Nov. 15, 1690	A	72
WILDMAN, Agar, m. Elizabeth **CHALKER**, b. of Guilford, Mar. 17, 1803, by Rev. Israel Brainard	2	264
Albert Boardman, s. Agur & Eliza[bet]h, b. June 2, 1810	2	265
Burgett Magill, s. A[lbert] B. & Abigail, b. Apr. 17, 1845	2	286
Cornelius, s. Agur & Eliza[bet]h, b. July 11, 1812	2	265
Cornilius, m. Sarah **LOPER**, Aug. 29, 1839, by Rev. Edward J. Durkin	2	352
Elizabeth A., m. Sherman M. **ROSSITTER**, b. of Guilford, Aug. 16, 1840, by Rev. Lorenzo T. Bennett	2	354
James Graves, s. Albert B. & Abigail, b. Feb. 18, 1839	2	286
Joel Tuttle, s. Albert B. & Abigail, b. Mar. 28, 1841	2	286
Randolph Chalker, s. Agur & Eliza[bet]h, b. Mar. 29, 1808	2	265
Sidney Roberts, s. Agur & Eliza[bet]h, b. Mar. 8, 1806	2	265
WILFORD, Samuel, of Branford, m. Susan **COOK**, of Guilford, Oct. 27, 1839, by Rev. A. B. Goldsmith	2	352
WILKINSON, Elizabeth, of Guilford, m. Dennis **ROBINSON**, of Durham, May 4, 1825, by Rev. David Baldwin	2	292
Tabitha, m. Stephen **BISHOPP**, May 4, [16]54	A	122
WILLARD, Abiga[i]ll, d. Thomas & Abiga[i]ll, b. [Dec. 30, 1699]; d. [Jan. [ ], 1700/1]	2	9
Abigail, d. Dan[ie]l & Thankfull, b. Sept. 24, 1732	2	27
Abigail, wid. of Thomas, d. Nov. 10, 1746	2	137
Abigail, d. Jared & Abigail, b. Mar. 23, 1780	2	198
Adah, d. Stephen & Martha, b. Dec. 11, 1763; d. 20th day of [same] month	2	116
Adah, d. Elias & Lois, b. Oct. 29, 1783	2	198
Adah, m. Reuben **FOWLER**, b. of Guilford, July 14, 1802, by Rev. John Elliott	2	238
Beley, s. Beley & Phebe, b. Sept. 10, 1767	2	118
Billey, s. Jared & Katharine, b. Nov. 3, 1735	2	30
Catharine, of Guilford, m. Benjamin **TEALL**, of Killingworth, Sept. 16, 1773, by Rev. W[illia]m Seaward	2	185
Daniel, s. Thomas & Abiga[i]ll, b. [Aug. 10, 1704]	2	9
Daniel, of Guilford, m. Thankfull **WILLCOCKS**, of Middletown, Oct. 20, 1725, by Janna Meigs, J. P.	2	47
Dorothy, d. Thomas & Abiga[i]ll, b. June 21, 1713	2	10
Eber, m. Ervilla **HULL**, b. of Madison, Aug. 16, 1835, by Rev.		

	Vol.	Page
WILLARD, (cont.)		
David Baldwin	2	289
Eleazer, see under Lezer		
Elias, s. Stephen & Martha, b. Feb. 23, 1759	2	104
Elias, m. Lois **STEEVENS**, b. of Guilford, June 15, 1780, by Rev. Jonathan Todd	2	185
Elias, s. Elias & Lois, b. Jan. 30, 1790	2	198
Elisha, s. Nathan & Esther, b. Dec. 13, 17[40]	2	42
Fanny, m. Noah **ROBINSON**, May 31, 1821, by Rev. John Elliott	2	292
Hannah, d. Thomas & Abiga[i]ll, b. [May 31, 1695]	2	9
Hannah, m. Daniel **BARTLET[T]**, Jr., b. of Guilford, Dec. 6, 1715, by Rev. John Hart	2	44
Hannah, d. Josiah & Mary, b. Dec. 31, 1726	2	18
Hannah, d. Josiah, d. Oct. 1, 1740	2	138
Hannah, d. Stephen & Martha, b. Aug. 30, 1753; d. Sept. 10, 1753	2	100
Hannah, d. John & Mary, b. Jan. 28, 1756	2	96
Hannah, d. Bille & Phebe, b. Apr. 11, 1774	2	136
Hannah, d. Elias & Lois, b. Mar. 21, 1788	2	198
Hannah, d. Elias, d. Dec. 17, 1811	2	218
Hick(?), s. Stephen & Martha, b. June 30, 1767	2	118
James, s. Stephen & Martha, b. Nov. 23, 1754	2	100
James, m. Anne **DUDLEY**, b. of Guilford, Apr. 27, 1785, by Rev. Jon[a]th[a]n Todd	2	185
Jared, of Guilford, m. Katharine **BATE**, of Saybrook, Dec. 12, 173[4], by Rev. William Worthington	2	55
Jared, s. Jared & Katharine, b. Feb. 5, 1742/3	2	75
Jared, s. Jared, d. Jan. 15, 1746/7	2	137
Jared, s. Jared & Katharine, b. Feb. 14, 1747/8	2	82
Jared, Jr., m. Abigail **DUDLEY**, b. of Guilford, Aug. 16, 1772	2	185
Jerusha, d. Jared & Abigail, b. May 22, 1777	2	198
John, s. Josiah & Mary, b. June 29, 17[22]	2	14
John, of Guilford, m. Mary **HORTON**, of Springfield, Oct. 26, 1752, by Rev. Robert Brick	2	65
John, s. John & Mary, b. July 23, 1759	2	104
Josiah, s. Thomas & Abiga[i]ll, b. Jan. [10, 1691]	2	9
Josiah, of Guilford, m. Mary **GOODALE**, of Southampton, Oct. 28, 172[0], by Rev. Sam[ue]ll Gilsson, in Southampton	2	45
Josiah, d. Nov. 24, 1751, in the 61st y. of his age	2	139
Josiah, s. Jared & Katharine, b. Apr. 11, 1755	2	77
Josiah, d. Apr. 21, 1776	2	218
Josiah, s. Elias & Lois, b. Dec. 19, 1781	2	198
Julius, s. John & Mary, b. July 14, 1754	2	95
Katharine, d. Jared & Katharine, b. Jan. 23, 17[52]	2	86
Lezer, s. Stephen & Martha, b. Oct. 17, 1765	2	116
Lois, d. Elias & Lois, b. Oct. 10, 1792	2	198

	Vol.	Page
WILLARD, (cont.)		
Lucinda, d. Jared & Abigail, b. Mar. 28, 1773	2	198
Lusanna, d. Elias & Lois, b. Sept. 17, 1800	2	265
Lydia, d. Elias & Lois, b. Mar. 19, 1786	2	198
Martha, d. Elias & Lois, b. Feb. 12, 1795	2	198
Martha, wid., d. Aug. 30, 1816, in the 85th y. of her age	2	218
Mary, d. Josiah & Mary, b. Oct. 10, 1732	2	25
Mary, w. of Josiah, d. Oct. 17, 1750	2	138
Mary, m. Ebenezer **GRAVE**, Jr., b. of Guilford, Apr. 14, 1757, by Rev. Jon[a]th[an] Todd	2	70
Nathan, s. Thomas & Abiga[i]ll, b. May 20, 1709; d. June 14, 1709	2	10
Nathan, s. Thomas & Abiga[i]ll, b. June 25, 1714	2	10
Nathan, m. Esther **BLACKLEY**, b. of Guilford, Feb. 19, 1739/40, by Benjamin Hand, J. P.	2	53
Pamelia, d. Elias & Lois, b. May 7, 1797	2	198
Peleg, s. Nathan & Esther, b. Apr. 5, 1743	2	75
Phebe, d. Bille & Phebe, b. Oct. 5, 1771	2	136
Polly, d. Jared & Abigail, b. Mar. 23, 1775	2	198
Polly, m. Joseph **DOUD**, Jr., b. of Guilford, June 30, 1793	2	258
Polly, d. Elias & Lois, b. June 13, 1802	2	265
Polly, m. Timothy **WALKLEY**, b. of Guilford, Mar. 22, 1821, by Rev. John Elliott	2	288
Prudence d. Thomas & Abigall, b. [Mar. 2, 1701]	2	9
Prudence, m. David **GRAVE**, b. of Guilford, Feb. 17, 172[5], by Janna Meigs, J. P.	2	48
Rebecca, d. Bille & Phebe, b. Feb. 22, 1769	2	136
Sarah, d. Daniel & Thankfull, b. Oct. 22, 1729	2	27
Stephen, s. Josiah & Mary, b. Dec. 31, 17[24]	2	16
Stephen, of Guilford, m. Martha **GOODALE**, of Southampton, Dec. 19, 1751, by Rev. Jon[a]th[an] Todd	2	62
Stephen, s. Elias & Lois, b. Nov. 15, 1806	2	265
Stephen, d. May 14, 1807, in the 83rd y. of his age	2	218
Submit, d. Jared & Katharine, b. July 1, 1739	2	41
Submit, d. Jared Katharine, b. July 1, 1739	2	75
Submit, m. Samuel **FIELD**, Jr., b. of Guilford, Aug. 1, 1764, by Rev. Richard Ely	2	167
Thomas, s. Jared & Katharine, b. July 23, 1759	2	104
Tilley, of Guilford, m. Phebe **POST**, of Saybrook, Nov. 19, 1766, by Rev. John Devotion	2	168
WILLASEY*, Clarine, m. Elias **CADWELL**, b. of Guilford, Mar. 5, 1785, by Rev. Amos Fowler (***WILLOBEY**?)	2	225
WILLIAMS, Alpheas Starkey, [s. Frederick W[illia]m & Eliza A.], b. July 5, 1834	2	286
Charles Harrison, [s. Frederick W[illia]m & Eliza A.], b. Feb. 3, 1845	2	286
Eliza, [d. Frederick W[illia]m & Eliza A.], b. Apr. 12, 1836	2	286
Frederick Alpheas, [s. Frederick W[illia]m & Eliza A.], b. Oct.		

	Vol.	Page
WILLIAMS, (cont.)		
22, 1829	2	286
Frederica Carolina, [d. Frederick W[illia]m & Eliza A.], b. Sept. 13, 1839	2	286
Frederick William, [s. Frederick W[illia]m & Eliza A.], b. Jan. 29, 1838	2	286
Helen Irene, [d. Frederick W[illia]m & Eliza A.], b. Feb. 17, 1832	2	286
Irene E., of Detroit, Mich., m. Charles C. **ADAMS**, of Norwich, July 1, 1845, by Rev. Lorenzo T. Bennett	2	336
Jane Larned, [d. Frederick W[illia]m & Eliza A.], b. Jan. 29, 1843	2	286
William, of Killingworth, m. Pamelia **BENTON**, of Guilford, June 17, 1821, by Rev. John Ely	2	264
-----an, s. Isaac & Sarah, b. July 22, 1720	2	11
WILMOT, Mary M., of West Haven, m. Charles **WARD**, of New Haven, Dec. 25, 1842, by Rev. Lorenzo T. Bennett	2	353
WILSON, Alex, of Springfield, Mass., m. Sylvia C. **ROGERS**, of Madison, Nov. 30, 1854, by Rev. E. P. Rogers, of Newark, N. J. Witnesses: Chloe Rogers, Flora C. Rogers	2	381
Thomas, of New Haven, m. Christiania **NUBLE**, of Guilford, Sept. [ ], 1831, by Rev. Aaron Dutton	2	289
WING, Charles, m. Phebe **JOHNSON**, b. of Guilford, July 26, 1787, by [James Sproutt]	2	253
WINGOOD, John, of Charleston, S. C., m. Maria **BARNES**, of Guilford, Nov. 29, 1837, by Rev. Charles Chittenden	2	352
WOLCOTT, David, of Weathersfield, m. Abigail **LOOMIS**, of Guilford, Nov. 15, [1756], by [James Sproutt]	2	216
WOODBRIDG[E], John, of Killingworth, m. Mrs. Abigail **LEETE**, of Guilford, Oct. 26, 1671, by Mr. William Leete	A	67
WOODRUFF, Eleazer, m. Harriet **DAVIS**, June 21, 1848, by Rev. D. Baldwin	2	380
WOODWARD, Anna, d. Roswell 7 Huldah, b. Aug. 7, 1778	2	198
Anna, m. Richard **SAY**, b. of Guilford, June 10, 1797, by Rev. Amos Fowler	2	179
Anne, of New Haven, m. Joel **TUTTLE**, of Guilford, Jan. 6, 1774, by Rev. Mr. Streete	2	185
Clarissa, d. Abra[ha]m & Abigail, b. Nov. 24, 1785	2	198
Harriet, d. Rosewell & Huldah, b. Sept. 6, 1780	2	198
Harry, s. Abra[ha]m & Abigail, b. Dec. 16, 1787	2	198
Huldah, d. Roswell & Huldah, b. Sept. 10, 1776	2	198
John Ruggles, s. Roswell & Huldah, b. June 24, 1787	2	198
Polly, d. Roswell & Huldah, b. June 4, 1785	2	198
Rebecca, d. Roswell & Huldah, b. May 3, 1783	2	198
Rosewell, of New Haven, m. Huldah **HILL**, of Guilford, Mar. 26, 1747, by Rev. Thomas Ruggles	2	60
Roswell, m. Thildot **RUGGLES**, b. of Guilford, Feb. 24, 1774, by Rev. Ann [Amos] Fowler	2	185

GUILFORD VITAL RECORDS

	Vol.	Page

WOODWARD, (cont.)
Roswell, m. Catharine **ELLIOTT**, b. of Guilford, Sept. 7, 1824,
    by Rev. David Baldwin   2   288
Russell, s. Abra[ha]m & Abigail, b. Apr. 26, 1784   2   198
Sam[ue]ll Pendleton, s. Abra[ha]m & Abigail, b. Oct. 2, 1790   2   198
Sophia, d. Abra[ha]m & Abigail, b. Oct. 22, 1792   2   198
William, s. Rosewell & Huldah, b. Dec. 31, 1774   2   136
WOODWORTH, Freelove, d. Caleb & Jane, b. Nov. 1, 1738   2   37
Sarah, wid., d. Aug. 1, 1751   2   138
William, m. Mary **PARMELE[E]**, b. of Guilford, Aug. 16,
    1846, by Rev. E. Edwin Hall   2   384
WOOSTER, William, m. Mary B. **PARTRIDGE**, b. of Guilford,
    June 11, 1837, by Rev. A. Dutton   2   289
WOULFE, Hanna[h[, m. William **STON[E]**, Jr., Feb. 20, 1673, by
    William Leete   A   77
WRIGHT, Beniamin, planter 1669-70   A   121
Benj[amin], s. Benj[amin] & Sarah, b. Sept. 30, 1760   2   136
Eliza, d. Ben & Jane, b. Oct. 15, [16]53   A   122
Emeline A., of Killingworth, m. Julius **EVARTS**, of Guilford,
    June 16, 1833, by Rev. Aaron Dutton   2   248
Prudence, of Saybrook, m. Joseph **HAND**, 3rd, of Guilford,
    May 8, 1771, by Rev. Mr. Devotion   2   177
Sampson, m. Chloe **MOORE**, b. of Guilford, June 27, 1833, by
    Rev. Aaron Dutton   2   289
Sarah, wid., d. Dec. 25, 1692   A   71
Sarah, d. Benj[amin] & Sarah, b. Aug. 12, 1762, at Bethleham.
    Recorded Aug. 15, 1775   2   136
Thomas, m. Sarah **BENTON**, Dec. 9, 1673, by [William Leete]   A   77
Thomas, d. Dec. 6, 1692   A   70
WYMAN, Geo[rge] N., of Augusta, Ga., m. Betsey D.
    PARMELE[E], of Guilford, Nov. 4, 1839, by Rev. A.
    Dutton   2   352

NO SURNAME
Aaron, s. Montrap* & Phillis, negro, b. Sept. 25, 1743
    (*Montros)   2   91
Aaron, m. Phillis -----, negro, b. of Guilford, June 14, 1771, by
    Rev. Bela Hubbard   2   170
Abel, s. Montrap* & Phillis, negro, b. Jan. 20, 1748/9
    *(Montrose)   2   91
Abel, s. Montrose, negro, d. Sept. 18, 1759   2   145
Amy, d. Theophilus & Pennolopy, negro, b. Mar. 19, 1754   2   107
Carricie, d. Montrap* & Phillis, negro, b. June 2, 1751
    (*Montrose)   2   91
Ceazer, s. Montrap* & Phillis, negro, b. Feb. [ ], 1732; d.
    three days after   (*Montrose)   2   91
Ceazer, s. Montrap* & Phillis, b. May 6, 1736; d. June 12,
    1738 (*Montrose)   2   91

	Vol.	Page
NO SURNAME, (cont.)		
Ce[a]sar, s Flora, negro, b. June 22, 1765	2	118
Charlotte, of Guilford, m. Alanson **REDFIELD**, of Saybrook, Oct. 27, 1825, by Sylvester Selden	2	292
Diah, s. Jose & Joannah, negro, b. May 22, 1751	2	107
Dinah, m. James W. **BROWN**, supposed of New Haven, (colored), Nov. 8, 1830, by Rev. Aaron Dutton	2	324
Eliab, s. Theophilus & Penolopy, negro, b. Feb. 25, 1758	2	100
Flora, d. Montrop* & Phillis, negro, b. Jan. 12, 1739 (*Montrose)	2	91
Flora, negro had s. Ce[a]sar, b. June 22, 1765	2	118
Ishmael, s. Jose & Joannah, b. June 20, 1754 (negro)	2	107
Jared [spelled Joarib], m. Hannah **CRAMPTON**, b. of Guilford, Nov. 4, 1767	2	175
[John], s. Thomas, m. Ann **GRISWOLD**, b. of Guilford, Nov. 26, 1730, by Rev. Thomas Ruggles	2	52
Moses, s. Montrop* & Phillis, negro, b. Apr. 30, 1741 (*Montrop)	2	91
Noah Alonzo, [ ]	2	214
Penelopy, w. of Theophilus, negro, d. Dec. 7, 1760	2	143
Phebe, d.Taffe & Penolopy, negro, b. Mar. 22, 1752	2	87
Phillis, m. Aaron -----, negro, b. of Guilford, June 14, 1771, by Rev. Bela Hubbard	2	170
Pompey, s. Montrap* & Phillis, negro, b. Jan. 23, 1729/30 (*Montrose)	2	91
Rosanna, d. Jose & Joannah, negro, b. Jan. 31, 1760	2	107
Tempe, d. Jose & Joannah, negro, b. Oct. 31, 1757	2	107
Theophilus, negro, m. Penolopy **TANTIPEN**, Apr. 14, 1748, by Rev. Jonathan Todd	2	164
Theophilus, s. Theoph[ilu]s & Penolopy, negro, b. Jan. 24, 1755	2	100
William, s. Theophilus, negro, d. Dec. 18, 1760	2	143
William, s. Thiophilus & Penolopy, negro, b. Mar. 13, 1760	2	107
-----, d. Mar. 20, 1729/30 (Last three letter of the surname are given as "**LOY**"	2	4
-----, d. Sept. 25, [1732], ae about 11 y.	2	4
-----, s. Toffe & Penalopy, negro, b. Apr. 29, 1750	2	84
-----, [child of] Desire, b. Nov. 13, 17[ ]	2	84
----all, d. Joseph, b.Dec. 5, [ ]	2	5
-----, d. Josiah & Hannah, b. [ ]	2	13

www.ingramcontent.com/pod-product-compliance
Lightning Source LLC
Chambersburg PA
CBHW071153300426
44113CB00009B/1195